Ley Federal del Trabajo

ACCESO GRATIS *a la Lectura en la Nube + Actualizaciones*

Para visualizar el libro electrónico en la nube de lectura envíe junto a su nombre y apellidos una fotografía del código de barras situado en la contraportada del libro y otra del ticket de compra a la dirección:

ebooktirant@tirant.com

En un máximo de 72 horas laborables le enviaremos el código de acceso con sus instrucciones.

Ley Federal del Trabajo

8ª Edición

Edición y prólogo de

MIGUEL CARBONELL

tirant lo blanch
Ciudad de México, 2026

En caso de erratas y actualizaciones, la Editorial Tirant lo Blanch México publicará la pertinente corrección en la página web www.tirant.com/mex/ incorporada a la ficha del libro.

Este libro será publicado y distribuido internacionalmente en todos los países donde la Editorial Tirant lo Blanch esté presente.

© EDITA: TIRANT LO BLANCH
DISTRIBUYE: TIRANT LO BLANCH MÉXICO
Av. Tamaulipas 150, Oficina 502
Hipódromo, Cuauhtémoc, 06100, Ciudad de México
Telf: +52 1 55 65502317
infomex@tirant.com
www.tirant.com/mex/
www.tirant.es
ISBN: 979-13-7021-893-5

Si tiene alguna queja o sugerencia, envíenos un mail a: *atencioncliente@tirant.com*. En caso de no ser atendida su sugerencia, por favor, lea en *www.tirant.net/index.php/empresa/politicas-de-empresa* nuestro Procedimiento de quejas.

Responsabilidad Social Corporativa: http://www.tirant.net/Docs/RSCTirant.pdf

Índice

LEY FEDERAL DEL TRABAJO

Prólogo
Las claves de la Reforma Laboral del 2019

Miguel Carbonell
Director del Centro de Estudios Jurídicos Carbonell AC

Hacía casi 50 años que no se había producido una reforma tan extensa y profunda en materia laboral en México, como la publicada en el *Diario Oficial de la Federación* el 1 de mayo de 2019. Las modificaciones que comporta la reforma suponen un verdadero parteaguas para trabajadores, patrones y sindicatos, así como un desafío enorme de reaprendizaje para los profesionales del derecho que se dedican a los temas laborales.

La reforma permite acatar un mandato constitucional publicado el 27 de febrero de 2017, que suscitó (cabe recordarlo) la aprobación unánime de los legisladores integrantes del Congreso de la Unión. Además, con la reforma ya aprobada, México da cumplimiento a tratados internacionales suscritos por nuestro país en materia de reconocimiento a los derechos de las personas que son trabajadoras domésticas y en materia de libre comercio (en el T-MEC, que será el instrumento que debe sustituir al TLCAN, se incluyeron previsiones relacionadas con los asuntos sindicales).

Aunque sería imposible intentar resumir el contenido tan amplio y variado de la reforma laboral, creo que es importante que consideremos algunos de los aspectos más relevantes, los cuales sin duda alguna merecerán un análisis más detallado y —en muchos casos— un trabajo de definición por parte de la jurisprudencia de nuestros tribunales federales.

Vamos a analizar en los próximos apartados de este texto, las principales novedades que trae consigo la reforma.

I. La nueva justicia laboral

Van a desaparecer las Juntas de Conciliación y Arbitraje, que habían sido creadas por el Congreso Constituyente de Querétaro en 1917 (a nivel federal la Junta de Conciliación fue creada diez años después, en 1927). En un plazo de **tres** años contados a partir de la entrada en vigor del decreto de reforma, deberán establecerse tribunales laborales en cada una de las 32 entidades federativas (ver artículo transitorio quinto del decreto de reforma laboral) y en un plazo de **cuatro** años deberán estar funcionando los nuevos tribunales a nivel federal en la materia (ver el artículo transitorio sexto del decreto de reforma laboral).

Recordemos que la fracción XX del apartado A del artículo 123 dispone que "La resolución de las diferencias o los conflictos entre trabajadores y patrones estará a cargo de los tribunales laborales del Poder Judicial de la Federación o de las entidades federativas... Sus sentencias y resoluciones deberán observar los principios de legalidad, imparcialidad, transparencia, autonomía e independencia".

En correspondencia con el mandato constitucional, el nuevo artículo 604 de la Ley Federal del Trabajo señala que:

"Corresponde a los Tribunales del Poder Judicial de la Federación o de los Tribunales de las entidades federativas, el conocimiento y la resolución de los conflictos de Trabajo que se susciten entre trabajadores y patrones, sólo entre aquellos o sólo entre éstos, derivado de las relaciones de trabajo o de hechos relacionados con ellas.

"En su actuación, los jueces y secretarios instructores deberán observar los principios de legalidad, imparcialidad, transparencia, autonomía e independencia".

Los concursos para designar a los titulares de dichos órganos judiciales serán abiertos, para que pueda participar cualquier profesionista que reúna los requisitos de ley, incluyendo desde luego a quienes se hubieran desempeñado como integrantes de las Juntas de Conciliación y Arbitraje (ver el artículo transitorio décimo quinto del decreto de reforma laboral).

II. El nuevo papel de la conciliación

La reforma laboral publicada el 1 de mayo de 2019 crea un nuevo Centro Federal de Conciliación y Registro Laboral, el cual tendrá importantes atribuciones en relación a los sindicatos y además se hará cargo del proceso de conciliación obligatorio a nivel federal, que es otra de las grandes novedades de la reforma. Por tanto, se produce una separación entre la función conciliadora (que atenderán autoridades administrativas) y la función judicial (a cargo de los tribunales mencionados en el punto anterior).

La base constitucional de la figura de la conciliación, que a partir de la reforma tendrá carácter obligatorio, está en el artículo 123 apartado A fracción X, en cuyo párrafo segundo se señala lo siguiente:

> "Antes de acudir a los tribunales laborales, los trabajadores y patrones deberán asistir a la instancia conciliatoria correspondiente. En el orden local, la función conciliatoria estará a cargo de los Centros de Conciliación, especializados e imparciales que se instituyan en las entidades federativas. Dichos centros tendrán personalidad jurídica y patrimonio propios. Contarán con plena autonomía técnica, operativa, presupuestaria, de decisión y de gestión. Se regirán por los principios de certeza, independencia, legalidad, imparcialidad, confiabilidad, eficacia, objetividad, profesionalismo, transparencia y publicidad. Su integración y funcionamiento se determinará en las leyes locales".

El párrafo cuarto de la misma fracción X añade que "En el orden federal, la función conciliatoria estará a cargo de un organismo descentralizado".

En el nuevo texto de la Ley Federal del Trabajo, encontramos la regulación de la instancia federal encargada de la tarea conciliadora en los artículos 590-A al 590-D, mientras que la regulación de los organismos a nivel local está en los artículos 590-E y 590-F.

La institución federal se llama "Centro Federal de Conciliación y Registro Federal" y será competente "para substanciar el procedimiento de la conciliación que deberán agotar los trabajadores y patrones, antes de acudir a los Tribunales" (artículo 590-B párrafo tercero). Dicho Centro estará encabezado por un Director General, el cual será designado por el Senado de la República, por el voto de las dos terceras partes de los Senadores presentes en la sesión correspondiente, a partir de una terna que hará llegar al órgano legislativo el Presidente de la República (ver artículo 123, apartado A, fracción XX, párrafo sexto constitucional).

La regulación detallada del Centro Federal se establecerá en la Ley Orgánica que emita el Congreso de la Unión (ver el artículo segundo transitorio del decreto de reforma laboral). El Centro contará con una Junta de Gobierno integrada por varios titulares de secretarías de Estado y de diversos órganos constitucionales autónomos; el Centro tendrá delegaciones en todas las entidades federativas y contará con un estatuto orgánico que debe ser aprobado por la Junta de Gobierno (ver el artículo 590-D de la Ley Federal del Trabajo).

La regulación del funcionamiento de la conciliación obligatoria se encuentra en el nuevo Título Trece Bis de la Ley Federal del Trabajo (el cual comienza a partir del artículo 684-A).

La obligación de asistir al Centro de Conciliación es tanto para los trabajadores como para los patrones (artículo 684-B), aunque hay algunos casos en los que dicha obligación no se tiene que observar, dado que la ley contempla ciertas excepciones (ver el contenido del artículo 685-Ter).

El procedimiento conciliatorio no debe durar más de 45 días naturales, que es un plazo bastante prolongado (artículo 684-D). La Ley salvaguarda todo lo actuado en el procedimiento conciliatorio, para efecto de evitar que pueda ser utilizado con posterioridad en cualquier otro procedimiento judicial o administrativo (artículo 684-C, párrafo tercero). Para decirlo de manera simple, "lo dicho en la conciliación, se queda en la conciliación", con excepción de la "constancia de no conciliación" y, en su caso, del convenio conciliatorio.

La previsión de un mecanismo de conciliación al que se tiene que acudir antes de plantear un asunto ante los tribunales laborales es muy loable. Si las autoridades competentes hacen bien su trabajo, tanto los trabajadores como los patrones tendrán muchas ventajas, pues podrán resolver con celeridad y bajo costo muchas disputas en materia laboral.

Será clave que los responsables de conducir el procedimiento conciliatorio se tomen en serio la indicación contenida en la fracción VIII del artículo 684-E cuando señala entre sus obligaciones la de formular "una propuesta de contenido y alcances de un acuerdo conciliatorio, planteando opciones de solución justas y equitativas que a su juicio sean adecuadas para dar por terminada la controversia...".

Puede parecer una parte insignificante, dentro de una fracción aislada de la Ley, pero si podemos entre todos hacerla realidad, el derecho laboral mexicano habrá avanzado mucho. Ojalá los conciliadores tengan el talento, la preparación, los recursos técnicos y hasta la imaginación para llevarlo a la práctica.

Además, el mecanismo conciliatorio debe servir para evitar que los tribunales laborales se colapsen por los miles y miles de asuntos que surgen cada año en esa materia. Quienes tengan experiencia en el litigio laboral saben que ante las Juntas de Conciliación y Arbitraje se desahogan simultáneamente varias audiencias (en las oficinas de la Junta Local de la CDMX he visto la realización de múltiples audiencias al mismo tiempo, en esas ventanillas que asemejan las de los bancos y ante las cuales nos apretamos los representantes de las partes y las propias partes cuando tienen que desahogar una diligencia).

Pero ahora, en el nuevo procedimiento, se exige la presencia permanente del juez, lo que va a tener como consecuencia que se pueda desahogar solamente una audiencia a la vez (el artículo 720 párrafo segundo de la Ley Federal del Trabajo señala que "Las audiencias serán presididas íntegramente por el juez; de incumplirse esta condición las actuaciones serán nulas de pleno derecho").

Si no somos capaces de "filtrar" un número importante de asuntos en la etapa de conciliación, es seguro que tendremos en el corto plazo un rezago enorme en la impartición de justicia laboral. Por eso, y por las muchas ventajas que trae consigo, es que hay que apostarle en serio a la conciliación. Su éxito va a depender en altísima medida del trabajo serio y responsable de las autoridades, pero también de la adecuada asesoría que le presten los abogados a trabajadores y patrones. Los integrantes de la profesión jurídica son un eslabón esencial para que los asuntos no tengan que pasar necesariamente ante los tribunales laborales y agotar las respectivas formalidades.

Recordemos que la conciliación, así como los demás medios alternativos de solución de controversias, tiene varias ventajas que vale la pena considerar. Entre ellas están las siguientes:

A. Llevan menos tiempo que un procedimiento judicial.

B. Son más baratos, puesto que las partes ahorran los gastos que siempre conlleva ir a un juicio.

C. Permiten un mayor número de soluciones, en función de los planteamientos que se sirva ir construyendo el conciliador.

D. Atienden los intereses de todas las partes, no solamente los intereses de la parte ganadora.

E. Permiten que exista un contexto de comunicación entre las partes.

F. Son más fáciles de ejecutar; respecto a la ejecución de los acuerdos conciliatorios en materia laboral, tomemos en cuenta que la fracción XIII del artículo 684-E de la Ley Federal del Trabajo determina que "Una vez que se celebre el convenio ante los Centros de Conciliación, adquirirá la condición de cosa juzgada, teniendo la calidad de un título para iniciar acciones ejecutivas sin necesidad de ratificación. Cualquiera de las partes podrá promover su cumplimiento mediante el procedimiento de ejecución de sentencia que establece esta Ley, ante el Tribunal competente".

Respecto a los medios alternativos de solución de controversias, es interesante tomar en cuenta lo señalado por el siguiente criterio de nuestros tribunales federales:

Registro: 2004630

ACCESO A LOS MECANISMOS ALTERNATIVOS DE SOLUCIÓN DE CONTROVERSIAS, COMO DERECHO HUMANO. GOZA DE LA MISMA DIGNIDAD QUE EL ACCESO A LA JURISDICCIÓN DEL ESTADO. Los artículos 17, segundo párrafo, de la Constitución Política de los Estados Unidos Mexicanos, 8 de la Convención Americana sobre Derechos Humanos y 14 del Pacto Internacional de Derechos Civiles y Políticos, reconocen a favor de los gobernados el acceso efectivo a la jurisdicción del Estado, que será encomendada a tribunales que estarán expeditos para impartir justicia, emitiendo sus resoluciones de manera pronta, completa e imparcial; en ese sentido, la Constitución Federal en el citado artículo 17, cuarto párrafo, va más allá y además de garantizar el acceso a los tribunales previamente establecidos, reconoce, como derecho humano, la posibilidad de que los conflictos también se puedan resolver mediante los mecanismos alternativos de solución de controversias, siempre y cuando estén previstos por la ley. Ahora bien, en cuanto a los mecanismos alternativos de solución de controversias, se rescata la idea de que son las partes las dueñas de su propio problema (litigio) y, por tanto, ellas son quienes deben decidir la forma de resolverlo, por lo que pueden optar por un catálogo amplio de posibilidades, en las que el proceso es una más. Los medios alternativos consisten en diversos procedimientos mediante los cuales las personas puedan resolver sus controversias, sin necesidad de una intervención jurisdiccional, y consisten en la negociación (autocomposición), mediación, conciliación y el arbitraje (heterocomposición). En ese sentido, entre las consideraciones expresadas en la exposición de motivos de la reforma constitucional al mencionado artículo 17, de dieciocho de junio de dos mil ocho, se estableció que los mecanismos alternativos de solución de controversias "son una garantía de la población para el acceso a una justicia pronta y expedita..., permitirán, en primer lugar, cambiar al paradigma de la justicia restaurativa, propiciarán una participación más activa de la población para encontrar otras formas de relacionarse entre sí, donde se privilegie la responsabilidad personal, el respeto al otro y la utilización de la negociación y la comunicación para el desarrollo colectivo"; ante tal contexto normativo, debe concluirse que tanto la tutela judicial como los mecanismos alternos de solución de controversias, se establecen en un mismo plano constitucional y con la misma dignidad y tienen como objeto, idéntica finalidad, que es, resolver los diferendos entre los sujetos que se encuentren bajo el imperio de la ley en el Estado Mexicano.

En otra tesis se reitera el carácter de derecho humano de los medios alternativos de solución de controversias:

Registro: 2020851

JUSTICIA ALTERNATIVA. CONSTITUYE UN DERECHO HUMANO DE RANGO CONSTITUCIONAL.

La reforma al artículo 17 de la Constitución Política de los Estados Unidos Mexicanos, publicada en el Diario Oficial de la Federación el 18 de junio de 2008, encuentra su telos en lograr que la justicia sea impartida de manera rápida y eficaz. El Poder Reformador de la Constitución estimó que los justiciables tuvieran la posibilidad de acceder a los métodos alternativos de solución de conflictos como una opción al proceso jurisdiccional, para fomentar la cultura del diálogo, el respeto por el otro, la agilidad y eficacia, entre otros, que los medios alternativos tienen. Con esta reforma constitucional, el Estado deja de tener el monopolio para dirimir las controversias entre particulares y da cabida a los medios alternativos para resolver los conflictos, para que de una forma expedita y de fondo, las partes con ayuda de terceros imparciales, resuelvan expedita, equitativa y flexiblemente los conflictos. De modo que la importancia y trascendencia de la citada reforma es elevar a rango constitucional el derecho humano de acceso a los medios alternativos de justicia de naturaleza civil, para que los conflictos se resuelvan de una manera rápida, ágil, pacífica y eficaz, al ser herramientas para revolucionar el sistema tradicional de justicia, los cuales derivan de lo establecido en el párrafo quinto del artículo 17 de la Constitución Federal.

III. La contratación colectiva

El nuevo texto de la Ley Federal del Trabajo ordena que se revisen, en un plazo máximo de **cuatro** años, todos los contratos colectivos de trabajo que existen en el país. El contenido contractual que emane de dicha revisión será depositado ante el Centro Federal de Conciliación y Registro Laboral, y dado a conocer de forma impresa a todos los trabajadores (ver el artículo undécimo transitorio del decreto de reforma laboral).

Esta medida, además de ser el resultado de los compromisos laborales suscritos por el Estado mexicano en el T-MEC, sirve para hacer realidad el último párrafo de la fracción XVIII del apartado A del artículo 123 constitucional cuando señala que "Cuando se trate de obtener la celebración de un contrato colectivo de trabajo se deberá acreditar que se cuenta con la representación de los trabajadores".

El artículo undécimo transitorio del decreto de reforma laboral establece que los nuevos contratos colectivos que surjan como resultado de la citada revisión deben contar con el respaldo de la mayoría de los trabajadores. Para ello, se les consultará y emitirán su voto de forma personal, libre y secreta.

El procedimiento de consulta será el establecido por el artículo 390-TER de la Ley Federal del Trabajo, el cual señala una serie detallada de pasos que hay que dar para la realización de la consulta a los trabajadores y prevé diversos escenarios para el caso de que se apruebe la propuesta de contrato colectivo o lo que procede si resulta rechazada.

En cualquier caso, todo lo relativo a los contratos colectivos de trabajo se centraliza en el Centro Federal, que adquiere un enorme poder sobre la vida sindical del país. El artículo 590-B párrafo cuarto señala que el Centro será competente "para operar el registro de todos los contratos colectivos de trabajo, reglamentos interiores de trabajo y las organizaciones sindicales, así como todos los procedimientos administrativos relacionados".

En el mismo tema de las cuestiones sindicales, otra novedad interesante es que se crea una figura llamada "constancia de representatividad sindical", la cual busca asegurar que los sindicatos que pretendan ejercer derechos colectivos como el derecho de huelga o de contratación colectiva en verdad cuenten con el respaldo de los trabajadores y no sean puros membretes creados para extorsionar a las empresas. La regulación de dicha figura puede verse en el artículo 390-BIS de la Ley.

IV. El trabajo en el hogar

Se crean nuevas reglas para el trabajo en el hogar, a efecto de que las personas que lo desempeñan cuenten con los beneficios de la seguridad social y puedan ejercer su derecho colectivo de sindicación o, en el caso de los patrones, de agrupación patronal.

Es importante considerar que a partir de la entrada en vigor de la Ley, el texto de la fracción IV del artículo 337 señala que, respecto a los trabajadores del hogar, el patrón tiene la obligación de "Inscribir a la parte trabajadora al Instituto Mexicano del Seguro Social y pagar las cuotas correspondientes conforme a las normas aplicables en la materia".

El tema había sido analizado y resuelto en parte por la Segunda Sala de la Suprema Corte en la sentencia de los amparos directos 8/2018 y 9/2018, cuya lectura recomiendo para entender cabalmente el tema de la regulación del trabajo en el hogar.

También es relevante considerar que el funcionamiento pleno del régimen de seguridad social para los trabajadores del hogar va a requerir la previa adopción de ciertas modificaciones normativas, tal como lo establece el artículo transitorio vigésimo quinto del decreto de reforma laboral.

El tema del trabajo doméstico está regulado también en el Convenio 189 de la Organización Internacional del Trabajo (OIT).

V. El nuevo procedimiento laboral

Se crea un nuevo procedimiento laboral ordinario en el que se refuerzan los elementos de oralidad que ya existían (el nuevo párrafo cuarto del artículo 720 de la Ley Federal del Trabajo señala que "La intervención de quienes participen en ellas —se refiere a las audiencias— será en forma oral") y se contempla el uso de las nuevas tecnologías para hacerlo más dinámico (incluyendo las videoconferencias para desahogar diligencias procesales), abreviando los tiempos procesales que en la actualidad suelen ser bastante largos.

Notificaciones

El texto de la nueva regulación laboral prevé las notificaciones electrónicas a las partes, realizadas a través de una plataforma digital. Para realizarlas, se va a crear un "buzón electrónico" para el uso de las partes, las cuales podrán (para su mayor comodidad y, en general, para la celeridad procesal en la que todos estamos interesados) señalar que se les notifique por esa vía; las notificaciones vía buzón electrónico se podrán realizar desde la etapa de conciliación (ver la fracción IV del artículo 739-TER, así como los artículos 742-BIS, 742-TER, 744, 745-TER, 747 fracción IV).

El emplazamiento a juicio y la primera notificación para la audiencia de conciliación prejudicial siempre se harán de manera personal (ver el contenido del artículo 739; en el artículo 742 se contiene un listado de otras notificaciones que también se deberán realizar de manera personal). También se prevé el uso de la Firma Electrónica en el proceso laboral (ver por ejemplo lo señalado por el artículo 739-BIS párrafo tercero).

En particular sobre el tema del emplazamiento, considero importante revisar el nuevo penúltimo párrafo del artículo 743, que puede servir para evitar ciertos "fraudes" o "trampas procesales", por medio de los que —en el pasado— se obtuvieron ventajas ilegítimas en el proceso laboral, por supuestos emplazamientos "fantasmas" que se dijeron haber realizado sin que así fuera en la realidad; o en sobre la base de que el actuario no pudo emplazar a la empresa demandada y de ahí se pretendieron extraer esas mismas ventajas procesales.

Inmediación judicial y prueba testimonial

Se va a exigir la presencia permanente del juez en las audiencias (ya hemos citado, al respecto, el párrafo segundo del artículo 720 de la Ley; en el mismo artículo, el párrafo quinto establece que "El juez recibirá por sí mismo las declaraciones y presidirá todos los actos de prueba bajo su más estricta y personal responsabilidad...") y las partes podrán interrogar con libertad a los testigos, sin tener que someter por escrito sus preguntas al órgano jurisdiccional para que las califique de legales, tal como sucede actualmente. El artículo 790 señala, respecto al desahogo de la prueba confesional, que "Las preguntas y/o posiciones se formularán de forma oral en el momento de la audiencia mediante interrogatorio abierto, sin presentación de pliegos; deberán referirse a los hechos controvertidos en términos claros y precisos, que puedan ser entendidas sin dificultad y cuyo fin sea esclarecer la verdad de los hechos" (fracción I).

De hecho, el propio juzgador "podrá interrogar libremente a las partes y a todos aquellos que intervengan en el juicio sobre los hechos y circunstancias que sean conducentes para averiguar la verdad" (artículo 782 párrafo segundo). Se prevé también el desahogo de pruebas que requieran la absolución de posiciones a través de un sistema de videoconferencia (artículo 791), tal como sucede también en materia penal.

Las actuaciones judiciales quedarán registradas por medios electrónicos, a efecto de garantizar la fidelidad e integridad de la información presentada en las audiencias, la conservación y reproducción de su contenido y el acceso al mismo de quienes conforme a la ley pueden tenerlo (ver artículo 721 párrafo segundo de la Ley).

Todo eso va a permitir un proceso laboral mucho más dinámico y moderno, que se va a parecer a lo que ya tenemos en materia mercantil, penal o de derecho familiar.

VI. El despido

Las empresas tendrán que asegurarse de avisarle por escrito a los trabajadores que despidan (de manera directa o a través de la autoridad laboral, ver el artículo 47 de la Ley), ya que la negativa del despido y el ofrecimiento del puesto de trabajo (que es una estrategia procesal de defensa muy común en la actualidad), no van a revertir la carga de la prueba (ver lo que al respecto señala en sus dos párrafos la nueva fracción VI del artículo 784 de la Ley, así como el último párrafo del artículo 47).

Con independencia de las enormes perplejidades que genera el hecho de que la Ley prevea una carga probatoria respecto de hechos negativos (lo cual ya de por sí es problemático, incluso hasta desde el punto de vista lógico), lo cierto es que los patrones deben buscar asesoría jurídica para evitar costosos juicios por este motivo. En este tema, como en otros del contenido de la nueva regulación laboral, se va a requerir una interpretación muy fina por parte de las autoridades judiciales, a fin de no desequilibrar el proceso y generar consecuencias negativas para las partes.

Recordemos que, en relación al tema de la carga de la prueba en general (no enfocados de manera exclusiva al procedimiento laboral), hay interesantes e importantes criterios de nuestros tribunales federales. Por ejemplo los siguientes:

> Registro: 2007973
>
> CARGA DE LA PRUEBA. SU DISTRIBUCIÓN A PARTIR DE LOS PRINCIPIOS LÓGICO Y ONTOLÓGICO. El sistema probatorio dispuesto en el Código de Procedimientos Civiles para el Distrito Federal acoge los principios lógico y ontológico que la teoría establece en torno a la dinámica de la carga de la prueba, cuyos entendimiento y aplicación facilitan la tarea del juzgador, pues permite conocer de qué forma se desplazan dichas cargas, en función de las posiciones que van tomando las partes de acuerdo a las aseveraciones que formulan durante el juicio. Ahora bien, el principio ontológico parte de la siguiente premisa: lo ordinario se presume, lo ex-

traordinario se prueba, y se funda, en que el enunciado que trata sobre lo ordinario se presenta, desde luego, por sí mismo, con un elemento de prueba que se apoya en la experiencia común; en tanto que el aserto que versa sobre lo extraordinario se manifiesta, por el contrario, destituido de todo principio de prueba; así, tener ese sustento o carecer de él, es lo que provoca que la carga de la prueba se desplace hacia la parte que formula enunciados sobre hechos extraordinarios, cuando la oposición expresada por su contraria la constituye una aseveración sobre un acontecimiento ordinario. Por su parte, en subordinación al principio ontológico, se encuentra el lógico, aplicable en los casos en que debe dilucidarse a quién corresponde la carga probatoria cuando existen dos asertos: uno positivo y otro negativo; y en atención a este principio, por la facilidad que existe en demostrar el aserto positivo, éste queda a cargo de quien lo formula y libera de ese peso al que expone una negación, por la dificultad para demostrarla. Así, el principio lógico tiene su fundamento en que en los enunciados positivos hay más facilidad en su demostración, pues es admisible acreditarlos con pruebas directas e indirectas; en tanto que un aserto negativo sólo puede justificarse con pruebas indirectas; asimismo, el principio en cuestión toma en cuenta las verdaderas negaciones (las sustanciales) y no aquellas que sólo tienen de negativo la forma en que se expone el aserto (negaciones formales). De ahí que, para establecer la distribución de la carga probatoria, debe considerarse también si el contenido de la negación es concreto (por ejemplo, "no soy la persona que intervino en el acto jurídico") o indefinido (verbigracia, "nunca he estado en cierto lugar") pues en el primer caso, la dificultad de la prueba deriva de una negación de imposible demostración, que traslada la carga de la prueba a la parte que afirma la identidad; mientras que la segunda es una negación sustancial, cuya dificultad probatoria proviene, no de la forma negativa, sino de la indefinición de su contenido, en cuyo caso corresponde a quien sostiene lo contrario (que el sujeto sí estuvo en cierto lugar en determinada fecha) demostrar su aserto, ante la indefinición de la negación formulada. Finalmente, en el caso de las afirmaciones indeterminadas, si bien se presenta un inconveniente similar, existe una distinción, pues en éstas se advierte un elemento positivo, susceptible de probarse, que permite presumir otro de igual naturaleza.

Registro: 2010172

CARGA DE LA PRUEBA Y DERECHO A PROBAR. SUS DIFERENCIAS. No debe confundirse la oportunidad de ofrecer y desahogar pruebas, atinente a la defensa, con la carga probatoria, si se tiene en cuenta que la primera constituye un derecho —a probar— y la segunda es un deber procesal; asimismo, el derecho a probar es de naturaleza constitucional, en tanto el débito procesal es de naturaleza procesal e, incluso, es posterior al derecho fundamental de mérito, o sea, el derecho a probar es anterior y de entidad superior a la obligación procesal, siendo que derecho y obligación no son sinónimos dado que uno se ejerce en el procedimiento, tanto postulatorio como probatorio, mientras que la otra es objeto de examen por el juzgador hasta la sentencia o laudo; sin que deba validarse una decisión jurisdiccional de denegación de pruebas cuando suponga la imposición de un formulismo obstaculizador, o contrario a la efectividad del derecho a la prueba, ni subordinar la eficacia de ese derecho fundamental a otro tipo de intereses, como los de economía procesal, expeditez de los juicios, o el prejuzgamiento de la carga probatoria, cuando su decisión no es propia de la resolución que acepta pruebas sino de la sentencia o laudo, lo que significa que es ilegal anticipar la carga de la prueba a una de las partes al momento de decidir sobre su admisión o no, ni invocar algún otro formalismo que impida conocer el resultado de una prueba en detrimento del derecho a probar, que es uno de los que conforman el derecho humano al debido proceso; luego, si el derecho a probar es un derecho constitucional que atribuye a la persona el poder tanto de ejercerlo, como de reclamar su debida protección, entonces su constitucionalización obedece a la relevancia procesal que adquiere la actividad probatoria, en la medida en que determina a las partes cuándo y cómo pueden probar los hechos del debate jurisdiccional, vinculando a todo juzgador a su observancia. Lo anterior, porque en la interpretación de las normas probatorias también es procedente la que permita la máxima actividad probatoria de las partes, prefiriendo, inclusive, el exceso en la admisión de pruebas, a la de una interpretación restrictiva, por cuanto en aquélla subyace la idea de aproximar, y hasta de hacer coincidir la verdad histórica con la verdad que habrá de declararse en la sentencia, partiendo de la base de que la verdad es un derecho humano cuya restricción necesariamente debe justificarse y, por ende, la norma probatoria ha de interpretarse conforme al artículo 14 de la Constitución Política de los Estados Unidos Mexicanos, en lo concerniente al derecho humano al debido proceso.

Registro: 245859

PRUEBA, CARGA DE LA, CUANDO LA NEGATIVA DE LOS HECHOS IMPLICA UNA AFIRMACIÓN. No toda negativa de los hechos base de una demanda hace recaer la carga de la prueba en la actora, pues hay que advertir que las negativas pueden implicar una afirmación, como cuando el demandado niega que haya dejado de pagar, pues tal negativa deja entrever la afirmación de que se ha hecho el pago; lo que se traduce en una afirmación que debe comprobarse por la demandada, conforme a la fracción I del artículo 282 del Código de Procedimientos Civiles del Distrito Federal.

> Registro: 215051
>
> PRUEBA CARGA DE LA. La carga de la prueba incumbe a quien de una afirmación pretende hacer derivar consecuencias para él favorables, ya que justo es que quien quiere obtener una ventaja, soporte la carga probatoria. En consecuencia, el actor debe justificar el hecho jurídico del que deriva su derecho. Así, la actora debe acreditar la existencia de una relación obligatoria. En el supuesto de que se justifiquen los hechos generadores del derecho que se pretende, la demandada tiene la carga de la prueba de las circunstancias que han impedido el surgimiento o la subsistencia del derecho del actor, puesto que las causas de extinción de una obligación deben probarse por el que pretende sacar ventajas de ellas.

En fin, son muchas las novedades que trae consigo la reforma. Se trata de un desafío enorme, que sin duda puede venir a transformar (para bien o para mal), la vida de los sindicatos mexicanos, y que sin duda afectará a millones de trabajadores mexicanos. Bienvenida sea la reforma y a prepararnos todos para los muchos cambios que va a generar.

LEY FEDERAL DEL TRABAJO

Nueva Ley publicada en el Diario Oficial de la Federación el 1° de abril de 1970

TEXTO VIGENTE

Última reforma publicada 15-01-2026

Al margen un sello con el Escudo Nacional, que dice: Estados Unidos Mexicanos. Presidencia de la República.

GUSTAVO DÍAZ ORDAZ, Presidente Constitucional de los Estados Unidos Mexicanos, a sus habitantes, sabed:

Que el H. Congreso de la Unión se ha servido dirigirme el siguiente

D E C R E T O:

El Congreso de los Estados Unidos Mexicanos decreta:

LEY FEDERAL DEL TRABAJO

TÍTULO PRIMERO
PRINCIPIOS GENERALES

Artículo 1o. La presente Ley es de observancia general en toda la República y rige las relaciones de trabajo comprendidas en el artículo 123, Apartado A, de la Constitución.

Artículo 2o. Las normas del trabajo tienden a conseguir el equilibrio entre los factores de la producción y la justicia social, así como propiciar el trabajo digno o decente en todas las relaciones laborales, en un entorno libre de violencias y con respeto pleno a los derechos humanos.

Párrafo reformado DOF 15-01-2026

Se entiende por trabajo digno o decente aquél en el que se respeta plenamente la dignidad humana del trabajador; no existe discriminación por origen étnico o nacional, género, edad, discapacidad, condición social, condiciones de salud, religión, condición migratoria, opiniones, preferencias sexuales o estado civil; se tiene acceso a la seguridad social y se percibe un salario remunerador; se recibe capacitación continua para el incremento de la productividad con beneficios compartidos, y se cuenta con condiciones óptimas de seguridad e higiene para prevenir riesgos de trabajo.

El trabajo digno o decente también incluye el respeto irrestricto a los derechos colectivos de los trabajadores, tales como la libertad de asociación, autonomía, el derecho de huelga y de contratación colectiva.

Se tutela la igualdad sustantiva o de hecho de trabajadores y trabajadoras frente al patrón.

La igualdad sustantiva es la que se logra eliminando la discriminación contra las mujeres que menoscaba o anula el reconocimiento, goce o ejercicio de sus derechos humanos y las libertades fundamentales en el ámbito laboral. Supone el acceso a las mismas oportunidades, considerando las diferencias biológicas, sociales y culturales de mujeres y hombres.

Artículo reformado DOF 30-11-2012

Artículo 3o. El trabajo es un derecho y un deber social. No es artículo de comercio, y exige respeto para las libertades y dignidad de quien lo presta, así como el reconocimiento a las diferencias entre hombres y mujeres para obtener su igualdad sustantiva ante la ley. Debe efectuarse en condiciones que aseguren la vida digna y la salud para las y los trabajadores y sus familiares dependientes, en un entorno laboral libre de discriminación y violencias.

Párrafo reformado DOF 01-05-2019, 15-01-2026

No podrán establecerse condiciones que impliquen discriminación entre los trabajadores por motivo de origen étnico o nacional, género, edad, discapacidad, condición social, condiciones de salud, religión, condición migratoria, opiniones, preferencias sexuales, estado civil o cualquier otro que atente contra la dignidad humana.

No se considerarán discriminatorias las distinciones, exclusiones o preferencias que se sustenten en las calificaciones particulares que exija una labor determinada.

Es de interés social garantizar un ambiente laboral libre de discriminación y de violencia, promover y vigilar la capacitación, el adiestramiento, la formación para y en el trabajo, la certificación de competencias laborales, la productividad y la calidad en el trabajo, la sustentabilidad ambiental, así como los beneficios que éstas deban generar tanto a los trabajadores como a los patrones.

Párrafo reformado DOF 01-05-2019

Artículo reformado DOF 28-04-1978, 30-11-2012

Artículo 3o Bis. Para efectos de esta Ley se entiende por:

a) Hostigamiento, el ejercicio del poder en una relación de subordinación real de la víctima frente al agresor en el ámbito laboral, que se expresa en conductas verbales, físicas o ambas; y

b) Acoso sexual, una forma de violencia en la que, si bien no existe la subordinación, hay un ejercicio abusivo del poder que conlleva a un estado de indefensión y de riesgo para la víctima, independientemente de que se realice en uno o varios eventos.

Artículo adicionado DOF 30-11-2012

Artículo 3o Ter. Para efectos de esta Ley se entenderá por:

I. Autoridad Conciliadora: El Centro Federal de Conciliación y Registro Laboral o los Centros de Conciliación de las entidades federativas, según corresponda;

II. Autoridad Registral: El Centro Federal de Conciliación y Registro Laboral;

III. Centros de Conciliación: Los Centros de conciliación de las entidades federativas o el Centro Federal de Conciliación y Registro Laboral, según corresponda;

IV. Constitución: La Constitución Política de los Estados Unidos Mexicanos;

V. Día: Se hace referencia a día hábil, salvo que expresamente se mencione que se trata de días naturales;

VI. Tribunal: El juez laboral, y

VII. Correr traslado: poner a disposición de alguna de las partes algún documento o documentos en el local del Tribunal, salvo los casos previstos en esta Ley.

Artículo adicionado DOF 01-05-2019

Artículo 4o. No se podrá impedir el trabajo a ninguna persona ni que se dedique a la profesión, industria o comercio que le acomode, siendo lícitos. El ejercicio de estos derechos sólo podrá vedarse por resolución de la autoridad competente cuando se ataquen los derechos de tercero o se ofendan los de la sociedad:

I. Se atacan los derechos de tercero en los casos previstos en las leyes y en los siguientes:

a) Cuando se trate de sustituir o se sustituya definitivamente a un trabajador que reclame la reinstalación en su empleo sin haberse resuelto el caso por el Tribunal.

Inciso reformado DOF 30-11-2012, 01-05-2019

b) Cuando se niegue el derecho de ocupar su mismo puesto a un trabajador que haya estado separado de sus labores por causa de enfermedad o de fuerza mayor, o con permiso, al presentarse nuevamente a sus labores; y

II. Se ofenden los derechos de la sociedad en los casos previstos en las leyes y en los siguientes:

a) Cuando declarada una huelga en los términos que establece esta Ley, se trate de substituir o se substituya a los huelguistas en el trabajo que desempeñan, sin haberse resuelto el conflicto motivo de la huelga, salvo lo que dispone el artículo 468.

b) Cuando declarada una huelga en iguales términos de licitud por la mayoría de los trabajadores de una empresa, la minoría pretenda reanudar sus labores o siga trabajando.

Artículo 5o. Las disposiciones de esta Ley son de orden público por lo que no producirá efecto legal, ni impedirá el goce y el ejercicio de los derechos, sea escrita o verbal, la estipulación que establezca:

I. Trabajos para adolescentes menores de quince años;

Fracción reformada DOF 12-06-2015, 02-07-2019

II. Una jornada mayor que la permitida por esta Ley;

III. Una jornada inhumana por lo notoriamente excesiva, dada la índole del trabajo, a juicio del Tribunal;

Fracción reformada DOF 01-05-2019

IV. Horas extraordinarias de trabajo para los menores de dieciocho años;

Fracción reformada DOF 31-12-1974, 12-06-2015

V. Un salario inferior al mínimo;

VI. Un salario que no sea remunerador, a juicio del Tribunal;

Fracción reformada DOF 01-05-2019

VII. Un plazo mayor de una semana para el pago de los salarios a los obreros y a los trabajadores del campo;

Fracción reformada DOF 30-11-2012

VIII. Un lugar de recreo, fonda, cantina, café, taberna o tienda, para efectuar el pago de los salarios, siempre que no se trate de trabajadores de esos establecimientos;

IX. La obligación directa o indirecta para obtener artículos de consumo en tienda o lugar determinado;

X. La facultad del patrón de retener el salario por concepto de multa;

XI. Un salario menor que el que se pague a otro trabajador en la misma empresa o establecimiento por trabajo de igual eficiencia, en la misma clase de trabajo o igual jornada, por consideración de edad, sexo o nacionalidad;

XII. Trabajo nocturno industrial o el trabajo después de las veintidós horas, para menores de dieciséis años; y

Fracción reformada DOF 31-12-1974

XIII. Renuncia por parte del trabajador de cualquiera de los derechos o prerrogativas consignados en las normas de trabajo.

XIV. Encubrir una relación laboral con actos jurídicos simulados para evitar el cumplimiento de obligaciones laborales y/o de seguridad social, y

Fracción adicionada DOF 01-05-2019

XV. Registrar a un trabajador con un salario menor al que realmente recibe.

Fracción adicionada DOF 01-05-2019

En todos estos casos se entenderá que rigen la Ley o las normas supletorias en lugar de las cláusulas nulas.

Artículo 6o. Las Leyes respectivas y los tratados celebrados y aprobados en los términos del artículo 133 de la Constitución serán aplicables a las relaciones de trabajo en todo lo que beneficien al trabajador, a partir de la fecha de la vigencia.

Artículo 7o. En toda empresa o establecimiento, el patrón deberá emplear un noventa por ciento de trabajadores mexicanos, por lo menos. En las categorías de técnicos y profesionales, los trabajadores deberán ser mexicanos, salvo que no los haya en una especialidad determinada, en cuyo caso el patrón podrá emplear temporalmente a trabajadores extranjeros, en una proporción que no exceda del diez por ciento de los de la especialidad. El patrón y los trabajadores extranjeros tendrán la obligación solidaria de capacitar a trabajadores mexicanos en la especialidad de que se trate. Los médicos al servicio de las empresas deberán ser mexicanos.

No es aplicable lo dispuesto en este artículo a los directores, administradores y gerentes generales.

Artículo 8o. Trabajador es la persona física que presta a otra, física o moral, un trabajo personal subordinado.

Para los efectos de esta disposición, se entiende por trabajo toda actividad humana, intelectual o material, independientemente del grado de preparación técnica requerido por cada profesión u oficio.

Artículo 9o. La categoría de trabajador de confianza depende de la naturaleza de las funciones desempeñadas y no de la designación que se dé al puesto.

Son funciones de confianza las de dirección, inspección, vigilancia y fiscalización, cuando tengan carácter general, y las que se relacionen con trabajos personales del patrón dentro de la empresa o establecimiento.

Artículo 10. Patrón es la persona física o moral que utiliza los servicios de uno o varios trabajadores.

Si el trabajador, conforme a lo pactado o a la costumbre, utiliza los servicios de otros trabajadores, el patrón de aquél, lo será también de éstos.

Artículo 11. Los directores, administradores, gerentes y demás personas que ejerzan funciones de dirección o administración en la empresa o establecimiento, serán considerados representantes del patrón y en tal concepto lo obligan en sus relaciones con los trabajadores.

Artículo 12. Queda prohibida la subcontratación de personal, entendiéndose esta cuando una persona física o moral proporciona o pone a disposición trabajadores propios en beneficio de otra.

Las agencias de empleo o intermediarios que intervienen en el proceso de contratación de personal podrán participar en el reclutamiento, selección, entrenamiento y capacitación, entre otros. Estas no se considerarán patrones ya que este carácter lo tiene quien se beneficia de los servicios.

Artículo reformado DOF 23-04-2021

Artículo 13. Se permite la subcontratación de servicios especializados o de ejecución de obras especializadas que no formen parte del objeto social ni de la actividad económica preponderante de la beneficiaria de estos, siempre que el contratista esté registrado en el padrón público a que se refiere el artículo 15 de esta Ley.

Los servicios u obras complementarias o compartidas prestadas entre empresas de un mismo grupo empresarial, también serán considerados como especializados siempre y cuando no formen parte del objeto social ni de la actividad económica preponderante de la empresa que los reciba. Se entenderá por grupo empresarial lo establecido en el artículo 2, fracción X de la Ley del Mercado de Valores.

Fe de erratas al artículo DOF 30-04-1970. Reformado DOF 23-04-2021

Artículo 14. La subcontratación de servicios especializados o de ejecución de obras especializadas deberá formalizarse mediante contrato por escrito en el que se señale el objeto de los servicios a proporcionar o las obras a ejecutar, así como el número aproximado de trabajadores que participarán en el cumplimiento de dicho contrato.

La persona física o moral que subcontrate servicios especializados o la ejecución de obras especializadas con una contratista que incumpla con las obligaciones que deriven de las relaciones con sus trabajadores, será responsable solidaria en relación con los trabajadores utilizados para dichas contrataciones.

Artículo reformado DOF 23-04-2021

Artículo 15. Las personas físicas o morales que proporcionen los servicios de subcontratación, deberán contar con registro ante la Secretaría del Trabajo y Previsión Social. Para obtener el registro deberán acreditar estar al corriente de sus obligaciones fiscales y de seguridad social.

El registro a que hace mención este artículo deberá ser renovado cada tres años.

La Secretaría del Trabajo y Previsión Social deberá pronunciarse respecto de la solicitud de registro dentro de los veinte días posteriores a la recepción de la misma, de no hacerlo, los solicitantes podrán requerirla para que dicte la resolución correspondiente, dentro de los tres días siguientes a la presentación del requerimiento. Transcurrido dicho plazo sin que se notifique la resolución, se tendrá por efectuado el registro para los efectos legales a que dé lugar.

La Secretaría del Trabajo y Previsión Social negará o cancelará en cualquier tiempo el registro de aquellas personas físicas o morales que no cumplan con los requisitos previstos por esta Ley.

Las personas físicas o morales que obtengan el registro a que se refiere este artículo quedarán inscritas en un padrón, que deberá ser público y estar disponible en un portal de Internet.

La Secretaría del Trabajo y Previsión Social expedirá las disposiciones de carácter general que determinen los procedimientos relativos al registro a que se refiere este artículo.

Artículo reformado DOF 21-01-1988, 23-04-2021

Artículo 15-A. Se deroga.

Artículo adicionado DOF 30-11-2012. Derogado DOF 23-04-2021

Artículo 15-B. Se deroga.

Artículo adicionado DOF 30-11-2012. Derogado DOF 23-04-2021

Artículo 15-C. Se deroga.

Artículo adicionado DOF 30-11-2012. Derogado DOF 23-04-2021

Artículo 15-D. Se deroga.

Artículo adicionado DOF 30-11-2012. Derogado DOF 23-04-2021

Artículo 16. Para los efectos de las normas de trabajo, se entiende por empresa la unidad económica de producción o distribución de bienes o servicios y por establecimiento la unidad técnica que como sucursal, agencia u otra forma semejante, sea parte integrante y contribuya a la realización de los fines de la empresa.

En las empresas y establecimientos, tanto las personas trabajadoras como empleadoras deberán contribuir al mantenimiento de un entorno laboral libre de discriminación y violencias hacia las mujeres.

Párrafo adicionado DOF 15-01-2026

Las personas empleadoras capacitarán a su personal para prevenir y eliminar las violencias contra las mujeres.

Párrafo adicionado DOF 15-01-2026

Artículo 17. A falta de disposición expresa en la Constitución, en esa Ley o en sus Reglamentos, o en los tratados a que se refiere el artículo 6o., se tomarán en consideración sus disposiciones que regulen casos semejantes, los principios generales que deriven de dichos ordenamientos, los principios generales del derecho, los principios generales de justicia social que derivan del artículo 123 de la Constitución, la jurisprudencia, la costumbre y la equidad.

Artículo 18. En la interpretación de las normas de trabajo se tomarán en consideración sus finalidades señaladas en los artículos 2o. y 3o. En caso de duda, prevalecerá la interpretación más favorable al trabajador.

Artículo 19. Todos los actos y actuaciones que se relacionen con la aplicación de las normas de trabajo no causarán impuesto alguno.

TÍTULO SEGUNDO
RELACIONES INDIVIDUALES DE TRABAJO

CAPÍTULO I
DISPOSICIONES GENERALES

Artículo 20. Se entiende por relación de trabajo, cualquiera que sea el acto que le dé origen, la prestación de un trabajo personal subordinado a una persona, mediante el pago de un salario.

Contrato individual de trabajo, cualquiera que sea su forma o denominación, es aquel por virtud del cual una persona se obliga a prestar a otra un trabajo personal subordinado, mediante el pago de un salario.

La prestación de un trabajo a que se refiere el párrafo primero y el contrato celebrado producen los mismos efectos.

Artículo 21. Se presumen la existencia del contrato y de la relación de trabajo entre el que presta un trabajo personal y el que lo recibe.

Artículo 22. Los mayores de quince años pueden prestar libremente sus servicios con las limitaciones establecidas en esta Ley.

Los mayores de quince y menores de dieciséis necesitan autorización de sus padres o tutores y a falta de ellos, del sindicato a que pertenezcan, del Tribunal, del Inspector del Trabajo o de la Autoridad Política.

Párrafo reformado DOF 01-05-2019

Los menores trabajadores deben percibir el pago de sus salarios y ejercitar, en su caso, las acciones que les correspondan.

Artículo reformado DOF 12-06-2015

Artículo 22 Bis. Queda prohibido el trabajo de menores de quince años; no podrá utilizarse el trabajo de mayores de esta edad y menores de dieciocho años que no hayan terminado su educación básica obligatoria, salvo los casos que apruebe la autoridad laboral correspondiente en que a su juicio haya compatibilidad entre los estudios y el trabajo.

Artículo adicionado DOF 30-11-2012. Reformado DOF 12-06-2015

Artículo 23. Cuando las autoridades del trabajo detecten trabajando a un menor de quince años fuera del círculo familiar, ordenará que de inmediato cese en sus labores. Al patrón que incurra en esta conducta se le sancionará con la pena establecida en el artículo 995 Bis de esta Ley.

En caso de que el menor no estuviere devengando el salario que perciba un trabajador que preste los mismos servicios, el patrón deberá resarcirle las diferencias.

Queda prohibido el trabajo de menores de dieciocho años dentro del círculo familiar en cualquier tipo de actividad que resulte peligrosa para su salud, su seguridad o su moralidad, o que afecte el ejercicio de sus derechos y, con ello, su desarrollo integral.

Se entenderá por círculo familiar a los parientes del menor, por consanguinidad, ascendientes o colaterales; hasta el segundo grado.

Cuando los menores de dieciocho años realicen alguna actividad productiva de autoconsumo, bajo la dirección de integrantes de su círculo familiar o tutores, éstos tendrán la obligación de respetar y proteger los derechos humanos de los menores y brindar el apoyo y las facilidades necesarias para que los mismos concluyan, por lo menos, su educación básica obligatoria.

Artículo reformado DOF 12-06-2015

Artículo 24. Las condiciones de trabajo deben hacerse constar por escrito cuando no existan contratos colectivos aplicables. Se harán dos ejemplares, por lo menos, de los cuales quedará uno en poder de cada parte.

Artículo 25. El escrito en que consten las condiciones de trabajo deberá contener:

I. Nombre, nacionalidad, edad, sexo, estado civil, Clave Única de Registro de Población, Registro Federal de Contribuyentes y domicilio del trabajador y del patrón;

Fracción reformada DOF 30-11-2012

II. Si la relación de trabajo es para obra o tiempo determinado, por temporada, de capacitación inicial o por tiempo indeterminado y, en su caso, si está sujeta a un periodo de prueba;

Fracción reformada DOF 30-11-2012

III. El servicio o servicios que deban prestarse, los que se determinarán con la mayor precisión posible;

IV. El lugar o los lugares donde deba prestarse el trabajo;

Fracción reformada DOF 30-11-2012

V. La duración de la jornada;

VI. La forma y el monto del salario;

VII. El día y el lugar de pago del salario;

VIII. La indicación de que el trabajador será capacitado o adiestrado en los términos de los planes y programas establecidos o que se establezcan en la empresa, conforme a lo dispuesto en esta Ley; y

Fracción adicionada DOF 28-04-1978

IX. Otras condiciones de trabajo, tales como días de descanso, vacaciones y demás que convengan el trabajador y el patrón.

Fracción recorrida DOF 28-04-1978

X. La designación de beneficiarios a los que refiere el artículo 501 de esta ley, para el pago de los salarios y prestaciones devengadas y no cobradas a la muerte de los trabajadores o las que se generen por su fallecimiento o desaparición derivada de un acto delincuencial.

Fracción adicionada DOF 01-05-2019

Artículo 26. La falta del escrito a que se refieren los artículos 24 y 25 no priva al trabajador de los derechos que deriven de las normas de trabajo y de los servicios prestados, pues se imputará el patrón la falta de esa formalidad.

Artículo 27. Si no se hubiese determinado el servicio o servicios que deban prestarse, el trabajador quedará obligado a desempeñar el trabajo que sea compatible con sus fuerzas, aptitudes, estado o condición y que sea del mismo género de los que formen el objeto de la empresa o establecimiento.

Artículo 28. En la prestación de los servicios de trabajadores mexicanos fuera de la República, contratados en territorio nacional y cuyo contrato de trabajo se rija por esta Ley, se observará lo siguiente:

I. Las condiciones de trabajo se harán constar por escrito y contendrán además de las estipulaciones del artículo 25 de esta Ley, las siguientes:

a) Indicar que los gastos de repatriación quedan a cargo del empresario contratante;

b) Las condiciones de vivienda decorosa e higiénica que disfrutará el trabajador, mediante arrendamiento o cualquier otra forma;

c) La forma y condiciones en las que se le otorgará al trabajador y de su familia, en su caso, la atención médica correspondiente; y

d) Los mecanismos para informar al trabajador acerca de las autoridades consulares y diplomáticas mexicanas a las que podrá acudir en el extranjero y de las autoridades competentes del país a donde se prestarán los servicios, cuando el trabajador considere que sus derechos han sido menoscabados, a fin de ejercer la acción legal conducente;

II. El patrón señalará en el contrato de trabajo domicilio dentro de la República para todos los efectos legales;

III. El contrato de trabajo será sometido a la aprobación del Centro Federal de Conciliación y Registro Laboral, el cual, después de comprobar que éste cumple con las disposiciones a que se refieren las fracciones I y II de este artículo lo aprobará.

En caso de que el patrón no cuente con un establecimiento permanente y domicilio fiscal o de representación comercial en territorio nacional, el Centro Federal de Conciliación y Registro Laboral fijará el monto de una fianza o depósito para garantizar el cumplimiento de las obligaciones contraídas. El patrón deberá comprobar ante dicho Centro el otorgamiento de la fianza o la constitución del depósito;

Fracción reformada DOF 01-05-2019

IV. El trabajador y el patrón deberán anexar al contrato de trabajo la visa o permiso de trabajo emitido por las autoridades consulares o migratorias del país donde deban prestarse los servicios; y

V. Una vez que el patrón comprueba ante el Centro Federal de Conciliación y Registro Laboral que ha cumplido las obligaciones contraídas, se ordenará la cancelación de la fianza o la devolución del depósito que esta hubiere determinado.

Fracción reformada DOF 01-05-2019

Artículo reformado DOF 02-07-1976, 30-11-2012

Artículo 28-A. En el caso de trabajadores mexicanos reclutados y seleccionados en México, para un empleo concreto en el exterior de duración determinada, a través de mecanismos acordados por el gobierno de México con un gobierno extranjero, se atenderá a lo dispuesto por dicho acuerdo, que en todo momento salvaguardará los derechos de los trabajadores, conforme a las bases siguientes:

I. Las condiciones generales de trabajo para los mexicanos en el país receptor serán dignas e iguales a las que se otorgue a los trabajadores de aquel país;

II. Al expedirse la visa o permiso de trabajo por la autoridad consular o migratoria del país donde se prestará el servicio, se entenderá que dicha autoridad tiene conocimiento de que se establecerá una relación laboral entre el trabajador y un patrón determinado;

III. Las condiciones para la repatriación, la vivienda, la seguridad social y otras prestaciones se determinarán en el acuerdo;

IV. El reclutamiento y la selección será organizada por la Secretaría del Trabajo y Previsión Social, a través del Servicio Nacional de Empleo, en coordinación con las autoridades estatales y municipales; y

V. Contendrá mecanismos para informar al trabajador acerca de las autoridades consulares y diplomáticas mexicanas a las que podrá acudir en el extranjero y de las autoridades competentes del país a donde se prestarán los servicios, cuando el trabajador considere que sus derechos han sido menoscabados, a fin de ejercer la acción legal conducente.

Artículo adicionado DOF 30-11-2012

Artículo 28-B. En el caso de trabajadores mexicanos reclutados y seleccionados en México, para un empleo concreto en el exterior de duración determinada, que sean colocados por entidades privadas, se observarán las normas siguientes:

I. Las agencias de colocación de trabajadores deberán estar debidamente autorizadas y registradas, según corresponda, conforme a lo dispuesto en las disposiciones legales aplicables;

II. Las agencias de colocación de trabajadores deberán cerciorarse de:

a) La veracidad de las condiciones generales de trabajo que se ofrecen, así como de las relativas a vivienda, seguridad social y repatriación a que estarán sujetos los trabajadores. Dichas condiciones deberán ser dignas y no implicar discriminación de cualquier tipo; y

b) Que los aspirantes hayan realizado los trámites para la expedición de visa o permiso de trabajo por la autoridad consular o migratoria del país donde se prestará el servicio;

III. Las agencias de colocación deberán informar a los trabajadores sobre la protección consular a la que tienen derecho y la ubicación de la Embajada o consulados mexicanos en el país que corresponda, además de las autoridades competentes a las que podrán acudir para hacer valer sus derechos en el país de destino.

En los casos en que los trabajadores hayan sido engañados respecto a las condiciones de trabajo ofrecidas, las agencias de colocación de trabajadores serán responsables de sufragar los gastos de repatriación respectivos.

La Inspección Federal del Trabajo vigilará el cumplimiento de las obligaciones contenidas en este artículo.

Artículo adicionado DOF 30-11-2012

Artículo 29. Queda prohibida la utilización de menores de dieciocho años para la prestación de servicios fuera de la República, salvo que se trate de técnicos, profesionales, artistas, deportistas y, en general, de trabajadores especializados.

Artículo 30. La prestación de servicios dentro de la República, pero en lugar diverso de la residencia habitual del trabajador y a distancia mayor de cien kilómetros, se regirá por las disposiciones contenidas en el artículo 28, fracción I, en lo que sean aplicables.

Artículo 31. Los contratos y las relaciones de trabajo obligan a lo expresamente pactado y a las consecuencias que sean conformes a las normas de trabajo, a la buena fe y a la equidad.

Artículo 32. El incumplimiento de las normas de trabajo por lo que respecta al trabajador sólo da lugar a su responsabilidad civil, sin que en ningún caso pueda hacerse coacción sobre su persona.

Artículo 33. Es nula la renuncia que los trabajadores hagan de los salarios devengados, de las indemnizaciones y demás prestaciones que deriven de los servicios prestados, cualquiera que sea la forma o denominación que se le dé.

Todo convenio o liquidación, para ser válido, deberá hacerse por escrito y contener una relación circunstanciada de los hechos que lo motiven y de los derechos comprendidos en él. Será ratificado ante los Centros de Conciliación o al Tribunal según corresponda, que lo aprobará siempre que no contenga renuncia de los derechos de los trabajadores.

Cuando el convenio sea celebrado sin la intervención de las autoridades, será susceptible de ser reclamada la nulidad ante el Tribunal, solamente de aquello que contenga renuncia de los derechos de los trabajadores, conservando su validez el resto de las cláusulas convenidas.

Artículo reformado DOF 01-05-2019

Artículo 34. En los convenios celebrados entre los sindicatos y los patrones que puedan afectar derechos de los trabajadores, se observarán las normas siguientes:

I. Regirán únicamente para el futuro, por lo que no podrán afectar las prestaciones ya devengadas;

II. No podrán referirse a trabajadores individualmente determinados; y

III. Cuando se trate de reducción de los trabajos, el reajuste se efectuará de conformidad con lo dispuesto en el artículo 437.

CAPÍTULO II
DURACIÓN DE LAS RELACIONES DE TRABAJO

Artículo 35. Las relaciones de trabajo pueden ser para obra o tiempo determinado, por temporada o por tiempo indeterminado y en su caso podrá estar sujeto a prueba o a capacitación inicial. A falta de estipulaciones expresas, la relación será por tiempo indeterminado.

Artículo reformado DOF 30-11-2012

Artículo 36. El señalamiento de un obra determinada puede únicamente estipularse cuando lo exija su naturaleza.

Artículo 37. El señalamiento de un tiempo determinado puede únicamente estipularse en los caso siguientes:

I. Cuando lo exija la naturaleza del trabajo que se va a prestar;

II. Cuando tenga por objeto substituir temporalmente a otro trabajador; y

III. En los demás casos previstos por esta Ley.

Artículo 38. Las relaciones de trabajo para la explotación de minas que carezcan de minerales costeables o para la restauración de minas abandonadas o paralizadas, pueden ser por tiempo u obra determinado o para la inversión de capital determinado.

Artículo 39. Si vencido el término que se hubiese fijado subsiste la materia del trabajo, la relación quedará prorrogada por todo el tiempo que perdure dicha circunstancia.

Artículo 39-A. En las relaciones de trabajo por tiempo indeterminado o cuando excedan de ciento ochenta días, podrá establecerse un periodo a prueba, el cual no podrá exceder de treinta días, con el único fin de verificar que el trabajador cumple con los requisitos y conocimientos necesarios para desarrollar el trabajo que se solicita.

El periodo de prueba a que se refiere el párrafo anterior, podrá extenderse hasta ciento ochenta días, sólo cuando se trate de trabajadores para puestos de dirección, gerenciales y demás personas que ejerzan funciones de dirección o administración en la empresa o establecimiento de carácter general o para desempeñar labores técnicas o profesionales especializadas.

Durante el período de prueba el trabajador disfrutará del salario, la garantía de la seguridad social y de las prestaciones de la categoría o puesto que desempeñe. Al término del periodo de prueba, de no acreditar el trabajador que satisface los requisitos y conocimientos necesarios para desarrollar las labores, a juicio del patrón, tomando en cuenta la opinión de la Comisión Mixta de Productividad, Capacitación y Adiestramiento en los términos de esta Ley, así como la naturaleza de la categoría o puesto, se dará por terminada la relación de trabajo, sin responsabilidad para el patrón.

Artículo adicionado DOF 30-11-2012

Artículo 39-B. Se entiende por relación de trabajo para capacitación inicial, aquella por virtud de la cual un trabajador se obliga a prestar sus servicios subordinados, bajo la dirección y mando del patrón, con el fin de que adquiera los conocimientos o habilidades necesarios para la actividad para la que vaya a ser contratado.

La vigencia de la relación de trabajo a que se refiere el párrafo anterior, tendrá una duración máxima de tres meses o en su caso, hasta de seis meses sólo cuando se trate de trabajadores para puestos de dirección, gerenciales y demás personas que ejerzan funciones de dirección o administración en la empresa o establecimiento de carácter general o para desempeñar labores que requieran conocimientos profesionales especializados. Durante ese tiempo el trabajador disfrutará del salario, la garantía de la seguridad social y de las prestaciones de la categoría o puesto que desempeñe. Al término de la capacitación inicial, de no acreditar competencia el trabajador, a juicio del patrón, tomando en cuenta la opinión de la Comisión Mixta de Productividad, Capacitación y Adiestramiento en los términos de esta Ley, así como a la naturaleza de la categoría o puesto, se dará por terminada la relación de trabajo, sin responsabilidad para el patrón.

Artículo adicionado DOF 30-11-2012

Artículo 39-C. La relación de trabajo con periodo a prueba o de capacitación inicial, se hará constar por escrito garantizando la seguridad social del trabajador; en caso contrario se entenderá que es por tiempo indeterminado, y se garantizarán los derechos de seguridad social del trabajador.

Artículo adicionado DOF 30-11-2012

Artículo 39-D. Los periodos a prueba y de capacitación inicial son improrrogables.

Dentro de una misma empresa o establecimiento, no podrán aplicarse al mismo trabajador en forma simultánea o sucesiva periodos de prueba o de capacitación inicial, ni en más de una ocasión, ni tratándose de puestos de trabajo distintos, o de ascensos, aun cuando concluida la relación de trabajo surja otra con el mismo patrón, a efecto de garantizar los derechos de la seguridad social del trabajador.

Artículo adicionado DOF 30-11-2012

Artículo 39-E. Cuando concluyan los periodos a prueba o de capacitación inicial y subsista la relación de trabajo, ésta se considerará por tiempo indeterminado y el tiempo de vigencia de aquellos se computará para efectos del cálculo de la antigüedad.

Artículo adicionado DOF 30-11-2012

Artículo 39-F. Las relaciones de trabajo por tiempo indeterminado serán continuas por regla general, pero podrán pactarse para labores discontinuas cuando los servicios requeridos sean para labores fijas y periódicas de carácter discontinuo, en los casos de actividades de temporada o que no exijan la prestación de servicios toda la semana, el mes o el año.

Los trabajadores que presten servicios bajo esta modalidad tienen los mismos derechos y obligaciones que los trabajadores por tiempo indeterminado, en proporción al tiempo trabajado en cada periodo.

Artículo adicionado DOF 30-11-2012

Artículo 40. Los trabajadores en ningún caso estarán obligados a prestar sus servicios por más de un año.

Artículo 41. La substitución de patrón no afectará las relaciones de trabajo de la empresa o establecimiento. El patrón substituido será solidariamente responsable con el nuevo por las obligaciones derivadas de las relaciones de trabajo y de la Ley, nacidas antes de la fecha de la substitución, hasta por el término de seis meses; concluido éste, subsistirá únicamente la responsabilidad del nuevo patrón.

El término de seis meses a que se refiere el párrafo anterior, se contará a partir de la fecha en que se hubiese dado aviso de la substitución al sindicato o a los trabajadores.

Para que surta efectos la sustitución patronal deberán transmitirse los bienes objeto de la empresa o establecimiento al patrón sustituto.

Párrafo adicionado DOF 23-04-2021

CAPÍTULO III
SUSPENSIÓN DE LOS EFECTOS DE LAS RELACIONES DE TRABAJO

Artículo 42. Son causas de suspensión temporal de las obligaciones de prestar el servicio y pagar el salario, sin responsabilidad para el trabajador y el patrón:

I. La enfermedad contagiosa del trabajador;

II. La incapacidad temporal ocasionada por un accidente o enfermedad que no constituya un riesgo de trabajo;

III. La prisión preventiva del trabajador seguida de sentencia absolutoria. Si el trabajador obró en defensa de la persona o de los intereses del patrón, tendrá éste la obligación de pagar los salarios que hubiese dejado de percibir aquél;

IV. El arresto del trabajador;

V. El cumplimiento de los servicios y el desempeño de los cargos mencionados en el artículo 5o de la Constitución, y el de las obligaciones consignadas en el artículo 31, fracción III de la misma Constitución;

VI. La designación de los trabajadores como representantes ante los organismos estatales, Comisión Nacional de los Salarios Mínimos, Comisión Nacional para la Participación de los Trabajadores en las Utilidades de las Empresas y otros semejantes;

Fracción reformada DOF 21-01-1988, 30-11-2012, 01-05-2019

VII. La Falta (sic DOF 04-06-2019) de los documentos que exijan las Leyes y reglamentos, necesarios para la prestación del servicio, cuando sea imputable al trabajador;

Fracción reformada DOF 30-11-2012, 04-06-2019

VIII. La conclusión de la temporada en el caso de los trabajadores contratados bajo esta modalidad, y

Fracción adicionada DOF 30-11-2012. Reformada DOF 04-06-2019

IX. La licencia a que se refiere el artículo 140 Bis de la Ley del Seguro Social.

Fracción adicionada DOF 04-06-2019

Artículo 42 Bis. En los casos en que las autoridades competentes emitan una declaratoria de contingencia sanitaria, conforme a las disposiciones aplicables, que implique la suspensión de las labores, se estará a lo dispuesto por el artículo 429, fracción IV de esta Ley.

Artículo adicionado DOF 30-11-2012

Artículo 43. La suspensión a que se refiere el artículo 42 surtirá efectos:

Párrafo reformado DOF 30-11-2012

I. En los casos de las fracciones I y II del artículo anterior, desde la fecha en que el patrón tenga conocimiento de la enfermedad contagiosa o de la en que se produzca la incapacidad para el trabajo, hasta que termine el período fijado por el Instituto Mexicano del Seguro Social o antes si desaparece la incapacidad para el trabajo, sin que la suspensión pueda exceder del término fijado en la Ley del Seguro Social para el tratamiento de las enfermedades que no sean consecuencia de un riesgo de trabajo;

II. Tratándose de las fracciones III y IV, desde el momento en que el trabajador acredite estar detenido a disposición de la autoridad judicial o administrativa, hasta la fecha en que cause ejecutoria la sentencia que lo absuelva o termine el arresto. Si obtiene su libertad provisional, deberá presentarse a trabajar en un plazo de quince días siguientes a su liberación, salvo que se le siga proceso por delitos intencionales en contra del patrón o sus compañeros de trabajo;

Fracción reformada DOF 30-11-2012

III. En los casos de las fracciones V y VI, desde la fecha en que deban prestarse los servicios o desempeñarse los cargos, hasta por un periodo de seis años;

Fracción reformada DOF 30-11-2012

IV. En el caso de la fracción VII, desde la fecha en que el patrón tenga conocimiento del hecho, hasta por un periodo de dos meses; y

Fracción reformada DOF 30-11-2012

V. En el caso de la fracción VIII, desde la fecha de conclusión de la temporada, hasta el inicio de la siguiente.

Fracción adicionada DOF 30-11-2012

Artículo 44. Cuando los trabajadores sean llamados para alistarse y servir en la Guardia Nacional, de conformidad con lo dispuesto en el artículo 31, fracción III, de la Constitución, el tiempo de servicios se tomará en consideración para determinar su antigüedad.

Artículo 45. El trabajador deberá regresar a su trabajo:

I. En los casos de las fracciones I, II, IV y VII del artículo 42, al día siguiente de la fecha en que termine la causa de la suspensión; y

II. En los casos de las fracciones III, V y VI del artículo 42, dentro de los quince días siguientes a la terminación de la causa de la suspensión

CAPÍTULO IV
RESCISIÓN DE LAS RELACIONES DE TRABAJO

Artículo 46. El trabajador o el patrón podrá rescindir en cualquier tiempo la relación de trabajo, por causa justificada, sin incurrir en responsabilidad.

Artículo 47. Son causas de rescisión de la relación de trabajo, sin responsabilidad para el patrón:

I. Engañarlo el trabajador o en su caso, el sindicato que lo hubiese propuesto o recomendado con certificados falsos o referencias en los que se atribuyan al trabajador capacidad, aptitudes o facultades de que carezca. Esta causa de rescisión dejará de tener efecto después de treinta días de prestar sus servicios el trabajador;

II. Incurrir el trabajador, durante sus labores, en faltas de probidad u honradez, en actos de violencia, amagos, injurias o malos tratamientos en contra del patrón, sus familiares o del personal directivo o administrativo de la empresa o establecimiento, o en contra de clientes y proveedores del patrón, salvo que medie provocación o que obre en defensa propia;

Fracción reformada DOF 30-11-2012

III. Cometer el trabajador contra alguno de sus compañeros, cualquiera de los actos enumerados en la fracción anterior, si como consecuencia de ellos se altera la disciplina del lugar en que se desempeña el trabajo;

IV. Cometer el trabajador, fuera del servicio, contra el patrón, sus familiares o personal directivo administrativo, alguno de los actos a que se refiere la fracción II, si son de tal manera graves que hagan imposible el cumplimiento de la relación de trabajo;

V. Ocasionar el trabajador, intencionalmente, perjuicios materiales durante el desempeño de las labores o con motivo de ellas, en los edificios, obras, maquinaria, instrumentos, materias primas y demás objetos relacionados con el trabajo;

VI. Ocasionar el trabajador los perjuicios de que habla la fracción anterior siempre que sean graves, sin dolo, pero con negligencia tal, que ella sea la causa única del perjuicio;

VII. Comprometer el trabajador, por su imprudencia o descuido inexcusable, la seguridad del establecimiento o de las personas que se encuentren en él;

VIII. Cometer el trabajador actos inmorales o de hostigamiento y/o acoso sexual contra cualquier persona en el establecimiento o lugar de trabajo;

Fracción reformada DOF 30-11-2012

IX. Revelar el trabajador los secretos de fabricación o dar a conocer asuntos de carácter reservado, con perjuicio de la empresa;

X. Tener el trabajador más de tres faltas de asistencia en un período de treinta días, sin permiso del patrón o sin causa justificada;

XI. Desobedecer el trabajador al patrón o a sus representantes, sin causa justificada, siempre que se trate del trabajo contratado;

XII. Negarse el trabajador a adoptar las medidas preventivas o a seguir los procedimientos indicados para evitar accidentes o enfermedades;

XIII. Concurrir el trabajador a sus labores en estado de embriaguez o bajo la influencia de algún narcótico o droga enervante, salvo que, en este último caso, exista prescripción médica. Antes de iniciar su servicio, el trabajador deberá poner el hecho en conocimiento del patrón y presentar la prescripción suscrita por el médico;

XIV. La sentencia ejecutoriada que imponga al trabajador una pena de prisión, que le impida el cumplimiento de la relación de trabajo;

Fracción reformada DOF 30-11-2012

XIV Bis. La falta de documentos que exijan las leyes y reglamentos, necesarios para la prestación del servicio cuando sea imputable al trabajador y que exceda del periodo a que se refiere la fracción IV del artículo 43; y

Fracción adicionada DOF 30-11-2012

XV. Las análogas a las establecidas en las fracciones anteriores, de igual manera graves y de consecuencias semejantes en lo que al trabajo se refiere.

El patrón que despida a un trabajador deberá darle aviso escrito en el que refiera claramente la conducta o conductas que motivan la rescisión y la fecha o fechas en que se cometieron.

Párrafo reformado DOF 30-11-2012

El aviso deberá entregarse personalmente al trabajador en el momento mismo del despido o bien, comunicarlo al Tribunal competente, dentro de los cinco días hábiles siguientes, en cuyo caso deberá proporcionar el último domicilio que tenga registrado del trabajador a fin de que la autoridad se lo notifique en forma personal.

Párrafo adicionado DOF 04-01-1980. Reformado DOF 30-11-2012, 01-05-2019

La prescripción para ejercer las acciones derivadas del despido no comenzará a correr sino hasta que el trabajador reciba personalmente el aviso de rescisión.

Párrafo adicionado DOF 30-11-2012

La falta de aviso al trabajador personalmente o por conducto del Tribunal, por sí sola presumirá la separación no justificada, salvo prueba en contrario que acredite que el despido fue justificado.

Párrafo adicionado DOF 04-01-1980. Reformado DOF 30-11-2012, 01-05-2019

Artículo 48. El trabajador podrá solicitar ante la Autoridad Conciliadora, o ante el Tribunal si no existe arreglo conciliatorio, que se le reinstale en el trabajo que desempeñaba, o que se le indemnice con el importe de tres meses de salario, a razón del que corresponda a la fecha en que se realice el pago, observando previamente las disposiciones relativas al procedimiento de conciliación previsto en el artículo 684-A y subsiguientes.

Párrafo reformado DOF 01-05-2019

Si en el juicio correspondiente no comprueba el patrón la causa de la rescisión, el trabajador tendrá derecho, además, cualquiera que hubiese sido la acción intentada, a que se le paguen los salarios vencidos computados desde la fecha del despido hasta por un período máximo de doce meses, en términos de lo preceptuado en la última parte del párrafo anterior.

Si al término del plazo señalado en el párrafo anterior no ha concluido el procedimiento o no se ha dado cumplimiento a la sentencia, se pagarán también al trabajador los intereses que se generen sobre el importe de quince meses de salario, a razón del dos por ciento mensual, capitalizable al momento del pago. Lo dispuesto en este párrafo no será aplicable para el pago de otro tipo de indemnizaciones o prestaciones.

Párrafo reformado DOF 01-05-2019

En caso de muerte del trabajador, dejarán de computarse los salarios vencidos como parte del conflicto, a partir de la fecha del fallecimiento.

Los abogados, litigantes o representantes que promuevan acciones, excepciones, incidentes, diligencias, ofrecimiento de pruebas, recursos y, en general toda actuación en forma notoriamente improcedente, con la finalidad de prolongar, dilatar u obstaculizar la sustanciación o resolución de un juicio laboral, se le impondrá una multa de 100 a 1000 veces la Unidad de Medida y Actualización.

Párrafo reformado DOF 01-05-2019

Si la dilación es producto de omisiones o conductas irregulares de los servidores públicos, la sanción aplicable será la suspensión hasta por noventa días sin pago de salario y en caso de reincidencia la destitución del cargo, en los términos de las disposiciones aplicables. Además, en este último supuesto se dará vista al Ministerio Público para que investigue la posible comisión de delitos contra la administración de justicia.

A los servidores públicos del Centro Federal de Conciliación y Registro Laboral cuando retrasen, obstruyan o influyan en el procedimiento de registros sindicales y de contratos colectivos y de reglamentos interiores de trabajo a favor o en contra de una de las partes, así como en el otorgamiento de la constancia de representatividad sin causa justificada se les impondrá una multa de 100 a 1000 veces la Unidad de Medida y Actualización. Por lo que se refiere a los servidores públicos de los Centros de Conciliación locales se le sancionará en los mismos términos, cuando en el desempeño de su función conciliatoria incurran en estas conductas.

Párrafo adicionado DOF 01-05-2019

Artículo reformado DOF 30-11-2012

Artículo 48 Bis. Para efectos del artículo 48 de esta Ley, de manera enunciativa se considerarán actuaciones notoriamente improcedentes las siguientes:

I. Tratándose de las partes, abogados, litigantes, representantes o testigos:

a) Ofrecer algún beneficio personal, dádiva o soborno a funcionarios del Centro Federal de Conciliación y Registro Laboral, Centros de Conciliación Locales o Tribunales; así como a terceros de un procedimiento laboral;

b) Alterar un documento firmado por el trabajador con un fin distinto para incorporar la renuncia;

c) Exigir la firma de papeles en blanco en la contratación o en cualquier momento de la relación laboral;

d) Presentación de hechos notoriamente falsos en el juicio laboral, por cualquiera de las partes o sus representantes, sobre el salario, la jornada de trabajo o la antigüedad de la relación de trabajo;

e) Negar el acceso a un establecimiento o centro de trabajo al actuario o notificador de la autoridad laboral, cuando éste solicite realizar una notificación o diligencia. Asimismo, negarse a recibir los documentos relativos a la notificación ordenada por la autoridad laboral cuando se trate del domicilio de la razón social o de la persona física o moral buscada. También se considera conducta infractora simular con cédulas fiscales o documentación oficial de otras razones sociales, aun cuando tengan el mismo domicilio, con objeto de evadir la citación al procedimiento de conciliación prejudicial, el emplazamiento a juicio o el desahogo de una prueba, y

f) Demandar la titularidad de un contrato colectivo de trabajo sin tener trabajadores afiliados al sindicato que labore en el centro de trabajo de cuyo contrato se reclame.

II. Tratándose de servidores públicos se considerarán actuaciones notoriamente improcedentes:

a) Levantar razón de una notificación haciendo constar que se constituyó en el domicilio que se le ordenó realizar la notificación, sin haberse constituido en el mismo;

b) Levantar razón de una notificación o cédula de emplazamiento sin que éstas se hayan realizado;

c) Omitir efectuar una notificación dentro del plazo establecido por la Ley u ordenado por la autoridad laboral;

d) Dilatar de manera deliberada la notificación de una audiencia de conciliación, el emplazamiento de un juicio laboral o cualquier notificación personal del procedimiento laboral, para beneficiar a alguna de las partes del procedimiento o para recibir un beneficio de alguna de las partes;

e) Recibir una dádiva de alguna de las partes o tercero interesado;

f) Retrasar deliberadamente la ejecución de sentencias y convenios que sean cosa juzgada;

g) Admitir pruebas no relacionadas con la litis que dilaten el procedimiento;

h) Retrasar un acuerdo o resolución más de ocho días de los plazos establecidos en la ley;

i) Ocultar expedientes con el fin de retrasar el juicio o impedir la celebración de una audiencia o diligencia;

j) Retrasar y obstruir la entrega de la constancia de representatividad sin causa justificada, y

k) Negarse a recibir injustificadamente el trabajador de un organismo público o paraestatal una notificación de un Centro de Conciliación o un Tribunal, o bien obstaculizar su realización, en cuyo caso deberá darse vista al Órgano de Control Interno correspondiente, independientemente de las sanciones que se establecen en la presente Ley.

Se considera grave la conducta si la dilación es producto de omisiones o conductas irregulares de los servidores públicos; en estos casos, además de las sanciones que sean aplicables conforme a la Ley General de Responsabilidades Administrativas, se les impondrá a quienes resulten responsables una multa de 100 a 1000 veces la Unidad de Medida y Actualización, y se deberá dar vista al Ministerio Público por la posible comisión de delitos contra la administración de justicia.

Artículo adicionado DOF 01-05-2019

Artículo 49. La persona empleadora quedará eximida de la obligación de reinstalar a la persona trabajadora, mediante el pago de las indemnizaciones que se determinan en el artículo 50 en los casos siguientes:

Párrafo reformado DOF 24-12-2024

I. Cuando se trate de trabajadores que tengan una antigüedad menor de un año;

II. Si comprueba ante el Tribunal que el trabajador, por razón del trabajo que desempeña o por las características de sus labores, está en contacto directo y permanente con él y el Tribunal estima, tomando en consideración las circunstancias del caso, que no es posible el desarrollo normal de la relación de trabajo;

Fracción reformada DOF 01-05-2019, 02-07-2019, 24-12-2024

III. En los casos de trabajadores de confianza;
IV. En el trabajo del hogar;

Párrafo reformado DOF 24-12-2024

V. Cuando se trate de trabajadores eventuales, y

Fracción reformada DOF 24-12-2024

VI. Cuando se trate de personas trabajadoras en plataformas digitales. Únicamente procederá la reinstalación obligatoria en caso de violación a derechos colectivos, tales como la libertad de asociación, autonomía sindical, el derecho de huelga y de contratación colectiva.

Fracción adicionada DOF 24-12-2024

Para ejercer este derecho el patrón podrá acudir al Tribunal en la vía paraprocesal contemplada en el artículo 982 de esta Ley para depositar la indemnización a que se refiere el artículo 50 de esta Ley. Para tal efecto el patrón aportará al Tribunal la información relacionada con el nombre y domicilio del trabajador, para que se le notifique dicho paraprocesal, debiendo manifestar bajo protesta de decir verdad que en el caso se actualiza alguna de las hipótesis contempladas en el presente artículo. Con el escrito de cuenta y desglose del monto de la indemnización el Tribunal correrá traslado al trabajador para su conocimiento.

Párrafo adicionado DOF 01-05-2019

Si el trabajador no está de acuerdo con la procedencia o los términos de la indemnización, el trabajador tendrá a salvo sus derechos para demandar por la vía jurisdiccional la acción que corresponda; en caso de que en el juicio se resuelva que el trabajador no se encuentra en ninguna de las hipótesis de este artículo, el depósito de la indemnización no surtirá efecto alguno y el Tribunal dispondrá del dinero depositado para ejecutar su sentencia. Si en dicho juicio el Tribunal resuelve que se actualiza alguna de las hipótesis contempladas en este artículo, pero el monto depositado es insuficiente para pagar la indemnización, el Tribunal condenará al patrón a pagar las diferencias e intereses correspondientes.

Párrafo adicionado DOF 01-05-2019

Artículo 50. Las indemnizaciones a que se refiere el artículo anterior consistirán:

I. Si la relación de trabajo fuere por tiempo determinado menor de un año, en una cantidad igual al importe de los salarios de la mitad del tiempo de servicios prestados; si excediera de un año, en una cantidad igual al importe de los salarios de seis meses por el primer año y de veinte días por cada uno de los años siguientes en que hubiese prestado sus servicios;

II. Si la relación de trabajo fuere por tiempo indeterminado, la indemnización consistirá en veinte días de salario por cada uno de los años de servicios prestados;

Fracción reformada DOF 24-12-2024

III. Además de las indemnizaciones a que se refieren las fracciones anteriores, en el importe de tres meses de salario y el pago de los salarios vencidos e intereses, en su caso, en los términos previstos en el artículo 48 de esta Ley, y

Fracción reformada DOF 30-11-2012, 24-12-2024

IV. Para las personas trabajadoras de plataformas digitales la indemnización consistirá en tres meses de salario. Adicionalmente se pagarán veinte días de salario por cada uno de los años de servicios prestados, tomando en cuenta el tiempo efectivamente laborado, como lo establece el artículo 291-D del mismo ordenamiento y los salarios vencidos e intereses, en su caso, en los términos previstos en el artículo 48 de esta Ley.

Fracción adicionada DOF 24-12-2024

Artículo 51. Son causas de rescisión de la relación de trabajo, sin responsabilidad para el trabajador:

I. Engañarlo el patrón, o en su caso, la agrupación patronal al proponerle el trabajo, respecto de las condiciones del mismo. Esta causa de rescisión dejará de tener efecto después de treinta días de prestar sus servicios el trabajador;

II. Incurrir el patrón, sus familiares o cualquiera de sus representantes, dentro del servicio, en faltas de probidad u honradez, actos de violencia, amenazas, injurias, hostigamiento y/o acoso sexual, malos tratamientos u otros análogos, en contra del trabajador, cónyuge, padres, hijos o hermanos;

Fracción reformada DOF 30-11-2012

III. Incurrir el patrón, sus familiares o trabajadores, fuera del servicio, en los actos a que se refiere la fracción anterior, si son de tal manera graves que hagan imposible el cumplimiento de la relación de trabajo;

IV. Reducir el patrón el salario del trabajador;

V. No recibir el salario correspondiente en la fecha o lugar convenidos o acostumbrados;

VI. Sufrir perjuicios causados maliciosamente por el patrón, en sus herramientas o útiles de trabajo;

VII. La existencia de un peligro grave para la seguridad o salud del trabajador o de su familia, ya sea por carecer de condiciones higiénicas el establecimiento o porque no se cumplan las medidas preventivas y de seguridad que las leyes establezcan;

VIII. Comprometer el patrón, con su imprudencia o descuido inexcusables, la seguridad del establecimiento o de las personas que se encuentren en él; y

IX. Exigir la realización de actos, conductas o comportamientos que menoscaben o atenten contra la dignidad del trabajador; y

Fracción adicionada DOF 30-11-2012

X. Las análogas a las establecidas en las fracciones anteriores, de igual manera graves y de consecuencias semejantes, en lo que al trabajo se refiere.

Fracción recorrida DOF 30-11-2012

Artículo 52. El trabajador podrá separarse de su trabajo dentro de los treinta días siguientes a la fecha en que se dé cualquiera de las causas mencionadas en el artículo anterior y tendrá derecho a que el patrón lo indemnice en los términos del artículo 50.

CAPÍTULO V
TERMINACIÓN DE LAS RELACIONES DE TRABAJO

Artículo 53. Son causas de terminación de las relaciones de trabajo:

I. El mutuo consentimiento de las partes;

II. La muerte del trabajador;

III. La terminación de la obra o vencimiento del término o inversión del capital, de conformidad con los artículos 36, 37 y 38;

IV. La incapacidad física o mental o inhabilidad manifiesta del trabajador, que haga imposible la prestación del trabajo; y

V. Los casos a que se refiere el artículo 434.

Artículo 54. En el caso de la fracción IV del artículo anterior, si la incapacidad proviene de un riesgo no profesional, el trabajador tendrá derecho a que se le pague un mes de salario y doce días por cada año de servicios, de conformidad con lo dispuesto en el artículo 162, o de ser posible, si así lo desea, a que se le proporcione otro empleo compatible con sus aptitudes, independientemente de las prestaciones que le correspondan de conformidad con las leyes.

Artículo 55. Si en el juicio correspondiente no comprueba el patrón las causas de la terminación, tendrá el trabajador los derechos consignados en el artículo 48.

TÍTULO TERCERO
CONDICIONES DE TRABAJO

CAPÍTULO I
DISPOSICIONES GENERALES

Artículo 56. Las condiciones de trabajo basadas en el principio de igualdad sustantiva entre mujeres y hombres en ningún caso podrán ser inferiores a las fijadas en esta Ley y deberán ser proporcionales a la importancia de los servicios e iguales para trabajos iguales, sin que puedan establecerse diferencias y/o exclusiones por motivo de origen étnico o nacionalidad, sexo, género, edad, discapacidad, condición social, condiciones de salud, religión, opiniones, preferencias sexuales, condiciones de embarazo, responsabilidades familiares o estado civil, salvo las modalidades expresamente consignadas en esta Ley, garantizando además un entorno libre de violencias y discriminación en todas sus formas.

Artículo reformado DOF 30-11-2012, 15-01-2025

Artículo 56 Bis. Los trabajadores podrán desempeñar labores o tareas conexas o complementarias a su labor principal, por lo cual podrán recibir la compensación salarial correspondiente.

Para los efectos del párrafo anterior, se entenderán como labores o tareas conexas o complementarias, aquellas relacionadas permanente y directamente con las que estén pactadas en los contratos individuales y colectivos de trabajo o, en su caso, las que habitualmente realice el trabajador.

Artículo adicionado DOF 30-11-2012

Artículo 57. El trabajador podrá solicitar al Tribunal la modificación de las condiciones de trabajo, cuando el salario no sea remunerador o sea excesiva la jornada de trabajo o concurran circunstancias económicas que la justifiquen.

Párrafo reformado DOF 01-05-2019

El patrón podrá solicitar la modificación cuando concurran circunstancias económicas que la justifiquen.

CAPÍTULO II
JORNADA DE TRABAJO

Artículo 58. Jornada de trabajo es el tiempo durante el cual el trabajador está a disposición del patrón para prestar su trabajo.

Artículo 59. El trabajador y el patrón fijarán la duración de la jornada de trabajo, sin que pueda exceder los máximos legales.

Los trabajadores y el patrón podrán repartir las horas de trabajo, a fin de permitir a los primeros el reposo del sábado en la tarde o cualquier modalidad equivalente.

Artículo 60. Jornada diurna es la comprendida entre las seis y las veinte horas.

Jornada nocturna es la comprendida entre las veinte y las seis horas.

Jornada mixta es la que comprende períodos de tiempo de las jornadas diurna y nocturna, siempre que el período nocturno sea menor de tres horas y media, pues si comprende tres y media o más, se reputará jornada nocturna.

Artículo 61. La duración máxima de la jornada será: ocho horas la diurna, siete la nocturna y siete horas y media la mixta.

Artículo 62. Para fijar la jornada de trabajo se observará lo dispuesto en el artículo 5o., fracción III.

Artículo 63. Durante la jornada continua de trabajo se concederá al trabajador un descanso de media hora, por lo menos.

Artículo 64. Cuando el trabajador no pueda salir del lugar donde presta sus servicios durante las horas de reposo o de comidas, el tiempo correspondiente le será computado como tiempo efectivo de la jornada de trabajo.

Artículo 65. En los casos de siniestro o riesgo inminente en que peligre la vida del trabajador, de sus compañeros o del patrón, o la existencia misma de la empresa, la jornada de trabajo podrá prolongarse por el tiempo estrictamente indispensable para evitar esos males.

Artículo 66. Podrá también prolongarse la jornada de trabajo por circunstancias extraordinarias, sin exceder nunca de tres horas diarias ni de tres veces en una semana.

Artículo 67. Las horas de trabajo a que se refiere el artículo 65, se retribuirán con una cantidad igual a la que corresponda a cada una de las horas de la jornada.

Las horas de trabajo extraordinario se pagarán con un ciento por ciento más del salario que corresponda a las horas de la jornada.

Artículo 68. Los trabajadores no están obligados a prestar sus servicios por un tiempo mayor del permitido de este capítulo.

La prolongación del tiempo extraordinario que exceda de nueve horas a la semana, obliga al patrón a pagar al trabajador el tiempo excedente con un doscientos por ciento más del salario que corresponda a las horas de la jornada, sin perjuicio de las sanciones establecidas en esta Ley.

CAPÍTULO III
DÍAS DE DESCANSO

Artículo 69. Por cada seis días de trabajo disfrutará el trabajador de un día de descanso, por lo menos, con goce de salario íntegro.

Artículo 70. En los trabajos que requieran una labor continua, los trabajadores y el patrón fijarán de común acuerdo los días en que los trabajadores deban disfrutar de los de descanso semanal.

Artículo 71. En los reglamentos de esta Ley se procurará que el día de descanso semanal sea el domingo.

Los trabajadores que presten servicio en día domingo tendrán derecho a una prima adicional de un veinticinco por ciento, por lo menos, sobre el salario de los días ordinarios de trabajo.

Artículo 72. Cuando el trabajador no preste sus servicios durante todos los días de trabajo de la semana, o cuando en el mismo día o en la misma semana preste sus servicios a varios patrones, tendrá derecho a que se le pague la parte proporcional del salario de los días de descanso, calculada sobre el salario de los días en que hubiese trabajado o sobre el que hubiese percibido de cada patrón.

Artículo 73. Los trabajadores no están obligados a prestar servicios en sus días de descanso. Si se quebranta esta disposición, el patrón pagará al trabajador, independientemente del salario que le corresponda por el descanso, un salario doble por el servicio prestado.

Artículo 74. Son días de descanso obligatorio:

I. El 1o. de enero;

II. El primer lunes de febrero en conmemoración del 5 de febrero;

III. El tercer lunes de marzo en conmemoración del 21 de marzo;

IV. El 1o. de mayo;

V. El 16 de septiembre;

VI. El tercer lunes de noviembre en conmemoración del 20 de noviembre;

VII. El 1o. de octubre de cada seis años, cuando corresponda a la transmisión del Poder Ejecutivo Federal;

Fracción reformada DOF 30-09-2024

VIII. El 25 de diciembre, y

IX. El que determinen las leyes federales y locales electorales, en el caso de elecciones ordinarias, para efectuar la jornada electoral.

Artículo reformado DOF 22-12-1987, 17-01-2006

Artículo 75. En los casos del artículo anterior los trabajadores y los patrones determinarán el número de trabajadores que deban prestar sus servicios. Si no se llega a un convenio, resolverá el Tribunal.

Párrafo reformado DOF 01-05-2019

Los trabajadores quedarán obligados a prestar los servicios y tendrán derecho a que se les pague, independientemente del salario que les corresponda por el descanso obligatorio, un salario doble por el servicio prestado.

CAPÍTULO IV
VACACIONES

Artículo 76. Las personas trabajadoras que tengan más de un año de servicios disfrutarán de un periodo anual de vacaciones pagadas, que en ningún caso podrá ser inferior a doce días laborables, y que aumentará en dos días laborables, hasta llegar a veinte, por cada año subsecuente de servicios.

A partir del sexto año, el periodo de vacaciones aumentará en dos días por cada cinco de servicios.

Artículo reformado DOF 27-12-2022

Artículo 77. Los trabajadores que presten servicios discontinuos y los de temporada tendrán derecho a un período anual de vacaciones, en proporción al número de días de trabajos en el año.

Artículo 78. Del total del periodo que le corresponda conforme a lo previsto en el artículo 76 de esta Ley, la persona trabajadora disfrutará de doce días de vacaciones continuos, por lo menos. Dicho periodo, a potestad de la persona trabajadora podrá ser distribuido en la forma y tiempo que así lo requiera.

Artículo reformado DOF 27-12-2022

Artículo 79. Las vacaciones no podrán compensarse con una remuneración.

Si la relación de trabajo termina antes de que se cumpla el año de servicios, el trabajador tendrá derecho a una remuneración proporcionada al tiempo de servicios prestados.

Artículo 80. Los trabajadores tendrán derecho a una prima no menor de veinticinco por ciento sobre los salarios que les correspondan durante el período de vacaciones.

Artículo 81. Las vacaciones deberán concederse a los trabajadores dentro de los seis meses siguientes al cumplimiento del año de servicios. Los patrones entregarán anualmente a sus trabajadores una constancia que contenga su antigüedad y de acuerdo con ella el período de vacaciones que les corresponda y la fecha en que deberán disfrutarlo.

CAPÍTULO V
SALARIO

Artículo 82. Salario es la retribución que debe pagar el patrón al trabajador por su trabajo.

Artículo 83. El salario puede fijarse por unidad de tiempo, por unidad de obra, por comisión, a precio alzado o de cualquier otra manera.

Tratándose de salario por unidad de tiempo, se establecerá específicamente esa naturaleza. El trabajador y el patrón podrán convenir el monto, siempre que se trate de un salario remunerador, así como el pago por cada hora de prestación de servicio, siempre y cuando no se exceda la jornada máxima legal y se respeten los derechos laborales y de seguridad social que correspondan a la plaza de que se trate. El ingreso que perciban los trabajadores por esta modalidad, en ningún caso será inferior al que corresponda a una jornada diaria.

Párrafo adicionado DOF 30-11-2012

Cuando el salario se fije por unidad de obra, además de especificarse la naturaleza de ésta, se hará constar la cantidad y calidad del material, el estado de la herramienta y útiles que el patrón, en su caso, proporcione para ejecutar la obra, y el tiempo por el que los pondrá a disposición del trabajador, sin que pueda exigir cantidad alguna por concepto del desgaste natural que sufra la herramienta como consecuencia del trabajo.

Artículo 84. El salario se integra con los pagos hechos en efectivo por cuota diaria, gratificaciones, percepciones, habitación, primas, comisiones, prestaciones en especie y cualquiera otra cantidad o prestación que se entregue al trabajador por su trabajo.

Artículo 85. El salario debe ser remunerador y nunca menor al fijado como mínimo de acuerdo con las disposiciones de esta Ley. Para fijar el importe del salario se tomarán en consideración la cantidad y calidad del trabajo.

En el salario por unidad de obra, la retribución que se pague será tal, que para un trabajo normal, en una jornada de ocho horas, dé por resultado el monto del salario mínimo, por lo menos.

Artículo 86. A trabajo igual, desempeñado en puesto, jornada y condiciones de eficiencia también iguales, debe corresponder salario igual; en cumplimiento de las obligaciones del Estado de reducir la brecha salarial de género se promoverán acciones para erradicar las prácticas retributivas desiguales de conformidad con lo dispuesto en la Ley General para la Igualdad entre Mujeres y Hombres.

Artículo reformado DOF 16-12-2024

Artículo 87. Los trabajadores tendrán derecho a un aguinaldo anual que deberá pagarse antes del día veinte de diciembre, equivalente a quince días de salario, por lo menos.

Los que no hayan cumplido el año de servicios, independientemente de que se encuentren laborando o no en la fecha de liquidación del aguinaldo, tendrán derecho a que se les pague la parte proporcional del mismo, conforme al tiempo que hubieren trabajado, cualquiera que fuere éste.

Párrafo reformado DOF 31-12-1975

Artículo 88. Los plazos para el pago del salario nunca podrán ser mayores de una semana para las personas que desempeñan un trabajo material y de quince días para los demás trabajadores.

Artículo 89. Para determinar el monto de las indemnizaciones que deban pagarse a los trabajadores se tomará como base el salario correspondiente al día en que nazca el derecho a la indemnización, incluyendo en él la cuota diaria y la parte proporcional de las prestaciones mencionadas en el artículo 84.

En los casos de salario por unidad de obra, y en general, cuando la retribución sea variable, se tomará como salario diario el promedio de las percepciones obtenidas en los treinta días efectivamente trabajados antes del nacimiento del derecho. Si en ese lapso hubiese habido aumento en el salario, se tomará como base el promedio de las percepciones obtenidas por el trabajador a partir de la fecha del aumento.

Cuando el salario se fije por semana o por mes, se dividirá entre siete o entre treinta, según el caso, para determinar el salario diario.

CAPÍTULO VI
SALARIO MÍNIMO

Artículo 90. Salario mínimo es la cantidad menor que debe recibir en efectivo la persona trabajadora por los servicios prestados en una jornada de trabajo.

El salario mínimo deberá ser suficiente para satisfacer las necesidades normales de una o un jefe de familia en el orden material, social y cultural, y para proveer a la educación obligatoria de las y los hijos.

Se considera de utilidad social el establecimiento de instituciones y medidas que protejan la capacidad adquisitiva del salario y faciliten el acceso de toda persona trabajadora a la obtención de satisfactores.

La fijación anual de los salarios mínimos, o la revisión de los mismos, nunca estará por debajo de la inflación observada durante el periodo de su vigencia transcurrido.

Artículo reformado DOF 09-01-1974, 30-03-2021

Artículo 91. Los salarios mínimos podrán ser generales para una o varias áreas geográficas de aplicación, que pueden extenderse a una o más entidades federativas o profesionales, para una rama determinada de la actividad económica o para profesiones, oficios o trabajos especiales, dentro de una o varias áreas geográficas.

Artículo reformado DOF 21-01-1988

Artículo 92. Los salarios mínimos generales regirán para todos los trabajadores del área o áreas geográficas de aplicación que se determinen, independientemente de las ramas de la actividad económica, profesiones, oficios o trabajos especiales.

Artículo reformado DOF 21-01-1988

Artículo 93. Los salarios mínimos profesionales regirán para todos los trabajadores de las ramas de actividad económica, profesiones, oficios o trabajos especiales que se determinen dentro de una o varias áreas geográficas de aplicación.

Artículo reformado DOF 21-01-1988

Artículo 94. Los salarios mínimos se fijarán por una Comisión Nacional integrada por representantes de los trabajadores, de los patrones y del gobierno, la cual podrá auxiliarse de las comisiones especiales de carácter consultivo que considere indispensables para el mejor desempeño de sus funciones.

Artículo reformado DOF 21-01-1988

Artículo 95. La Comisión Nacional de los Salarios Mínimos y las Comisiones Consultivas se integrarán en forma tripartita, de acuerdo a lo establecido por el Capítulo II del Título Trece de esta Ley.

Artículo reformado DOF 24-12-1974, 21-01-1988

Artículo 96. La Comisión Nacional determinará la división de la República en áreas geográficas, las que estarán constituidas por uno o más municipios en los que deba regir un mismo salario mínimo general, sin que necesariamente exista continuidad territorial entre dichos municipios.

Artículo reformado DOF 21-01-1988

Artículo 97. Los salarios mínimos no podrán ser objeto de compensación, descuento o reducción, salvo en los casos siguientes:

Párrafo reformado DOF 24-04-1972, 09-01-1974

I. Pensiones alimenticias decretadas por la autoridad competente en favor de las personas mencionadas en el artículo 110, fracción V; y

II. Pago de rentas a que se refiere el artículo 151. Este descuento no podrá exceder del diez por ciento del salario.

Fracción reformada DOF 24-04-1972

III. Pago de abonos para cubrir préstamos o rentas provenientes del Fondo Nacional de la Vivienda para los Trabajadores destinados al arrendamiento social, adquisición, construcción, reparación, ampliación o mejoras de vivienda o al pago de pasivos adquiridos por estos conceptos. Estos descuentos deberán haber sido aceptados libremente por la persona trabajadora y no podrán exceder el 20 por ciento del salario para préstamos y 30 por ciento del salario para rentas.

Fracción adicionada DOF 24-04-1972. Reformada DOF 07-01-1982, 21-02-2025

IV. Pago de abonos para cubrir créditos otorgados o garantizados por el Instituto a que se refiere el artículo 103 Bis de esta Ley, destinados a la adquisición de bienes de consumo duradero o al pago de servicios. Estos descuentos estarán precedidos de la aceptación que libremente haya hecho el trabajador y no podrán exceder del 10% del salario.

Fracción adicionada DOF 09-01-1974. Reformada DOF 02-07-1976, 30-11-2012

CAPÍTULO VII
NORMAS PROTECTORAS Y PRIVILEGIOS DEL SALARIO

Artículo 98. Los trabajadores dispondrán libremente de sus salarios. Cualquier disposición o medida que desvirtúe este derecho será nula.

Artículo 99. El derecho a percibir el salario es irrenunciable. Lo es igualmente el derecho a percibir los salarios devengados.

Artículo 100. El salario se pagará directamente al trabajador. Sólo en los casos en que esté imposibilitado para efectuar personalmente el cobro, el pago se hará a la persona que designe como apoderado mediante carta poder suscrita por dos testigos.

El pago hecho en contravención a lo dispuesto en el párrafo anterior no libera de responsabilidad al patrón.

Artículo 101. El salario en efectivo deberá pagarse precisamente en moneda de curso legal, no siendo permitido hacerlo en mercancías, vales, fichas o cualquier otro signo representativo con que se pretenda substituir la moneda.

Previo consentimiento del trabajador, el pago del salario podrá efectuarse por medio de depósito en cuenta bancaria, tarjeta de débito, transferencias o cualquier otro medio electrónico. Los gastos o costos que originen estos medios alternativos de pago serán cubiertos por el patrón.

Párrafo adicionado DOF 30-11-2012

En todos los casos, el trabajador deberá tener acceso a la información detallada de los conceptos y deducciones de pago. Los recibos de pago deberán entregarse al trabajador en forma impresa o por cualquier otro medio, sin perjuicio de que el patrón lo deba entregar en documento impreso cuando el trabajador así lo requiera.

Párrafo adicionado DOF 01-05-2019

Los recibos impresos deberán contener firma autógrafa del trabajador para su validez; los recibos de pago contenidos en comprobantes fiscales digitales por Internet (CFDI) pueden sustituir a los recibos impresos; el contenido de un CFDI hará prueba si se verifica en el portal de Internet del Servicio de Administración Tributaria, en caso de ser validado se estará a lo dispuesto en la fracción I del artículo 836-D de esta Ley.

Párrafo adicionado DOF 01-05-2019

Artículo 102. Las prestaciones en especie deberán ser apropiadas al uso personal del trabajador y de su familia y razonablemente proporcionadas al monto del salario que se pague en efectivo.

Artículo 103. Los almacenes y tiendas en que se expenda ropa, comestibles y artículos para el hogar, podrán crearse por convenio entre los trabajadores y los patrones, de una o varias empresas, de conformidad con las normas siguientes:

Párrafo reformado DOF 09-01-1974

I. La adquisición de las mercancías será libre sin que pueda ejercerse coacción sobre los trabajadores;

II. Los precios de venta de los productos se fijarán por convenio entre los trabajadores y los patrones, y nunca podrán ser superiores a los precios oficiales y en su defecto a los corrientes en el mercado;

III. Las modificaciones en los precios se sujetarán a lo dispuesto en la fracción anterior; y

IV. En el convenio se determinará la participación que corresponda a los trabajadores en la administración y vigilancia del almacén o tienda.

Artículo 103 Bis. El Instituto del Fondo Nacional para el Consumo de los Trabajadores, conforme a la Ley que lo regula, establecerá las bases para:

I. Otorgar crédito a los trabajadores, procurando las mejores condiciones de mercado; y

II. Facilitar el acceso de los trabajadores a los servicios financieros que promuevan su ahorro y la consolidación de su patrimonio.

Artículo adicionado DOF 09-01-1974. Reformado DOF 02-07-1976, 30-11-2012

Artículo 104. Es nula la cesión de los salarios en favor del patrón o de terceras personas, cualquiera que sea la denominación o forma que se le dé.

Artículo 105. El salario de los trabajadores no será objeto de compensación alguna.

Artículo 106. La obligación del patrón de pagar el salario no se suspende, salvo en los casos y con los requisitos establecidos en esta Ley.

Artículo 107. Está prohibida la imposición de multas a los trabajadores, cualquiera que sea su causa o concepto.

Artículo 108. El pago del salario se efectuará en el lugar donde los trabajadores presten sus servicios.

Artículo 109. El pago deberá efectuarse en día laborable, fijado por convenio entre el trabajador y el patrón, durante las horas de trabajo o inmediatamente después de su terminación.

Artículo 110. Los descuentos en los salarios de los trabajadores, están prohibidos salvo en los casos y con los requisitos siguientes:

Párrafo reformado DOF 09-01-1974

I. Pago de deudas contraídas con el patrón por anticipo de salarios, pagos hechos con exceso al trabajador, errores, pérdidas, averías o adquisición de artículos producidos por la empresa o establecimiento. La cantidad exigible en ningún caso podrá ser mayor del importe de los salarios de un mes y el descuento será al que convengan el trabajador y el patrón, sin que pueda ser mayor del treinta por ciento del excedente del salario mínimo;

II. Pago de la renta a que se refiere el artículo 151 que no podrá exceder del quince por ciento del salario.

Fracción reformada DOF 24-04-1972

III. Pago de abonos para cubrir préstamos o rentas provenientes del Fondo Nacional de la Vivienda para los Trabajadores destinados al arrendamiento social, adquisición, construcción, reparación, ampliación o mejoras de vivienda o al pago de pasivos adquiridos por estos conceptos. Estos descuentos deberán haber sido aceptados libremente por la persona trabajadora.

Fracción reformada DOF 24-04-1972, 07-01-1982, 21-02-2025

IV. Pago de cuotas para la constitución y fomento de sociedades cooperativas y de cajas de ahorro, siempre que los trabajadores manifiesten expresa y libremente su conformidad y que no sean mayores del treinta por ciento del excedente del salario mínimo;

V. Pago de pensiones alimenticias en favor de acreedores alimentarios, decretado por la autoridad competente.

En caso de que el trabajador deje de prestar sus servicios en el centro de trabajo, el patrón deberá informar a la autoridad jurisdiccional competente y los acreedores alimentarios tal circunstancia, dentro de los cinco días hábiles siguientes a la fecha de la terminación de la relación laboral;

Fracción reformada DOF 30-11-2012

VI. Pago de las cuotas sindicales ordinarias previstas en los estatutos de los sindicatos.

El trabajador podrá manifestar por escrito su voluntad de que no se le aplique la cuota sindical, en cuyo caso el patrón no podrá descontarla;

Fracción reformada DOF 01-05-2019

VII. Pago de abonos para cubrir créditos garantizados por el Instituto a que se refiere el artículo 103 Bis de esta Ley, destinados a la adquisición de bienes de consumo, o al pago de servicios. Estos descuentos deberán haber sido aceptados libremente por el trabajador y no podrán exceder del veinte por ciento del salario.

Fracción adicionada DOF 09-01-1974. Reformada DOF 30-11-2012

Artículo 111. Las deudas contraídas por los trabajadores con sus patrones en ningún caso devengarán intereses.

Artículo 112. Los salarios de los trabajadores no podrán ser embargados, salvo el caso de pensiones alimenticias decretadas por la autoridad competente en beneficio de las personas señaladas en el artículo 110, fracción V.

Los patrones no están obligados a cumplir ninguna otra orden judicial o administrativa de embargo.

Artículo 113. Los salarios devengados en el último año y las indemnizaciones debidas a los trabajadores son preferentes sobre cualquier otro crédito, incluidos los que disfruten de garantía real, los fiscales y los a favor del Instituto Mexicano del Seguro Social, sobre todos los bienes del patrón.

Artículo 114. Los trabajadores no necesitan entrar a concurso, quiebra, suspensión de pagos o sucesión. El Tribunal procederá al embargo y remate de los bienes necesarios para el pago de los salarios e indemnizaciones.

Artículo reformado DOF 01-05-2019

Artículo 115. Los beneficiarios del trabajador fallecido tendrán derecho a percibir las prestaciones e indemnizaciones pendientes de cubrirse, ejercitar las acciones y continuar los juicios, sin necesidad de juicio sucesorio.

Artículo 116. Queda prohibido en los centros de trabajo el establecimiento de expendios de bebidas embriagantes y de casas de juego de azar y de asignación. Esta prohibición será efectiva en un radio de cuatro kilómetros de los centros de trabajo ubicados fuera de las poblaciones.

Para los efectos de esta Ley, son bebidas embriagantes aquellas cuyo contenido alcohólico exceda del cinco por ciento.

CAPÍTULO VIII
PARTICIPACIÓN DE LOS TRABAJADORES EN LAS UTILIDADES DE LAS EMPRESAS

Artículo 117. Los trabajadores participarán en las utilidades de las empresas, de conformidad con el porcentaje que determine la Comisión Nacional para la Participación de los Trabajadores en las Utilidades de las Empresas.

Artículo 118. Para determinar el porcentaje a que se refiere el artículo anterior, la Comisión Nacional practicará las investigaciones y realizará los estudios necesarios y apropiados para conocer las condiciones generales de la economía nacional y tomará en consideración la necesidad de fomentar el desarrollo industrial del país, el derecho del capital a obtener un interés razonable y la necesaria reinversión de capitales.

Artículo 119. La Comisión Nacional podrá revisar el porcentaje que hubiese fijado, de conformidad con lo dispuesto en el artículo 587 y siguientes.

Artículo 120. El Porcentaje fijado por la Comisión constituye la participación que corresponderá a los trabajadores en las utilidades de cada empresa.

Para los efectos de esta Ley, se considera utilidad en cada empresa la renta gravable, de conformidad con las normas de la Ley del Impuesto sobre la Renta.

Artículo 121. El derecho de los trabajadores para formular objeciones a la declaración que presente el patrón a la Secretaría de Hacienda y Crédito Público, se ajustará a las normas siguientes:

I. El patrón, dentro de un término de diez días contado a partir de la fecha de la presentación de su declaración anual, entregará a los trabajadores copia de la misma. Los anexos que de conformidad con las disposiciones fiscales debe presentar a la Secretaría de Hacienda y Crédito Público quedarán a disposición de los trabajadores durante el término de treinta días en las oficinas de la empresa y en la propia Secretaría.

Los trabajadores no podrán poner en conocimiento de terceras personas los datos contenidos en la declaración y en sus anexos;

II. Dentro de los treinta días siguientes, el sindicato titular del contrato colectivo o la mayoría de los trabajadores de la empresa, podrá formular ante la Secretaría de Hacienda y Crédito Público las observaciones que juzgue convenientes, la que tendrá la obligación de responder por escrito, una vez que concluyan los procedimientos de fiscalización de acuerdo a los plazos que establece el Código Fiscal de la Federación, respecto de cada una de ellas;

Fracción reformada DOF 30-11-2012

III. La resolución definitiva dictada por la misma Secretaría no podrá ser recurrida por los trabajadores; y

IV. Dentro de los treinta días siguientes a la resolución dictada por la Secretaría de Hacienda y Crédito Público, el patrón dará cumplimiento a la misma independientemente de que la impugne. Si como resultado de la impugnación variara a su favor el sentido de la resolución, los pagos hechos podrán deducirse de las utilidades correspondientes a los trabajadores en el siguiente ejercicio.

Lo anterior, a excepción de que el patrón hubiese obtenido del Tribunal, la suspensión del reparto adicional de utilidades.

Párrafo adicionado DOF 30-11-2012. Reformado DOF 01-05-2019

Fracción adicionada DOF 02-07-1976

Artículo 122. El reparto de utilidades entre los trabajadores deberá efectuarse dentro de los sesenta días siguientes a la fecha en que deba pagarse el impuesto anual, aun cuando esté en trámite objeción de los trabajadores.

Cuando la Secretaría de Hacienda y Crédito Público aumente el monto de la utilidad gravable, sin haber mediado objeción de los trabajadores o haber sido ésta resuelta, el reparto adicional se hará dentro de los sesenta días siguientes a la fecha en que se notifique la resolución. Sólo en el caso de que ésta fuera impugnada por el patrón, se suspenderá el pago del reparto adicional hasta que la resolución quede firme, garantizándose el interés de los trabajadores.

El importe de las utilidades no reclamadas en el año en que sean exigibles, se agregará a la utilidad repartible del año siguiente.

Artículo reformado DOF 02-07-1976

Artículo 123. La utilidad repartible se dividirá en dos partes iguales: la primera se repartirá por igual entre todos los trabajadores, tomando en consideración el número de días trabajados por cada uno en el año, independientemente del monto de los salarios. La segunda se repartirá en proporción al monto de los salarios devengados por el trabajo prestado durante el año.

Artículo 124. Para los efectos de este capítulo, se entiende por salario la cantidad que perciba cada trabajador en efectivo por cuota diaria. No se consideran como parte de él las gratificaciones, percepciones y demás prestaciones a que se refiere el artículo 84, ni las sumas que perciba el trabajador por concepto de trabajo extraordinario.

En los casos de salario por unidad de obra y en general, cuando la retribución sea variable, se tomará como salario diario el promedio de las percepciones obtenidas en el año.

Artículo 125. Para determinar la participación de cada trabajador se observarán las normas siguientes:

I. Una comisión integrada por igual número de representantes de los trabajadores y del patrón formulará un proyecto, que determine la participación de cada trabajador y lo fijará en lugar visible del establecimiento. A este fin, el patrón pondrá a disposición de la Comisión la lista de asistencia y de raya de los trabajadores y los demás elementos de que disponga;

II. Si los representantes de los trabajadores y del patrón no se ponen de acuerdo, decidirá el Inspector del Trabajo;

III. Los trabajadores podrán hacer las observaciones que juzguen conveniente, dentro de un término de quince días; y

IV. Si se formulan objeciones, serán resueltas por la misma comisión a que se refiere la fracción I, dentro de un término de quince días.

Artículo 126. Quedan exceptuadas de la obligación de repartir utilidades:

I. Las empresas de nueva creación, durante el primer año de funcionamiento;

II. Las empresas de nueva creación, dedicadas a la elaboración de un producto nuevo, durante los dos primeros años de funcionamiento. La determinación de la novedad del producto se ajustará a lo que dispongan las leyes para fomento de industrias nuevas;

III. Las empresas de industria extractiva, de nueva creación, durante el período de exploración;

IV. Las instituciones de asistencia privada, reconocidas por las leyes, que con bienes de propiedad particular ejecuten actos con fines humanitarios de asistencia, sin propósitos de lucro y sin designar individualmente a los beneficiarios;

V. El Instituto Mexicano del Seguro Social y las instituciones públicas descentralizadas con fines culturales, asistenciales o de beneficencia; y

VI. Las empresas que tengan un capital menor del que fije la Secretaría del Trabajo y Previsión Social por ramas de la industria, previa consulta con la Secretaría de Economía. La resolución podrá revisarse total o parcialmente, cuando existan circunstancias económicas importantes que lo justifiquen.

Fracción reformada DOF 09-04-2012

Artículo 127. El derecho de los trabajadores a participar en el reparto de utilidades, reconocido en la Constitución Política de los Estados Unidos Mexicanos, se ajustará a las normas siguientes:

Párrafo reformado DOF 23-04-2021

I. Los directores, administradores y gerentes generales de las empresas no participarán en las utilidades;

II. Los demás trabajadores de confianza participarán en las utilidades de las empresas, pero si el salario que perciben es mayor del que corresponda al trabajador sindicalizado de más alto salario dentro de la empresa, o a falta de esté al trabajador de planta con la misma característica, se considerará este salario aumentado en un veinte por ciento, como salario máximo.

Fracción reformada DOF 02-07-1976

III. El monto de la participación de los trabajadores al servicio de personas cuyos ingresos deriven exclusivamente de su trabajo, y el de los que se dediquen al cuidado de bienes que produzcan rentas o al cobro de créditos y sus intereses, no podrá exceder de un mes de salario;

IV. Las madres trabajadoras, durante los períodos pre y postnatales, y los trabajadores víctimas de un riesgo de trabajo durante el período de incapacidad temporal, serán considerados como trabajadores en servicio activo;

IV Bis. Los trabajadores del establecimiento de una empresa forman parte de ella para efectos de la participación de los trabajadores en las utilidades;

Fracción adicionada DOF 30-11-2012

V. En la industria de la construcción, después de determinar qué trabajadores tienen derecho a participar en el reparto, la Comisión a que se refiere el artículo 125 adoptará las medidas que juzgue conveniente para su citación;

VI. Los trabajadores del hogar no participarán en el reparto de utilidades;

Fracción reformada DOF 01-05-2019, 24-12-2024

VII. Los trabajadores eventuales tendrán derecho a participar en las utilidades de la empresa cuando hayan trabajado sesenta días durante el año, por lo menos.

VIII. El monto de la participación de utilidades tendrá como límite máximo tres meses del salario del trabajador o el promedio de la participación recibida en los últimos tres años; se aplicará el monto que resulte más favorable al trabajador, y

Fracción adicionada DOF 23-04-2021. Reformada DOF 24-12-2024

IX. Las personas trabajadoras en plataformas digitales tendrán derecho a participar en las utilidades de la empresa cuando el tiempo efectivamente laborado, en términos del artículo 291-D de esta Ley, sea superior a 288 horas anuales.

Fracción adicionada DOF 24-12-2024

Artículo 128. No se harán compensaciones de los años de pérdida con los de ganancia.

Artículo 129. La participación en las utilidades a que se refiere este capítulo no se computará como parte del salario, para los efectos de las indemnizaciones que deban pagarse a los trabajadores.

Artículo 130. Las cantidades que correspondan a los trabajadores por concepto de utilidades quedan protegidas por las normas contenidas en los artículos 98 y siguientes.

Artículo 131. El derecho de los trabajadores a participar en las utilidades no implica la facultad de intervenir en la dirección o administración de las empresas.

TÍTULO CUARTO
DERECHOS Y OBLIGACIONES DE LOS TRABAJADORES Y DE LOS PATRONES

CAPÍTULO I
OBLIGACIONES DE LOS PATRONES

Artículo 132. Son obligaciones de las personas empleadoras:

Párrafo reformado DOF 19-12-2024

I. Cumplir las disposiciones de las normas de trabajo aplicables a sus empresas o establecimientos;

II. Pagar a los trabajadores los salarios e indemnizaciones, de conformidad con las normas vigentes en la empresa o establecimiento;

III. Proporcionar oportunamente a los trabajadores los útiles, instrumentos y materiales necesarios para la ejecución del trabajo, debiendo darlos de buena calidad, en buen estado y reponerlos tan luego como dejen de ser eficientes, siempre que aquéllos no se hayan comprometido a usar herramienta propia. El patrón no podrá exigir indemnización alguna por el desgaste natural que sufran los útiles, instrumentos y materiales de trabajo;

IV. Proporcionar local seguro para la guarda de los instrumentos y útiles de trabajo pertenecientes al trabajador, siempre que deban permanecer en el lugar en que prestan los servicios, sin que sea lícito al patrón retenerlos a título de indemnización, garantía o cualquier otro. El registro de instrumentos o útiles de trabajo deberá hacerse siempre que el trabajador lo solicite;

V. Proveer el número suficiente de asientos o sillas con respaldo a disposición de todas las personas trabajadoras en los sectores de servicios, comercio y centros de trabajo análogos, para la ejecución de sus funciones o para el descanso periódico durante la jornada laboral. En el caso de descansos periódicos, los asientos o sillas con respaldo deberán estar ubicados en áreas específicas que para tal efecto se designen en las mismas instalaciones del lugar de trabajo. La misma disposición se observará en los establecimientos industriales cuando lo permita la naturaleza del trabajo;

Fracción reformada DOF 19-12-2024

VI. Guardar a los trabajadores la debida consideración, absteniéndose de mal trato de palabra o de obra;

VII. Expedir cada quince días, a solicitud de los trabajadores, una constancia escrita del número de días trabajados y del salario percibido;

VIII. Expedir al trabajador que lo solicite o se separe de la empresa, dentro del término de tres días, una constancia escrita relativa a sus servicios;

IX. Conceder a los trabajadores el tiempo necesario para el ejercicio del voto en las elecciones populares, los procesos de revocación de mandato y para el cumplimiento de los servicios de jurados, electorales y censales, a que se refiere el artículo 5o., de la Constitución, cuando esas actividades deban cumplirse dentro de sus horas de trabajo;

Fracción reformada DOF 28-04-2022

X. Permitir a los trabajadores faltar a su trabajo para desempeñar una comisión accidental o permanente de su sindicato o del Estado, siempre que avisen con la oportunidad debida y que el número de trabajadores comisionados no sea tal que perjudique la buena marcha del establecimiento. El tiempo perdido podrá descontarse al trabajador a no ser que lo compense con un tiempo igual de trabajo efectivo. Cuando la comisión sea de carácter permanente, el trabajador o trabajadores podrán volver al puesto que ocupaban, conservando todos sus derechos, siempre y cuando regresen a su trabajo dentro del término de seis años. Los substitutos tendrán el carácter de interinos, considerándolos como de planta después de seis años;

XI. Poner en conocimiento del sindicato titular del contrato colectivo y de los trabajadores de la categoría inmediata inferior, los puestos de nueva creación, las vacantes definitivas y las temporales que deban cubrirse;

XII. Establecer y sostener las escuelas Artículo 123 Constitucional, de conformidad con lo que dispongan las leyes y la Secretaría de Educación Pública;

XIII. Colaborar con las Autoridades del Trabajo y de Educación, de conformidad con las leyes y reglamentos, a fin de lograr la alfabetización de los trabajadores;

XIV. Hacer por su cuenta, cuando empleen más de cien y menos de mil trabajadores, los gastos indispensables para sostener en forma decorosa los estudios técnicos, industriales o prácticos, en centros especiales, nacionales o extranjeros, de uno de sus trabajadores o de uno de los hijos de éstos, designado en atención a sus aptitudes, cualidades y dedicación, por los mismos trabajadores y el patrón. Cuando tengan a su servicio más de mil trabajadores deberán sostener tres becarios en las condiciones señaladas. El patrón sólo podrá cancelar la beca cuando sea reprobado el becario en el curso de un año o cuando observe mala conducta; pero en esos casos será substituido por otro. Los becarios que hayan terminado sus estudios deberán prestar sus servicios al patrón que los hubiese becado, durante un año, por lo menos;

XV. Proporcionar capacitación y adiestramiento a sus trabajadores, en los términos del Capítulo III Bis de este Título.

Fracción reformada DOF 28-04-1978

XVI. Instalar y operar las fábricas, talleres, oficinas, locales y demás lugares en que deban ejecutarse las labores, de acuerdo con las disposiciones establecidas en el reglamento y las normas oficiales mexicanas en materia de seguridad, salud y medio ambiente de trabajo, a efecto de prevenir accidentes y enfermedades laborales. Asimismo, deberán adoptar las medidas preventivas y correctivas que determine la autoridad laboral;

Fracción reformada DOF 28-04-1978, 30-11-2012

XVI Bis. Contar, en los centros de trabajo que tengan más de 50 trabajadores, con instalaciones adecuadas para el acceso y desarrollo de actividades de las personas con discapacidad;

Fracción adicionada DOF 30-11-2012

XVII. Cumplir el reglamento y las normas oficiales mexicanas en materia de seguridad, salud y medio ambiente de trabajo, así como disponer en todo tiempo de los medicamentos y materiales de curación indispensables para prestar oportuna y eficazmente los primeros auxilios;

Fracción reformada DOF 28-04-1978, 30-11-2012

XVIII. Fijar visiblemente y difundir en los lugares donde se preste el trabajo, las disposiciones conducentes de los reglamentos y las normas oficiales mexicanas en materia de seguridad, salud y medio ambiente de trabajo, así como el texto íntegro del o los contratos colectivos de trabajo que rijan en la empresa; asimismo, se deberá difundir a los trabajadores la información sobre los riesgos y peligros a los que están expuestos;

Fracción reformada DOF 28-04-1978, 30-11-2012

XIX. Proporcionar a sus trabajadores los medicamentos profilácticos que determine la autoridad sanitaria en los lugares donde existan enfermedades tropicales o endémicas, o cuando exista peligro de epidemia;

XIX Bis. Cumplir con las disposiciones que en caso de emergencia sanitaria fije la autoridad competente, así como proporcionar a sus trabajadores los elementos que señale dicha autoridad, para prevenir enfermedades en caso de declaratoria de contingencia sanitaria;

Fracción adicionada DOF 30-11-2012

XX. Reservar, cuando la población fija de un centro rural de trabajo exceda de doscientos habitantes, un espacio de terreno no menor de cinco mil metros cuadrados para el establecimiento de mercados públicos, edificios para los servicios municipales y centros recreativos, siempre que dicho centro de trabajo esté a una distancia no menor de cinco kilómetros de la población más próxima;

XXI. Proporcionar a los sindicatos, si lo solicitan, en los centros rurales de trabajo, un local que se encuentre desocupado para que instalen sus oficinas, cobrando la renta correspondiente. Si no existe local en las condiciones indicadas, se podrá emplear para ese fin cualquiera de los asignados para alojamiento de los trabajadores;

XXII. Hacer las deducciones que soliciten los sindicatos de las cuotas sindicales ordinarias, siempre que se compruebe que son las previstas en el artículo 110, fracción VI;

XXIII. Hacer las deducciones de las cuotas para la constitución y fomento de sociedades cooperativas y de cajas de ahorro, de conformidad con lo dispuesto en el artículo 110, fracción IV;

XXIII Bis. Hacer las deducciones y pagos correspondientes a las pensiones alimenticias previstas en la fracción V del artículo 110 y colaborar al efecto con la autoridad jurisdiccional competente;

Fracción adicionada DOF 30-11-2012

XXIV. Permitir la inspección y vigilancia que las autoridades del trabajo practiquen en su establecimiento para cerciorarse del cumplimiento de las normas de trabajo y darles los informes que a ese efecto sean indispensables, cuando lo soliciten. Los patrones podrán exigir a los inspectores o comisionados que les muestren sus credenciales y les den a conocer las instrucciones que tengan; y

XXV. Contribuir al fomento de las actividades culturales y del deporte entre sus trabajadores y proporcionarles los equipos y útiles indispensables.

XXVI. Hacer las deducciones previstas en las fracciones IV del artículo 97 y VII del artículo 110, enterar los descuentos en orden de prelación, primero al Instituto del Fondo Nacional para el Consumo de los Trabajadores y posterior a las otras instituciones. Esta obligación no convierte al patrón en deudor solidario del crédito que se haya concedido al trabajador;

Fracción adicionada DOF 09-01-1974. Fe de erratas DOF 10-01-1974. Reformada DOF 30-11-2012, 01-05-2019

XXVI Bis. Afiliar al centro de trabajo al Instituto del Fondo Nacional para el Consumo de los Trabajadores, a efecto de que los trabajadores puedan ser sujetos del crédito que proporciona dicha entidad. La afiliación será gratuita para el patrón;

Fracción adicionada DOF 30-11-2012

XXVII. Proporcionar a las mujeres embarazadas la protección que establezcan los reglamentos.

Fracción adicionada DOF 31-12-1974

XXVII Bis. Otorgar permiso de paternidad de cinco días laborables con goce de sueldo, a los hombres trabajadores, por el nacimiento de sus hijos y de igual manera en el caso de la adopción de un infante;

Fracción adicionada DOF 30-11-2012. Reformada DOF 22-06-2018

XXVIII. Participar en la integración y funcionamiento de las Comisiones que deban formarse en cada centro de trabajo, de acuerdo con lo establecido por esta Ley, y

Fracción adicionada DOF 28-04-1978. Reformada DOF 22-06-2018

XXIX. Otorgar permiso sin goce de sueldo a las y los trabajadores declarados desaparecidos que cuenten con Declaración Especial de Ausencia, en los términos de lo establecido en la legislación especial en la materia.

Fracción adicionada DOF 22-06-2018

XXIX Bis. Otorgar las facilidades conducentes a los trabajadores respecto de las licencias expedidas por el Instituto según lo establece el artículo 140 Bis de la Ley del Seguro Social.

Fracción adicionada DOF 04-06-2019

XXX. Entregar a sus trabajadores de manera gratuita un ejemplar impreso del contrato colectivo de trabajo inicial o de su revisión dentro de los quince días siguientes a que dicho contrato sea depositado ante el Centro Federal de Conciliación y Registro Laboral; esta obligación se podrá acreditar con la firma de recibido del trabajador;

Fracción adicionada DOF 01-05-2019

XXXI. Implementar, en acuerdo con los trabajadores, un protocolo para prevenir la discriminación por razones de género y atención de casos de violencia y acoso u hostigamiento sexual, así como erradicar el trabajo forzoso e infantil;

Fracción adicionada DOF 01-05-2019

XXXII. Fijar y difundir en los lugares de mayor afluencia del centro de trabajo el texto fiel de la convocatoria y demás documentos que le solicite el Centro Federal de Conciliación y Registro Laboral para el desarrollo del procedimiento de consulta a que hacen referencia los artículos 390 Bis y 390 Ter, y

Fracción adicionada DOF 01-05-2019

XXXIII. Fijar en los lugares de mayor afluencia del centro de trabajo la convocatoria que le solicite el sindicato cuando se consulte a los trabajadores el contenido del contrato colectivo de trabajo inicial o el convenio de revisión, en términos de los artículos 390 Ter y 400 Bis.

Fracción adicionada DOF 01-05-2019

Artículo 133. Queda prohibido a las personas empleadoras o a sus representantes:

Párrafo reformado DOF 30-11-2012, 19-12-2024

I. Negarse a aceptar trabajadores por razón de origen étnico o nacional, género, edad, discapacidad, condición social, condiciones de salud, religión, opiniones, preferencias sexuales, estado civil o cualquier otro criterio que pueda dar lugar a un acto discriminatorio;

Fracción reformada DOF 31-12-1974, 30-11-2012

II. Exigir que los trabajadores compren sus artículos de consumo en tienda o lugar determinado;

III. Exigir o aceptar dinero de los trabajadores como gratificación porque se les admita en el trabajo o por cualquier otro motivo que se refiera a las condiciones de éste;

IV. Obligar a los trabajadores por coacción o por cualquier otro medio, a afiliarse o retirarse del sindicato o agrupación a que pertenezcan, o a que voten por determinada candidatura, así como cualquier acto u omisión que atente contra su derecho a decidir quién debe representarlos en la negociación colectiva;

Fracción reformada DOF 01-05-2019

V. Intervenir en cualquier forma en el régimen interno del sindicato, impedir su formación o el desarrollo de la actividad sindical, mediante represalias implícitas o explícitas contra los trabajadores;

Fracción reformada DOF 30-11-2012

VI. Hacer o autorizar colectas o suscripciones en los establecimientos y lugares de trabajo;

VII. Ejecutar cualquier acto que restrinja a los trabajadores los derechos que les otorgan las leyes;

VIII. Hacer propaganda política o religiosa dentro del establecimiento;

IX. Emplear el sistema de poner en el índice a los trabajadores que se separen o sean separados del trabajo para que no se les vuelva a dar ocupación;

X. Portar armas en el interior de los establecimientos ubicados dentro de las poblaciones;

Fracción reformada DOF 30-11-2012

XI. Presentarse en los establecimientos en estado de embriaguez o bajo la influencia de un narcótico o droga enervante;

Fracción reformada DOF 30-11-2012

XII. Realizar actos de hostigamiento y/o acoso sexual contra cualquier persona en el lugar de trabajo;

Fracción adicionada DOF 30-11-2012

XIII. Permitir o tolerar actos de hostigamiento y/o acoso sexual en el centro de trabajo;

Fracción adicionada DOF 30-11-2012

XIV. Exigir la presentación de certificados médicos de no embarazo para el ingreso, permanencia o ascenso en el empleo;

Fracción adicionada DOF 30-11-2012. Reformada DOF 22-06-2018

XV. Despedir a una trabajadora o coaccionarla directa o indirectamente para que renuncie por estar embarazada, por cambio de estado civil o por tener el cuidado de hijos menores, y

Fracción adicionada DOF 30-11-2012. Reformada DOF 22-06-2018

XVI. Dar de baja o terminar la relación laboral de un trabajador que tenga la calidad de persona desaparecida y cuente con Declaración Especial de Ausencia, en los términos de lo establecido en la legislación especial en la materia.

Fracción adicionada DOF 22-06-2018

XVII. Realizar cualquier acto tendiente a ejercer control sobre el sindicato al que pertenezcan sus trabajadores;

Fracción adicionada DOF 01-05-2019. Reformada DOF 19-12-2024

XVII Bis.- Obligar a las personas trabajadoras a permanecer de pie durante la totalidad de la jornada laboral y prohibirles tomar asiento periódicamente durante el desarrollo de sus funciones, y

Fracción adicionada DOF 19-12-2024

XVIII. Las demás que establezca esta Ley.

Fracción adicionada DOF 01-05-2019

CAPÍTULO II
OBLIGACIONES DE LOS TRABAJADORES

Artículo 134. Son obligaciones de los trabajadores:

I. Cumplir las disposiciones de las normas de trabajo que les sean aplicables;

II. Observar las disposiciones contenidas en el reglamento y las normas oficiales mexicanas en materia de seguridad, salud y medio ambiente de trabajo, así como las que indiquen los patrones para su seguridad y protección personal;

Fracción reformada DOF 30-11-2012

III. Desempeñar el servicio bajo la dirección del patrón o de su representante, a cuya autoridad estarán subordinados en todo lo concerniente al trabajo;

IV. Ejecutar el trabajo con la intensidad, cuidado y esmero apropiados y en la forma, tiempo y lugar convenidos;

V. Dar aviso inmediato al patrón, salvo caso fortuito o de fuerza mayor, de las causas justificadas que le impidan concurrir a su trabajo;

VI. Restituir al patrón los materiales no usados y conservar en buen estado los instrumentos y útiles que les haya dado para el trabajo, no siendo responsables por el deterioro que origine el uso de estos objetos, ni del ocasionado por caso fortuito, fuerza mayor, o por mala calidad o defectuosa construcción;

VII. Observar buenas costumbres durante el servicio;

VIII. Prestar auxilios en cualquier tiempo que se necesiten, cuando por siniestro o riesgo inminente peligren las personas o los intereses del patrón o de sus compañeros de trabajo;

IX. Integrar los organismos que establece esta Ley;

X. Someterse a los reconocimientos médicos previstos en el reglamento interior y demás normas vigentes en la empresa o establecimiento, para comprobar que no padecen alguna incapacidad o enfermedad de trabajo, contagiosa o incurable;

XI. Poner en conocimiento del patrón las enfermedades contagiosas que padezcan, tan pronto como tengan conocimiento de las mismas;

XII. Comunicar al patrón o a su representante las deficiencias que adviertan, a fin de evitar daños o perjuicios a los intereses y vidas de sus compañeros de trabajo o de los patrones; y

XIII. Guardar escrupulosamente los secretos técnicos, comerciales y de fabricación de los productos a cuya elaboración concurran directa o indirectamente, o de los cuales tengan conocimiento por razón del trabajo que desempeñen, así como de los asuntos administrativos reservados, cuya divulgación pueda causar perjuicios a la empresa.

Artículo 135. Queda prohibido a los trabajadores:

I. Ejecutar cualquier acto que pueda poner en peligro su propia seguridad, la de sus compañeros de trabajo o la de terceras personas, así como la de los establecimientos o lugares en que el trabajo se desempeñe;

II. Faltar al trabajo sin causa justificada o sin permiso del patrón;

III. Substraer de la empresa o establecimiento útiles de trabajo o materia prima o elaborada;

IV. Presentarse al trabajo en estado de embriaguez;

V. Presentarse al trabajo bajo la influencia de algún narcótico o droga enervante, salvo que exista prescripción médica. Antes de iniciar su servicio, el trabajador deberá poner el hecho en conocimiento del patrón y presentarle la prescripción suscrita por el médico;

VI. Portar armas de cualquier clase durante las horas de trabajo, salvo que la naturaleza de éste lo exija. Se exceptúan de esta disposición las punzantes y punzo-cortantes que formen parte de las herramientas o útiles propios del trabajo;

VII. Suspender las labores sin autorización del patrón;

VIII. Hacer colectas en el establecimiento o lugar de trabajo;

IX. Usar los útiles y herramientas suministrados por el patrón, para objeto distinto de aquél a que están destinados;

Fracción reformada DOF 30-11-2012

X. Hacer cualquier clase de propaganda en las horas de trabajo, dentro del establecimiento; y

Fracción reformada DOF 30-11-2012

XI. Acosar sexualmente a cualquier persona o realizar actos inmorales en los lugares de trabajo.

Fracción adicionada DOF 30-11-2012

CAPÍTULO III
HABITACIONES PARA LOS TRABAJADORES

Artículo 136. Toda empresa agrícola, industrial, minera o de cualquier otra clase de trabajo, está obligada a proporcionar a los trabajadores habitaciones cómodas e higiénicas. Para dar cumplimiento a esta obligación, las empresas deberán aportar al Fondo Nacional de la Vivienda el cinco por ciento sobre los salarios de los trabajadores a su servicio.

Artículo reformado DOF 24-04-1972, 07-01-1982

Artículo 137. El Fondo Nacional de la Vivienda tendrá por objeto crear sistemas de financiamiento que permitan a los trabajadores obtener crédito barato y suficiente para adquirir en propiedad habitaciones cómodas e higiénicas, para la construcción, reparación, o mejoras de sus casas habitación y para el pago de pasivos adquiridos por estos conceptos.

Artículo reformado DOF 24-04-1972

Artículo 138. Los recursos del Fondo Nacional de la Vivienda serán administrados por un organismo integrado en forma tripartita por representantes del Gobierno Federal, de los trabajadores y de los patrones.

Artículo reformado DOF 24-04-1972

Artículo 139. La ley que cree dicho organismo regulará los procedimientos y formas conforme a los cuales las personas trabajadoras podrán adquirir vivienda en propiedad y obtener los créditos a que se refiere el artículo 137, así como acceder a los programas de arrendamiento social.

Artículo reformado DOF 24-04-1972, 21-02-2025

Artículo 140. El organismo a que se refieren los artículos 138 y 139, tendrá a su cargo la coordinación, el financiamiento y ejecución de los programas de construcción de viviendas destinadas a ser adquiridas en propiedad por las personas trabajadoras, así como para obtener el arrendamiento social de vivienda para su habitación por las personas trabajadoras, bajo criterios sociales, sin fines de lucro o especulación comercial y considerando su nivel salarial.

Dicho organismo también intervendrá en la administración de los inmuebles y viviendas que sean de su propiedad o se encuentren bajo su administración a efecto de mantenerlas en condiciones de habitabilidad adecuada.

Artículo reformado DOF 24-04-1972, 21-02-2025

Artículo 141. Las aportaciones al Fondo Nacional de la Vivienda son gastos de previsión social de las empresas y se aplicarán en su totalidad a constituir depósitos en favor de los trabajadores que se sujetarán a las bases siguientes:

I. En los casos de incapacidad total permanente, de incapacidad parcial permanente, cuando ésta sea del 50% o más; de invalidez definitiva, en los términos de la Ley del Seguro Social; de jubilación; o de muerte del trabajador, se entregará el total de los depósitos constituidos, a él o sus beneficiarios, con una cantidad adicional igual a dichos depósitos, en los términos de la Ley, a que se refiere el artículo 139;

En caso de que el trabajador tenga la calidad de persona desaparecida y cuente con Declaración Especial de Ausencia, se procederá de la misma forma observando lo establecido en la legislación especial en la materia.

Párrafo adicionado DOF 22-06-2018

Fracción reformada DOF 13-01-1986

II. Cuando la persona trabajadora deje de estar sujeto a una relación de trabajo y cuente con la edad establecida en la Ley del Seguro Social y la Ley del Instituto del Fondo Nacional de la Vivienda para los Trabajadores, tendrá derecho a que se le haga entrega del total de los depósitos que se hubieren hecho a su favor o sean transferidos a la Administradora de Fondos para el Retiro según lo determine la Ley de los Sistemas de Ahorro para el Retiro.

Fracción reformada DOF 21-02-2025

III. En caso de que el trabajador hubiere recibido crédito del Instituto, las cantidades a que tuviere derecho en los términos de las fracciones anteriores, se aplicarán a la amortización del crédito, salvo en los casos de incapacidad total permanente o de muerte, en los términos del artículo 145 si después de hacer la aplicación de dichas cantidades a la amortización del crédito quedare saldo a favor del trabajador se le entregará a éste el monto correspondiente.

En caso de que el trabajador tenga la calidad de persona desaparecida y cuente con Declaración Especial de Ausencia, en términos de la legislación especial en la materia, el pago del crédito solicitado deberá ser suspendido hasta en tanto no se haya localizado con o sin vida.

Párrafo adicionado DOF 22-06-2018

Para la devolución de los depósitos y cantidades adicionales bastará que la solicitud por escrito se acompañe con las pruebas pertinentes.

Artículo reformado DOF 24-04-1972, 07-01-1982, 30-12-1983

Artículo 142. Cuando una empresa se componga de varios establecimientos, la obligación a que se refiere el Artículo 136 de esta ley se extiende a cada uno de ellos y a la empresa en su conjunto.

Artículo reformado DOF 24-04-1972

Artículo 143. Para los efectos de este Capítulo el salario a que se refiere el artículo 136 se integra con los pagos hechos en efectivo por cuota diaria, y las gratificaciones, percepciones, alimentación, habitación, primas, comisiones, prestaciones en especie y cualquier otra cantidad o prestación que se entregue al trabajador por sus servicios; no se tomarán en cuenta dada su naturaleza, los siguientes conceptos:

a) Los instrumentos de trabajo, tales como herramientas, ropa y otros similares;

b) El ahorro, cuando se integre por un depósito de cantidad semanaria o mensual igual del trabajador y de la empresa; y las cantidades otorgadas por el patrón para fines sociales o sindicales;

c) Las aportaciones al Instituto de Fondo Nacional de la Vivienda para los Trabajadores y las participaciones en las utilidades de las empresas;

d) La alimentación y la habitación cuando no se proporcionen gratuitamente al trabajador, así como las despensas;

e) Los premios por asistencia;

f) Los pagos por tiempo extraordinario, salvo cuando este tipo de servicios esté pactado en forma de tiempo fijo;

g) Las cuotas al Instituto Mexicano del Seguro Social a cargo del trabajador que cubran las empresas.

Artículo reformado DOF 24-04-1972, 07-01-1982

Artículo 144. Se tendrá como salario máximo para el pago de las aportaciones el equivalente a diez veces el salario mínimo general del área geográfica de aplicación que corresponda.

Artículo reformado DOF 24-04-1972, 21-01-1988

Artículo 145. Los créditos que se otorguen por el organismo que administre el Fondo Nacional de la Vivienda, estarán cubiertos por un seguro, para los casos de incapacidad total permanente o de muerte, que libere al trabajador o a sus beneficiarios de las obligaciones, gravámenes o limitaciones de dominio a favor del citado organismo, derivadas de esos créditos.

Para tales efectos, se entenderá por incapacidad total permanente la pérdida de facultades o aptitudes de una persona, que la imposibiliten para desempeñar cualquier trabajo por el resto de su vida, cualquiera que sea la naturaleza del riesgo que la haya producido.

Tratándose de los casos de incapacidad parcial permanente, cuando ésta sea del 50% o más, o invalidez definitiva, se liberará al trabajador acreditado del adeudo, los gravámenes o limitaciones de dominio a favor del Instituto, siempre y cuando no sea sujeto de una nueva relación de trabajo por un período mínimo de dos años, lapso durante el cual gozará de una prórroga sin causa de intereses, para el pago de su crédito. La existencia de cualquiera de estos supuestos deberá comprobarse ante el Instituto del Fondo Nacional de la Vivienda para los Trabajadores, dentro del mes siguiente a la fecha en que se determinen.

En los casos en que la persona trabajadora incapacitada que, durante el periodo señalado en el párrafo anterior, haya adquirido una nueva relación de trabajo y pierda esta, podría reiniciar el trámite de su cancelación del crédito ante el Instituto cuantas veces le resulte necesario, siempre que no se revoque la determinación de su incapacidad en los términos de la Ley del Seguro Social.

Párrafo adicionado DOF 21-02-2025

Artículo reformado DOF 24-04-1972, 13-01-1986

Artículo 146. Las personas trabajadoras que se hayan inscrito voluntariamente al régimen obligatorio de la Ley del Seguro Social, podrán realizar aportaciones al Fondo Nacional de la Vivienda, que les permitan obtener un crédito barato y suficiente, conforme lo determine el organismo a que se refiere el artículo 138 de esta Ley.

Artículo reformado DOF 24-04-1972, 01-05-2019, 29-11-2023

Artículo 147. El Ejecutivo Federal, previo estudio y dictamen del organismo que se constituya para administrar los recursos del Fondo Nacional de la Vivienda, determinará las modalidades y fechas en que incorporarán al régimen establecido por este capítulo:

I. Los deportistas profesionales y

II. Cualquier otro tipo o modalidad de personas trabajadoras.

Fracción reformada DOF 21-02-2025

Artículo reformado DOF 24-04-1972

Artículo 148. El Ejecutivo Federal podrá establecer modalidades para facilitar la aportación de las empresas que tengan un capital o un ingreso inferior a los mínimos que el propio Ejecutivo determine. Estas resoluciones podrán revisarse total o parcialmente cuando a su juicio existan circunstancias que lo justifiquen.

Artículo reformado DOF 24-04-1972

Artículo 149. El organismo que se cree para administrar los recursos del Fondo Nacional de la Vivienda, determinará las sumas que se asignarán al financiamiento de programas de casas habitación destinadas a ser adquiridas en propiedad por los trabajadores y los que se aplicarán para la adquisición, construcción, reparación o mejoras de dichas casas, así como para el pago de pasivos adquiridos por estos conceptos.

Al efectuar la aplicación de recursos, se distribuirán equitativamente entre las distintas regiones y localidades del país, así como entre las diversas empresas o grupos de trabajadores.

Para el otorgamiento individual de los créditos se procederá en caso necesario conforme a un sistema de sorteos, en los términos que establezca la ley a que se refiere el artículo 139.

Artículo reformado DOF 24-04-1972

Artículo 150. Cuando las empresas proporcionen a sus trabajadores casa en comodato o arrendamiento no están exentas de contribuir al Fondo Nacional de la Vivienda, en los términos del artículo 136. Tampoco quedarán exentas de esta aportación respecto de aquellos trabajadores que hayan sido favorecidos por créditos del fondo.

Artículo reformado DOF 24-04-1972

Artículo 151. Cuando las habitaciones se den en arrendamiento a los trabajadores, la renta no podrá exceder del medio por ciento mensual del valor catastral de la finca y se observarán las normas siguientes:

I. Las empresas están obligadas a mantenerlas en condiciones de habitabilidad y a hacer oportunamente las reparaciones necesarias y convenientes:

II. Los trabajadores tienen las obligaciones siguientes:

a). Pagar las rentas.

b). Cuidar de la habitación como si fuera propia.

c). Poner en conocimiento de la empresa los defectos o deterioros que observen.

d). Desocupar las habitaciones a la terminación de las relaciones de trabajo dentro de un término de cuarenta y cinco días y

III. Está prohibido a los trabajadores:

a). Usar la habitación para fines distintos de los señalados en este capítulo.

b). Subarrendar las habitaciones.

Artículo reformado DOF 24-04-1972

Artículo 152. Los trabajadores tendrán derecho a ejercitar ante el Tribunal las acciones individuales y colectivas que deriven del incumplimiento de las obligaciones impuestas en este capítulo.

Artículo reformado DOF 01-05-2019

Artículo 153. Las empresas tendrán derecho a ejercitar ante el Tribunal, las acciones que les correspondan en contra de los trabajadores por incumplimiento de las obligaciones que les impone este capítulo.

Artículo reformado DOF 01-05-2019

CAPÍTULO III BIS
DE LA PRODUCTIVIDAD, FORMACIÓN Y CAPACITACIÓN DE LOS TRABAJADORES

Capítulo adicionado DOF 28-04-1978. Denominación reformada DOF 30-11-2012

Artículo 153-A. Los patrones tienen la obligación de proporcionar a todos los trabajadores, y éstos a recibir, la capacitación o el adiestramiento en su trabajo que le permita elevar su nivel de vida, su competencia laboral y su productividad, conforme a los planes y programas formulados, de común acuerdo, por el patrón y el sindicato o la mayoría de sus trabajadores.

Para dar cumplimiento a la obligación que, conforme al párrafo anterior les corresponde, los patrones podrán convenir con los trabajadores en que la capacitación o adiestramiento se proporcione a éstos dentro de la misma empresa o fuera de ella, por conducto de personal propio, instructores especialmente contratados, instituciones, escuelas u organismos especializados, o bien mediante adhesión a los sistemas generales que se establezcan.

Las instituciones, escuelas u organismos especializados, así como los instructores independientes que deseen impartir formación, capacitación o adiestramiento, así como su personal docente, deberán estar autorizados y registrados por la Secretaría del Trabajo y Previsión Social.

Los cursos y programas de capacitación o adiestramiento, así como los programas para elevar la productividad de la empresa, podrán formularse respecto de cada establecimiento, una empresa, varias de ellas o respecto a una rama industrial o actividad determinada.

La capacitación o adiestramiento a que se refiere este artículo y demás relativos, deberá impartirse al trabajador durante las horas de su jornada de trabajo; salvo que, atendiendo a la naturaleza de los servicios, patrón y trabajador convengan que podrá impartirse de otra manera; así como en el caso en que el trabajador desee capacitarse en una actividad distinta a la de la ocupación que desempeñe, en cuyo supuesto, la capacitación se realizará fuera de la jornada de trabajo.

Artículo adicionado DOF 28-04-1978. Reformado DOF 30-11-2012

Artículo 153-B. La capacitación tendrá por objeto preparar a los trabajadores de nueva contratación y a los demás interesados en ocupar las vacantes o puestos de nueva creación.

Podrá formar parte de los programas de capacitación el apoyo que el patrón preste a los trabajadores para iniciar, continuar o completar ciclos escolares de los niveles básicos, medio o superior.

Artículo adicionado DOF 28-04-1978. Reformado DOF 30-11-2012

Artículo 153-C. El adiestramiento tendrá por objeto:

I. Actualizar y perfeccionar los conocimientos y habilidades de los trabajadores y proporcionarles información para que puedan aplicar en sus actividades las nuevas tecnologías que los empresarios deben implementar para incrementar la productividad en las empresas;

II. Hacer del conocimiento de los trabajadores sobre los riesgos y peligros a que están expuestos durante el desempeño de sus labores, así como las disposiciones contenidas en el reglamento y las normas oficiales mexicanas en materia de seguridad, salud y medio ambiente de trabajo que les son aplicables, para prevenir riesgos de trabajo;

III. Incrementar la productividad; y

IV. En general mejorar el nivel educativo, la competencia laboral y las habilidades de los trabajadores.

Artículo adicionado DOF 28-04-1978. Reformado DOF 30-11-2012

Artículo 153-D. Los trabajadores a quienes se imparta capacitación o adiestramiento están obligados a:

I. Asistir puntualmente a los cursos, sesiones de grupo y demás actividades que formen parte del proceso de capacitación o adiestramiento;

II. Atender las indicaciones de las personas que impartan la capacitación o adiestramiento, y cumplir con los programas respectivos; y

III. Presentar los exámenes de evaluación de conocimientos y de aptitud o de competencia laboral que sean requeridos.

Artículo adicionado DOF 28-04-1978. Reformado DOF 30-11-2012

Artículo 153-E. En las empresas que tengan más de 50 trabajadores se constituirán Comisiones Mixtas de Capacitación, Adiestramiento y Productividad, integradas por igual número de representantes de los trabajadores y de los patrones, y serán las encargadas de:

I. Vigilar, instrumentar, operar y mejorar los sistemas y los programas de capacitación y adiestramiento;

II. Proponer los cambios necesarios en la maquinaria, los equipos, la organización del trabajo y las relaciones laborales, de conformidad con las mejores prácticas tecnológicas y organizativas que incrementen la productividad en función de su grado de desarrollo actual;

III. Proponer las medidas acordadas por el Comité Nacional y los Comités Estatales de Productividad a que se refieren los artículos 153-K y 153-Q, con el propósito de impulsar la capacitación, medir y elevar la productividad, así como garantizar el reparto equitativo de sus beneficios;

IV. Vigilar el cumplimiento de los acuerdos de productividad; y

V. Resolver las objeciones que, en su caso, presenten los trabajadores con motivo de la distribución de los beneficios de la productividad.

Para el caso de las micro y pequeñas empresas, que son aquellas que cuentan con hasta 50 trabajadores, la Secretaría del Trabajo y Previsión Social y la Secretaría de Economía estarán obligadas a incentivar su productividad mediante la dotación de los programas a que se refiere el artículo 153-J, así como la capacitación relacionada con los mismos. Para tal efecto, con el apoyo de las instituciones académicas relacionadas con los temas de los programas referidos, convocarán en razón de su rama, sector, entidad federativa o región a los micro y pequeños empresarios, a los trabajadores y sindicatos que laboran en dichas empresas.

Artículo adicionado DOF 28-04-1978. Reformado DOF 30-11-2012

Artículo 153-F. Las autoridades laborales cuidarán que las Comisiones Mixtas de Capacitación, Adiestramiento y Productividad se integren y funcionen oportuna y normalmente, vigilando el cumplimiento de sus obligaciones.

Artículo adicionado DOF 28-04-1978. Reformado DOF 30-11-2012

Artículo 153-F Bis. Los patrones deberán conservar a disposición de la Secretaría del Trabajo y Previsión Social y la Secretaría de Economía, los planes y programas de capacitación, adiestramiento y productividad que se haya acordado establecer, o en su caso, las modificaciones que se hayan convenido acerca de planes y programas ya implantados.

Artículo adicionado DOF 30-11-2012

Artículo 153-G. El registro de que trata el tercer párrafo del artículo 153-A se otorgará a las personas o instituciones que satisfagan los siguientes requisitos:

I. Comprobar que quienes capacitarán o adiestrarán a los trabajadores, están preparados profesionalmente en la rama industrial o actividad en que impartirán sus conocimientos;

II. Acreditar satisfactoriamente, a juicio de la Secretaría del Trabajo y Previsión Social, tener conocimientos bastantes sobre los procedimientos tecnológicos propios de la rama industrial o actividad en la que pretendan impartir dicha capacitación o adiestramiento; y

III. No estar ligadas con personas o instituciones que propaguen algún credo religioso, en los términos de la prohibición establecida por la fracción IV del Artículo 3o. Constitucional.

El registro concedido en los términos de este artículo podrá ser revocado cuando se contravengan las disposiciones de esta Ley.

En el procedimiento de revocación, el afectado podrá ofrecer pruebas y alegar lo que a su derecho convenga.

Artículo adicionado DOF 28-04-1978. Reformado DOF 30-11-2012

Artículo 153-H. Los planes y programas de capacitación y adiestramiento se elaborarán dentro de los sesenta días hábiles siguientes a que inicien las operaciones en el centro de trabajo y deberán cumplir los requisitos siguientes:

I. Referirse a periodos no mayores de dos años, salvo la capacitación a que se refiere el segundo párrafo del artículo 153-B;

II. Comprender todos los puestos y niveles existentes en la empresa;

III. Precisar las etapas durante las cuales se impartirá la capacitación y el adiestramiento al total de los trabajadores de la empresa;

IV. Señalar el procedimiento de selección, a través del cual se establecerá el orden en que serán capacitados los trabajadores de un mismo puesto y categoría; y

V. Deberán basarse en normas técnicas de competencia laboral, si las hubiere para los puestos de trabajo de que se trate.

Artículo adicionado DOF 28-04-1978. Reformado DOF 30-11-2012

Artículo 153-I. Se entiende por productividad, para efectos de esta Ley, el resultado de optimizar los factores humanos, materiales, financieros, tecnológicos y organizacionales que concurren en la empresa, en la rama o en el sector para la elaboración de bienes o la prestación de servicios, con el fin de promover a nivel sectorial, estatal, regional, nacional e internacional, y acorde con el mercado al que tiene acceso, su competitividad y sustentabilidad, mejorar su capacidad, su tecnología y su organización, e incrementar los ingresos, el bienestar de los trabajadores y distribuir equitativamente sus beneficios.

Al establecimiento de los acuerdos y sistemas para medir e incrementar la productividad, concurrirán los patrones, trabajadores, sindicatos, gobiernos y academia.

Artículo adicionado DOF 28-04-1978. Reformado DOF 30-11-2012

Artículo 153-J. Para elevar la productividad en las empresas, incluidas las micro y pequeñas empresas, se elaborarán programas que tendrán por objeto:

I. Hacer un diagnóstico objetivo de la situación de las empresas en materia de productividad;

II. Proporcionar a las empresas estudios sobre las mejores prácticas tecnológicas y organizativas que incrementen su nivel actual de productividad en función de su grado de desarrollo;

III. Adecuar las condiciones materiales, organizativas, tecnológicas y financieras que permitan aumentar la productividad;

IV. Proponer programas gubernamentales de financiamiento, asesoría, apoyo y certificación para el aumento de la productividad;

V. Mejorar los sistemas de coordinación entre trabajadores, empresa, gobiernos y academia;

VI. Establecer compromisos para elevar la productividad por parte de los empresarios, trabajadores, sindicatos, gobiernos y academia;

VII. Evaluar periódicamente el desarrollo y cumplimiento de los programas;

VIII. Mejorar las condiciones de trabajo, así como las medidas de Seguridad e Higiene;

IX. Implementar sistemas que permitan determinar en forma y monto apropiados los incentivos, bonos o comisiones derivados de la contribución de los trabajadores a la elevación de la productividad que se acuerde con los sindicatos y los trabajadores; y

X. Las demás que se acuerden y se consideren pertinentes.

Los programas establecidos en este artículo podrán formularse respecto de varias empresas, por actividad o servicio, una o varias ramas industriales o de servicios, por entidades federativas, región o a nivel nacional.

Artículo adicionado DOF 28-04-1978. Reformado DOF 30-11-2012

Artículo 153-K. La Secretaría del Trabajo y Previsión Social en conjunto con la Secretaría de Economía, convocarán a los patrones, sindicatos, trabajadores e instituciones académicas para que constituyan el Comité Nacional de Concertación y Productividad, que tendrán el carácter de órgano consultivo y auxiliar del Ejecutivo Federal y de la planta productiva.

Párrafo reformado DOF 01-05-2019

El Comité Nacional de Concertación y Productividad se reunirá por lo menos cada dos meses y tendrá las facultades que enseguida se enumeran:

Párrafo reformado DOF 01-05-2019

I. Realizar el diagnóstico nacional e internacional de los requerimientos necesarios para elevar la productividad y la competitividad en cada sector y rama de la producción, impulsar la capacitación y el adiestramiento, así como la inversión en el equipo y la forma de organización que se requiera para aumentar la productividad, proponiendo planes por rama, y vincular los salarios a la calificación y competencias adquiridas, así como a la evolución de la productividad de la empresa en función de las mejores prácticas tecnológicas y organizativas que incrementen la productividad tomando en cuenta su grado de desarrollo actual;

II. Colaborar en la elaboración y actualización permanente del Catálogo Nacional de Ocupaciones y en los estudios sobre las características de la tecnología, maquinaria y equipo en existencia y uso, así como de las competencias laborales requeridas en las actividades correspondientes a las ramas industriales o de servicios;

III. Sugerir alternativas tecnológicas y de organización del trabajo para elevar la productividad en función de las mejores prácticas y en correspondencia con el nivel de desarrollo de las empresas;

IV. Formular recomendaciones de planes y programas de capacitación y adiestramiento que permitan elevar la productividad;

V. Estudiar mecanismos y nuevas formas de remuneración que vinculen los salarios y, en general el ingreso de los trabajadores, a los beneficios de la productividad;

VI. Evaluar los efectos de las acciones de capacitación y adiestramiento en la productividad dentro de las ramas industriales o actividades específicas de que se trate;

VII. Proponer a la Secretaría del Trabajo y Previsión Social la expedición de normas técnicas de competencia laboral y, en su caso, los procedimientos para su evaluación, acreditación y certificación, respecto de aquellas actividades productivas en las que no exista una norma determinada;

VIII. Gestionar ante la autoridad laboral el registro de las constancias relativas a conocimientos o habilidades de los trabajadores que hayan satisfecho los requisitos legales exigidos para tal efecto;

IX. Elaborar e implementar los programas a que hace referencia el artículo anterior;

X. Participar en la elaboración del Plan Nacional de Desarrollo;

XI. Emitir opinión y sugerir el destino y aplicación de recursos presupuestales orientados al incremento de la productividad; y

XII. Emitir opinión respecto del desempeño en los procedimientos de conciliación y proponer metodologías que impulsen su eficacia y reduzcan la conflictividad laboral, con el fin de contribuir al fortalecimiento de los mecanismos alternativos;

Fracción adicionada DOF 01-05-2019

XIII. Realizar diagnósticos sobre el desempeño de los trámites de registro y legitimación sindical, y sugerir cursos de acción que brinden mayor certeza, transparencia y confiabilidad de las actuaciones de la autoridad registral en materia de acreditación de representatividad sindical;

Fracción adicionada DOF 01-05-2019

XIV. Realizar diagnósticos respecto de los procedimientos de legitimación y depósito de contratos colectivos de trabajo y su impacto en la productividad de las empresas; asimismo, emitir propuestas para promover la negociación colectiva;

Fracción adicionada DOF 01-05-2019

XV. Promover el diálogo social y productivo, y

Fracción adicionada DOF 01-05-2019

XVI. Las demás que se establezcan en esta y otras disposiciones normativas.

Fracción recorrida DOF 01-05-2019

Las recomendaciones que emita el Comité serán tomadas en cuenta en el diseño de las políticas públicas, en el ámbito que corresponda, y serán dadas a conocer públicamente.

Párrafo adicionado DOF 01-05-2019

Artículo adicionado DOF 28-04-1978. Reformado DOF 30-12-1983, 30-11-2012

Artículo 153-L. El Titular del Ejecutivo Federal fijará las bases para determinar la forma de designación de los miembros de la Comisión Nacional de Concertación y Productividad, así como las relativas a su organización y funcionamiento. Sujetándose a los principios de representatividad e inclusión en su integración.

En la toma de decisiones de la Comisión Nacional de Concertación y Productividad se privilegiará el consenso.

Artículo adicionado DOF 28-04-1978. Reformado DOF 30-11-2012, 01-05-2019

Artículo 153-M. En los contratos colectivos deberán incluirse cláusulas relativas a la obligación patronal de proporcionar capacitación y adiestramiento a los trabajadores, conforme a planes y programas que satisfagan los requisitos establecidos en este Capítulo.

Además, podrá consignarse en los propios contratos el procedimiento conforme al cual el patrón capacitará y adiestrará a quienes pretendan ingresar a laborar en la empresa, tomando en cuenta, en su caso, la cláusula de admisión.

Artículo adicionado DOF 28-04-1978

Artículo 153-N. Para su funcionamiento la Comisión Nacional de Concertación y Productividad establecerá subcomisiones sectoriales, por rama de actividad, estatales, regionales y las conducentes para cumplir con sus facultades.

Artículo adicionado DOF 28-04-1978. Reformado DOF 30-11-2012, 01-05-2019

Artículo 153-O. (Se deroga).

Artículo adicionado DOF 28-04-1978. Derogado DOF 30-11-2012

Artículo 153-P. (Se deroga).

Artículo adicionado DOF 28-04-1978. Reformado DOF 30-12-1983. Derogado DOF 30-11-2012

Artículo 153-Q. A nivel de las entidades federativas se establecerán Comisiones Estatales de Concertación y Productividad.

Será aplicable a las Comisiones Estatales de Concertación y Productividad, en el ámbito de las entidades federativas, lo establecido en los artículos 153-I, 153-J, 153-K, 153-L, 153-N y demás relativos.

Artículo adicionado DOF 28-04-1978. Reformado DOF 30-12-1983, 30-11-2012, 01-05-2019

Artículo 153-R. (Se deroga).

Artículo adicionado DOF 28-04-1978. Derogado DOF 30-11-2012

Artículo 153-S. Cuando el patrón no dé cumplimiento a la obligación de conservar a disposición de la Secretaría del Trabajo y Previsión Social los planes y programas de capacitación y adiestramiento, en los términos del artículo 153-N, o cuando dichos planes y programas no se lleven a la práctica, será sancionado conforme a lo dispuesto en esta Ley, sin perjuicio de que, en cualquiera de los dos casos, la propia Secretaría adopte las medidas pertinentes para que el patrón cumpla con la obligación de que se trata.

Artículo adicionado DOF 28-04-1978. Reformado DOF 30-11-2012

Artículo 153-T. Los trabajadores que hayan sido aprobados en los exámenes de capacitación y adiestramiento en los términos de este Capítulo, tendrán derecho a que la entidad instructora les expida las constancias respectivas, mismas que, autentificadas por la Comisión Mixta de Capacitación y Adiestramiento de la Empresa, se harán del conocimiento de la Secretaría del Trabajo y Previsión Social, por conducto del correspondiente Comité Nacional o, a falta de éste, a través de las autoridades del trabajo a fin de que la propia Secretaría las registre y las tome en cuenta al formular el padrón de trabajadores capacitados que corresponda, en los términos de la fracción IV del artículo 539.

Artículo adicionado DOF 28-04-1978. Reformado DOF 30-12-1983

Artículo 153-U. Cuando implantado un programa de capacitación, un trabajador se niegue a recibir ésta, por considerar que tiene los conocimientos necesarios para el desempeño de su puesto y del inmediato superior, deberá acreditar documentalmente dicha capacidad mediante el correspondiente certificado de competencia laboral o presentar y aprobar, ante la entidad instructora, el examen de suficiencia respectivo.

En este último caso, se extenderá a dicho trabajador la constancia de competencias o de habilidades laborales.

Artículo adicionado DOF 28-04-1978. Reformado DOF 30-12-1983.
Fe de erratas DOF 13-04-1984. Reformado DOF 30-11-2012

Artículo 153-V. La constancia de competencias o de habilidades laborales es el documento con el cual el trabajador acreditará haber llevado y aprobado un curso de capacitación.

Párrafo reformado DOF 30-11-2012

Las empresas están obligadas a enviar a la Secretaría del Trabajo y Previsión Social para su registro y control, listas de las constancias que se hayan expedido a sus trabajadores.

Párrafo reformado DOF 30-12-1983

Las constancias de que se trata surtirán plenos efectos, para fines de ascenso, dentro de la empresa en que se haya proporcionado la capacitación o adiestramiento.

Reforma DOF 30-11-2012: Derogó del artículo el entonces párrafo cuarto
Artículo adicionado DOF 28-04-1978

Artículo 153-W. Los certificados, diplomas, títulos o grados que expidan el Estado, sus organismos descentralizados o los particulares con reconocimiento de validez oficial de estudios, a quienes hayan concluido un tipo de educación con carácter terminal, serán inscritos en los registros de que trata el artículo 539, fracción IV, cuando el puesto y categoría correspondientes figuren en el Catálogo Nacional de Ocupaciones o sean similares a los incluidos en él.

Artículo adicionado DOF 28-04-1978

Artículo 153-X. Los trabajadores y patrones tendrán derecho a ejercitar ante los Tribunales las acciones individuales y colectivas que deriven de la obligación de capacitación o adiestramiento impuesta en este capítulo.

Artículo adicionado DOF 28-04-1978. Reformado DOF 01-05-2019

CAPÍTULO IV
DERECHOS DE PREFERENCIA, ANTIGÜEDAD Y ASCENSO

Artículo 154. Los patrones estarán obligados a preferir, en igualdad de circunstancias, a los trabajadores mexicanos respecto de quienes no lo sean, a quienes les hayan servido satisfactoriamente por mayor tiempo, a quienes no teniendo ninguna otra fuente de ingreso económico tengan a su cargo una familia, a los que hayan terminado su educación básica obligatoria, a los capacitados respecto de los que no lo sean, a los que tengan mayor aptitud y conocimientos para realizar un trabajo y a los sindicalizados respecto de quienes no lo estén.

Párrafo reformado DOF 30-11-2012

Si existe contrato colectivo y éste contiene cláusula de admisión, la preferencia para ocupar las vacantes o puestos de nueva creación se regirá por lo que disponga el contrato colectivo y el estatuto sindical.

Se entiende por sindicalizado a todo trabajador que se encuentre agremiado a cualquier organización sindical legalmente constituida.

Artículo reformado DOF 31-12-1974, 02-07-1976

Artículo 155. Los trabajadores que se encuentren en los casos del artículo anterior y que aspiren a un puesto vacante o de nueva creación, deberán presentar una solicitud a la empresa o establecimiento indicando su domicilio y nacionalidad, si tienen a su cargo una familia y quienes dependen económicamente de ellos si prestaron servicio con anterioridad y por qué tiempo, la naturaleza del trabajo que desempeñaron y la denominación del sindicato a que pertenezcan, a fin de que sean llamados al ocurrir alguna vacante o crearse algún puesto nuevo; o presentarse a la empresa o establecimiento al momento de ocurrir la vacante o de crearse el puesto, comprobando la causa en que funden su solicitud.

Artículo reformado DOF 31-12-1974

Artículo 156. De no existir contrato colectivo o no contener el celebrado la cláusula de admisión, serán aplicables las disposiciones contenidas en el primer párrafo del artículo 154, a los trabajadores que habitualmente, sin tener el carácter de trabajadores de planta, prestan servicios en una empresa o establecimiento, supliendo las vacantes transitorias o temporales y a los que desempeñen trabajos extraordinarios o para obra determinada, que no constituyan una actividad normal o permanente de la empresa.

Artículo reformado DOF 02-07-1976

Artículo 157. El incumplimiento de las obligaciones contenidas en los artículos 154 y 156 da derecho al trabajador para solicitar ante el Tribunal, a su elección, que se le otorgue el puesto correspondiente o se le indemnice con el importe de tres meses de salario. Tendrá además derecho a que se le paguen los salarios e intereses, en su caso, a que se refiere el párrafo segundo del artículo 48.

Artículo reformado DOF 30-11-2012, 01-05-2019

Artículo 158. Los trabajadores de planta y los mencionados en el artículo 156 tienen derecho en cada empresa o establecimiento a que se determine su antigüedad.

Una comisión integrada con representantes de los trabajadores y del patrón formulará el cuadro general de las antigüedades, distribuido por categorías de cada profesión u oficio y ordenará se le dé publicidad. Los trabajadores inconformes podrán formular objeciones ante la comisión y recurrir la resolución ante el Tribunal.

Párrafo reformado DOF 01-05-2019

Artículo 159. Las vacantes definitivas, las provisionales con duración mayor de treinta días y los puestos de nueva creación, serán cubiertos por el trabajador que tenga la categoría o rango inmediato inferior, así como mayor capacitación, con mayor antigüedad, demuestre mayor aptitud, acredite mayor productividad y sea apto para el puesto.

Artículo reformado DOF 31-12-1974, 28-04-1978, 30-11-2012

Artículo 160. Cuando se trate de vacantes menores de treinta días, se estará a lo dispuesto en el párrafo primero del artículo anterior.

Artículo 161. Cuando la relación de trabajo haya tenido una duración de más de veinte años, el patrón sólo podrá rescindirla por alguna de las causas señaladas en el artículo 47, que sea particularmente grave o que haga imposible su continuación, pero se le impondrá al trabajador la corrección disciplinaria que corresponda, respetando los derechos que deriven de su antigüedad.

La repetición de la falta o la comisión de otra u otras, que constituyan una causa legal de rescisión, deja sin efecto la disposición anterior.

Artículo 162. Los trabajadores de planta tienen derecho a una prima de antigüedad, de conformidad con las normas siguientes:

I. La prima de antigüedad consistirá en el importe de doce días de salario, por cada año de servicios;

II. Para determinar el monto del salario, se estará a lo dispuesto en los artículos 485 y 486;

III. La prima de antigüedad se pagará a los trabajadores que se separen voluntariamente de su empleo, siempre que hayan cumplido quince años de servicios, por lo menos. Asimismo se pagará a los que se separen por causa justificada y a los que sean separados de su empleo, independientemente de la justificación o injustificación del despido;

IV. Para el pago de la prima en los casos de retiro voluntario de los trabajadores, se observarán las normas siguientes:

a) Si el número de trabajadores que se retire dentro del término de un año no excede del diez por ciento del total de los trabajadores de la empresa o establecimiento, o de los de una categoría determinada, el pago se hará en el momento del retiro.

b) Si el número de trabajadores que se retire excede del diez por ciento, se pagará a los que primeramente se retiren y podrá diferirse para el año siguiente el pago a los trabajadores que excedan de dicho porcentaje.

c) Si el retiro se efectúa al mismo tiempo por un número de trabajadores mayor del porcentaje mencionado, se cubrirá la prima a los que tengan mayor antigüedad y podrá diferirse para el año siguiente el pago de la que corresponda a los restantes trabajadores;

Fe de erratas al inciso DOF 05-06-1970

V. En caso de muerte del trabajador, cualquiera que sea su antigüedad, la prima que corresponda se pagará a las personas mencionadas en el artículo 501; y

VI. La prima de antigüedad a que se refiere este artículo se cubrirá a los trabajadores o a sus beneficiarios, independientemente de cualquier otra prestación que les corresponda.

CAPÍTULO V
INVENCIONES DE LOS TRABAJADORES

Artículo 163. La atribución de los derechos al nombre y a la propiedad y explotación de las invenciones realizadas en la empresa, se regirá por las normas siguientes:

I. El inventor tendrá derecho a que su nombre figure como autor de la invención;

Fe de erratas a la fracción DOF 30-04-1970

II. Cuando el trabajador se dedique a trabajos de investigación o de perfeccionamiento de los procedimientos utilizados en la empresa, por cuenta de ésta la propiedad de la invención y el derecho a la explotación de la patente corresponderán al patrón. El inventor, independientemente del salario que hubiese percibido, tendrá derecho a una compensación complementaria, que se fijará por convenio de las partes o por el Tribunal cuando la importancia de la invención y los beneficios que puedan reportar al patrón no guarden proporción con el salario percibido por el inventor, y

Fe de erratas a la fracción DOF 30-04-1970. Reformada DOF 01-05-2019

III. En cualquier otro caso, la propiedad de la invención corresponderá a la persona o personas que la realizaron, pero el patrón tendrá un derecho preferente, en igualdad de circunstancias, al uso exclusivo o a la adquisición de la invención y de las correspondientes patentes.

TÍTULO QUINTO
TRABAJO DE LAS MUJERES

Denominación del Título reformada DOF 31-12-1974

Reforma DOF 31-12-1974: Suprimió de este Título los entonces Capítulos I "Trabajo de las Mujeres" y II "Trabajo de los Menores"

Artículo 164. Las mujeres disfrutan de los mismos derechos y tienen las mismas obligaciones que los hombres, garantía que se establece en lo general y específicamente en función de la protección de las trabajadoras y trabajadores con responsabilidades familiares, asegurando la igualdad de trato y oportunidades.

Artículo reformado DOF 01-05-2019

Artículo 165. Las modalidades que se consignan en este capítulo tienen como propósito fundamental, la protección de la maternidad.

Artículo 166. Cuando se ponga en peligro la salud de la mujer, o la del producto, ya sea durante el estado de gestación o el de lactancia y sin que sufra perjuicio en su salario, prestaciones y derechos, no se podrá utilizar su trabajo en labores insalubres o peligrosas, trabajo nocturno industrial, en establecimientos comerciales o de servicio después de las diez de la noche, así como en horas extraordinarias.

Artículo reformado DOF 31-12-1974

Artículo 167. Para los efectos de este título, son labores peligrosas o insalubres las que, por la naturaleza del trabajo, por las condiciones físicas, químicas y biológicas del medio en que se presta, o por la composición de la materia prima que se utilice, son capaces de actuar sobre la vida y la salud física y mental de la mujer en estado de gestación, o del producto.

Párrafo reformado DOF 31-12-1974

Los reglamentos que se expidan determinarán los trabajos que quedan comprendidos en la definición anterior.

Artículo 168. En caso de que las autoridades competentes emitan una declaratoria de contingencia sanitaria, conforme a las disposiciones aplicables, no podrá utilizarse el trabajo de mujeres en periodos de gestación o de lactancia. Las trabajadoras que se encuentren en este supuesto, no sufrirán perjuicio en su salario, prestaciones y derechos.

Cuando con motivo de la declaratoria de contingencia sanitaria se ordene la suspensión general de labores, a las mujeres en periodos de gestación o de lactancia les será aplicable lo dispuesto por el artículo 429, fracción IV de esta Ley.

Artículo derogado DOF 31-12-1974. Adicionado DOF 30-11-2012

Artículo 169. (Se deroga).

Artículo derogado DOF 31-12-1974

Artículo 170. Las madres trabajadoras tendrán los siguientes derechos:

I. Durante el período del embarazo, no realizarán trabajos que exijan esfuerzos considerables y signifiquen un peligro para su salud en relación con la gestación, tales como levantar, tirar o empujar grandes pesos, que produzcan trepidación, estar de pie durante largo tiempo o que actúen o puedan alterar su estado psíquico y nervioso;

Fracción reformada DOF 31-12-1974. Fe de erratas DOF 09-01-1975

II. Disfrutarán de un descanso de seis semanas anteriores y seis posteriores al parto. A solicitud expresa de la trabajadora, previa autorización escrita del médico de la institución de seguridad social que le corresponda o, en su caso, del servicio de salud que otorgue el patrón, tomando en cuenta la opinión del patrón y la naturaleza del trabajo que desempeñe, se podrá transferir hasta cuatro de las seis semanas de descanso previas al parto para después del mismo. En caso de que los hijos hayan nacido con cualquier tipo de discapacidad o requieran atención médica hospitalaria, el descanso podrá ser de hasta ocho semanas posteriores al parto, previa presentación del certificado médico correspondiente.

En caso de que se presente autorización de médicos particulares, ésta deberá contener el nombre y número de cédula profesional de quien los expida, la fecha y el estado médico de la trabajadora.

Fracción reformada DOF 30-11-2012

II Bis. En caso de adopción de un infante disfrutarán de un descanso de seis semanas con goce de sueldo, posteriores al día en que lo reciban;

Fracción adicionada DOF 30-11-2012

III. Los períodos de descanso a que se refiere la fracción anterior se prorrogarán por el tiempo necesario en el caso de que se encuentren imposibilitadas para trabajar a causa del embarazo o del parto;

IV. En el período de lactancia hasta por el término máximo de seis meses, tendrán dos reposos extraordinarios por día, de media hora cada uno, para alimentar a sus hijos, en lugar adecuado e higiénico que designe la empresa, o bien, cuando esto no sea posible, previo acuerdo con el patrón se reducirá en una hora su jornada de trabajo durante el período señalado;

Fracción reformada DOF 30-11-2012

V. Durante los períodos de descanso a que se refiere la fracción II, percibirán su salario íntegro. En los casos de prórroga mencionados en la fracción III, tendrán derecho al cincuenta por ciento de su salario por un período no mayor de sesenta días;

VI. A regresar al puesto que desempeñaban, siempre que no haya transcurrido más de un año de la fecha del parto; y

VII. A que se computen en su antigüedad los períodos pre y postnatales.

Artículo 170 Bis. Los padres o madres de menores diagnosticados con cualquier tipo de cáncer, gozarán de la licencia a que se refiere el artículo 140 Bis de la Ley del Seguro Social, en los términos referidos, con la intención de acompañar a los mencionados pacientes en sus correspondientes tratamientos médicos.

Artículo adicionado DOF 04-06-2019

Artículo 171. Los servicios de guardería infantil se prestarán por el Instituto Mexicano del Seguro Social, de conformidad con su Ley y disposiciones reglamentarias.

Artículo 172. En los establecimientos en que trabajen mujeres, el patrón debe mantener un número suficiente de asientos o sillas a disposición de las madres trabajadoras.

TÍTULO QUINTO BIS
TRABAJO DE LOS MENORES

Título adicionado DOF 31-12-1974

Artículo 173. El trabajo de los menores queda sujeto a vigilancia y protección especiales de las autoridades del trabajo tanto federales como locales.

La Secretaría del Trabajo y Previsión Social en coordinación con las autoridades del trabajo en las entidades federativas, desarrollarán programas que permitan identificar y erradicar el trabajo infantil.

Artículo reformado DOF 30-11-2012

Artículo 174. Los mayores de quince y menores de dieciocho años, deberán obtener un certificado médico que acredite su aptitud para el trabajo y someterse a los exámenes médicos que periódicamente ordenen las autoridades laborales correspondientes. Sin estos requisitos, ningún patrón podrá utilizar sus servicios.

Artículo reformado DOF 30-11-2012, 12-06-2015

Artículo 175. Queda prohibida la utilización del trabajo de los menores de dieciocho años:

Párrafo reformado DOF 12-06-2015

I. En establecimientos no industriales después de las diez de la noche;

II. En expendios de bebidas embriagantes de consumo inmediato, cantinas o tabernas y centros de vicio;

III. En trabajos susceptibles de afectar su moralidad o buenas costumbres; y

IV. En labores peligrosas o insalubres que, por la naturaleza del trabajo, por las condiciones físicas, químicas o biológicas del medio en que se presta, o por la composición de la materia prima que se utiliza, son capaces de actuar sobre la vida, el desarrollo y la salud física y mental de los menores, en términos de lo previsto en el artículo 176 de esta Ley.

Fracción reformada DOF 12-06-2015

En caso de declaratoria de contingencia sanitaria y siempre que así lo determine la autoridad competente, no podrá utilizarse el trabajo de menores de dieciocho años. Los trabajadores que se encuentren en este supuesto, no sufrirán perjuicio en su salario, prestaciones y derechos.

Párrafo reformado DOF 12-06-2015

Cuando con motivo de la declaratoria de contingencia sanitaria se ordene la suspensión general de labores, a los menores de dieciocho años les será aplicable lo dispuesto por el artículo 429, fracción IV de esta Ley.

Párrafo reformado DOF 12-06-2015

Artículo reformado DOF 30-11-2012

Artículo 175 Bis. Para los efectos de este capítulo, no se considerará trabajo las actividades que bajo la supervisión, el cuidado y la responsabilidad de los padres, tutores o quienes ejerzan la patria potestad, realicen los menores de quince años relacionadas con la creación artística, el desarrollo científico, deportivo o de talento, la ejecución musical o la interpretación artística en cualquiera de sus manifestaciones, cuando se sujeten a las siguientes reglas:

Párrafo reformado DOF 12-06-2015

a) La relación establecida con el solicitante deberá constar por escrito y contendrá el consentimiento expreso que en nombre del menor manifiesten los padres, tutores o quienes ejerzan la patria potestad, así como la incorporación del compromiso que asuma el solicitante de respetar a favor del mismo menor los derechos que la Constitución, los convenios internacionales y las leyes federales y locales reconozcan a favor de la niñez;

b) Las actividades que realice el menor no podrán interferir con su educación, esparcimiento y recreación en los términos que establezca el derecho aplicable, tampoco implicarán riesgo para su integridad o salud y en todo caso, incentivarán el desarrollo de sus habilidades y talentos; y

c) Las contraprestaciones que reciba el menor por las actividades que realice nunca serán menores a las que por concepto de salario recibiría un mayor de quince y menor de dieciocho años.

Inciso reformado DOF 12-06-2015

Artículo adicionado DOF 30-11-2012

Artículo 176. Para los efectos del trabajo de los menores, además de lo que dispongan las Leyes, reglamentos y normas aplicables, se considerarán, como labores peligrosas o insalubres, las que impliquen:

Párrafo reformado DOF 01-05-2019

I. Exposición a:

1. Ruido, vibraciones, radiaciones ionizantes y no ionizantes infrarrojas o ultravioletas, condiciones térmicas elevadas o abatidas o presiones ambientales anormales.

2. Agentes químicos contaminantes del ambiente laboral.

3. Residuos peligrosos, agentes biológicos o enfermedades infecto contagiosas.

4. Fauna peligrosa o flora nociva.

II. Labores:

1. Nocturnas industriales o el trabajo después de las veintidós horas.

2. De rescate, salvamento y brigadas contra siniestros.

3. En altura o espacios confinados.

4. En las cuales se operen equipos y procesos críticos donde se manejen sustancias químicas peligrosas que puedan ocasionar accidentes mayores.

5. De soldadura y corte.

6. En condiciones climáticas extremas en campo abierto, que los expongan a deshidratación, golpe de calor, hipotermia o congelación.

7. En vialidades con amplio volumen de tránsito vehicular (vías primarias).

8. Agrícolas, forestales, de aserrado, silvícolas, de caza y pesca, que impliquen el uso de químicos, manejo de maquinaria, vehículos pesados, y los que determine la autoridad competente;

Numeral reformado DOF 05-04-2022

9. Productivas de las industrias gasera, del cemento, minera, del hierro y el acero, petrolera y nuclear.

10. Productivas de las industrias ladrillera, vidriera, cerámica y cerera.

11. Productivas de la industria tabacalera.

12. Relacionadas con la generación, transmisión y distribución de electricidad y el mantenimiento de instalaciones eléctricas.

13. En obras de construcción.

14. Que tengan responsabilidad directa sobre el cuidado de personas o la custodia de bienes y valores.

15. Con alto grado de dificultad; en apremio de tiempo; que demandan alta responsabilidad, o que requieren de concentración y atención sostenidas.

16. Relativas a la operación, revisión, mantenimiento y pruebas de recipientes sujetos a presión, recipientes criogénicos y generadores de vapor o calderas.

17. En buques.

18. En minas.

19. Submarinas y subterráneas.

20. Trabajos ambulantes, salvo autorización especial de la Inspección de Trabajo.

III. Esfuerzo físico moderado y pesado; cargas superiores a los siete kilogramos; posturas forzadas, o con movimientos repetitivos por períodos prolongados, que alteren su sistema musculo-esquelético.

IV. Manejo, transporte, almacenamiento o despacho de sustancias químicas peligrosas.

V. Manejo, operación y mantenimiento de maquinaria, equipo o herramientas mecánicas, eléctricas, neumáticas o motorizadas, que puedan generar amputaciones, fracturas o lesiones graves.

VI. Manejo de vehículos motorizados, incluido su mantenimiento mecánico y eléctrico.

VII. Uso de herramientas manuales punzo cortantes.

Las actividades previstas en este artículo, para los menores de dieciocho años y mayores de dieciséis años de edad, se sujetarán a los términos y condiciones consagrados en la Constitución Política de los Estados Unidos Mexicanos, en las leyes y los Tratados Internacionales de los que el Estado Mexicano sea parte.

Artículo reformado DOF 30-11-2012, 12-06-2015

Artículo 177. La jornada de trabajo de los menores de dieciséis años no podrá exceder de seis horas diarias y deberán dividirse en períodos máximos de tres horas. Entre los distintos períodos de la jornada, disfrutarán de reposos de una hora por lo menos.

Artículo 178. Queda prohibida la utilización del trabajo de los menores de dieciocho años, en horas extraordinarias y en los días domingos y de descanso obligatorio. En caso de violación de esta prohibición, las horas extraordinarias se pagarán con un doscientos por ciento más del salario que corresponda a las horas de la jornada, y el salario de los días domingos y de descanso obligatorio, de conformidad con lo dispuesto en los artículos 73 y 75.

Artículo reformado DOF 12-06-2015

Artículo 179. Los menores de dieciocho años, disfrutarán de un período anual de vacaciones pagadas de dieciocho días laborables, por lo menos.

Artículo reformado DOF 12-06-2015

Artículo 180. Los patrones que tengan a su servicio menores de dieciocho años, están obligados a:

Párrafo reformado DOF 12-06-2015

I. Exigir que se les exhiban los certificados médicos que acrediten que están aptos para el trabajo;

II. Llevar y tener a disposición de la autoridad competente, registros y documentación comprobatoria, en donde se indique el nombre y apellidos, la fecha de nacimiento o la edad de los menores de dieciocho años empleados por ellos, clase de trabajo, horario, salario y demás condiciones generales de trabajo; así mismo, dichos registros deberán incluir la información correspondiente de aquéllos que reciban orientación, capacitación o formación profesional en sus empresas.

Fracción reformada DOF 12-06-2015

III. Distribuir el trabajo a fin de que dispongan del tiempo necesario para cumplir sus programas escolares;

Fracción reformada DOF 28-04-1978

IV. Proporcionarles capacitación y adiestramiento en los términos de esta Ley; y,

Fracción adicionada DOF 28-04-1978

V. Proporcionar a las autoridades del trabajo los informes que soliciten.

Fracción reformada y recorrida DOF 28-04-1978

TÍTULO SEXTO
TRABAJOS ESPECIALES

CAPÍTULO I
DISPOSICIONES GENERALES

Artículo 181. Los trabajos especiales se rigen por las normas de este Título y por las generales de esta Ley en cuanto no las contraríen.

CAPÍTULO II
TRABAJADORES DE CONFIANZA

Artículo 182. Las condiciones de trabajo de los trabajadores de confianza serán proporcionadas a la naturaleza e importancia de los servicios que presten y no podrán ser inferiores a las que rijan para trabajos semejantes dentro de la empresa o establecimiento.

Artículo 183. Los trabajadores de confianza no podrán formar parte de los sindicatos de los demás trabajadores, ni serán tomados en consideración en los recuentos que se efectúen para determinar la mayoría en los casos de huelga, ni podrán ser representantes de los trabajadores en los organismos que se integren de conformidad con las disposiciones de esta Ley.

Dichos trabajadores de confianza tampoco podrán participar en las pruebas de recuento dentro de los conflictos de titularidad del contrato colectivo de trabajo ni intervenir en las consultas para la firma o revisión de contratos colectivos de trabajo a que hace referencia el artículo 390 Ter, fracción II, de esta Ley.

Párrafo adicionado DOF 01-05-2019

Artículo 184. Las condiciones de trabajo contenidas en el contrato colectivo que rija en la empresa o establecimiento se extenderán a los trabajadores de confianza, salvo disposición en contrario consignada en el mismo contrato colectivo.

Artículo 185. El patrón podrá rescindir la relación de trabajo si existe un motivo razonable de pérdida de la confianza, aun cuando no coincida con las causas justificadas de rescisión a que se refiere el artículo 47.

El trabajador de confianza podrá ejercitar las acciones a que se refiere el capítulo IV del Título Segundo de esta Ley.

Artículo 186. En el caso a que se refiere el artículo anterior, si el trabajador de confianza hubiese sido promovido en un puesto de planta, volverá a él, salvo que exista causa justificada para su separación.

CAPÍTULO III
TRABAJADORES DE LOS BUQUES

Artículo 187. Las disposiciones de este capítulo se aplican a los trabajadores de los buques, comprendiéndose dentro de esta denominación cualquier clase de barco o embarcación que ostente bandera mexicana.

Artículo 188. Están sujetos a las disposiciones de este capítulo, los capitanes y oficiales de cubierta y máquinas, los sobrecargos y contadores, los radiotelegrafistas, contramaestres, dragadores, marineros y personal de cámara y cocina, los que sean considerados como trabajadores por las leyes y disposiciones sobre comunicaciones por agua, y en general, todas las personas que desempeñen a bordo algún trabajo por cuenta del armador, naviero o fletador.

Artículo 189. Los trabajadores de los buques deberán tener la calidad de mexicanos por nacimiento que no adquieran otra nacionalidad y estar en pleno goce y ejercicio de sus derechos civiles y políticos.

Artículo reformado DOF 23-01-1998

Artículo 190. Los capitanes, entendiéndose como tales a quienes ejercen el mando directo de un buque, tienen con respecto a los demás trabajadores la calidad de representantes del patrón.

Artículo 191. Queda prohibido el trabajo a que se refiere este capítulo a los menores de dieciséis años y el de los menores de dieciocho en calidad de pañoleros o fogoneros.

Artículo reformado DOF 12-06-2015

Artículo 192. No se considera relación de trabajo el convenio que celebre a bordo el capitán de un buque con personas que se hayan introducido a él y que tengan por objeto devengar, con servicios personales, el importe del pasaje, salvo lo dispuesto en el artículo siguiente.

Tampoco se considerará relación de trabajo el convenio celebrado en los términos del párrafo anterior, con los mexicanos que deban repatriarse, a solicitud del Cónsul respectivo.

Artículo 193. Las personas que presten sus servicios a bordo exclusivamente por el tiempo en que el buque se encuentre en puerto, quedan sujetas a las disposiciones del presente capítulo en lo que sean aplicables.

Cuando los buques se hagan a la mar sin que hayan podido desembarcar las personas a que se refiere el párrafo anterior, serán considerados trabajadores hasta que se restituyan a su lugar de origen, y tendrán los derechos y obligaciones que se consignan en este capítulo.

Artículo 194. Las condiciones de trabajo se harán constar por escrito. Un ejemplar quedará en poder de cada parte, otro se remitirá a la Capitanía del Puerto o al Cónsul mexicano más cercano, y el cuarto a la Inspección del Trabajo del lugar donde se estipularon.

Artículo 195. El escrito a que se refiere el artículo anterior contendrá:

I. Lugar y fecha de su celebración;

II. Nombre, nacionalidad, edad, sexo, estado civil, y domicilio del trabajador y del patrón;

III. Mención del buque o buques a bordo de los cuales se prestarán los servicios;

IV. Si se celebra por tiempo determinado, por tiempo indeterminado o por viaje o viajes;

V. El servicio que deba prestarse, especificándolo con la mayor precisión;

VI. La distribución de las horas de jornada;

VII. El monto de los salarios;

VIII. El alojamiento y los alimentos que se suministrarán al trabajador;

IX. El período anual de vacaciones;

X. Los derechos y obligaciones del trabajador;

XI. El porcentaje que percibirán los trabajadores cuando se trate de dar salvamento a otro buque; y

XII. Las demás estipulaciones que convengan las partes.

Artículo 196. La relación de trabajo por viaje comprenderá el término contado desde el embarque del trabajador hasta concluir la descarga del buque o el desembarque de pasajeros en el puerto que se convenga.

Si es por tiempo determinado o indeterminado se fijará el puerto al que deba ser restituido el trabajador, y a falta de ello, se tendrá por señalado el del lugar donde se le tomó.

Artículo 197. Para la prestación de servicios de trabajadores mexicanos en buques extranjeros se observará lo dispuesto en el artículo 28.

Artículo 198. Cuando el buque se encuentre en el mar y la naturaleza del trabajo no permita el descanso semanal, se aplicará lo dispuesto en el artículo 73.

Artículo 199. Los trabajadores tienen derecho a un período mínimo de doce días laborables de vacaciones anuales pagadas, que se aumentará en dos días laborables, hasta llegar a veinticuatro, por cada año subsecuente de servicios. Con posterioridad se aumentará el período de vacaciones en dos días por cada cinco años de servicios.

Las vacaciones deberán disfrutarse en tierra, pudiendo fraccionarse cuando lo exija la continuidad del trabajo.

Artículo 200. No es violatoria del principio de igualdad de salario la disposición que estipule salarios distintos para trabajo igual, si se presta en buques de diversas categorías.

Artículo 201. A elección de los trabajadores, los salarios podrán pagarse en el equivalente en moneda extranjera, al tipo oficial de cambio que rija en la fecha en que se cobren, cuando el buque se encuentre en puerto extranjero.

Artículo 202. Los trabajadores por viaje tienen derecho a un aumento proporcional de salarios en caso de prolongación o retardo del mismo.

Los salarios no podrán reducirse si se abrevia el viaje, cualquiera que sea la causa.

Artículo 203. Los salarios y las indemnizaciones de los trabajadores disfrutan de la preferencia consignada en el artículo 113, sobre el buque, sus máquinas, aparejos, pertrechos y fletes. A este efecto, el propietario del buque es solidariamente responsable con el patrón por los salarios e indemnizaciones de los trabajadores. Cuando concurran créditos de trabajo procedentes de diferentes viajes, tendrán preferencia los del último.

Artículo 204. Los patrones tienen las obligaciones especiales siguientes:

I. Proporcionar abordo alojamientos cómodos e higiénicos;

II. Proporcionar alimentación sana, abundante y nutritiva a los trabajadores de buques dedicados al servicio de altura y cabotaje y de dragado;

III. Proporcionar alojamiento y alimentos cuando el buque sea llevado a puerto extranjero para reparaciones y sus condiciones no permitan la permanencia a bordo. Esta misma obligación subsistirá en puerto nacional cuando no sea el del lugar donde se tomó al trabajador. La habitación y los alimentos se proporcionarán sin costo para el trabajador;

IV. Pagar los costos de la situación de fondos a los familiares de los trabajadores, cuando el buque se encuentre en el extranjero;

V. Conceder a los trabajadores el tiempo necesario para el ejercicio del voto en las elecciones populares y los procesos de revocación de mandato, siempre que la seguridad del buque lo permita y no se entorpezca su salida en la fecha y hora fijadas;

Fracción reformada DOF 28-04-2022

VI. Permitir a los trabajadores que falten a sus labores para desempeñar comisiones del Estado o de su sindicato, en las mismas condiciones a que se refiere la fracción anterior;

VII. Proporcionar la alimentación y alojamiento, tratamiento médico y medicamentos y otros medios terapéuticos, en los casos de enfermedades, cualquiera que sea su naturaleza;

VIII. Llevar a bordo el personal y material de curación que establezcan las leyes y disposiciones sobre comunicaciones por agua;

IX. Repatriar o trasladar al lugar convenido a los trabajadores, salvo los casos de separación por causas no imputables al patrón; y

X. Informar a la Capitanía del Puerto correspondiente, dentro de las veinticuatro horas de haber sido declarado a libre plática, de los accidentes de trabajo ocurridos abordo. Si el buque llega a puerto extranjero, el informe se rendirá al Cónsul mexicano o en su defecto, al capitán del primer puerto nacional que toque.

Artículo 205. Los trabajadores están especialmente obligados a respetar y realizar las instrucciones y prácticas destinadas a prevenir riesgos del mar, las que se efectuarán en los términos que determinen las leyes y disposiciones sobre comunicaciones por agua. Los capitanes y oficiales obrarán, en estos casos, como representantes de la autoridad y no como representantes de los patrones.

Artículo 206. Queda prohibido en los expendios de a bordo proporcionar, sin permiso del capitán, bebidas embriagantes a los trabajadores, así como que éstos introduzcan a los buques tales efectos.

Queda igualmente prohibido a los trabajadores introducir drogas y enervantes, salvo lo dispuesto en el artículo 208, fracción III.

Artículo 207. El amarre temporal de un buque que, autorizado por el Tribunal, no da por terminadas las relaciones de trabajo, sólo suspende sus efectos hasta que el buque vuelva al servicio.

Párrafo reformado DOF 01-05-2019

Las reparaciones a los buques no se considerarán como amarre temporal.

Artículo 208. Son causas especiales de rescisión de las relaciones de trabajo:

I. La falta de asistencia del trabajador a bordo a la hora convenida para la salida o que presentándose, desembarque y no haga el viaje;

II. Encontrarse el trabajador en estado de embriaguez en horas de servicio mientras el buque esté en puerto, al salir el buque o durante la navegación;

III. Usar narcóticos o drogas enervantes durante su permanencia a bordo, sin prescripción médica.

Al subir a bordo, el trabajador deberá poner el hecho en conocimiento del patrón y presentarle la prescripción suscrita por el médico;

IV. La insubordinación y la desobediencia a las órdenes del capitán del buque en su carácter de autoridad;

V. La cancelación o la revocación definitiva de los certificados de aptitud o de las libretas de mar exigidos por las leyes y reglamentos;

VI. La violación de las leyes en materia de importación o exportación de mercancías en el desempeño de sus servicios; y

VII. La ejecución, en el desempeño del trabajo por parte del trabajador, de cualquier acto o la omisión intencional o negligencia que pueda poner en peligro su seguridad o la de los demás trabajadores, de los pasajeros o de terceras personas, o que dañe, perjudique o ponga en peligro los bienes del patrón o de terceros.

Artículo 209. La terminación de las relaciones de trabajo de los trabajadores se sujetará a las normas siguientes:

I. Cuando falten diez días o menos para su vencimiento y se pretenda hacer un nuevo viaje que exceda en duración a este término, podrán los trabajadores pedir la terminación de las relaciones de trabajo, dando aviso con tres días de anticipación al de la salida del buque;

II. Las relaciones de trabajo no pueden darse por terminadas cuando el buque esté en el mar o cuando estando en puerto se intente la terminación dentro de las veinticuatro horas anteriores a su salida, a menos que en este último caso se cambie el destino final del buque;

III. Tampoco pueden darse por terminadas las relaciones de trabajo cuando el buque esté en el extranjero, en lugares despoblados o en puerto, siempre que en este último caso se exponga al buque a cualquier riesgo por mal tiempo u otras circunstancias;

IV. Cuando las relaciones de trabajo sean por tiempo indeterminado, el trabajador deberá dar aviso al armador, naviero o fletador con setenta y dos horas de anticipación;

V. Cuando el buque se pierda por apresamiento o siniestro, se darán por terminadas las relaciones de trabajo, quedando obligado el armador, naviero o fletador, a repatriar a los trabajadores y a cubrir el importe de los salarios hasta su restitución al puerto de destino o al que se haya señalado en el contrato y el de las demás prestaciones a que tuviesen derecho. Los trabajadores y el patrón podrán convenir en que se proporcione a aquéllos un trabajo de la misma categoría en otro buque del patrón; si no se llega a un convenio tendrán derecho los trabajadores a que se les indemnice de conformidad con lo dispuesto en el artículo 436; y

VI. El cambio de nacionalidad de un buque mexicano es causa de terminación de las relaciones de trabajo. El armador, naviero o fletador, queda obligado a repatriar a los trabajadores y a cubrir el importe de los salarios y prestaciones a que se refiere el párrafo primero de la fracción anterior. Los trabajadores y el patrón podrán convenir en que se proporcione a aquéllos un trabajo de la misma categoría en otro buque del patrón; si no se llega a un convenio, tendrán derecho los trabajadores a que se les indemnice de conformidad con lo dispuesto en el artículo 50.

Artículo 210. En los casos de la fracción V del artículo anterior, si los trabajadores convienen en efectuar trabajos encaminados a la recuperación de los restos del buque o de la carga, se les pagarán sus salarios por los días que trabajen. Si el valor de los objetos salvados excede del importe de los salarios, tendrán derecho los trabajadores a una bonificación adicional, en proporción a los esfuerzos desarrollados y a los peligros arrostrados para el salvamento, la que se fijará por acuerdo de las partes o por decisión del Tribunal, que oirá previamente el parecer de la autoridad marítima.

Artículo reformado DOF 01-05-2019

Artículo 211. El Reglamento Interior de Trabajo, depositado ante la Autoridad Registral prevista en esta Ley, deberá registrarse en la Capitanía de Puerto.

Párrafo reformado DOF 01-05-2019

Las violaciones al reglamento se denunciarán al Inspector del Trabajo, quien, previa averiguación, las pondrá en conocimiento de la autoridad del trabajo, juntamente con la opinión del Capitán de Puerto.

Artículo 212. Corresponde a la Inspección del Trabajo vigilar el cumplimiento de las leyes y demás normas de trabajo, atendiendo a las leyes y disposiciones sobre comunicaciones por agua, cuando los buques estén en puerto.

Artículo 213. En el tráfico interior o fluvial regirán las disposiciones de este capítulo, con las modalidades siguientes:

I. Si la descarga dura más de veinticuatro horas en el punto en que termina la relación de trabajo, se considerará concluida ésta al expirar ese plazo, contado desde el momento en que fondee o atraque el buque;

II. La alimentación de los trabajadores por cuenta de los patrones es obligatoria, aun cuando no se estipule en los contratos, si a bordo se proporciona a los pasajeros; y en todo caso, cuando se trate de buques que naveguen por seis horas o más, o que navegando menos de ese tiempo, suspendan la navegación en lugares despoblados en los que sea imposible a los trabajadores proveerse de alimentos;

III. La permanencia obligada a bordo se considera como tiempo de trabajo, a menos que el período de descanso sea de cuatro horas o más, que exista para el trabajador la imposibilidad material de abandonar el buque o que el abandono carezca de objeto por tratarse de lugares despoblados; y

IV. El descanso semanal será forzosamente en tierra.

Artículo 214. El Ejecutivo Federal determinará la forma de sostener y mejorar los servicios de la Casa del Marino y fijará las aportaciones de los patrones.

CAPÍTULO IV
TRABAJO DE LAS TRIPULACIONES AERONÁUTICAS

Artículo 215. Las disposiciones de este capítulo se aplican al trabajo de las tripulaciones de las aeronaves civiles que ostenten matrícula mexicana. Tienen como finalidad, además de la prevista en el artículo 2o, garantizar la seguridad de las operaciones aeronáuticas, y son irrenunciables en la medida en que correspondan a este propósito.

Artículo 216. Los tripulantes deben tener la calidad de mexicanos por nacimiento que no adquieran otra nacionalidad y estar en pleno goce y ejercicio de sus derechos civiles y políticos.

Artículo reformado DOF 23-01-1998

Artículo 217. Las relaciones de trabajo a que se refiere este capítulo se regirán por las leyes mexicanas, independientemente del lugar en donde vayan a prestarse los servicios.

Artículo 218. Deberán considerarse miembros de las tripulaciones aeronáuticas, de acuerdo con las disposiciones legales y técnicas correspondientes:

I. El piloto al mando de la aeronave (Comandante o Capitán);

II. Los oficiales que desarrollen labores análogas;

III. El navegante; y

IV. Los sobrecargos.

Artículo 219. Serán considerados representantes del patrón, por la naturaleza de las funciones que desempeñan, los gerentes de operación o superintendentes de vuelos, jefes de adiestramiento, jefes de pilotos, pilotos instructores o asesores, y cualesquiera otros funcionarios que aun cuando tengan diversas denominaciones de cargos, realicen funciones análogas a las anteriores.

Los titulares de las categorías citadas serán designados por el patrón y podrán figurar como pilotos al mando, sin perjuicio de los derechos correspondientes de los pilotos de planta, siempre y cuando reúnan los requisitos que la Ley de Vías Generales de Comunicación y sus reglamentos, consignen al respecto.

Fe de erratas al párrafo DOF 30-04-1970

Artículo 220. El piloto al mando de una aeronave es responsable de la conducción y seguridad de la misma durante el tiempo efectivo de vuelo, y tiene a su cargo la dirección, el cuidado, el orden y la seguridad de la tripulación, de los pasajeros, del equipaje y de la carga y correo que aquélla transporte. Las responsabilidades y atribuciones que confiere a los comandantes la Ley de Vías Generales de Comunicación y sus reglamentos, no podrán ser reducidas ni modificadas por el ejercicio de los derechos y obligaciones que les corresponden conforme a las normas de trabajo.

Artículo 221. Para la determinación de las jornadas de trabajo, se considerarán las tablas de salida y puesta del sol, con relación al lugar más cercano al en que se encuentre la aeronave en vuelo.

Artículo 222. Por tiempo efectivo de vuelo se entiende el comprendido desde que una aeronave comienza a moverse por su propio impulso, o es remolcada para tomar posición de despegue, hasta que se detiene al terminar el vuelo.

Artículo 223. El tiempo total de servicios que deben prestar los tripulantes, considerado el equipo que se utilice, se fijará en el contrato de trabajo y comprenderá solamente el tiempo efectivo de vuelo, el de ruta y el de servicios de reserva, sin que pueda exceder de ciento ochenta horas mensuales.

Artículo 224. El tiempo efectivo de vuelo que mensualmente podrán trabajar los tripulantes se fijará en los contratos de trabajo, tomando en consideración las características del equipo que se utilice, sin que pueda exceder de noventa horas.

Artículo 225. El tiempo efectivo de vuelo de los tripulantes no excederá de ocho horas en la jornada diurna, de siete en la nocturna y de siete y media en la mixta, salvo que se les conceda un período de descanso horizontal, antes de cumplir o al cumplir dichas jornadas, igual al tiempo volado. El tiempo excedente al señalado será extraordinario.

Artículo 226. Las jornadas de los tripulantes se ajustarán a las necesidades del servicio y podrán principiar a cualquiera hora del día o de la noche.

Artículo 227. Cuando las necesidades del servicio o las características de las rutas en operación lo requieran, el tiempo total de servicios de los tripulantes será repartido en forma convencional durante la jornada correspondiente.

Artículo 228. Los tripulantes no podrán interrumpir un servicio de vuelo durante su trayecto, por vencimiento de la jornada de trabajo. En caso de que alcancen el límite de su jornada durante el vuelo o en un aeropuerto que no sea el de destino final, tendrán la obligación de terminarlo si no requiere más de tres horas. Si requiere mayor tiempo, serán relevados o suspenderán el vuelo en el aeropuerto más próximo del trayecto.

Fe de erratas al artículo DOF 30-04-1970

Artículo 229. Cuando se use equipo a reacción podrá reducirse la duración del tiempo total de servicios señalado en este capítulo.

Fe de erratas al artículo DOF 05-06-1970

Artículo 230. Cuando por necesidades del servicio los tripulantes excedan su tiempo total de servicios, percibirán por cada hora extra un ciento por ciento más del salario correspondiente. El tiempo excedente, calculado y pagado en los términos de este artículo, no será objeto de nuevo pago.

Artículo 231. Las tripulaciones están obligadas a prolongar su jornada de trabajo en los vuelos de auxilio, búsqueda o salvamento. Las horas excedentes se retribuirán en la forma prevista en el párrafo primero del artículo 67.

Artículo 232. Los Tripulantes que presten servicios en los días de descanso obligatorio tendrán derecho a la retribución consignada en el artículo 75. Se exceptúan los casos de terminación de un servicio que no exceda de la primera hora y media de dichos días, en los que únicamente percibirán el importe de un día de salario adicional.

Para los efectos de este artículo, los días se iniciarán a las cero horas y terminarán a las veinticuatro, tiempo oficial del lugar de la base de residencia.

Artículo 233. Los tripulantes tienen derecho a un período anual de vacaciones de treinta días de calendario, no acumulables. Este período podrá disfrutarse semestralmente en forma proporcional, y se aumentará en un día por cada año de servicios, sin que exceda de sesenta días de calendario.

Artículo 234. No es violatoria del principio de igualdad de salario la disposición que estipule salarios distintos para trabajo igual, si éste se presta en aeronaves de diversa categoría o en diferentes rutas, y la que establezca primas de antigüedad.

Artículo 235. El salario de los tripulantes se pagará, incluyendo las asignaciones adicionales correspondientes, los días quince y último de cada mes. Las percepciones por concepto de tiempo de vuelo nocturno y de tiempo extraordinario, en la primera quincena del mes siguiente al en que se hayan realizado; y el importe de los días de descanso obligatorio, en la quincena inmediata a aquella en que se hayan trabajado.

Los pagos, sea cualquiera su concepto, se harán en moneda nacional y en el lugar de residencia del tripulante, salvo pacto en contrario.

Artículo 236. Los patrones tienen las obligaciones especiales siguientes:

I. Proporcionar alimentación, alojamiento y transportación a los tripulantes por todo el tiempo que permanezcan fuera de su base por razones del servicio. El pago se hará de conformidad con las normas siguientes:

a) En las estaciones previamente designadas, o en las de pernoctación extraordinaria, la transportación se hará en automóvil y el alojamiento será cubierto directamente por el patrón. La transportación se proporcionará entre los aeropuertos y el lugar de alojamiento y viceversa, excepto en aquellos lugares de base permanente de residencia de los tripulantes.

b) Cuando los alimentos no puedan tomarse a bordo, los tripulantes percibirán una asignación en efectivo, que se fijará según el número de comidas que deban hacerse en cada viaje o en los lugares de pernoctación extraordinaria. El monto de estas asignaciones se fijará de común acuerdo;

II. Pagar a los tripulantes los gastos de traslado, incluyendo los del cónyuge y familiares de primer grado que dependan económicamente de ellos, del menaje de casa y efectos personales, cuando sean cambiados de su base de residencia. El monto de estos gastos se fijará de común acuerdo;

III. Repatriar o trasladar al lugar de contratación a los tripulantes cuya aeronave se destruya o inutilice fuera de ese lugar, pagándoles sus salarios y los gastos de viaje; y

IV. Conceder los permisos a que se refiere el artículo 132 fracciones IX y X, siempre que no se ponga en peligro la seguridad de la aeronave o se imposibilite su salida en la fecha y hora previamente señaladas.

Artículo 237. Los tripulantes, en la medida que les corresponda, tienen las obligaciones especiales siguientes:

I. Cuidar que en las aeronaves a su cargo no se transporte pasajeros o efectos ajenos a los intereses del patrón sin el cumplimiento de los requisitos correspondientes, ni artículos prohibidos por la ley, a menos que se cuente con el permiso de las autoridades correspondientes;

II. Conservar en vigor sus licencias, pasaportes, visas y documentos que se requieran legalmente para el desempeño de su trabajo;

III. Presentarse a cubrir los servicios que tengan asignados con la anticipación y en la forma que establezcan su contrato y el reglamento interior de trabajo, salvo causa justificada;

IV. Someterse, cuando menos dos veces al año, a los exámenes médicos periódicos que prevengan las leyes, los reglamentos y los contratos de trabajo;

V. Someterse a los adiestramientos que establezca el patrón, según las necesidades del servicio, a fin de conservar o incrementar su eficiencia para ascensos o utilización de equipo con nuevas características técnicas y operar éste al obtener la capacidad requerida;

VI. Planear, preparar y realizar cada vuelo, con estricto apego a las leyes, reglamentos y demás disposiciones dictadas o aprobadas por la Secretaría de Comunicaciones y Transportes y por el patrón;

VII. Cerciorarse, antes de iniciar un viaje, de que la aeronave satisface los requisitos legales y reglamentarios, las condiciones necesarias de seguridad, y que ha sido debidamente equipada, aprovisionada y avituallada;

VIII. Observar las indicaciones técnicas que en materia de seguridad de tránsito aéreo boletine el patrón o dicten las autoridades respectivas en el aeropuerto base o en las estaciones foráneas;

IX. Dar aviso al patrón y, en su caso, a las autoridades competentes, utilizando los medios de comunicación más rápidos de que dispongan, en caso de presentarse en vuelo cualquier situación de emergencia, o cuando ocurra un accidente;

X. Efectuar vuelos de auxilio, búsqueda o salvamento en cualquier tiempo y lugar que se requiera;

XI. Tratándose de los pilotos al mando de la aeronave, anotar en la bitácora, con exactitud y bajo su responsabilidad, los datos exigidos por las disposiciones legales relativas y hacer, cuando proceda, la distribución del tiempo de servicio de los demás miembros de la tripulación;

XII. Rendir los informes, formular las declaraciones y manifestaciones y firmar la documentación que en relación con cada vuelo exijan las leyes, reglamentos y demás disposiciones aplicables; y

XIII. Poner en conocimiento del patrón al terminar el vuelo, los defectos mecánicos o técnicos que adviertan o presuman existen en la aeronave.

Artículo 238. Cuando por cualquier causa un miembro de la tripulación técnica hubiese dejado de volar durante 21 días o más, el tripulante deberá someterse al adiestramiento correspondiente a la categoría que tenía en el momento de la suspensión y comprobar que posee la capacidad técnica y práctica requerida para el desempeño y reanudación de su trabajo, en los términos que establezca la Ley de Vías Generales de Comunicación y sus reglamentos.

Artículo 239. El escalafón de las tripulaciones aeronáuticas tomará en consideración:

I. La capacidad técnica, física y mental del interesado, referida al equipo que corresponda al puesto de ascenso;

II. La experiencia previa, determinada, según la especialidad, por las horas de vuelo registradas ante la autoridad competente o por las instrucciones y práctica en el caso de los tripulantes que no tengan obligación de registrar dichas horas de vuelo; y

III. La antigüedad, en igualdad de condiciones.

Artículo 240. El tripulante interesado en una promoción de su especialidad, deberá sustentar y aprobar el programa de adiestramiento respectivo, y obtener la licencia requerida para cada especialidad por la Secretaría de Comunicaciones y Transportes.

Artículo 241. En el caso de operación de equipo con características técnicas distintas del que se venía utilizando, el tripulante y el patrón fijarán las condiciones de trabajo.

Artículo 242. Queda prohibido a los tripulantes:

I. Ingerir bebidas alcohólicas durante la prestación del servicio y en las veinticuatro horas anteriores a la iniciación de los vuelos que tengan asignados;

II. Usar narcóticos o drogas enervantes dentro o fuera de sus horas de trabajo, sin prescripción de un especialista en medicina de aviación. Antes de iniciar su servicio, el trabajador deberá poner el hecho en conocimiento del patrón y presentarle la prescripción suscrita por el médico; y

III. Ejecutar como tripulantes algún vuelo que disminuya sus posibilidades físicas y legales de realizar vuelos al servicio de su patrón.

Artículo 243. Es causa especial de suspensión de las relaciones de trabajo, sin responsabilidad para el patrón, la suspensión transitoria de las licencias respectivas, de los pasaportes, visas y demás documentos exigidos por las leyes nacionales y extranjeras cuando sea imputable al tripulante.

Artículo 244. Son causas especiales de terminación o rescisión de las relaciones de trabajo:

I. La cancelación o revocación definitiva de los documentos especificados en el artículo anterior;

II. Encontrarse el tripulante en estado de embriaguez, dentro de las veinticuatro horas anteriores a la iniciación del vuelo que tenga asignado o durante el transcurso del mismo;

III. Encontrarse el tripulante, en cualquier tiempo, bajo la influencia de narcóticos o drogas enervantes salvo lo dispuesto en el artículo 242, fracción II;

IV. La violación de las leyes en materia de importación o exportación de mercancías, en el desempeño de sus servicios;

V. La negativa del tripulante, sin causa justificada, a ejecutar vuelos de auxilio, búsqueda o salvamento, o iniciar o proseguir el servicio de vuelo que le haya sido asignado;

VI. La negativa del tripulante a cursar los programas de adiestramiento que según las necesidades del servicio establezca el patrón, cuando sean indispensables para conservar o incrementar su eficiencia, para ascensos o para operar equipo con nuevas características técnicas;

VII. La ejecución, en el desempeño del trabajo, por parte del tripulante, de cualquier acto o la omisión intencional o negligencia que pueda poner en peligro su seguridad o la de los miembros de la tripulación, de los pasajeros o de terceras personas, o que dañe, perjudique o ponga en peligro los bienes del patrón o de terceros; y

VIII. El incumplimiento de las obligaciones señaladas en el artículo 237 y la violación de la prohibición consignada en el artículo 242, fracción III.

Artículo 245. La Autoridad Registral, previamente a la aprobación del reglamento interior de trabajo, recabará la opinión de la Secretaría de Comunicaciones y Transportes a fin de que en el mismo se observen las disposiciones de la Ley de Vías Generales de Comunicaciones y sus reglamentos.

Artículo reformado DOF 01-05-2019

Artículo 245 Bis. La existencia de un contrato colectivo de trabajo que abarque a la totalidad de trabajadores no será impedimento para que coexista con otro pacto sindical celebrado con un sindicato gremial de pilotos o sobrecargos, si la mayoría de los trabajadores de la misma profesión manifiestan su voto a favor del sindicato gremial.

El sindicato gremial que afilie pilotos o sobrecargos podrá demandar la titularidad de un contrato que abarque la totalidad de trabajadores, por lo que hace al gremio que represente. La pérdida de la mayoría declarada por los Tribunales, después de consultar a los trabajadores del gremio en disputa mediante voto personal, libre, directo y secreto, produce la de la titularidad del contrato colectivo de trabajo.

Artículo adicionado DOF 01-05-2019

CAPÍTULO V
TRABAJO FERROCARRILERO

Artículo 246. Los trabajadores ferrocarrileros deberán ser mexicanos.

Artículo 247. En los contratos colectivos se podrá determinar el personal de confianza, tomando en consideración lo dispuesto en el artículo 9o.

Artículo 248. En los contratos colectivos se podrá estipular que los trabajadores trenistas presten sus servicios sobre la base de viajes en una sola o en dos direcciones.

Artículo 249. Cuando algún trabajador esté próximo a cumplir los términos de jubilación determinados en los contratos colectivos, la relación de trabajo sólo podrá rescindirse por causas particularmente graves que hagan imposible su continuación, de conformidad con las disposiciones contenidas en los contratos colectivos. A falta de disposiciones expresas se estará a lo dispuesto en el artículo 161.

Artículo 250. No es causa de rescisión de las relaciones de trabajo ni de pérdida de los derechos, la circunstancia de que los trabajadores, por fuerza mayor, queden aislados de sus jefes, si continúan en sus puestos.

Si en las mismas condiciones los abandonan, volverán a ocuparlos al desaparecer las causas que motivaron el abandono. En estos casos, se harán previamente las investigaciones respectivas, con intervención de los representantes del sindicato y de la empresa, y si de ellas resulta responsabilidad a los trabajadores afectados, o se comprueba que voluntariamente descuidaron o perjudicaron los intereses de la empresa, serán separados de sus empleos. Los trabajadores que hayan ocupado los puestos abandonados tendrán la categoría de interinos, y al ser reinstalados los titulares continuarán trabajando en los empleos que tenían con anterioridad o en los que queden vacantes.

Artículo 251. Los trabajadores que hayan sido separados por reducción de personal o de puestos, aun cuando reciban las indemnizaciones que en derecho procedan, seguirán conservando los derechos que hayan adquirido antes de su separación, para regresar a sus puestos, si éstos vuelven a crearse y también para que se les llame al servicio en el ramo de trabajo de donde salieron, siempre que continúen perteneciendo a los sindicatos que celebraron los contratos colectivos.

Artículo 252. Las jornadas de los trabajadores se ajustarán a las necesidades del servicio y podrán principiar en cualquier hora del día o de la noche.

Artículo 253. No es violatorio del principio de igualdad de salario la fijación de salarios distintos para trabajo igual, si éste se presta en líneas o ramales de diversa importancia.

Artículo 254. Queda prohibido a los trabajadores:

I. El consumo de bebidas embriagantes, y su tráfico durante el desempeño de sus labores, por cuenta ajena a la empresa;

II. El consumo de narcóticos o drogas enervantes, salvo que exista prescripción médica. Antes de iniciar el servicio, el trabajador deberá poner el hecho en conocimiento del patrón y presentarle la prescripción suscrita por el médico; y

III. El tráfico de drogas enervantes.

Artículo 255. Son causas especiales de rescisión de las relaciones de trabajo:

I. La recepción de carga o pasaje fuera de los lugares señalados por la empresa para estos fines; y

II. La negativa a efectuar el viaje contratado o su interrupción, sin causa justificada.

CAPÍTULO VI
TRABAJO DE AUTOTRANSPORTES

Artículo 256. Las relaciones entre los choferes, conductores, operadores, cobradores y demás trabajadores que prestan servicios a bordo de autotransportes de servicio público, de pasajeros, de carga o mixtos, foráneos o urbanos, tales como autobuses, camiones, camionetas o automóviles, y los propietarios o permisionarios de los vehículos, son relaciones de trabajo y quedan sujetas a las disposiciones de este capítulo.

La estipulación que en cualquier forma desvirtúe lo dispuesto en el párrafo anterior, no produce ningún efecto legal ni impide el ejercicio de los derechos que deriven de los servicios prestados.

Artículo 257. El salario se fijará por día, por viaje, por boletos vendidos o por circuito o kilómetros recorridos y consistirá en una cantidad fija, o en una prima sobre los ingresos o la cantidad que exceda a un ingreso determinado, o en dos o más de estas modalidades, sin que en ningún caso pueda ser inferior al salario mínimo.

Cuando el salario se fije por viaje, los trabajadores tienen derecho a un aumento proporcional en caso de prolongación o retardo del término normal del viaje por causa que no les sea imputable.

Los salarios no podrán reducirse si se abrevia el viaje, cualquiera que sea la causa.

En los transportes urbanos o de circuito, los trabajadores tienen derecho a que se les pague el salario en los casos de interrupción del servicio, por causas que no les sean imputables.

No es violatoria del principio de igualdad de salario la disposición que estipula salarios distintos para trabajo igual, si éste se presta en líneas o servicios de diversa categoría.

Artículo 258. Para determinar el salario de los días de descanso se aumentará el que perciban por el trabajo realizado en la semana, con un dieciséis sesenta y seis por ciento.

Artículo 259. Para determinar el monto del salario de los días de vacaciones y de las indemnizaciones, se estará a lo dispuesto en el párrafo segundo del artículo 89.

Artículo 260. El propietario del vehículo y el concesionario o permisionario son solidariamente responsables de las obligaciones derivadas de las relaciones de trabajo y de la ley.

Artículo 261. Queda prohibido a los trabajadores:

I. El uso de bebidas alcohólicas durante la prestación del servicio y en las doce horas anteriores a su iniciación;

II. Usar narcóticos o drogas enervantes dentro o fuera de sus horas de trabajo, sin prescripción médica. Antes de iniciar el servicio, el trabajador deberá poner el hecho en conocimiento del patrón y presentarle la prescripción suscrita por el médico; y

III. Recibir carga o pasaje fuera de los lugares señalados por la empresa para esos fines.

Artículo 262. Los trabajadores tienen las obligaciones especiales siguientes:

I. Tratar al pasaje con cortesía y esmero y a la carga con precaución;

II. Someterse a los exámenes médicos periódicos que prevengan las leyes y demás normas de trabajo;

III. Cuidar el buen funcionamiento de los vehículos e informar al patrón de cualquier desperfecto que observen;

IV. Hacer durante el viaje las reparaciones de emergencia que permitan sus conocimientos, la herramienta y las refacciones de que dispongan. Si no es posible hacer las reparaciones, pero el vehículo puede continuar circulando, conducirlo hasta el poblado más próximo o hasta el lugar señalado para su reparación; y

V. Observar los reglamentos de tránsito y las indicaciones técnicas que dicten las autoridades o el patrón.

Artículo 263. Los patrones tienen las obligaciones especiales siguientes:

I. En los transportes foráneos pagar los gastos de hospedaje y alimentación de los trabajadores, cuando se prolongue o retarde el viaje por causa que no sea imputable a éstos;

II. Hacer las reparaciones para garantizar el buen funcionamiento del vehículo y la seguridad de los trabajadores, usuarios y público en general;

III. Dotar a los vehículos de la herramienta y refacciones indispensables para las reparaciones de emergencia; y

IV. Observar las disposiciones de los Reglamentos de Tránsito sobre condiciones de funcionamiento y seguridad de los vehículos.

Artículo 264. Son causas especiales de rescisión de las relaciones de trabajo:

I. La negativa a efectuar el viaje contratado o su interrupción sin causa justificada. Será considerada en todo caso causa justificada la circunstancia de que el vehículo no reúna las condiciones de seguridad indispensables para garantizar la vida de los trabajadores, usuarios y del público en general; y

II. La disminución importante y reiterada del volumen de ingresos, salvo que concurran circunstancias justificadas.

CAPÍTULO VII
TRABAJO DE MANIOBRAS DE SERVICIO PÚBLICO EN ZONAS BAJO JURISDICCIÓN FEDERAL

Artículo 265. Las disposiciones de este capítulo se aplican al trabajo de maniobras de servicio público de carga, descarga, estiba, desestiba, alijo, chequeo, pilotaje o practicaje, amarre, acarreo, almacenaje y transbordo de carga y equipaje, que se efectúe a bordo de buques o en tierra, en los puertos, vías navegables, estaciones de ferrocarril y demás zonas bajo jurisdicción federal, al que se desarrolle en lanchas para prácticos, y a los trabajos complementarios o conexos.

Artículo reformado DOF 30-05-2018

Artículo 266. En los contratos colectivos se determinarán las maniobras objeto de los mismos, distinguiéndose de las que correspondan a otros trabajadores.

Artículo 267. No podrá utilizarse el trabajo de los menores de dieciocho años.

Artículo reformado DOF 12-06-2015

Artículo 268. Son patrones las empresas navieras y las de maniobras, los armadores y fletadores, los consignatarios, los agentes aduanales, y demás personas que ordenen los trabajos.

Artículo 269. Las personas a que se refiere el artículo anterior, que en forma conjunta ordenen los trabajos comprendidos en este capítulo, son solidariamente responsables por los salarios e indemnizaciones que correspondan a los trabajadores, por los trabajos realizados.

Artículo 270. El salario puede fijarse por unidad de tiempo, por unidad de obra, por peso de los bultos o de cualquiera otra manera.

Si intervienen varios trabajadores en una maniobra, el salario se distribuirá entre ellos de conformidad con sus categorías y en la proporción en que participen.

Artículo 271. El salario se pagará directamente al trabajador, de conformidad con lo dispuesto en el artículo 100.

El pago hecho a organizaciones, cualquiera que sea su naturaleza, o a intermediarios, para que a su vez hagan el pago a los trabajadores, no libera de responsabilidad a los patrones.

Artículo 272. Los trabajadores tienen derecho a que el salario diario se aumente en un dieciséis sesenta y seis por ciento como salario del día de descanso.

Asimismo, se aumentará el salario diario, en la proporción que corresponda, para el pago de vacaciones.

Artículo 273. En la determinación de la antigüedad de los trabajadores, y del orden en que deben ser utilizados sus servicios, se observarán las normas siguientes:

I. La antigüedad se computará a partir de la fecha en que principió el trabajador a prestar sus servicios al patrón;

II. En los contratos colectivos podrá establecerse la antigüedad de cada trabajador. El trabajador inconforme podrá solicitar al Tribunal que rectifique su antigüedad. Si no existen contratos colectivos o falta en ellos la determinación, la antigüedad se fijará de conformidad con lo dispuesto en el artículo 158, y

Fracción reformada DOF 01-05-2019

III. La distribución del trabajo se hará de conformidad con la antigüedad que corresponda a cada trabajador. En los contratos colectivos se determinarán las modalidades que se estime conveniente para la distribución del trabajo.

Artículo 274. Los sindicatos proporcionarán a los patrones una lista pormenorizada que contenga el nombre y la categoría de los trabajadores que deben realizar las maniobras, en cada caso.

Artículo 275. Los trabajadores no pueden hacerse substituir en la prestación del servicio. Si se quebranta esta prohibición, el substituto tiene derecho a que se le pague la totalidad del salario que corresponda al trabajo desempeñado y a que el pago se haga de conformidad con lo dispuesto en el artículo 100.

Artículo 276. Para el pago de indemnizaciones en los casos de riesgos de trabajo, se observarán las normas siguientes:

I. Si el riesgo produce incapacidad, el pago se hará de conformidad con lo dispuesto en el artículo 483;

II. El patrón bajo cuya autoridad se prestó el trabajo, será responsable de los accidentes de trabajo; y

III. Si se trata de enfermedades de trabajo, cada patrón que hubiese utilizado los servicios del trabajador durante 90 días, por lo menos, en los tres años anteriores a la fecha en que se determine el grado de incapacidad para el trabajo, contribuirá en la proporción en que hubiese utilizado los servicios.

El trabajador podrá ejercitar la acción de pago de la indemnización contra cualquiera de los patrones a que se refiere el párrafo anterior, pero el demandado podrá llamar a juicio a los demás o repetir contra ellos.

Artículo 277. En los contratos colectivos podrá estipularse que los patrones cubran un porcentaje sobre los salarios, a fin de que se constituya un fondo de pensiones de jubilación o de invalidez que no sea consecuencia de un riesgo de trabajo. En los estatutos del sindicato o en un reglamento especial aprobado por la asamblea, se determinarán los requisitos para el otorgamiento de las pensiones.

Las cantidades correspondientes se entregarán por los patrones al Instituto Mexicano del Seguro Social y en caso de que éste no acepte, a la institución bancaria que se señale en el contrato colectivo. La institución cubrirá las pensiones previa aprobación del Tribunal.

Párrafo reformado DOF 01-05-2019

Artículo 278. En los contratos colectivos podrá estipularse la constitución de un fondo afecto al pago de responsabilidades por concepto de pérdidas o averías. La cantidad correspondiente se entregará a la institución bancaria nacional que se señale en el contrato colectivo, la que cubrirá los pagos correspondientes por convenio entre el sindicato y el patrón, o mediante resolución del Tribunal.

Párrafo reformado DOF 01-05-2019

Alcanzado el monto del fondo, no se harán nuevas aportaciones, salvo para reponer las cantidades que se paguen.

CAPÍTULO VIII
PERSONAS TRABAJADORAS DEL CAMPO

Denominación del Capítulo reformada DOF 24-01-2024

Artículo 279. Personas trabajadoras del campo son las personas físicas que realizan labores dirigidas a la obtención de alimentos o productos primarios a través de la realización de diversas tareas agrícolas, hortícolas, ganaderas, forestales, acuícolas, avícolas, apícolas u otras semejantes, siempre que éstas no sean sometidas a algún tipo de proceso industrial y en tanto se desarrollen en ámbitos rurales.

No se considerarán personas trabajadoras del campo quienes laboren en empresas agrícolas, hortícolas, ganaderas, forestales, acuícolas, avícolas, apícolas u otras semejantes que adquieran productos de medio rural, para realizar actividades de empaque, reempaque, exposición, venta o para su transformación a través de algún proceso que modifique su estado natural.

Las personas trabajadoras del campo podrán ser permanentes o temporales.

Todas las personas trabajadoras del campo, cualquiera que sea la modalidad de contratación, tienen derecho a acceder a la seguridad social.

Artículo reformado DOF 30-11-2012, 24-01-2024

Artículo 279 Bis. Persona trabajadora del campo es aquella contratada por tiempo indeterminado, o la prestación de sus servicios es de forma continua.

Artículo adicionado DOF 30-11-2012. Reformado DOF 24-01-2024

Artículo 279 Ter. La persona trabajadora del campo temporal es aquella persona que es contratada por obra, tiempo determinado o por temporada, conforme a la naturaleza o necesidades propias de las actividades comprendidas dentro de este Capítulo.

Este esquema de trabajo comprende las personas trabajadoras del campo denominados estacionales, eventuales, jornaleras y jornaleras migrantes.

Artículo adicionado DOF 30-11-2012. Reformado DOF 24-01-2024

Artículo 279 Quáter. La persona empleadora deberá llevar un padrón especial de las personas trabajadoras del campo temporales para registrar la acumulación del tiempo contratado, a fin de establecer la antigüedad en el trabajo y, con base en la suma de éste, calcular las prestaciones y derechos derivados del tiempo sumado de trabajo.

Artículo adicionado DOF 01-05-2019. Reformado DOF 24-01-2024

Artículo 280. La persona trabajadora temporal del campo que labore en forma continua por un periodo mayor a veintisiete semanas para una o varias personas empleadoras, tiene a su favor la presunción de ser persona trabajadora del campo permanente.

La persona empleadora deberá llevar un registro especial de las personas trabajadoras del campo temporales que contrate cada año y exhibirlo ante las autoridades del trabajo cuando sea requerido para ello.

Al final de la obra, el tiempo determinado o la temporada, la persona empleadora deberá pagar a la persona trabajadora del campo las partes proporcionales que correspondan por concepto de vacaciones, prima vacacional, aguinaldo y cualquier otra prestación a la que tenga derecho, y deberá entregar una constancia a cada persona trabajadora del campo en la que se señalen los días laborados y los salarios totales devengados, la antigüedad acumulada hasta esa fecha, así como las retenciones y aportaciones por concepto de seguridad social.

Artículo reformado DOF 30-11-2012, 24-01-2024

Artículo 280 Bis. La Comisión Nacional de los Salarios Mínimos fijará los salarios mínimos profesionales de las personas trabajadoras del campo, debiendo tomar en consideración, entre otras, las circunstancias siguientes:

Párrafo reformado DOF 24-01-2024

I. La naturaleza esencial de los trabajos para la seguridad y soberanía alimentaria del país, así como la cantidad y calidad de éstos;

Fracción reformada DOF 24-01-2024

II. El desgaste físico ocasionado por las condiciones del trabajo, y

III. Los salarios y prestaciones percibidas por las personas trabajadoras del campo de establecimientos y empresas dedicadas a la producción de productos en las actividades a que se refiere este Capítulo, donde las personas trabajadoras del campo estén suficientemente organizadas.

Fracción reformada DOF 24-01-2024

La persona empleadora podrá convenir con la persona trabajadora del campo una retribución superior al salario mínimo profesional siempre que no se exceda la jornada máxima legal.

Párrafo adicionado DOF 24-01-2024

Cuando el salario se determine por unidad de obra, la persona empleadora estará obligada a garantizar la dación de trabajo en cantidad adecuada y a responder por la supresión o reducción del trabajo, en estos casos la persona empleadora garantizará el pago de por lo menos el salario mínimo profesional.

Párrafo adicionado DOF 24-01-2024

Artículo adicionado DOF 01-05-2019

Artículo 281. Cuando existan contratos de arrendamiento, el propietario del predio es solidariamente responsable con el arrendatario, si este no dispone de elementos propios suficientes para cumplir las obligaciones que deriven de las relaciones con sus trabajadores.

Si existieren contratos de aparcería, el propietario del predio y el aparcero serán solidariamente responsables.

Artículo 282. El trabajo del campo deberá fijarse mediante contrato por escrito, siempre que una persona se obligue frente a otra a realizar actos, ejecutar obras o prestar servicios en las actividades a que se refiere este Capítulo, de manera subordinada y mediante el pago de un salario.

Las condiciones de trabajo deberán constar en dicho contrato, observándose lo dispuesto en el artículo 25 y lo señalado en este Capítulo. Además, dichas condiciones de trabajo establecerán los mecanismos acordados para informar a las personas trabajadoras del campo acerca de las autoridades del trabajo y servicios sociales a las que se podrán acudir cuando la persona trabajadora del campo considere que sus derechos han sido menoscabados, a fin de ejercer la acción legal conducente.

Todas las personas trabajadoras del campo deberán contar con un ejemplar del contrato de trabajo. La falta del escrito del contrato de trabajo no priva a las personas trabajadoras del campo de los derechos que deriven por los servicios prestados, y será imputable a la persona empleadora la falta de esa formalidad.

Las personas empleadoras de servicios especializados que intervienen en el proceso de contratación de personal a través del reclutamiento y selección no se considerarán personas empleadoras, este carácter lo tiene quien se beneficia de los servicios.

Artículo reformado DOF 30-11-2012, 24-01-2024

Artículo 283. En materia de seguridad y salud, las personas empleadoras tienen las obligaciones especiales siguientes:

Párrafo reformado DOF 24-01-2024

I. Pagar los salarios precisamente en el lugar donde preste el trabajador sus servicios y en períodos de tiempo que no excedan de una semana;

II. Proveer gratuitamente habitaciones a las personas trabajadoras del campo y, en su caso, a su familia o dependientes económicos que lo acompañen. Dichas habitaciones deberán cumplir con los requerimientos mínimos de construcción, seguridad e higiene que garanticen un adecuado estándar de habitabilidad en condiciones dignas. En todos los casos las habitaciones deberán contar con piso firme, agua potable, baños, regaderas, lavaderos y comedores. En su caso, proveer de un predio individual o colectivo para la cría de animales de corral;

Fracción reformada DOF 30-11-2012, 01-05-2019, 24-01-2024

III. Mantener las habitaciones en condiciones dignas y de habitabilidad, haciendo, en su caso, las reparaciones necesarias y convenientes;

Fracción reformada DOF 30-11-2012, 24-01-2024

IV. Proporcionar a las personas trabajadoras del campo, durante la jornada de trabajo, alimentación sana, suficiente y variada; agua apta para consumo y uso humano, en cantidad suficiente y servicios sanitarios adecuados e independientes a cada sexo, en cantidad suficiente y proporcional al número de personas;

Fracción adicionada DOF 30-11-2012. Reformada DOF 24-01-2024

V. Mantener en el lugar de trabajo los medicamentos y material de curación, así como los antídotos necesarios, a fin de proporcionar primeros auxilios a los trabajadores, a sus familiares o dependientes económicos que los acompañen, así como adiestrar personal que los preste;

Fracción reformada y recorrida DOF 30-11-2012

VI. Trasladar a las personas trabajadoras del campo y a sus familiares que los acompañen a los servicios médicos del Instituto Mexicano del Seguro Social. En aquellos lugares donde el Instituto no cuente con instalaciones, la persona empleadora deberá proporcionar gratuitamente asistencia médica. También tendrán las obligaciones a que se refiere el artículo 504, fracción II;

Fracción reformada y recorrida DOF 30-11-2012. Reformada DOF 24-01-2024

VII. Proporcionar gratuitamente a la persona trabajadora del campo, a sus familiares o dependientes económicos que los acompañen medicamentos y material de curación en los casos de enfermedades tropicales, endémicas y propias de la región y pagar a las personas trabajadoras del campo que resulten incapacitados, el setenta y cinco por ciento de los salarios hasta por noventa días. Las personas trabajadoras del campo temporales disfrutarán de esta prestación por el tiempo que dure la relación laboral.

Las personas trabajadoras del campo que sean jornaleros migrantes también deberán contar con un seguro de vida para sus traslados desde sus hogares de origen a los centros de trabajo y posteriormente a su retorno;

Fracción reformada y recorrida DOF 30-11-2012. Reformada DOF 24-01-2024

VIII. Derogada

Fracción reformada y recorrida DOF 30-11-2012. Derogada DOF 24-01-2024

IX. Fomentar la creación de cooperativas de consumo entre los trabajadores;

Fracción adicionada DOF 30-11-2012

X. Fomentar la educación entre las personas trabajadoras del campo y sus familiares. En el caso de las personas trabajadoras del campo se deberá fomentar la educación con pertinencia cultural y lingüística para personas adultas a través de los diversos tipos y modalidades de estudio para erradicar el rezago educativo y el analfabetismo. En el caso de los hijos de las personas trabajadoras del campo se deberá fomentar la educación obligatoria.

Cuando las actividades a que se refiere este Capítulo se sitúen fuera de las poblaciones, la persona empleadora deberá establecer y sostener escuelas de conformidad con lo previsto en el artículo 82 de la Ley General de Educación.

Las autoridades educativas de las entidades federativas podrán celebrar con las personas empleadoras, convenios para el cumplimiento de dicha obligación.

Cuando las actividades a que se refiere este Capítulo se sitúen cerca o en las poblaciones, el Estado garantizará en todo momento, el acceso a la educación obligatoria de los hijos e hijas de las personas trabajadoras del campo migrantes en escuelas con condiciones físicas y de equipamiento, así como con personal docente con el perfil profesional adecuado que permita proporcionar educación con equidad, inclusión, pertinencia cultural y lingüística.

Las autoridades educativas reconocerán los estudios que, en un mismo ciclo escolar, realicen los hijos e hijas de las personas trabajadoras del campo tanto en sus lugares de origen como en sus centros de trabajo. Asimismo, las autoridades educativas definirán mecanismos de seguimiento que aseguren la continuidad de los estudios en sus comunidades de origen y en los centros de trabajo.

En todo caso, la educación que se brinde responderá a la diversidad lingüística, regional y sociocultural del país, además de las características y necesidades de este sector de la población por lo que deberá ser de carácter intercultural y plurilingüe;

Fracción adicionada DOF 30-11-2012. Reformada DOF 24-01-2024

XI. Proporcionar a los trabajadores en forma gratuita, transporte cómodo y seguro de las zonas habitacionales a los lugares de trabajo y viceversa. El patrón podrá emplear sus propios medios o pagar el servicio para que el trabajador haga uso de un trasporte público adecuado;

Si la persona trabajadora del campo fuere contratada para residir temporalmente en el centro de trabajo, en un lugar distinto donde tiene su residencia habitual, la persona empleadora tendrá a su cargo el traslado seguro y cómodo de aquélla, el de su grupo familiar y las pertenencias de todos ellos, desde el lugar de contratación al de ejecución del contrato cuando se iniciare la relación y de regreso al terminarse el vínculo;

Párrafo adicionado DOF 24-01-2024

Fracción adicionada DOF 30-11-2012

XII. Utilizar los servicios de un intérprete cuando los trabajadores no hablen español; y

Fracción adicionada DOF 30-11-2012

XIII. Brindar servicios de guardería a los hijos e hijas de las personas trabajadoras del campo, durante todo el tiempo que dure la jornada laboral, independientemente del esquema de contratación.

En aquellos lugares donde el Instituto Mexicano del Seguro Social no cuente con instalaciones, la persona empleadora deberá habilitar espacios con instalaciones y mobiliario seguros e higiénicos, así como contar con personal capacitado y autorizado por las autoridades competentes.

Este servicio deberá atender a los niños y niñas que aún no han cumplido la edad escolar y también, en contra turno, a los que asisten a la escuela hasta cubrir la jornada laboral de las personas trabajadoras del campo a cuyo cargo se encuentren;

Fracción adicionada DOF 30-11-2012. Reformada DOF 24-01-2024

XIV. Capacitar y adiestrar sobre el uso correcto del equipo de protección personal cuando la persona trabajadora del campo debiere realizar tareas peligrosas para su salud. Dicha capacitación deberá realizarse en la lengua indígena o en el idioma de la persona trabajadora.

Lo anterior también será aplicable cuando el trabajo implique la realización de procesos o manipulación de agroquímicos, sustancias tóxicas, irritantes o agresivas en cualquiera de sus formas;

Fracción adicionada DOF 01-05-2019. Reformada DOF 24-01-2024

XV. Proveer el equipo de seguridad y de protección personal cuando por la operación propia del trabajo, fuere necesario su uso y cuando la persona trabajadora del campo realizare tareas a la intemperie, en caso de lluvia, terrenos anegados u otras situaciones similares.

En el caso de actividades que impliquen el manejo de agroquímicos o cualquier otra sustancia química peligrosa, incluyendo el lavado de los equipos, envases y de la ropa de trabajo, deberá proporcionarse el equipo de protección personal indicado en la etiqueta u hoja de seguridad, además de supervisar su uso correcto, y mantener el equipo en condiciones de funcionamiento seguro;

Fracción adicionada DOF 24-01-2024

XVI. Hacer observar el descanso, pausas y limitaciones a la duración de la jornada y adoptar las medidas que, según el tipo de trabajo, la experiencia y la técnica sean necesarias para tutelar la integridad física y la dignidad de las personas trabajadoras del campo, debiendo evitar los efectos perniciosos de las tareas riesgosas o determinantes de vejez o agotamiento prematuro;

Fracción adicionada DOF 24-01-2024

XVII. En el manejo de sustancias peligrosas químicas o biológicas, sus residuos o envases que los contengan:

a) Aplicar únicamente agroquímicos con Registro Sanitario de Plaguicidas y Nutrientes Vegetales vigente, no caducos, en las dosis recomendadas y sin mezclar productos incompatibles, según lo establecido en las etiquetas;

b) Verificar que todos los envases que contienen agroquímicos cuenten con la etiqueta original, y contar con las hojas de datos de seguridad impresas de cada uno de los agroquímicos y sustancias químicas que se utilicen;

c) Señalizar las áreas de almacenamiento, manejo, de mezclado o llenado de sustancias químicas o biológicas, así como de los envases que hubieran contenido dichas sustancias, y

d) Observar las demás disposiciones de conformidad con las disposiciones legales aplicables;

Fracción adicionada DOF 24-01-2024

XVIII. Identificar plenamente por escrito los posibles peligros derivados de las actividades y de lugares en que se llevan a cabo éstas, para ello, se deberá considerar, al menos, los aspectos siguientes:

a) La exposición a agroquímicos o cualquier otra sustancia química peligrosa;

b) La operación, manejo, revisión, transporte o mantenimiento de tractores, maquinaria agrícola, equipos, vehículos y herramientas;

c) Los trabajos en alturas y espacios confinados, incluyendo silos y tanques de almacenamiento de productos agrícolas;

d) El manejo manual de cargas y otros factores de riesgo ergonómico;

e) La exposición a ruido, vibraciones y radiación solar;

f) La exposición a polvos generados en actividades como el arado de la tierra, la producción de diversos granos, legumbres y otros productos agrícolas; el envasado y traslado de los cultivos;

g) Los peligros biológicos, tales como flora y fauna nociva, así como riesgo de contraer enfermedades por picadura o mordedura de insectos o animales transmisores de éstas;

h) Las condiciones ambientales extremas, así como exposición a descargas eléctricas atmosféricas;

i) La generación de electricidad estática y el riesgo de incendio y/o explosión en silos y tanques de almacenamiento de productos agrícolas, y

j) Los factores de riesgo psicosocial que pudieran afectar a las personas trabajadoras del campo;

Fracción adicionada DOF 24-01-2024

XIX. Observar las disposiciones aplicables de las normas oficiales mexicanas en materia de seguridad y salud en el trabajo, especialmente, en el caso de las mujeres, mujeres embarazadas o en lactancia y la prohibición de exponer a las personas menores de edad a riesgos para la salud.

La persona trabajadora podrá rehusarse a la prestación del trabajo, sin que ello le ocasione pérdida o disminución del salario, cuando exista peligro inminente de daño para su seguridad y su salud.

El Instituto Mexicano del Seguro Social podrá celebrar convenio con las personas empleadoras para el cumplimiento de las obligaciones señaladas en las fracciones VI, VII, primer párrafo, y XIII del presente artículo, conforme a las disposiciones aplicables de la Ley del Seguro Social.

Fracción adicionada DOF 24-01-2024

Artículo 283 Bis. Las personas trabajadoras del campo tienen derecho a capacitarse en los programas que se implementen para el desarrollo de sus aptitudes y conocimientos y que tengan como propósito una progresiva mejora de las condiciones de trabajo en la actividad productiva en la que laboran.

La persona empleadora deberá garantizar a las personas trabajadoras del campo el acceso equitativo a los esquemas de formación o certificación de competencias laborales que implemente, con independencia de su género, lengua indígena, categoría o cualquier otro parámetro. Las acciones derivadas de estos esquemas se llevarán a cabo dentro o fuera del horario de trabajo, según las características e implementación de aquéllos. En el caso de serlo dentro del horario de trabajo, el tiempo durante el cual las personas trabajadoras del campo asistan a actividades, será considerado como tiempo de trabajo para todos los efectos.

La persona empleadora reconocerá la especialidad de las personas trabajadoras del campo.

Artículo adicionado DOF 24-01-2024

Artículo 283 Ter. La persona empleadora deberá promover un ambiente laboral libre de discriminación y de violencia, favoreciendo la igualdad sustantiva a través de la promoción y fortalecimiento del reconocimiento de la diversidad cultural indígena y afromexicana, goce o ejercicio de los derechos humanos y las libertades fundamentales en el ámbito laboral de las personas trabajadoras del campo.

La persona empleadora deberá respetar los descansos pre y postnatales de las trabajadoras embarazadas. Se deberán establecer las garantías y condiciones adecuadas dentro del espacio de trabajo para el ejercicio de la lactancia infantil mediante la instalación de salas de lactancia en términos de la presente Ley.

La trabajadora del campo temporal tendrá estabilidad en su empleo durante la gestación y hasta el término del puerperio.

Artículo adicionado DOF 24-01-2024

Artículo 284. Queda prohibido a las personas empleadoras:

I. Establecer o permitir expendios de bebidas embriagantes y de casas de juego de azar en el centro de trabajo o en la zona de habitaciones de las personas trabajadoras del campo;

II. Impedir la entrada a los vendedores de mercancías o cobrarles alguna cuota;

III. Impedir a las personas trabajadoras la crianza de animales de corral en el predio individual o colectivo destinado a tal fin, a menos que ésta perjudique los cultivos o cualquier otra actividad que se realice en las propias instalaciones del centro de trabajo;

IV. Utilizar los servicios de las personas menores de dieciocho años de edad en los términos previstos en esta Ley;

V. Pagar salarios inferiores a las mujeres, con excepción de las reducciones que correspondan debido a la duración de la jornada;

VI. Obligar o permitir que las personas trabajadoras del campo lleven a sus hijos e hijas, menores de edad a trabajar con ellos y ellas, y

VII. Pagar el salario con mercancías, vales, fichas, cualquier otro signo representativo distinto a la moneda de curso legal en el país o con bebidas embriagantes.

Artículo reformado DOF 30-11-2012, 24-01-2024

Artículo 284 Bis. Las y los Inspectores del Trabajo tienen la atribución y deber de realizar visitas de inspección por lo menos una vez al año y en temporada o estación de producción para constatar el debido cumplimiento de las obligaciones establecidas en el presente Capítulo, y de manera especial, el cumplimiento de las siguientes:

I. Verificar que el trabajo del campo se realice en adecuadas condiciones en materia de capacitación y adiestramiento y de seguridad y salud;

II. Vigilar que los salarios no sean inferiores a los determinados conforme a esta Ley;

III. Verificar que no se utilicen los servicios de niñas y niños menores de edad;

IV. Verificar que se proporcione a las personas trabajadoras del campo habitaciones, transporte y educación para sus hijos e hijas;

V. Verificar que los contratos de trabajo se hagan constar por escrito y que se establezcan los mecanismos para informar a las personas trabajadoras del campo acerca de las autoridades del trabajo y servicios sociales a las que se podrán acudir cuando la persona trabajadora del campo considere que sus derechos han sido menoscabados, a fin de ejercer la acción legal conducente, y

VI. Verificar el cumplimiento de cualquier otra disposición protectora del trabajo del campo.

Artículo adicionado DOF 24-01-2024

CAPÍTULO IX
AGENTES DE COMERCIO Y OTROS SEMEJANTES

Artículo 285. Los agentes de comercio, de seguros, los vendedores, viajantes, propagandistas o impulsores de ventas y otros semejantes, son trabajadores de la empresa o empresas a las que presten sus servicios, cuando su actividad sea permanente, salvo que no ejecuten personalmente el trabajo o que únicamente intervengan en operaciones aisladas.

Artículo reformado DOF 30-11-2012

Artículo 286. El salario a comisión puede comprender una prima sobre el valor de la mercancía vendida o colocada, sobre el pago inicial o sobre los pagos periódicos, o dos o las tres de dichas primas.

Artículo 287. Para determinar el momento en que nace el derecho de los trabajadores a percibir las primas, se observarán las normas siguientes:

I. Si se fija una prima única, en el momento en que se perfeccione la operación que le sirva de base; y

II. Si se fijan las primas sobre los pagos periódicos, en el momento en que éstos se hagan.

Artículo 288. Las primas que correspondan a los trabajadores no podrán retenerse ni descontarse si posteriormente se deja sin efecto la operación que les sirvió de base.

Artículo 289. Para determinar el monto del salario diario se tomará como base el promedio que resulte de los salarios del último año o del total de los percibidos si el trabajador no cumplió un año de servicios.

Artículo 290. Los trabajadores no podrán ser removidos de la zona o ruta que se les haya asignado, sin su consentimiento.

Artículo 291. Es causa especial de rescisión de las relaciones de trabajo la disminución importante y reiterada del volumen de las operaciones, salvo que concurran circunstancias justificativas.

CAPÍTULO IX BIS
TRABAJO EN PLATAFORMAS DIGITALES

Capítulo adicionado DOF 24-12-2024

Artículo 291-A. Es una relación laboral subordinada que consiste en el desempeño de actividades remuneradas que requieran la presencia física de la persona trabajadora para la prestación del servicio, las cuales son gestionadas por una persona física o moral en favor de terceros a través de una plataforma digital, utilizando las tecnologías de la información y la comunicación para ejercer el mando y la supervisión sobre la persona trabajadora.

Artículo adicionado DOF 24-12-2024

Artículo 291-B. Se entenderá por plataforma digital al conjunto de mecanismos, aplicaciones informáticas, sistemas y dispositivos que asignan tareas, servicios, obras, trabajos o similares a personas trabajadoras en favor de terceros, considerando el uso de las tecnologías de la información y la comunicación definidas en el artículo 330-A de esta Ley.

Los usuarios, consumidores o beneficiarios de tareas, servicios, obras o trabajos que se oferten a través de aplicaciones informáticas, no serán considerados patrones, ni responsables solidarios de personas trabajadoras en plataformas digitales o similares, ya que dicho carácter lo tendrá la persona física o moral que gestione o administre los servicios a través de la misma.

Artículo adicionado DOF 24-12-2024

Artículo 291-C. La persona trabajadora de plataformas digitales será quien preste servicios personales, remunerados y subordinados, bajo el mando y supervisión de una persona física o moral que ofrece servicios a terceros, a través de una plataforma digital, y genere ingresos netos mensuales equivalentes a por lo menos un salario mínimo mensual de la Ciudad de México por su trabajo, independientemente del tiempo efectivamente trabajado.

Las personas trabajadoras que presten servicios a través de plataformas digitales serán consideradas trabajadoras independientes, si al final de cada mes no alcanzan a generar la percepción mencionada. Sin embargo, en dicho periodo y durante el tiempo efectivamente trabajado, se les extenderán los derechos estipulados en este capítulo, con la excepción de lo dispuesto en las fracciones V relativa a la retención y entero de cuotas de seguridad social y VI del artículo 291-K. En todos los casos, las personas físicas y morales que administren plataformas digitales, serán responsables del pago del aseguramiento en el régimen del seguro social cuando ocurra un riesgo de trabajo durante el tiempo de trabajo efectivamente laborado.

Si la persona trabajadora de plataformas digitales deja de tener actividad por un periodo consecutivo de 30 días naturales, se entenderá terminada la relación laboral automáticamente, sin que proceda responsabilidad o indemnización por parte del empleador. En el caso en el que dicha persona vuelva a cumplir con las condiciones para ser una persona trabajadora de plataformas digitales, se entenderá como el inicio de una nueva relación laboral.

Para el caso del cálculo e integración del salario, se atenderá a lo dispuesto en el artículo 291-F de la presente Ley.

Artículo adicionado DOF 24-12-2024

Artículo 291-D. El trabajo en plataformas digitales será primordialmente flexible y discontinuo, por lo que se entenderá que existe relación laboral durante el tiempo efectivamente laborado por la persona trabajadora de plataforma digital.

Se entenderá por tiempo de trabajo efectivamente laborado el comprendido desde que la persona trabajadora acepta prestar una tarea, servicio, obra o trabajo en la plataforma digital, hasta el momento en el que dicha prestación concluye definitivamente.

Artículo adicionado DOF 24-12-2024

Artículo 291-E. El tiempo de trabajo destinado para la plataforma será definido por la persona trabajadora y tendrá completa libertad para determinarse sin horarios fijos, pudiendo conectarse y desconectarse a discreción cuando así lo requiera.

Artículo adicionado DOF 24-12-2024

Artículo 291-F. El salario en el trabajo en plataformas se fijará por tarea, servicio, obra o trabajo realizado. En atención a la naturaleza flexible del trabajo, dicho pago contemplará el proporcional de día de descanso semanal, vacaciones, prima vacacional, aguinaldo y horas extras, sin que proceda el pago o reconocimiento de algún valor adicional por cualquiera de esos conceptos.

Para efectos del cálculo de cuotas de seguridad social, no se considerarán como parte integrante del salario base de cotización los montos que las personas trabajadoras de plataformas digitales reciban por concepto de propinas.

La Secretaría del Trabajo y Previsión Social expedirá las disposiciones de carácter general que determinen los procedimientos relativos al cálculo del ingreso neto al que se refiere el artículo 291-C de esta Ley.

Artículo adicionado DOF 24-12-2024

Artículo 291-G. El trabajo en plataformas digitales deberá fijarse mediante un contrato que será distinto de los términos y condiciones de la prestación del servicio en la plataforma y podrá ser firmado de manera digital. El modelo de contrato será autorizado y registrado por el Centro Federal de Conciliación y Registro Laboral.

Artículo adicionado DOF 24-12-2024

Artículo 291-H. Además de lo establecido en el artículo 25 de esta Ley, el contrato al que se refiere el artículo 291-G, contendrá lo siguiente:

I. Nombre, nacionalidad, edad, sexo y domicilio de las partes;

II. Naturaleza y características del trabajo;

III. Determinación del sistema de contabilización de ingresos generados y de tiempo efectivamente laborado;

IV. El equipo e insumos de trabajo que en su caso se proporciona a la persona trabajadora, incluyendo lo relacionado con obligaciones de seguridad y salud en el trabajo para esta modalidad;

V. El porcentaje del monto o método que el patrón pagará a la persona trabajadora de plataformas digitales por cada tarea, servicio, obra o trabajo, además del porcentaje o monto que puedan recibir por concepto de bonos, en caso que los hubiere;

VI. Los mecanismos de contacto y de supervisión, entre la plataforma y las personas trabajadoras, y

VII. Otras condiciones de trabajo que se convengan.

Artículo adicionado DOF 24-12-2024

Artículo 291-I. Las personas trabajadoras en plataformas digitales disfrutarán de todos los derechos, incluyendo los colectivos reconocidos por la presente Ley, para lo cual las empresas de plataformas digitales deberán establecer mecanismos que garanticen su ejercicio pleno.

Artículo adicionado DOF 24-12-2024

Artículo 291-J. Las reglas para la asignación de tareas, servicios, obras o trabajos, a través de algoritmos o mecanismos análogos deberán ser transparentes, claras y conocidas por todas las personas trabajadoras en plataformas digitales. Se entenderá por algoritmo el uso de sistemas de toma de decisiones que permitan ejercer de manera automatizada o análoga el mando y supervisión sobre la persona trabajadora de plataforma digital. Los prestadores de servicios en plataformas digitales deberán elaborar un documento de política de gestión algorítmica del trabajo que informe a las personas trabajadoras, utilizando un lenguaje sencillo y claro, y evitando el uso de frases inexactas, ambiguas o vagas, los elementos utilizados por los algoritmos para la toma de decisiones que puedan afectar la relación laboral. Dicho documento deberá contener lo siguiente:

I. Las consecuencias del cumplimiento o incumplimiento de instrucciones otorgadas a las personas trabajadoras, incluyendo las expectativas en tiempos de espera, traslado y prestación de los servicios, obras, trabajos o análogos;

II. Las consecuencias e impacto de calificaciones otorgadas por terceros a las tareas, servicios, obras, trabajos o análogos proporcionados por las personas trabajadoras;

III. Los incentivos y penalizaciones utilizados para incidir en la intensidad, calidad, frecuencia, tiempo o ritmo del trabajo;

IV. En su caso, la existencia de categorías cuya pertenencia incida en sentido positivo o negativo en la asignación de tareas, servicios, obras, trabajos o análogos y las características o reglas generales de dichas categorías, y

V. Otros criterios que podrán ser tomados en cuenta para la toma de decisiones del algoritmo, incluyendo aquellas que tengan consecuencias para el acceso o restricción a futuras tareas, bonos o sanciones y que permitan reducir la asimetría en la información con la que cuenta la persona trabajadora con motivo de su labor.

La política de gestión algorítmica del trabajo formará parte del contrato de trabajo de plataformas digitales y deberá ser conocido por todas las personas trabajadoras al inicio de la relación laboral, así como de manera inmediata en caso que existan cambios en los elementos antes descritos en el presente artículo, mismos que deberán ser aceptados por cada trabajador, y explicados de manera clara y sencilla. El algoritmo deberá ser razonable en sus requisitos y elementos, atendiendo a las condiciones objetivas del trabajo y no poner en riesgo la salud e integridad del trabajador, ni ser factor de discriminación en su contra.

Artículo adicionado DOF 24-12-2024

Artículo 291-K. En cualquier caso, las personas físicas y morales que administren o gestionen servicios a través de plataformas digitales, en su carácter de patrón, tendrán las obligaciones especiales siguientes:

I. Pagar los trabajos derivados de los servicios otorgados, en un plazo no mayor a una semana;

II. Establecer mecanismos para llevar registro de las horas trabajadas y tiempos de espera;

III. Emitir semanalmente recibos de pagos realizados donde se haga constar el número de tareas, servicios, obras o trabajos realizados, el tiempo efectivamente trabajado, el tiempo durante el que la persona trabajadora está a disposición de la plataforma para la asignación de una tarea, servicio, obra o trabajo, las retenciones legales que en su caso apliquen y demás conceptos análogos que resulten procedentes;

IV. Implementar mecanismos que garanticen la seguridad de la información y datos personales de las personas trabajadoras utilizados desde la plataforma, así como el ejercicio de los derechos de Acceso, Rectificación, Cancelación, Oposición y Portabilidad de estos, en términos de la legislación aplicable;

V. Inscribir a las personas trabajadoras en plataformas digitales ante el Instituto Mexicano del Seguro Social y, en su caso, determinar, retener y enterar el pago de cuotas obrero patronales en los términos que establezcan las disposiciones en la materia;

VI. Realizar las aportaciones correspondientes al Fondo Nacional de la Vivienda para los Trabajadores, en términos de la legislación aplicable;

VII. Establecer mecanismos de adiestramiento, capacitación y asesoría necesarios para garantizar la adaptación y el uso adecuado de las plataformas digitales, además de otros materiales, insumos o herramientas necesarias para su trabajo, cuando así se convenga;

VIII. Informar sobre las medidas de seguridad y salud en el trabajo que deberán considerar las personas trabajadoras de plataformas en el ejercicio de sus labores;

IX. Establecer mecanismos específicos de atención y seguimiento de quejas o denuncias, respecto de faltas de probidad u honradez, actos de violencia laboral o violencia sexual, actos de violencia, amenazas, injurias, hostigamiento o acoso sexual, malos tratamientos, actos discriminatorios u otros similares, en contra de las personas trabajadoras en plataformas digitales con motivo de su trabajo;

X. Informar a las personas trabajadoras en plataformas digitales el pago que recibirán por cada tarea, servicio, obra o trabajo, desglosando los conceptos aplicables en la integración del pago, y

XI. Proporcionar toda la información que le requieran las autoridades laborales y de cualquier otro tipo, en relación con la prestación de servicios a través de plataformas digitales, incluyendo, en su caso, los datos de terceros que presten servicios a través de las plataformas digitales.

Artículo adicionado DOF 24-12-2024

Artículo 291-L. Las personas trabajadoras en plataformas digitales, tienen las obligaciones especiales siguientes:

I. Conducirse con apego a las disposiciones en materia de seguridad y salud en el trabajo, así como de seguridad vial, en su caso, de acuerdo con la normativa vigente y las establecidas por el patrón;

II. Poner el mayor cuidado en la guarda, conservación y entrega de insumos, las tareas, servicios, obras o trabajos mandatados durante el tiempo efectivamente trabajado;

III. Recibir, entregar y prestar las tareas, servicios, obras o trabajos aceptados a través de la plataforma digital en los horarios, condiciones y lugares convenidos;

IV. Atender y utilizar los mecanismos y sistemas de las plataformas digitales para el seguimiento de la conexión y de las horas laboradas, así como en su caso para la comunicación con la plataforma;

V. En su caso, aportar los instrumentos necesarios para la correcta entrega de las tareas, servicios, obras o trabajos instruidos por el patrón;

VI. Atender las políticas y mecanismos de protección de datos utilizados en el desempeño de sus actividades, así como las restricciones sobre su uso, y

VII. Conducirse con probidad, honradez y abstenerse de realizar prácticas de discriminación, violencia laboral, hostigamiento y acoso sexual u otros análogos, durante y con motivo del trabajo.

Artículo adicionado DOF 24-12-2024

Artículo 291-M. Además de las causas establecidas en el artículo 47 de esta Ley, se podrá rescindir la relación laboral, sin responsabilidad para el patrón, en los siguientes supuestos:

I. Presentar documentación falsa al realizar el registro de datos en la plataforma digital;

II. Comprometer, por su imprudencia o descuido inexcusable, la seguridad, o la privacidad de la persona usuaria o cliente de la plataforma digital;

III. Incurrir en faltas de probidad u honradez, actos de violencia, amenazas, injurias, hostigamiento y/o acoso sexual, malos tratamientos, actos discriminatorios u otros análogos, durante y con motivo de su trabajo, y

IV. Incurrir de manera reiterada en incumplimiento de las tareas, servicios, obras o trabajos aceptados por la persona trabajadora, así como de las instrucciones relacionadas con el trabajo sin causa justificada.

Para el caso de las fracciones I a III del presente artículo, la rescisión podrá surtir efectos inmediatos, previa notificación escrita o digital al trabajador.

Para el caso de la fracción IV, se deberá avisar a la persona trabajadora con al menos tres días de anticipación, previo agotamiento de los mecanismos de revisión establecidos por la empresa de plataforma digital en términos del artículo 291-P de la presente Ley.

Artículo adicionado DOF 24-12-2024

Artículo 291-N. Para efectos de cálculo en las indemnizaciones a las que se refiere el artículo 50 de la presente Ley, se computará como salario el promedio de lo ingresado por la persona trabajadora en la plataforma digital en los últimos seis meses.

Artículo adicionado DOF 24-12-2024

Artículo 291-O. No será imputable a las personas trabajadoras ni podrá limitarse o prohibirse la conexión, vinculación o acceso a la plataforma digital, cuando se incumpla la entrega o prestación de un servicio bajo cualquiera de los siguientes supuestos:

I. El engaño de la empresa de plataforma digital a la persona trabajadora para que incurra en algún error y con esto verse afectado su trabajo;

II. La existencia de un peligro grave para la seguridad o salud del trabajador en el desempeño de su trabajo;

III. La no aceptación de nuevas tareas, servicios, obras o trabajos por no recibir el salario correspondiente en la fecha y forma convenidas o acostumbradas;

IV. Comprometer la empresa de plataforma digital con su imprudencia, omisión o descuido inexcusables, la seguridad de las personas trabajadoras o de las personas usuarias o clientes de la plataforma digital, y

V. La no aceptación de tareas, servicios, obras o trabajos cuando el ingreso ofrecido sea desproporcionadamente bajo o no cubra los costos operativos, de tiempo y esfuerzo, afectando negativamente a la persona trabajadora.

Artículo adicionado DOF 24-12-2024

Artículo 291-P. Las personas físicas y morales que administren plataformas digitales, pondrán a disposición de las personas trabajadoras mecanismos para la atención y revisión de decisiones que afecten o interrumpan la conexión, vinculación o acceso a la plataforma digital y deberán garantizar que dichos mecanismos sean gestionados por personal con autonomía y poder de revisión sobre dichas decisiones y no por algoritmos o mecanismos similares.

Será nula toda rescisión, limitante o prohibición en la conexión, vinculación o acceso a la plataforma en la que no se entregue un aviso escrito, de forma análoga o a través de la plataforma digital, que refiera inmediatamente y de manera clara la conducta o las conductas que motivan la decisión.

Este aviso deberá ir acompañado del reporte detallado con datos de tareas, servicios, obras o trabajos, así como fecha o fechas de conexión, tiempo de conexión, observaciones y calificaciones de los servicios prestados por la persona trabajadora.

En caso de no llegar a un acuerdo o solución, las partes deberán acudir ante las autoridades conciliatorias, conforme a lo previsto en el artículo 684-B de esta Ley.

Artículo adicionado DOF 24-12-2024

Artículo 291-Q. Será causa especial de terminación de la relación de trabajo, la deshabilitación o cierre de la empresa de plataforma digital por causa justificada y previo aviso a las personas trabajadoras.

El aviso deberá darse en un plazo no menor a quince días, contados a partir que el patrón tuvo conocimiento de la causa justificada de la deshabilitación o cierre de la plataforma digital.

Artículo adicionado DOF 24-12-2024

Artículo 291-R. Las empresas de plataformas digitales deberán observar una perspectiva de género que proteja a las personas trabajadoras de actos de discriminación, violencia laboral, violencia sexual, acoso u hostigamiento con motivo de su trabajo, y que permita conciliar el trabajo con la vida personal y familiar.

Artículo adicionado DOF 24-12-2024

Artículo 291-S. Las empresas de plataformas digitales tienen prohibido:

I. El cobro a las personas trabajadoras por la inscripción, uso, separación o conceptos similares, relacionados con la relación laboral;

II. El trabajo de personas menores de edad;

III. La retención de dinero a las personas trabajadoras adicional a los conceptos establecidos en la ley;

IV. Establecer restricciones de conexión a las personas trabajadoras en plataformas digitales, salvo en los casos que establece el artículo 291-M de esta Ley;

V. El encubrimiento o la simulación que busque desvirtuar el vínculo laboral mediante contratos de carácter civil, mercantil u otros;

VI. La prestación de servicios de puesta a disposición de personal propio en beneficio de otra persona física o moral, y

VII. Manipular el ingreso de las personas trabajadoras para evitar su calificación como trabajadores subordinados de plataformas digitales.

Artículo adicionado DOF 24-12-2024

Artículo 291-T. Queda prohibido transferir a las personas trabajadoras que se encuentren sujetas a una relación laboral tradicional a un esquema de trabajo en plataformas digitales, con el fin de buscar desvirtuar el vínculo laboral, los derechos asociados con el mismo o con el objeto de reducir las cargas fiscales, de seguridad social o laborales que se desprendan de la relación de trabajo.

Artículo adicionado DOF 24-12-2024

Artículo 291-U. Las empresas de plataformas digitales podrán contratar a personas trabajadoras bajo esquemas laborales continuos y tradicionales, a quienes les serán aplicables las disposiciones correspondientes de la ley respectiva.

Artículo adicionado DOF 24-12-2024

CAPÍTULO X
DEPORTISTAS PROFESIONALES

Artículo 292. Las disposiciones de este capítulo se aplican a los deportistas profesionales, tales como jugadores de fútbol, baseball, frontón, box, luchadores y otros semejantes.

Artículo 293. Las relaciones de trabajo pueden ser por tiempo determinado, por tiempo indeterminado, para una o varias temporadas o para la celebración de uno o varios eventos o funciones. A falta de estipulaciones expresas, la relación será por tiempo indeterminado.

Si vencido el término o concluida la temporada no se estipula un nuevo término de duración u otra modalidad, y el trabajador continúa prestando sus servicios, la relación continuará por tiempo indeterminado.

Artículo 294. El salario podrá estipularse por unidad de tiempo, para uno o varios eventos o funciones, o para una o varias temporadas.

Artículo 295. Los deportistas profesionales no podrán ser transferidos a otra empresa o club, sin su consentimiento.

Artículo 296. La prima por transferencia de jugadores se sujetará a las normas siguientes:

I. La empresa o club dará a conocer a los deportistas profesionales el reglamento o cláusulas que la contengan;

II. El monto de la prima se determinará por acuerdo entre el deportista profesional y la empresa o club, y se tomarán en consideración la categoría de los eventos o funciones, la de los equipos, la del deportista profesional y su antigüedad en la empresa o club; y

III. La participación del deportista profesional en la prima será de un veinticinco por ciento, por lo menos. Si el porcentaje fijado es inferior al cincuenta por ciento, se aumentará en un cinco por ciento por cada año de servicios, hasta llegar al cincuenta por ciento, por lo menos.

Artículo 297. No es violatoria del principio de igualdad de salarios la disposición que estipule salarios distintos para trabajos iguales, por razón de la categoría de los eventos o funciones, de la de los equipos o de la de los jugadores.

Artículo 298. Los deportistas profesionales tienen las obligaciones especiales siguientes:

I. Someterse a la disciplina de la empresa o club;

II. Concurrir a las prácticas de preparación y adiestramiento en el lugar y a la hora señalados por la empresa o club y concentrarse para los eventos o funciones;

III. Efectuar los viajes para los eventos o funciones de conformidad con las disposiciones de la empresa o club. Los gastos de transportación, hospedaje y alimentación serán por cuenta de la empresa o club; y

IV. Respetar los reglamentos locales, nacionales e internacionales que rijan la práctica de los deportes.

Artículo 299. Queda prohibido a los deportistas profesionales todo maltrato de palabra o de obra a los jueces o árbitros de los eventos, a sus compañeros y a los jugadores contrincantes.

En los deportes que impliquen una contienda personal, los contendientes deberán abstenerse de todo acto prohibido por los reglamentos.

Artículo 300. Son obligaciones especiales de los patrones:

I. Organizar y mantener un servicio médico que practique reconocimientos periódicos; y

II. Conceder a los trabajadores un día de descanso a la semana. No es aplicable a los deportistas profesionales la disposición contenida en el párrafo segundo del artículo 71.

Artículo 301. Queda prohibido a los patrones exigir de los deportistas un esfuerzo excesivo que pueda poner en peligro su salud o su vida.

Artículo 302. Las sanciones a los deportistas profesionales se aplicarán de conformidad con los reglamentos a que se refiere el artículo 298, fracción IV.

Artículo 303. Son causas especiales de rescisión y terminación de las relaciones de trabajo;

I. La indisciplina grave o las faltas repetidas de indisciplina; y

II. La pérdida de facultades.

CAPÍTULO XI
TRABAJADORES ACTORES Y MÚSICOS

Artículo 304. Las disposiciones de este capítulo se aplican a los trabajadores actores y a los músicos que actúen en teatros, cines, centros nocturnos o de variedades, circos, radio y televisión, salas de doblaje y grabación, o en cualquier otro local donde se transmita o fotografíe la imagen del actor o del músico o se transmita o quede grabada la voz o la música, cualquiera que sea el procedimiento que se use.

Artículo 305. Las relaciones de trabajo pueden ser por tiempo determinado o por tiempo indeterminado, para varias temporadas o para la celebración de una o varias funciones, representaciones o actuaciones.

No es aplicable la disposición contenida en el artículo 39.

Artículo 306. El salario podrá estipularse por unidad de tiempo, para una o varias temporadas o para una o varias funciones, representaciones o actuaciones.

Artículo 307. No es violatoria del principio de igualdad de salario, la disposición que estipule salarios distintos para trabajos iguales, por razón de la categoría de las funciones, representaciones o actuaciones, o de la de los trabajadores actores y músicos.

Artículo 308. Para la prestación de servicios de los trabajadores actores o músicos fuera de la República, se observarán, además de las normas contenidas en el artículo 28, las disposiciones siguientes:

I. Deberá hacerse un anticipo del salario por el tiempo contratado de un veinticinco por ciento, por lo menos; y

II. Deberá garantizarse el pasaje de ida y regreso.

Artículo 309. La prestación de servicios dentro de la República, en lugar diverso de la residencia del trabajador actor o músico, se regirá por las disposiciones contenidas en el artículo anterior, en lo que sean aplicables.

Artículo 310. Cuando la naturaleza del trabajo lo requiera, los patrones estarán obligados a proporcionar a los trabajadores actores y músicos camerinos cómodos, higiénicos y seguros, en el local donde se preste el servicio.

CAPÍTULO XII
TRABAJO A DOMICILIO

Artículo 311. Trabajo a domicilio es el que se ejecuta habitualmente para un patrón, en el domicilio del trabajador o en un local libremente elegido por él, sin vigilancia ni dirección inmediata de quien proporciona el trabajo.

Si el trabajo se ejecuta en condiciones distintas de las señaladas en este artículo se regirá por las disposiciones generales de esta Ley.

Artículo reformado DOF 30-11-2012, 11-01-2021

Artículo 312. El convenio por virtud del cual el patrón venda materias primas u objetos a un trabajador para que éste los transforme o confeccione en su domicilio y posteriormente los venda al mismo patrón, y cualquier otro convenio u operación semejante, constituye trabajo a domicilio.

Artículo 313. Trabajador a domicilio es la persona que trabaja personalmente o con la ayuda de miembros de su familia para un patrón.

Artículo 314. Son patrones las personas que dan trabajo a domicilio, sea que suministren o no los útiles o materiales de trabajo y cualquiera que sea la forma de la remuneración.

Artículo 315. La simultaneidad de patrones no priva al trabajador a domicilio de los derechos que le concede este capítulo.

Artículo 316. Queda prohibida la utilización de intermediarios. En el caso de la empresa que aproveche o venda los productos del trabajo a domicilio, regirá lo dispuesto en el artículo 13.

Artículo 317. Los patrones que den trabajo a domicilio deberán inscribirse previamente en el Registro de patrones del trabajo a domicilio, que funcionará en la Inspección del Trabajo. En el registro constará el nombre y el domicilio del patrón para el que se ejecutará el trabajo y los demás datos que señalen los reglamentos respectivos.

Artículo 318. Las condiciones de trabajo se harán constar por escrito. Cada una de las partes conservará un ejemplar y el otro será entregado a la Inspección del Trabajo. El escrito contendrá:

I. Nombre, nacionalidad, edad, sexo, estado civil y domicilio del trabajador y del patrón;

II. Local donde se ejecutará el trabajo;

III. Naturaleza, calidad y cantidad del trabajo;

IV. Monto del salario y fecha y lugar de pago; y

V. Las demás estipulaciones que convengan las partes.

Artículo 319. El escrito a que se refiere el artículo anterior deberá entregarse por el patrón, dentro de un término de tres días hábiles, a la Inspección del Trabajo, la cual, dentro de igual término, procederá a revisarlo bajo su más estricta responsabilidad. En caso de que no estuviese ajustado a la Ley, la Inspección del Trabajo, dentro de tres días, hará a las partes las observaciones correspondientes, a fin de que hagan las modificaciones respectivas. El patrón deberá presentarlo nuevamente a la misma Inspección del Trabajo.

Artículo 320. Los patrones están obligados a llevar un Libro de registro de trabajadores a domicilio, autorizado por la Inspección del Trabajo, en el que constarán los datos siguientes:

I. Nombre, nacionalidad, edad, sexo, estado civil del trabajador y domicilio o local donde se ejecute el trabajo;

II. Días y horario para la entrega y recepción del trabajo y para el pago de los salarios;

III. Naturaleza, calidad y cantidad del trabajo;

IV. Materiales y útiles que en cada ocasión se proporcionen al trabajador, valor de los mismos y forma de pago de los objetos perdidos o deteriorados por culpa del trabajador;

V. Forma y monto del salario; y

VI. Los demás datos que señalen los reglamentos.

Los libros estarán permanentemente a disposición de la Inspección del Trabajo.

Artículo 321. Los patrones entregarán gratuitamente a sus trabajadores a domicilio una libreta foliada y autorizada por la Inspección del Trabajo, que se denominará Libreta de trabajo a domicilio y en la que se anotarán los datos a que se refieren las fracciones I, II y V del artículo anterior, y en cada ocasión que se proporcione trabajo, los mencionados en la fracción IV del mismo artículo.

La falta de libreta no priva al trabajador de los derechos que le correspondan de conformidad con las disposiciones de esta Ley.

Artículo 322. La Comisión Nacional de los Salarios Mínimos fijará los salarios mínimos profesionales de los diferentes trabajos a domicilio, debiendo tomar en consideración, entre otras, las circunstancias siguientes:

Párrafo reformado DOF 21-01-1988

I. La naturaleza y calidad de los trabajos:

II. El tiempo promedio para la elaboración de los productos;

III. Los salarios y prestaciones percibidos por los trabajadores de establecimientos y empresas que elaboren los mismos o semejantes productos; y

IV. Los precios corrientes en el mercado de los productos del trabajo a domicilio.

Los libros a que se refiere el artículo 320 estarán permanentemente a disposición de la Comisión Nacional de los Salarios Mínimos.

Párrafo reformado DOF 21-01-1988

Artículo 323. Los salarios de los trabajadores a domicilio no podrán ser menores de los que se paguen por trabajos semejantes en la empresa o establecimiento para el que se realice el trabajo.

Artículo 324. Los patrones tienen las obligaciones especiales siguientes:

I. Fijar las tarifas de salarios en lugar visible de los locales donde proporcionen o reciban el trabajo;

II. Proporcionar los materiales y útiles de trabajo en las fechas y horas convenidos;

III. Recibir oportunamente el trabajo y pagar los salarios en la forma y fechas estipuladas;

IV. Hacer constar en la libreta de cada trabajador, al momento de recibir el trabajo, las pérdidas o deficiencias que resulten, no pudiendo hacerse ninguna reclamación posterior; y

V. Proporcionar a los Inspectores y a la Comisión Nacional de los Salarios Mínimos los informes que le soliciten.

Fracción reformada DOF 21-01-1988

Artículo 325. La falta de cumplimiento puntual de las obligaciones mencionadas en las fracciones II y III del artículo anterior, dará derecho al trabajador a domicilio a una indemnización por el tiempo perdido.

Artículo 326. Los trabajadores a domicilio tienen las obligaciones especiales siguientes:

I. Poner el mayor cuidado en la guarda y conservación de los materiales y útiles que reciban del patrón;

II. Elaborar los productos de acuerdo con la calidad convenida y acostumbrada;

III. Recibir y entregar el trabajo en los días y horas convenidos; y

IV. Indemnizar al patrón por la pérdida o deterioro que por su culpa sufran los materiales y útiles que reciban. La responsabilidad del trabajador a domicilio se rige por la disposición contenida en el artículo 110, fracción I.

Artículo 327. También tienen el derecho de que en la semana que corresponda se les pague el salario del día de descanso obligatorio.

Artículo 328. Los trabajadores a domicilio tienen derecho a vacaciones anuales. Para determinar el importe del salario correspondiente se estará a lo dispuesto en el párrafo segundo del artículo 89.

Artículo 329. El trabajador a domicilio al que se le deje de dar el trabajo, tendrá los derechos consignados en el artículo 48.

Artículo 330. Los Inspectores del Trabajo tienen las atribuciones y deberes especiales siguientes:

I. Comprobar si las personas que proporcionan trabajo a domicilio se encuentran inscritas en el Registro de Patrones. En caso de que no lo estén, les ordenarán que se registren, apercibiéndolas que de no hacerlo en un término no mayor de 10 días, se les aplicarán las sanciones que señala esta Ley;

II. Comprobar si se llevan correctamente y se encuentran al día los Libros de registro de trabajadores a domicilio y las Libretas de trabajo a domicilio;

III. Vigilar que la tarifa de salarios se fije en lugar visible de los locales en donde se reciba y proporcione el trabajo;

IV. Verificar si los salarios se pagan de acuerdo con la tarifa respectiva;

V. Vigilar que los salarios no sean inferiores a los que se paguen en la empresa al trabajador similar;

VI. Practicar visitas en los locales donde se ejecute el trabajo, para vigilar que se cumplan las disposiciones sobre higiene y seguridad; y

VII. Informar a la Comisión Nacional de los Salarios Mínimos las diferencias de salarios que adviertan, en relación con los que se paguen a trabajadores que ejecuten trabajos similares.

Fracción reformada DOF 21-01-1988

CAPÍTULO XII BIS
TELETRABAJO

Capítulo adicionado DOF 11-01-2021

Artículo 330-A. El teletrabajo es una forma de organización laboral subordinada que consiste en el desempeño de actividades remuneradas, en lugares distintos al establecimiento o establecimientos del patrón, por lo que no se requiere la presencia física de la persona trabajadora bajo la modalidad de teletrabajo, en el centro de trabajo, utilizando primordialmente las tecnologías de la información y comunicación, para el contacto y mando entre la persona trabajadora bajo la modalidad de teletrabajo y el patrón.

La persona trabajadora bajo la modalidad de teletrabajo será quien preste sus servicios personal, remunerado y subordinado en lugar distinto a las instalaciones de la empresa o fuente de trabajo del patrón y utilice las tecnologías de la información y la comunicación.

Para efectos de la modalidad de teletrabajo, se entenderá por tecnologías de la información y la comunicación, al conjunto de servicios, infraestructura, redes, software, aplicaciones informáticas y dispositivos que tienen como propósito facilitar las tareas y funciones en los centros de trabajo, así como las que se necesitan para la gestión y transformación de la información, en particular los componentes tecnológicos que permiten crear, modificar, almacenar, proteger y recuperar esa información.

Se regirán por las disposiciones del presente Capítulo las relaciones laborales que se desarrollen más del cuarenta por ciento del tiempo en el domicilio de la persona trabajadora bajo la modalidad de teletrabajo, o en el domicilio elegido por ésta.

No será considerado teletrabajo aquel que se realice de forma ocasional o esporádica.

Artículo adicionado DOF 11-01-2021

Artículo 330-B. Las condiciones de trabajo se harán constar por escrito mediante un contrato y cada una de las partes conservará un ejemplar. Además de lo establecido en el artículo 25 de esta Ley, el contrato contendrá:

I. Nombre, nacionalidad, edad, sexo y domicilio de las partes;

II. Naturaleza y características del trabajo;

III. Monto del salario, fecha y lugar o forma de pago;

IV. El equipo e insumos de trabajo, incluyendo el relacionado con las obligaciones de seguridad y salud que se entregan a la persona trabajadora bajo la modalidad de teletrabajo;

V. La descripción y monto que el patrón pagará a la persona trabajadora bajo la modalidad de teletrabajo por concepto de pago de servicios en el domicilio relacionados con el teletrabajo;

VI. Los mecanismos de contacto y supervisión entre las partes, así como la duración y distribución de horarios, siempre que no excedan los máximos legales, y

VII. Las demás estipulaciones que convengan las partes.

Artículo adicionado DOF 11-01-2021

Artículo 330-C. La modalidad de teletrabajo formará parte del contrato colectivo de trabajo, que en su caso exista entre sindicatos y empresas, y deberá entregarse gratuitamente una copia de estos contratos a cada una de las personas trabajadoras que desempeñen sus labores bajo esta modalidad.

Asimismo, deberán de facilitar los mecanismos de comunicación y difusión a distancia con los que cuente el centro de trabajo, incluyendo el correo electrónico u otros, con el fin de garantizar que las personas trabajadoras bajo la modalidad de teletrabajo tengan conocimiento de los procedimientos de libertad sindical y negociación colectiva, como lo establecen las obligaciones previstas en las fracciones XXXII y XXXIII del artículo 132 de la presente Ley.

Artículo adicionado DOF 11-01-2021

Artículo 330-D. Los patrones que no cuenten con un contrato colectivo de trabajo deberán incluir el teletrabajo en su reglamento interior de trabajo, y establecer mecanismos que garanticen la vinculación y contacto entre las personas trabajadoras que desempeñen sus labores bajo esta modalidad.

Artículo adicionado DOF 11-01-2021

Artículo 330-E. En modalidad de teletrabajo, los patrones tendrán las obligaciones especiales siguientes:

I. Proporcionar, instalar y encargarse del mantenimiento de los equipos necesarios para el teletrabajo como equipo de cómputo, sillas ergonómicas, impresoras, entre otros;

II. Recibir oportunamente el trabajo y pagar los salarios en la forma y fechas estipuladas;

III. Asumir los costos derivados del trabajo a través de la modalidad de teletrabajo, incluyendo, en su caso, el pago de servicios de telecomunicación y la parte proporcional de electricidad;

IV. Llevar registro de los insumos entregados a las personas trabajadoras bajo la modalidad de teletrabajo, en cumplimiento a las disposiciones en materia de seguridad y salud en el trabajo establecidas por la Secretaría del Trabajo y Previsión Social;

V. Implementar mecanismos que preserven la seguridad de la información y datos utilizados por las personas trabajadoras en la modalidad de teletrabajo;

VI. Respetar el derecho a la desconexión de las personas trabajadoras en la modalidad de teletrabajo al término de la jornada laboral;

VII. Inscribir a las personas trabajadoras en la modalidad de teletrabajo al régimen obligatorio de la seguridad social, y

VIII. Establecer los mecanismos de capacitación y asesoría necesarios para garantizar la adaptación, aprendizaje y el uso adecuado de las tecnologías de la información de las personas trabajadoras en la modalidad de teletrabajo, con especial énfasis en aquellas que cambien de modalidad presencial a teletrabajo.

Artículo adicionado DOF 11-01-2021

Artículo 330-F. Las personas trabajadoras en la modalidad de teletrabajo tienen las obligaciones especiales siguientes:

I. Tener el mayor cuidado en la guarda y conservación de los equipos, materiales y útiles que reciban del patrón;

II. Informar con oportunidad sobre los costos pactados para el uso de los servicios de telecomunicaciones y del consumo de electricidad, derivados del teletrabajo;

III. Obedecer y conducirse con apego a las disposiciones en materia de seguridad y salud en el trabajo establecidas por el patrón;

IV. Atender y utilizar los mecanismos y sistemas operativos para la supervisión de sus actividades, y

V. Atender las políticas y mecanismos de protección de datos utilizados en el desempeño de sus actividades, así como las restricciones sobre su uso y almacenamiento.

Artículo adicionado DOF 11-01-2021

Artículo 330-G. El cambio en la modalidad de presencial a teletrabajo, deberá ser voluntario y establecido por escrito conforme al presente Capítulo, salvo casos de fuerza mayor debidamente acreditada.

En todo caso, cuando se dé un cambio a la modalidad de teletrabajo las partes tendrán el derecho de reversibilidad a la modalidad presencial, para lo cual podrán pactar los mecanismos, procesos y tiempos necesarios para hacer válida su voluntad de retorno a dicha modalidad.

Artículo adicionado DOF 11-01-2021

Artículo 330-H. El patrón debe promover el equilibrio de la relación laboral de las personas trabajadoras en la modalidad de teletrabajo, a fin de que gocen de un trabajo digno o decente y de igualdad de trato en cuanto a remuneración, capacitación, formación, seguridad social, acceso a mejores oportunidades laborales y demás condiciones que ampara el artículo 2o. de la presente Ley a los trabajadores presenciales que prestan sus servicios en la sede de la empresa. Asimismo, deberá observar una perspectiva de género que permita conciliar la vida personal y la disponibilidad de las personas trabajadoras bajo la modalidad de teletrabajo en la jornada laboral.

Artículo adicionado DOF 11-01-2021

Artículo 330-I. Los mecanismos, sistemas operativos y cualquier tecnología utilizada para supervisar el teletrabajo deberán ser proporcionales a su objetivo, garantizando el derecho a la intimidad de las personas trabajadoras bajo la modalidad de teletrabajo, y respetando el marco jurídico aplicable en materia de protección de datos personales.

Solamente podrán utilizarse cámaras de video y micrófonos para supervisar el teletrabajo de manera extraordinaria, o cuando la naturaleza de las funciones desempeñadas por la persona trabajadora bajo la modalidad de teletrabajo lo requiera.

Artículo adicionado DOF 11-01-2021

Artículo 330-J. Las condiciones especiales de seguridad y salud para los trabajos desarrollados al amparo del presente Capítulo serán establecidas por la Secretaría del Trabajo y Previsión Social en una Norma Oficial Mexicana, misma que deberá considerar a los factores ergonómicos, psicosociales, y otros riesgos que pudieran causar efectos adversos para la vida, integridad física o salud de las personas trabajadoras que se desempeñen en la modalidad de teletrabajo.

Artículo adicionado DOF 11-01-2021

Artículo 330-K. Los Inspectores del Trabajo tienen las atribuciones y deberes especiales siguientes:

I. Comprobar que los patrones lleven registro de los insumos entregados a las personas trabajadoras en la modalidad de teletrabajo, en cumplimiento a las obligaciones de seguridad y salud en el trabajo;

II. Vigilar que los salarios no sean inferiores a los que se paguen en la empresa al trabajador presencial con funciones iguales o similares;

III. Constatar el debido cumplimiento de las obligaciones especiales establecidas en el presente Capítulo.

Artículo adicionado DOF 11-01-2021

CAPÍTULO XIII
PERSONAS TRABAJADORAS DEL HOGAR

Denominación del Capítulo reformada DOF 01-05-2019, 02-07-2019

Artículo 331. Persona trabajadora del hogar es aquella que de manera remunerada realice actividades de cuidados, aseo, asistencia o cualquier otra actividad inherente al hogar en el marco de una relación laboral que no importe para la persona empleadora beneficio económico directo, conforme a las horas diarias o jornadas semanales establecidas en la ley, en cualquiera de las siguientes modalidades:

I. Personas trabajadoras del hogar que trabajen para una persona empleadora y residan en el domicilio donde realice sus actividades.

II. Personas trabajadoras del hogar que trabajen para una persona empleadora y que no residan en el domicilio donde realice sus actividades.

III. Personas trabajadoras del hogar que trabajen para diferentes personas empleadoras y que no residan en el domicilio de ninguna de ellas.

Artículo reformado DOF 01-05-2019, 02-07-2019

Artículo 331 Bis. Queda prohibida la contratación para el trabajo del hogar de adolescentes menores de quince años de edad.

Tratándose de adolescentes mayores de quince años, para su contratación el patrón deberá:

I. Solicitar certificado médico expedido por una institución de salud pública por lo menos dos veces al año.

II. Fijar jornadas laborales que no excedan, bajo ninguna circunstancia, las seis (6) horas diarias de labor y treinta y seis (36) horas semanales.

III. Evitar la contratación de personas adolescentes mayores de quince años que no hayan concluido cuando menos la educación secundaria, a excepción de que la persona empleadora se haga cargo de que finalice la misma.

En el caso en el que la adolescente habite en el domicilio en donde realiza sus actividades y preste sus servicios para una sola persona, deberá garantizarse que el espacio en donde pernocte sea seguro.

Todo lo dispuesto en este artículo queda sujeto a la supervisión de la autoridad laboral competente.

Artículo adicionado DOF 02-07-2019

Artículo 331 Ter. El trabajo del hogar deberá fijarse mediante contrato por escrito, de conformidad con la legislación nacional o con convenios colectivos, que incluya como mínimo:

I. El nombre y apellidos de la persona empleadora y de la persona trabajadora del hogar;

II. La dirección del lugar de trabajo habitual;

III. La fecha de inicio del contrato y, cuando éste se suscriba para un período específico, su duración;

IV. El tipo de trabajo por realizar;

V. La remuneración, el método de cálculo de la misma y la periodicidad de los pagos;

VI. Las horas de trabajo;

VII. Las vacaciones anuales pagadas y los períodos de descanso diario y semanal;

VIII. El suministro de alimentos y alojamiento, cuando proceda;

IX. Las condiciones relativas a la terminación de la relación de trabajo, y

X. Las herramientas de trabajo que serán brindadas para el correcto desempeño de las actividades laborales.

Los alimentos destinados a las personas trabajadoras del hogar deberán ser higiénicos y nutritivos, además de ser de la misma calidad y cantidad de los destinados al consumo de la persona empleadora.

Queda prohibido solicitar constancia o prueba de no gravidez para la contratación de una mujer como trabajadora del hogar; y no podrá despedirse a una persona trabajadora embarazada, de ser el caso, el despido se presumirá como discriminación.

En caso de que la persona empleadora requiera que la trabajadora del hogar utilice uniforme o ropa de trabajo, el costo de los mismos quedará a cargo de la persona empleadora.

El contrato de trabajo se establecerá sin distinción de condiciones, al tratarse de personas trabajadoras del hogar migrantes.

Queda prohibida todo tipo de discriminación, en términos de los artículos 1°. de la Constitución Política de los Estados Unidos Mexicanos, y 1, fracción III de la Ley Federal para Prevenir y Eliminar la Discriminación, en todas las etapas de la relación laboral y en el establecimiento de las condiciones laborales, así como cualquier trato que vulnere la dignidad de las personas trabajadoras del hogar.

Artículo adicionado DOF 02-07-2019

Artículo 332. No se considera persona trabajadora del hogar y en consecuencia quedan sujetas a las disposiciones generales o particulares de esta Ley:

I. Quien realice trabajo del hogar únicamente de forma ocasional o esporádica.

II. Quien preste servicios de aseo, asistencia, atención de clientes y otros semejantes, en hoteles, casas de asistencia, restaurantes, fondas, bares, hospitales, sanatorios, colegios, internados y otros establecimientos análogos.

Artículo reformado DOF 01-05-2019, 02-07-2019

Artículo 333. Las personas trabajadoras del hogar que residan en el domicilio donde realicen sus actividades deberán disfrutar de un descanso mínimo diario nocturno de nueve horas consecutivas, y de un descanso mínimo diario de tres horas entre las actividades matutinas y vespertinas, sin que la jornada diaria diurna pueda excederse de las ocho horas diarias establecidas en la presente Ley.

Los periodos durante los cuales las personas trabajadoras del hogar no disponen libremente de su tiempo y permanecen a disposición del hogar para responder a posibles requerimientos de su trabajo y/o cuando se excedan las horas establecidas en la Ley para cada tipo de jornada, deberán considerarse como horas extras, conforme a lo dispuesto en los artículos 58 a 68 del presente ordenamiento.

Artículo reformado DOF 30-11-2012, 01-05-2019, 02-07-2019

Artículo 334. Las personas empleadoras garantizarán en todos los casos los alimentos para las personas trabajadoras del hogar.

Párrafo adicionado DOF 02-07-2019

En aquellos casos en los que la persona trabajadora resida en el domicilio donde realicen sus actividades les será garantizada además de los alimentos, la habitación.

Párrafo adicionado DOF 02-07-2019

Salvo lo expresamente pactado, la retribución del trabajador del hogar comprende, además del pago en efectivo, los alimentos y la habitación. Para los efectos de esta Ley, los alimentos y habitación se estimarán equivalentes al 50% del salario que se pague en efectivo.

El salario a que tienen derecho podrá efectuarse a través de transferencia bancaria o cualquier otro medio de pago monetario legal, con el consentimiento de la persona trabajadora del hogar interesada.

Párrafo adicionado DOF 02-07-2019

Artículo reformado DOF 01-05-2019

Artículo 334 Bis. Las personas trabajadoras del hogar contarán con las siguientes prestaciones conforme a las disposiciones de la presente Ley y estarán comprendidas en el régimen obligatorio del seguro social:

a. Vacaciones;
b. Prima vacacional;
c. Pago de días de descanso;
d. Acceso obligatorio a la seguridad social;
e. Aguinaldo; y
f. Cualquier otra prestación que se pudieren pactar entre las partes.

Artículo adicionado DOF 02-07-2019

Artículo 335. La Comisión Nacional de los Salarios Mínimos fijará los salarios mínimos profesionales que deberán pagarse a las personas trabajadoras del hogar.

Artículo reformado DOF 21-01-1988, 02-07-2019

Artículo 336. Las personas trabajadoras del hogar, tienen derecho a un descanso semanal de día y medio ininterrumpido, preferiblemente en sábado y domingo. Mediante acuerdo entre las partes podrá acordarse la acumulación de los medios días en periodos de dos semanas, pero habrá de disfrutarse de un día completo de descanso en cada semana.

Los días de descanso semanal se aplicarán a las personas trabajadoras del hogar conforme a lo dispuesto en el presente artículo.

Las personas trabajadoras del hogar tendrán derecho a los días de descanso obligatorio previstos en el artículo 74 de esta Ley.

Para los efectos de los párrafos anteriores, en caso de que estos días se laboren se aplicarán las reglas previstas en esta Ley.

Artículo reformado DOF 21-01-1988, 30-11-2012, 01-05-2019, 02-07-2019

Artículo 336 Bis. Las vacaciones que se otorguen a las personas trabajadoras del hogar, se regirán por lo dispuesto en el Título Tercero, Capítulo IV de la presente Ley.

Artículo adicionado DOF 02-07-2019

Artículo 337. Los patrones tienen las obligaciones especiales siguientes:

I. Guardar consideración al trabajador del hogar, absteniéndose de todo mal trato de palabra o de obra.

Fracción reformada DOF 01-05-2019

II. Proporcionar al trabajador habitación cómoda e higiénica, alimentación sana y suficiente y condiciones de trabajo que aseguren la vida y la salud; y

Fracción reformada DOF 30-11-2012

III. El patrón deberá cooperar para la instrucción general del trabajador del hogar, de conformidad con las normas que dicten las autoridades correspondientes.

Fracción reformada DOF 01-05-2019

IV. Inscribir a la parte trabajadora al Instituto Mexicano del Seguro Social y pagar las cuotas correspondientes conforme a las normas aplicables en la materia.

Fracción adicionada DOF 01-05-2019

Artículo 337 Bis. Las personas migrantes trabajadoras del hogar además de lo dispuesto en el presente capítulo, se regirán por las disposiciones de los artículos 28, 28 A de esta Ley, en los tratados internacionales de los que el Estado Mexicano sea parte y en las demás disposiciones jurídicas aplicables.

Artículo adicionado DOF 02-07-2019

Artículo 338. Se deroga.

Artículo reformado DOF 01-05-2019. Derogado DOF 02-07-2019

Artículo 339. Se deroga.

Artículo derogado DOF 02-07-2019

Artículo 340. Se deroga.

Artículo reformado DOF 01-05-2019. Derogado DOF 02-07-2019

Artículo 341. Es causa de rescisión de las relaciones de trabajo el incumplimiento de las obligaciones consignadas en esta Ley.

Se considerará despido injustificado de las personas trabajadoras del hogar todas aquellas contempladas en la presente Ley, así como aquellas que se den por motivos de violencia de género en el trabajo de manera explícita y discriminación conforme lo establecido en el artículo 1°. de la Constitución Política de los Estados Mexicanos y la legislación aplicable.

Para los efectos del párrafo anterior, la indemnización será la prevista en el artículo 50 del presente ordenamiento.

Artículo reformado DOF 02-07-2019

Artículo 342. Las personas trabajadoras del hogar podrán dar por terminada en cualquier tiempo la relación de trabajo, dando aviso a la persona empleadora con ocho días de anticipación.

Artículo reformado DOF 01-05-2019, 02-07-2019

Artículo 343. La persona empleadora podrá dar por terminada dentro de los treinta días siguientes a la iniciación del trabajo; y en cualquier tiempo la relación laboral, dando aviso a la persona trabajadora del hogar con ocho días de anticipación pagando la indemnización que corresponda de conformidad con lo dispuesto en los artículos 49, fracción IV, y 50.

Artículo reformado DOF 02-07-2019

CAPITULO XIII BIS
DE LOS TRABAJADORES EN MINAS

Capítulo adicionado DOF 30-11-2012

Artículo 343-A. Las disposiciones de este capítulo son aplicables en todas las minas de carbón de la República Mexicana, y a todos sus desarrollos mineros en cualquiera de sus etapas mineras en que se encuentre, ya sea, prospección, preparación, exploración y explotación, independientemente del tipo de exploración y explotación de que se trate, ya sean, minas subterráneas, minas de arrastre, tajos a cielo abierto, tiros inclinados y verticales, así como la extracción en cualquiera de sus modalidades, llevada a cabo en forma artesanal, mismas que, para los efectos de esta Ley, son consideradas centros de trabajo.

Artículo adicionado DOF 30-11-2012

Artículo 343-B. Todo centro de trabajo debe contar con un sistema de gestión de seguridad y salud en el trabajo y con un responsable de su funcionamiento, designado por el patrón, en los términos que establezca la normatividad aplicable.

Artículo adicionado DOF 30-11-2012

Artículo 343-C. Independientemente de las obligaciones que la presente Ley u otras disposiciones normativas le impongan, el patrón está obligado a:

I. Facilitar y mantener en condiciones higiénicas instalaciones para que sus trabajadores puedan asearse y comer;

II. Contar, antes y durante la exploración y explotación, con los planos, estudios y análisis necesarios para que las actividades se desarrollen en condiciones de seguridad, los que deberán actualizarse cada vez que exista una modificación relevante en los procesos de trabajo;

III. Informar a los trabajadores de manera clara y comprensible los riesgos asociados a su actividad, los peligros que éstos implican para su salud y las medidas de prevención y protección aplicables;

IV. Proporcionar el equipo de protección personal necesario, a fin de evitar la ocurrencia de riesgos de trabajo y capacitar a los trabajadores respecto de su utilización y funcionamiento;

V. Contar con sistemas adecuados de ventilación y fortificación en todas las explotaciones subterráneas, las que deberán tener dos vías de salida, por lo menos, desde cualquier frente de trabajo, comunicadas entre sí;

VI. Establecer un sistema de supervisión y control adecuados en cada turno y frente de trabajo, que permitan garantizar que la explotación de la mina se efectúa en condiciones de seguridad;

VII. Implementar un registro y sistema que permita conocer con precisión los nombres de todas las personas que se encuentran en la mina, así como mantener un control de entradas y salidas de ésta;

VIII. Suspender las actividades y disponer la evacuación de los trabajadores a un lugar seguro en caso de riesgo inminente para la seguridad y salud de los mismos; y

IX. No contratar o permitir que se contrate a menores de 18 años.

Los operadores de las concesiones que amparen los lotes mineros, en los cuales se ubiquen los centros de trabajo a que se refiere este Capítulo, deberán cerciorarse de que el patrón cumpla con sus obligaciones. Los operadores de las concesiones mineras serán subsidiariamente responsables, en caso de que ocurra un suceso en donde uno o más trabajadores sufran incapacidad permanente parcial o total, o la muerte, derivada de dicho suceso.

Artículo adicionado DOF 30-11-2012

Artículo 343-D. Los trabajadores podrán negarse a prestar sus servicios, siempre y cuando la Comisión Mixta de Seguridad e Higiene confirme que:

I. No cuenten con la debida capacitación y adiestramiento que les permita identificar los riesgos a los que están expuestos, la forma de evitar la exposición a los mismos y realizar sus labores en condiciones de seguridad.

II. El patrón no les entregue el equipo de protección personal o no los capacite para su correcta utilización.

III. Identifiquen situaciones de riesgo inminente que puedan poner en peligro su vida, integridad física o salud o las de sus compañeros de trabajo.

Cuando los trabajadores tengan conocimiento de situaciones de riesgo inminente, deberán retirarse del lugar de trabajo expuesto a ese riesgo, haciendo del conocimiento de esta circunstancia al patrón, a cualquiera de los integrantes de la Comisión de Seguridad e Higiene o a la Inspección del Trabajo.

Enterada la Inspección del Trabajo, por cualquier medio o forma, de que existe una situación de riesgo inminente, deberá constatar la existencia de dicho riesgo, a través de los Inspectores del Trabajo que comisione para tal efecto, y de manera inmediata, ordenar las medidas correctivas o preventivas en materia de seguridad e higiene con la finalidad de salvaguardar la vida, la integridad física o la salud de los trabajadores. Dichas medidas podrán consistir en la suspensión total o parcial de las actividades de la mina e inclusive en la restricción de acceso de los trabajadores al centro de trabajo hasta en tanto no se adopten las medidas de seguridad necesarias para inhibir la ocurrencia de un siniestro.

En caso de que un patrón se niegue a recibir a la autoridad laboral, ésta podrá solicitar el auxilio de la fuerza pública, Federal, Estatal o Municipal, según sea el caso, para ingresar al centro de trabajo y cumplir con sus funciones de vigilancia del cumplimiento de la normatividad laboral. La Inspección del Trabajo deberá notificar esta circunstancia a la autoridad minera para que ésta proceda a la suspensión de obras y trabajos mineros en los términos de la Ley de la materia.

Artículo adicionado DOF 30-11-2012

Artículo 343-E. A los responsables y encargados directos de la operación y supervisión de los trabajos y desarrollos mineros, que dolosamente o negligentemente omitan implementar las medidas de seguridad previstas en la normatividad, y que hayan sido previamente identificados por escrito en dictamen fundado y motivado de la autoridad competente, se les aplicarán las penas siguientes:

I. Multa de hasta 2,000 veces la Unidad de Medida y Actualización, cuando por su omisión se produzca un riesgo de trabajo, que genere a uno o varios trabajadores una incapacidad permanente parcial;

Fracción reformada DOF 01-05-2019

II. Multa de hasta 3,500 veces la Unidad de Medida y Actualización, cuando por su omisión se produzca un riesgo de trabajo, que genere a uno o varios trabajadores una incapacidad permanente total, y

Fracción reformada DOF 01-05-2019

III. Multa de hasta 5,000 veces la Unidad de Medida y Actualización, cuando por su omisión se produzca un riesgo de trabajo, que provoque la muerte del trabajador.

Fracción adicionada DOF 01-05-2019

Lo anterior, sin perjuicio de que la Oficina de Inspección de Trabajo o el Tribunal que conozca del caso, dé vista de los hechos al Ministerio Público.

Párrafo adicionado DOF 01-05-2019
Artículo adicionado DOF 30-11-2012

CAPÍTULO XIV
TRABAJO EN HOTELES, RESTAURANTES, BARES Y OTROS ESTABLECIMIENTOS ANÁLOGOS

Artículo 344. Las disposiciones de este capítulo se aplican a los trabajadores en hoteles, casas de asistencia, restaurantes, fondas, cafés, bares y otros establecimientos análogos.

Artículo 345. La Comisión Nacional de los Salarios Mínimos fijará los salarios mínimos profesionales que deberán pagarse a estos trabajadores.

Artículo reformado DOF 21-01-1988

Artículo 346. Las propinas son parte del salario de los trabajadores a que se refiere este capítulo en los términos del artículo 347.

Los patrones no podrán reservarse ni tener participación alguna en ellas.

Artículo 347. Si no se determina, en calidad de propina, un porcentaje sobre las consumiciones, las partes fijarán el aumento que deba hacerse al salario de base para el pago de cualquier indemnización o prestación que corresponda a los trabajadores. El salario fijado para estos efectos será remunerador, debiendo tomarse en consideración la importancia del establecimiento donde se presten los servicios.

Artículo 348. La alimentación que se proporcione a los trabajadores deberá ser sana, abundante y nutritiva.

Artículo 349. Los trabajadores están obligados a atender con esmero y cortesía a la clientela del establecimiento.

Artículo 350. Los Inspectores del Trabajo tienen las atribuciones y deberes especiales siguientes:

I. Vigilar que la alimentación que se proporcione a los trabajadores sea sana, abundante y nutritiva;

II. Verificar que las propinas correspondan en su totalidad a los trabajadores; y

III. Vigilar que se respeten las normas sobre jornada de trabajo.

CAPÍTULO XV
INDUSTRIA FAMILIAR

Artículo 351. Son talleres familiares aquellos en los que exclusivamente trabajan los cónyuges, sus ascendientes, descendientes y pupilos.

Artículo 352. No se aplican a los talleres familiares las disposiciones de esta Ley, con excepción de las normas relativas a higiene y seguridad.

Artículo 353. La Inspección del Trabajo vigilará el cumplimiento de las normas a que se refiere el artículo anterior.

CAPÍTULO XVI
TRABAJOS DE MÉDICOS RESIDENTES EN PERÍODO DE ADIESTRAMIENTO EN UNA ESPECIALIDAD

Capítulo adicionado DOF 30-12-1977

Artículo 353-A. Para los efectos de este Capítulo, se entiende por:

I. Médico Residente: El profesional de la medicina con Título legalmente expedido y registrado ante las autoridades competentes, que ingrese a una Unidad Médica Receptora de Residentes, para cumplir con una residencia.

II. Unidad Médica Receptora de Residentes: El establecimiento hospitalario en el cual se pueden cumplir las residencias, que para los efectos de la Ley General de Salud, exige la especialización de los profesionales de la medicina; y

Fracción reformada DOF 30-11-2012

III. Residencia: El conjunto de actividades que deba cumplir un Médico Residente en período de adiestramiento; para realizar estudios y prácticas de postrado, respecto de la disciplina de la salud a que pretenda dedicarse, dentro de una Unidad Médica Receptora de Residentes, durante el tiempo y conforme a los requisitos que señalen las disposiciones académicas respectivas.

Artículo adicionado DOF 30-12-1977

Artículo 353-B. Las relaciones laborales entre los Médicos Residentes y la persona moral o física de quien dependa la Unidad Médica Receptora de Residentes, se regirán por las disposiciones de este Capítulo y por las estipulaciones contenidas en el contrato respectivo, en cuanto no las contradigan.

Artículo adicionado DOF 30-12-1977

Artículo 353-C. Son derechos especiales de los Médicos Residentes, que deberán consignarse en los contratos que se otorguen, a más de los previstos en esta Ley, los siguientes:

I. Disfrutar de las prestaciones que sean necesarias para el cumplimiento de la Residencia;

II. Ejercer su Residencia hasta concluir su especialidad, siempre y cuando cumplan con los requisitos que establece este Capítulo.

Artículo adicionado DOF 30-12-1977

Artículo 353-D. Son obligaciones especiales del Médico Residente, las siguientes:

I. Cumplir la etapa de instrucción académica y el adiestramiento, de acuerdo con el programa docente académico que esté vigente en la Unidad Médica Receptora de Residentes;

II. Acatar las órdenes de las personas designadas para impartir el adiestramiento o para dirigir el desarrollo del trabajo, en lo concerniente a aquél y a éste;

III. Cumplir las disposiciones internas de la Unidad Médica Receptora de Residentes de que se trate, en cuanto no contraríen las contenidas en esta Ley;

IV. Asistir a las conferencias de teoría sesiones clínicas, anatomoclínicas, clinicorradiológicas, bibliográficas y demás actividades académicas que se señalen como parte de los estudios de especialización;

V. Permanecer en la Unidad Médica Receptora de Residentes, en los términos del artículo siguiente; y

VI. Someterse y aprobar los exámenes periódicos de evaluación de conocimientos y destreza adquiridos, de acuerdo a las disposiciones académicas y normas administrativas de la Unidad correspondiente.

Artículo adicionado DOF 30-12-1977

Artículo 353-E. Dentro del tiempo que el Médico Residente debe permanecer en la Unidad Médica Receptora de Residentes, conforme a las disposiciones docentes respectivas, quedan incluidos, la jornada laboral junto al adiestramiento en la especialidad, tanto en relación con pacientes como en las demás formas de estudio o práctica, y los períodos para disfrutar de reposo e ingerir alimentos.

Artículo adicionado DOF 30-12-1977

Artículo 353-F. La relación de trabajo será por tiempo determinado, no menor de un año ni mayor del período de duración de la residencia necesaria para obtener el Certificado de Especialización correspondiente, tomándose en cuenta a este último respecto las causas de rescisión señaladas en el artículo 353. G.

En relación con este Capítulo, no regirá lo dispuesto por el artículo 39 de esta ley.

Artículo adicionado DOF 30-12-1977

Artículo 353-G. Son causas especiales de rescisión de la relación de trabajo, sin responsabilidad para el patrón, además de la que establece el artículo 47, las siguientes:

I. El incumplimiento de las obligaciones a que aluden las fracciones I, II, III y VI del artículo 353.D;

II. La violación de las normas técnicas o administrativas necesarias para el funcionamiento de la Unidad Médica Receptora de Residentes en la que se efectúe la residencia;

III. La comisión de faltas a las normas de conducta propias de la profesión médica, consignados en el Reglamento Interior de Trabajo de la Unidad Médica Receptora de Residentes.

Artículo adicionado DOF 30-12-1977

Artículo 353-H. Son causas de terminación de la relación de trabajo, además de las que establece el artículo 53 de esta Ley:

I. La conclusión del Programa de Especialización;

II. La supresión académica de estudios en la Especialidad en la rama de la Medicina que interesa al Médico Residente.

Artículo adicionado DOF 30-12-1977

Artículo 353-I. Las disposiciones de este Capítulo no serán aplicables a aquellas personas que exclusivamente reciben cursos de capacitación o adiestramiento, como parte de su formación profesional, en las instituciones de salud.

Artículo adicionado DOF 30-12-1977

CAPÍTULO XVII
TRABAJO EN LAS UNIVERSIDADES E INSTITUCIONES DE EDUCACIÓN SUPERIOR AUTÓNOMAS POR LEY

Capítulo adicionado DOF 20-10-1980

Artículo 353-J. Las disposiciones de este Capítulo se aplican a las relaciones de trabajo entre los trabajadores administrativos y académicos y las universidades e instituciones de educación superior autónomas por ley y tienen por objeto conseguir el equilibrio y la justicia social en las relaciones de trabajo, de tal modo que concuerden con la autonomía, la libertad de cátedra e investigación y los fines propios de estas instituciones.

Artículo adicionado DOF 20-10-1980

Artículo 353-K. Trabajador académico es la persona física que presta servicios de docencia o investigación a las universidades o instituciones a las que se refiere este Capítulo, conforme a los planes y programas establecidos por las mismas, Trabajador administrativo es la persona física que presta servicios no académicos a tales universidades o instituciones.

Artículo adicionado DOF 20-10-1980

Artículo 353-L. Corresponde exclusivamente a las universidades o instituciones autónomas por ley regular los aspectos académicos.

Para que un trabajador académico pueda considerarse sujeto a una relación laboral por tiempo indeterminado, además de que la tarea que realice tenga ese carácter, es necesario que sea aprobado en la evaluación académica que efectúe el órgano competente conforme a los requisitos y procedimientos que las propias universidades o instituciones establezcan.

Artículo adicionado DOF 20-10-1980

Artículo 353-M. El Trabajador académico podrá ser contratado por jornada completa o media jornada. Los trabajadores académicos dedicados exclusivamente a la docencia podrán ser contratados por hora clase.

Artículo adicionado DOF 20-10-1980

Artículo 353-N. No es violatorio del principio de igualdad de salarios la fijación de salarios distintos para trabajo igual si éste corresponde a diferentes categorías académicas.

Artículo adicionado DOF 20-10-1980

Artículo 353-Ñ. Los sindicatos y las directivas de los mismos que se constituyan en las universidades o instituciones a las que se refiere este Capítulo, únicamente estarán formados por los trabajadores que presten sus servicios en cada una de ellas y serán:

I. De personal académico;

II. De personal administrativo, o

III. De institución si comprende a ambos tipos de trabajadores.

Artículo adicionado DOF 20-10-1980

Artículo 353-O. Los sindicatos a que se refiere el artículo anterior deberán registrarse ante la Autoridad Registral que establece esta Ley.

Artículo adicionado DOF 20-10-1980. Reformado DOF 01-05-2019

Artículo 353-P. Para los efectos de la contratación colectiva entre las universidades e instituciones y sus correspondientes sindicatos, se seguirán las reglas fijadas en el Artículo 388. Para tal efecto el sindicato de institución recibirá el tratamiento de sindicato de empresa y los sindicatos de personal académico o de personal administrativo tendrán el tratamiento de sindicato gremial.

Artículo adicionado DOF 20-10-1980

Artículo 353-Q. En los contratos colectivos las disposiciones relativas a los trabajadores académicos no se extenderán a los trabajadores administrativos, ni a la inversa, salvo que así se convenga expresamente.

En ningún caso estos contratos podrán establecer para el personal académico la admisión exclusiva o la separación por expulsión a que se refiere el Artículo 395.

Artículo adicionado DOF 20-10-1980

Artículo 353-R. En el procedimiento de huelga el aviso para la suspensión de labores deberá darse por lo menos con diez días de anticipación a la fecha señalada para suspender el trabajo.

Además de los casos previstos por el Artículo 935, antes de la suspensión de los trabajos, las partes o en su defecto el Tribunal, con audiencia de aquéllas, fijarán el número indispensable de trabajadores que deban continuar trabajando para que sigan ejecutándose las labores cuya suspensión pueda perjudicar irreparablemente la buena marcha de una investigación o un experimento en curso.

Párrafo reformado DOF 01-05-2019
Artículo adicionado DOF 20-10-1980

Artículo 353-S. Se deroga.

Artículo adicionado DOF 20-10-1980. Reformado DOF 30-11-2012. Derogado DOF 01-05-2019

Artículo 353-T. Se deroga.

Artículo adicionado DOF 20-10-1980. Derogado DOF 01-05-2019

Artículo 353-U. Los trabajadores de las universidades e instituciones a las que se refiere este Capítulo disfrutarán de sistemas de seguridad social en los términos de sus leyes orgánicas, o conforme a los acuerdos que con base en ellas se celebren. Estas prestaciones nunca podrán ser inferiores a los mínimos establecidos por la Constitución Política de los Estados Unidos Mexicanos y esta Ley.

Artículo adicionado DOF 20-10-1980

TÍTULO SÉPTIMO
RELACIONES COLECTIVAS DE TRABAJO

CAPÍTULO I
COALICIONES

Artículo 354. La Ley reconoce la libertad de coalición de trabajadores y patrones.

Artículo 355. Coalición es el acuerdo temporal de un grupo de trabajadores o de patrones para la defensa de sus intereses comunes.

CAPÍTULO II
SINDICATOS, FEDERACIONES Y CONFEDERACIONES

Artículo 356. Sindicato es la asociación de trabajadores o patrones, constituida para el estudio, mejoramiento y defensa de sus respectivos intereses.

Artículo 357. Los trabajadores y los patrones, sin ninguna distinción y sin autorización previa, tienen el derecho de constituir las organizaciones que estimen convenientes, así como el de afiliarse a éstas, con la sola condición de observar los estatutos de las mismas.

Párrafo reformado DOF 01-05-2019

Las organizaciones de trabajadores y de patrones deberán gozar de adecuada protección contra todo acto de injerencia de unas respecto de las otras, ya se realice directamente o por medio de sus representantes en su constitución, funcionamiento o administración.

Párrafo adicionado DOF 01-05-2019

Se consideran actos de injerencia las acciones o medidas tendientes a fomentar la constitución de organizaciones de trabajadores dominadas por un patrón o una organización de patrones, o a apoyar de cualquier forma a organizaciones de trabajadores con objeto de colocarlas bajo su control. Las prestaciones pactadas en la contratación colectiva no serán consideradas como actos de injerencia.

Párrafo adicionado DOF 01-05-2019

Cualquier injerencia indebida será sancionada en los términos que disponga la Ley.

Párrafo adicionado DOF 30-11-2012

Artículo 357 Bis. El reconocimiento de la personalidad jurídica de las organizaciones de trabajadores y patrones, así como sus federaciones y confederaciones no estará sujeta a condiciones que impliquen restricción alguna a sus garantías y derechos, entre ellos a:

I. Redactar sus estatutos y reglamentos administrativos;

II. Elegir libremente sus representantes;

III. Organizar su administración y sus actividades;

IV. Formular su programa de acción;

V. Constituir las organizaciones que estimen convenientes, y

VI. No estarán sujetos a disolución, suspensión o cancelación por vía administrativa.

Artículo adicionado DOF 01-05-2019

Artículo 358. Los miembros de los sindicatos, federaciones y confederaciones, cuentan con los derechos de libre afiliación y de participación al interior de éstas, los cuales implican las siguientes garantías:

I. Nadie puede ser obligado a formar o no parte de un sindicato, federación o confederación. Cualquier estipulación que desvirtúe de algún modo esta disposición se tendrá por no puesta;

II. Los procedimientos de elección de sus directivas deberán salvaguardar el pleno ejercicio del voto personal, libre, directo y secreto de los miembros, así como ajustarse a reglas democráticas y de igualdad de género, en términos del artículo 371 de esta Ley. El periodo de duración de las directivas no podrá ser indefinido o de una temporalidad tal que obstaculice la participación democrática de los afiliados, y tampoco podrá ser lesivo al derecho de votar y ser votado;

III. Las sanciones que impongan los sindicatos, federaciones y confederaciones a sus miembros deberán ceñirse a lo establecido en la Ley y en los estatutos; para tal efecto se deberá cumplir con los derechos de audiencia y debido proceso del involucrado, y

IV. La directiva de los sindicatos, federaciones y confederaciones deberá rendirles cuenta completa y detallada de la administración de su patrimonio, en términos del artículo 373 de esta Ley.

Párrafo con fracciones reformado DOF 01-05-2019

Cualquier estipulación que establezca multa convencional en caso de separación del sindicato o que desvirtúe de algún modo la disposición contenida en el párrafo anterior, se tendrá por no puesta.

Artículo 359. Los sindicatos tienen derecho a redactar sus estatutos y reglamentos, elegir libremente a sus representantes, organizar su administración y sus actividades y formular su programa de acción.

Artículo 360. Los sindicatos de trabajadores pueden ser:

I. Gremiales, los formados por trabajadores de una misma profesión, oficio o especialidad;

II. De empresa, los formados por trabajadores que presten sus servicios en una misma empresa;

III. Industriales, los formados por trabajadores que presten sus servicios en dos o más empresas de la misma rama industrial;

IV. Nacionales de industria, los formados por trabajadores que presten sus servicios en una o varias empresas de la misma rama industrial, instaladas en dos o más Entidades Federativas; y

V. De oficios varios, los formados por trabajadores de diversas profesiones. Estos sindicatos sólo podrán constituirse cuando en el municipio de que se trate, el número de trabajadores de una misma profesión sea menor de veinte.

La anterior clasificación tiene carácter enunciativo, por lo que no será obstáculo para que los trabajadores se organicen en la forma que ellos decidan.

Párrafo adicionado DOF 01-05-2019

Artículo 361. Los sindicatos de patrones pueden ser:

I. Los formados por patrones de una o varias ramas de actividades; y

II. Nacionales, los formados por patrones de una o varias ramas de actividades de distintas Entidades Federativas.

Artículo 362. Pueden formar parte de los sindicatos, los trabajadores mayores de quince años.

Artículo reformado DOF 12-06-2015

Artículo 363. No pueden ingresar en los sindicatos de los demás trabajadores, los trabajadores de confianza. Los estatutos de los sindicatos podrán determinar la condición y los derechos de sus miembros, que sean promovidos a un puesto de confianza.

Artículo 364. Los sindicatos deberán constituirse con un mínimo de veinte trabajadores o con tres patrones, por lo menos. En el caso de los sindicatos de trabajadores, cuando se suscite controversia ante los Tribunales, respecto a su constitución, para la determinación del número mínimo, se tomarán en consideración aquellos cuya relación de trabajo hubiese sido rescindida o dada por terminada dentro de los sesenta días naturales anteriores a la fecha de dicha constitución.

Las federaciones y confederaciones deberán constituirse por al menos dos organizaciones sindicales.

Artículo reformado DOF 01-05-2019

Artículo 364 Bis. En el registro de los sindicatos, federaciones y confederaciones, así como en la actualización de las directivas sindicales, se deberán observar los principios de autonomía, equidad, democracia, legalidad, transparencia, certeza, gratuidad, inmediatez, imparcialidad y respeto a la libertad sindical y sus garantías.

Tratándose de actualización de la directiva sindical, la Autoridad Registral deberá expedirla dentro de los diez días siguientes a que se realice la solicitud, y se procederá de forma tal que no deje al sindicato en estado de indefensión.

En materia de registro y actualización sindical, la voluntad de los trabajadores y el interés colectivo prevalecerán sobre aspectos de orden formal.

Artículo adicionado DOF 30-11-2012. Reformado DOF 01-05-2019

Artículo 365. Los sindicatos deben registrarse en el Centro Federal de Conciliación y Registro Laboral, a cuyo efecto remitirán en original y copia:

Párrafo reformado DOF 01-05-2019

I. Copia autorizada del acta de la asamblea constitutiva;

II. Una lista o listas autorizadas con el número, nombres, CURP y domicilios de sus miembros, la cual además contendrá:

a) Cuando se trate de aquellos conformados por trabajadores, el nombre y domicilio de los patrones, empresas o establecimientos en los que se prestan los servicios.

b) Cuando se trate de aquellos conformados por patrones, el nombre y domicilios de las empresas, en donde se cuente con trabajadores.

Fracción reformada DOF 01-05-2019

III. Copia autorizada de los estatutos, cubriendo los requisitos establecidos en el artículo 371 de esta Ley, y

Fracción reformada DOF 01-05-2019

IV. Copia autorizada del acta de la asamblea en que se hubiese elegido la directiva.

Los documentos a que se refieren las fracciones anteriores serán autorizados a través de la firma del Secretario General u homólogo, en términos del artículo 376 de esta Ley, salvo lo dispuesto en los estatutos.

Párrafo reformado DOF 01-05-2019

Artículo 365 Bis. El Centro Federal de Conciliación y Registro Laboral hará pública, para consulta de cualquier persona, debidamente actualizada, la información de los registros de los sindicatos. Asimismo, deberá expedir copias de los documentos que obren en los expedientes de registros que se les soliciten, en términos del artículo 8o. constitucional y de lo dispuesto por la Ley General de Transparencia y Acceso a la Información Pública.

Párrafo reformado DOF 01-05-2019

El texto íntegro de los documentos del registro de los sindicatos, las tomas de nota, el estatuto, las actas de asambleas y todos los documentos contenidos en el expediente de registro sindical, deberán estar disponibles en los sitios de Internet del Centro Federal de Conciliación y Registro Laboral.

Párrafo reformado DOF 01-05-2019

Los registros de los sindicatos deberán contener, cuando menos, los siguientes datos:

I. Domicilio;

II. Número de registro;

III. Nombre del sindicato;

IV. Nombre de los integrantes del Comité Ejecutivo;

V. Fecha de vigencia del Comité Ejecutivo;

VI. Número de socios;

Fracción reformada DOF 01-05-2019

VII. Central obrera a la que pertenecen, en su caso.

VIII. Padrón de socios.

Fracción adicionada DOF 01-05-2019

Por lo que se refiere a los documentos que obran en el expediente de registro de las asociaciones, únicamente estará clasificada como información confidencial los domicilios y CURP de los trabajadores señalados en los padrones de socios, en términos del último párrafo del artículo 78 de la Ley General de Transparencia y Acceso a la Información Pública.

Párrafo adicionado DOF 01-05-2019

La actualización de los índices se deberá hacer cada tres meses.

Los sindicatos, federaciones y confederaciones podrán solicitar al Centro Federal de Conciliación y Registro Laboral copias certificadas o simples de los documentos que obren en sus respectivos expedientes; también se expedirán a cualquier persona que lo solicite, en términos de la legislación aplicable en materia de acceso a la información.

Párrafo adicionado DOF 01-05-2019

Artículo adicionado DOF 30-11-2012

Artículo 366. El registro podrá negarse únicamente:

I. Si el sindicato no se propone la finalidad prevista en el artículo 356;

II. Si no se constituyó con el número de miembros fijado en el artículo 364; y

III. Si no se exhiben los documentos a que se refiere el artículo 365.

Fracción reformada DOF 30-11-2012

Cuando el solicitante no cumpla con alguno de los requisitos anteriores, a fin de salvaguardar el derecho de asociación, la Autoridad Registral lo prevendrá dentro de los cinco días siguientes para que subsane su solicitud, precisando los términos en que deberá hacerlo.

Párrafo adicionado DOF 01-05-2019

Satisfechos los requisitos que se establecen para el registro de los sindicatos, la Autoridad Registral no podrá negarlo.

Párrafo reformado DOF 01-05-2019

Si la Autoridad Registral, no resuelve dentro de un término de veinte días, los solicitantes podrán requerirla para que dicte resolución, y si no lo hace dentro de los tres días siguientes a la presentación de la solicitud, se tendrá por hecho el registro para todos los efectos legales, quedando obligada la autoridad, dentro de los tres días siguientes, a expedir la constancia respectiva.

Párrafo reformado DOF 30-11-2012, 01-05-2019

Artículo 367. Se deroga

Artículo derogado DOF 01-05-2019

Artículo 368. El registro del sindicato y de su directiva, otorgado por el Centro Federal de Conciliación y Registro Laboral, produce efectos ante todas las autoridades.

Fe de erratas al artículo DOF 05-06-1970. Reformado DOF 01-05-2019

Artículo 369. El registro de los sindicatos, federaciones y confederaciones, podrá cancelarse únicamente:

Párrafo reformado DOF 01-05-2019

I. En caso de disolución; y

II. Por dejar de tener los requisitos legales.

III. Se considerará que un sindicato incumple con su objeto o finalidad cuando sus dirigentes, apoderados o representantes legales incurran en actos de extorsión en contra de los patrones, exigiéndoles un pago en dinero o en especie para desistir de un emplazamiento a huelga o abstenerse de iniciar o continuar un reclamo de titularidad de contrato colectivo de trabajo. En consecuencia, esta conducta comprobada podrá servir de base para que se demande por la vía jurisdiccional la cancelación del registro sindical, independientemente de las responsabilidades que puedan derivarse por la comisión de dichas conductas delictivas.

Fracción adicionada DOF 01-05-2019

Los Tribunales resolverán acerca de la cancelación de su registro.

Párrafo reformado DOF 01-05-2019

Artículo 370. Los sindicatos no están sujetos a disolución, suspensión o cancelación de su registro, por vía administrativa.

Artículo 371. Los estatutos de los sindicatos contendrán:

I. Denominación que le distinga de los demás;

II. Domicilio;

III. Objeto;

IV. Duración. Faltando esta disposición se entenderá constituido el sindicato por tiempo indeterminado;

V. Condiciones de admisión de miembros;

VI. Obligaciones y derechos de los asociados;

VII. Motivos y procedimientos de expulsión y correcciones disciplinarias. En los casos de expulsión se observarán las normas siguientes:

a) La asamblea de trabajadores se reunirá para el solo efecto de conocer de la expulsión.

b) Cuando se trate de sindicatos integrados por secciones, el procedimiento de expulsión se llevará a cabo ante la asamblea de la sección correspondiente, pero el acuerdo de expulsión deberá someterse a la decisión de los trabajadores de cada una de las secciones que integren el sindicato.

c) El trabajador afectado será oído en defensa, de conformidad con las disposiciones contenidas en los estatutos.

d) La asamblea conocerá de las pruebas que sirvan de base al procedimiento y de las que ofrezca el afectado.

e) Los trabajadores no podrán hacerse representar ni emitir su voto por escrito.

f) La expulsión deberá ser aprobada por mayoría de las dos terceras partes del total de los miembros del sindicato.

g) La expulsión sólo podrá decretarse por los casos expresamente consignados en los estatutos, debidamente comprobados y exactamente aplicables al caso;

VIII. Forma de convocar a asamblea, época de celebración de las ordinarias y quórum requerido para sesionar. En el caso de que la directiva no convoque oportunamente a las asambleas previstas en los estatutos, los trabajadores que representen el treinta y tres por ciento del total de los miembros del sindicato o de la sección, por lo menos, podrán solicitar de la directiva que convoque a la asamblea, y si no lo hace dentro de un término de diez días, podrán los solicitantes hacer la convocatoria, en cuyo caso, para que la asamblea pueda sesionar y adoptar resoluciones, se requiere que concurran las dos terceras partes del total de los miembros del sindicato o de la sección.

Las resoluciones deberán adoptarse por el cincuenta y uno por ciento del total de los miembros del sindicato o de la sección, por lo menos;

Fe de erratas al párrafo DOF 30-04-1970

IX. Procedimiento para la elección de la directiva sindical y secciones sindicales, el cual se llevará a cabo mediante el ejercicio del voto directo, personal, libre, directo y secreto.

Para tal efecto, los estatutos deberán observar las normas siguientes:

a) La convocatoria de elección se emitirá con firma autógrafa de las personas facultadas para ello, debiendo precisar fecha, hora, lugar del proceso y demás requisitos estatutariamente exigidos;

b) La convocatoria deberá publicarse en el local sindical y en los lugares de mayor afluencia de los miembros en el centro de trabajo, con una anticipación mínima de diez días;

c) El lugar que se determine para la celebración del proceso electoral, así como la documentación y materiales que se elaboren para la realización, deberán garantizar que la votación se desarrolle de forma segura, directa, personal, libre y secreta;

d) Se integrará un padrón completo y actualizado de los miembros del sindicato con derecho a votar, que deberá publicarse y darse a conocer entre éstos con al menos tres días de antelación a la elección;

e) Establecer un procedimiento que asegure la identificación de los afiliados que tengan derecho a votar, y

f) La documentación, material y boletas para la elección de integración de los órganos internos de los sindicatos a que se refiere este inciso, contendrá cuando menos los siguientes datos y requisitos:

1. Municipio y entidad federativa en que se realice la votación;

2. Cargo para el que se postula al candidato o candidatos;

3. Emblema y color de cada una de las planillas que participan con candidatos en la elección de que se trate;

4. El nombre completo del candidato o candidatos a elegir, y

5. Las boletas deberán validarse en el reverso con las firmas de por lo menos dos integrantes de la Comisión Electoral que para tales efectos acuerde el sindicato.

El procedimiento de elección que realicen los miembros de un sindicato respecto al Secretario General o su equivalente a nivel nacional, estatal, seccional, local o municipal, se realizará de manera independiente de la elección de delegados a los congresos o convenciones sindicales, cumpliendo con los requisitos a que se refiere este inciso.

En virtud de que estos requisitos son esenciales para expresar la libre voluntad de los afiliados al sindicato, de incumplirse éstos, el procedimiento de elección carecerá de validez, ya sea a nivel general o seccional, según sea el caso;

Fracción reformada DOF 30-11-2012, 01-05-2019

IX Bis. En la integración de las directivas sindicales se establecerá la representación proporcional en razón de género;

Fracción adicionada DOF 01-05-2019

IX Ter. Normas para la integración y funcionamiento de una instancia de decisión colegiada, que será responsable de organizar y calificar los procedimientos de elección de los órganos internos del sindicato;

Fracción adicionada DOF 01-05-2019

X. Período de duración de la directiva sindical y de las representaciones seccionales. En el caso de reelección, será facultad de la asamblea decidir mediante voto personal, libre, directo y secreto el período de duración y el número de veces que pueden reelegirse los dirigentes sindicales. El período de duración de la directiva y en su caso la reelección, deberán respetar las garantías a que se refiere el artículo 358, fracción II, de esta Ley;

Fracción reformada DOF 01-05-2019

XI. Normas para la administración, adquisición y disposición de los bienes, patrimonio del sindicato;

XII. Forma de pago y monto de las cuotas sindicales;

XIII. Época y forma de presentación de la cuenta completa y detallada de la administración del patrimonio sindical y sanciones a sus directivos en caso de incumplimiento.

Párrafo reformado DOF 01-05-2019

Para tales efectos, se deberán establecer instancias y procedimientos internos que aseguren la resolución de controversias entre los agremiados, con motivo de la gestión de los fondos sindicales.

Fracción reformada DOF 30-11-2012

XIV. Normas para la liquidación del patrimonio sindical; y

XIV Bis. Procedimiento para llevar a cabo la consulta a los trabajadores mediante voto personal, libre y secreto para la aprobación del contenido de contratos colectivos de trabajo iniciales y de sus revisiones. Para tal efecto, los estatutos deberán observar el procedimiento contemplado en el artículo 390 Ter, fracción II de la presente Ley, y

Fracción adicionada DOF 01-05-2019

XV. Las demás normas que apruebe la asamblea.

Artículo 371 Bis. Las elecciones de las directivas de los sindicatos estarán sujetas a un sistema de verificación del cumplimiento de los requisitos previstos en la fracción IX del artículo 371 de esta Ley, conforme a lo siguiente:

I. Los sindicatos podrán solicitar el auxilio del Centro Federal de Conciliación y Registro Laboral o de la Inspección Federal del Trabajo de la Secretaría del Trabajo y Previsión Social, a efecto que certifiquen el cumplimiento de los requisitos antes mencionados. Al concluir la elección, la autoridad que acuda a la verificación deberá formular un acta en la que conste el resultado de la elección y de la forma en que ésta se llevó a cabo, de la que se entregará copia al sindicato solicitante;

II. La solicitud será realizada por los directivos sindicales o por lo menos por el treinta por ciento de los afiliados al sindicato, y

III. El Centro Federal de Conciliación y Registro Laboral podrá desahogar este sistema de verificación de la elección de las directivas sindicales para que se cumpla con los principios constitucionales de certeza, confiabilidad y legalidad, y los señalados en el artículo 364 Bis de esta Ley. En caso de duda razonable sobre la veracidad de la documentación presentada, el Centro podrá convocar y organizar un recuento para consultar mediante voto personal, libre, directo y secreto de los trabajadores el sentido de su decisión.

Artículo adicionado DOF 01-05-2019

Artículo 372. No podrán formar parte de la directiva de los sindicatos los trabajadores extranjeros.

Párrafo reformado DOF 12-06-2015

I. Se deroga.

Fracción derogada DOF 12-06-2015

II. Se deroga.

Fracción derogada DOF 12-06-2015

Artículo 373. La directiva de los sindicatos, en los términos que establezcan sus estatutos, deberá rendir a la asamblea cada seis meses, por lo menos, cuenta completa y detallada de la administración del patrimonio sindical. La rendición de cuentas incluirá la situación de los ingresos por cuotas sindicales y otros bienes, así como su destino, debiendo levantar acta de dicha asamblea.

El acta de la asamblea en la que se rinda cuenta de la administración del patrimonio sindical deberá ser entregada dentro de los diez días siguientes al Centro Federal de Conciliación y Registro Laboral para su depósito y registro en el expediente de registro sindical; esta obligación podrá cumplirse por vía electrónica.

La información anterior deberá entregarse por escrito a cada miembro del sindicato en forma completa, dejando constancia de su recepción.

Las obligaciones a que se refieren los párrafos anteriores no son dispensables.

En todo momento cualquier trabajador tendrá el derecho de solicitar información a la directiva o a la Autoridad Registral, sobre la administración del patrimonio del sindicato.

En caso de que los trabajadores no hubieren recibido la información sobre la administración del patrimonio sindical, o estimen la existencia de irregularidades en la gestión de los fondos sindicales, podrá acudir a las instancias y procedimientos internos previstos en los estatutos, en términos del artículo 371, fracción XIII, de esta Ley. De comprobarse la existencia de las irregularidades referidas, se sancionará a quien o quienes resulten responsables de las mismas, previo desahogo del procedimiento de investigación y resolución establecido en los estatutos; de no prever éstos sanciones eficaces y proporcionales a la gravedad de las conductas u omisiones en que se hubiese incurrido, los responsables podrán ser sancionados por los órganos sindicales competentes con la suspensión o destitución de su cargo, según sea la gravedad de la irregularidad cometida, sin menoscabo de que se ejerzan las demás acciones legales que correspondan.

Con independencia de lo anterior, de no proporcionarse la información o las aclaraciones correspondientes, los trabajadores podrán tramitar ante el Tribunal que corresponda, el cumplimiento de dichas obligaciones.

El trabajador también podrá acudir a la Autoridad Registral para denunciar la omisión anterior a fin de que dicha autoridad requiera al sindicato la entrega de la información de la administración del patrimonio sindical completa, apercibiendo a los secretarios general y de finanzas u homólogos en términos del artículo 731 de esta Ley.

El ejercicio de las acciones a que se refieren los párrafos anteriores, por ningún motivo implicará la pérdida de derechos sindicales, ni será causa para la expulsión o separación del trabajador inconforme.

Artículo reformado DOF 30-11-2012, 01-05-2019

Artículo 374. Los sindicatos, federaciones y confederaciones, legalmente constituidos son personas morales y tienen capacidad para:

Párrafo reformado DOF 01-05-2019

I. Adquirir bienes muebles;

II. Adquirir los bienes inmuebles destinados inmediata y directamente al objeto de su institución; y

III. Defender ante todas las autoridades sus derechos y ejercitar las acciones correspondientes.

IV. Establecer mecanismos para fomentar el desarrollo y fortalecimiento de la economía de sus afiliados, y

Fracción adicionada DOF 01-05-2019

V. Establecer y gestionar sociedades cooperativas y cajas de ahorro para sus afiliados, así como cualquier otra figura análoga.

Fracción adicionada DOF 01-05-2019

Artículo 375. Los sindicatos representan a sus miembros en la defensa de los derechos individuales que les correspondan, sin perjuicio del derecho de los trabajadores para obrar o intervenir directamente, cesando entonces, a petición del trabajador, la intervención del sindicato.

Artículo 376. La representación del sindicato se ejercerá por su secretario general o por la persona que designe su directiva, salvo disposición especial de los estatutos.

Los miembros de la directiva sindical que sean separados por el patrón o que se separen por causa imputable a éste, continuarán ejerciendo sus funciones salvo lo que dispongan los estatutos.

Párrafo reformado DOF 01-05-2019

Artículo 377. Son obligaciones de los sindicatos:

I. Proporcionar los informes que les soliciten las autoridades del trabajo, siempre que se refieran exclusivamente a su actuación como sindicatos;

II. Comunicar a la Autoridad Registral, dentro de un término de diez días, los cambios de su directiva y las modificaciones de los estatutos, acompañando por duplicado copia autorizada de las actas respectivas, y

Fracción reformada DOF 01-05-2019

III. Informar a la misma autoridad cada tres meses, por lo menos, de las altas y bajas de sus miembros.

Las obligaciones a que se refiere este artículo podrán ser cumplidas a través de medios electrónicos, en los términos que determine la Autoridad Registral.

Párrafo adicionado DOF 30-11-2012. Reformado DOF 01-05-2019

Artículo 378. Queda prohibido a los sindicatos:

I. Intervenir en asuntos religiosos; y

II. Ejercer la profesión de comerciantes con ánimo de lucro.

III. Participar en esquemas de evasión de contribuciones o incumplimiento de obligaciones patronales respecto a los trabajadores;

Fracción adicionada DOF 01-05-2019

IV. Ejercer actos de violencia, discriminación, acoso u hostigamiento sexual en contra de sus miembros, el patrón, sus representantes o sus bienes, o en contra de terceros;

Fracción adicionada DOF 01-05-2019

V. Participar en actos de simulación asumiendo el carácter de patrón, con el fin de que el verdadero patrón evada sus responsabilidades;

Fracción adicionada DOF 01-05-2019

VI. Hacer constar o utilizar constancias en las que se señalen la realización de votaciones o consultas a los trabajadores sin que estas se hayan efectuado;

Fracción adicionada DOF 01-05-2019

VII. Obstaculizar la participación de los trabajadores en los procedimientos de elección de sus directivas sindicales, poniendo condiciones sin fundamento legal o cualquier tipo de obstáculo indebido para ejercer el derecho de votar y ser votado, y

Fracción adicionada DOF 01-05-2019

VIII. Cometer actos de extorsión u obtener dádivas del patrón, ajenas al contrato colectivo de trabajo.

Fracción adicionada DOF 01-05-2019

Se consideran como violación a derechos fundamentales a la libertad sindical y de negociación colectiva las hipótesis contenidas en las fracciones IV, VI y VII del presente artículo.

Párrafo adicionado DOF 01-05-2019

Artículo 379. Los sindicatos se disolverán:

I. Por el voto de las dos terceras partes de los miembros que los integren; y

II. Por transcurrir el término fijado en los estatutos.

Artículo 380. En caso de disolución del sindicato, el activo se aplicará en la forma que determinen sus estatutos. A falta de disposición expresa, pasará a la federación o confederación a que pertenezca y si no existen, al Instituto Mexicano del Seguro Social.

Artículo 381. Los sindicatos pueden formar federaciones y confederaciones, las que se regirán por las disposiciones de este capítulo, en lo que sean aplicables.

Artículo 382. Los miembros de las federaciones o confederaciones podrán retirarse de ellas, en cualquier tiempo, aunque exista pacto en contrario.

Artículo 383. Los estatutos de las federaciones y confederaciones, independientemente de los requisitos aplicables del artículo 371, contendrán:

I. Denominación y domicilio y los de sus miembros constituyentes;

II. Condiciones de adhesión de nuevos miembros; y

III. Forma en que sus miembros estarán representados en la directiva y en las asambleas.

Artículo 384. Las federaciones y confederaciones deben registrarse ante la Autoridad Registral.

Párrafo reformado DOF 01-05-2019

Es aplicable a las federaciones y confederaciones lo dispuesto en el párrafo final del artículo 366.

Artículo 385. Para los efectos del artículo anterior, las federaciones y confederaciones remitirán por duplicado:

I. Copia autorizada del acta de la asamblea constitutiva;

II. Una lista con la denominación y domicilio de sus miembros;

III. Copia autorizada de los estatutos; y

IV. Copia autorizada del acta de la asamblea en que se haya elegido la directiva.

La documentación se autorizará de conformidad con lo dispuesto en el párrafo final del artículo 365.

CAPÍTULO III
CONTRATO COLECTIVO DE TRABAJO

Artículo 386. Contrato colectivo de trabajo es el convenio celebrado entre uno o varios sindicatos de trabajadores y uno o varios patrones, o uno o varios sindicatos de patrones, con objeto de establecer las condiciones según las cuales debe prestarse el trabajo en una o más empresas o establecimientos.

Artículo 386 Bis. El apoyo de los trabajadores mediante el voto personal, libre y secreto constituye una garantía para la protección de la libertad de negociación colectiva y sus legítimos intereses. La demostración de dicho apoyo conforme a los procedimientos establecidos en los artículos 390 Bis y 390 Ter, es de orden público e interés social, por lo que es un requisito para la validez de los contratos colectivos de trabajo. Las autoridades, sindicatos y patrones coadyuvarán para que los procedimientos de consulta se organicen de tal forma que no se afecten las actividades laborales de los centros de trabajo.

Artículo adicionado DOF 01-05-2019

Artículo 387. El patrón que emplee trabajadores miembros de un sindicato tendrá obligación de celebrar con éste, cuando lo solicite, un contrato colectivo; para dar cumplimiento a los principios de representatividad en las organizaciones sindicales y de certeza en la firma, registro y depósito de los contratos colectivos de trabajo, el sindicato solicitante deberá contar previamente con la Constancia de Representatividad expedida por el Centro Federal de Conciliación y Registro Laboral, a que hace referencia el artículo 390 Bis.

Si el patrón se niega a firmar el contrato, podrán los trabajadores ejercitar el derecho de huelga consignado en el artículo 450; la Constancia de Representatividad acredita que el sindicato cuenta con la representación de los trabajadores, por lo que deberá ser acompañada al emplazamiento a huelga como requisito en términos del artículo 920 de esta Ley.

La Constancia de Representatividad a que se refiere el artículo 390 Bis tendrá una vigencia de seis meses a partir de la fecha en que ésta sea expedida. En caso de que el sindicato emplazante estalle la huelga en el centro de trabajo, la vigencia de dicha constancia se prorrogará hasta en tanto concluya dicho conflicto, por lo que durante su vigencia, no se dará trámite a ninguna otra solicitud, ni se admitirá a otro u otros sindicatos como parte del procedimiento.

Artículo reformado DOF 01-05-2019

Artículo 388. Si dentro de la misma empresa existen varios sindicatos, se observarán las normas siguientes:

I. Si concurren sindicatos de empresa o industriales o unos y otros, el contrato colectivo se celebrará con el que obtenga el mayor número de votos de los trabajadores dentro de la empresa;

Fracción reformada DOF 01-05-2019

II. Si concurren sindicatos gremiales, el contrato colectivo se celebrará con el conjunto de los sindicatos mayoritarios que representen a las profesiones, siempre que se pongan de acuerdo. En caso contrario, cada sindicato celebrará un contrato colectivo para su profesión; y

III. Si concurren sindicatos gremiales y de empresa o de industria, podrán los primeros celebrar un contrato colectivo para su profesión, siempre que el número de trabajadores a su favor sea mayor que el de los trabajadores de la misma profesión que voten por el sindicato de empresa o de industria.

Fracción reformada DOF 01-05-2019

El voto de los trabajadores será conforme al procedimiento contemplado en el artículo 390 Bis. El sindicato o sindicatos que conforme a lo dispuesto en el presente capítulo obtengan la mayoría de trabajadores, según sea el caso, obtendrán la Constancia de Representatividad correspondiente a fin de solicitar la celebración y firma del contrato colectivo de trabajo en términos del artículo 387.

Párrafo adicionado DOF 01-05-2019

Artículo 389. La pérdida de la mayoría a que se refiere el artículo anterior, declarada por los Tribunales, después de consultar a los trabajadores mediante voto personal, libre, directo y secreto, produce la de la titularidad del contrato colectivo de trabajo. Para tal efecto, el sindicato deberá de promover el procedimiento especial colectivo contemplado en el artículo 897 y subsecuentes de la presente Ley ante el Tribunal competente.

Artículo reformado DOF 01-05-2019

Artículo 390. El contrato colectivo de trabajo deberá celebrarse por escrito, bajo pena de nulidad. Se hará por triplicado, entregándose un ejemplar a cada una de las partes y se depositará el otro tanto ante el Centro Federal de

Conciliación y Registro Laboral, ante quien cada una de las partes celebrantes debe señalar domicilio. Dicho centro deberá asignarles un buzón electrónico.

Párrafo reformado DOF 01-05-2019

El contrato surtirá efectos desde la fecha y hora de presentación del documento, salvo que las partes hubiesen convenido en una fecha distinta.

Para el registro de un contrato colectivo de trabajo inicial, se presentará ante el Centro Federal de Conciliación y Registro Laboral la siguiente documentación:

a) La documentación con la que las partes contratantes acrediten su personalidad;

b) El contrato colectivo de trabajo;

c) La Constancia de Representatividad a que se refiere el artículo 390 Bis de esta Ley, y

d) El ámbito de aplicación del contrato colectivo de trabajo.

Párrafo con incisos adicionado DOF 01-05-2019

Una vez entregada la documentación anterior, el Centro Federal de Conciliación y Registro Laboral deberá de resolver sobre el registro del contrato colectivo de trabajo dentro de los treinta días siguientes, dicha resolución será notificada a las partes.

Párrafo adicionado DOF 01-05-2019

Artículo 390 Bis. Para solicitar la celebración del contrato colectivo de trabajo inicial será indispensable que el sindicato obtenga del Centro Federal de Conciliación y Registro Laboral la Constancia de Representatividad, a fin de garantizar los principios de representatividad en las organizaciones sindicales y certeza en la firma, registro y depósito de los contratos colectivos de trabajo. Esta constancia será expedida conforme a lo siguiente:

I. La solicitud para obtener la Constancia de Representatividad será presentada por uno o varios sindicatos ante el Centro Federal de Conciliación y Registro Laboral. Dicha solicitud se hará por escrito y contendrá el nombre de la parte solicitante, así como el domicilio en el que se le harán las notificaciones correspondientes; asimismo, deberá señalarse el domicilio y nombre o los datos de identificación del patrón o centro de trabajo, así como la actividad a la que se dedica. Adicionalmente, la solicitud deberá acompañarse de un listado en el que se acredite que el sindicato solicitante cuenta con el respaldo de por lo menos el treinta por ciento de los trabajadores cubiertos por el contrato colectivo; dicho listado deberá incluir el nombre, CURP, fecha de contratación y firma autógrafa de los trabajadores que respalden al sindicato solicitante.

El Centro Federal de Conciliación y Registro Laboral conservará en secreto y cuidará bajo su más estricta responsabilidad la confidencialidad del listado y los anexos que exhiba el solicitante.

De no proporcionarse los datos mencionados, la Autoridad Registral dentro de los tres días siguientes prevendrá al solicitante para que subsane su solicitud, lo que deberá hacer dentro de los tres días siguientes a que sea notificado.

El hecho de que el centro de trabajo opere de manera informal o bajo esquemas de simulación no afectará a los trabajadores en el ejercicio de su libertad de negociación colectiva y la defensa de sus intereses;

II. El Centro Federal de Conciliación y Registro Laboral, en un plazo no mayor a tres días contados a partir de la presentación de la solicitud, publicará en su sitio de Internet el aviso de solicitud de Constancia de Representatividad, fijará dicho aviso en el centro de trabajo y solicitará al patrón que lo coloque al interior del centro laboral en los lugares de mayor afluencia para hacerlo del conocimiento a los trabajadores y a cualquier otro sindicato que desee obtener la Constancia de Representatividad, a fin de que éste pueda promover su adhesión a la solicitud, para lo cual se estará a las normas que establece el artículo 388 de esta Ley; dicha solicitud adhesiva podrá presentarse por escrito ante el Centro Federal de Conciliación y Registro Laboral dentro de los diez días siguientes a la publicación del aviso de solicitud, señalando el nombre de la parte adherente, así como su domicilio para oír y recibir notificaciones, debiendo acompañar el listado que acredite que cuenta con el respaldo de por lo menos el treinta por ciento de los trabajadores cubiertos por el contrato colectivo. No será impedimento para que se admita la solicitud adhesiva que los nombres de los trabajadores aparezcan en dos o más listados presentados por los sindicatos;

III. El Centro Federal de Conciliación y Registro Laboral resolverá sobre la procedencia de la solicitud de la Constancia de Representatividad; de resultar procedente, emitirá la constancia correspondiente. Si sólo un sindicato solicita la constancia, se tendrá por acreditada su representatividad cuando cuente con el respaldo de por lo menos el treinta por ciento de los trabajadores cubiertos por el contrato colectivo. En este caso, el Centro recabará ante las autoridades e instancias pertinentes la información necesaria para verificar que los trabajadores contemplados en el listado que presente el sindicato solicitante representen al menos el treinta por ciento de los trabajadores al servicio del patrón del que se solicita la firma del contrato colectivo de trabajo.

De haber contendido más de un sindicato, el derecho a negociar y celebrar el contrato colectivo corresponderá al que obtenga el mayor número de votos conforme a las reglas contempladas en el artículo 388 de esta Ley. En todo caso, el número de trabajadores votantes deberá de ser de por lo menos del treinta por ciento de los trabajadores cubiertos por el contrato colectivo del que se solicita la firma. Para lo anterior se deberá observar el procedimiento de consulta siguiente:

a) El Centro Federal de Conciliación y Registro Laboral validará que los sindicatos contendientes acrediten el respaldo de por lo menos el treinta por ciento de los trabajadores cubiertos por el contrato colectivo, en cuyo caso procederá a recabar ante las autoridades o instancias correspondientes la información o elementos necesarios para elaborar un padrón, que consistirá en un listado de los trabajadores del centro laboral que serán consultados mediante voto personal, libre, directo y secreto, excluyendo a los trabajadores de confianza o aquellos que ingresen con posterioridad a la presentación de la solicitud. Serán parte del padrón los trabajadores que hayan sido despedidos del trabajo durante los tres meses previos o posteriores a la presentación del escrito de solicitud, a excepción de aquéllos que hayan dado por terminada su relación de trabajo, salvo que se encuentre sub iudice.

En caso de estimarlo necesario, el Centro Federal de Conciliación y Registro Laboral podrá solicitar el apoyo de la oficina de Inspección del Trabajo u otro servidor público que las autoridades del trabajo habiliten para tal efecto. De requerirlo la parte solicitante, éstos deberán constituirse en el centro de trabajo para elaborar el listado en cuestión, con la información o los elementos que disponga al momento. El listado que servirá de base para la consulta a los trabajadores deberá de ser elaborado por el Centro Federal de Conciliación y Registro Laboral a más tardar en el plazo de diez días siguientes al de la presentación de una segunda solicitud de constancia. El patrón no podrá intervenir en este procedimiento;

b) Una vez conformado el padrón que servirá de base para la consulta de los trabajadores, el Centro Federal de Conciliación y Registro Laboral emitirá la convocatoria correspondiente, señalando el lugar, día y hora en que deberá efectuarse la votación; la convocatoria se emitirá por lo menos con diez días de anticipación a ésta sin que exceda de quince días. Dicho Centro deberá garantizar que el lugar que se designe para la votación sea accesible a los trabajadores y reúna las condiciones necesarias para que éstos emitan su voto de forma libre, pacífica, ágil y segura, sin que puedan ser coaccionados de forma alguna.

La convocatoria se notificará a la parte solicitante y será publicada electrónicamente en el sitio de Internet del Centro Federal de Conciliación y Registro Laboral. Asimismo será fijada en el centro laboral para hacerla del conocimiento a los trabajadores que participarán en la votación;

c) Cada parte solicitante podrá acreditar previamente ante la Autoridad Registral a dos representantes por cada lugar de votación, a los que se les deberá permitir estar presentes durante ésta, específicamente en la instalación y acreditación de votantes, así como en los actos de escrutinio y cómputo de votos, sin que puedan estar en el espacio asignado en el que los trabajadores depositen su voto.

Ninguna persona ajena al procedimiento podrá estar presente en la votación, a menos que la autoridad registral lo haya acreditado como observador de la votación. Dicha autoridad cuidará y proveerá lo conducente para que ninguna persona que no esté autorizada, participe o intervenga en el desarrollo del procedimiento de votación;

d) El voto de los trabajadores se hará en forma personal, libre, directa y secreta. Para tal efecto, la Autoridad Registral ordenará hacer previamente tantas boletas de votación como trabajadores se hubieren acreditado conforme a este artículo, las que serán debidamente foliadas, selladas y autorizadas con la firma del funcionario comisionado por dicha autoridad; las boletas deberán contener el o los recuadros suficientes y del mismo tamaño, de acuerdo al número de sindicatos solicitantes, en los que deberá aparecer el nombre del o los sindicatos participantes en la votación;

e) En la hora, fecha y lugar señalados en la convocatoria, se iniciará la consulta con la presencia de las partes que asistan a la misma; previo al ingreso de los trabajadores, el funcionario comisionado por la Autoridad Registral instalará la o las mamparas necesarias para la emisión del voto de los trabajadores en secreto, así como la urna o urnas transparentes en las que se depositarán los votos, debiendo verificar que se encuentren vacías. Acto seguido, previa identificación con documento oficial vigente, se procederá al ingreso de los trabajadores con derecho a voto y se dotará a cada uno con su boleta para ejercerlo.

Durante el procedimiento de votación, ningún trabajador podrá vestir con un color, calcomanías, emblemas o cualquier elemento que lo distinga como miembro o simpatizante de alguno de los sindicatos solicitantes;

f) En la boleta no deberá aparecer el nombre del votante, ni podrá asentarse señal o dato alguno en el listado que haga posible identificar el folio de la boleta que le fue entregada. El funcionario comisionado por la Autoridad Registral proporcionará al trabajador su boleta, quien deberá dirigirse a la mampara colocada para marcarla en absoluto secreto.

Una vez que el trabajador marque su boleta, la doblará para evitar mostrar el sentido de su voto y la depositará en la urna colocada para tal efecto, y deberá salir del lugar de la votación;

g) Concluida la votación, el funcionario facultado de la Autoridad Registral procederá a practicar el escrutinio, abriendo sucesivamente cada urna, extrayendo una a una cada boleta, examinándolas para corroborar su autenticidad y exhibiéndolas a los representantes de las partes. Las boletas no cruzadas y las marcadas en más de un recuadro se considerarán nulas, poniendo las boletas por separado conforme al sentido de cada voto, mientras que las nulas se colocarán por aparte;

h) Acto seguido, el funcionario facultado procederá al cómputo de los votos y anunciará su resultado en voz alta;

i) En caso de suscitarse actos de coacción o intimidación para impedir que los trabajadores ejerzan su voto con plena libertad, o se les pretenda obstaculizar o impedir de cualquier forma acceder al lugar de la diligencia, el funcionario facultado solicitará el auxilio de la fuerza pública y tomará las medidas que estime conducentes para celebrar la votación en las condiciones que establece esta Ley; de presumirse la existencia de algún ilícito, deberá presentar la denuncia correspondiente;

j) Concluida la consulta, el funcionario facultado levantará acta de la misma y solicitará a los representantes de las partes que la suscriban. La negativa a firmarla por parte de éstos no afectará la validez del acta, y

k) El Centro Federal de Conciliación y Registro Laboral resolverá sobre la procedencia de la solicitud de la Constancia de Representatividad; de resultar procedente, emitirá la constancia correspondiente.

Artículo adicionado DOF 01-05-2019

Artículo 390 Ter. Para el registro de un contrato colectivo inicial o un convenio de revisión, el Centro Federal de Conciliación y Registro Laboral verificará que su contenido sea aprobado por la mayoría de los trabajadores cubiertos por el mismo a través del voto personal, libre y secreto. El procedimiento de consulta a los trabajadores se llevará a cabo conforme a lo siguiente:

I. Una vez acordados con el patrón los términos del contrato colectivo inicial o del convenio de revisión respectivo, el sindicato que cuente con la representación de los trabajadores dará aviso al Centro Federal de Conciliación y Registro Laboral, por escrito o vía electrónica, que someterá a consulta de los trabajadores la aprobación del contenido del contrato. El aviso deberá hacerse con un mínimo de diez días de anticipación a que se realice la consulta.

El aviso a que se refiere el párrafo anterior señalará día, hora y lugar en donde se llevará a cabo la consulta a los trabajadores mediante voto personal, libre y secreto, y deberá anexar un ejemplar del contrato o convenio negociado firmado por las partes. Asimismo, el sindicato deberá emitir la convocatoria correspondiente, señalando el lugar, día y hora en que deberá efectuarse la votación; la convocatoria se emitirá por lo menos con diez días de anticipación a ésta sin que exceda de quince días;

II. El procedimiento de consulta que se realice a los trabajadores deberá cubrir los siguientes requisitos:

a) El sindicato deberá poner oportunamente a disposición de los trabajadores un ejemplar impreso o electrónico del contrato colectivo inicial o del convenio de revisión que se someterá a consulta;

b) La votación se llevará a cabo el día, hora y lugar señalados en la convocatoria;

c) Se garantizará que el lugar que se designe para la votación sea accesible a los trabajadores y reúna las condiciones necesarias para que éstos emitan su voto de forma libre, pacífica, ágil y segura, sin que puedan ser coaccionados de forma alguna;

d) El empleador no podrá tener intervención alguna durante el procedimiento de consulta;

e) El resultado de la votación será publicado por la directiva sindical en lugares visibles y de fácil acceso del centro de trabajo y en el local sindical correspondiente en un plazo no mayor a dos días de la fecha que se realice la consulta;

f) El sindicato dará aviso del resultado de la votación al Centro Federal de Conciliación y Registro Laboral dentro de los tres días hábiles siguientes a la fecha en que se realice la consulta, a efecto de que dicho Centro lo publique en su sitio de Internet.

El aviso señalado en el párrafo anterior se hará bajo protesta de decir verdad. En caso de existir inconsistencias en relación con hechos sustantivos del proceso, el Centro Federal de Conciliación y Registro Laboral declarará nula la consulta y ordenará la reposición de la misma;

g) Las actas de votación serán resguardadas durante cinco años para acreditar el cumplimiento de esta obligación, para efectos de verificación de la autoridad laboral o registral. El sindicato promovente deberá manifestar bajo protesta de decir verdad que dio cumplimiento a esta obligación, y

h) El Centro Federal de Conciliación y Registro Laboral podrá verificar que el procedimiento de consulta se realice conforme a los requisitos antes señalados;

III. De contar con el apoyo mayoritario de los trabajadores al contenido del acuerdo, se estará a lo siguiente:

a) Para contratos colectivos de trabajo inicial, el sindicato procederá a realizar la solicitud de registro ante la Autoridad Registral conforme a lo previsto en el artículo 390 de la presente Ley, y

b) Para convenios de revisión o modificaciones del contrato colectivo de trabajo, se estará a lo dispuesto en el artículo 399 Ter;

IV. En caso de que el contrato colectivo de trabajo inicial o el convenio de revisión no cuente con el apoyo mayoritario de los trabajadores cubiertos por el mismo, el sindicato podrá:

a) Ejercer su derecho a huelga, en caso de haber promovido el emplazamiento correspondiente, y

b) Prorrogar o ampliar el periodo de prehuelga con el objeto de continuar con la negociación y someter el acuerdo a nueva consulta, observando lo establecido en la fracción V del artículo 927 de esta Ley.

En el procedimiento de consulta previsto en el presente artículo, el voto personal, libre y secreto de los trabajadores se ejercerá en forma individual y directa.

Artículo adicionado DOF 01-05-2019

Artículo 391. El contrato colectivo contendrá:

I. Los nombres y domicilios de los contratantes;

II. Las empresas y establecimientos que abarque;

III. Su duración o la expresión de ser por tiempo indeterminado o para obra determinada;

IV. Las jornadas de trabajo;

V. Los días de descanso y vacaciones;

VI. El monto de los salarios;

Fracción reformada DOF 28-04-1978

VII. Las cláusulas relativas a la capacitación o adiestramiento de los trabajadores en la empresa o establecimientos que comprenda;

Fracción adicionada DOF 28-04-1978

VIII. Disposiciones sobre la capacitación o adiestramiento inicial que se deba impartir a quienes vayan a ingresar a laborar a la empresa o establecimiento;

Fracción adicionada DOF 28-04-1978

IX. Las bases sobre la integración y funcionamiento de las Comisiones que deban integrarse de acuerdo con esta Ley; y,

Fracción adicionada DOF 28-04-1978

X. Las demás estipulaciones que convengan las partes.

Fracción recorrida DOF 28-04-1978

Los contratos colectivos no podrán contener cláusula de exclusión por separación, entendiéndose como tal la que establece que aquellos trabajadores que dejen de pertenecer al sindicato por renuncia o expulsión del mismo, puedan ser separados de su empleo sin responsabilidad para el patrón.

Párrafo adicionado DOF 01-05-2019

El Centro Federal de Conciliación y Registro Laboral deberá expedir a quien lo solicite por escrito y pague los derechos correspondientes, copia certificada del texto más reciente del contrato colectivo y/o tabuladores que haya sido registrado.

Párrafo adicionado DOF 01-05-2019

A solicitud de las partes, el Centro Federal de Conciliación y Registro Laboral, dentro de los tres días siguientes a que ésta se presente emitirá el Certificado de Registro del Contrato Colectivo de Trabajo que contendrá:

I. Número o folio del expediente de registro;

II. Las partes celebrantes;

III. Domicilio, y en su caso el buzón electrónico de cada una de las partes;

IV. Ámbito de aplicación del Contrato;

V. Fecha de la última revisión, y

VI. Período de vigencia del contrato colectivo y su tabulador.

Párrafo con fracciones adicionado DOF 01-05-2019

Artículo 391 Bis. La Autoridad Registral hará pública, para consulta de cualquier persona, la información de los contratos colectivos de trabajo que se encuentren depositados ante la misma. Asimismo, deberá expedir copias de dichos documentos, en términos de lo dispuesto por la Ley General de Transparencia y Acceso a la Información Pública.

De preferencia, el texto íntegro de las versiones públicas de los contratos colectivos de trabajo deberá estar disponible en forma gratuita en el sitio de Internet de la Autoridad Registral.

Artículo adicionado DOF 30-11-2012. Reformado DOF 01-05-2019

Artículo 392. En los contratos colectivos podrá establecerse la organización de comisiones mixtas para el cumplimiento de determinadas funciones sociales y económicas. Sus resoluciones serán ejecutadas por los Tribunales, en los casos en que las partes las declaren obligatorias.

Artículo reformado DOF 01-05-2019

Artículo 393. No producirá efectos de contrato colectivo el convenio al que falte la determinación de los salarios. Si faltan las estipulaciones sobre jornada de trabajo, días de descanso y vacaciones, se aplicarán las disposiciones legales.

Artículo 394. El contrato colectivo no podrá concertarse en condiciones menos favorables para los trabajadores que las contenidas en contratos vigentes en la empresa o establecimiento.

Artículo 395. En el contrato colectivo, podrá establecerse que el patrón admitirá exclusivamente como trabajadores a quienes sean miembros del sindicato contratante. Esta cláusula y cualesquiera otras que establezcan privilegios en su favor, no podrán aplicarse en perjuicio de los trabajadores que no formen parte del sindicato y que ya presten sus servicios en la empresa o establecimiento con anterioridad a la fecha en que el sindicato solicite la celebración o revisión del contrato colectivo y la inclusión en él de la cláusula de exclusión.

La sanción sindical impuesta al trabajador no podrá afectar su permanencia en el empleo o sus condiciones de trabajo.

Artículo reformado DOF 30-11-2012, 01-05-2019

Artículo 396. Las estipulaciones del contrato colectivo se extienden a todas las personas que trabajen en la empresa o establecimiento, aunque no sean miembros del sindicato que lo haya celebrado, con la limitación consignada en el artículo 184.

Artículo 397. El contrato colectivo por tiempo determinado o indeterminado, o para obra determinada, será revisable total o parcialmente, de conformidad con lo dispuesto en el artículo 399.

Artículo 398. En la revisión del contrato colectivo se observarán las normas siguientes:

I. Si se celebró por un solo sindicato de trabajadores o por un solo patrón, cualquiera de las partes podrá solicitar su revisión;

II. Si se celebró por varios sindicatos de trabajadores, la revisión se hará siempre que los solicitantes representen el cincuenta y uno por ciento de la totalidad de los miembros de los sindicatos, por lo menos; y

III. Si se celebró por varios patrones, la revisión se hará siempre que los solicitantes tengan el cincuenta y uno por ciento de la totalidad de los trabajadores afectados por el contrato, por lo menos.

Artículo 399. La solicitud de revisión deberá hacerse, por lo menos, sesenta días naturales antes:

Párrafo reformado DOF 01-05-2019

I. Del vencimiento del contrato colectivo por tiempo determinado, si éste no es mayor de dos años;

II. Del transcurso de dos años, si el contrato por tiempo determinado tiene una duración mayor; y

III. Del transcurso de dos años, en los casos de contrato por tiempo indeterminado o por obra determinada.

Para el cómputo de este término se atenderá a lo establecido en el contrato y, en su defecto, a la fecha del depósito.

Artículo 399 Bis. Sin perjuicio de lo que establece el Artículo 399, los contratos colectivos serán revisables cada año en lo que se refiere a los salarios en efectivo por cuota diaria.

La solicitud de esta revisión deberá hacerse por lo menos treinta días naturales antes del cumplimiento de un año transcurrido desde la celebración, revisión o prórroga del contrato colectivo.

Párrafo reformado DOF 01-05-2019

Artículo adicionado DOF 30-09-1974

Artículo 399 Ter. El convenio de revisión o de modificación del contrato colectivo de trabajo deberá celebrarse ante la Autoridad Registral, el Tribunal o el Centro de Conciliación competente según corresponda. Una vez aprobado por la autoridad, surtirá efectos legales.

Para los efectos de la actualización del expediente de registro del contrato colectivo y de su legal publicidad, el Centro de Conciliación competente o el Tribunal, bajo su más estricta responsabilidad y dentro del término de los tres días siguientes, hará llegar copia autorizada del convenio a la Autoridad Registral.

Artículo adicionado DOF 01-05-2019

Artículo 400. Si ninguna de las partes solicitó la revisión en los términos del artículo 399 o no se ejercitó el derecho de huelga, el contrato colectivo se prorrogará por un período igual al de su duración o continuará por tiempo indeterminado.

Artículo 400 Bis. Cada dos años, en la revisión contractual que corresponda conforme a lo dispuesto en el artículo 399, el convenio de revisión del contrato colectivo deberá someterse a la aprobación de la mayoría de los trabajadores regidos por el mismo a través del voto personal, libre y secreto, conforme al procedimiento de consulta contemplado en el artículo 390 Ter de la presente Ley.

Las referidas revisiones contractuales deberán depositarse ante el Centro Federal de Conciliación y Registro Laboral, el cual podrá verificar que el contenido del contrato colectivo de trabajo se haya hecho del conocimiento de los trabajadores.

Artículo adicionado DOF 01-05-2019

Artículo 401. El contrato colectivo de trabajo termina:

I. Por mutuo consentimiento, previa aprobación de la mayoría de los trabajadores conforme al procedimiento contemplado en el artículo 390 Ter de esta Ley;

Fracción reformada DOF 01-05-2019

II. Por terminación de la obra; y

III. En los casos del capítulo VIII de este Título, por cierre de la empresa o establecimiento, siempre que en este último caso, el contrato colectivo se aplique exclusivamente en el establecimiento.

Artículo 402. Si firmado un contrato colectivo, un patrón se separa del sindicato que lo celebró, el contrato regirá, no obstante, las relaciones de aquel patrón con el sindicato o sindicatos de sus trabajadores.

Artículo 403. En los casos de disolución del sindicato de trabajadores titular del contrato colectivo o de terminación de éste, las condiciones de trabajo continuarán vigentes en la empresa o establecimiento.

CAPÍTULO IV
CONTRATO LEY

Artículo 404. Contrato-ley es el convenio celebrado entre uno o varios sindicatos de trabajadores y varios patrones, o uno o varios sindicatos de patrones, con objeto de establecer las condiciones según las cuales debe prestarse el trabajo en un rama determinada de la industria, y declarado obligatorio en una o varias Entidades Federativas, en una o varias zonas económicas que abarquen una o más de dichas Entidades, o en todo el territorio nacional.

Artículo 405. Los contratos-ley pueden celebrarse para industrias de jurisdicción federal o local.

Artículo 406. Pueden solicitar la celebración de un contrato-ley los sindicatos que representen las dos terceras partes de los trabajadores sindicalizados, por lo menos, de una rama de la industria en una o varias Entidades Federativas, en una o más zonas económicas, que abarque una o más de dichas Entidades o en todo el territorio nacional.

Artículo 407. La solicitud se presentará al Centro Federal de Conciliación y Registro Laboral.

Artículo reformado DOF 09-04-2012, 01-05-2019

Artículo 408. Los solicitantes justificarán que satisfacen el requisito de mayoría mencionado en el artículo 406, acompañando la Constancia de Representatividad obtenida conforme al procedimiento establecido en el artículo 390 Bis, o con el padrón de socios si tienen celebrado contrato colectivo de trabajo o son administradores del contrato-ley.

Artículo reformado DOF 01-05-2019

Artículo 409. El Centro Federal de Conciliación y Registro Laboral, después de verificar el requisito de mayoría, si a su juicio es oportuna y benéfica para la industria la celebración del contrato-ley, convocará a una convención a los sindicatos de trabajadores y a los patrones que puedan resultar afectados.

Artículo reformado DOF 09-04-2012, 01-05-2019

Artículo 410. La convocatoria se publicará en el Diario Oficial de la Federación o en el periódico oficial de la Entidad Federativa y en los periódicos o por los medios que se juzguen adecuados y señalará el lugar donde haya de celebrarse la convención y la fecha y hora de la reunión inaugural. La fecha de la reunión será señalada dentro de un plazo no menor de treinta días.

Artículo 411. La convención será presidida por el titular del Centro Federal de Conciliación y Registro Laboral o por el representante que al efecto éste designe.

Párrafo reformado DOF 09-04-2012, 01-05-2019

La convención formulará su reglamento e integrará las comisiones que juzgue conveniente.

Artículo 412. El contrato-ley contendrá:

I. Los nombres y domicilios de los sindicatos de trabajadores y de los patrones que concurrieron a la convención;

II. La Entidad o Entidades Federativas, la zona o zonas que abarque o la expresión de regir en todo el territorio nacional;

III. Su vigencia, que no podrá exceder de dos años;

Fracción reformada DOF 01-05-2019

IV. Las condiciones de trabajo señaladas en el artículo 391, fracciones IV, V, VI y IX;

Fracción reformada DOF 28-04-1978

V. Las reglas conforme a las cuales se formularán los planes y programas para la implantación de la capacitación y el adiestramiento en la rama de la industria de que se trate; y,

Fracción adicionada DOF 28-04-1978

VI. Las demás estipulaciones que convengan las partes.

Fracción recorrida DOF 28-04-1978

Artículo 413. En el contrato-ley podrán establecerse las cláusulas a que se refiere el artículo 395. Su aplicación corresponderá al sindicato administrador del contrato-ley en cada empresa.

Artículo 414. El convenio deberá ser aprobado por la mayoría de los trabajadores que estén representados en la Convención, así como por la mayoría de los patrones que tengan a su servicio la misma mayoría de trabajadores.

Aprobado el convenio en los términos del párrafo anterior, el Presidente de la República, el Gobernador del Estado o el Jefe de Gobierno de la Ciudad de México, lo publicarán en el Diario Oficial de la Federación o en el periódico oficial de la Entidad Federativa, declarándolo contrato-ley en la rama de la industria considerada, para todas las empresas o establecimientos que existan o se establezcan en el futuro en la Entidad o Entidades Federativas, en la zona o zonas que abarque o en todo el territorio nacional.

Artículo reformado DOF 01-05-2019

Artículo 415. Si el contrato colectivo ha sido celebrado por una mayoría de dos terceras partes de los trabajadores sindicalizados de determinada rama de la industria, en una o varias Entidades Federativas, en una o varias zonas económicas, o en todo el territorio nacional, podrá ser elevado a la categoría de contrato-ley, previo cumplimiento de los requisitos siguientes:

I. La solicitud deberá presentarse por los sindicatos de trabajadores o por los patrones ante el Centro Federal de Conciliación y Registro Laboral, de conformidad con lo dispuesto en el artículo 407;

Fracción reformada DOF 09-04-2012, 01-05-2019

II. Los sindicatos de trabajadores y los patrones comprobarán que satisfacen el requisito de mayoría señalado en el artículo 406;

III. Los peticionarios acompañarán a su solicitud copia del contrato y señalarán los datos de su registro;

Fracción reformada DOF 01-05-2019

IV. El Centro Federal de Conciliación y Registro Laboral, después de verificar el requisito de mayoría, ordenará su publicación en el Diario Oficial de la Federación o en el periódico oficial de la Entidad Federativa, y señalará un término no menor de quince días para que se formulen oposiciones;

Fracción reformada DOF 01-05-2019

V. Si no se formula oposición dentro del término señalado en la convocatoria, el Presidente de la República, el Gobernador del Estado o el Jefe de Gobierno de la Ciudad de México, declarará obligatorio el contrato-ley, de conformidad con lo dispuesto en el artículo 414, y

Fracción reformada DOF 01-05-2019

VI. Si dentro del plazo señalado en la convocatoria se formula oposición, se observarán las normas siguientes:

a) Los trabajadores y los patrones dispondrán de un término de quince días para presentar por escrito sus observaciones, acompañadas de las pruebas que las justifiquen.

b) El Presidente de la República, el Gobernador del Estado o el Jefe de Gobierno de la Ciudad de México, tomando en consideración los datos del expediente, podrá declarar la obligatoriedad del contrato-ley.

Inciso reformado DOF 01-05-2019

Artículo 416. El contrato-ley producirá efectos a partir de la fecha de su publicación en el Diario Oficial de la Federación, o en el periódico oficial de la Entidad Federativa, salvo que la convención señale una fecha distinta.

Una vez publicado el contrato-ley, su aplicación será obligatoria para toda la rama industrial que abarque; en consecuencia, los contratos colectivos de trabajo celebrados con anterioridad suspenderán su vigencia, salvo lo dispuesto en el artículo 417, haciéndose la anotación correspondiente por parte del Centro Federal de Conciliación y Registro Laboral.

Párrafo adicionado DOF 01-05-2019

Cuando exista celebrado un contrato-ley vigente en alguna rama industrial, el Centro Federal de Conciliación y Registro Laboral no dará trámite al depósito de ningún contrato colectivo de trabajo en esa misma rama industrial.

Párrafo adicionado DOF 01-05-2019

Artículo 417. El contrato-ley se aplicará no obstante cualquier disposición en contrario contenida en el contrato colectivo que la empresa tenga celebrado, salvo en aquellos puntos en que estas estipulaciones sean más favorables al trabajador.

Artículo 418. En cada empresa, la administración del contrato-ley corresponderá al sindicato que represente dentro de ella el mayor número de trabajadores conforme a lo señalado en el artículo 408. La pérdida de la mayoría declarada por los Tribunales produce la de la administración.

Artículo reformado DOF 01-05-2019

Artículo 419. En la revisión del contrato-ley se observarán las normas siguientes:

I. Podrán solicitar la revisión los sindicatos de trabajadores o los patrones que representen las mayorías señaladas en el artículo 406;

II. La solicitud se presentará ante el Centro Federal de Conciliación y Registro Laboral, noventa días naturales antes del vencimiento del contrato-ley, por lo menos;

Fracción reformada DOF 09-04-2012, 01-05-2019

III. La autoridad que reciba la solicitud, después de verificar el requisito de mayoría, convocará a los sindicatos de trabajadores y a los patrones afectados a una convención, que se regirá por lo dispuesto en el artículo 411; y

IV. Si los sindicatos de trabajadores y los patrones llegan a un convenio que cumpla con lo previsto en el primer párrafo del artículo 414, el titular del Centro Federal de Conciliación y Registro Laboral, lo comunicará al titular de la Secretaría del Trabajo y Previsión Social para su publicación en el Diario Oficial de la Federación o bien al Gobernador de la entidad federativa o al Jefe de Gobierno de la Ciudad de México para que lo publiquen en el periódico oficial de la Entidad Federativa, según corresponda. Las reformas surtirán efectos a partir del día de su publicación, salvo que la convención señale una fecha distinta, y

Fracción reformada DOF 09-04-2012, 01-05-2019

V. Si al concluir el procedimiento de revisión, los sindicatos de trabajadores y los patrones no llegan a un convenio, el contrato-ley se tendrá por prorrogado, para todos los efectos legales a que haya lugar.

Fracción adicionada DOF 01-05-2019

Artículo 419 Bis. Los contratos-ley serán revisables cada año en lo que se refiere a los salarios en efectivo por cuota diaria.

La solicitud de esta revisión deberá hacerse por lo menos sesenta días naturales antes del cumplimiento de un año transcurrido desde la fecha en que surta efectos la celebración, revisión o prórroga del contrato-ley.

Párrafo reformado DOF 01-05-2019

Artículo adicionado DOF 30-09-1974

Artículo 420. Si ninguna de las partes solicitó la revisión o no se ejercitó el derecho de huelga, el contrato-ley se prorrogará por un período igual al que se hubiese fijado para su duración.

Artículo 421. El contrato-ley terminará únicamente por mutuo consentimiento de las partes que representen la mayoría a que se refiere el artículo 406, previa consulta mediante voto personal, libre y secreto a los trabajadores.

Párrafo reformado DOF 01-05-2019

I. Se deroga.

Fracción derogada DOF 01-05-2019

II. Se deroga.

Fracción derogada DOF 01-05-2019

CAPÍTULO V
REGLAMENTO INTERIOR DE TRABAJO

Artículo 422. Reglamento interior de trabajo es el conjunto de disposiciones obligatorias para personas trabajadoras y empleadoras en el desarrollo de los trabajos en una empresa o establecimiento.

Párrafo reformado DOF 19-12-2024

No son materia del reglamento las normas de orden técnico y administrativo que formulen directamente las empresas para la ejecución de los trabajos.

Artículo 423. El reglamento contendrá:

I. Horas de entrada y salida de las personas trabajadoras, tiempo destinado para las comidas y períodos obligatorios de reposo durante la jornada;

Fracción reformada DOF 19-12-2024

II. Lugar y momento en que deben comenzar y terminar las jornadas de trabajo;

III. Días y horas fijados para hacer la limpieza de los establecimientos, maquinaria, aparatos y útiles de trabajo;

IV. Días y lugares de pago;

V. Normas que regulen el derecho de las personas trabajadoras para usar los asientos o sillas con respaldo durante la jornada laboral, de conformidad con lo previsto por el artículo 132, fracción V;

Fracción reformada DOF 19-12-2024

VI. Normas para prevenir los riesgos de trabajo e instrucciones para prestar los primeros auxilios;

VII. Labores insalubres y peligrosas que no deben desempeñar los menores y la protección que deben tener las trabajadoras embarazadas;

Fracción reformada DOF 31-12-1974

VIII. Tiempo y forma en que las personas trabajadoras deben someterse a los exámenes médicos, previos o periódicos, y a las medidas profilácticas que dicten las autoridades;

Fracción reformada DOF 19-12-2024

IX. Permisos y licencias;

X. Disposiciones disciplinarias y procedimientos para su aplicación. La suspensión en el trabajo, como medida disciplinaria, no podrá exceder de ocho días. La persona trabajadora tendrá derecho a ser oída antes de que se aplique la sanción, y

Fracción reformada DOF 19-12-2024

XI. Las demás normas necesarias y convenientes de acuerdo con la naturaleza de cada empresa o establecimiento, para conseguir la mayor seguridad y regularidad en el desarrollo del trabajo.

Artículo 424. En la formación del reglamento se observarán las normas siguientes:

I. Se formulará por una comisión mixta de representantes de los trabajadores y del patrón;

II. Si las partes se ponen de acuerdo, cualquiera de ellas, dentro de los ocho días siguientes a su firma, lo depositará ante el Centro Federal de Conciliación y Registro Laboral;

Fracción reformada DOF 01-05-2019

III. No producirán ningún efecto legal las disposiciones contrarias a esta Ley, a sus reglamentos, y a los contratos colectivos y contratos-ley; y

IV. Los trabajadores o el patrón, en cualquier tiempo, podrán solicitar de los Tribunales federales se subsanen las omisiones del reglamento o se revisen sus disposiciones contrarias a esta Ley y demás normas de trabajo, de conformidad con las disposiciones contenidas en el procedimiento especial colectivo establecido en el artículo 897 y subsecuentes de esta Ley.

Fracción reformada DOF 01-05-2019

Artículo 424 Bis. El Centro Federal de Conciliación y Registro Laboral hará pública, para consulta de cualquier persona, el texto íntegro de los reglamentos interiores de trabajo que se encuentren depositados ante dicha Autoridad Registral. Asimismo, deberá expedir copias de dichos documentos, en términos de lo dispuesto por la Ley General de Transparencia y Acceso a la Información Pública.

El texto íntegro de los reglamentos interiores de trabajo deberá estar disponible en forma gratuita en los sitios de Internet del Centro Federal de Conciliación y Registro Laboral.

Artículo adicionado DOF 30-11-2012. Reformado DOF 01-05-2019

Artículo 425. El reglamento surtirá efectos a partir de la fecha de su depósito. Deberá imprimirse y repartirse entre los trabajadores y se fijará en los lugares más visibles del establecimiento.

CAPÍTULO VI
MODIFICACIÓN COLECTIVA DE LAS CONDICIONES DE TRABAJO

Artículo 426. Los sindicatos de trabajadores o los patrones podrán solicitar de los Tribunales la modificación de las condiciones de trabajo contenidas en los contratos colectivos o en los contratos-ley:

Párrafo reformado DOF 01-05-2019

I. Cuando existan circunstancias económicas que la justifiquen; y

II. Cuando el aumento del costo de la vida origine un desequilibrio entre el capital y el trabajo.

La solicitud se ajustará a lo dispuesto en los artículos 398 y 419, fracción I, y se tramitará de conformidad con las disposiciones para conflictos colectivos de naturaleza económica.

CAPÍTULO VII
SUSPENSIÓN COLECTIVA DE LAS RELACIONES DE TRABAJO

Artículo 427. Son causas de suspensión temporal de las relaciones de trabajo en una empresa o establecimiento:

I. La fuerza mayor o el caso fortuito no imputable al patrón, o su incapacidad física o mental o su muerte, que produzca como consecuencia necesaria, inmediata y directa, la suspensión de los trabajos;

II. La falta de materia prima, no imputable al patrón;

III. El exceso de producción con relación a sus condiciones económicas y a las circunstancias del mercado;

IV. La incosteabilidad, de naturaleza temporal, notoria y manifiesta de la explotación;

V. La falta de fondos y la imposibilidad de obtenerlos para la prosecución normal de los trabajos, si se comprueba plenamente por el patrón; y

VI. La falta de ministración por parte del Estado de las cantidades que se haya obligado a entregar a las empresas con las que hubiese contratado trabajos o servicios, siempre que aquéllas sean indispensables; y

Fracción reformada DOF 30-11-2012

VII. La suspensión de labores o trabajos, que declare la autoridad sanitaria competente, en los casos de contingencia sanitaria.

Fracción adicionada DOF 30-11-2012

Artículo 428. La suspensión puede afectar a toda una empresa o establecimiento o a parte de ellos. Se tomará en cuenta el escalafón de los trabajadores a efecto de que sean suspendidos los de menor antigüedad.

Artículo 429. En los casos señalados en el artículo 427, se observarán las normas siguientes:

I. Si se trata de la fracción I, el patrón o su representante, dará aviso de la suspensión al Tribunal, para que éste, previo el procedimiento consignado en el Procedimiento Especial Colectivo establecido en el artículo 897 y subsecuentes de esta Ley, la apruebe o desapruebe;

Fracción reformada DOF 30-11-2012, 01-05-2019

II. Si se trata de las fracciones III a V, el patrón, previamente a la suspensión, deberá obtener la autorización del Tribunal, de conformidad con las disposiciones para conflictos colectivos de naturaleza económica;

Fracción reformada DOF 01-05-2019

III. Si se trata de las fracciones II y VI, el patrón, previamente a la suspensión, deberá obtener la autorización del Tribunal, de conformidad con las disposiciones contenidas en el procedimiento especial colectivo establecido en el artículo 897 y subsecuentes de esta Ley, y

Fracción reformada DOF 30-11-2012, 01-05-2019

IV. Si se trata de la fracción VII, el patrón no requerirá aprobación o autorización del Tribunal y estará obligado a pagar a sus trabajadores una indemnización equivalente a un día de salario mínimo general vigente, por cada día que dure la suspensión, sin que pueda exceder de un mes.

Fracción adicionada DOF 30-11-2012. Reformada DOF 01-05-2019

Artículo 430. El Tribunal, con excepción de los casos a que se refiere la fracción VII del artículo 427, al sancionar o autorizar la suspensión, fijará la indemnización que deba pagarse a los trabajadores, tomando en consideración, entre otras circunstancias, el tiempo probable de suspensión de los trabajos y la posibilidad de que encuentren nueva ocupación, sin que pueda exceder del importe de un mes de salario.

Artículo reformado DOF 30-11-2012, 01-05-2019

Artículo 431. El sindicato y los trabajadores podrán solicitar cada seis meses del Tribunal que verifique si subsisten las causas que originaron la suspensión. Sí el Tribunal resuelve que no subsisten, fijará un término no mayor de treinta días, para la reanudación de los trabajos. Si el patrón no los reanuda, los trabajadores tendrán derecho a la indemnización señalada en el artículo 50.

Artículo reformado DOF 01-05-2019

Artículo 432. El patrón deberá anunciar con toda oportunidad la fecha de reanudación de los trabajos. Dará aviso al sindicato, y llamará por los medios que sean adecuados, a juicio del Tribunal, a los trabajadores que prestaban sus servicios en la empresa cuando la suspensión fue decretada, y estará obligado a reponerlos en los puestos que ocupaban con anterioridad, siempre que se presenten dentro del plazo que fije el mismo patrón, que no podrá ser menor de treinta días, contado desde la fecha del último llamamiento.

Párrafo reformado DOF 01-05-2019

Si el patrón no cumple las obligaciones consignadas en el párrafo anterior, los trabajadores podrán ejercitar las acciones a que se refiere el artículo 48.

Lo establecido en el presente artículo no será aplicable en el caso a que se refiere la fracción VII del artículo 427. En este supuesto, los trabajadores estarán obligados a reanudar sus labores tan pronto concluya la contingencia.

Párrafo adicionado DOF 30-11-2012

CAPÍTULO VIII
TERMINACIÓN COLECTIVA DE LAS RELACIONES DE TRABAJO

Artículo 433. La terminación de las relaciones de trabajo como consecuencia del cierre de las empresas o establecimientos o de la reducción definitiva de sus trabajos, se sujetará a las disposiciones de los artículos siguientes.

Artículo 434. Son causas de terminación de las relaciones de trabajo:

I. La fuerza mayor o el caso fortuito no imputable al patrón, o su incapacidad física o mental o su muerte, que produzca como consecuencia necesaria, inmediata y directa, la terminación de los trabajos;

II. La incosteabilidad notoria y manifiesta de la explotación;

III. El agotamiento de la materia objeto de una industria extractiva;

IV. Los casos del artículo 38; y

V. El concurso o la quiebra legalmente declarado, si la autoridad competente o los acreedores resuelven el cierre definitivo de la empresa o la reducción definitiva de sus trabajos.

Artículo 435. En los casos señalados en el artículo anterior, se observarán las normas siguientes:

I. Si se trata de las fracciones I y V, se dará aviso de la terminación al Tribunal, para que éste, previo el procedimiento especial colectivo establecido en el artículo 897 y subsecuentes de esta Ley, la apruebe o desapruebe;

Fracción reformada DOF 30-11-2012, 01-05-2019

II. Si se trata de la fracción III, el patrón, previamente a la terminación, deberá obtener la autorización del Tribunal, de conformidad con las disposiciones contenidas en el procedimiento especial colectivo establecido en el artículo 897 y subsecuentes de esta Ley, y

Fracción reformada DOF 30-11-2012, 01-05-2019

III. Si se trata de la fracción II, el patrón, previamente a la terminación, deberá obtener la autorización del Tribunal, de conformidad con las disposiciones para conflictos colectivos de naturaleza económica.

Fracción reformada DOF 01-05-2019

Artículo 436. En los casos de terminación de los trabajos señalados en el artículo 434, salvo el de la fracción IV, los trabajadores tendrán derecho a una indemnización de tres meses de salario, y a recibir la prima de antigüedad a que se refiere el artículo 162.

Artículo 437. Cuando se trate de reducción de los trabajos en una empresa o establecimiento, se tomará en consideración el escalafón de los trabajadores, a efecto de que sean reajustados los de menor antigüedad.

Artículo 438. Si el patrón reanuda las actividades de su empresa o crea una semejante, tendrá las obligaciones señaladas en el artículo 154.

Lo dispuesto en el párrafo anterior es aplicable, en el caso de que se reanuden los trabajos de la empresa declarada en estado de concurso o quiebra.

Artículo 439. Cuando se trate de la implantación de maquinaria o de procedimientos de trabajo nuevos, que traiga como consecuencia la reducción de personal, a falta de convenio, el patrón deberá obtener la autorización del Tribunal, de conformidad con lo dispuesto en el procedimiento especial colectivo establecido en el artículo 897 y subsecuentes de esta Ley. Los trabajadores reajustados tendrán derecho a una indemnización de cuatro meses de salario, más veinte días por cada año de servicios prestados o la cantidad estipulada en los contratos de trabajo si fuese mayor y a la prima de antigüedad a que se refiere el artículo 162.

Artículo reformado DOF 30-11-2012, 01-05-2019

TÍTULO OCTAVO
HUELGAS

CAPÍTULO I
DISPOSICIONES GENERALES

Artículo 440. Huelga es la suspensión temporal del trabajo llevada a cabo por una coalición de trabajadores.

Artículo 441. Para los efectos de este Título, los sindicatos de trabajadores son coaliciones permanentes.

Artículo 442. La huelga puede abarcar a una empresa o a uno o varios de sus establecimientos.

Artículo 443. La huelga debe limitarse al mero acto de la suspensión del trabajo.

Artículo 444. Huelga legalmente existente es la que satisface los requisitos y persigue los objetivos señalados en el artículo 450.

Artículo 445. La huelga es ilícita:

I. Cuando la mayoría de los huelguistas ejecuten actos violentos contra las personas o las propiedades; y

II. En caso de guerra, cuando los trabajadores pertenezcan a establecimientos o servicios que dependan del Gobierno.

Artículo 446. Huelga justificada es aquella cuyos motivos son imputables al patrón.

Artículo 447. La huelga es causa legal de suspensión de los efectos de las relaciones de trabajo por todo el tiempo que dure.

Artículo 448. El ejercicio del derecho de huelga suspende la tramitación de los conflictos colectivos de naturaleza económica pendientes ante el Tribunal, y la de las solicitudes que se presenten, salvo que los trabajadores sometan el conflicto a la decisión del Tribunal.

Párrafo reformado DOF 01-05-2019

No es aplicable lo dispuesto en el párrafo anterior cuando la huelga tenga por objeto el señalado en el artículo 450, fracción VI.

Artículo 449. El Tribunal y las autoridades civiles correspondientes deberán hacer respetar el derecho de huelga, dando a los trabajadores las garantías necesarias y prestándoles el auxilio que soliciten para suspender el trabajo.

Artículo reformado DOF 01-05-2019

CAPÍTULO II
OBJETIVOS Y PROCEDIMIENTOS DE HUELGA

Artículo 450. La huelga deberá tener por objeto:

I. Conseguir el equilibrio entre los diversos factores de la producción, armonizando los derechos del trabajo con los del capital;

II. Obtener del patrón o patrones la celebración del contrato colectivo de trabajo y exigir su revisión al terminar el período de su vigencia, de conformidad con lo dispuesto en el Capítulo III del Título Séptimo;

III. Obtener de los patrones la celebración del contrato-ley y exigir su revisión al terminar el período de su vigencia, de conformidad con lo dispuesto en el Capítulo IV del Título Séptimo;

IV. Exigir el cumplimiento del contrato colectivo de trabajo o del contrato-ley en las empresas o establecimientos en que hubiese sido violado;

V. Exigir el cumplimiento de las disposiciones legales sobre participación de utilidades;

VI. Apoyar una huelga que tenga por objeto alguno de los enumerados en las fracciones anteriores; y

VII. Exigir la revisión de los salarios contractuales a que se refieren los artículo 399 bis y 419 bis.

Fracción adicionada DOF 30-09-1974

Artículo 451. Para suspender los trabajos se requiere:

I. Que la huelga tenga por objeto alguno o algunos de los que señala el artículo anterior;

II. Que la suspensión se realice por la mayoría de los trabajadores de la empresa o establecimiento. La determinación de la mayoría a que se refiere esta fracción, sólo podrá promoverse como causa para solicitar la declaración de inexistencia de la huelga, de conformidad con lo dispuesto en el artículo 930, y en ningún caso como cuestión previa a la suspensión de los trabajos, y

Fracción reformada DOF 01-05-2019

III. Que se cumplan previamente los requisitos señalados en el artículo 920 de esta Ley.

Fracción reformada DOF 01-05-2019

Artículo 452. (Se deroga).

Artículo derogado DOF 04-01-1980

Artículo 453. (Se deroga).

Artículo derogado DOF 04-01-1980

Artículo 454. (Se deroga).

Artículo derogado DOF 04-01-1980

Artículo 455. (Se deroga).

Artículo derogado DOF 04-01-1980

Artículo 456. (Se deroga).

Artículo derogado DOF 04-01-1980

Artículo 457. (Se deroga).

Artículo derogado DOF 04-01-1980

Artículo 458. (Se deroga).

Artículo derogado DOF 04-01-1980

Artículo 459. La huelga es legalmente inexistente si:

I. La suspensión del trabajo se realiza por un número de trabajadores menor al fijado en el artículo 451, fracción II;

II. No ha tenido por objeto alguno de los establecidos en el artículo 450; y

III. No se cumplieron los requisitos señalados en el artículo 920.

Fracción reformada DOF 01-05-2019

No podrá declararse la inexistencia de una huelga por causas distintas a las señaladas en las fracciones anteriores.

Artículo 460. (Se deroga).

Artículo derogado DOF 04-01-1980

Artículo 461. (Se deroga).

Artículo derogado DOF 04-01-1980

Artículo 462. (Se deroga).

Artículo derogado DOF 04-01-1980

Artículo 463. (Se deroga).

Artículo derogado DOF 04-01-1980

Artículo 464. (Se deroga).

Artículo derogado DOF 04-01-1980

Artículo 465. (Se deroga).

Artículo derogado DOF 04-01-1980

Artículo 466. Los trabajadores huelguistas deberán continuar prestando los siguientes servicios:

I. Los buques, aeronaves, trenes, autobuses y demás vehículos de transporte que se encuentren en ruta, deberán conducirse a su punto de destino; y

II. En los hospitales, sanatorios, clínicas y demás establecimientos análogos, continuará la atención de los pacientes recluidos al momento de suspenderse el trabajo, hasta que puedan ser trasladados a otro establecimiento.

Artículo 467. (Se deroga).

Artículo derogado DOF 04-01-1980

Artículo 468. (Se deroga).

Artículo derogado DOF 04-01-1980

Artículo 469. La huelga terminará:

I. Por acuerdo entre los trabajadores huelguistas y los patrones;

II. Si el patrón se allana, en cualquier tiempo, a las peticiones contenidas en el escrito de emplazamiento de huelga y cubre los salarios que hubiesen dejado de percibir los trabajadores;

III. Por laudo arbitral de la persona o comisión que libremente elijan las partes; y

IV. Por sentencia del Tribunal si los trabajadores o patrones someten el conflicto a su decisión, en términos de lo previsto en el artículo 937 de esta Ley.

Fracción reformada DOF 01-05-2019

Artículo 470. (Se deroga).

Artículo derogado DOF 04-01-1980

Artículo 471. (Se deroga).

Artículo derogado DOF 04-01-1980

TÍTULO NOVENO
RIESGOS DE TRABAJO

Artículo 472. Las disposiciones de este Título se aplican a todas las relaciones de trabajo, incluidos los trabajos especiales, con la limitación consignada en el artículo 352.

Artículo 473. Riesgos de trabajos son los accidentes y enfermedades a que están expuestos los trabajadores en ejercicio o con motivo del trabajo.

Artículo 474. Accidente de trabajo es toda lesión orgánica o perturbación funcional, inmediata o posterior, la muerte o la desaparición derivada de un acto delincuencial, producida repentinamente en ejercicio o con motivo del trabajo, cualesquiera que sean el lugar y el tiempo en que se preste.

Párrafo reformado DOF 22-06-2018

Quedan incluidos en la definición anterior los accidentes que se produzcan al trasladarse el trabajador directamente de su domicilio al lugar del trabajo y de éste a aquél.

Artículo 475. Enfermedad de trabajo es todo estado patológico derivado de la acción continuada de una causa que tenga su origen o motivo en el trabajo o en el medio en que el trabajador se vea obligado a prestar sus servicios.

Artículo 475 Bis. El patrón es responsable de la seguridad e higiene y de la prevención de los riesgos en el trabajo, conforme a las disposiciones de esta Ley, sus reglamentos y las normas oficiales mexicanas aplicables.

Es obligación de los trabajadores observar las medidas preventivas de seguridad e higiene que establecen los reglamentos y las normas oficiales mexicanas expedidas por las autoridades competentes, así como las que indiquen los patrones para la prevención de riesgos de trabajo.

Artículo adicionado DOF 30-11-2012

Artículo 476. Serán consideradas enfermedades de trabajo las que determine esta Ley y la actualización que realice la Secretaría del Trabajo y Previsión Social.

Artículo reformado DOF 30-11-2012, 01-05-2019

Artículo 477. Cuando los riesgos se realizan pueden producir:

I. Incapacidad temporal;

II. Incapacidad permanente parcial;

III. Incapacidad permanente total;

Fracción reformada DOF 22-06-2018

IV. La muerte, y

Fracción reformada DOF 22-06-2018

V. Desaparición derivada de un acto delincuencial.

Fracción adicionada DOF 22-06-2018

Artículo 478. Incapacidad temporal es la pérdida de facultades o aptitudes que imposibilita parcial o totalmente a una persona para desempeñar su trabajo por algún tiempo.

Artículo 479. Incapacidad permanente parcial es la disminución de las facultades o aptitudes de una persona para trabajar.

Artículo 480. Incapacidad permanente total es la pérdida de facultades o aptitudes de una persona que la imposibilita para desempeñar cualquier trabajo por el resto de su vida.

Artículo 481. La existencia de estados anteriores tales como idiosincrasias, taras, discrasias, intoxicaciones, o enfermedades crónicas, no es causa para disminuir el grado de la incapacidad, ni las prestaciones que correspondan al trabajador.

Artículo 482. Las consecuencias posteriores de los riesgos de trabajo se tomarán en consideración para determinar el grado de la incapacidad.

Artículo 483. Las indemnizaciones por riesgos de trabajo que produzcan incapacidades, se pagarán directamente al trabajador.

En los casos de incapacidad mental, comprobados ante el Tribunal, la indemnización se pagará a la persona o personas, de las señaladas en el artículo 501, a cuyo cuidado quede; en los casos de muerte del trabajador, se observará lo dispuesto en el artículo 115.

Párrafo reformado DOF 01-05-2019

Artículo 484. Para determinar las indemnizaciones a que se refiere este Título, se tomará como base el salario diario que perciba el trabajador al ocurrir el riesgo y los aumentos posteriores que correspondan al empleo que desempeñaba, hasta que se determine el grado de la incapacidad, el de la fecha en que se produzca la muerte o el que percibía al momento de su separación de la empresa.

Artículo 485. La cantidad que se tome como base para el pago de las indemnizaciones no podrá ser inferior al salario mínimo.

Artículo 486. Para determinar las indemnizaciones a que se refiere este título, si el salario que percibe el trabajador excede del doble del salario mínimo del área geográfica de aplicación a que corresponda el lugar de prestación del trabajo, se considerará esa cantidad como salario máximo. Si el trabajo se presta en lugares de diferentes áreas geográficas de aplicación, el salario máximo será el doble del promedio de los salarios mínimos respectivos.

Artículo reformado DOF 21-01-1988

Artículo 487. Los trabajadores que sufran un riesgo de trabajo tendrán derecho a:

I. Asistencia médica y quirúrgica;

II. Rehabilitación;

III. Hospitalización, cuando el caso lo requiera;

IV. Medicamentos y material de curación;

V. Los aparatos de prótesis y ortopedia necesarios; y

VI. La indemnización fijada en el presente Título.

Artículo 488. El patrón queda exceptuado de las obligaciones que determina el artículo anterior, en los casos y con las modalidades siguientes:

I. Si el accidente ocurre encontrándose el trabajador en estado de embriaguez;

II. Si el accidente ocurre encontrándose el trabajador bajo la acción de algún narcótico o droga enervante, salvo que exista prescripción médica y que el trabajador hubiese puesto el hecho en conocimiento del patrón y le hubiese presentado la prescripción suscrita por el médico;

III. Si el trabajador se ocasiona intencionalmente una lesión por sí solo o de acuerdo con otra persona; y

IV. Si la incapacidad es el resultado de alguna riña o intento de suicidio.

El patrón queda en todo caso obligado a prestar los primeros auxilios y a cuidar del traslado del trabajador a su domicilio o a un centro médico.

Artículo 489. No libera al patrón de responsabilidad:

I. Que el trabajador explícita o implícitamente hubiese asumido los riesgos de trabajo;

II. Que el accidente ocurra por torpeza o negligencia del trabajador; y

III. Que el accidente sea causado por imprudencia o negligencia de algún compañero de trabajo o de una tercera persona.

Artículo 490. En los casos de falta inexcusable del patrón, la indemnización podrá aumentarse hasta en un veinticinco por ciento, a juicio del Tribunal. Hay falta inexcusable del patrón:

Párrafo reformado DOF 01-05-2019

I. Si no cumple las disposiciones legales, reglamentarias y las contenidas en las normas oficiales mexicanas en materia de seguridad, salud y medio ambiente de trabajo;

Fracción reformada DOF 30-11-2012

II. Si habiéndose realizado accidentes anteriores, no adopta las medidas adecuadas para evitar su repetición;

III. Si no adopta las medidas preventivas recomendadas por las comisiones creadas por los trabajadores y los patrones, o por las autoridades del Trabajo;

IV. Si los trabajadores hacen notar al patrón el peligro que corren y éste no adopta las medidas adecuadas para evitarlo; y

V. Si concurren circunstancias análogas, de la misma gravedad a las mencionadas en las fracciones anteriores.

Artículo 491. Si el riesgo produce al trabajador una incapacidad temporal, la indemnización consistirá en el pago íntegro del salario que deje de percibir mientras subsista la imposibilidad de trabajar. Este pago se hará desde el primer día de la incapacidad.

Si a los tres meses de iniciada una incapacidad no está el trabajador en aptitud de volver al trabajo, él mismo o el patrón podrá pedir, en vista de los certificados médicos respectivos, de los dictámenes que se rindan y de las pruebas conducentes, se resuelva si debe seguir sometido al mismo tratamiento médico y gozar de igual indemnización o procede declarar su incapacidad permanente con la indemnización a que tenga derecho. Estos exámenes podrán repetirse cada tres meses. El trabajador percibirá su salario hasta que se declare su incapacidad permanente y se determine la indemnización a que tenga derecho.

Artículo 492. Si el riesgo produce al trabajador una incapacidad permanente parcial, la indemnización consistirá en el pago del tanto por ciento que fija la tabla de valuación de incapacidades, calculado sobre el importe que debería pagarse si la incapacidad hubiese sido permanente total. Se tomará el tanto por ciento que corresponda entre el máximo y el mínimo establecidos, tomando en consideración la edad del trabajador, la importancia de la incapacidad y la mayor o menor aptitud para ejercer actividades remuneradas, semejantes a su profesión u oficio. Se tomará asimismo en consideración si el patrón se ha preocupado por la reeducación profesional del trabajador.

Artículo 493. Si la incapacidad parcial consiste en la pérdida absoluta de las facultades o aptitudes del trabajador para desempeñar su profesión, el Tribunal podrá aumentar la indemnización hasta el monto de la que correspondería por incapacidad permanente total, tomando en consideración la importancia de la profesión y la posibilidad de desempeñar una de categoría similar, susceptible de producirle ingresos semejantes.

Artículo reformado DOF 01-05-2019

Artículo 494. El patrón no estará obligado a pagar una cantidad mayor de la que corresponda a la incapacidad permanente total aunque se reúnan más de dos incapacidades.

Artículo 495. Si el riesgo produce al trabajador una incapacidad permanente total, la indemnización consistirá en una cantidad equivalente al importe de mil noventa y cinco días de salario.

Artículo 496. Las indemnizaciones que debe percibir el trabajador en los casos de incapacidad permanente parcial o total, le serán pagadas íntegras, sin que se haga deducción de los salarios que percibió durante el período de incapacidad temporal.

Artículo 497. Dentro de los dos años siguientes al en que se hubiese fijado el grado de incapacidad, podrá el trabajador o el patrón solicitar la revisión del grado, si se comprueba una agravación o una atenuación posterior.

Artículo 498. El patrón está obligado a reponer en su empleo al trabajador que sufrió un riesgo de trabajo, si está capacitado, siempre que se presente dentro del año siguiente a la fecha en que se determinó su incapacidad.

No es aplicable lo dispuesto en el párrafo anterior si el trabajador recibió la indemnización por incapacidad permanente total.

Artículo 499. Si un trabajador víctima de un riesgo no puede desempeñar su trabajo, pero sí algún otro, el patrón estará obligado a proporcionárselo, de conformidad con las disposiciones del contrato colectivo de trabajo.

Artículo 500. Cuando el riesgo traiga como consecuencia la muerte o la desaparición derivada de un acto delincuencial del trabajador, la indemnización comprenderá:

Párrafo reformado DOF 22-06-2018

I. Dos meses de salario por concepto de gastos funerarios; y
II. El pago de la cantidad que fija el artículo 502.

Artículo 501. Tendrán derecho a recibir indemnización en los casos de muerte o desaparición derivada de un acto delincuencial:

Párrafo reformado DOF 31-12-1974, 22-06-2018, 01-05-2019

I. La viuda o el viudo, los hijos menores de dieciocho años y los mayores de esta edad si tienen una incapacidad de cincuenta por ciento o más, así como los hijos de hasta veinticinco años que se encuentran estudiando en algún plantel del sistema educativo nacional; en ningún caso se efectuará la investigación de dependencia económica, dado que estos reclamantes tienen la presunción a su favor de la dependencia económica;

Fracción reformada DOF 01-05-2019

II. Los ascendientes concurrirán con las personas mencionadas en la fracción anterior sin necesidad de realizar investigación económica, a menos que se pruebe que no dependían económicamente del trabajador;

Fracción reformada DOF 01-05-2019

III. A falta de cónyuge supérstite, concurrirá con las personas señaladas en las dos fracciones anteriores, la persona con quien el trabajador vivió como si fuera su cónyuge durante los cinco años que precedieron inmediatamente a su muerte, o con la que tuvo hijos, sin necesidad de realizar investigación económica, siempre que ambos hubieran permanecido libres de matrimonio durante el concubinato;

Fracción reformada DOF 31-12-1974, 31-12-1975, 01-05-2019

IV. Las personas que dependían económicamente del trabajador concurrirán con quienes estén contemplados en cualquiera de las hipótesis de las fracciones anteriores, debiendo acreditar la dependencia económica, y

Fracción reformada DOF 31-12-1974, 31-12-1975, 01-05-2019

V. A falta de las personas mencionadas en las fracciones anteriores, el Instituto Mexicano del Seguro Social.

Artículo 502. En caso de muerte o por desaparición derivada de un acto delincuencial del trabajador, la indemnización que corresponda a las personas a que se refiere el artículo anterior será la cantidad equivalente al importe de cinco mil días de salario, sin deducir la indemnización que percibió el trabajador durante el tiempo en que estuvo sometido al régimen de incapacidad temporal.

Artículo reformado DOF 30-11-2012, 22-06-2018

Artículo 503. Para el pago de la indemnización en los casos de muerte o desaparición derivada de actos delincuenciales, por riesgo de trabajo, se observarán las normas siguientes:

I. La Inspección del Trabajo que reciba el aviso de la muerte o de la desaparición por actos delincuenciales, o el Tribunal ante el que se inicie el reclamo del pago de la indemnización, mandará practicar dentro de las setenta y dos horas siguientes una investigación encaminada a averiguar qué personas dependían económicamente del trabajador y ordenará se fije un aviso en lugar visible del establecimiento donde prestaba sus servicios, convocando a los beneficiarios para que comparezcan ante el Tribunal del conocimiento, dentro de un término de treinta días naturales, a ejercitar sus derechos;

II. Si la residencia del trabajador en el lugar de su muerte o cuando sucedió la desaparición por actos delincuenciales era menor de seis meses, se girará exhorto al Tribunal o al Inspector del Trabajo del lugar de la última residencia, a fin de que se practique la investigación y se fije el aviso mencionado en la fracción anterior;

III. El Tribunal o el Inspector del Trabajo, independientemente del aviso a que se refiere la fracción I, podrán emplear los medios publicitarios que juzguen conveniente para convocar a los beneficiarios;

IV. El Inspector del Trabajo, concluida la investigación, remitirá el expediente al Tribunal;

V. Satisfechos los requisitos señalados en las fracciones que anteceden y comprobada la naturaleza del riesgo, el Tribunal procederá de conformidad con lo establecido en el artículo 893 de la Ley, observando el procedimiento especial;

VI. El Tribunal apreciará la relación de esposo, esposa, hijos y ascendientes, sin sujetarse a las pruebas legales que acrediten el matrimonio o parentesco, pero no podrá dejar de reconocer lo asentado en las actas del Registro Civil, y

VII. El pago hecho en cumplimiento de la resolución del Tribunal libera al patrón de responsabilidad. Las personas que se presenten a deducir sus derechos con posterioridad a la fecha en que se hubiese verificado el pago, sólo podrán deducir su acción en contra de los beneficiarios que lo recibieron.

Artículo reformado DOF 30-11-2012, 22-06-2018, 01-05-2019

Artículo 504. Los patrones tienen las obligaciones especiales siguientes:

I. Mantener en el lugar de trabajo los medicamentos y material de curación necesarios para primeros auxilios y adiestrar personal para que los preste;

II. Cuando tenga a su servicio más de cien trabajadores, establecer una enfermería, dotada con los medicamentos y material de curación necesarios para la atención médica y quirúrgica de urgencia. Estará atendida por personal competente, bajo la dirección de un médico cirujano. Si a juicio de éste no se puede prestar la debida atención médica y quirúrgica, el trabajador será trasladado a la población u hospital en donde pueda atenderse a su curación;

III. Cuando tengan a su servicio más de trescientos trabajadores, instalar un hospital, con el personal médico y auxiliar necesario;

IV. Previo acuerdo con los trabajadores, podrán los patrones celebrar contratos con sanatorios u hospitales ubicados en el lugar en que se encuentre el establecimiento o a una distancia que permita el traslado rápido y cómodo de los trabajadores, para que presten los servicios a que se refieren las dos fracciones anteriores;

V. Dar aviso escrito o por medios electrónicos a la Secretaría del Trabajo y Previsión Social, al Inspector del Trabajo y al Tribunal, dentro de las 72 horas siguientes, de los accidentes que ocurran, proporcionando los siguientes datos y elementos:

Párrafo reformado DOF 30-11-2012, 01-05-2019

a) Nombre y domicilio de la empresa;

b) Nombre y domicilio del trabajador; así como su puesto o categoría y el monto de su salario;

c) Lugar y hora del accidente, con expresión sucinta de los hechos;

d) Nombre y domicilio de las personas que presenciaron el accidente; y,

e) Lugar en que se presta o haya prestado atención médica al accidentado.

La Secretaría del Trabajo y Previsión Social y el Instituto Mexicano del Seguro Social deberán intercambiar información en forma permanente respecto de los avisos de accidentes de trabajo que presenten los patrones, así como otros datos estadísticos que resulten necesarios para el ejercicio de sus respectivas facultades legales; y

Párrafo adicionado DOF 30-11-2012

Fracción reformada DOF 28-04-1978

VI. Tan pronto se tenga conocimiento de la muerte de un trabajador por riesgos de trabajo, dar aviso escrito a las autoridades que menciona la fracción anterior, proporcionando, además de los datos y elementos que señala dicha fracción, el nombre y domicilio de las personas que pudieran tener derecho a la indemnización correspondiente.

Fracción reformada DOF 28-04-1978

VII. (Se deroga).

Fe de erratas a la fracción DOF 30-04-1970. Derogada DOF 28-04-1978

Artículo 505. Los médicos de las empresas serán designados por los patrones. Los trabajadores podrán oponerse a la designación, exponiendo las razones en que se funden. En caso de que las partes no lleguen a un acuerdo, resolverá el Tribunal.

Fe de erratas al artículo DOF 30-04-1970. Reformado DOF 01-05-2019

Artículo 506. Los médicos de las empresas están obligados:

I. Al realizarse el riesgo, a certificar si el trabajador queda capacitado para reanudar su trabajo;

II. Al terminar la atención médica, a certificar si el trabajador está capacitado para reanudar su trabajo;

III. A emitir opinión sobre el grado de incapacidad; y

IV. En caso de muerte, a expedir certificado de defunción.

Fe de erratas a la fracción DOF 30-04-1970

Artículo 507. El trabajador que rehuse con justa causa recibir la atención médica y quirúrgica que le proporcione el patrón, no perderá los derechos que otorga este Título.

Artículo 508. La causa de la muerte por riesgo de trabajo podrá comprobarse con los datos que resulten de la autopsia, cuando se practique, o por cualquier otro medio que permita determinarla.

Si se practica la autopsia, los presuntos beneficiarios podrán designar un médico que la presencie. Podrán igualmente designar un médico que la practique, dando aviso a la autoridad.

El patrón podrá designar un médico que presencie la autopsia.

Artículo 509. En cada empresa o establecimiento se organizarán las comisiones de seguridad e higiene que se juzgue necesarias, compuestas por igual número de representantes de los trabajadores y del patrón, para investigar las causas de los accidentes y enfermedades, proponer medidas para prevenirlos y vigilar que se cumplan.

Artículo 510. Las comisiones a que se refiere el artículo anterior, serán desempeñadas gratuitamente dentro de las horas de trabajo.

Artículo 511. Los Inspectores del Trabajo tienen las atribuciones y deberes especiales siguientes:

I. Vigilar el cumplimiento de las normas legales y reglamentarias sobre prevención de los riesgos de trabajo y seguridad de la vida y salud de los trabajadores;

II. Hacer constar en actas especiales las violaciones que descubran; y

III. Colaborar con los trabajadores y el patrón en la difusión de las normas sobre prevención de riesgos, higiene y salubridad.

Artículo 512. En los reglamentos de esta Ley y en los instructivos que las autoridades laborales expidan con base en ellos, se fijarán las medidas necesarias para prevenir los riesgos de trabajo y lograr que éste se preste en condiciones que aseguren la vida y la salud de los trabajadores.

En los casos en los que existe un alto riesgo que implique la pérdida de la vida o se comprometa seriamente la salud del trabajador, considerando, sobre todo la naturaleza del trabajo, las disposiciones reglamentarias o normativas considerarán el uso de la tecnología y de las herramientas de trabajo que sean innovadoras y que coadyuven a las labores de seguridad en los centros de trabajo.

Párrafo adicionado DOF 28-04-2022

Artículo reformado DOF 28-04-1978

Artículo 512-A. Con el objeto de coadyuvar en el diseño de la política nacional en materia de seguridad, salud y medio ambiente de trabajo, proponer reformas y adiciones al reglamento y a las normas oficiales mexicanas en la materia, así como estudiar y recomendar medidas preventivas para abatir los riesgos en los centros de trabajo, se organizará la Comisión Consultiva Nacional de Seguridad y Salud en el Trabajo.

Dicha comisión se integrará por representantes de las Secretarías del Trabajo y Previsión Social; de Salud; de Gobernación, y de Medio Ambiente y Recursos Naturales, del Instituto Mexicano del Seguro Social, así como por los que designen aquellas organizaciones nacionales de trabajadores y de patrones a las que convoque el titular de la Secretaría del Trabajo y Previsión Social, quien tendrá el carácter de Presidente de la citada Comisión.

La Comisión deberá mantener comunicación permanente con las autoridades de protección civil, a efecto de diseñar las acciones que contribuyan a reducir o eliminar la pérdida de vidas, la afectación de la planta productiva, la destrucción de bienes materiales, el daño a la naturaleza y la interrupción de las funciones esenciales de la sociedad, ante la eventualidad de un desastre provocado por agentes naturales o humanos.

Artículo adicionado DOF 28-04-1978. Reformado DOF 30-11-2012

Artículo 512-B. En cada entidad federativa se constituirá una Comisión Consultiva Estatal de Seguridad y Salud en el Trabajo, cuya finalidad será la de coadyuvar en la definición de la política estatal en materia de seguridad, salud y medio ambiente de trabajo, proponer reformas y adiciones al reglamento y a las normas oficiales mexicanas en la materia, así como estudiar y proponer medidas preventivas para abatir los riesgos en los centros de trabajo establecidos en su jurisdicción.

Párrafo reformado DOF 30-11-2012

Dichas Comisiones Consultivas Estatales serán presididas por los Ejecutivos Estatales y el Jefe de Gobierno de la Ciudad de México y en su integración participarán representantes de las Secretarías del Trabajo y Previsión Social, de Salud, de Gobernación y de Medio Ambiente y Recursos Naturales, del Instituto Mexicano del Seguro Social; así como los que designen las organizaciones de trabajadores y de patrones a las que convoquen.

Párrafo reformado DOF 30-11-2012, 01-05-2019

El representante de la Secretaría del Trabajo y Previsión Social ante la Comisión Consultiva Estatal respectiva, fungirá como Secretario de la misma.

Artículo adicionado DOF 28-04-1978

Artículo 512-C. La organización de la Comisión Consultiva Nacional de Seguridad y Salud en el Trabajo y la de las Comisiones Consultivas Estatales y de la Ciudad de México de Seguridad y Salud en el Trabajo, serán señaladas en el reglamento que se expida en materia de seguridad, salud y medio ambiente de trabajo.

Párrafo reformado DOF 30-11-2012, 01-05-2019

El funcionamiento interno de dichas Comisiones, se fijará en el Reglamento Interior que cada Comisión expida.

Artículo adicionado DOF 28-04-1978

Artículo 512-D. Los patrones deberán efectuar las modificaciones que ordenen las autoridades del trabajo a fin de ajustar sus establecimientos, instalaciones o equipos a las disposiciones de esta Ley, de sus reglamentos o de las normas oficiales mexicanas en materia de seguridad y salud en el trabajo que expidan las autoridades competentes. Si transcurrido el plazo que se les conceda para tal efecto, no se han efectuado las modificaciones, la Secretaría del Trabajo y Previsión Social procederá a sancionar al patrón infractor, con apercibimiento de sanción mayor en caso de no cumplir la orden dentro del nuevo plazo que se le otorgue.

Artículo adicionado DOF 28-04-1978. Reformado DOF 30-11-2012

Artículo 512-D Bis. Para el caso de la restricción de acceso o limitación en la operación en las áreas de riesgo detectadas a que se refiere el artículo 541, fracción VI Bis de esta Ley, la Secretaría del Trabajo y Previsión Social después de realizar el análisis del informe a que se refiere dicho precepto y practicar las diligencias que considere pertinentes, resolverá dentro de las siguientes 72 horas si levanta la restricción decretada o amplía su duración, hasta en tanto se corrijan las irregularidades que motivaron la suspensión de actividades, independientemente de la imposición de la sanción económica que corresponda por el incumplimiento a las disposiciones en materia de seguridad e higiene en el trabajo.

Dentro del plazo a que se refiere el párrafo anterior, el patrón podrá manifestar a la Secretaría lo que a su derecho convenga y ofrecer las pruebas que estime pertinentes, lo que será tomado en cuenta por la autoridad al momento de resolver.

Artículo adicionado DOF 30-11-2012

Artículo 512-D Ter. En el caso de que las autoridades sanitarias competentes hubieren determinado la suspensión de labores con motivo de una declaratoria de contingencia sanitaria, la Secretaría del Trabajo y Previsión Social ordenará medidas necesarias para evitar afectaciones a la salud de los trabajadores, sin perjuicio de la imposición de las sanciones que correspondan y del ejercicio de las facultades de otras autoridades.

Artículo adicionado DOF 30-11-2012

Artículo 512-E. La Secretaría del Trabajo y Previsión Social establecerá la coordinación necesaria con la Secretaría de Salud y con el Instituto Mexicano del Seguro Social para la elaboración de programas y el desarrollo de campañas tendientes a prevenir accidentes y enfermedades de trabajo.

Artículo adicionado DOF 28-04-1978. Reformado DOF 09-04-2012

Artículo 512-F. Las autoridades de las entidades federativas auxiliarán a las del orden federal en la promoción, aplicación y vigilancia del cumplimiento de las normas de seguridad, salud y medio ambiente de trabajo, cuando se trate de empresas o establecimientos que, en los demás aspectos derivados de las relaciones laborales, estén sujetos a la jurisdicción local.

Párrafo reformado DOF 30-11-2012

Dicho auxilio será prestado en los términos de los artículos 527-A y 529.

Artículo adicionado DOF 28-04-1978

Artículo 512-G. En el supuesto de que los centros de trabajo se encuentren regulados por Leyes o normas especializadas en materia de seguridad y salud, cuya vigilancia corresponda a otras autoridades distintas a las laborales, la Secretaría del Trabajo y Previsión Social o las autoridades del trabajo de las entidades federativas, según el ámbito de competencia, serán auxiliares de aquéllas.

Artículo adicionado DOF 30-11-2012

Artículo 513. La Secretaría del Trabajo y Previsión Social actualizará simultáneamente las Tablas de Enfermedades de Trabajo, para la Valuación de Incapacidades Permanentes Resultantes de los Riesgos de Trabajo y el Catálogo de las Cédulas para la Valuación de las Enfermedades de Trabajo, los cuales son de observancia general en todo el territorio nacional.

Para la actualización de las Tablas y del Catálogo a que se refiere el párrafo anterior, la Secretaría del Trabajo y Previsión Social debe solicitar la opinión de la Comisión Consultiva Nacional de Seguridad y Salud en el Trabajo, así como de especialistas en la materia.

El Catálogo de las Cédulas para la Valuación de las Enfermedades de Trabajo debe ser publicado en el Diario Oficial de la Federación, para su cumplimiento y aplicación.

TABLA DE ENFERMEDADES DE TRABAJO

Grupo I. Enfermedades infecciosas y parasitarias

1. **Enfermedades por ancylostoma (anquilostomiasis y necatoriasis o anemia de los mineros)**
   Código CIE-11: 1F68
   - Las personas trabajadoras que laboran como alfareros y ceramistas; en la extracción de cantera, arcilla, arena, piedra y grava; plomeros, fontaneros e instaladores de tubería; en la elaboración de productos de cemento, cal, yeso, azulejo, piedra y ladrilleros; jardineros en establecimientos; jardineros en casas particulares, ayudantes de jardineros en establecimientos; mineros y en la extracción en minas de minerales metálicos; en actividades agrícolas; de apoyo en actividades agrícolas; de apoyo en la construcción, y de apoyo en plomería e instalación de tuberías.

- Personas trabajadoras que presentan exposición de forma directa e indudable a la acción de los agentes causales establecidos en la fracción II de la cédula correspondiente contenida en el Catálogo de las Cédulas para la Valuación de las Enfermedades de Trabajo, que tengan su origen o con motivo del trabajo o en el medio que la persona trabajadora se vea obligada a prestar sus servicios.

2. **Aspergilosis**
Código CIE-11: 1F20Z
- Las personas trabajadoras expuestas en criaderos de animales (aves) en la industria alimentaria avícola, limpiadoras de pieles y agrícolas (café). Tiene una gran ubicuidad en bodegas, cuevas y plantas, en medio hospitalario en el aire acondicionado contaminado con excrementos de aves y en sótanos.
- Personas trabajadoras que presentan exposición de forma directa e indudable a la acción de los agentes causales establecidos en la fracción II de la cédula correspondiente contenida en el Catálogo de las Cédulas para la Valuación de las Enfermedades de Trabajo, que tengan su origen o con motivo del trabajo o en el medio que la persona trabajadora se vea obligada a prestar sus servicios.

3. **Brucelosis (fiebre de malta, fiebre ondulante o fiebre mediterránea)**
Código CIE-11: 1B95
- Las personas trabajadoras en la cría y explotación de ganado y otras clases de animales: ganaderos, lecheros, ordeñadores y pastores.
- Las personas trabajadoras en la elaboración, preparación, conservación, envasado y empacado de productos lácteos: personal de plantas para beneficio de la leche de cabra y vaca. Matanza de ganado y aves, elaboración, preparación, conservación, envasado y empacado de carnes y sus derivados: carniceros, empacadores de carnes y de rastros.
- Las personas trabajadoras de los servicios veterinarios y auxiliares: personas enfermeras de veterinaria, personas trabajadoras en contacto con excrementos, fetos abortados de las hembras enfermas, leche, orina, placentas, sangre y tejidos, técnicos de laboratorio y veterinarios.
- Personas trabajadoras que presentan exposición de forma directa e indudable a la acción de los agentes causales establecidos en la

fracción II de la cédula correspondiente contenida en el Catálogo de las Cédulas para la Valuación de las Enfermedades de Trabajo, que tengan su origen o con motivo del trabajo o en el medio que la persona trabajadora se vea obligada a prestar sus servicios.

4. **Candidiasis (moniliasis)**
Código CIE-11: 1F23.Z
- Las personas trabajadoras en labores de la agricultura: agricultores y recolectores de frutas. Industrias de la transformación: fábrica de hule, fábricas de madera, fundición de metales, industria del cemento y limpieza en la industria de semiconductores. Elaboración de alimentos: manejadores de alimentos, cocineros y lavatrastos.
- Las personas trabajadoras de los servicios médicos, paramédicos y auxiliares: personas odontólogas, cirujanas, instrumentistas, enfermeras, afanadoras, técnicas patólogas y laboratoristas. En general personas trabajadoras que mantienen manos o pies constantemente húmedos, en condiciones de calor y oclusión, y las que producen maceración y personas trabajadoras que emplean guantes de plástico por tiempo prolongado.
- Personas trabajadoras que presentan exposición de forma directa e indudable a la acción de los agentes causales establecidos en la fracción II de la cédula correspondiente contenida en el Catálogo de las Cédulas para la Valuación de las Enfermedades de Trabajo, que tengan su origen o con motivo del trabajo o en el medio que la persona trabajadora se ve obligada a prestar sus servicios.

5. **Carbunco (ántrax)**
Código CIE-11: 1B97
- Personas trabajadoras que presentan exposición de reservorios, tales como: animales herbívoros, antílopes, caballos, cabras, camellos, ovejas, carneros y reses. Personas trabajadoras en la agricultura: puestos de trabajo con exposición como los agricultores. Personas trabajadoras en la confección de prendas de vestir a la medida, fabricación de calzado, curtido y acabado de cuero y piel: curtidores, peleteros, taxidermistas y zapateros.
- Las personas trabajadoras en la cría y explotación de ganado y otras clases de animales, así como hipódromos, galgódromos, lienzos cha-

rros, palenques y promoción y presentación de espectáculos taurinos: caballerangos, cardadores de lana, carniceros, ganaderos, manipuladores de crines, carne, huesos de bovinos, cerdas y cuernos, mozos de cuadra, pastores, personal de zoológicos, talabarteros, tejedores de lana, curtido y acabado de cuero y piel. Matanza de ganado y aves: personas trabajadoras de mataderos y traperos.
- Las personas trabajadoras de los servicios de laboratorio para la industria en general: personal de laboratorio de microbiología. Servicios veterinarios y auxiliares: personas enfermeras de veterinaria, patólogas y veterinarias.
- Personas trabajadoras que presentan exposición de forma directa e indudable a la acción de los agentes causales establecidos en la fracción II de la cédula correspondiente contenida en el Catálogo de las Cédulas para la Valuación de las Enfermedades de Trabajo, que tengan su origen o con motivo del trabajo o en el medio que la persona trabajadora se vea obligada a prestar sus servicios.

6. Coccidioidomicosis (fiebre del valle de San Joaquín)

Código CIE-11: 1F25Z
- Las personas trabajadoras relacionadas con la agricultura (campesinos, recolectores, entre otros), arqueólogos, chóferes en rutas que crucen por áreas endémicas, constructores de carreteras, caminos y puertos, excavadores, granjeros, médicos en contacto con laboratorios de microbiología, personal de laboratorios de microbiología, personal militar y de la construcción.
- Personas trabajadoras que presentan exposición de forma directa e indudable a la acción de los agentes causales establecidos en la fracción II de la cédula correspondiente contenida en el Catálogo de las Cédulas para la Valuación de las Enfermedades de Trabajo, que tengan su origen o con motivo del trabajo o en el medio que la persona trabajadora se vea obligada a prestar sus servicios.

7. COVID-19

Código CIE-11: RA01
- Debido a la naturaleza de los contagios respiratorios del agente causante del COVID-19, el riesgo de las personas trabajadoras por la exposición al mismo, es mayor que el de la población general, y éste

puede ser: muy alto, alto, medio o bajo. El nivel de riesgo dependerá del contacto repetido o extendido con fuentes posibles de contagio por ejercicio o motivo del trabajo o en el medio que la persona trabajadora se vea obligada a prestar sus servicios.

Los trabajos de acuerdo con su nivel de riesgo de exposición al agente son:

a) **Riesgo de exposición muy alto**

- Trabajos que entran en contacto directo con fuentes confirmadas o sospechosas al agente durante procedimientos médicos o de laboratorio, como personal de la salud: médicos, enfermeras, dentistas, personal que maneja cadáveres de pacientes confirmados o sospechosos al agente, personal de laboratorio o gabinete que maneje especímenes contaminados de pacientes confirmados o sospechosos al agente, entre otros.

b) **Riesgo de exposición alto**

- Trabajos que brindan atención al público en unidades médicas donde se encuentran fuentes confirmadas o sospechosas al agente, como: asistentes médicas, personas trabajadoras sociales, farmacéuticos, técnicos y auxiliares, personal de orientación al público, paramédicos, enfermeras, médicos, personal de mantenimiento, personal que proporciona transporte médico a pacientes, personas trabajadoras sociales, servicio de lavandería, alimentos y limpieza, entre otros.

c) **Riesgo de exposición medio**

- Trabajos que brindan atención al público (que no sea en unidades médicas) donde no se conoce la exposición a fuentes confirmadas o sospechosas pero es posible encontrar al agente, como las que se dedican a: la preparación y servicio de alimentos y bebidas, servicios de administración pública y seguridad social, servicios de alojamiento temporal, servicios financieros y de seguros (bancos, financieras, compañías de seguros y similares), servicios personales para el hogar y diversos, servicios de transporte público o privado (terrestre, aéreo, marítimo, o ferroviario), servicios de docencia y cuidado de infantes y personas adultas, entre otros.

d) **Riesgo de exposición bajo**

- Trabajos que no requieren contacto con el público en general o con clientes, proveedores o compañeros de trabajo o el contacto ocupacional es mínimo, sin embargo, el riesgo debe ser mayor que el de la población general.

- Personas trabajadoras que presentan exposición de forma directa e indudable a la acción de los agentes causales establecidos en la fracción II de la cédula correspondiente contenida en el Catálogo de las Cédulas para la Valuación de las Enfermedades de Trabajo, que tengan su origen o con motivo del trabajo o en el medio que la persona trabajadora se vea obligada a prestar sus servicios.

8. **Encefalitis viral / encefalitis viral de rocío / encefalitis de california / encefalitis de la crosse / encefalitis por henipavirus / encefalitis por el virus de la parotiditis / encefalitis por herpes simple / encefalitis por el virus de la rubéola / encefalitis por varicela / encefalitis japonesa**

Código CIE-11: 1C80, 1C87, 1C8B, 1C8D, 1D63, 1D80.3, 1F00.21, 1E90.2, 1C85

- Las personas trabajadoras en la agricultura: agricultores, agropecuarios y jornaleros. Personas trabajadoras en la construcción de obras de infraestructura y edificaciones en obra pública y o no pública. Personas trabajadoras en actividades como: pintores, techadores, personas trabajadoras de la construcción y de carreteras.
- Las personas trabajadoras en la cría y explotación de ganado y otras clases de animales: cuidadores de pajareras y zoológicos, granjeros y silvicultores. Explotación de bosques madereros; extracción de productos forestales no maderables, y servicios de explotación forestal: personas trabajadoras forestales, guardabosques y operadores madereros. Otros puestos de trabajo: soldados.
- Las personas trabajadoras de los servicios de enseñanza académica, capacitación, investigación científica y difusión cultural: personas trabajadoras con exposición durante estudios ecológicos, investigadores con trabajo al aire libre, biólogos, entomólogos y geólogos. Servicios de fumigación, desinfección y control de plagas: jardineros y jardineros ornamentales. Servicios médicos, paramédicos y auxiliares: patólogos, personal de laboratorio y personas trabajadoras de la salud. Servicios veterinarios y auxiliares: ornitólogos y veterinarios.
- Personas trabajadoras que presentan exposición de forma directa e indudable a la acción de los agentes causales establecidos en la

fracción II de la cédula correspondiente contenida en el Catálogo de las Cédulas para la Valuación de las Enfermedades de Trabajo, que tengan su origen o con motivo del trabajo o en el medio que la persona trabajadora se vea obligada a prestar sus servicios.

9. **Infección por el virus de la inmunodeficiencia humana, sin mención de tuberculosis o malaria, sin especificación**
Código CIE-11: 1C62.Z
- Las personas trabajadoras que laboran en los servicios médicos, paramédicos y auxiliares; personal de ambulancias, en bancos de sangre, en contacto con sangre u objetos contaminados con sangre humana procedente de pacientes infectados con Virus de la Inmunodeficiencia Humana (VIH), estomatólogos, laboratoristas de análisis clínicos, personal de lavandería, limpieza, mantenimiento, de las salas de urgencias en hospitales y sanatorios, así como médicos, paramédicos, enfermeras y dentistas.
- Personas trabajadoras en materia de seguridad que se vean expuestos durante actos de violencia a sangre humana contaminada con VIH, custodios, agentes policías y personal de seguridad. Las personas trabajadoras que durante el desempeño de sus labores son víctimas de violación sexual.
- Personas trabajadoras que presentan exposición de forma directa e indudable a la acción de los agentes causales establecidos en la fracción II de la cédula correspondiente contenida en el Catálogo de las Cédulas para la Valuación de las Enfermedades de Trabajo, que tengan su origen o con motivo del trabajo o en el medio que la persona trabajadora se vea obligada a prestar sus servicios.

10. **Erisipeloide. (enfermedad de los manipuladores de pescado, dedos de ballenero, erisipeloide de rosenbach)**
Código CIE-11: 1B96
- Personas trabajadoras en la cría y explotación de ganado y otras clases de animales porcinos y ovejas: carniceros y personas que manipulan cerdos. Elaboración, preparación, conservación, envasado y empacado de carnes y sus derivados: personas trabajadoras de las plantas empacadoras de carne.

- Personas trabajadoras en la elaboración, preparación, conservación, envasado, empacado de pescados, mariscos y otros productos marinos: personas trabajadoras que manipulan mariscos o peces y sus productos, así como pescadores. Matanza de ganado y aves: personas trabajadoras en contacto con animales o sus cadáveres, corrales, cuero y otros materiales, en mataderos y pelo de animales. Servicios veterinarios y auxiliares: personas enfermeras de veterinaria, patólogos y personas trabajadoras de rastros y veterinarios.
- Personas trabajadoras que presentan exposición de forma directa e indudable a la acción de los agentes causales establecidos en la fracción II de la cédula correspondiente contenida en el Catálogo de las Cédulas para la Valuación de las Enfermedades de Trabajo, que tengan su origen o con motivo del trabajo o en el medio que la persona trabajadora se vea obligada a prestar sus servicios.

11. Sarna (escabiosis)
Código CIE-11: 1G04

- Personas trabajadoras de los servicios de alojamiento temporal: recamareras y personal de lavandería. Servicios de peluquería y salones de belleza: peluqueros, estilistas y personal de spa. Servicios de enseñanza académica, capacitación, investigación científica y difusión cultural: puericultistas, maestros de todos los niveles educativos y técnicos en educación. Servicios médicos y de asistencia social: personal de limpieza en albergues, guarderías, sanatorios y personas trabajadoras de la salud. Servicios veterinarios: veterinarios, cuidadores, criadores y personal de estética. Soldados y personal penitenciario.
- Personas trabajadoras que presentan exposición de forma directa e indudable a la acción de los agentes causales establecidos en la fracción II de la cédula correspondiente contenida en el Catálogo de las Cédulas para la Valuación de las Enfermedades de Trabajo, que tengan su origen o con motivo del trabajo o en el medio que la persona trabajadora se vea obligada a prestar sus servicios.

12. Borreliosis de lyme (enfermedad de lyme, espiroquetosis)
Código CIE-11: 1C1G

- Personas trabajadoras en la agricultura: agricultores, agrimensura y jornaleros. Caza: cazadores de venados. Construcción de edificaciones: excepto obra pública. Construcciones de obras de infraestructura y edificaciones en obra pública: mantenimiento de parques o cuidado de flora y fauna. Construcciones de obras de infraestructura y edificaciones en obra pública: topógrafos. Cría y explotación de ganado y otras clases de animales: granjeros. Explotación de bosques madereros; extracción de productos forestales no maderables y servicios de explotación forestal: silvicultores.

- Personas trabajadoras de los servicios de enseñanza académica, capacitación, investigación científica y difusión cultural: personas trabajadoras con exposición durante estudios ecológicos. Servicios veterinarios y auxiliares: enfermeros de veterinaria, patólogos y veterinarios. Transporte ferroviario y eléctrico: personas trabajadoras ferroviarios.
- Personas trabajadoras que presentan exposición de forma directa e indudable a la acción de los agentes causales establecidos en la fracción II de la cédula correspondiente contenida en el Catálogo de las Cédulas para la Valuación de las Enfermedades de Trabajo, que tengan su origen o con motivo del trabajo o en el medio que la persona trabajadora se vea obligada a prestar sus servicios.

13. Esporotricosis

Código CIE-11: 1F2J.Z

- Personas trabajadoras como: agricultores, campesinos, carpinteros, empacadores de loza, empacadores de tierra y plantas, floricultores, forestales, jardineros, mineros, personas trabajadoras de zacate, de pieles y veterinarios.
- Personas trabajadoras que presentan exposición de forma directa e indudable a la acción de los agentes causales establecidos en la fracción II de la cédula correspondiente contenida en el Catálogo de las Cédulas para la Valuación de las Enfermedades de Trabajo, que tengan su origen o con motivo del trabajo o en el medio que la persona trabajadora se vea obligada a prestar sus servicios.

14. Esquistosomiasis (fiebre de katayama, cercariosis cutánea y esquistosoma)

Código CIE-11: 1F86.Z

- Personas trabajadoras en contacto con aguas contaminadas, de la construcción de presas, diques, estanques o de canales de irrigación, salvavidas de lagos contaminados y personas trabajadoras agrícolas.

- Personas trabajadoras que presentan exposición de forma directa e indudable a la acción de los agentes causales establecidos en la fracción II de la cédula correspondiente contenida en el Catálogo de las Cédulas para la Valuación de las Enfermedades de Trabajo, que tengan su origen o con motivo del trabajo o en el medio que la persona trabajadora se vea obligada a prestar sus servicios.

15. Fiebre del dengue (dengue clásico, fiebre rompe-huesos y fiebre del dengue hemorrágico)

Código CIE-11: 1D2Z

- Personas trabajadoras en la agricultura: agricultores, agropecuarios y jornaleros. Servicios con transporte de agencias de gestión aduanal, de mensajería y paquetería, de equipajes, viajes, turísticas y otras actividades relacionadas con los transportes en general: agentes turísticos y guías de turismo. Servicios médicos, paramédicos y auxiliares: enfermeras, médicos, patólogos y personas trabajadoras de la salud.
- Personas trabajadoras del transporte aéreo: pilotos, tripulantes de cabina de pasajeros o personal de nave que viajan a zonas endémicas. Transporte de pasajeros, así como transporte de carga: conductores de pasajeros y de transporte de carga que viajan a zonas endémicas. Transporte ferroviario y eléctrico: maquinistas de tren y personas trabajadoras de ferrocarril provenientes de zonas no endémicas comisionados para realizar labores en zonas endémicas. Marineros, militares y personas trabajadoras provenientes de zonas no endémicas comisionados para realizar labores en zonas endémicas.
- Personas trabajadoras que presentan exposición de forma directa e indudable a la acción de los agentes causales establecidos en la fracción II de la cédula correspondiente contenida en el Catálogo de las Cédulas para la Valuación de las Enfermedades de Trabajo, que tengan su origen o con motivo del trabajo o en el medio que la persona trabajadora se vea obligada a prestar sus servicios.

16. Hepatitis aguda tipo B

Código CIE-11: 1E50.1

- Personas trabajadoras de los servicios médicos, paramédicos y auxiliares: personal de ambulancias, laboratoristas en bancos de sangre, en contacto con sangre u objetos contaminados con sangre humana procedente de pacientes infectados con hepatitis B. Estomatólogos y dentistas, laboratoristas de análisis clínicos, personal de lavandería, personal de limpieza, mantenimiento, de las salas de urgencias en hospitales y sanatorios, personal médico, paramédicos y personal de enfermería. Policías y personal de guardia y seguridad.
- Personas trabajadoras que presentan exposición de forma directa e indudable a la acción de los agentes causales establecidos en la fracción II de la cédula correspondiente contenida en el Catálogo de las Cédulas para la Valuación de las Enfermedades de Trabajo, que tengan su origen o con motivo del trabajo o en el medio que la persona trabajadora se vea obligada a prestar sus servicios.

17. Hepatitis aguda tipo C

Código CIE-11: 1E50.2

- Personas trabajadoras que laboran en los servicios médicos, paramédicos y auxiliares: personal de ambulancias, laboratoristas en bancos de sangre en contacto con sangre u objetos contaminados con sangre humana procedente de pacientes infectados con hepatitis C; estomatólogos y dentistas; laboratoristas de análisis clínicos. Personal de lavandería, limpieza, mantenimiento, de las salas de urgencias en hospitales y sanatorios, personal médico, paramédicos, personal de enfermería, policías, personal de guardia y seguridad.
- Personas trabajadoras que presentan exposición de forma directa e indudable a la acción de los agentes causales establecidos en la fracción II de la cédula correspondiente contenida en el Catálogo de las Cédulas para la Valuación de las Enfermedades de Trabajo, que tengan su origen o con motivo del trabajo o en el medio que la persona trabajadora se vea obligada a prestar sus servicios.

18. Hepatitis aguda tipo D (hepatitis viral sin otra especificación)
Código CIE-11: 1E50.3

- Personas trabajadoras que laboran en los servicios médicos, paramédicos y auxiliares: personal de ambulancias, laboratoristas en bancos de sangre, en contacto con sangre u objetos contaminados con sangre humana procedente de pacientes infectados con hepatitis D; estomatólogos y dentistas; laboratoristas de análisis clínicos, personal de lavandería, de limpieza, mantenimiento, de las salas de urgencias en hospitales y sanatorios, personal médico, paramédicos, personal de enfermería, policías, personal de guardia y de seguridad.
- Personas trabajadoras que presentan exposición de forma directa e indudable a la acción de los agentes causales establecidos en la fracción II de la cédula correspondiente contenida en el Catálogo de las Cédulas para la Valuación de las Enfermedades de Trabajo, que tengan su origen o con motivo del trabajo o en el medio que la persona trabajadora se vea obligada a prestar sus servicios.

19. Hepatitis aguda tipo E (hepatitis viral sin otra especificación)
Código CIE-11: 1E50.4

- Personas trabajadoras de los servicios médicos, paramédicos y auxiliares: personal de ambulancias, estomatólogos y dentistas. Laboratoristas de análisis clínicos, personal de lavandería, personal de limpieza, mantenimiento, de las salas de urgencias en hospitales y sanatorios, personal médico, paramédicos, personal de enfermería, policías y personal de guardia y de seguridad.
- Personas trabajadoras que presentan exposición de forma directa e indudable a la acción de los agentes causales establecidos en la fracción II de la cédula correspondiente contenida en el Catálogo de las Cédulas para la Valuación de las Enfermedades de Trabajo, que tengan su origen o con motivo del trabajo o en el medio que la persona trabajadora se vea obligada a prestar sus servicios.

20. Histoplasmosis
Código CIE-11: 1F2A

- Personas trabajadoras en actividades tales como: geólogos y ayudantes de exploración, excavadores, personas trabajadoras en la extracción y manejo de guano; instructores de actividades recreativas (cuevas, grutas, túneles, pozos), mineros y exploradores de cavernas (espeleólogos). Personas trabajadoras en la demolición de construcciones antiguas.

- Personas trabajadoras que presentan exposición de forma directa e indudable a la acción de los agentes causales establecidos en la fracción II de la cédula correspondiente contenida en el Catálogo de las Cédulas para la Valuación de las Enfermedades de Trabajo, que tengan su origen o con motivo del trabajo o en el medio que la persona trabajadora se vea obligada a prestar sus servicios.

21. Infecciones herpéticas (herpes simple)
Código CIE-11: 1F00

- Personas trabajadoras de los servicios médicos, paramédicos y auxiliares: personal de ambulancias, estomatólogos y dentistas; laboratoristas de análisis clínicos, personal de lavandería, personal de limpieza, mantenimiento, de las salas de urgencias en hospitales y sanatorios, personal médico, paramédicos, personal de enfermería; personas trabajadoras de los servicios de alojamiento temporal, personal de limpieza, mantenimiento en hoteles, residencias y moteles.
- Personas trabajadoras que presentan exposición de forma directa e indudable a la acción de los agentes causales establecidos en la fracción II de la cédula correspondiente contenida en el Catálogo de las Cédulas para la Valuación de las Enfermedades de Trabajo, que tengan su origen o con motivo del trabajo o en el medio que la persona trabajadora se vea obligada a prestar sus servicios.

22. Influenza aviar o gripe aviar o infección por virus A H5N1
Código CIE-11: 1E31

- Debido a la naturaleza de contagio respiratorio del agente causante, el riesgo de las personas trabajadoras por la exposición al mismo es mayor que el de la población en general, y éste puede ser: muy alto, alto, medio o bajo. El nivel de riesgo dependerá del contacto repetido o extendido con fuentes posibles de contagio por ejercicio o motivo del trabajo o en el medio que la persona trabajadora se vea obligada a prestar sus servicios.
- Los trabajos de acuerdo con su nivel de riesgo de exposición al agente son:

a) **Riesgo de exposición muy alto**
- Personas trabajadoras con actividades que entran en contacto directo con fuentes confirmadas o sospechosas al agente durante procedimientos médicos o de laboratorio, como personal de la salud: médicos, enfermeras, dentistas, personal que maneja cadáveres de pacientes confirmados o sospechosos al agente, personal de laboratorio o gabinete que maneje especímenes contaminados de pacientes confirmados o sospechosos al agente, entre otros.

b) **Riesgo de exposición alto**
- Personas trabajadoras con actividades que brindan atención al público en unidades médicas donde se encuentran fuentes confirmadas o sospechosas al agente, como: asistentes médicas, trabajadoras sociales, farmacéuticos, técnicos y auxiliares, personal de orientación al público, paramédicos, enfermeras, médicos, personal de mantenimiento, personal que proporciona transporte médico a pacientes de personas trabajadoras sociales, servicio de lavandería, alimentos y limpieza, entre otros.

c) **Riesgo de exposición medio**
- Personas trabajadoras con actividades que brindan atención al público (que no sea en unidades médicas) donde no se conoce la exposición a fuentes confirmados o sospechosas pero es posible encontrar al agente, como las que se dedican a: la preparación y servicio de alimentos y bebidas, servicios de administración pública y seguridad social, servicios de alojamiento temporal, servicios financieros y de seguros (bancos, financieras, compañías de seguros y similares), servicios personales para el hogar y diversos, servicios de transporte público o privado (terrestre, aéreo, marítimo, o ferroviario), servicios de docencia y cuidado de infantes y personas adultas, entre otros.

d) **Riesgo de exposición bajo**
- Personas trabajadoras con actividades que no requieren contacto con el público en general o con clientes, proveedores o compañeros de trabajo o el contacto ocupacional es mínimo, sin embargo, el riesgo debe ser mayor que el de la población general.
- Personas trabajadoras que presentan exposición de forma directa e indudable a la acción de los agentes causales establecidos en la fracción II de la cédula correspondiente contenida en el Catálogo de las Cédulas para la Valuación de las Enfermedades de Trabajo,

que tengan su origen o con motivo del trabajo o en el medio que la persona trabajadora se vea obligada a prestar sus servicios.

23. Influenza pandémica

Código CIE-11: 1E32

- Debido a la naturaleza de contagio respiratorio del agente causante, el riesgo de las personas trabajadoras por la exposición al mismo es mayor que el de la población general, y éste puede ser: muy alto, alto, medio o bajo. El nivel de riesgo dependerá del contacto repetido o extendido con fuentes posibles de contagio por ejercicio o motivo del trabajo o en el medio que la persona trabajadora se ve obligado a prestar sus servicios.
- Los trabajos de acuerdo con su nivel de riesgo de exposición al agente son:

a) **Riesgo de exposición muy alto**

- Personas trabajadoras con actividades que entran en contacto directo con fuentes confirmadas o sospechosas al agente durante procedimientos médicos o de laboratorio, como personal de la salud: médicos, enfermeras, dentistas, personal que maneja cadáveres de pacientes confirmados o sospechosos al agente, personal de laboratorio o gabinete que maneje especímenes contaminados de pacientes confirmados o sospechosos al agente, entre otros.

b) **Riesgo de exposición alto**

- Personas trabajadoras con actividades que brindan atención al público en unidades médicas donde se encuentran fuentes confirmadas o sospechosas al agente, como: asistentes médicas, trabajadoras sociales, farmacéuticos, técnicos y auxiliares, personal de orientación al público, paramédicos, enfermeras, médicos, personal de mantenimiento, personal que proporciona transporte médico a pacientes de personas trabajadoras sociales, servicio de lavandería, alimentos y limpieza, entre otros.

c) **Riesgo de exposición medio**

- Personas trabajadoras con actividades que brindan atención al público (que no sea en unidades médicas), donde no se conoce la exposición a fuentes confirmadas o sospechosas pero es posible encontrar al agente, como las que se dedican a: la preparación y servicio de alimentos y bebidas, servicios de administración pública y seguridad social, servicios de alojamiento temporal, servicios financieros y de seguros (bancos, financieras, compañías de seguros y similares), servicios personales para el hogar y diversos, servicios de transporte público o privado (terrestre, aéreo, marítimo o ferroviario), servicios de docencia y cuidado de infantes y personas adultas, entre otros.

d) **Riesgo de exposición bajo**

- Personas trabajadoras con actividades que no requieren contacto con el público en general o con clientes, proveedores o compañeros de trabajo o el contacto ocupacional es mínimo, sin embargo, el riesgo debe ser mayor que el de la población general.
- Personas trabajadoras que presentan exposición de forma directa e indudable a la acción de los agentes causales establecidos en la fracción II de la cédula correspondiente contenida en el Catálogo de las Cédulas para la Valuación de las Enfermedades de Trabajo, que tengan su origen o con motivo del trabajo o en el medio que la persona trabajadora se vea obligada a prestar sus servicios.

24. **Leishmaniasis (úlcera de oriente, leishmaniasis americana, úlcera de los chicleros)**
Código CIE-11: 1F54

- Personas trabajadoras como los chicleros y huleros, leñadores de las regiones tropicales, personal militar, vainilleros, entre otros.
- Personas trabajadoras que presentan exposición de forma directa e indudable a la acción de los agentes causales establecidos en la fracción II de la cédula correspondiente contenida en el Catálogo de las Cédulas para la Valuación de las Enfermedades de Trabajo, que tengan su origen o con motivo del trabajo o en el medio que la persona trabajadora se vea obligada a prestar sus servicios.

25. **Leptospirosis (enfermedad de weil, fiebre icterohemorrágica, fiebre de los cortadores de caña, fiebre de los pantanos, fiebre del fango, ictericia hemorrágica o enfermedad de stuttgart)**
Código CIE-11: 1B91

- Personas trabajadoras de la agricultura: agricultores, jornaleros, personas trabajadoras en la compraventa de chatarra, fierro viejo, partes o mecanismos usados y desperdicios en general, recolectores de basura. Personas trabajadoras en la cría y explotación de ganado y otras clases de animales, cuidadores y manipuladores de animales y granjeros. Curtido y acabado de cuero y piel, personal de deslanado y descarnado de cuero. Personas trabajadoras en la elaboración, preparación, conservación, envasado y empacado de pescados, mariscos y otros productos marinos, empacadores de pescados y mariscos, pescadores. Personas trabajadoras en la explotación de bosques madereros; extracción de productos forestales no maderables y servicios de explotación forestal, leñadores. Personas trabajadoras en la extracción y beneficio de carbón mineral, grafito, minerales no metálicos y metálicos, mineros cuando previamente exista silicosis. Personas trabajadoras de instalaciones sanitarias, eléctricas, de gas y de aire acondicionado, gasfitero, instalador de conexiones de gas, técnico de refrigeración y aire acondicionado. Personas trabajadoras de alcantarillado y drenajes. Personas trabajadoras en la matanza de ganado y aves, de mataderos, traperos de ganado equino y de rastros. Personas trabajadoras de los servicios veterinarios y auxiliares, enfermeros y ayudantes de veterinaria y veterinarios.

- Personas trabajadoras que presentan exposición de forma directa e indudable a la acción de los agentes causales establecidos en la fracción II de la cédula correspondiente contenida en el Catálogo de las Cédulas para la Valuación de las Enfermedades de Trabajo, que tengan su origen o con motivo del trabajo o en el medio que la persona trabajadora se vea obligada a prestar sus servicios.

26. Micetoma (pie de madura o maduromicosis)

Código CIE-11: 1F29

- Personas trabajadoras en la agricultura: personas trabajadoras del campo que producen avena, cebada y centeno. Molineros de trigo, panaderos. Personas trabajadoras de aserraderos. En climas tropicales, personas trabajadoras expuestas a la contaminación de materiales vegetales como cactus, cañas, instrumentos agrícolas, espinas, hierbas, piedras y zacates; jornaleros. Pescadores o personas trabajadoras expuestas a las escamas del pescado.
- Personas trabajadoras que presentan exposición de forma directa e indudable a la acción de los agentes causales establecidos en la fracción II de la cédula correspondiente contenida en el Catálogo de las Cédulas para la Valuación de las Enfermedades de Trabajo,

que tengan su origen o con motivo del trabajo o en el medio que la persona trabajadora se vea obligada a prestar sus servicios.

27. Muermo (farcinosis)
Código CIE-11: 1B92

- Personas trabajadoras en la cría y explotación de ganado y otras clases de animales, así como hipódromos, galgódromos, lienzos charros, palenques, promoción y presentación de espectáculos taurinos, caballerangos, carniceros, cuidadores de ganado equino, granjeros, herrador de caballos, jinetes, mozos de cuadra, o de rancho ganadero; soldados de caballería en el ejército. Las personas trabajadoras en la matanza de ganado y aves; personas trabajadoras de mataderos, traperos de ganado equino y de rastros. Las personas trabajadoras de los servicios de laboratorio de microbiología, químicos, laboratoristas, personal de limpieza de laboratorio de microbiología. Personas trabajadoras de los servicios veterinarios y auxiliares, enfermeros de veterinaria y veterinarios.
- Personas trabajadoras que presentan exposición de forma directa e indudable a la acción de los agentes causales establecidos en la fracción II de la cédula correspondiente contenida en el Catálogo de las Cédulas para la Valuación de las Enfermedades de Trabajo, que tengan su origen o con motivo del trabajo o en el medio que la persona trabajadora se vea obligada a prestar sus servicios.

28. Oncocercosis (ceguera de los ríos)
Código CIE-11: 1F6A

- Personas trabajadoras agrícolas principalmente en zonas de las plantaciones cafetaleras, agricultores de café y jornaleros.
- Personas trabajadoras que presentan exposición de forma directa e indudable a la acción de los agentes causales establecidos en la fracción II de la cédula correspondiente contenida en el Catálogo de las Cédulas para la Valuación de las Enfermedades de Trabajo, que tengan su origen o con motivo del trabajo o en el medio que la persona trabajadora se vea obligada a prestar sus servicios.

29. Paludismo (malaria)
Código CIE-11: 1F40.Z, 1F41.Z, 1F41.Y, 1F42.Y

- Personas trabajadoras como campesinos, conductores de trenes y vehículos de carga o pasajeros que viajan a zona endémica; floricultores, marineros, obreros, pilotos; personas trabajadoras de la salud y expuestas en zonas endémicas.
- Personas trabajadoras que presentan exposición de forma directa e indudable a la acción de los agentes causales establecidos en la fracción II de la cédula correspondiente contenida en el Catálogo de las Cédulas para la Valuación de las Enfermedades de Trabajo, que tengan su origen o con motivo del trabajo o en el medio que la persona trabajadora se vea obligada a prestar sus servicios.

30. Pediculosis de la cabeza
Código CIE-11: 1G00.0

- Personas trabajadoras de los servicios de alojamiento temporal: recamareras y personal de lavandería; personas trabajadoras de los servicios de peluquería y salones de belleza, como peluqueros, estilistas y personal de spa. Personas trabajadoras de los servicios de enseñanza académica, capacitación, investigación científica y difusión cultural, puericultistas, maestros de todos los niveles educativos y técnicos en educación.
- Personas trabajadoras de los servicios médicos y de asistencia social; personal de limpieza en albergues, guarderías, sanatorios y de la salud. Soldados y personal penitenciario.
- Personas trabajadoras que presentan exposición de forma directa e indudable a la acción de los agentes causales establecidos en la fracción II de la cédula correspondiente contenida en el Catálogo de las Cédulas para la Valuación de las Enfermedades de Trabajo, que tengan su origen o con motivo del trabajo o en el medio que la persona trabajadora se vea obligada a prestar sus servicios.

31. Psitacosis (ornitosis)
Código CIE-11: 1C22

- Personas trabajadoras en actividades como la agricultura: agricultores, granjeros y avicultores; personas trabajadoras en la cría y explotación de ganado y otras clases de animales, así como hipódromos, galgódromos, lienzos charros, palenques y promoción y presentación de espectáculos taurinos: cuidadores de aves y de zoológicos. Personas trabajadoras en la matanza de ganado y aves; en la elaboración, preparación, conservación, envasado y empacado de carnes y sus derivados como carniceros. Personas trabajadoras en la matanza de ganado y aves; personas trabajadoras de mataderos de aves, elaboración, preparación, conservación, envasado y empacado de productos avícolas y personas trabajadoras en contacto con aves.

- Personas trabajadoras de los servicios de laboratorio de microbiología para la industria en general como químicos, laboratoristas y personal de aseo de laboratorio de microbiología. Personas trabajadoras de los servicios veterinarios y auxiliares como biólogos, taxidermistas y veterinarios, ornitólogos y tiendas de mascotas.
- Personas trabajadoras que presentan exposición de forma directa e indudable a la acción de los agentes causales establecidos en la fracción II de la cédula correspondiente contenida en el Catálogo de las Cédulas para la Valuación de las Enfermedades de Trabajo, que tengan su origen o con motivo del trabajo o en el medio que la persona trabajadora se vea obligada a prestar sus servicios.

32. Rabia o hidrofobia (encefalitis aguda y mortal)

Código CIE-11: 1C82

- Personas trabajadoras en la agricultura como agricultores, agropecuarios y jornaleros. Personas trabajadoras de los servicios de fumigación, desinfección y control de plagas como jardineros, jardineros ornamentales, así como, personas trabajadoras de los servicios de enseñanza académica, capacitación, investigación científica y difusión cultural como conservadores de la naturaleza, ecologistas, investigadores, exploradores de cavernas, de bioterios e investigadores.
- Personas trabajadoras de los servicios veterinarios y auxiliares como personas trabajadoras de perreras, personal en contacto con animales infectados y veterinarios. Personas trabajadoras de zoológicos.
- Personas trabajadoras que presentan exposición de forma directa e indudable a la acción de los agentes causales establecidos en la fracción II de la cédula correspondiente contenida en el Catálogo de las Cédulas para la Valuación de las Enfermedades de Trabajo,

que tengan su origen o con motivo del trabajo o en el medio que la persona trabajadora se vea obligada a prestar sus servicios.

33. Rickettsiosis (tifus murino, fiebre maculosa de las montañas rocallosas, fiebre q o de queensland y fiebre manchada)
Código CIE-11: 1C30.0, 1C31.0, 1C33

- Personas trabajadoras en la agricultura como agricultores, agropecuarios y jornaleros. Personas trabajadoras de la cría y explotación de ganado y otras clases de animales, hipódromos, galgódromos, lienzos charros, palenques, así como promoción y presentación de espectáculos taurinos como granjeros, caballerangos, jinetes, cuidadores y ordeñadores. Personas trabajadoras en la elaboración, preparación, conservación, envasado y empacado de carnes y sus derivados, como personas trabajadoras que elaboran y preparan carnes. Personas trabajadoras en la explotación de bosques madereros; extracción de productos forestales no maderables y servicios de explotación forestal como forestales, guardabosques y operadores madereros. Personas trabajadoras en la fabricación de resinas sintéticas, plastificantes y caucho. Personas trabajadoras en la matanza de ganado y aves, como operadores de mataderos.
- Personas trabajadoras de los servicios médicos, paramédicos y auxiliares: enfermeras, personal de laboratorios biológicos y de diagnóstico, de centros de diálisis y de lavandería. Personas trabajadoras de los servicios veterinarios y auxiliares, como biólogos, taxidermistas, veterinarios, ornitólogos y personal en las tiendas de mascotas. Personas trabajadoras de los servicios de educación y asistencia como escuelas, hospicios, guarderías, asilos, prisiones, como maestros, educadoras, puericultistas, afanadoras de guarderías, guardias de prisión, celadores, soldados y marinos.
- Personas trabajadoras que presentan exposición de forma directa e indudable a la acción de los agentes causales establecidos en la fracción II de la cédula correspondiente contenida en el Catálogo de las Cédulas para la Valuación de las Enfermedades de Trabajo, que tengan su origen o con motivo del trabajo o en el medio que la persona trabajadora se vea obligada a prestar sus servicios.

34. Rubéola (sarampión alemán o sarampión de tres días)

Código CIE-11: 1F02

- Personas trabajadoras de los servicios de alojamiento temporal: de hoteles, residencias y moteles. Personas trabajadoras de los servicios de enseñanza académica, capacitación, investigación científica y difusión cultural, como maestros de preescolar, primaria y de guarderías. Personas trabajadoras en servicios médicos como: médicos, enfermeras, paramédicos, auxiliares, personal de limpieza en hospitales y sanatorios, terapistas y de la salud.
- Personas trabajadoras que presentan exposición de forma directa e indudable a la acción de los agentes causales establecidos en la fracción II de la cédula correspondiente contenida en el Catálogo de las Cédulas para la Valuación de las Enfermedades de Trabajo, que tengan su origen o con motivo del trabajo o en el medio que la persona trabajadora se vea obligada a prestar sus servicios.

35. Sarampión

Código CIE-11: 1F03

- Personas trabajadoras de los servicios de alojamiento temporal: de hoteles, residencias y moteles. Personas trabajadoras de los servicios de enseñanza académica, capacitación, investigación científica y difusión cultural, como maestros de preescolar, primaria y de guarderías. Personas trabajadoras de los servicios médicos como: médicos, enfermeras, paramédicos, auxiliares, personal de limpieza en hospitales, sanatorios, terapistas y en el sector salud.
- Personas trabajadoras que presentan exposición de forma directa e indudable a la acción de los agentes causales establecidos en la fracción II de la cédula correspondiente contenida en el Catálogo de las Cédulas para la Valuación de las Enfermedades de Trabajo, que tengan su origen o con motivo del trabajo o en el medio que la persona trabajadora se vea obligada a prestar sus servicios.

36. Sífilis no venérea

Código CIE-11: 1C1F

- Personas trabajadoras en la fabricación de vidrio y productos de vidrio, como sopladores de vidrio. Personas trabajadoras dedicadas a las inhumaciones y servicios conexos, como mozos de anfiteatro.

Personas trabajadoras de los servicios médicos, como paramédicos y auxiliares, enfermeras, médicos, patólogos y de la salud.

- Personas trabajadoras que presentan exposición de forma directa e indudable a la acción de los agentes causales establecidos en la fracción II de la cédula correspondiente contenida en el Catálogo de las Cédulas para la Valuación de las Enfermedades de Trabajo, que tengan su origen o con motivo del trabajo o en el medio que la persona trabajadora se vea obligada a prestar sus servicios.

37. Tétanos

Código CIE-11: 1C13

- Personas trabajadoras en las actividades industriales de la metalmecánica como cortadores, herreros, soldadores, operadores de tornos, prensas y guillotinas, estibadores, peones de carga, ayudantes generales y personal de mantenimiento de maquinaria.
- Personas trabajadoras en la agricultura: puestos de trabajo con exposición como los agricultores y jornaleros. Personas trabajadoras en la cría y explotación de ganado y otras clases de animales, hipódromos, galgódromos, lienzos charros, palenques, así como promoción y presentación de espectáculos taurinos, como caballerangos, carniceros, cuidadores de ganado equino, granjeros, herreros, jinetes y mozos de cuadra.
- Personas trabajadoras en la preparación y servicio de alimentos, como cocineros. Personas trabajadoras en los servicios de reparación, lavado, engrasado de vehículos automotores, verificación de emisión de contaminantes, servicios mecánicos y de hojalatería, como mecánicos, hojalateros; lavadores, verificadores y ayudantes generales.
- Personas trabajadoras de los servicios médicos, paramédicos y auxiliares, como médicos, enfermeras, personal de laboratorios biológicos y de diagnóstico, del sector de la salud que manipulan objetos corto-punzantes. Personas trabajadoras en la generación, transmisión y distribución de energía eléctrica, como electricistas. Otros puestos de trabajo, como soldados y marinos.
- Personas trabajadoras que presentan exposición de forma directa e indudable a la acción de los agentes causales establecidos en la fracción II de la cédula correspondiente contenida en el Catálogo de las Cédulas para la Valuación de las Enfermedades de Trabajo,

que tengan su origen o con motivo del trabajo o en el medio que la persona trabajadora se vea obligada a prestar sus servicios.

38. Toxoplasmosis

Código CIE-11: 1F57.Y

- Personas trabajadoras laboratoristas, manipuladores de gatos en tiendas o estéticas para mascotas, de rastros y veterinarios.
- Personas trabajadoras que presentan exposición de forma directa e indudable a la acción de los agentes causales establecidos en la fracción II de la cédula correspondiente contenida en el Catálogo de las Cédulas para la Valuación de las Enfermedades de Trabajo, que tengan su origen o con motivo del trabajo o en el medio que la persona trabajadora se vea obligada a prestar sus servicios.

39. Tuberculosis miliar

Código CIE-11: 1B13

- Personas trabajadoras en la extracción y beneficio de carbón mineral, grafito, minerales no metálicos y metálicos, como mineros cuando previamente exista silicosis. Personas trabajadoras de las inhumaciones y servicios conexos, como mozos de anfiteatro. Personas trabajadoras en la matanza de ganado y aves. Personas trabajadoras en la elaboración, preparación, conservación, envasado y empacado de carnes y sus derivados, como carniceros, de rastros, veterinarios y auxiliares de veterinario.
- Personas trabajadoras de los servicios de aseo y limpieza, como afanadoras. Personas trabajadoras de los servicios de asistencia social, como albergues para indigentes, centros de refugiados o de inmigrantes, centros de tratamiento para adicciones e instituciones correccionales.
- Personas trabajadoras de los servicios médicos, paramédicos y auxiliares, como médicos, enfermeras, personal de laboratorios biológicos y de diagnóstico, de centros de diálisis y de lavandería en sanatorios. Personas trabajadoras de los servicios veterinarios y auxiliares, como enfermeros de veterinaria, patólogos y veterinarios.
- Personas trabajadoras que presentan exposición de forma directa e indudable a la acción de los agentes causales establecidos en la fracción II de la cédula correspondiente contenida en el Catálogo de las Cédulas para la Valuación de las Enfermedades de Trabajo,

que tengan su origen o con motivo del trabajo o en el medio que la persona trabajadora se vea obligada a prestar sus servicios.

40. Tuberculosis respiratoria confirmada bacteriológica e histológicamente y otras micobacteriosis

Código CIE-11: 1B10, 1G80

- Personas trabajadoras en la extracción y beneficio de carbón mineral, grafito, minerales no metálicos y metálicos, como mineros cuando previamente exista silicosis. Personas trabajadoras de las inhumaciones y servicios conexos, como mozos de anfiteatro. Personas trabajadoras en la matanza de ganado y aves. Personas trabajadoras en la elaboración, preparación, conservación, envasado y empacado de carnes y sus derivados, como carniceros y de rastros.
- Personas trabajadoras de servicios de aseo y limpieza, como afanadoras. Personas trabajadoras de los servicios de asistencia social, como de albergues para indigentes, de centros de refugiados o de inmigrantes, de centros de tratamiento para adicciones e instituciones correccionales.
- Personas trabajadoras de los servicios médicos, paramédicos y auxiliares, como médicos, enfermeras, personal de laboratorios biológicos y de diagnóstico, de centros de diálisis y de lavandería en sanatorios. Servicios veterinarios y auxiliares: enfermeros de veterinaria, patólogos y veterinarios.
- Personas trabajadoras que presentan exposición de forma directa e indudable a la acción de los agentes causales establecidos en la fracción II de la cédula correspondiente contenida en el Catálogo de las Cédulas para la Valuación de las Enfermedades de Trabajo, que tengan su origen o con motivo del trabajo o en el medio que la persona trabajadora se vea obligada a prestar sus servicios.

41. Varicela

Código CIE-11: 1E90

- Personas trabajadoras de los servicios de alojamiento temporal: de hoteles, residencias y moteles. Personas trabajadoras de los servicios de enseñanza académica, capacitación, investigación científica y difusión cultural, como maestros de preescolar, primaria y de guarderías.

- Personas trabajadoras de los servicios médicos, paramédicos y auxiliares, como médicos, enfermeras, paramédicos, personal de limpieza en hospitales, sanatorios y de la salud.
- Personas trabajadoras que presentan exposición de forma directa e indudable a la acción de los agentes causales establecidos en la fracción II de la cédula correspondiente contenida en el Catálogo de las Cédulas para la Valuación de las Enfermedades de Trabajo, que tengan su origen o con motivo del trabajo o en el medio que la persona trabajadora se vea obligada a prestar sus servicios.

Grupo II. Cánceres de origen laboral

42. Neoplasias primarias del cerebro

Código CIE-11: 2A00

- Las personas trabajadoras con actividades agrícolas, especialmente aquellas expuestas a plaguicidas, herbicidas y pesticidas. Personas trabajadoras de la electricidad, el caucho y el petróleo. Personas trabajadoras de la industria química, como expuestas a disolventes orgánicos, de laboratorio, de investigación en la producción de gas mostaza. Personas trabajadoras en contacto y producción de estireno y poliestireno, productores del plástico: personas trabajadoras expuestas en las industrias de la producción de cloruro de vinilo en plantas de polimerización, donde se usen derivados halogenados de los hidrocarburos alifáticos, diclorometano, triclorometano, tribromometano, dicloro-2-etano, tricloroetano, dicloroetano, tricloroetileno, cloropropileno, cloro-2-butadieno, tetracloruro de carbono, y aquellas personas trabajadoras expuestas a metales pesados, como arsénico, mercurio, plomo, oro y plata. Personas trabajadoras expuestas en las industrias que manejen disolventes orgánicos, como los pintores, entre otros. Personas trabajadoras de los servicios médicos, asistencia social y veterinarios, como radiólogos, técnicos radiólogos, odontólogos, anestesiólogos, personal de quirófano. Personas trabajadoras de la industria de la construcción de edificaciones y de obras de ingeniería civil, con las personas trabajadoras de asfalto, nucleares, técnicos, analistas de estructuras. Personas trabajadoras de la industria de las telecomunicaciones, televisión, radio y telefonía celular. Personas trabajadoras en la refinación del petróleo y derivados del carbón, de la gasificación del carbón, de la fabricación de neumáticos.

- Personas trabajadoras que presentan exposición de forma directa e indudable a la acción de los agentes causales establecidos en la fracción II de la cédula correspondiente contenida en el Catálogo de las Cédulas para la Valuación de las Enfermedades de Trabajo, que tengan su origen o con motivo del trabajo o en el medio que la persona trabajadora se vea obligada a prestar sus servicios.

43. Carcinoma in situ del ojo o de los anexos oculares
Código CIE-11: 2E6A

- Personas trabajadoras de la agricultura, ganadería, pesca, silvicultura, industria de la construcción, tales como, personas trabajadoras que laboren en ambientes expuestos, como son los agricultores, pescadores, peones, marineros y aserradores. Personas trabajadoras de la industria de la construcción, tales como, albañiles, constructores, de la construcción de edificaciones y de obras de ingeniería civil, en la pavimentación de carreteras, de construcción en techos e impermeabilizantes; carpinteros, ebanistas, artesanos; del vidrio, de la limpieza en las centrales nucleares. En suma, toda persona expuesta a la radiación solar y sin protección por trabajar al aire libre tiene un riesgo notable, fundamentalmente si tiene piel blanca o clara o predisposición genética.
- Personas trabajadoras que presentan exposición de forma directa e indudable a la acción de los agentes causales establecidos en la fracción II de la cédula correspondiente contenida en el Catálogo de las Cédulas para la Valuación de las Enfermedades de Trabajo, que tengan su origen o con motivo del trabajo o en el medio que la persona trabajadora se vea obligada a prestar sus servicios.

44. Neoplasias malignas de la orofaringe
Código CIE-11: 2B6A

- Personas trabajadoras con actividades económicas y puestos de trabajo a los que se pueden asociar la industria química, expuestas a disolventes orgánicos y de la producción de herbicidas y pesticidas. Personas trabajadoras en laboratorios de investigación en la producción de gas mostaza. Personas trabajadoras que manejan disolventes orgánicos como los pintores. Personas trabajadoras de la extracción y beneficio de minerales no metálicos, como los mineros de carbón que se exponen a derivados del petróleo, vapores de solventes, mecánicos de vehículos de motores de combustión, chóferes, aquellas personas expuestas a polvos de madera u orgánicos, los de la industria del carbón y la construcción expuestas a cemento y personal de la salud expuesto a papiloma virus.

- Personas trabajadoras que presentan exposición de forma directa e indudable a la acción de los agentes causales establecidos en la fracción II de la cédula correspondiente contenida en el Catálogo de las Cédulas para la Valuación de las Enfermedades de Trabajo, que tengan su origen o con motivo del trabajo o en el medio que la persona trabajadora se vea obligada a prestar sus servicios.

45. Neoplasias malignas de la nasofaringe
Código CIE-11: 2B6B

- Personas trabajadoras en actividades económicas y puestos de trabajo, tales como: la extracción de cadmio, metalurgia en la producción de materiales con cadmio, exposición a pinturas con cadmio, producción de fertilizantes, papel, maderas laminadas y resinas, carpinteros. Personas trabajadoras expuestas a combustibles para motores, disolventes de grasas, aceites y pinturas; en el grabado fotográfico de impresiones; como intermediario químico en la manufactura de detergentes, explosivos, productos farmacéuticos y pinturas.
- Personas trabajadoras que presentan exposición de forma directa e indudable a la acción de los agentes causales establecidos en la fracción II de la cédula correspondiente contenida en el Catálogo de las Cédulas para la Valuación de las Enfermedades de Trabajo, que tengan su origen o con motivo del trabajo o en el medio que la persona trabajadora se vea obligada a prestar sus servicios.

46. Neoplasias malignas de la cavidad nasal y senos paranasales
Código CIE-11: 2C20 y 2C22

- Personas trabajadoras en actividades económicas y puestos de trabajo, tales como: carpinteros, ebanistas, leñadores y demás personas trabajadoras asociadas al manejo de la madera, de la industria química, de la refinación, en la extracción y procesamiento del cromo el níquel y el radio, aquellas expuestas a pinturas y solventes, expuestas a gases oxigenados del petróleo, en la producción de fertilizantes, papel, maderas laminadas y resinas, granjeros y personal expuesto a polvos orgánicos. Personas trabajadoras en la agricultura en la molienda de la harina o trabajos de panadería. Personas trabajadoras de la industria del calzado e industria del cuero, como los curtidores de las pieles.

- Personas trabajadoras que presentan exposición de forma directa e indudable a la acción de los agentes causales establecidos en la fracción II de la cédula correspondiente contenida en el Catálogo de las Cédulas para la Valuación de las Enfermedades de Trabajo, que tengan su origen o con motivo del trabajo o en el medio que la persona trabajadora se vea obligada a prestar sus servicios.

47. Neoplasias malignas de la laringe y alteraciones de la voz sin especificación

Código CIE-11: 2C23, MA82.Z

- Personas trabajadoras de la industria química, como los de laboratorio de investigación en la producción de gas mostaza, en la industria del plástico como los expuestos en la fabricación y producción de plásticos, en contacto de industrias que manejan disolventes orgánicos, como los pintores; de minas de oro; de la industria del asbesto, de las personas trabajadoras de la industria del acero, en plantas siderúrgicas, expuestas en la producción y uso de plaguicidas. Personas trabajadoras de la industria de la construcción de edificaciones y obras de ingeniería civil como los albañiles, techadores, peones expuestos al asbesto. Personas trabajadoras expuestas a la combustión de carbón, petróleo y gasolina, basuras; cocineros, de la industria metalúrgica, curtidores, granjeros, de la construcción. Personas trabajadoras de la industria farmacéutica como los que manejan quimioterapéuticos. Personas trabajadoras que utilizan la voz frecuentemente como cantantes, vocalistas, coristas, maestros, profesores, locutores, personal que atiende al público, camareros, teleoperadores, comerciantes, guías de turistas, carpinteros, escultores, entrenadores, monitores, traductor, todos aquellos oficios o profesiones en los que las personas trabajadoras usan su voz como herramienta de trabajo.
- Personas trabajadoras que presentan exposición de forma directa e indudable a la acción de los agentes causales establecidos en la

fracción II de la cédula correspondiente contenida en el Catálogo de las Cédulas para la Valuación de las Enfermedades de Trabajo, que tengan su origen o con motivo del trabajo o en el medio que la persona trabajadora se vea obligada a prestar sus servicios.

48. Neoplasias malignas de la tráquea

Código CIE-11: 2C24

- Personas trabajadoras expuestas al cloruro de metileno, la fundición de metales, al asbesto, la sílica, el caucho y los polvos de madera, aumenta la probabilidad de padecer este padecimiento. Algunos puestos laborales asociados son pintores, manufactureros farmacéuticos, productores de removedores de pintura, asociados a la industria metalúrgica, producción y manejo de caucho, carpinteros.
- Personas trabajadoras que presentan exposición de forma directa e indudable a la acción de los agentes causales establecidos en la fracción II de la cédula correspondiente contenida en el Catálogo de las Cédulas para la Valuación de las Enfermedades de Trabajo, que tengan su origen o con motivo del trabajo o en el medio que la persona trabajadora se vea obligada a prestar sus servicios.

49. Carcinoma de la mama, tipo especializado

Código CIE-11: 2C60

- Personas trabajadoras en actividades de tipo nuclear, técnicas y analistas de estructuras, de la salud como radiólogos, técnicos radiólogos, dentistas, de bares, restaurantes y centros nocturnos.
- Personas trabajadoras que presentan exposición de forma directa e indudable a la acción de los agentes causales establecidos en la fracción II de la cédula correspondiente contenida en el Catálogo de las Cédulas para la Valuación de las Enfermedades de Trabajo, que tengan su origen o con motivo del trabajo o en el medio que la persona trabajadora se vea obligada a prestar sus servicios.

50. Melanoma de la piel

Código CIE-11: 2C30

- Personas trabajadoras de la industria de la construcción en general y de carreteras, obras industriales, técnicos de laboratorio bacteriológico, deportistas profesionales, industria farmacéutica, forestación, industria maderera, enfermeros, médicos guías de montaña, instructores de esquí, peluqueros, marineros, pescadores, mecánicos dentales, militares, cosmetólogos, minería a cielo abierto, litografía, imprenta, industria del petróleo, curado de plástico, jardineros, parquistas, irradiación de alimentos, tareas rurales, agricultores, personas empleadas de solárium, ferroviarios y de transporte.

- Personas trabajadoras que presentan exposición de forma directa e indudable a la acción de los agentes causales establecidos en la fracción II de la cédula correspondiente contenida en el Catálogo de las Cédulas para la Valuación de las Enfermedades de Trabajo, que tengan su origen o con motivo del trabajo o en el medio que la persona trabajadora se vea obligada a prestar sus servicios.

51. Carcinoma de células escamosas de la piel

Código CIE-11: 2C31

- Personas trabajadoras en la industria de la construcción en general y de carreteras, obras industriales, técnicos de laboratorio bacteriológico, deportistas profesionales, industria farmacéutica, forestación, industria maderera, enfermeros, médicos guías de montaña, instructores de esquí, peluqueros, marineros, pescadores, mecánicos dentales, militares, cosmetólogos, minería a cielo abierto, litografía, imprenta, industria del petróleo, curado de plástico, jardineros, parquistas, irradiación de alimentos, tareas rurales, agricultores, personas empleadas de solárium, ferroviarios y de transporte.
- Personas trabajadoras que presentan exposición de forma directa e indudable a la acción de los agentes causales establecidos en la fracción II de la cédula correspondiente contenida en el Catálogo de las Cédulas para la Valuación de las Enfermedades de Trabajo, que tengan su origen o con motivo del trabajo o en el medio que la persona trabajadora se vea obligada a prestar sus servicios.

52. Carcinoma basocelular de la piel

Código CIE-11: 2C32

- Personas trabajadoras en la industria de la construcción en general y de carreteras, obras industriales, técnicos de laboratorio bacteriológico, deportistas profesionales, industria farmacéutica, forestación, industria maderera, enfermeros, médicos guías de montaña, instructores de esquí, peluqueros, marineros, pescadores, mecánicos dentales, militares, cosmetólogos, minería a cielo abierto, litografía, imprenta, industria del petróleo, curado de plástico, jardineros, parquistas, irradiación de alimentos, tareas rurales, agricultores, personas empleadas de solárium, ferroviarios y de transporte.

- Personas trabajadoras que presentan exposición de forma directa e indudable a la acción de los agentes causales establecidos en la fracción II de la cédula correspondiente contenida en el Catálogo de las Cédulas para la Valuación de las Enfermedades de Trabajo, que tengan su origen o con motivo del trabajo o en el medio que la persona trabajadora se vea obligada a prestar sus servicios.

53. Neoplasias malignas de la glándula tiroides

Código CIE-11: 2D10

- Personas trabajadoras en la fabricación de calzado e industria del cuero, curtidores de pieles, refinación del petróleo y derivados del carbón, personas empleadas de gasolineras, huleros, productores de plásticos, transporte terrestre, conductores de autobuses, operarios, equipo de transporte y sus partes, mecánicos de motores de diésel, de la construcción, de edificaciones de obras de ingeniería civil, nucleares, técnicos, analistas de estructuras, de industria química, productores de estireno y poliestireno, productores de plásticos, caucho, servicios médicos, asistencia social, veterinarios y de la salud.
- Personas trabajadoras que presentan exposición de forma directa e indudable a la acción de los agentes causales establecidos en la fracción II de la cédula correspondiente contenida en el Catálogo de las Cédulas para la Valuación de las Enfermedades de Trabajo, que tengan su origen o con motivo del trabajo o en el medio que la persona trabajadora se vea obligada a prestar sus servicios.

54. Mesotelioma de la pleura

Código CIE-11: 2C26.0

- Personas trabajadoras en la minería, procesamiento, transporte y manipulación de amianto; fabricación y uso de productos que contienen amianto. Molinero de asbesto, fabricantes de productos con asbesto-cemento (láminas, tinacos, entre otros). Personas trabajadoras de hojas metálicas; en la industria de revestimiento, astilleros, manufactureros de textiles, producción de materiales aislantes o filtros; en la industria de hule, plástico, resinas y polímeros. Mecánicos de frenos, fabricantes de materiales de fricción, tales como: balatas, frenos, embragues, entre otros. Personas trabajadoras en la industria de la construcción de edificaciones y obras de ingeniería civil.

- Personas trabajadoras que presentan exposición de forma directa e indudable a la acción de los agentes causales establecidos en la fracción II de la cédula correspondiente contenida en el Catálogo de las Cédulas para la Valuación de las Enfermedades de Trabajo, que tengan su origen o con motivo del trabajo o en el medio que la persona trabajadora se vea obligada a prestar sus servicios.

55. Adenocarcinoma del bronquio o del pulmón

Código CIE-11: 2C25.0

- Personas trabajadoras en la minería y trabajo subterráneo; procesamiento de minerales. Personas trabajadoras en minas, canteras y fundiciones; de la industria de la cerámica, el cemento y el vidrio; en actividades de construcción, fabricación de pesticidas y otros productos químicos; agrícolas; mineros, fundidores y refinado de metales; de salud como médicos y veterinarios. Soldadores, expuestas a humos de cigarro, de contaminantes ambientales, por el entorno laboral, tales como, meseros, cantineros, de los casinos o como los policías de tráfico urbano, conductores profesionales, entre otros. Personas trabajadoras de la refinación del petróleo y derivados del carbón expuestas a gasificación del carbón, arsénico y compuestos arsenicales; de aceites minerales no tratados del petróleo.
- Personas trabajadoras que presentan exposición de forma directa e indudable a la acción de los agentes causales establecidos en la fracción II de la cédula correspondiente contenida en el Catálogo de las Cédulas para la Valuación de las Enfermedades de Trabajo, que tengan su origen o con motivo del trabajo o en el medio que la persona trabajadora se vea obligada a prestar sus servicios.

56. Neoplasias malignas del esófago

Código CIE-11: 2B70

- Personas trabajadoras mineras, dedicadas a la extracción de minerales no metálicos; de la industria de la cerámica, molinero de asbesto, de hojas metálicas, industria de revestimiento, manufactureros de textiles, producción de materiales aislantes o filtros, industria del hule, plástico, resinas y polímero. Personas trabajadoras de la producción, reparación de equipos de transporte y sus partes, mecánicos de frenos, fabricantes materiales de fricción. Personas trabajadoras de la industria de la construcción de edificaciones y obras de ingeniería civil, como albañiles, peones, jefes de obra, entre otros.

- Personas trabajadoras que presentan exposición de forma directa e indudable a la acción de los agentes causales establecidos en la fracción II de la cédula correspondiente contenida en el Catálogo de las Cédulas para la Valuación de las Enfermedades de Trabajo, que tengan su origen o con motivo del trabajo o en el medio que la persona trabajadora se vea obligada a prestar sus servicios.

57. Neoplasias malignas del estómago (cáncer gástrico)
Código CIE-11: 2B72

- Personas trabajadoras en servicios como: mineros de carbón, en el procesamiento de hierro y acero, manufactura, procesamiento de madera, construcción, minería, manufactura marítima, agricultura, ganadería, perforadores de pozos, herreros, albañiles, carpinteros, operadores de máquinas, en la industria del cuero y en el manejo del cemento portland.
- Personas trabajadoras que presentan exposición de forma directa e indudable a la acción de los agentes causales establecidos en la fracción II de la cédula correspondiente contenida en el Catálogo de las Cédulas para la Valuación de las Enfermedades de Trabajo, que tengan su origen o con motivo del trabajo o en el medio que la persona trabajadora se vea obligada a prestar sus servicios.

58. Neoplasias malignas del hígado o de las vías biliares intrahepáticas
Código CIE-11: 2C12.Z

- Personas trabajadoras de los servicios médicos, asistencia social y veterinarios: personas trabajadoras de la salud; industria química: de la producción de cloruro de vinilo o copolímeros, expuestas en minas de arsénico, productor y uso de plaguicidas, herreros, industrias de plásticos, limpiadores de vasos de reacción del monómero de cloruro de vinilo, mineros del arsénico, reparadores de energía eléctrica y de vidrio; de la industria restaurantera, de la agricultura, así como los mineros y fundidores de cobre, plomo y zinc. Personas trabajadoras en la ganadería, industria en el procesamiento del pollo y del puerco. Personas trabajadoras en actividades como: pintores y de imprenta.

- Personas trabajadoras que presentan exposición de forma directa e indudable a la acción de los agentes causales establecidos en la fracción II de la cédula correspondiente contenida en el Catálogo de las Cédulas para la Valuación de las Enfermedades de Trabajo, que tengan su origen o con motivo del trabajo o en el medio que la persona trabajadora se vea obligada a prestar sus servicios.

59. Neoplasias malignas de colon y recto

Código CIE-11: 2B90, 2B91, 2B92

- Personas trabajadoras de la agricultura, manufactura, industria de la cerámica, molinero de asbesto, de hojas metálicas, industria de revestimiento, manufactureros de textiles, producción de materiales aislantes o filtros, industria del hule, plástico, resinas y polímero.
- Personas trabajadoras en equipos de transporte y sus partes, mecánicos de frenos, personas trabajadoras fabricantes de materiales de fricción. Construcción de edificaciones y obras de ingeniería civil, de la construcción. Bomberos, industria petroquímica, hierro y metal, industria de preparación de bebidas, muelleros. Refinadoras de petróleo.
- Personas trabajadoras que presentan exposición de forma directa e indudable a la acción de los agentes causales establecidos en la fracción II de la cédula correspondiente contenida en el Catálogo de las Cédulas para la Valuación de las Enfermedades de Trabajo, que tengan su origen o con motivo del trabajo o en el medio que la persona trabajadora se vea obligada a prestar sus servicios.

60. Neoplasia maligna de páncreas y angiosarcoma de hígado

Código CIE-11: 2C10 y 2B56.3

- Neoplasia maligna de páncreas: personas trabajadoras artesanos, bibliotecarios, archivistas, taxistas, chóferes, industria eléctrica, electrónica, tipografía, vidrio, cerámica, metalúrgica, sobrecargo, mayordomo, tripulantes de cabina de pasajeros, estibador y manipulador de carga, procesamiento de metales.

- Angiosarcoma de hígado: personas trabajadoras de los servicios médicos, asistencia social y veterinarios, tales como: médicos, radiólogos, técnicos radiólogos, dentistas, veterinarios. Personas trabajadoras de la industria química, tales como: personas trabajadoras de la producción del cloruro de vinilo o copolímeros, expuestas en minas de arsénico, productores y que manejan o usan plaguicidas. Personas trabajadoras de la industria del plástico, limpiadores de vasos de reacción de monómeros de cloruro de vinilo, mineros del arsénico, herreros, reparadores de energía eléctrica y del vidrio. Personas trabajadoras de la industria restaurantera, tales como: personas trabajadoras de bares, discotecas y restaurantes. Personas trabajadoras de la agricultura, tales como: productores de alimentos, forrajes, carga y descarga, procesamiento de arroz y maíz. Personas trabajadoras en la extracción y beneficio de minerales no metálicos, tales como: mineros, fundidores de cobre, plomo, zinc, entre otros.
- Personas trabajadoras que presentan exposición de forma directa e indudable a la acción de los agentes causales establecidos en la fracción II de la cédula correspondiente contenida en el Catálogo de las Cédulas para la Valuación de las Enfermedades de Trabajo, que tengan su origen o con motivo del trabajo o en el medio que la persona trabajadora se vea obligada a prestar sus servicios.

61. Neoplasias malignas del riñón, excepto de la pelvis renal
Código CIE-11: 2C90

- Personas trabajadoras con exposición a pesticidas, plaguicidas o herbicidas por su elaboración, manejo o uso. Personas trabajadoras mineros. Personas trabajadoras de la industria química con exposición a solventes, tintas y pigmentos. Personas trabajadoras agrícolas expuestas a aminas aromáticas, benceno y sus derivados.
- Personas trabajadoras que presentan exposición de forma directa e indudable a la acción de los agentes causales establecidos en la fracción II de la cédula correspondiente contenida en el Catálogo de las Cédulas para la Valuación de las Enfermedades de Trabajo, que tengan su origen o con motivo del trabajo o en el medio que la persona trabajadora se vea obligada a prestar sus servicios.

62. Carcinoma urotelial de la vejiga

Código CIE-11: 2C94.2

- Personas trabajadoras en la industria química, como las personas trabajadoras de estireno y su producción; tintes y colorantes; de la industria textil de lana. Ingenieros, técnicos y del industria química, mecánica, cosmética, farmacéutica; de la manufactura de pigmentos; de refinadores químicos, producción de coque, gasificación de carbón, de aluminio, fundidoras. Personas trabajadoras en contacto con anilinas y sus compuestos. Industria editorial y de impresión: personas trabajadoras de imprentas. Personas trabajadoras de la agricultura, como agricultores. Personas trabajadoras de los servicios personales para el hogar y diversos, como estilistas, cultoras de belleza.
- Personas trabajadoras de la construcción de edificaciones y de obras de ingeniería civil. Personas trabajadoras de la industria atómica, radioactivos, reactores nucleares, utilización de radioelementos utilización de generadores de radiaciones. Carpinteros, ebanistas, artesanos de la madera. Personas trabajadoras de la construcción, de la extracción y beneficio de minerales metálicos y no metálicos, mineros.
- Personas trabajadoras dedicadas a la fabricación de calzado e industria del cuero: calzado e industria del cuero, como los curtidores de pieles. Personas trabajadoras expuestas en la refinación del petróleo y derivados del carbón, como los de refinerías. Personas trabajadoras de la industria restaurantera, como las personas trabajadoras de bares, restaurantes, centros nocturnos.
- Personas trabajadoras que presentan exposición de forma directa e indudable a la acción de los agentes causales establecidos en la fracción II de la cédula correspondiente contenida en el Catálogo de las Cédulas para la Valuación de las Enfermedades de Trabajo, que tengan su origen o con motivo del trabajo o en el medio que la persona trabajadora se vea obligada a prestar sus servicios.

63. Neoplasias malignas de próstata

Código CIE-11: 2C82

- Las personas trabajadoras con mayor riesgo para padecer cáncer de próstata se observaron en peluqueros o especialistas en tratamientos de belleza. Personas trabajadoras de actividades agrícolas, de la industria del caucho; expuestas al cadmio.

- Personas trabajadoras que presentan exposición de forma directa e indudable a la acción de los agentes causales establecidos en la fracción II de la cédula correspondiente contenida en el Catálogo de las Cédulas para la Valuación de las Enfermedades de Trabajo, que tengan su origen o con motivo del trabajo o en el medio que la persona trabajadora se vea obligada a prestar sus servicios.

64. Neoplasias malignas del testículo

Código CIE-11: 2C80

- Personas trabajadoras con exposición a pesticidas, en su elaboración, manejo y uso. Personas trabajadoras mineros, aquellas personas con exposición a solventes. Personas empleadas que son potencialmente expuestas a fuentes emisoras de radar (en el ejército, marineros y pescadores y policías que usaban dispositivos de radar).
- Personas trabajadoras que presentan exposición de forma directa e indudable a la acción de los agentes causales establecidos en la fracción II de la cédula correspondiente contenida en el Catálogo de las Cédulas para la Valuación de las Enfermedades de Trabajo, que tengan su origen o con motivo del trabajo o en el medio que la persona trabajadora se vea obligada a prestar sus servicios.

65. Neoplasias malignas del escroto

Código CIE-11: 2C83

- Personas trabajadoras en la industria de la construcción de edificaciones y de obras de ingeniería civil: peones, de construcción de caminos en contacto con asfalto. Deshollinadores, personas trabajadoras que están expuestas al hollín, caldereros y limpiadores de chimeneas y que utilizan diésel. Industria química e industria textil: personas trabajadoras en contacto y producción de disolventes orgánicos.
- Personas trabajadoras que presentan exposición de forma directa e indudable a la acción de los agentes causales establecidos en la fracción II de la cédula correspondiente contenida en el Catálogo de las Cédulas para la Valuación de las Enfermedades de Trabajo,

que tengan su origen o con motivo del trabajo o en el medio que la persona trabajadora se vea obligada a prestar sus servicios.

66. Carcinomas del ovario

Código CIE-11: 2C73.0

- Personas trabajadoras de bares, restaurantes y centros nocturnos. Personas trabajadoras en contacto con sustancias químicas y pesticidas. Personas fumigadoras aéreas, ingenieras agrónomas, trabajadoras en contacto con insecticidas, como el personal de fumigación, trabajadoras del campo, fabricantes de pesticidas.
- Personas trabajadoras que presentan exposición de forma directa e indudable a la acción de los agentes causales establecidos en la fracción II de la cédula correspondiente contenida en el Catálogo de las Cédulas para la Valuación de las Enfermedades de Trabajo, que tengan su origen o con motivo del trabajo o en el medio que la persona trabajadora se vea obligada a prestar sus servicios.

67. Osteosarcoma primario

Código CIE-11: 2B51

- Personas trabajadoras de los servicios médicos, asistencia social, veterinarios, tales como: radiólogos, técnicos en radiología, analistas de estructuras, odontólogos, de la industria nuclear que estén expuestas a radiaciones ionizantes, incluyendo rayos X, gamma, neutrones y gas radón.
- Personas trabajadoras que presentan exposición de forma directa e indudable a la acción de los agentes causales establecidos en la fracción II de la cédula correspondiente contenida en el Catálogo de las Cédulas para la Valuación de las Enfermedades de Trabajo, que tengan su origen o con motivo del trabajo o en el medio que la persona trabajadora se vea obligada a prestar sus servicios.

68. Leucemia aguda, no clasificada en otra parte

Código CIE-11: 2B33.0

- Personas trabajadoras en la industria eléctrica como los de las plantas generadoras de energía eléctrica; de la industria editorial y de impresión, como son los impresores; agrícolas o agricultores; de la refinación del petróleo y derivados del carbón, como son las personas empleadas de gasolineras, huleros, mozos de limpieza, productores de plásticos, de caucho, entre otros. Personas trabajadoras del transporte terrestre como los conductores de autobuses, operarios, mecánicos de motores diésel; de la construcción de edificaciones y de obras de ingeniería civil, como los nucleares, técnicos y analistas de estructuras.

- Personas trabajadoras que presentan exposición de forma directa e indudable a la acción de los agentes causales establecidos en la fracción II de la cédula correspondiente contenida en el Catálogo de las Cédulas para la Valuación de las Enfermedades de Trabajo, que tengan su origen o con motivo del trabajo o en el medio que la persona trabajadora se vea obligada a prestar sus servicios.

69. Linfoma (hodgkin y no hodgkin)

Código CIE-11: 2B30, 2B33.5, 2A80, 2A81, 2A86, 2A90

- Personas trabajadoras del campo, jornaleros, agricultores, cazadores; de la industria forestal, como leñadores; de la industria manufacturera, trasporte de manufactura; en la producción y distribución de electricidad, gas y agua; de la industria de la construcción, como albañiles, peones, jefes de obra; en actividades financieras; sociales; de la salud, como médicos, personal de enfermería, paramédicos, camilleros. Personas trabajadoras de hoteles y restaurantes; de la industria automotriz; de la industria química; de la refinería de petróleo; de la industria nuclear; de la industria de la curtiduría de la piel y calzado; de la industria metalúrgica, imprenta, plástico, textil, científica, bienes raíces.
- Personas trabajadoras que presentan exposición de forma directa e indudable a la acción de los agentes causales establecidos en la fracción II de la cédula correspondiente contenida en el Catálogo de las Cédulas para la Valuación de las Enfermedades de Trabajo, que tengan su origen o con motivo del trabajo o en el medio que la persona trabajadora se vea obligada a prestar sus servicios.

70. Mieloma múltiple

Código CIE-11: 2A82, 2A83, 2A84

- Personas trabajadoras del campo, jornaleros, agricultores, ganaderos; de la industria aeroespacial, personal de los servicios médicos, como los médicos, personal de enfermería, paramédicos, entre otros.

- Personas trabajadoras que presentan exposición de forma directa e indudable a la acción de los agentes causales establecidos en la fracción II de la cédula correspondiente contenida en el Catálogo de las Cédulas para la Valuación de las Enfermedades de Trabajo, que tengan su origen o con motivo del trabajo o en el medio que la persona trabajadora se vea obligada a prestar sus servicios.

71. Síndrome mielodisplásico, no clasificable
Código CIE-11: 2A37

- Personas trabajadoras en la industria eléctrica como los de las plantas generadoras de energía eléctrica; de la industria editorial y de impresión, como son los impresores, tales como: alzador, batidor, cajista, impresor; agrícolas, jornaleros, agricultores, ganadero, controlador de plagas, operador de maquinaria agrícola; de la refinación del petróleo y derivados del carbón, como son las personas empleadas de gasolineras, huleros, mozos de limpieza, productores de plásticos, de caucho, entre otros. Personas trabajadoras del transporte terrestre como los conductores de autobuses, operarios, mecánicos de motores diésel; de la construcción de edificaciones y de obras de ingeniería civil, como los nucleares, técnicos y analistas de estructuras.
- Personas trabajadoras que presentan exposición de forma directa e indudable a la acción de los agentes causales establecidos en la fracción II de la cédula correspondiente contenida en el Catálogo de las Cédulas para la Valuación de las Enfermedades de Trabajo, que tengan su origen o con motivo del trabajo o en el medio que la persona trabajadora se vea obligada a prestar sus servicios.

Grupo III. Enfermedades del sistema circulatorio, de la sangre y órganos hematopoyéticos

72. Anemia aplásica debida a otros agentes externos
Código CIE-11: 3A70, 3A70.11

- Personas trabajadoras expuestas en las industrias editorial, de impresión y conexas, de litografía, imprentas, rotativas y serigrafistas. Personas trabajadoras que laboran en las industrias metálicas básicas del hierro del acero y metales no ferrosos; que laboran en la elaboración de ferroaleaciones, arrabio, fierro esponja, aceros especiales, planchón, tocho, palanquilla, varilla corrugada, alambrón, barras, rieles, plancha, tubos y otros productos primarios de hierro o acero y de metales no ferrosos. Incluye a empresas que realicen todo el proceso de transformación o parte de él, desde la fundición, afinación y refinación, hasta la fase de productos semiacabados por laminación, vaciado, moldeado, extrusión, trefilado, forjado y otros procesos para obtener alambre, perfiles estructurales, láminas, hojas, cintas, hojalata, cañerías, piezas fundidas y otros; así como a las dedicadas al aprovechamiento de chatarra para obtener piezas fundidas y coladas.

- Personas trabajadoras en la industria nuclear, minas de uranio y otros metales radioactivos (arsénico, níquel, cobalto, estroncio, berilio y radium), radio (que fabrican carátulas de relojes hechas con radio) y reactores nucleares.
- Personas trabajadoras de los servicios médicos, tales como: personas trabajadoras de radioterapia y radiodiagnóstico (rayos láser; rayos máser, la utilización de radioelementos: gammagrafía, gamma, betaterapia e isótopos).
- Personas trabajadoras expuestas en la industria química y fabricación de productos de hule. Comprende a las empresas que se dedican a la fabricación de llantas, cámaras, empaques, retenes, rodillos, tapetes, bandas, poleas, topes, accesorios para automóviles, tubos, mangueras, planchas, hojas, hilos, juguetes, tacones, suelas, calzado moldeado, productos de uso higiénico y farmacéutico y otros similares de hule. Incluye la regeneración y vulcanización de llantas y otros productos de hule.
- Personas trabajadoras que realizan actividades en la industria petrolera, tales como: refinación del petróleo crudo y petroquímica básica. Incluye la fabricación de gasolinas, aceites pesados, asfaltos, parafinas y otros productos derivados de la refinación del petróleo crudo.
- Personas trabajadoras que laboran en la fabricación, ensamble y reparación de maquinaria, equipo y sus partes; excepto los eléctricos. Personas trabajadoras en la fabricación y ensamble de maquinaria, equipo e implementos para las industrias de la construcción, ex-

tractivas, papel, cemento, petroquímica básica, química; metálicas básicas del hierro, del acero y de metales no ferrosos.

- Personas trabajadoras que presentan exposición de forma directa e indudable a la acción de los agentes causales establecidos en la fracción II de la cédula correspondiente contenida en el Catálogo de las Cédulas para la Valuación de las Enfermedades de Trabajo, que tengan su origen o con motivo del trabajo o en el medio que la persona trabajadora se vea obligada a prestar sus servicios.

73. Anemia hemolítica adquirida

Código CIE-11: 3A20, 3A21

- Personas trabajadoras expuestas en las industrias editoriales, de impresión y conexas: personas trabajadoras de litografía, imprentas, rotativas y serigrafistas. Industrias químico-farmacéuticas y de medicamentos: empacadores, mezcladores y operadores en los procesos de fármacos. Personas trabajadoras en la industria minera, tales como: barrenadores, perforistas, operarios de maquinaria y equipo de extracción minera. Personas trabajadoras de la industria petrolera, tales como: operadores del refinado y transformación del petróleo. Industria química: empacadores, mezcladores, operarios y supervisores en la elaboración de productos químicos.
- Personas trabajadoras que presentan exposición de forma directa e indudable a la acción de los agentes causales establecidos en la fracción II de la cédula correspondiente contenida en el Catálogo de las Cédulas para la Valuación de las Enfermedades de Trabajo, que tengan su origen o con motivo del trabajo o en el medio que la persona trabajadora se vea obligada a prestar sus servicios.

74. Otras arritmias cardiacas

Código CIE-11: BC9Y, BC9Z

- Personas trabajadoras expuestas en la preparación, manipulación y empleo de los hidrocarburos clorados y bromados de la serie alifática; de los productos que lo contengan, especialmente en el empleo como agentes de extracción de grasas y como disolventes.
- Personas trabajadoras que laboran en la fabricación de ciertos desinfectantes; anestésicos, antisépticos y otros productos de la industria farmacéutica y química; polímeros de síntesis; refinado de aceites

minerales; fabricación y reparación de aparatos e instalaciones frigoríficas, y fabricación y utilización de pinturas, disolventes, decapantes, barnices y látex.

- Personas trabajadoras que utilizan plaguicidas, productos de limpieza y desengrasantes en tintorerías, preparación y empleo de lociones de peluquería. Personas trabajadoras que laboran en reparación y relleno de aparatos extintores de incendio; desengrasado y limpieza de piezas metálicas. Asimismo, utilizan los agentes causales en anestesia quirúrgica y gabinete básicos.
- Personas trabajadoras que presentan exposición de forma directa e indudable a la acción de los agentes causales establecidos en la fracción II de la cédula correspondiente contenida en el Catálogo de las Cédulas para la Valuación de las Enfermedades de Trabajo, que tengan su origen o con motivo del trabajo o en el medio que la persona trabajadora se vea obligada a prestar sus servicios.

75. Hipertensión arterial, aterosclerosis y cardiopatía isquémica

Código CIE-11: BA00Z, BA04Y, BD40, BA42, BA51, BA51.Y

- Personas trabajadoras expuestas a la industria agrícola, tales como: servicios de fumigación, desinfección y control de plagas. Comprende a las empresas que realizan actividades de fumigación, desinfección y control de plagas en plantaciones agrícolas, establecimientos industriales, comerciales, de servicios y del hogar. Personas trabajadoras que utilizan como componente de rodenticidas, e insecticidas o parasiticidas en almacenamiento de productos agrícolas.
- Personas trabajadoras que laboran en la industria química, tales como: servicios de laboratorio para la industria en general. Comprende a las empresas que se dedican a prestar servicios de laboratorio, en forma independiente, a diversos tipos de actividades y ramas industriales, tales como: construcción, metal-mecánica, química, textil, metalúrgica, farmacéutica, alimenticia, agrícola y otras; así como a las que se dedican al diagnóstico y control ambiental.
- Personas trabajadoras expuestas a disulfuro de carbono, tales como: cementos de neopreno; combustibles para cohetes, tales como: disolvente de aceites, bromuros, caucho, ceras, fosfatos, grasas, gutapercha, resinas, selenio, sulfuros y yoduros; en la fabricación de fósforos; extracción de agentes volátiles de las flores y extracción

del azufre; fabricación de mastiques y colas; preparación de la carbanilina como aceleradores de vulcanización del hule; removedores de pinturas, barnices o tratamiento de los suelos, y tetracloruro de carbono. Personas trabajadoras expuestas a estas sustancias en procesos de almacenamiento, aplicación, mantenimiento, manejo y producción.

- Personas trabajadoras que utilizan ácido nítrico: barnices, colorantes, colodión, cuero sintético, explosivos, lacas, nitrocelulosa, producción de abonos orgánicos y seda artificial.
- Personas trabajadoras expuestas a nitroglicerina, que se dedican a la fabricación de explosivos y en la industria farmacéutica.
- Personas trabajadoras que laboran en las industrias químico-farmacéuticas y de medicamentos. Comprende a las empresas que se dedican a la industrialización de materias primas químico-farmacéuticas, a través de extracción, desarrollo, síntesis y otros similares, así como a la fabricación de medicamentos, acondicionamiento y envase de los mismos. Personas trabajadoras que se dedican a la fabricación de perfumes y cosméticos. Personas trabajadoras que realizan labores de formulación, elaboración y envase de esencias, perfumes, cosméticos, lociones, desodorantes, fijadores para el cabello y otros productos de tocador.
- Personas trabajadoras de los servicios de revelado fotográfico. Comprende a las empresas que se dedican a la prestación de servicios de revelado fotográfico industrial. Personas trabajadoras de la industria textil dedicadas a la manufactura de seda artificial del tipo celofán, fibras, viscosa y rayón. Personas trabajadoras que laboran en la fabricación de productos y partes pre construidas de concreto. De igual forma, comprende a las empresas que, a base de concreto, se dedican a la fabricación de tubos, bloques, vigas, postes, tabiques, módulos para casas, lavaderos y otras partes pre construidas de concreto. Excepto los productos y partes de asbesto-cemento, de granito y el montaje de los productos mencionados y clasificados por separado.
- Personas trabajadoras que presentan exposición de forma directa e indudable a la acción de los agentes causales establecidos en la fracción II de la cédula correspondiente contenida en el Catálogo de las Cédulas para la Valuación de las Enfermedades de Trabajo,

que tengan su origen o con motivo del trabajo o en el medio que la persona trabajadora se vea obligada a prestar sus servicios.

76. Insuficiencia venosa periférica crónica
Código CIE-11: BD74Z

- Personas trabajadoras que permanecen de pie o sentadas por tiempo prolongado o realizan marchas prolongadas con o sin manejo de bultos pesados, tales como: cajeras, carteros, chóferes de transporte terrestre, cirujanos, dentistas, personas empleadas de mostrador, enfermeras de quirófano, estibadores, estilistas, peluqueros, meseros, policías, secretarias, tipógrafos, vendedores y vigilantes.
- Personas trabajadoras que presentan exposición de forma directa e indudable a la acción de los agentes causales establecidos en la fracción II de la cédula correspondiente contenida en el Catálogo de las Cédulas para la Valuación de las Enfermedades de Trabajo, que tengan su origen o con motivo del trabajo o en el medio que la persona trabajadora se vea obligada a prestar sus servicios.

77. Otras enfermedades vasculares periféricas, síndrome de vibración de mano y brazo (enfermedad del dedo blanco, síndrome de raynaud)
Código CIE-11: BE2Y, BD42.1

- Personas trabajadoras expuestas de las industrias de la construcción, química, farmacéutica y de servicios de salud.
- Personas trabajadoras expuestas a las vibraciones transmitidas a la mano y al brazo por máquinas o por objetos mantenidos sobre una superficie vibrante (gama de frecuencia de 25 a 250 Hz). Puestos de trabajo en los que se manejan maquinarias que transmitan vibraciones como: desbrozadoras, esmeriles, martillo neumático, perforadoras, pulidoras, punzones, sierras mecánicas, taladros a percusión y taladros. Personas trabajadoras que utilizan remachadoras y pistolas de sellado.
- Personas trabajadoras que laboran en la producción y síntesis del policloruro de vinilo (PVC) que se exponen al monómero, como en las industrias donde se dedican a la fabricación de tuberías, perfiles de ventanas, impermeabilización de láminas, techos y productos para revestimientos de suelo. Trabajos en los que se exponen al apoyo de la región tenar e hipotenar de la mano de forma reiterativa, per-

cutiendo sobre un plano fijo y rígido, así como los choques transmitidos a la eminencia hipotenar por una herramienta percutante. Personas trabajadoras que se dedican a la fabricación de bolsas de plástico, catéteres, plasma y sangre o suero.

- Personas trabajadoras que presentan exposición de forma directa e indudable a la acción de los agentes causales establecidos en la fracción II de la cédula correspondiente contenida en el Catálogo de las Cédulas para la Valuación de las Enfermedades de Trabajo, que tengan su origen o con motivo del trabajo o en el medio que la persona trabajadora se vea obligada a prestar sus servicios.

Grupo IV. Trastornos mentales

78. Trastorno de ansiedad

Código CIE-11: 6B00, 6B01, 6B02

- Personas trabajadoras del sector público y privado, relacionadas con salud, educación, transporte (terrestre, aéreo y marítimo), atención a usuarios, seguridad pública y privada, fuerzas armadas, atención de desastres y urgencias, así como personas trabajadoras del buceo industrial, del sector comercio, industrial, bancario y financiero. Puede presentarse en cualquier persona trabajadora y puesto de trabajo, su gravedad dependerá de los factores de riesgo psicosocial laborales negativos enfrentados y las características de exposición a ellos.
- Personas trabajadoras que presentan exposición de forma directa e indudable a la acción de los agentes causales establecidos en la fracción II de la cédula correspondiente contenida en el Catálogo de las Cédulas para la Valuación de las Enfermedades de Trabajo, que tengan su origen o con motivo del trabajo o en el medio que la persona trabajadora se vea obligada a prestar sus servicios.

79. Trastornos no orgánicos del ciclo sueño-vigilia

Código CIE-11: 7A62, 7A64, 7A65

- Personas trabajadoras del sector público y privado, relacionadas con salud, educación, transporte (terrestre, aéreo y marítimo), buceo industrial, atención a usuarios, seguridad pública y privada, fuerzas armadas, atención de desastres y urgencias, así como personas trabajadoras del sector comercio, industrial, bancario y financiero. Puede presentarse en cualquier persona trabajadora y puesto de trabajo, su gravedad dependerá de los factores psicosociales negativos enfrentados y las características de exposición a ellos.

- Personas trabajadoras que presentan exposición de forma directa e indudable a la acción de los agentes causales establecidos en la fracción II de la cédula correspondiente contenida en el Catálogo de las Cédulas para la Valuación de las Enfermedades de Trabajo, que tengan su origen o con motivo del trabajo o en el medio que la persona trabajadora se vea obligada a prestar sus servicios.

80. Trastornos asociados con el estrés (grave y de adaptación)
Código CIE-11: 6B40, 6B43, QD85, 6E40

- Personas trabajadoras del sector público y privado, relacionadas con salud, educación, transporte (terrestre, aéreo y marítimo), buceo industrial, atención a usuarios, seguridad pública, fuerzas armadas, atención de desastres y urgencias, así como personas trabajadoras del sector comercio, industrial y bancario. Puede presentarse en cualquier persona trabajadora y puesto de trabajo, su gravedad dependerá de los factores psicosociales laborales negativos enfrentados y las características de exposición a ellos.
- Personas trabajadoras que presentan exposición de forma directa e indudable a la acción de los agentes causales establecidos en la fracción II de la cédula correspondiente contenida en el Catálogo de las Cédulas para la Valuación de las Enfermedades de Trabajo, que tengan su origen o con motivo del trabajo o en el medio que la persona trabajadora se vea obligada a prestar sus servicios.

81. Trastorno depresivo
Código CIE-11: 6A70, 6A71, 6A72, 6A73, 6A7Z

- Personas trabajadoras del sector público y privado, relacionadas con salud, educación, transporte (terrestre, aéreo y marítimo), atención a usuarios, seguridad pública y privada, fuerzas armadas, atención de desastres y urgencias, así como personas trabajadoras del buceo industrial, del sector comercio, industrial, bancario y financiero. Puede presentarse en cualquier persona trabajadora y puesto de trabajo, su gravedad dependerá de los factores de riesgo psicosocial laborales negativos enfrentados y las características de exposición a ellos.

- Personas trabajadoras que presentan exposición de forma directa e indudable a la acción de los agentes causales establecidos en la fracción II de la cédula correspondiente contenida en el Catálogo de las Cédulas para la Valuación de las Enfermedades de Trabajo, que tengan su origen o con motivo del trabajo o en el medio que la persona trabajadora se vea obligada a prestar sus servicios.

Grupo V. Enfermedades del sistema respiratorio

82. Alveolitis alérgica extrínseca o neumonitis por hipersensibilidad
Código CIE-11: CA70.0, CA70.7, CA70.Y, CA70.Z

- **V.1.1 Bagazosis:** elaboración y apertura de pacas de bagazo de caña.
- **V.1.2 Pulmón del granjero:** extracción de heno mohoso almacenado en silos.
- **V.1.3 Pulmón de la persona cuidadora de aves:** limpieza del excremento de aves de las jaulas y sitios donde viven las aves.
- **V.1.4 Pulmón de la persona trabajadora de aire acondicionado humidificado:** dedicados a la limpieza de los sistemas de humidificación de instalaciones de aire acondicionado.
- **V.1.5 Pulmón de la persona cosechadora de champiñones:** personal que cosecha los champiñones.
- **V.1.6 Suberosis:** personas trabajadoras del corcho.
- **V.1.7 Pulmón de nueva guinea:** personas que colocan techos de paja en casas en Nueva Guinea y otros países.
- **V.1.8 Pulmón de la persona lavadora de quesos:** personal que lava quesos finos que se fermentan a través de mohos.
- **V.1.9 Pulmón de la persona trabajadora de malta:** personas trabajadoras del cultivo de malta y de fábricas de cerveza.
- **V.1.10 Pulmón de la persona que inhala pituitaria:** sustituto de hormonas producidas por la pituitaria, cuando es extirpada por tumores.
- **V.1.11 Enfermedad del gorgojo de trigo:** personal que colecta trigo y panaderos.

- **V.1.12 Sequoiosis:** guardabosques de las secuoyas gigantes de California.
- **V.1.13 Pulmón de las personas manejadoras de arce:** personas trabajadoras en la obtención de miel de maple.
- **V.1.14 Pulmón de manejadores de café:** personas trabajadoras del grano del café.
- **V.1.15 Pulmón de las personas curtidoras de pieles y peleteros:** personas trabajadoras de la industria de la curtiduría.
- **V.1.16 Pulmón de las personas trabajadoras de maderas finas de caoba y roble:** principalmente carpinteros.
- **V.1.17 Pulmón de las personas limpiadoras de embutidos:** personas trabajadoras que producen y limpian maquinaria para embutidos.
- **V.1.18 Pulmón de nácar:** personas trabajadoras de nácar en joyería y orfebrería.
- **V.1.19 Pulmón de las personas trabajadoras de la manufactura de insecticidas:** personas trabajadoras de la producción de insecticidas y fumigadores en general.
- **V.1.20 Pulmón de las personas trabajadoras de la industria de plásticos y resinas epóxicas:** personas trabajadoras que elaboran plásticos y resinas epóxicas.
- **V.1.21 Pulmón de soya:** personal que produce y envasa harina de soya.
- **V.1.22 Pulmón de la Cándida:** panaderos que manejan levadura para pan de trigo, centeno y soya.
- **V.1.23 Pulmón del diisocianato:** personas trabajadoras de la industria de los isocianatos (en la elaboración de mezclas químicas, manufactura de asientos, tableros y pintores automotrices).
- **V.1.24 Pulmón del humidificador electrónico casero:** personas que utilizan este equipo.
- **V.1.25 Enfermedad por metales pesados:** personas trabajadoras de la industria metalúrgica.
- **V.1.26 Pulmón de las personas trabajadoras de harina de pescado:** personas trabajadoras que producen y envasan harina de pescado.
- **V.1.27 Pulmón de las personas trabajadoras de fertilizantes:** personas trabajadoras de las empresas donde se elaboran fertilizantes y quienes los aplican.

- **V.1.28 Enfermedad de las personas trabajadoras del tabaco:** personal que trabaja en la producción de puros.
- **V.1.29 Beriliosis:** industria aeroespacial, electrónica, minería, fibra óptica, reactores nucleares, preparación de aleaciones dentales, microondas.
- **V.1.30 Pulmón producido por exposición elevada a detergentes biológicos o enzimáticos:** personas trabajadoras de la industria de los detergentes como empacadores en bolsas o cajas y expuestas a enzimas del bacillus subtilis.
- **V.1.31 Enfermedad de los cuarteadores de pimentón (paprika):** personas trabajadoras de la elaboración de especias.
- **V.1.32 Pulmón de las personas trabajadoras de sauna:** personal que trabaja en los edificios donde existen saunas, centros deportivos y baños.
- **V.1.33 Enfermedad cóptica:** personas que trabajan con momias.
- **V.1.34 Pulmón del viñador:** personas trabajadoras en los viñedos.
- **V.1.35 Pulmón del sericulturista:** personas que se dedican a la crianza de gusanos de seda.
- **V.1.36 Espartosis:** personas trabajadoras que colocan yeso en techos.
- **V.1.37 Alveolitis de verano de Japón:** personas trabajadoras de fábricas sin aire acondicionado en Japón en verano.
- **V.1.38 Pulmón de operarios de maquinaria:** personas trabajadoras expuestas a fluidos lubricantes (taladrinas y refrigerantes).
- Personas trabajadoras que presentan exposición de forma directa e indudable a la acción de los agentes causales establecidos en la fracción II de la cédula correspondiente contenida en el Catálogo de las Cédulas para la Valuación de las Enfermedades de Trabajo, que tengan su origen o con motivo del trabajo o en el medio que la persona trabajadora se vea obligada a prestar sus servicios.

83. **Bronquitis o neumonitis debidas a la inhalación de polvos, humos, gases, vapores, rocíos o neblinas de agentes químicos que actúan como irritantes sensoriales y no sensoriales**
Código CIE-11: CA81
- Personas trabajadoras expuestas a aldehídos incluyendo acetaldehídos (aldehído acético, etanol y etilaldehído), acroleína, acroaldehi-

do, aldehído acrílico, alilaldehido, propenal y 2-propenal) y furfural (fural, 2 furancarbaxaldehido, furfuraldehído y 2-furfuraldehido), tales como: personas trabajadoras dedicadas a la manufactura de productos farmacéuticos, industria del caucho sintético, manipuladores de estos compuestos o que se expongan a productos de la combustión, petroquímica, plásticos, química y textiles.

- Personas trabajadoras expuestas a ácidos tricloruro y pentacloruro de antimonio, tales como: personas trabajadoras de la industria de la aleación y catalizadores orgánicos.
- Personas trabajadoras expuestas a éteres cloro metílicos, tales como: personas trabajadoras de la industria química expuestas a disolventes y en la preparación de otros compuestos orgánicos.
- Personas trabajadoras expuestas diisocianatos (poli isocianato y 2,6 diisocianato de tolueno de naftaleno, difenilmetano y diisocianato de 2,6-hexametileno), tales como: personas trabajadoras de la fabricación de esmaltes, espumas de poliuretanos, insecticidas, herbicidas, laminación, muebles, pintura automotriz y trabajo con resinas.
- Personas trabajadoras expuestas al mercurio, tales como: personas trabajadoras expuestas a procesos de conservación de semillas, electrolisis de la salmuera, fabricación de amalgamas, fabricantes de termómetros, manómetros, fabricación y manipulación de explosivos, fungicidas, lámparas de vapores de mercurio y sus derivados, así como, manipulación de metales, productos de electrónica, sombreros de fieltro, personas trabajadoras de la industria farmacéutica y de la minería de oro y plata.
- Personas trabajadoras expuestas al sulfuro de metilo, tales como: personas trabajadoras que manipulan este compuesto en diversas industrias.
- Personas trabajadoras que presentan exposición de forma directa e indudable a la acción de los agentes causales establecidos en la fracción II de la cédula correspondiente contenida en el Catálogo de las Cédulas para la Valuación de las Enfermedades de Trabajo, que tengan su origen o con motivo del trabajo o en el medio que la persona trabajadora se vea obligada a prestar sus servicios.

84. Bronquiolitis obliterante con neumonía organizada (BOOP)
Código CIE-11: CA26.0
Las personas trabajadoras expuestas del área de saborizantes artificiales que contienen diacetilo 2-3 butanodiona.

- Personas trabajadoras que presentan exposición de forma directa e indudable a la acción de los agentes causales establecidos en la fracción II de la cédula correspondiente contenida en el Catálogo de las Cédulas para la Valuación de las Enfermedades de Trabajo, que tengan su origen o con motivo del trabajo o en el medio que la persona trabajadora se vea obligada a prestar sus servicios.

85. Asma bronquial alérgica y asma de trabajo
Código CIE-11: CA23.0, CA23.3

a) Sustancias de alto peso molecular

- Personas trabajadoras tales como: granjeros y ganaderos, granjeros avícolas, panaderos y manipuladores de grano. Personas trabajadoras de la industria farmacéutica. Personas trabajadoras de empresas que fabrican los denominados detergentes biológicos o enzimáticos. Veterinarios, bioterios y personal que trabaja con animales. Personas trabajadoras de la industria alimentaria, farmacéutica e impresores. Investigadores, de la seda, personal sanitario o de la manufactura de la goma, manipuladores de alimentos para peces.
- Personas trabajadoras en los procesos de alimentos y recolectores, estibadores portuarios, personal que trabaja en su manufactura y enfermeras. Manipuladores de alimentos y de aserraderos y carpinteros.

b) Sustancias de bajo peso molecular

- Personas trabajadoras en actividades como: dentistas, protesistas dentales y manipuladores de pegamentos. Personas trabajadoras de la industria del plástico y resinas epóxicas. Personal de los servicios sanitarios. Personas trabajadoras de la industria farmacéutica. Personas trabajadoras de la goma. Personas trabajadoras en actividades como: pintores a pistola, o personal en la manufactura del plástico, poliuretano y aislantes. Personas trabajadoras de la industria cosmética y tintes. Personas trabajadoras de peluquería y salones de cosmética. Pulidores de diamantes. Soldadores, curtidores, cromadores y de las personas trabajadoras de la industria del cemento. Personas trabajadoras de chapado. Personas trabajadoras de refinerías. Joyeros y artesanos. Personas trabajadoras de la industria textil.

c) **Alérgenos comunes**

- Fábricas de textiles, almohadas, chamarras y cobertores. Panaderías. Industria alimentaria.
- Personas trabajadoras que presentan exposición de forma directa e indudable a la acción de los agentes causales establecidos en la fracción II de la cédula correspondiente contenida en el Catálogo de las Cédulas para la Valuación de las Enfermedades de Trabajo, que tengan su origen o con motivo del trabajo o en el medio que la persona trabajadora se vea obligada a prestar sus servicios.

86. Neumoconiosis por carbón, hulla y sus derivados

Código CIE-11: CA60.1, CA60.7, CA60.Y, CA60.Z

- Personas trabajadoras de la minería: personas mineras expuestas al carbón o hulla en sus diferentes variedades se utiliza fundamentalmente como energético y se extrae generalmente de minas. Otras industrias, con personas trabajadoras expuestas, en la que se utilizan variedades del carbón, como el grafito, para la fabricación del plomo de los lápices, la fabricación de crisoles, mamparas para las fundiciones, en la fabricación de lubricantes, pinturas, electrodos ánodos, ladrillos, bloques, cilindros, compuestos para impermeabilizar los techos como relleno y para recarburizar el acero.
- Personas trabajadoras que presentan exposición de forma directa e indudable a la acción de los agentes causales establecidos en la fracción II de la cédula correspondiente contenida en el Catálogo de las Cédulas para la Valuación de las Enfermedades de Trabajo, que tengan su origen o con motivo del trabajo o en el medio que la persona trabajadora se vea obligada a prestar sus servicios.

87. Silicosis, neumoconiosis producida por abrasivos y silicatosis

Código CIE-11: CA 60.0, CA60.00, CA60.0Y, CA60.0Z

- Personas trabajadoras en industrias de extracción de minerales, tales como: minas, canteras y en industrias de transformación que se utiliza en innumerables actividades: construcción de carreteras, refinerías, en la fabricación de cerámica, molienda de materiales, pulido de piezas, fabricación de abrasivos, en la industria de los cosméticos, como cargas en la fabricación de papel, en la industria de los metales etcétera.

- Personas trabajadoras expuestas a sílice, dióxido de silicio, anhídrido silícico, sílice libre y óxido de silicio. Los principales materiales que constituyen la corteza terrestre de donde existen 3 variedades de sílice, tales como: i) Cristalina que es la más agresiva: cuarzo, tridimita y cristobalita. ii) Amorfa que tiene el segundo puesto en agresividad: tierra de diatomeas o kieselguhr, sílice de 20 angstroms y sílice vítrea. iii) Criptocristalina. La que menos se usa y es menos fibrogénica: pedernal, sílex, ópalo y ágata.
- Personas trabajadoras expuestas a silicatos: los silicatos están formados por una molécula de sílice a óxido de silicio a la que se agregan otras moléculas diversas.

Los principales silicatos a excepción del asbesto son: talco, caolín, mica y feldespato, conforme lo siguiente:

a) **Talco.** Su principal uso es en la industria de los cosméticos, se utiliza asbesto finamente molido como talco y es muy agresivo a nivel pulmonar. También se utiliza en la industria farmacéutica, papelera, en la fabricación de sanitarios, de refractarios, en la cerámica y en la industria química.

b) **Caolín.** Se utiliza en la fabricación de cerámica fina tipo porcelana, en la industria del caucho y del cemento.

c) **Feldespato.** Se utiliza en la industria de fabricación de vajillas de uso diario, en la industria papelera, en la industria de la construcción.

d) **Mica.** Se utiliza como aislante en la industria eléctrica, para la fabricación de resistencias de planchas antiguas, secadores de pelo y otros aparatos eléctricos, en la fabricación de anuncios luminosos, en cerámica, esmaltes, explosivos y vidrio refractario.

- Personas trabajadoras expuestas a los abrasivos que producen neumoconiosis naturales y sintéticos. Naturales como corindón, esmeril, (óxidos de aluminio), sílice, silicatos, granate (pedernal o sílex, cuarzo), arena, arenisca, piedra pómez, trípoli, talco, calcita, topacio, apatita, fluorita yeso, diamante y otros. Personas trabajadoras expuestas a sustancias sintéticas, tales como: óxido de aluminio, carburo de silicio y boro, nitruro de boro, diamante y zafiro. Técnico dental y personas trabajadoras expuestas a abrasivos. Las fuentes son granos sueltos adheridos (con adhesivos) a papel o tela, en pasta (mezclados o sustancia untuosa), o compactados; ruedas, discos, muelas, piedras, afiladores; limpiadores combinados con jabones, detergentes, para cortar, pulir, triturar dando forma, así como, limpiar con chorro de arena (sandblast) y aire a presión.

- Personas trabajadoras que presentan exposición de forma directa e indudable a la acción de los agentes causales establecidos en la fracción II de la cédula correspondiente contenida en el Catálogo de las Cédulas para la Valuación de las Enfermedades de Trabajo, que tengan su origen o con motivo del trabajo o en el medio que la persona trabajadora se vea obligada a prestar sus servicios.

88. Asbestosis o Amiantosis

Código CIE-11: CA 60.2

- Personas trabajadoras que se dedican a la elaboración de tubos, tinacos y láminas, como refuerzo de las baldosas de vinilo, para elaborar textiles como ropa de bomberos, balatas, embragues, como material de aislamiento eléctrico, como aislante de alta presión, en la fabricación de molduras, paneles y revestimiento de tejados.
- Personas trabajadoras que presentan exposición de forma directa e indudable a la acción de los agentes causales establecidos en la fracción II de la cédula correspondiente contenida en el Catálogo de las Cédulas para la Valuación de las Enfermedades de Trabajo, que tengan su origen o con motivo del trabajo o en el medio que la persona trabajadora se vea obligada a prestar sus servicios.

89. Neumoconiosis debida a la inhalación con depósito de polvos y humos de minerales metálicos

Código CIE-11:CA60.4, CA60.5, CA60.6, CA60.8, CA 60.9, CA60.Y, CA60.Z

- Personas trabajadoras expuestas a la inhalación, así como depósito de polvos y humos de metales muy radio densos como son: el estaño, el hierro, el bario entre otros. Principalmente se manejan en las minas de extracción.
- Personas trabajadoras expuestas al estaño que se utiliza para fabricar barras para soldadura, para estañado y como aleación con cobre, bronce y zinc. De igual forma, personas trabajadoras expuestas al hierro que tiene numerosos usos para fabricación de utensilios de cocina, en el fundido del metal, la utilizan soldadores de arco

eléctrico, de oxiacetileno, pulidores de plata, torneros de hierro y afiladores de acero. En el mismo sentido, personas trabajadoras expuestas al bario que es utilizado para incrementar el volumen, como relleno del papel, textiles, cuero, jabón, hule, linóleo, cemento, plástico, cerámica y vidrio, también se utiliza como medio opaco para radiografías del aparato digestivo, urinario y respiratorio; en la industria química, para refinar azúcar, para elaborar insecticidas y rodenticidas.

- Enfermedades producidas por la exposición de las personas trabajadoras a otros metales que incluyen entre otros, al cromo, cobalto, níquel, molibdeno, berilio, galio, rutenio, aluminio, paladio, cobre, zinc, indio, manganeso, oro y plata, tales como: técnicos dentales; personas trabajadoras de la industria metalúrgica y de las aleaciones.
- Personas trabajadoras que presentan exposición de forma directa e indudable a la acción de los agentes causales establecidos en la fracción II de la cédula correspondiente contenida en el Catálogo de las Cédulas para la Valuación de las Enfermedades de Trabajo, que tengan su origen o con motivo del trabajo o en el medio que la persona trabajadora se vea obligada a prestar sus servicios.

90. Efectos tóxicos producidos por exposición masiva a gases o vapores, neblina o rocío de sustancias químicas

Código CIE-11: NE61, PJ46

a) Sustancias asfixiantes simples

- Personas trabajadoras expuestas al acetileno: bomberos y personas trabajadoras expuestas a la combustión incompleta de hidrocarburos y materiales orgánicos.
- Personas trabajadoras expuestas al dióxido de carbón: obreros que trabajan en procesos de oxidación en ambientes confinados, limpieza, reparación de cubas, producción de amoniaco y cianamida cálcica.
- Personas trabajadoras expuestas al butano, etano, etileno, metano, propano propileno. Personas trabajadoras de la industria de la producción y purificación del acetileno, soldadores, de la industria química y petroquímica. Personas trabajadoras expuestas a gases nobles, tales como: helio, neón, radón, xenón, argón, criptón. Personas trabajadoras de la industria refrigerante o criogénica, en la

elaboración de superconductores, bombillas, focos, lámparas de halógeno y fabricación de circuitos integrados.

- Personas trabajadoras expuestas al nitrógeno: personas trabajadoras de la industria del petróleo, yacimientos de carbón, gas líquido, hornos de carbón coque e industria petroquímica.
- Personas trabajadoras que manejan hidrógeno, tales como las personas trabajadoras expuestas durante la combustión o fermentación de compuestos de carbono, gasificación de aguas minerales y preparación de nieve carbónica, poceros y letrineros.
- Personas trabajadoras expuestas al hexafluoruro de azufre, que con motivo del trabajo tengan exposición a estos gases.

b) Sustancias asfixiantes químicas

- Personas trabajadoras expuestas al cianuro de hidrógeno derivado de la galvanoplastia, metalurgia, producción de sustancias químicas orgánicas, revelado de fotografías, manufactura de plásticos, fumigación de barcos y en algunos procesos de la minería.
- Personas trabajadoras expuestas al monóxido de carbón. Personas trabajadoras en contacto con altos hornos, bomberos, operadores de calderas, calentadores de gas en espacios pequeños y mal ventilados, combustiones que producen gran cantidad de monóxido de carbono con combustiones de vehículos automotores, gas de agua, gas de hulla, gas pobre hornos y espacios confinados, mineros, motores de combustión interna y todos los casos de combustión incompleta de carbono.
- Personas trabajadoras expuestas al sulfuro de hidrógeno. Personas trabajadoras en almacenes de excremento de animales para abono, bodegas pesqueras, de proyectos de excavación para la extracción de petróleo y gas, espacios con materia orgánica en descomposición, industria de productos metálicos como candados de bronce, orfebrería en bronce, plantas de tratamiento de aguas residuales, en contacto con blanqueadores, combustión de azufre, conservación de alimentos, estampadores, fabricación de ácido sulfúrico, fumigadores, expuestas a gases humos y vapores de sulfuro de hidrógeno, mineros que trabajan en las minas de azufre, papeles de colores, preparación de anhídrido sulfuroso en estado gaseoso o líquido, refrigeración y tintorería.

- Personas trabajadoras que tengan exposición de forma directa a sustancias que generen asfixia química en los lugares de trabajo y a los agentes asfixiantes químicos en grandes cantidades que compiten con el oxígeno desplazándolo en la sangre arterial.
- Personas trabajadoras que presentan exposición de forma directa e indudable a la acción de los agentes causales establecidos en la fracción II de la cédula correspondiente contenida en el Catálogo de las Cédulas para la Valuación de las Enfermedades de Trabajo, que tengan su origen o con motivo del trabajo o en el medio que la persona trabajadora se vea obligada a prestar sus servicios.

91. Bisinosis (asma de los lunes, opresión o constricción de los lunes), Linosis y canabiosis

Código CIE-11: CA 80.0

- Personas trabajadoras expuestas a fibras de algodón contaminadas con restos de vegetales (gossypium especies), tales como: personas trabajadoras que manejan fibras naturales de algodón fundamentalmente en operaciones de pizca, recolección, cultivo, separación, empacado contaminadas con restos vegetales en las primeras fases del proceso en: hilanderías, cordelerías, fabricación de alfombras, tapetes, aislamientos, forros, bolsas, redes, sacos, papel, tela, cordón, cinta, entre otras.
- Personas trabajadoras expuestas a fibras de lino (linum usitatissimum), tales como: personas trabajadoras dedicadas al cultivo, recolección, pizca, separación, empacado, transporte y utilización de fibras de lino.
- Personas trabajadoras expuestas a fibras de cáñamo (cannabis sativa), tales como: personas trabajadoras dedicadas al cultivo, recolección, pizca, separación, empacado, transporte y utilización de fibras de cáñamo.
- Evidencia científica señala que la exposición a fibras de henequén, yute, sisal, lechuguilla, abacá, esparto, ixtle, cabuya, kenat, contaminadas con restos vegetales, pueden provocar la enfermedad. Trabajos con exposición a fibras naturales contaminadas con restos de vegetales. No se produce bisinosis con exposición a fibras sintéticas.
- Personas trabajadoras que presentan exposición de forma directa e indudable a la acción de los agentes causales establecidos en la

fracción II de la cédula correspondiente contenida en el Catálogo de las Cédulas para la Valuación de las Enfermedades de Trabajo, que tengan su origen o con motivo del trabajo o en el medio que la persona trabajadora se vea obligada a prestar sus servicios.

Grupo VI. Enfermedades del sistema digestivo

92. Enfermedad tóxica del hígado con cirrosis y fibrosis
Código CIE-11: DB91, DB93, DB95

- Las personas trabajadoras de la industria química expuestas en la producción de cloruro de vinilo, o en plantas de polimerización; personas trabajadoras expuestas a los derivados halogenados de los hidrocarburos alifáticos, tales como: diclorometano, triclorometano, tribromometano, dicloro-2-etano, tricloroetano, dicloroetano, tricloroetileno, dicloropropano, cloropropileno, cloro-2-butadieno, tetracloruro de carbono. Personas trabajadoras expuestas al arsénico y sus compuestos, halotano, isoniacida, acetaminofén e hidrocarburos aromáticos.
- Personas trabajadoras que presentan exposición de forma directa e indudable a la acción de los agentes causales establecidos en la fracción II de la cédula correspondiente contenida en el Catálogo de las Cédulas para la Valuación de las Enfermedades de Trabajo, que tengan su origen o con motivo del trabajo o en el medio que la persona trabajadora se vea obligada a prestar sus servicios.

93. Enfermedad tóxica del hígado con hepatitis aguda
Código CIE-11: DB91, DB91.0

- Las personas trabajadoras de la industria química expuestas en la producción de cloruro de vinilo, o en plantas de polimerización; expuestas a los derivados halogenados de los hidrocarburos alifáticos, tales como: diclorometano, triclorometano, tribromometano, dicloro-2-etano, tricloroetano, dicloroetano, tricloroetileno, dicloropropano, cloropropileno, cloro-2-butadieno, tetracloruro de carbono. Personas trabajadoras expuestas al arsénico y sus compuestos, halotano, isoniacida, acetoaminofén e hidrocarburos aromáticos.
- Personas trabajadoras que presentan exposición de forma directa e indudable a la acción de los agentes causales establecidos en la

fracción II de la cédula correspondiente contenida en el Catálogo de las Cédulas para la Valuación de las Enfermedades de Trabajo, que tengan su origen o con motivo del trabajo o en el medio que la persona trabajadora se vea obligada a prestar sus servicios.

94. Enfermedad ácido-péptica

Código CIE-11: DA22, DA42, DA60, DA61, DA63, DD90, DD91

- Personas trabajadoras del sector público y privado, relacionadas con salud, educación, transporte (terrestre, aéreo y marítimo), atención a usuarios, seguridad pública y privada, fuerzas armadas, atención de desastres, urgencias y pacientes en estado crítico, así como personas trabajadoras del buceo industrial, del sector comercio, industrial, bancario y financiero. Puede presentarse en cualquier persona trabajadora y puesto de trabajo, su gravedad dependerá de los factores de riesgo psicosocial laborales negativos enfrentados y las características de exposición a ellos.
- Personas trabajadoras que presentan exposición de forma directa e indudable a la acción de los agentes causales establecidos en la fracción II de la cédula correspondiente contenida en el Catálogo de las Cédulas para la Valuación de las Enfermedades de Trabajo, que tengan su origen o con motivo del trabajo o en el medio que la persona trabajadora se vea obligada a prestar sus servicios.

Grupo VII. Enfermedades de la piel y tejidos subcutáneos

95. Otro acné especificado: acné profesional, elaioconiosis, acné por hidrocarburos y cloracné. Dermatitis acnéiforme

Código CIE-11: ED-80.Y

- Personas trabajadoras expuestas a los agentes causales, tales como: actores, cocineros en contacto con grasas, cosmetólogos, maquinistas, laboratoristas, mecánicos de autos, modelos, techadores, torneros, personas trabajadoras de la agricultura, de caminos de asfalto, de refinerías de petróleo, fabricación de la goma y manejadores de aceite de corte. Personas trabajadoras de las industrias química y petroquímica que manipulan o están en contacto con estas sustancias.
- Personas trabajadoras que presentan exposición de forma directa e indudable a la acción de los agentes causales establecidos en la

fracción II de la cédula correspondiente contenida en el Catálogo de las Cédulas para la Valuación de las Enfermedades de Trabajo, que tengan su origen o con motivo del trabajo o en el medio que la persona trabajadora se vea obligada a prestar sus servicios.

96. Dermatitis alérgica de contacto

Código CIE-11: EK00

- Personas trabajadoras de la industria de la construcción, cromado electrolítico, fotograbado, fotografía, industria textil, metalmecánica y tintorerías. Estomatólogos, odontólogos, personas trabajadoras de la manufactura de hules, de la industria de la construcción y fabricación de plásticos. Personas trabajadoras de la industria del alquitrán, asfaltos, pinturas, productos de hule derivados de la parafenilendiamina, química y tintas. Personas trabajadoras de la industria petroquímica. Personas trabajadoras de estéticas, peluquerías, salones de belleza que se expongan a la tintura de pelo. Exposición a productos de belleza.
- Personas trabajadoras de la agricultura, en la carpintería, en el cultivo de champiñón, estibadores de materia prima (cárnicos, legumbres, verduras, entre otros), floristas, jardineros y manipuladores de alimentos. Personas trabajadoras de la industria de la vainilla. Personas trabajadoras de la producción y empaquetado de la industria farmacéutica.
- Personas trabajadoras que presentan exposición de forma directa e indudable a la acción de los agentes causales establecidos en la fracción II de la cédula correspondiente contenida en el Catálogo de las Cédulas para la Valuación de las Enfermedades de Trabajo, que tengan su origen o con motivo del trabajo o en el medio que la persona trabajadora se vea obligada a prestar sus servicios.

97. Dermatitis irritante de contacto

Código CIE-11: EK02.0

- Personas trabajadoras al aire libre, artistas cinematográficos, gabinetes de fisioterapia, salineros, soldadores, vidrieros, cocineros, cantineros, industria farmacéutica y cosmética.
- Personas trabajadoras de las industrias del petróleo, petroquímica, química, cerámica, fabricación del cloro y productos orgánicos clo-

rados (acné clórico) y fabricación, manipulación y utilización del ácido fluorhídrico. Personas trabajadoras del grabado de vidrio, de laboratorio, de blanqueo, manejo y preparación del ácido sulfúrico. Personas trabajadoras expuestas a ácidos grasos e intoxicaciones por dioxinas.

- Personas trabajadoras dedicadas a la producción y manipulación de estos álcalis. Agricultores, fumigadores y estibadores de pescado. Personas trabajadoras de fundiciones. Personas trabajadoras de la manipulación de la cal, preparación de polvo de blanqueo, cemento, yeso, industria química y albañiles. Personas trabajadoras de la fabricación y utilización de esas substancias. Personas trabajadoras de la industria de abonos, cementos, hulera, linóleos, química, textil, tintorera y vidriera. Personas trabajadoras que utilizan y manipulan estas sustancias, tales como: anilinas, cianamida cálcica, dinitroclorobenceno, formaldehído, hexametilentetramina, hidrocarburos y parafenilendiamina. Personas trabajadoras expuestas al calor: caldereros, fogoneros, fundidores, herreros, horneros, panaderos y personas trabajadoras del vidrio. Personas trabajadoras expuestas al frío: cámaras frías, fabricación y manipulación de hielo y de productos refrigerados.
- Personas trabajadoras en actividades como: alijadores, cáñamo, cargadores, carpinteros, carretilleros, cocineras, cortadores de metales, cosecheros de caña, costureras, dibujantes, ebanistas, escribientes, estibadores, grabadores, herreros, hilanderos, jardineros, lana, lavanderas, lino, marmoleros, mineros, músicos, panaderos, peinadores y manipuladores de fibras, peluqueros, picapedreros, planchadoras, pulidores, sastres, sombrereros, toneleros, vainilleros, vidrieros y zapateros.
- Personas trabajadoras en actividades como: curtidores, especieros del trigo y harina, panaderos, peluqueros, personas trabajadoras de los astilleros que manipulan cereales parasitados, penicilina y otros compuestos medicamentosos. Barnizadores, bataneros, blanqueadores de tejidos por medio de vapores de azufre, hiladores y colectores de lana, canteros, cocineros, colorantes vegetales, desengrasadores de trapo, ebanistas, enfermeras, especieros, fotógrafos, laboratoristas, lavanderos, lavaplatos, manipuladores de petróleo y de la gasolina, manipuladores de pinturas, médicos, mineros y sales metálicas.

- Personas trabajadoras que presentan exposición de forma directa e indudable a la acción de los agentes causales establecidos en la fracción II de la cédula correspondiente contenida en el Catálogo de las Cédulas para la Valuación de las Enfermedades de Trabajo, que tengan su origen o con motivo del trabajo o en el medio que la persona trabajadora se vea obligada a prestar sus servicios.

98. Pigmentación anormal de la piel

Código CIE-11: ED64

- Personas trabajadoras con actividades relacionadas con el revelado no automatizado, con la industria del hule y la de vulcanización. Personas trabajadoras de la industria farmacéutica y cosmética expuestas a hidroquinona. Personas usuarias de equipo de protección fabricado con hule. Personas trabajadoras expuestas a fuentes de calor.
- Personas trabajadoras que presentan exposición de forma directa e indudable a la acción de los agentes causales establecidos en la fracción II de la cédula correspondiente contenida en el Catálogo de las Cédulas para la Valuación de las Enfermedades de Trabajo, que tengan su origen o con motivo del trabajo o en el medio que la persona trabajadora se vea obligada a prestar sus servicios.

99. Dermatosis por radiación ionizante, sin especificación

Código CIE-11: EJ7Z

- Personas trabajadoras en la industria nuclear, minas de uranio y otros metales radioactivos, en el tratamiento de minerales y metalurgia, reactores nucleares, utilización de radio-elementos (gammagrafía, gamma y beta-terapia e isótopos), de generadores de radiaciones, así como personas trabajadoras y técnicos de rayos X y radio.
- Personas trabajadoras que presentan exposición de forma directa e indudable a la acción de los agentes causales establecidos en la fracción II de la cédula correspondiente contenida en el Catálogo de las Cédulas para la Valuación de las Enfermedades de Trabajo, que tengan su origen o con motivo del trabajo o en el medio que la persona trabajadora se vea obligada a prestar sus servicios.

100. Urticaria de contacto
Código CIE-11: EB01.3

- Personas trabajadoras en el campo, agricultores, jardineros, cocineros, personal médico, paramédico y farmacéuticos. Personas trabajadoras de lecherías, tablajeros y carniceros. Personas trabajadoras de semiconductores y otros que empleen equipo de protección fabricado con látex y peluqueros.
- Personas trabajadoras que presentan exposición de forma directa e indudable a la acción de los agentes causales establecidos en la fracción II de la cédula correspondiente contenida en el Catálogo de las Cédulas para la Valuación de las Enfermedades de Trabajo, que tengan su origen o con motivo del trabajo o en el medio que la persona trabajadora se vea obligada a prestar sus servicios.

Grupo VIII. Enfermedades del sistema osteomuscular y del tejido conjuntivo

101. Trastornos de la columna vertebral (cervical, dorsal y lumbar)
Código CIE-11: FA34, FA72.3, FA72.4, FA92.00, FB56.6

- Personas trabajadoras en actividades como: chóferes, repartidores, operadores de maquinaria pesada, cargadores y vigilantes. Personas trabajadoras que permanecen por causa de su trabajo en posiciones forzadas, no ergonómicas y fatigantes en forma prolongada. Actividades en las que se requiera mantener el equilibrio con cargas añadidas, como casco, equipo pesado y posturas forzadas. (buceo industrial, pesca artesanal y cargadores en puertos).
- Personas trabajadoras que presentan exposición de forma directa e indudable a la acción de los agentes causales establecidos en la fracción II de la cédula correspondiente contenida en el Catálogo de las Cédulas para la Valuación de las Enfermedades de Trabajo, que tengan su origen o con motivo del trabajo o en el medio que la persona trabajadora se vea obligada a prestar sus servicios.

102. Dolor lumbar crónico inespecífico (lumbago mecano postural, contractura dorsal inferior, espondilopatía interespinosa, dolor lumbar y lumbago SAI)
Código CIE-11: ME84.2, ME84.2Z, FA72.1

- Personas con actividades como: chóferes, repartidoras, operadoras de maquinaria pesada, cargadoras y vigilantes. Personas trabajadoras que permanecen por causa de su trabajo en posiciones incómodas, no ergonómicas y fatigantes en forma prolongada, con gran esfuerzo sobre la parte lumbo-sacra de la columna vertebral.
- Personas trabajadoras que presentan exposición de forma directa e indudable a la acción de los agentes causales establecidos en la fracción II de la cédula correspondiente contenida en el Catálogo de las Cédulas para la Valuación de las Enfermedades de Trabajo, que tengan su origen o con motivo del trabajo o en el medio que la persona trabajadora se vea obligada a prestar sus servicios.

103. Epicondilitis lateral (codo de tenista)
Código CIE-11: FB55.1, XK9J, XK8G, XK9K, XK70

- Personas trabajadoras en los que las actividades le requieran utilizar las manos para sujetar herramientas por periodos prolongados. máquina neumática, perforadoras mecánicas, herramientas análogas, perforadoras y remachado.
- Personas trabajadoras con puestos de trabajo de: carniceros, carpinteros, empacadores, golfistas, herreros, laminadores, martilleros de plancha de acero y caldereros, mecánicos, obreros de la construcción, personal de limpieza, pulidores de fundición, talladores de piedra, tenistas, y todos los puestos de trabajo que requieran a la persona trabajadora utilizar las manos para sujetar herramientas por periodos prolongados.
- Personas trabajadoras que presentan exposición de forma directa e indudable a la acción de los agentes causales establecidos en la fracción II de la cédula correspondiente contenida en el Catálogo de las Cédulas para la Valuación de las Enfermedades de Trabajo, que tengan su origen o con motivo del trabajo o en el medio que la persona trabajadora se vea obligada a prestar sus servicios.

104. Epicondilitis media (codo de golfista)
Código CIE-11: FB55.0, XK9J, XK8G, XK9K, XK70

- Actividades que requieran a la persona trabajadora utilizar las manos para sujetar herramientas por periodos prolongados. Máquina neumática, perforadoras mecánicas, herramientas análogas, perforadoras y remachado.

- Personas trabajadoras con puestos de trabajo de: carniceros, carpinteros, empacadores, golfistas, herreros, laminadores, martilleros de plancha de acero y caldereros, mecánicos, obreros de la construcción, personal de limpieza, pulidores de fundición, talladores de piedra, tenistas, y todos los puestos de trabajo que requieran a la persona trabajadora utilizar las manos para sujetar herramientas por periodos prolongados.
- Personas trabajadoras que presentan exposición de forma directa e indudable a la acción de los agentes causales establecidos en la fracción II de la cédula correspondiente contenida en el Catálogo de las Cédulas para la Valuación de las Enfermedades de Trabajo, que tengan su origen o con motivo del trabajo o en el medio que la persona trabajadora se vea obligada a prestar sus servicios.

105. Síndrome del túnel carpiano (lesión del nervio mediano)
Código CIE-11: 8C10.0, XK9J, XK8G, XK9K, XK70

- Personas trabajadoras de la industria de la transformación e industria electrónica, de rastros y carniceros, de hotelería, de la industria textil, tales como: confeccionista textil, bordadores, costureros, empacadores y tejedores. Personas trabajadoras de la floricultura, y en general toda labor que implique movimientos repetitivos, permanentes, con brazo, dedos y muñeca y posturas forzadas.
- Personas trabajadoras en actividades como: cajeros, secretarias, digitadores, capturistas, costureras, dentistas, electricistas, empacadores, ensambladores de línea, mecánicos, músicos de cuerdas y percusiones, perforadores de piedra, pintores industriales, personal de limpieza, personas trabajadoras de aves de corral, trabajadoras de lavanderías.
- Personas trabajadoras en actividades con tareas que demandan ejercer actividades manuales intensas en frecuencia, en fuerza como soldadores, carpinteros, pulidores y pintores.
- Personas trabajadoras que presentan exposición de forma directa e indudable a la acción de los agentes causales establecidos en la fracción II de la cédula correspondiente contenida en el Catálogo de las Cédulas para la Valuación de las Enfermedades de Trabajo,

que tengan su origen o con motivo del trabajo o en el medio que la persona trabajadora se vea obligada a prestar sus servicios.

106. Lesión del nervio ulnar (síndrome del canal de Guyon)

Código CIE-11: 8C10.1, XK9J, XK8G, XK9K, XK70

- Personas trabajadoras de la industria de la transformación, la industria electrónica, de la industria textil, tales como: bordadores, costureros, empacadores y tejedores. Personas trabajadoras en rastros y carnicerías. Personas trabajadoras en hotelería: (camareras y cocineros). Personas trabajadoras de la floricultura, confeccionista textil, secretarias, digitadores y en general toda labor que implique movimientos repetitivos, permanentes, con brazo, dedos y muñeca y posturas forzadas.
- Personas trabajadoras en actividades como: cajeros, capturistas, costureras, dentistas, electricistas, empacadores, ensambladores de línea, mecánicos, músicos de cuerdas y percusiones, perforadores de piedra, pintores industriales, personal de limpieza, personas trabajadoras con aves de corral, trabajadoras de lavanderías. Personas trabajadoras con puestos y trabajos con tareas que demandan ejercer actividades manuales intensas en frecuencia, en fuerza como soldadores, carpinteros, pulidores y pintores.
- Personas trabajadoras que presentan exposición de forma directa e indudable a la acción de los agentes causales establecidos en la fracción II de la cédula correspondiente contenida en el Catálogo de las Cédulas para la Valuación de las Enfermedades de Trabajo, que tengan su origen o con motivo del trabajo o en el medio que la persona trabajadora se vea obligada a prestar sus servicios.

107. Metatarsalgia

Código CIE-11: FB54.4, FB80.A, XK9J, XK8G, XK9K, XK70

- Personas trabajadoras en actividades como: chóferes, traileros y todas aquellas personas trabajadoras que utilicen máquinas e instrumentos en las que tengan que activar palancas y pedales con el pie de manera repetitiva.
- Personas trabajadoras que presentan exposición de forma directa e indudable a la acción de los agentes causales establecidos en la fracción II de la cédula correspondiente contenida en el Catálogo

de las Cédulas para la Valuación de las Enfermedades de Trabajo, que tengan su origen o con motivo del trabajo o en el medio que la persona trabajadora se vea obligada a prestar sus servicios.

108. Otras osteocondropatías especificadas
Código CIE-11: FB82.Y, XK9J, XK8G, XK9K, XK70

- Personas trabajadoras en actividades como: carpinteros, esmeriladores, mineros, operadores de herramientas neumáticas, perforistas, pulidores, todas aquellas personas trabajadoras que se someten a vibraciones segmentarías de mano y brazo, y personas trabajadoras que manejan martillo neumático.
- Personas trabajadoras que presentan exposición de forma directa e indudable a la acción de los agentes causales establecidos en la fracción II de la cédula correspondiente contenida en el Catálogo de las Cédulas para la Valuación de las Enfermedades de Trabajo, que tengan su origen o con motivo del trabajo o en el medio que la persona trabajadora se vea obligada a prestar sus servicios.

109. Fibromatosis de la fascia palmar (enfermedad de dupuytren de la palma de la mano)
Código CIE-11: FB51.0, XK9J, XK8G, XK9K, XK70

- Personas trabajadoras en actividades como: cordeleros, bruñidores, grabadores, operadores de herramientas manuales neumáticas, martillos neumáticos, mineros, operadores de motosierras, operadores de taladros, perforadoras mecánicas y personas trabajadoras de canteras.
- Personas trabajadoras que presentan exposición de forma directa e indudable a la acción de los agentes causales establecidos en la fracción II de la cédula correspondiente contenida en el Catálogo de las Cédulas para la Valuación de las Enfermedades de Trabajo, que tengan su origen o con motivo del trabajo o en el medio que la persona trabajadora se vea obligada a prestar sus servicios.

110. Tendinitis del estiloides radial (enfermedad de quervain)
Código CIE-11: FB40.5, XK9J, XK8G, XK9K, XK70

- Puestos y trabajos con tareas que demandan ejercer actividades con posturas forzadas y movimientos de flexoextensión del pulgar. Personas que trabajen como: anestesiólogos, cirujanos, odontólogos, enfermeras y deportistas: esgrimistas, bolichistas, tenistas, golfistas y jugadores de voleibol. Laminadores, herreros y caldereros, perforistas y personas con actividades manuales: martilleros, carpinteros, mecánicos, meseros, costureras, maleteros, pulidores de fundición, remachadores, talladores de piedra, personas trabajadoras que utilizan martillos neumáticos, perforadoras mecánicas y herramientas análogas y digitales, y personas trabajadoras que utilizan martinetes en las fábricas de calzado. Capturistas y operadores de computadoras.

- Personas trabajadoras que presentan exposición de forma directa e indudable a la acción de los agentes causales establecidos en la fracción II de la cédula correspondiente contenida en el Catálogo de las Cédulas para la Valuación de las Enfermedades de Trabajo, que tengan su origen o con motivo del trabajo o en el medio que la persona trabajadora se vea obligada a prestar sus servicios.

111. Tendinitis del hombro (síndrome del manguito rotatorio)

Código CIE-11: FB40.3, FB53.0, XK9J, XK8G, XK9K, XK70

- Personas trabajadoras en actividades como: albañiles, almacenistas, meseros, carteros, torneros, empacadores, ensambladores de autos, fresadores, mecánicos que realizan montajes sobre la cabeza, operadores de presión, pintores, soldadores que realizan su actividad sobre la cabeza, todas aquellas personas trabajadoras que realizan continuamente abducción y flexión de hombro, que trabajan con las manos sobre la altura de la cabeza, transporte de carga en el hombro y lanzamiento de objetos.
- Personas trabajadoras que presentan exposición de forma directa e indudable a la acción de los agentes causales establecidos en la fracción II de la cédula correspondiente contenida en el Catálogo de las Cédulas para la Valuación de las Enfermedades de Trabajo, que tengan su origen o con motivo del trabajo o en el medio que la persona trabajadora se vea obligada a prestar sus servicios.

112. Trastornos angioneuríticos (síndrome de raynaud)

Código CIE-11: BD42.1, XB17, XB5G

- Personas trabajadoras en actividades como: calderos, herreros, laminadores, operadores de: herramientas con vibración, de aparatos de terapia física con vibración, de motosierra, de ordeñadores manuales, perforistas, pulidores de fundición, remachadores, talladores de piedra, personas trabajadoras que utilizan martillos neumáticos, perforadoras mecánicas y herramientas análogas, personas trabajadoras que utilizan martinetes en las fábricas de calzado, y uso de herramientas manuales que dificultan la circulación sanguínea y dañan el endotelio de vasos.

- Personas trabajadoras que presentan exposición de forma directa e indudable a la acción de los agentes causales establecidos en la fracción II de la cédula correspondiente contenida en el Catálogo de las Cédulas para la Valuación de las Enfermedades de Trabajo, que tengan su origen o con motivo del trabajo o en el medio que la persona trabajadora se vea obligada a prestar sus servicios.

113. Bursitis por uso excesivo o tensión

Código CIE-11: FB50.1, XK9J, XK8G, XK9K, XK70

- Personas trabajadoras que realizan presiones sostenidas, como: albañiles, alijadores, estibadores, atletas, bailarines, cargadores, deportistas competitivos, futbolistas, jardineros, mineros, pescadores, personas trabajadoras de la industria del hielo y alimentos congelados, y en aquellos otros en los que se ejercen presiones sobre determinadas articulaciones.
- Personas trabajadoras que presentan exposición de forma directa e indudable a la acción de los agentes causales establecidos en la fracción II de la cédula correspondiente contenida en el Catálogo de las Cédulas para la Valuación de las Enfermedades de Trabajo, que tengan su origen o con motivo del trabajo o en el medio que la persona trabajadora se vea obligada a prestar sus servicios.

114. Osteonecrosis disbárica

Código CIE-11: FB81.Z, XK9J, XK8G, XK9K, XK70

- Personas trabajadoras expuestas a cambios de presión barométrica como: buzos recreativos, buzos pescadores artesanales, buzos industriales, buzos militares, buzos científicos, buzos técnicos, buzos limpiadores de drenajes, excavadores, mineros subterráneos y personal aeroespacial y acompañantes o auxiliares (tender) en el interior de cámaras hiperbáricas (médicos, enfermeros y buzos); exploradores, guías de alpinismo, investigadores, paleontólogos y rescatistas.

- Personas trabajadoras que presentan exposición de forma directa e indudable a la acción de los agentes causales establecidos en la fracción II de la cédula correspondiente contenida en el Catálogo de las Cédulas para la Valuación de las Enfermedades de Trabajo, que tengan su origen o con motivo del trabajo o en el medio que la persona trabajadora se vea obligada a prestar sus servicios.

Grupo IX. Intoxicaciones

115. Efectos tóxicos por alcohol butílico

Código CIE-11: PH50, XM49S0

- Personas trabajadoras de las industrias químicas, petroquímicas y farmacéutica que los utilizan como disolventes en la fabricación de lacas y barnices; en la preparación de esencias y materiales tintoriales. Personal encargado de la elaboración de lociones capilares y para después de rasurarse. Personas trabajadoras en la preparación de anticongelantes, que tienen como producto final la acetona. Personas trabajadoras que participan en la elaboración de resinas naturales y sintéticas, gomas, aceites vegetales, tintes y alcaloides. Se utiliza como sustancia intermedia en la fabricación de productos químicos y farmacéuticos, y en las industrias de cuero artificial, textiles, gafas de seguridad, pastas de caucho, barnices de laca, impermeables, películas fotográficas y perfumes. También se encuentra en líquidos hidráulicos de frenos, limpiadores industriales, abrillantadores, decapantes de pinturas, agentes de flotación para minerales, esencias de frutas, perfumes y colorantes.
- Personas trabajadoras que presentan exposición de forma directa e indudable a la acción de los agentes causales establecidos en la fracción II de la cédula correspondiente contenida en el Catálogo de las Cédulas para la Valuación de las Enfermedades de Trabajo, que tengan su origen o con motivo del trabajo o en el medio que la persona trabajadora se vea obligada a prestar sus servicios.

116. Efectos tóxicos por alcohol metílico

Código CIE-11:PH50, XM7KD9

- Personas trabajadoras de las industrias químicas y petroquímicas que los utilizan como disolventes en la fabricación de disolvente de tintas, colorantes, resinas y adhesivos. Se utiliza en la fabricación de película fotográfica, plásticos, jabones textiles, tintes de madera, tejidos con capa de resina sintética, cristal inastillable y productos impermeabilizantes, decapantes, removedores de pinturas y barnices, productos desengrasantes, líquidos embalsamadores y mezclas anticongelantes.

- Personas trabajadoras que presentan exposición de forma directa e indudable a la acción de los agentes causales establecidos en la fracción II de la cédula correspondiente contenida en el Catálogo de las Cédulas para la Valuación de las Enfermedades de Trabajo, que tengan su origen o con motivo del trabajo o en el medio que la persona trabajadora se vea obligada a prestar sus servicios.

117. Efectos tóxicos por alcohol propílico

Código CIE-11: PH50, XM5RS7

- Personas trabajadoras de las industrias químicas, petroquímicas y farmacéutica que los utilizan como disolventes en la fabricación de lacas y barnices; en la preparación de esencias y materiales tintoriales. Personal encargado de la elaboración de lociones capilares y para después de rasurarse. Personas trabajadoras en la preparación de anticongelantes, que tiene como producto final la acetona.
- Personas trabajadoras que presentan exposición de forma directa e indudable a la acción de los agentes causales establecidos en la fracción II de la cédula correspondiente contenida en el Catálogo de las Cédulas para la Valuación de las Enfermedades de Trabajo, que tengan su origen o con motivo del trabajo o en el medio que la persona trabajadora se vea obligada a prestar sus servicios.

118. Efectos tóxicos por arsénico y sus compuestos

Código CIE-11: PE95, PH56, XM2KQ2, XM00Z1

- Personas trabajadoras de la cerámica, además manipuladores del arsénico, fundiciones de minerales y metales, industria de los colorantes, insecticidas, herbicidas cerámica, textil, otras preparaciones de uso doméstico, papel de color, pinturas, plantas de arsénico, raticidas, tenería y tintorería, industria del vidrio, industria electrónica y galvanoplastia.

- Personas trabajadoras que presentan exposición de forma directa e indudable a la acción de los agentes causales establecidos en la fracción II de la cédula correspondiente contenida en el Catálogo de las Cédulas para la Valuación de las Enfermedades de Trabajo, que tengan su origen o con motivo del trabajo o en el medio que la persona trabajadora se vea obligada a prestar sus servicios.

119. Efectos tóxicos por benceno

Código CIE-11: PB31, PH51, XE3SH, XM0QY7

- Personas trabajadoras de las industrias química, electrocirugía y de cirugía por láser, refinación y petroquímica y confección de prendas de vestir a la medida, fabricación y reparación de calzado, curtido y acabado de cuero y piel: curtidores, peleteros, taxidermistas, entomólogos y zapateros que manipulan estos disolventes de benzaldehído, personas empleadas de gasolineras, almacenaje y transporte de benceno y de productos de petróleo que contienen benceno, artes gráficas e imprenta, barnices y lacas, cerámica, colorantes, del vestido, detergentes, explosivos (TNT), fabricación de ácido benzoico, fabricación de nitrocelulosa, fabricantes de calzado y peletera, fotograbado, industria de las lacas, industria del calzado, industria hulera y del caucho, lubricantes, manufactura y vulcanizado de neumáticos, medicamentos, pinturas, plaguicidas, textiles, tintorería, tinturas, plásticos, pigmentos, explosivos, detergentes, perfumes, personas trabajadoras en hornos de coque en la industria del acero y vidrio, fabricación de estireno, fenoles, anhídrido maleico.
- Personas trabajadoras que presentan exposición de forma directa e indudable a la acción de los agentes causales establecidos en la fracción II de la cédula correspondiente contenida en el Catálogo de las Cédulas para la Valuación de las Enfermedades de Trabajo, que tengan su origen o con motivo del trabajo o en el medio que la persona trabajadora se vea obligada a prestar sus servicios.

120. Efectos tóxicos por derivados del petróleo y carbón de hulla

Código CIE-11: PB31, PH51, XM0TB3, XM2CE3, XM2Q78, XM8PX9, XM7MJ9, XM8WE9

- Personas trabajadoras de las industrias química, petroquímica, farmacéutica y de servicios, tales como: bomberos y personas empleadas de estaciones de servicio y personas trabajadoras de estaciones de gasolina, carbonífera, conductores de camiones de gasolina, en áreas de carga y descarga y muelles, fabricación de aceites, grasas lubricantes y aditivos, fabricación de perfumes, fabricación de productos a base de asfalto y sus mezclas, manufactura de carbón de hulla y coque, petrolera, petroquímica, que dan mantenimiento y remueven tanques de almacenaje y tuberías subterráneas de gasolina, que identifican y limpian derrames y escapes de gasolina y refinerías de petróleo.

- Personas trabajadoras que presentan exposición de forma directa e indudable a la acción de los agentes causales establecidos en la fracción II de la cédula correspondiente contenida en el Catálogo de las Cédulas para la Valuación de las Enfermedades de Trabajo, que tengan su origen o con motivo del trabajo o en el medio que la persona trabajadora se vea obligada a prestar sus servicios.

121. Efectos tóxicos por derivados halogenados de hidrocarburos alifáticos y aromáticos no especificados: hexacloroetano

Código CIE-11: PB35, PH55, XM0TE1

- Personas trabajadoras expuestas en la fabricación de artes plásticas y restauración, en artículos de limpieza para piezas metálicas, durante los procesos de desengrasado, formulación de pinturas, impresiones, industria de la impresión y las artes gráficas, pinturas y estampados, proceso de revelado y restauración. Puede encontrase mezclado con otros disolventes orgánicos en artículos de limpieza, insecticidas, lubricantes y plásticos.
- Personas trabajadoras de fabricación de bombas de humo, fundiciones de aluminio e industria militar. Personas trabajadoras que lo utilizan para desengrasar el aluminio y otros metales. La sustancia puede estar presente en ciertos fungicidas, insecticidas, lubricantes y plásticos.
- Personas trabajadoras que presentan exposición de forma directa e indudable a la acción de los agentes causales establecidos en la fracción II de la cédula correspondiente contenida en el Catálogo de las Cédulas para la Valuación de las Enfermedades de Trabajo, que tengan su origen o con motivo del trabajo o en el medio que la persona trabajadora se vea obligada a prestar sus servicios.

122. Efectos tóxicos por derivados halogenados de hidrocarburos aromáticos: naftalenos clorados y difenilos clorados

Código CIE-11: PB35, PH55, XM1YR6, XM8D04

- Personas trabajadoras que los utilizan como aislantes eléctricos, personas trabajadoras de la extracción de aditivos para el hormigón, alquitrán de hulla, anhídrido ftálico (producción de plastificadores para PVC), curtientes, fabricación de colorantes, para componentes de solventes para plaguicidas (antipolillas) y sustancias humectantes en la industria textil, personas trabajadoras de la industria de aditivos, industria electrónica, plaguicidas y textiles.
- Personas trabajadoras que presentan exposición de forma directa e indudable a la acción de los agentes causales establecidos en la fracción II de la cédula correspondiente contenida en el Catálogo de las Cédulas para la Valuación de las Enfermedades de Trabajo, que tengan su origen o con motivo del trabajo o en el medio que la persona trabajadora se vea obligada a prestar sus servicios.

123. Efectos tóxicos por dióxido de sulfuro

Código CIE-11: PB36, PH56, XM0Z74

- Personas trabajadoras en actividades industriales tales como: curtidurías, fábricas de papel, hornos de coque, procesamiento de alimentos, refinerías de petróleo, talleres dedicados a motores diésel, instalaciones de lavado, área de repostaje, área de pruebas de carga, producción de pasta de papel, almidón, sulfitos y tiosulfatos, personas trabajadoras de alimentos, de detergentes, fotografía y química, personas trabajadoras en procesos de calcinación, fundición y blanqueo, en contacto con gases, humos y vapores de dióxido de sulfuro.
- Personas trabajadoras que presentan exposición de forma directa e indudable a la acción de los agentes causales establecidos en la fracción II de la cédula correspondiente contenida en el Catálogo de las Cédulas para la Valuación de las Enfermedades de Trabajo, que tengan su origen o con motivo del trabajo o en el medio que la persona trabajadora se vea obligada a prestar sus servicios.

124. Efectos tóxicos por disolventes orgánicos clorados: tetracloroetano y dicloroetano

Código CIE-11: PB31, PE91, PH51, XM4D89, XM1AF0

- Personas trabajadoras que manipulan estas substancias como disolventes de aceites, ceras, desengrasado de la lana, dilución de lacas, gomas, grasas, hules, industria peletera, del caucho y curtido del cuero e industria química, resinas, personas trabajadoras de las fábricas de empaquetaduras, enceradores, lacas, pinturas, procesadores de aceites y grasas, resinas, tintorerías y lavanderías en seco.
- Personas trabajadoras que presentan exposición de forma directa e indudable a la acción de los agentes causales establecidos en la fracción II de la cédula correspondiente contenida en el Catálogo de las Cédulas para la Valuación de las Enfermedades de Trabajo, que tengan su origen o con motivo del trabajo o en el medio que la persona trabajadora se vea obligada a prestar sus servicios.

125. Efectos tóxicos por disolventes orgánicos halogenados: bromuro de metilo (bromometano) y derivados fluorados de hidrocarburos halogenados

Código CIE-11: PB31, PE91, PH51, PH55, XM0NK1

- Personas trabajadoras que los utilizan como frigoríficos, fungicidas, insecticidas, preparación de extinguidores de incendios, fábricas de conservación de frutas y cereales, así como personas trabajadoras que laboran en las industrias de caucho, desinfección de suelos, aguas y piscinas, fábricas de alfombras y plásticos, fábricas de goma, industria del papel y textiles, industria fotográfica, refinerías de gasolinas, saneamiento ambiental, personas trabajadoras de laboratorios e invernaderos.
- Personas trabajadoras que presentan exposición de forma directa e indudable a la acción de los agentes causales establecidos en la fracción II de la cédula correspondiente contenida en el Catálogo de las Cédulas para la Valuación de las Enfermedades de Trabajo, que tengan su origen o con motivo del trabajo o en el medio que la persona trabajadora se vea obligada a prestar sus servicios.

126. Efectos tóxicos por disolventes orgánicos halogenados: cloroformo
Código CIE-11: PB35, PH55, XM7MX5

- Personas trabajadoras que manipulan estas substancias como disolventes, fumigantes, refrigerantes, extinguidores de incendios, tintorerías y lavado en seco, personas trabajadoras de la industria química en donde es utilizado como intermediario en síntesis orgánica para la obtención de fluorocarbono 22, y en la fabricación de tetrafluoroetileno y su polímero (PTFE).
- Personas trabajadoras que presentan exposición de forma directa e indudable a la acción de los agentes causales establecidos en la fracción II de la cédula correspondiente contenida en el Catálogo de las Cédulas para la Valuación de las Enfermedades de Trabajo, que tengan su origen o con motivo del trabajo o en el medio que la persona trabajadora se vea obligada a prestar sus servicios.

127. Efectos tóxicos por disolventes orgánicos halogenados: tetracloruro de carbono
Código CIE-11: PB35, PH55, XM3CP7

- Personas trabajadoras que manipulan estas substancias como disolventes, extinguidores de incendios, fumigantes, limpiadores y desgrasantes de metales, refrigerantes, tintorerías y lavado en seco, de las personas trabajadoras de la industria eléctrica y fabricación de conductores eléctricos, personas trabajadoras de la industria química en donde es utilizado como intermediario en síntesis orgánica para la obtención de hidrocarburos polifluorados y polímeros.
- Personas trabajadoras que presentan exposición de forma directa e indudable a la acción de los agentes causales establecidos en la fracción II de la cédula correspondiente contenida en el Catálogo de las Cédulas para la Valuación de las Enfermedades de Trabajo, que tengan su origen o con motivo del trabajo o en el medio que la persona trabajadora se vea obligada a prestar sus servicios.

128. Efectos tóxicos por diuréticos, otras drogas, medicamentos y substancias biológicas no especificadas
Código CIE-11: NE60, PB28, XM4U75, XM2NF0

- Personas trabajadoras encargadas de la fabricación, formulación y empaque de estas substancias en la industria químico-farmacéutica.

- Personas trabajadoras que presentan exposición de forma directa e indudable a la acción de los agentes causales establecidos en la fracción II de la cédula correspondiente contenida en el Catálogo de las Cédulas para la Valuación de las Enfermedades de Trabajo, que tengan su origen o con motivo del trabajo o en el medio que la persona trabajadora se vea obligada a prestar sus servicios.

129. Efectos tóxicos por fósforo y sus compuestos
Código CIE-11: PE95, PB36, PH56, XM2AZ6, XM3G46

- Personas trabajadoras en contacto con hidrógeno fosforado (fosfina), gases que se producen durante la elaboración de fumigantes, en la generación de acetilenos e hidrólisis de fosfuros.
- Personas trabajadoras de la fabricación de aleaciones, catálisis en la industria del petróleo, compuestos fosforados o derivados del fósforo blanco, fabricación de bronce de fósforo, fabricación de explosivos, fabricación de semiconductores, hidrógeno fosforado, insecticidas, parasiticidas, pirotecnia y raticidas.
- Personas trabajadoras que presentan exposición de forma directa e indudable a la acción de los agentes causales establecidos en la fracción II de la cédula correspondiente contenida en el Catálogo de las Cédulas para la Valuación de las Enfermedades de Trabajo, que tengan su origen o con motivo del trabajo o en el medio que la persona trabajadora se vea obligada a prestar sus servicios.

130. Efectos tóxicos por gases, humos y vapores de formaldehído
Código CIE-11: PB36, PE95, PH56, XM0TV9

- Personas trabajadoras en contacto con gases, humos y vapores de formaldehído. Los principales conjuntos de circunstancias que conducen a la exposición ocupacional son:
  a) La primera está relacionada con la producción de las soluciones acuosas de formaldehído (formol) y su uso en la industria química, por ejemplo, para la síntesis de diferentes resinas, como conservador en los laboratorios médicos o cosméticos, líquidos de embalsamamiento y como desinfectante.
  b) Un segundo grupo está relacionado con la liberación de estos a partir de la hidrólisis y la descomposición por calor de resinas hechas a base de formaldehído en las cuales está presente

como un residuo, por ejemplo, durante la fabricación de madera productos textiles, productos sintéticos de aislamiento vítreo y plásticos.

c) El tercer conjunto está relacionado con la pirolisis o la combustión de materia orgánica, por ejemplo, en los gases de escapeo en extinción de incendios.

- Personas trabajadoras con actividades económicas relacionadas: bomberos, industria de la construcción, artesanías de fibras y madera, pintura, electrocirugía y cirugía láser, embalsamamiento y laboratorios de anatomía, fabricación de formaldehído y resinas a base de formaldehído, fabricación de melamina y baquelita, fabricación de productos de madera, papel y plásticos, fabricación de textiles, prendas de vestir y peleterías, fábricas de madera contrachapada, fábricas de muebles, fábricas de papel, caucho, seda, explosivos, fundidoras, histopatología y desinfección en los hospitales, industria de la fotografía, industrias de espumas aislantes, producción de fibras de vidrio, producción de plásticos y hules, reparación y mantenimiento de tubos de escape del motor.
- Personas trabajadoras que presentan exposición de forma directa e indudable a la acción de los agentes causales establecidos en la fracción II de la cédula correspondiente contenida en el Catálogo de las Cédulas para la Valuación de las Enfermedades de Trabajo, que tengan su origen o con motivo del trabajo o en el medio que la persona trabajadora se vea obligada a prestar sus servicios.

131. Efectos tóxicos por glicol. Monoclorhidrina del glicol (etilen clorhidrina, 2-cloroetanol)

Código CIE-11: PE91, PB31, XM1762, XM0C04, XM55M8, XM3834, XM5HK4

- Personas trabajadoras en actividades, tales como: acabados textiles, composición de lacas, agentes de limpieza, disolvente de éteres de celulosa y manipulación de abonos y fertilizantes, fabricación de explosivos, en la industria automotriz, industria farmacéutica, industria tipográfica, refinerías de petróleo, personas trabajadoras expuestas durante la fabricación del óxido de etileno y glicoles.
- Personas trabajadoras que presentan exposición de forma directa e indudable a la acción de los agentes causales establecidos en la fracción II de la cédula correspondiente contenida en el Catálogo

de las Cédulas para la Valuación de las Enfermedades de Trabajo, que tengan su origen o con motivo del trabajo o en el medio que la persona trabajadora se vea obligada a prestar sus servicios.

132. Efectos tóxicos por manganeso y sus compuestos

Código CIE-11: 5B91.5, PE95, PB36, PH56, 6D84.Y, 8A00.2Y, XM3FY4, XM9ZR0

- Personas trabajadoras que presentan exposición de forma directa e indudable a la acción de los agentes causales establecidos en la fracción II de la cédula correspondiente contenida en el Catálogo de las Cédulas para la Valuación de las Enfermedades de Trabajo, que tengan su origen o con motivo del trabajo o en el medio que la persona trabajadora se vea obligada a prestar sus servicios.

133. Efectos tóxicos por mercurio y sus compuestos

Código CIE-11: PE95, PB36, PH56, XM1FG4

- Personas trabajadoras en actividades tales como: conservación de semillas, electrólisis de las salmueras e industria del cloro, fabricación y manipulación de explosivos, industria de aparatos de precisión: termómetros, esfigmomanómetros, barómetros; industria de álcalis de cloro, medición de petrolíferos en muestras de yacimientos, fungicidas, industria de la fabricación del cemento (polvos producidos por los hornos), industria química orgánica de la producción de acetileno, industria químico-farmacéutica, lámparas de vapores de mercurio, manipuladores del metal y sus derivados, mineros (de las minas de mercurio) y sombreros de fieltro.
- Actividad profesional de ayudantes, secretarias médicas, dentistas y protesistas dentales.
- Personas trabajadoras en la industria del bronceado, curtiembres, damasquinado, dorado, niquelado y plateado y minas de extracción de oro y plata.
- Personas trabajadoras que presentan exposición de forma directa e indudable a la acción de los agentes causales establecidos en la fracción II de la cédula correspondiente contenida en el Catálogo de las Cédulas para la Valuación de las Enfermedades de Trabajo, que tengan su origen o con motivo del trabajo o en el medio que la persona trabajadora se vea obligada a prestar sus servicios.

134. Efectos tóxicos por monóxido de carbono
Código CIE-11: PE92, PH52, XM1X11

- Personas trabajadoras en contacto con altos hornos, bomberos, caldereros, calentadores de gas en espacios pequeños y mal ventilados, combustiones que producen gran cantidad de monóxido de carbono, con combustiones de vehículos automotores, gas de agua, gas de hulla, gas pobre, hornos y espacios confinados, mineros, mantenimiento mecánico, soldadores con fusión, por presión a gas, con arco metálico, oxicorte de metales, motores de combustión interna y todos los casos de combustión incompleta del carbón.
- Personas trabajadoras que presentan exposición de forma directa e indudable a la acción de los agentes causales establecidos en la fracción II de la cédula correspondiente contenida en el Catálogo de las Cédulas para la Valuación de las Enfermedades de Trabajo, que tengan su origen o con motivo del trabajo o en el medio que la persona trabajadora se vea obligada a prestar sus servicios.

135. Efectos tóxicos por otras substancias inorgánicas
Código CIE-11: PE95, PB36, PH56, NE61, XM6YR0

- Personas trabajadoras de la fabricación de aplicaciones eléctricas, colchones y vestiduras, cubiertas de automóviles, discos, en la producción de resinas, en la producción de tubos y conductores plásticos, hojas y frascos, juguetes, materias plásticas y su utilización en frigoríficos, muebles caseros, películas, recubrimiento para pisos y personas trabajadoras expuestas a humos de motores de combustión.
- Personas trabajadoras que presentan exposición de forma directa e indudable a la acción de los agentes causales establecidos en la fracción II de la cédula correspondiente contenida en el Catálogo de las Cédulas para la Valuación de las Enfermedades de Trabajo, que tengan su origen o con motivo del trabajo o en el medio que la persona trabajadora se vea obligada a prestar sus servicios.

136. Efectos tóxicos por otras substancias químicas. Tetrahidrofurano, anilina y sus compuestos, bencidina, alfa naftilamina, beta naftilamina y para difenildiamina
Código CIE-11: NE61, XM5XP8, XM76E2, XM6PE4, XM9WX0

- Personas trabajadoras en actividades como: fabricación de antioxidantes, barnices y explosivos, colorantes, envases plásticos para la industria alimenticia, estabilizadores para la industria del caucho, explosivos, fabricación de herbicidas, industria textil, pegamentos, pinturas sintéticas, poliuretano, productos farmacéuticos, productos químicos agrícolas, química, resinas y tintas.
- Personas trabajadoras que presentan exposición de forma directa e indudable a la acción de los agentes causales establecidos en la fracción II de la cédula correspondiente contenida en el Catálogo de las Cédulas para la Valuación de las Enfermedades de Trabajo, que tengan su origen o con motivo del trabajo o en el medio que la persona trabajadora se vea obligada a prestar sus servicios.

137. Efectos tóxicos por otros derivados halogenados de hidrocarburos alifáticos. Cloruro de metilo (clorometano) y cloruro de metileno (diclorometano)

Código CIE-11: NE61, PB35, PH55, XM29D2, XM73T7

- Personas trabajadoras que utilizan el cloruro de metilo como frigorífico o el cloruro de metileno como agente de soplado en espumas, agente quitamanchas, anestésico local, componente de aerosoles, desengrasante, disolvente, eliminadores de pinturas, extracción farmacéutica y de alimentos, fumigante, industria de las pinturas, industria fotográfica, mezclas de disolventes para ésteres y éteres de celulosa, películas fotográficas especiales, plaguicidas, recubrimientos de tejidos y curtidos, refrigeración y taxidermistas.
- Personas trabajadoras que presentan exposición de forma directa e indudable a la acción de los agentes causales establecidos en la fracción II de la cédula correspondiente contenida en el Catálogo de las Cédulas para la Valuación de las Enfermedades de Trabajo, que tengan su origen o con motivo del trabajo o en el medio que la persona trabajadora se vea obligada a prestar sus servicios.

138. Efectos tóxicos por otros disolventes orgánicos. Disulfuro de carbono

Código CIE-11: PB31, PH51, NE61, PE91, XM7S46

- Personas trabajadoras expuestas durante su producción o en la utilización del disolvente en el brillo de metales preciosos en galvanoplastia, celofán, como plaguicida y herbicida, como un agente para

incrementar la resistencia a la corrosión y el desgaste de metales, cristal óptico, en la conversión y procesamiento de hidrocarburos, en la extracción de aceites y grasas, en la industria refinadora de petróleo y en parafinas, en la preparación de alcanfor, grasas y lacas, fabricación de la viscosa, gomas y resinas, manufactura de fósforos, lubricante de sopletes, industria de semiconductores eléctricos, inhibidor en la polimerización de cloruro de vinilo, producción de adhesivos para madera, agentes de flotación, resinas, tiocianatos y xantatos, purificación de petróleo, rayón, removedor de óxido de metales y para la remoción y recuperación de metales y otros elementos de aguas de desecho y otros medios, vulcanización del hule en frío, vulcanización y manufactura de cauchos y accesorios de caucho y fotografía instantánea.
- Personas trabajadoras que presentan exposición de forma directa e indudable a la acción de los agentes causales establecidos en la fracción II de la cédula correspondiente contenida en el Catálogo de las Cédulas para la Valuación de las Enfermedades de Trabajo, que tengan su origen o con motivo del trabajo o en el medio que la persona trabajadora se vea obligada a prestar sus servicios.

139. Efectos tóxicos por otros gases, humos y vapores especificados. Dióxido de Carbono

Código CIE-11: MD11.Y, NE61, PE95, PB36, PH56, XM8XZ6

- Personas trabajadoras de la industria de las bebidas gaseosas, en actividades relacionadas con los buzos, en la fábrica de abonos, fábrica de extintores, gasificación de aguas minerales, hielo seco, niebla artificial y preparación de nieve carbónica, industria alimentaria, letrineros y poceros, personas trabajadoras expuestas durante la combustión o fermentación de compuestos de carbono.
- Personas trabajadoras que presentan exposición de forma directa e indudable a la acción de los agentes causales establecidos en la fracción II de la cédula correspondiente contenida en el Catálogo de las Cédulas para la Valuación de las Enfermedades de Trabajo, que tengan su origen o con motivo del trabajo o en el medio que la persona trabajadora se vea obligada a prestar sus servicios.

140. Efectos tóxicos por otros gases, humos y vapores especificados (gas de flúor y fluoruro de hidrógeno)
Código CIE-11: PE95, PB36, PH56, CA81.Y, NE61

- Personas trabajadoras en la preparación del barnizado de la madera, blanqueo, coloración de sedas, como impermeabilizantes del cemento, fabricación de recubrimientos antiadherentes, flúor y compuestos fluorados, grabado, industria vidriera, metalurgia del aluminio y del berilio, preparación de insecticidas y raticidas, preparación del ácido fluorhídrico, soldadura, superfosfatos y compuestos. Asimismo, es utilizado como intermediario en la fabricación de otras sustancias orgánicas fluoradas.
- Personas trabajadoras que presentan exposición de forma directa e indudable a la acción de los agentes causales establecidos en la fracción II de la cédula correspondiente contenida en el Catálogo de las Cédulas para la Valuación de las Enfermedades de Trabajo, que tengan su origen o con motivo del trabajo o en el medio que la persona trabajadora se vea obligada a prestar sus servicios.

141. Efectos tóxicos por nitroderivados y aminoderivados del benceno y sus homólogos. Nitrobenceno y trinitrotolueno (3-nitrotolueno)
Código CIE-11: NE61, XM2W93, XM1X35

- Personas trabajadoras en actividades relacionadas con la fabricación de: acelerantes y antioxidantes de la industria del caucho y en su vulcanización en frío, betunes para zapatos, como adulterante para sustituir la esencia natural de almendras amargas, derivados del petróleo, explosivos, fabricación de licores, fungicidas, industria química como productos intermediarios en la síntesis de anilina y derivados del alquitrán, insecticidas, perfumes, plásticos, telas, preparación de barnices, preparaciones farmacéuticas, pulidores de suelos, resinas sintéticas, reveladores de fotografía, personas trabajadoras de la producción o manipulación de nitro-benceno, toluidinas, trinitrotolueno y xilidinas.
- Personas trabajadoras que presentan exposición de forma directa e indudable a la acción de los agentes causales establecidos en la fracción II de la cédula correspondiente contenida en el Catálogo de las Cédulas para la Valuación de las Enfermedades de Trabajo,

que tengan su origen o con motivo del trabajo o en el medio que la persona trabajadora se vea obligada a prestar sus servicios.

142. Efectos tóxicos por otros gases, humos y vapores especificados: óxido de nitrógeno

Código CIE-11: PE95, PB36, PH56, NE61, XM69M3

- Personas trabajadoras en contacto con gases, humos y vapores de óxidos de nitrógeno, soldadores y cortadores, que manejan los silos de hierbas forrajeras y maíz. Personas trabajadoras expuestas a humos de motores diésel, asimismo, aquellas que realizan actividades en el decapado con ácido nítrico de artículos de latón y cobre, fabricación de colorantes, explosivos, lacas y nitrocelulosa, fotograbado y huecograbado.
- Personas trabajadoras que presentan exposición de forma directa e indudable a la acción de los agentes causales establecidos en la fracción II de la cédula correspondiente contenida en el Catálogo de las Cédulas para la Valuación de las Enfermedades de Trabajo, que tengan su origen o con motivo del trabajo o en el medio que la persona trabajadora se vea obligada a prestar sus servicios.

143. Efectos tóxicos por otros gases, humos y vapores especificados: sulfuro de hidrógeno

Código CIE-11: PE95, PB36, PH56, XM7FL0

- Personas trabajadoras con actividades relacionadas en el almacén de excremento de animales para abono, bodegas pesqueras, de proyectos de excavación para la extracción de petróleo o gas, espacios confinados con materia orgánica en descomposición, en la industria de productos metálicos como candados de bronce y orfebrería en bronce, curtiembres, plantas de tratamiento de aguas residuales, personas trabajadoras en contacto con blanqueo, combustión de azufre, conservación de alimentos, estampadores, fabricación de ácido sulfúrico, fumigadores, gases, humos y vapores de sulfuro de hidrógeno, mineros (de las minas de azufre), papeles de colores, preparación de anhídrido sulfuroso en estado gaseoso y líquido, refrigeración y tintorería.
- Personas trabajadoras que presentan exposición de forma directa e indudable a la acción de los agentes causales establecidos en la

fracción II de la cédula correspondiente contenida en el Catálogo de las Cédulas para la Valuación de las Enfermedades de Trabajo, que tengan su origen o con motivo del trabajo o en el medio que la persona trabajadora se vea obligada a prestar sus servicios.

144. Efectos tóxicos por otros gases, humos y vapores: cloro gaseoso

Código CIE-11: PE95, PB36, PH56, NE61, XM0GT6

- Personas trabajadoras en la preparación del cloro y compuestos clorados, como desinfectante, en forma de disolventes, fabricación de plásticos y polímeros, fabricación de textiles y papel, productos agroquímicos y farmacéuticos, purificadores y blanqueadores, semiconductores eléctricos, personas trabajadoras de la industria del aluminio, criolita y teflón. Asimismo, es utilizado como intermediario en la fabricación de otras sustancias en las que no está contenida en el producto final.
- Personas trabajadoras que presentan exposición de forma directa e indudable a la acción de los agentes causales establecidos en la fracción II de la cédula correspondiente contenida en el Catálogo de las Cédulas para la Valuación de las Enfermedades de Trabajo, que tengan su origen o con motivo del trabajo o en el medio que la persona trabajadora se vea obligada a prestar sus servicios.

145. Efectos tóxicos por plaguicidas. Pentaclorofenol (PCF) y 4,6- dinitro-o-cresol (DNOC)

Código CIE-11: PB33, PH53, NE61, PB33, PH53, NE61, XM32P2, XM1ZR2

- Personas trabajadoras que utilizan estos compuestos como antipiréticos, aplicaciones en síntesis de analgésicos, aplicadores de fungicidas y plaguicidas, carpinteros, ceras, conservación de madera, en la fabricación de colorantes y resinas, fungicidas e insecticidas, gomas, impregnante de fibras y textiles resistentes para vestir, plásticos, personas trabajadoras portuarios y uso forestal.
- Personas trabajadoras que presentan exposición de forma directa e indudable a la acción de los agentes causales establecidos en la fracción II de la cédula correspondiente contenida en el Catálogo de las Cédulas para la Valuación de las Enfermedades de Trabajo, que tengan su origen o con motivo del trabajo o en el medio que la persona trabajadora se vea obligada a prestar sus servicios.

146. Efectos tóxicos por plomo y sus compuestos

Código CIE-11: NE61, 8D43.0Y, 8D43.2Y, GB55.1, FA25.10, CA60.Y, MA13.00, PE95, PB36, PH56, XM0ZH6

- Personas trabajadoras de albayalde, caucho, anticorrosivos, barnices, cerámica, envolturas de cables, esmalte y lacas, fabricantes de cajas para conservas, fundiciones de plomo, impresores, industria de acumuladores, baterías, insecticidas, juguetes, pigmentos, pintores, plomeros, soldadura, tubos, personas trabajadoras de la fabricación y manipulación de limpieza, plomo orgánico, preparación de carburantes y soldadura de los recipientes que lo contienen, personas trabajadoras de las fábricas de blindaje de material radioactivo, de la industria militar, de las refinerías de gasolina con plomo y de los surtidores de gasolina.
- Personas trabajadoras que presentan exposición de forma directa e indudable a la acción de los agentes causales establecidos en la fracción II de la cédula correspondiente contenida en el Catálogo de las Cédulas para la Valuación de las Enfermedades de Trabajo, que tengan su origen o con motivo del trabajo o en el medio que la persona trabajadora se vea obligada a prestar sus servicios.

147. Efectos tóxicos por rodenticida. Sulfato de talio

Código CIE-11: PE93, PB33, PH53, NE61, XM2KK3, XM9YD2

- Personas trabajadoras en actividades como: aplicación de raticidas en base a sulfato de talio y otros derivados que contienen el metal en general, industria del vidrio, envase, fabricación, formulación y transporte, elaboradores de termómetros de bajas temperaturas (-60°C o más), espectrómetros de infrarrojo y otros sistemas ópticos, fabricación de cristales de ioduro de sodio activados por talio para detectar radiación gamma, fabricadores de receptores de oxisulfuro de talio, celdas fotoeléctricas y transmisores de radiación infrarroja y preparación de sales de talio para fuegos artificiales.
- Personas trabajadoras que presentan exposición de forma directa e indudable a la acción de los agentes causales establecidos en la fracción II de la cédula correspondiente contenida en el Catálogo de las Cédulas para la Valuación de las Enfermedades de Trabajo, que tengan su origen o con motivo del trabajo o en el medio que la persona trabajadora se vea obligada a prestar sus servicios.

148. Efectos tóxicos por homólogos del benceno, tolueno y xileno

Código CIE-11: PB31, PH51, PB36, PE95, PH56, NE61, PE91, XM00E9, XM0D44

- Personas trabajadoras de las industrias química, petroquímica y confección de prendas de vestir a la medida, fabricación de cables eléctricos, hilos metálicos, calzado, curtido y acabado de cuero y piel: curtidores, peleteros, taxidermistas y zapateros que manipulan estos disolventes, así como de la industria de: aldehído bencílica, artes gráficas y procesos de impresión, barnices, colorantes, del vestido, esmaltes para uñas, explosivos, fabricación de ácido benzoico, fabricación de nitrocelulosa, fotograbado, hulera, industria del calzado, industria hulera, industria petroquímica, lacas, pegamentos de caucho y plástico, pegamentos y adhesivos, peleteras y curtido del cuero, pinturas, textiles, cerámica, tintorería, tinturas para madera y lacas, trinitrotolueno (TNT) y vidrio.
- Personas trabajadoras que presentan exposición de forma directa e indudable a la acción de los agentes causales establecidos en la fracción II de la cédula correspondiente contenida en el Catálogo de las Cédulas para la Valuación de las Enfermedades de Trabajo, que tengan su origen o con motivo del trabajo o en el medio que la persona trabajadora se vea obligada a prestar sus servicios.

149. Efectos tóxicos por zinc y sus compuestos

Código CIE-11: MA18.1, PE95, PB36, NE61, XM1U95

- Personas trabajadoras en actividades como: la fundición de latón o de la soldadura de metales galvanizados, fundidores y soldadores de metal y galvanización o estañado. Alguno de sus derivados se usa como pigmento y en la vulcanización del caucho. El cloruro de zinc se usa en baterías de celdillas seca, cemento dental y desodorante, conservadores de madera y pieles, fundición y flujos para soldado y refinamiento de aceites.
- Personas trabajadoras de la industria de cerillas o fósforos, esmaltes, fábricas de cosméticos, fábricas de vasos opalescentes, plaguicidas, porcelanas, productos farmacéuticos, cemento, vidrio, pegamento blanco y rodenticidas. El zinc metálico purificado es moldeado y fundido para equipo eléctrico, herramientas, juguetes, maquinaria,

partes automotrices y el zinc en aleación con el cobre forman el latón.

- Personas trabajadoras que presentan exposición de forma directa e indudable a la acción de los agentes causales establecidos en la fracción II de la cédula correspondiente contenida en el Catálogo de las Cédulas para la Valuación de las Enfermedades de Trabajo, que tengan su origen o con motivo del trabajo o en el medio que la persona trabajadora se vea obligada a prestar sus servicios.

150. Enfermedades producidas por hormonas y sus sustitutos y antagonistas sintéticos

Código CIE-11: NE60, PE88, PB28, PH48, XM6W81, XM5XB7, XM93X7

- Personas trabajadoras de las industrias química y farmacéutica que sintetizan productos hormonales: anticonceptivos orales; andrógenos y sus congéneres anabólicos, antigonadotrofinas, antiestrógenos y antiandrógenos, no clasificados; otros estrógenos y progestágenos, hormonas tiroideas y otras hormonas y sustitutos sintéticos.
- Personas trabajadoras que presentan exposición de forma directa e indudable a la acción de los agentes causales establecidos en la fracción II de la cédula correspondiente contenida en el Catálogo de las Cédulas para la Valuación de las Enfermedades de Trabajo, que tengan su origen o con motivo del trabajo o en el medio que la persona trabajadora se vea obligada a prestar sus servicios.

151. Enfermedades producidas por la exposición a antibióticos

Código CIE-11: PE88, PB28, PH48, PC98

- Personas trabajadoras encargadas de la fabricación, formulación y empaque de estas substancias en la industria químico-farmacéutica. Personas trabajadoras del sector salud, veterinarios, y operarios de laboratorios farmacéuticos.
- Personas trabajadoras que presentan exposición de forma directa e indudable a la acción de los agentes causales establecidos en la fracción II de la cédula correspondiente contenida en el Catálogo de las Cédulas para la Valuación de las Enfermedades de Trabajo, que tengan su origen o con motivo del trabajo o en el medio que la persona trabajadora se vea obligada a prestar sus servicios.

152. Intoxicación por otros plaguicidas. Organicoclorados

Código CIE-11: PE93, PB33, PH53, NE61, XM41B3, XM5E09

- Personas trabajadoras en actividades como: almacenamiento, distribución y transporte del plaguicida, industria de síntesis y formulación, labores de saneamiento ambiental y control de plagas y vectores, trabajos de la producción y manipulación de plaguicidas organoclorados aldrin y dieldrin, en trabajos donde se aplica el plaguicida en labores agrícolas vía manual y con aeronaves.
- Personas trabajadoras que presentan exposición de forma directa e indudable a la acción de los agentes causales establecidos en la fracción II de la cédula correspondiente contenida en el Catálogo de las Cédulas para la Valuación de las Enfermedades de Trabajo, que tengan su origen o con motivo del trabajo o en el medio que la persona trabajadora se vea obligada a prestar sus servicios.

153. Intoxicación por plaguicidas organofosforados y carbamatos

Código CIE-11: 8D43.2Y, NE61, PE93, PB33, PH53, XM7154, XM96H3, XM14N6, XM0G23, XM7SU5, XM5F29

- Personas trabajadoras en actividades, tales como: almacenamiento, distribución y transporte del plaguicida, industria de síntesis y formulación, trabajos de la producción y manipulación de plaguicidas orgánicofosforados y carbamatos, trabajos en donde se aplica el plaguicida en labores agrícolas vía manual y con aeronaves, labores de saneamiento ambiental y control de plagas y vectores.
- Personas trabajadoras que presentan exposición de forma directa e indudable a la acción de los agentes causales establecidos en la fracción II de la cédula correspondiente contenida en el Catálogo de las Cédulas para la Valuación de las Enfermedades de Trabajo, que tengan su origen o con motivo del trabajo o en el medio que la persona trabajadora se vea obligada a prestar sus servicios.

154. Intoxicación por tetracloroetileno

Código CIE-11: NE61, PB35, PH55, XM3DA8

- Personas trabajadoras de acondicionadores de telas, adhesivos, anestesiólogos, desengrasado de artículos metálicos y de lana, fabricación de lubricantes de silicona, lavanderías, manufactura de frenos, productos para limpiar madera, quitamanchas y repelentes de agua. Personas empleadas de lavanderías y limpieza en seco.

- Personas trabajadoras que presentan exposición de forma directa e indudable a la acción de los agentes causales establecidos en la fracción II de la cédula correspondiente contenida en el Catálogo de las Cédulas para la Valuación de las Enfermedades de Trabajo, que tengan su origen o con motivo del trabajo o en el medio que la persona trabajadora se vea obligada a prestar sus servicios.

155. Envenenamiento por picadura de artrópodos: araña (latrodectismo)
Código CIE-11: PG68, XE6UV

- Personas trabajadoras en actividades agrícolas y ganaderas, forestales, caza y pesca, no clasificados anteriormente, personas trabajadoras domésticas, de limpieza, planchadores, jardineros, ayudantes de jardineros, biólogos y especialistas en ciencias del mar y oceanógrafos, agrónomos, ingenieros civiles y de la construcción, ingenieros en topografía, hidrología, geología y geodesia, arquitectos, planificadores urbanos y del transporte, auxiliares y técnicos en ciencias biológicas, químicas y del medio ambiente, fumigadores y controladores de plagas, encargados y personas trabajadoras en control de almacén y bodega, recamaristas y camaristas, recolectores de basura y material reciclable.
- Personas trabajadoras que presentan exposición de forma directa e indudable a la acción de los agentes causales establecidos en la fracción II de la cédula correspondiente contenida en el Catálogo de las Cédulas para la Valuación de las Enfermedades de Trabajo, que tengan su origen o con motivo del trabajo o en el medio que la persona trabajadora se vea obligada a prestar sus servicios.

156. Envenenamiento por picadura de artrópodo: loxocelismo
Código CIE-11: PA78, XM6NN5, XM7JS2

- Personas trabajadoras en actividades agrícolas y ganaderas, forestales, caza y pesca, no clasificados anteriormente; personas trabajadoras domésticas, de limpieza, planchadores y jardineros, ayudantes de jardineros; biólogos y especialistas en ciencias del mar y oceanógrafos, agrónomos, ingenieros civiles y de la construcción, ingenieros en topografía, hidrología, geología y geodesia, arquitectos, planificadores urbanos y del transporte, auxiliares y técnicos en ciencias biológicas, químicas y del medio ambiente, fumigadores y controladores de plagas, encargados y personas trabajadoras en control de almacén y bodega, recamaristas y camaristas, recolectores de basura y material reciclable.

- Personas trabajadoras que presentan exposición de forma directa e indudable a la acción de los agentes causales establecidos en la fracción II de la cédula correspondiente contenida en el Catálogo de las Cédulas para la Valuación de las Enfermedades de Trabajo, que tengan su origen o con motivo del trabajo o en el medio que la persona trabajadora se vea obligada a prestar sus servicios.

157. Envenenamiento por picadura de artrópodo: alacrán o escorpión
Código CIE-11: NE61, XM9DM8

- Personas trabajadoras en actividades agrícolas y ganaderas; forestales, caza y pesca, no clasificados anteriormente; personas trabajadoras domésticas, de limpieza, planchadores y jardineros; ayudantes de jardineros; biólogos y especialistas en ciencias del mar y oceanógrafos; agrónomos; ingenieros civiles y de la construcción; ingenieros en topografía, hidrología, geología y geodesia; arquitectos, planificadores urbanos y del transporte; auxiliares y técnicos en ciencias biológicas, químicas y del medio ambiente; fumigadores y controladores de plagas; encargados y personas trabajadoras en control de almacén y bodega; recamaristas y camaristas; recolectores de basura y material reciclable.
- Personas trabajadoras que presentan exposición de forma directa e indudable a la acción de los agentes causales establecidos en la fracción II de la cédula correspondiente contenida en el Catálogo de las Cédulas para la Valuación de las Enfermedades de Trabajo, que tengan su origen o con motivo del trabajo o en el medio que la persona trabajadora se vea obligada a prestar sus servicios.

158. Envenenamiento por picadura de serpiente (ofidismo)
Código CIE-11: NE61, XM4KN1

- Personas trabajadoras en actividades agrícolas y ganaderas, forestales, caza y pesca, no clasificados anteriormente; personas trabajadoras domésticas, de limpieza, planchadores y jardineros, ayudantes de jardineros; biólogos y especialistas en ciencias del mar y oceanógrafos; agrónomos; ingenieros civiles y de la construcción; ingenieros en topografía, hidrología, geología y geodesia; arquitectos, planificadores urbanos y del transporte; auxiliares y técnicos en ciencias biológicas, químicas y del medio ambiente; fumigadores y controladores de plagas; encargados y personas trabajadoras en control de almacén y bodega; recamaristas y camaristas; recolectores de basura y material reciclable.

- Personas trabajadoras que presentan exposición de forma directa e indudable a la acción de los agentes causales establecidos en la fracción II de la cédula correspondiente contenida en el Catálogo de las Cédulas para la Valuación de las Enfermedades de Trabajo, que tengan su origen o con motivo del trabajo o en el medio que la persona trabajadora se vea obligada a prestar sus servicios.

159. Efectos tóxicos del cromo y sus compuestos

Código CIE-11: PE95, PB36, PH56, NE61, XM9YJ8

- Personas trabajadoras de la industria química y farmacéutica. Analista químico, auxiliares en áreas de ciencias químicas y biológicas. Personas trabajadoras de la construcción, productores de acero, soldadores, cromadores y personas trabajadoras de galvanoplastias, fabricantes de pigmentos, técnico dentista, entre otros.
- Personas trabajadoras que presentan exposición de forma directa e indudable a la acción de los agentes causales establecidos en la fracción II de la cédula correspondiente contenida en el Catálogo de las Cédulas para la Valuación de las Enfermedades de Trabajo, que tengan su origen o con motivo del trabajo o en el medio que la persona trabajadora se vea obligada a prestar sus servicios.

160. Efectos tóxicos del cadmio y sus compuestos

Código CIE-11: GB55.1, NE61, PE95, PB36, PH56, XM0V73

- Personas trabajadoras de la refinación y fundición de metales, en plantas productoras de pilas, en plantas de plásticos con cadmio, soldadores, de procesos de galvanoplastia (recubrimientos, revestimientos, galvanización) de metales, de la construcción, recicladores de partes electrónicas, recicladores de plásticos, astilleros, de plantas de incineración de residuos municipales, agrícolas. Personas trabajadoras recolectores y separadores de basura.

- Personas trabajadoras que presentan exposición de forma directa e indudable a la acción de los agentes causales establecidos en la fracción II de la cédula correspondiente contenida en el Catálogo de las Cédulas para la Valuación de las Enfermedades de Trabajo, que tengan su origen o con motivo del trabajo o en el medio que la persona trabajadora se vea obligada a prestar sus servicios.

Grupo X. Enfermedades del ojo y del oído

161. Degeneraciones o depósitos conjuntivales o subconjuntivales (argirosis ocular)

Código CIE-11: 9A61.6

- Personas trabajadoras expuestas a las sales de plata, mineros de extracción de plata, manipuladores del metal y sus derivados, cinceladores, fabricantes de perlas de vidrio, fotógrafos, orfebres, plateros, pulidores, químicos de laboratorio y actividades relacionadas a la exposición del agente.
- Personas trabajadoras que presentan exposición de forma directa e indudable a la acción de los agentes causales establecidos en la fracción II de la cédula correspondiente contenida en el Catálogo de las Cédulas para la Valuación de las Enfermedades de Trabajo, que tengan su origen o con motivo del trabajo o en el medio que la persona trabajadora se vea obligada a prestar sus servicios.

162. Blefaroconjuntivitis (blefaroconiosis)

Código CIE-11: 9A60.4

- Personas trabajadoras expuestas en actividades como afiladores, alfareros, canteros, carboneros, cementeros, colchoneros, esmeriladores, fabricantes de objetos de aluminio y cobre, laneros, manipuladores de mercurio, mineros, panaderos, peleteros, pulidores y yeseros.
- Personas trabajadoras que presentan exposición de forma directa e indudable a la acción de los agentes causales establecidos en la fracción II de la cédula correspondiente contenida en el Catálogo de las Cédulas para la Valuación de las Enfermedades de Trabajo,

que tengan su origen o con motivo del trabajo o en el medio que la persona trabajadora se vea obligada a prestar sus servicios.

163. Otras cataratas específicas (cataratas por radiaciones)

Código CIE-11: 9B10.2Y, XK9J, XK8G, XK9K, XK70

- Personas trabajadoras expuestas a las radiaciones ionizantes y no ionizantes como fundidores, herreros, soldadores con oxiacetileno, vidrieros, técnicos y personal de la energía atómica y otras fuentes de energía radiante. Personas trabajadoras expuestas en la fabricación y manipulación de los aparatos de rayos X, así como técnicos, personal de gabinete de rayos X y buceo industrial de inspección.
- Personas trabajadoras que presentan exposición de forma directa e indudable a la acción de los agentes causales establecidos en la fracción II de la cédula correspondiente contenida en el Catálogo de las Cédulas para la Valuación de las Enfermedades de Trabajo, que tengan su origen o con motivo del trabajo o en el medio que la persona trabajadora se vea obligada a prestar sus servicios.

164. Otras cataratas específicas (catarata por radiaciones eléctricas)

Código CIE-11: 9B10.2Y, XK9J, XK8G, XK9K, XK70

- Personas trabajadoras expuestas a luz del arco voltaico durante la distribución, producción, transporte de la electricidad, de hornos eléctricos y soldadura eléctrica.
- Personas trabajadoras que presentan exposición de forma directa e indudable a la acción de los agentes causales establecidos en la fracción II de la cédula correspondiente contenida en el Catálogo de las Cédulas para la Valuación de las Enfermedades de Trabajo, que tengan su origen o con motivo del trabajo o en el medio que la persona trabajadora se vea obligada a prestar sus servicios.

165. Otras cataratas específicas (catarata tóxica)

Código CIE-11: 9B10.2Y, XK9J, XK8G, XK9K, XK70

- Personas trabajadoras expuestas en todas las actividades relacionadas con la producción de adhesivos para el hormigón, de plastificadores para PVC (anhídrido tálico), aromatizantes, colorantes, componentes de solventes para plaguicidas, curtientes, sustancias humectantes en la industria textil, productos químicos y farmacéuticos.

- Personas trabajadoras que presentan exposición de forma directa e indudable a la acción de los agentes causales establecidos en la fracción II de la cédula correspondiente contenida en el Catálogo de las Cédulas para la Valuación de las Enfermedades de Trabajo, que tengan su origen o con motivo del trabajo o en el medio que la persona trabajadora se vea obligada a prestar sus servicios.

166. Conjuntivitis por gérmenes patógenos. Conjuntivitis mucopurulenta

Código CIE-11: 9A60.Y, 9A60.3, XK9J, XK8G, XK9K, XK70

- Personas trabajadoras expuestas a los agentes causales como dentistas, enfermeras, paramédicos, laboratoristas, médicos, personal sanitario y veterinarios.
- Personas trabajadoras que presentan exposición de forma directa e indudable a la acción de los agentes causales establecidos en la fracción II de la cédula correspondiente contenida en el Catálogo de las Cédulas para la Valuación de las Enfermedades de Trabajo, que tengan su origen o con motivo del trabajo o en el medio que la persona trabajadora se vea obligada a prestar sus servicios.

167. Conjuntivitis atópica aguda (retinopatías especificadas por agentes químicos y alergizantes)

Código CIE-11: 9A60.01, 9A60.02, XK9J, XK8G, XK9K, XK70

- Personas trabajadoras expuestas a los agentes causales en la industria química y farmacéutica, de la celulosa, textil, farmacéutica, así como personas trabajadoras de la agricultura. Personas trabajadoras expuestas a sustancias químicas, tales como: campesinos, granjeros, ingenieros agrónomos, letrineros, panaderos, poceros, vidrieros y personal en contacto con fibras artificiales. Personal de la salud y de las fuerzas armadas.
- Personas trabajadoras que presentan exposición de forma directa e indudable a la acción de los agentes causales establecidos en la fracción II de la cédula correspondiente contenida en el Catálogo de las Cédulas para la Valuación de las Enfermedades de Trabajo, que tengan su origen o con motivo del trabajo o en el medio que la persona trabajadora se vea obligada a prestar sus servicios.

168. Deterioro leve de la visión y deterioro moderado de la visión
Código CIE-11: 9D90.1, 9D90.2, XK9J, XK8G, XK9K, XK70

- Personas trabajadoras expuestas al agente causal en la industria química, electrónica, manufacturas de plástico, producción de compuestos cloroalcalinos, germicidas y fabricación de amalgamas odontológicas. Personas trabajadoras expuestas al mercurio orgánico, tales como: agricultores, campesinos, granjeros, ingenieros agrónomos, técnicos dentales y odontólogos.
- Personas trabajadoras que presentan exposición de forma directa e indudable a la acción de los agentes causales establecidos en la fracción II de la cédula correspondiente contenida en el Catálogo de las Cédulas para la Valuación de las Enfermedades de Trabajo, que tengan su origen o con motivo del trabajo o en el medio que la persona trabajadora se vea obligada a prestar sus servicios.

169. Efectos del ruido sobre el oído interno (cortipatía bilateral por trauma acústico crónico)
Código CIE-11: AB37

- Personas trabajadoras expuestas al agente causal en la industria metalúrgica, construcción, metal-mecánica, aviación, minera, textil y militar. Personas trabajadoras que realicen actividades de corte; cizallamiento; laminado; trefilado; estiramiento y perforación de piezas metálicas; fabricación, empleo y destrucción de municiones y explosivos, y trabajos de abrasión e hidráulicos.
- Personas trabajadoras expuestas en la operación de maquinaria; electrógenos; molienda de piedras y minerales; reparación y operación de motores eléctricos de potencia, turbinas y todo motor de gran potencia; prueba de armas, y utilización de herramientas neumáticas, tales como: martillos, taladros, perforadores y compresores. Personas trabajadoras expuestas como aviadoras, personal de tierra, mecánicos, radiotelegrafistas, tejedores, coneros, trocileros, telefonistas, telegrafistas, músicos, personas trabajadoras de discotecas, ingenieros de audio y disco jockeys (DJs).
- Personas trabajadoras que presentan exposición de forma directa e indudable a la acción de los agentes causales establecidos en la fracción II de la cédula correspondiente contenida en el Catálogo de las Cédulas para la Valuación de las Enfermedades de Trabajo,

que tengan su origen o con motivo del trabajo o en el medio que la persona trabajadora se vea obligada a prestar sus servicios.

170. Estrabismo o trastornos de la movilidad ocular, sin especificación
Código CIE-11: 9C8Z, XK9J, XK8G, XK9K, XK70

- Personas trabajadoras expuestas al disulfuro de carbono y plomo en las industrias del plástico que utilicen aditivos a base de plomo, alfarería artesanal, cerámica, cristalería, macillas, pinturas y colorantes que contengan el citado metal. Personas trabajadoras en actividades de albayalde, barnices, cerámica, envolturas de cables, esmaltes, lacas, preparación de carburantes y fundición de plomo.
- Personas trabajadoras expuestas en la fabricación de cajas para conservas, acumuladores, insecticidas, juguetes, pigmentos, tubos de plomo, plomo orgánico, artículos pirotécnicos, y fabricación y manipulación de productos de limpieza. Personas trabajadoras que laboran en fábricas de blindaje de material radioactivo, en la industria militar, en las refinerías de gasolina con plomo y en los surtidores de gasolina. Personas trabajadoras en actividades como: pintores, impresores, plomeros, soldadores de metales que contienen plomo, y personas trabajadoras que presentan exposición en ejercicio o con motivo del trabajo a los agentes causales.
- Personas trabajadoras que presentan exposición de forma directa e indudable a la acción de los agentes causales establecidos en la fracción II de la cédula correspondiente contenida en el Catálogo de las Cédulas para la Valuación de las Enfermedades de Trabajo, que tengan su origen o con motivo del trabajo o en el medio que la persona trabajadora se vea obligada a prestar sus servicios.

171. Glaucoma, sin especificación (glaucoma tóxico)
Código CIE-11: 9C61. Z, XK9J, XK8G, XK9K, XK70

- Personas trabajadoras expuestas en la producción, manipulación, almacenamiento, distribución y transporte de insecticidas orgánicos fosforados; labores de saneamiento ambiental; control de plagas y vectores, y en labores agrícolas vía manual y con aeronaves. Personas trabajadoras en actividades como anestesiólogos, fumigadores aéreos, ingenieros agrónomos, personas trabajadoras del campo en contacto con insecticidas y personal de fumigación.

- Personas trabajadoras que presentan exposición de forma directa e indudable a la acción de los agentes causales establecidos en la fracción II de la cédula correspondiente contenida en el Catálogo de las Cédulas para la Valuación de las Enfermedades de Trabajo, que tengan su origen o con motivo del trabajo o en el medio que la persona trabajadora se vea obligada a prestar sus servicios.

172. Daño auditivo por ototóxicos (hipoacusia y vestibulopatías por ototóxicos)

Código CIE-11: Y AB53; AB32.5; AB32.Y

- Personas trabajadoras expuestas en la agricultura, en las industrias química y farmacéutica, cristalería, cerámica, alfarería, a colorantes que contengan plomo, minería, imprenta, pinturas, textil, plástico, que utilicen aditivos con base a plomo y extracción de aceites, ceras y grasas.
- Personas trabajadoras expuestas en la fabricación de acelerantes de vulcanización, caucho, amalgamas odontológicas, municiones de plomo, artículos pirotécnicos, plaguicidas, fungicidas, germicidas, rayón, tiocompuestos, xantatos, producción de compuestos cloro alcalinos y con disulfuro de carbono, tales como: celofán y esponjas artificiales. Personal de salud y de las fuerzas armadas.
- Personas trabajadoras que presentan exposición de forma directa e indudable a la acción de los agentes causales establecidos en la fracción II de la cédula correspondiente contenida en el Catálogo de las Cédulas para la Valuación de las Enfermedades de Trabajo, que tengan su origen o con motivo del trabajo o en el medio que la persona trabajadora se vea obligada a prestar sus servicios.

173. Trastornos del nervio óptico

Código CIE-11: 9C40.1, 9C40.Z, XK9J, XK8G, XK9K, XK70

- Personas trabajadoras expuestas a los agentes causales en la agricultura e industrias química, textil y minera.
- Personas trabajadoras expuestas durante la producción del disulfuro de carbono, celofán, rayón, disolventes, caucho, esponjas artificiales, extracción de aceites, grasas y ceras, lacas, adhesivos para madera, agentes de flotación, acelerantes de vulcanización, plaguicidas, resinas, tiocianatos y xantatos.

- Personas trabajadoras expuestas al talio en la fabricación de células fotoeléctricas, vidrios ópticos en la aplicación de los espectrofotómetros, del papel celofán, lámparas de tungsteno, obtención de piedras preciosas artificiales, raticidas, termómetros y en su utilización como catalizador en la activación del fósforo.
- Personas trabajadoras expuestas al plomo en las industrias del plástico que utilicen aditivos a base de plomo, alfarería artesanal, cerámica, cristalería, macillas, pinturas y colorantes que contengan el citado metal.
- Personas trabajadoras en actividades de albayalde, barnices, cerámica, envolturas de cables, esmaltes, lacas, preparación de carburantes y fundición de plomo.
- Personas trabajadoras expuestas en la fabricación de cajas para conservas, acumuladores, insecticidas, juguetes, pigmentos, tubos de plomo, plomo orgánico, artículos pirotécnicos, y fabricación y manipulación de productos de limpieza.
- Personas trabajadoras expuestas que laboran en fábricas de blindaje de material radioactivo, en la industria militar, en las refinerías de gasolina con plomo y en los surtidores de gasolina.
- Personas trabajadoras en actividades como: pintores, impresores, plomeros, soldadores de metales que contienen plomo, y personas trabajadoras que presentan exposición en ejercicio o con motivo del trabajo a los agentes causales.
- Personas trabajadoras que presentan exposición de forma directa e indudable a la acción de los agentes causales establecidos en la fracción II de la cédula correspondiente contenida en el Catálogo de las Cédulas para la Valuación de las Enfermedades de Trabajo, que tengan su origen o con motivo del trabajo o en el medio que la persona trabajadora se vea obligada a prestar sus servicios.

174. Trastorno del nervio trigémino

Código CIE-11: 8B82, XS5B, XS5D, XS9Q, XS2E

- Personas trabajadoras expuestas al agente causal en fábricas de artículos de limpieza, pinturas y de líquido corrector de escritura. Personas trabajadoras en actividades de limpieza de piezas metálicas, desengrasado, lavanderías y tintorerías.

- Personas trabajadoras que presentan exposición de forma directa e indudable a la acción de los agentes causales establecidos en la fracción II de la cédula correspondiente contenida en el Catálogo de las Cédulas para la Valuación de las Enfermedades de Trabajo, que tengan su origen o con motivo del trabajo o en el medio que la persona trabajadora se vea obligada a prestar sus servicios.

175. Enfermedades infecciosas del oído externo, sin especificación (otitis externa infecciosa-otitis del nadador-)
Código CIE-11: AA0Z, XK9J, XK8G, XK9K, XK70

- Personas trabajadoras en actividades acuáticas relacionadas con inmersión en agua como buzos excepto recreativo, maestros de natación, nadadores profesionales, clavadistas y personas trabajadoras acuícolas.
- Personas trabajadoras que presentan exposición de forma directa e indudable a la acción de los agentes causales establecidos en la fracción II de la cédula correspondiente contenida en el Catálogo de las Cédulas para la Valuación de las Enfermedades de Trabajo, que tengan su origen o con motivo del trabajo o en el medio que la persona trabajadora se vea obligada a prestar sus servicios.

176. Otitis media supurativa, tubo timpánico crónico
Código CIE-11: AA91.0

- Personas trabajadoras expuestas a cambios repetidos de presión barométrica en actividades como buceo excepto recreativo, exploradores, guías de alpinismo, investigadores, paleontólogos, pilotos, rescatistas, sobrecargos, mineros subterráneos, personas trabajadoras subacuáticos y aeroespaciales.
- Personas trabajadoras que presentan exposición de forma directa e indudable a la acción de los agentes causales establecidos en la fracción II de la cédula correspondiente contenida en el Catálogo de las Cédulas para la Valuación de las Enfermedades de Trabajo, que tengan su origen o con motivo del trabajo o en el medio que la persona trabajadora se vea obligada a prestar sus servicios.

177. Otitis media no supurativa sin especificación (otitis media serosa)
Código CIE-11: AA8Z

- Personas trabajadoras expuestas a temperaturas, gases, nieblas o vapores de sustancias irritantes, sensibilizantes (amoníaco o cloro), humedad y velocidad de aire excesivos.
- Personas trabajadoras que presentan exposición de forma directa e indudable a la acción de los agentes causales establecidos en la fracción II de la cédula correspondiente contenida en el Catálogo de las Cédulas para la Valuación de las Enfermedades de Trabajo, que tengan su origen o con motivo del trabajo o en el medio que la persona trabajadora se vea obligada a prestar sus servicios.

178. Otitis media supurativa sin especificación
Código CIE-11: AA9Z

- Personas trabajadoras en actividades acuáticas relacionadas con inmersión en agua como buzos, investigadores marinos, maestros de natación, nadadores profesionales, clavadistas y personas trabajadoras acuícolas.
- Personas trabajadoras que presentan exposición de forma directa e indudable a la acción de los agentes causales establecidos en la fracción II de la cédula correspondiente contenida en el Catálogo de las Cédulas para la Valuación de las Enfermedades de Trabajo, que tengan su origen o con motivo del trabajo o en el medio que la persona trabajadora se vea obligada a prestar sus servicios.

179. Trastornos de la función vestibular, sin especificación (enfermedad trastorno del laberinto del oído por vibraciones)
Código CIE-11: AB34.Z

- Personas trabajadoras con exposición prolongada a vibraciones de cuerpo entero durante la operación de carretillas, elevadoras, camiones articulados y no articulados, ciclomotores, furgonetas, autobuses, tranvías, tractores, ferrocarriles, vehículos de combate blindado, vehículos todo terreno, embarcaciones de alta velocidad, aeronaves de alas rígidas, aeroespaciales y helicópteros. Asimismo, personas trabajadoras que usan máquinas forestales, maquinaria de minas y canteras, maquinaria de movimiento de tierra, tales como: bulldozers, cargadoras, cucharas de arrastre, excavadoras, motoniveladoras, rodillos compactadores y volquetes. Operadores de simuladores visuales de base fija o pantallas gigantes.

- Personas trabajadoras que presentan exposición de forma directa e indudable a la acción de los agentes causales establecidos en la fracción II de la cédula correspondiente contenida en el Catálogo de las Cédulas para la Valuación de las Enfermedades de Trabajo, que tengan su origen o con motivo del trabajo o en el medio que la persona trabajadora se vea obligada a prestar sus servicios.

180. Otra parálisis especificada del tercer par (implica nervio óculo motor)

Código CIE-11: 9C81.0Y, XK9J, XK8G, XK9K, XK70

- Personas trabajadoras expuestas en las industrias química, petroquímica, acero y gasera. Asimismo, personas trabajadoras expuestas en la producción de cálcica, cianida, cianamida y dicianidamida, celulosa, cianógeno, amonio, acrilato, compuestos nitrogenados y en la síntesis de químicos orgánicos.
- Personas trabajadoras en contacto con defoliantes de las plantas de algodón, fertilizantes, germicidas, plaguicidas y en la extracción de oro y plata.
- Personas trabajadoras en la agricultura, personas campesinas, granjeras, ingenieras agrónomas, joyeras, pulidores de metal y personas trabajadoras que presentan exposición en ejercicio o con motivo del trabajo al agente causal.
- Personas trabajadoras que presentan exposición de forma directa e indudable a la acción de los agentes causales establecidos en la fracción II de la cédula correspondiente contenida en el Catálogo de las Cédulas para la Valuación de las Enfermedades de Trabajo, que tengan su origen o con motivo del trabajo o en el medio que la persona trabajadora se vea obligada a prestar sus servicios.

181. Pterigión

Código CIE-11: 9A61.1

- Personas trabajadoras expuestas a vapores de mercurio; a la acción del ácido sulfhídrico (hidrógeno sulfurado); a la fabricación de sal, fibras artificiales a partir de la celulosa y vidriera. Personas trabajadoras expuestas a radiaciones ionizantes y no ionizantes durante la fabricación y manipulación de aparatos de rayos X y otras fuentes de energía radiante; personas trabajadoras que utilizan lámparas de arco y lámparas incandescentes de mercurio. Asimismo, personal expuesto a radiación ultravioleta solar.

- Personas trabajadoras como artistas, cinematógrafos, campesinos, fundidores, soldadores, granjeros, herreros, hojalateros, horneros, ingenieros agrónomos, laminadores, letrineros, metalúrgicos, panaderos, poceros, radiólogos y personas trabajadoras que presentan exposición en ejercicio o con motivo del trabajo a los agentes causales.
- Personas trabajadoras que presentan exposición de forma directa e indudable a la acción de los agentes causales establecidos en la fracción II de la cédula correspondiente contenida en el Catálogo de las Cédulas para la Valuación de las Enfermedades de Trabajo, que tengan su origen o con motivo del trabajo o en el medio que la persona trabajadora se vea obligada a prestar sus servicios.

182. Lesión por cuerpo extraño en la córnea (incrustaciones en la córnea de partículas duras)

Código CIE-11: ND70.0, XK9J, XK8G, XK9K, XK70

- Personas trabajadoras expuestas a los agentes causales en las industrias minera, cementera, vidriera y metalúrgica. Personas trabajadoras como: afiladores, alfareros, carboneros, cementeros, esmeriladores, fundidores, herreros, hojalateros, horneros, laminadores, mineros, orfebres, vidrieros y personas trabajadoras que presentan exposición en ejercicio o con motivo del trabajo a los agentes causales.
- Personas trabajadoras que presentan exposición de forma directa e indudable a la acción de los agentes causales establecidos en la fracción II de la cédula correspondiente contenida en el Catálogo de las Cédulas para la Valuación de las Enfermedades de Trabajo, que tengan su origen o con motivo del trabajo o en el medio que la persona trabajadora se vea obligada a prestar sus servicios.

183. Queratoconjuntivitis (por agentes químicos, físicos y alergizantes)

Código CIE-11: 9A60.Z, XK9J, XK8G, XK9K, XK70

- Personas trabajadoras expuestas a los agentes causales en la industria química, de la celulosa, textil, farmacéutica, así como de las personas trabajadoras de la agricultura. Personas trabajadoras expuestas a sustancias químicas, tales como: campesinos, granjeros, ingenieros agrónomos, letrineros, panaderos, poceros, vidrieros y personal en contacto con fibras artificiales.

- Personas trabajadoras expuestas a radiaciones ionizantes y no ionizantes durante la fabricación y manipulación de aparatos de rayos X y otras fuentes de energía radiante; personas trabajadoras que utilizan lámparas de arco y lámparas incandescentes de mercurio. Asimismo, personal expuesto a radiación ultravioleta solar y vidriería.
- Personas trabajadoras como artistas, cinematógrafos, campesinos, salineros, fundidores, soldadores, granjeros, herreros, hojalateros, horneros, ingenieros agrónomos, laminadores, letrineros, metalúrgicos, panaderos, poceros, radiólogos y personas trabajadoras que presentan exposición en ejercicio o con motivo del trabajo a los agentes causales.
- Personas trabajadoras que presentan exposición de forma directa e indudable a la acción de los agentes causales establecidos en la fracción II de la cédula correspondiente contenida en el Catálogo de las Cédulas para la Valuación de las Enfermedades de Trabajo, que tengan su origen o con motivo del trabajo o en el medio que la persona trabajadora se vea obligada a prestar sus servicios.

184. Inflamación coriorretiniana

Código CIE-11: 9B65.2

- Personas trabajadoras expuestas a los agentes causales en las industrias química, farmacéutica, textil y peletería. Personas trabajadoras expuestas a naftalina y benceno en las fabricaciones de adhesivos para el hormigón, anhídrido ftálico (producción de plastificadores para PVC), aromatizantes, colorantes, componentes de solventes para plaguicidas y sustancias humectantes para la industria textil.
- Personas trabajadoras que presentan exposición de forma directa e indudable a la acción de los agentes causales establecidos en la fracción II de la cédula correspondiente contenida en el Catálogo de las Cédulas para la Valuación de las Enfermedades de Trabajo, que tengan su origen o con motivo del trabajo o en el medio que la persona trabajadora se vea obligada a prestar sus servicios.

185. Enfermedad por descompresión
Código CIE-11: NF04.2

- Personas trabajadoras expuestas a cambios de presión barométrica como: buzos recreativos, buzos pescadores artesanales, buzos industriales, buzos militares, buzos científicos, buzos técnicos, buzos limpiadores de drenajes, excavadores, mineros subterráneos y personal aeroespacial y acompañantes o auxiliares (tender) en el interior de cámaras hiperbáricas (médicos, enfermeros y buzos); exploradores, guías de alpinismo, investigadores, paleontólogos y rescatistas.
- Personas trabajadoras que presentan exposición de forma directa e indudable a la acción de los agentes causales establecidos en la fracción II de la cédula correspondiente contenida en el Catálogo de las Cédulas para la Valuación de las Enfermedades de Trabajo, que tengan su origen o con motivo del trabajo o en el medio que la persona trabajadora se vea obligada a prestar sus servicios.

186. Embolismo gaseoso arterial cerebral
Código CIE-11: PL11.20

- Personas trabajadoras expuestas a cambios de presión barométrica como: buzos recreativos, buzos pescadores artesanales, buzos industriales, buzos militares, buzos científicos, buzos técnicos, buzos limpiadores de drenajes, excavadores, mineros subterráneos y personal aeroespacial y acompañantes o auxiliares (tender) en el interior de cámaras hiperbáricas (médicos, enfermeros y buzos); exploradores, guías de alpinismo, investigadores, paleontólogos y rescatistas.
- Personas trabajadoras que presentan exposición de forma directa e indudable a la acción de los agentes causales establecidos en la fracción II de la cédula correspondiente contenida en el Catálogo de las Cédulas para la Valuación de las Enfermedades de Trabajo, que tengan su origen o con motivo del trabajo o en el medio que la persona trabajadora se vea obligada a prestar sus servicios.

187. Disbarismo por efectos de la presión del aire y la presión del agua, sin especificación (barotrauma crónico)
Código CIE-11: AA90

- Personas trabajadoras expuestas a cambios de presión barométrica como: buzos recreativos, buzos pescadores artesanales, buzos industriales, buzos militares, buzos científicos, buzos técnicos, buzos limpiadores de drenajes, excavadores, mineros subterráneos y personal aeroespacial y acompañantes o auxiliares (tender) en el interior de cámaras hiperbáricas (médicos, enfermeros y buzos); exploradores, guías de alpinismo, investigadores, paleontólogos y rescatistas.

- Personas trabajadoras que presentan exposición de forma directa e indudable a la acción de los agentes causales establecidos en la fracción II de la cédula correspondiente contenida en el Catálogo de las Cédulas para la Valuación de las Enfermedades de Trabajo, que tengan su origen o con motivo del trabajo o en el medio que la persona trabajadora se vea obligada a prestar sus servicios.

188. Otras alteraciones de la función vestibular (por tóxicos)
Código CIE-11: AB34.Y

- Personas trabajadoras expuestas en la agricultura, en las industrias química y farmacéutica, cristalería, cerámica, alfarería, colorantes que contengan plomo, minería, imprenta, pinturas, textil, plástico que utilice aditivos con base a plomo y extracción de aceites, ceras y grasas.
- Personas trabajadoras expuestas en la fabricación de acelerantes de vulcanización, caucho, amalgamas odontológicas, municiones de plomo, artículos pirotécnicos, plaguicidas, fungicidas, germicidas, rayón, tiocompuestos, xantatos, producción de compuestos cloro alcalinos y con disulfuro de carbono, tales como: celofán y esponjas artificiales.
- Personas trabajadoras en el sector salud y de las fuerzas armadas.
- Personas trabajadoras expuestas en la fabricación y reciclaje de acumuladores, fabricación y uso de esmaltes, fundidores de plomo y artesanos que utilizan los metales pesados.
- Personas trabajadoras que presentan exposición de forma directa e indudable a la acción de los agentes causales establecidos en la fracción II de la cédula correspondiente contenida en el Catálogo de las Cédulas para la Valuación de las Enfermedades de Trabajo, que tengan su origen o con motivo del trabajo o en el medio que la persona trabajadora se vea obligada a prestar sus servicios.

Grupo XI. Enfermedades de endocrinología y genitourinarias

189. Pérdida recurrente de embarazo

Código CIE-11: GA33

- Personas trabajadoras expuestas a medicamentos antineoplásicos, tales como: personas trabajadoras encargadas de la fabricación y formulación de estas substancias en la industria químico-farmacéutica. Personal de la salud que los prepara y aplica.
- Personas trabajadoras expuestas al disulfuro de carbono, tales como: en la industria química, manufactura de rayón, barnices, aceleradores del hule, bromuros, celofán, cementos de neopreno, combustibles para cohetes, como solvente de sulfuros, fosfuros, pinturas, removedores de pintura y barnices, selenio, como componente de insecticidas y yoduros.
- Personas trabajadoras expuestas al plomo, tales como: trabajadoras en actividades de albayalde, barnices, cerámica, envolturas de cables, esmalte, lacas, preparación de carburantes y fundición de plomo.
- Personas trabajadoras expuestas en la fabricación de cajas para conservas, acumuladores, insecticidas, juguetes, pigmentos, tubos de plomo, plomo orgánico, fabricación y manipulación de productos de limpieza. Personas trabajadoras expuestas que laboran en fábricas de blindaje de material radioactivo, en la industria militar, en las refinerías de gasolina con plomo y en los surtidores de gasolina. Personas trabajadoras en actividades como: pintoras, impresores, plomeras y soldadoras de metales que contienen plomo. Todas aquellas personas trabajadoras expuestas a estas sustancias en procesos de almacenamiento, aplicación, manejo, mantenimiento y producción.
- Personas trabajadoras que presentan exposición de forma directa e indudable a la acción de los agentes causales establecidos en la fracción II de la cédula correspondiente contenida en el Catálogo de las Cédulas para la Valuación de las Enfermedades de Trabajo, que tengan su origen o con motivo del trabajo o en el medio que la persona trabajadora se vea obligada a prestar sus servicios.

190. Endometriosis

Código CIE-11: GA10

- Personas trabajadoras en procesos industriales relacionadas con el cloro: personas trabajadoras expuestas al blanqueo de la pulpa y pasta de papel con cloro; a la fabricación de productos químicos orgánicos clorados, tales como: clorofenoles, bifenilos policlorados (PCBs), clorobenceno y pigmentos. Fabricación de plaguicidas.
- Personas trabajadoras expuestas en los procesos térmicos, como son: hornos de cementeras, incineración de todo tipo de residuos; industria del acero, fundiciones y plantas de sinterización; producción de electricidad en centrales térmicas; producción de energía, calefacción con combustión de carbón, gasóleo o madera; reciclaje de metales no ferrosos, tales como: aluminio, cobre y zinc.
- Personas trabajadoras que presentan exposición de forma directa e indudable a la acción de los agentes causales establecidos en la fracción II de la cédula correspondiente contenida en el Catálogo de las Cédulas para la Valuación de las Enfermedades de Trabajo, que tengan su origen o con motivo del trabajo o en el medio que la persona trabajadora se vea obligada a prestar sus servicios.

191. Hipotiroidismo por el uso de medicamentos o de otras sustancias exógenas

Código CIE-11: 5A00.20

- Personas trabajadoras expuestas al plomo. Personas trabajadoras en el uso de albayalde y elaboración de: barnices, cerámica, envolturas de cables, esmalte, lacas, preparación de carburantes y fundición de plomo. Personas trabajadoras expuestas en la fabricación de cajas para conservas, acumuladores, insecticidas, juguetes, pigmentos, tubos de plomo, plomo orgánico, fabricación y manipulación de productos de limpieza. Personas trabajadoras expuestas que laboran en fábricas de blindaje de material radioactivo, en la industria militar, en las refinerías de gasolina con plomo y en los surtidores de gasolina. Personas trabajadoras en actividades como: pintores, impresores, plomeros y soldadores de metales que contienen plomo.
- Personas trabajadoras expuestas a hidrocarburos halogenados, personas expuestas a estas sustancias en procesos de producción, manejo, almacenamiento, aplicación y mantenimiento, personas ex-

puestas al tiouracilo, tíocianato y etilentiourea en la industria del caucho, fabricación de insecticidas y fungicidas.

- Personas trabajadoras que presentan exposición de forma directa e indudable a la acción de los agentes causales establecidos en la fracción II de la cédula correspondiente contenida en el Catálogo de las Cédulas para la Valuación de las Enfermedades de Trabajo, que tengan su origen o con motivo del trabajo o en el medio que la persona trabajadora se vea obligada a prestar sus servicios.

192. Infertilidad femenina

Código CIE-11: GA31

- Personas trabajadoras expuestas a radiaciones ionizantes y que se exponen a los rayos X, tales como: personas trabajadoras de centrales nucleares; en la extracción y tratamiento de minerales radioactivos; fabricación y uso de equipos de radioterapia y de rayos X; todos los trabajos de las clínicas dentales, hospitales, sanatorios que expongan al personal de salud a la acción de los rayos X; plantas de producción de isótopos radioactivos; preparación de compuestos radiactivos incluyendo los productos químicos y farmacéuticos radioactivos; preparación y aplicación de productos fosforescentes radioactivos; radiografías industriales utilizando equipos de rayos X u otras fuentes de emisión de radiaciones gamma.
- Personas trabajadoras expuestas a la anilina. Personas trabajadoras de la industria colorante, productos farmacéuticos, química, textil y tintas.
- Personas trabajadoras expuestas al benceno, tales como: conductores de autobuses, fabricación de neumáticos, gasolineras, limpieza con disolventes orgánicos, operarios de motores diésel y refinación del petróleo.
- Personas trabajadoras expuestas al mercurio, tales como: personas trabajadoras que laboran en la industria química (producción de acetileno), químico-farmacéutica, del bronce, curtiembres, damasquinado, dorado, niquelado y plateado. Personas trabajadoras expuestas en la fabricación del cloro, termómetros, fungicidas, cemento (polvos producidos por los hornos), lámparas de vapores de mercurio, manómetros, sombreros de fieltro, y fabricación y manipulación de explosivos. Personas trabajadoras expuestas en la conservación de

semillas y electrólisis de las salmueras. Mineros de extracción de oro, plata y mercurio, y manipuladores del metal y sus derivados. Personas ayudantes, secretarias de servicios médicos y odontológicos.

- Personas trabajadoras expuestas a estas sustancias en procesos de almacenamiento, aplicación, manejo, mantenimiento y producción.
- Personas trabajadoras expuestas al paramixovirus, tales como: médicos, enfermeras y personal de la salud.
- Personas trabajadoras que presentan exposición de forma directa e indudable a la acción de los agentes causales establecidos en la fracción II de la cédula correspondiente contenida en el Catálogo de las Cédulas para la Valuación de las Enfermedades de Trabajo, que tengan su origen o con motivo del trabajo o en el medio que la persona trabajadora se vea obligada a prestar sus servicios.

193. Infertilidad masculina

Código CIE-11: GB04

- Personas trabajadoras expuestas a radiaciones ionizantes, tales como: personas trabajadoras en centrales nucleares; extracción y tratamiento de minerales radioactivos; fabricación y uso de equipos de radioterapia y de rayos X; todos los trabajos de las clínicas dentales, hospitales, sanatorios que expongan al personal de salud a la acción de los rayos X; plantas de producción de isótopos radioactivos; preparación de compuestos radiactivos incluyendo los productos químicos y farmacéuticos radioactivos; preparación y aplicación de productos fosforescentes radioactivos; radiografías industriales utilizando equipos de rayos X u otras fuentes de emisión de radiaciones gamma.
- Personas trabajadoras expuestas a temperaturas elevadas, tales como: bomberos, fundidores, ladrilleros, mineros de la metalurgia, pavimentación de carreteras, personas trabajadoras de producción de acero y del vidrio.
- Personas trabajadoras expuestas al cadmio, tales como: realizan aleaciones de metales, equipo eléctrico, fabricación de pigmentos, manufactura de baterías níquel-cadmio y vidrio.
- Personas trabajadoras expuestas al dibromocloropropano (DBCP), tales como: personas trabajadoras de las industrias de producción de cloruro de vinilo, o en plantas de polimerización.

- Personas trabajadoras expuestas a estrógenos, tales como: personas trabajadoras encargados de la fabricación de estas substancias en la industria químico-farmacéutica.
- Personas trabajadoras expuestas a plomo: personas trabajadoras en actividades de albayalde, barnices, cerámica, envolturas de cables, esmalte, lacas, preparación de carburantes y fundición de plomo. Personas trabajadoras expuestas en la fabricación de cajas para conservas, acumuladores, insecticidas, juguetes, pigmentos, tubos de plomo, plomo orgánico, fabricación y manipulación de productos de limpieza. Personas trabajadoras expuestas que laboran en fábricas de blindaje de material radioactivo, en la industria militar, en las refinerías de gasolina con plomo y en los surtidores de gasolina. Personas trabajadoras en actividades como: pintores, impresores, plomeros y soldadores de metales que contienen plomo.
- Personas trabajadoras expuestas al paramixovirus, tales como: médicos, enfermeras y personal de la salud.
- Personas trabajadoras que presentan exposición de forma directa e indudable a la acción de los agentes causales establecidos en la fracción II de la cédula correspondiente contenida en el Catálogo de las Cédulas para la Valuación de las Enfermedades de Trabajo, que tengan su origen o con motivo del trabajo o en el medio que la persona trabajadora se vea obligada a prestar sus servicios.

194. Nefropatía inducida por metales pesados

Código CIE-11: GB55.1

- Personas trabajadoras expuestas a plomo, tales como: personas trabajadoras en actividades relacionadas con el uso de albayalde y elaboración de barnices, cerámica, envolturas de cables, esmalte, lacas, preparación de carburantes y fundición de plomo. Personas trabajadoras expuestas en la fabricación de cajas para conservas, acumuladores, insecticidas, juguetes, pigmentos, tubos de plomo, plomo orgánico, fabricación y manipulación de productos de limpieza. Personas trabajadoras expuestas que laboran en fábricas de blindaje de material radioactivo, en la industria militar, en las refinerías de gasolina con plomo y en los surtidores de gasolina. Personas trabajadoras en actividades como: pintores, impresores, plomeros y soldadores de metales que contienen plomo.

- Personas trabajadoras expuestas a mercurio: personas trabajadoras que laboran en la industria química (producción de acetileno), químico-farmacéutica, del bronce, curtiembres, damasquinado, dorado, niquelado y plateado. Personas trabajadoras expuestas en la fabricación del cloro, termómetros, fungicidas, cemento (polvos producidos por los hornos), lámparas de vapores de mercurio, manómetros, sombreros de fieltro, y fabricación y manipulación de explosivos. Personas trabajadoras expuestas en la conservación de semillas y electrólisis de las salmueras. Mineros de extracción de oro, plata y mercurio, y manipuladores del metal y sus derivados. Personas ayudantes, secretarias de servicios médicos y odontológicos.
- Personas trabajadoras expuestas al cadmio, tales como: los que realizan aleaciones de metales, equipo eléctrico, fabricación de pigmentos, manufactura de baterías níquel-cadmio y vidrio.
- Personas trabajadoras que presentan exposición de forma directa e indudable a la acción de los agentes causales establecidos en la fracción II de la cédula correspondiente contenida en el Catálogo de las Cédulas para la Valuación de las Enfermedades de Trabajo, que tengan su origen o con motivo del trabajo o en el medio que la persona trabajadora se vea obligada a prestar sus servicios.

TABLA PARA LA VALUACIÓN DE INCAPACIDADES PERMANENTES RESULTANTES DE LOS RIESGOS DE TRABAJO

Miembro superior

Pérdidas

1	Por la desarticulación interescapulotorácica.	85%
2	Por la pérdida parcial de la clavícula.	20%
3	Por la desarticulación del hombro.	80%
4	Por la amputación del brazo, entre el hombro y el codo.	80%
5	Por la desarticulación del codo.	80%
6	Por la amputación del antebrazo entre el codo y la muñeca.	75%
7	Por la pérdida total de la mano.	75%
8	Por la pérdida total o parcial de los 5 metacarpianos.	75%
9	Por la pérdida de los 5 dedos.	70%

10	Por la pérdida de 4 dedos de la mano, incluyendo el pulgar.	65%
11	Por la pérdida de 4 dedos de la mano incluyendo el pulgar y los metacarpianos correspondientes, aunque la pérdida de éstos no sea completa.	70%
12	Por la pérdida de 4 dedos de la mano, conservando el pulgar móvil.	50%
13	Por la pérdida de 4 dedos de la mano, conservando el pulgar inmóvil.	60%
14	Por la pérdida del pulgar, índice y medio.	55%
15	Por la pérdida del pulgar y del índice.	45%
16	Por la pérdida del pulgar con el metacarpiano correspondiente o parte de éste.	35%
17	Por la pérdida del pulgar solo.	30%
18	Por la pérdida parcial de la falange proximal del dedo pulgar.	25%
19	Por la pérdida de la falange distal del pulgar.	20%
20	Por la pérdida parcial de la falange distal del pulgar.	10%
21	Por la pérdida del índice con el metacarpiano o parte de éste.	25%
22	Por la pérdida del dedo índice.	20%
23	Por la pérdida parcial de la falange proximal del dedo índice.	16%
24	Por la pérdida de la falange distal, con mutilación o pérdida de falange media del índice.	12%
25	Por la pérdida de la falange distal del índice.	6%
26	Por la pérdida parcial de la falange distal del índice.	2%
27	Por la pérdida del dedo medio con pérdida de su metacarpiano o parte de éste.	18%
28	Por la pérdida del dedo medio.	15%
29	Por la pérdida parcial de la falange proximal del dedo medio.	13%
30	Por la pérdida de la falange distal con mutilación o pérdida de la falange media del dedo medio.	10%
31	Por la pérdida de la falange distal del dedo medio.	5%
32	Por la pérdida parcial de la falange distal del dedo medio.	2%
33	Por la pérdida del dedo anular con pérdida de su metacarpiano o parte de éste.	15%
34	Por la pérdida del dedo anular.	12%
35	Por la pérdida parcial de la falange proximal del dedo anular.	10%

36	Por la pérdida de la falange distal con mutilación o pérdida de la falange media del anular.	8%
37	Por la pérdida de la falange distal del anular.	4%
38	Por la pérdida parcial de la falange distal del anular.	2%
39	Por la pérdida del dedo meñique con pérdida de su metacarpiano o parte de éste.	15%
40	Por la pérdida del dedo meñique.	12%
41	Por la pérdida parcial de la falange proximal del dedo meñique.	10%
42	Por la pérdida de la falange distal con mutilación o pérdida de la falange media del meñique.	8%
43	Por la pérdida de la falange distal del meñique.	4%
44	Por la pérdida parcial de la falange distal del meñique.	2%

Anquilosis

Pérdida completa de la movilidad articular

45	Completa del hombro con movilidad del omóplato.	40%
46	Completa del hombro con fijación e inmovilidad del omóplato.	55%
47	Completa del codo en posición de flexión entre 75 y 140 grados.	35%
48	Completa del codo en posición de flexión menor de 75 grados.	50%
49	De torsión, con supresión de los movimientos de pronación y supinación.	25%
50	Completa de la muñeca en extensión.	60%
51	Completa de la muñeca en flexión.	45%
52	Anquilosis de todas las articulaciones de los dedos de la mano en flexión (mano en garra) o extensión (mano extendida).	75%
53	Carpo-metacarpiana del pulgar.	20%
54	Metacarpo-falángica del pulgar.	12%
55	Interfalángica del pulgar.	6%
56	De las dos articulaciones del pulgar.	18%
57	De las articulaciones del pulgar y carpo-metacarpiana del pulgar.	38%
58	Articulación metacarpo-falángica del índice.	7%
59	Articulación entre la falange proximal y media del índice.	10%

60	Articulación entre las falanges media y distal del índice.	4%
61	De las articulaciones interfalángica proximal y distal del índice.	14%
62	De las tres articulaciones del índice.	21%
63	Articulación metacarpo-falángica del dedo medio.	5%
64	Articulación entre las falanges proximal y media del dedo medio.	7%
65	Articulación entre las falanges media y distal del dedo medio.	2%
66	De las articulaciones interfalángica proximal y distal del dedo medio.	10%
67	De las tres articulaciones del dedo medio.	15%
68	Articulación metacarpo-falángica del anular.	3%
69	Articulación entre las falanges proximal y media del anular.	5%
70	Articulación entre las falanges media y distal del anular.	2%
71	De las articulaciones interfalángica proximal y distal del anular.	8%
72	De las tres articulaciones del anular.	12%
73	Articulación metacarpo-falángica del meñique.	3%
74	Articulación entre las falanges proximal y media del meñique.	5%
75	Articulación entre las falanges media y distal del meñique.	2%
76	De las articulaciones interfalángica proximal y distal del meñique.	8%
77	De las tres articulaciones del meñique.	12%

Rigideces articulares

Disminución de los movimientos por lesiones articulares, tendinosas o musculares

78	Del hombro, afectando principalmente la flexión y la abducción.	10 a 30%
79	Del codo, que no permite la extensión completa, con un ángulo de flexión de 90 a 140 grados.	30%
80	Del codo, que no permite la extensión completa, con un ángulo de flexión menor de 90 grados.	20%
81	Del codo, que permite la extensión completa, con un ángulo de flexión hasta 70 grados.	10%
82	Del codo, que permite la extensión completa, con un ángulo de flexión hasta 110 grados.	5%

83	De torsión, con limitación de los movimientos de pronación y supinación.	5 a 15%
84	De la muñeca.	10 a 15%
85	Metacarpo-falángica del pulgar.	2 a 5%
86	Interfalángica del pulgar.	5%
87	De las dos articulaciones del pulgar.	5 a 10%
88	Metacarpo-falángica del índice.	3%
89	De la articulación interfalángica proximal o distal del índice.	6%
90	De la articulación interfalángica proximal y distal del índice.	12%
91	De las tres articulaciones del índice.	15%
92	De una sola articulación del dedo medio.	2%
93	De dos articulaciones del dedo medio.	4%
94	De las tres articulaciones del dedo medio.	6 a 8%
95	De una sola articulación del anular.	2%
96	De dos articulaciones del anular.	3%
97	De las tres articulaciones del anular.	5 a 6%
98	De una sola articulación del meñique.	2%
99	De dos articulaciones del meñique.	3%
100	De las tres articulaciones del meñique.	5 a 6%

Pseudoartrosis

101	Del hombro, consecutiva a resecciones amplias o pérdidas considerables de sustancia ósea.	60%
102	De la clavícula.	30%
103	De la escápula.	30%
104	Del húmero.	45%
105	Del codo, consecutiva a resecciones amplias o pérdidas considerables de substancia ósea.	55%
106	Del antebrazo, de un solo hueso.	30%
107	Del antebrazo, de los dos huesos.	50%
108	De la muñeca, consecutiva a resecciones amplias o pérdidas considerables de substancia ósea.	40%
109	De todos los huesos del metacarpo.	40%
110	De un solo metacarpiano.	10%

111	De la falange distal del pulgar.	8%
112	De la falange distal del dedo índice, medio anular o meñique.	6%
113	De la falange proximal del pulgar.	15%
114	De la falange proximal o media del índice.	10%
115	De la falange proximal o media del dedo medio, anular o meñique, por cada falange.	5%

Cicatrices retráctiles que no puedan ser resueltas quirúrgicamente

116	De la axila, según el grado de limitación de los movimientos del brazo.	20 a 50%
117	Del codo, que no permite la extensión completa, con un ángulo de flexión de 90 a 140 grados.	30%
118	Del codo, que no permite la extensión completa, con un ángulo de flexión menor de 90 grados.	20%
119	Del codo, que permite la extensión completa, con un ángulo de flexión hasta 70 grados.	10%
120	Del codo, que permite la extensión completa, con un ángulo de flexión hasta 110 grados.	5%
121	De la aponeurosis palmar que afecten la flexión o extensión, la pronación, supinación, o que produzca rigideces combinadas.	10 a 30%

Trastornos funcionales de los dedos, consecutivos a lesiones no articulares, sino a sección o pérdida de los tendones extensores o flexores, adherencias o cicatrices

Flexión permanente de uno o varios dedos

122	De las dos articulaciones del pulgar.	10 a 25%
123	De las tres articulaciones del índice o dedo medio.	8 a 15%
124	De las tres articulaciones del anular o meñique.	8 a 12%
125	De todas las articulaciones de todos los dedos de la mano.	65 a 75%
126	De cuatro dedos de la mano excluyendo el pulgar.	45 a 50%

Extensión permanente de uno o varios dedos

127	De las dos articulaciones del pulgar.	18 a 22%
128	De las tres articulaciones del índice.	10 a 15%
129	De las tres articulaciones del medio.	8 a 12%

130	De las tres articulaciones del anular o meñique.	8 a 12%
131	Extensión permanente de todas las articulaciones de todos los dedos de la mano.	65 a 75%
132	Extensión permanente de cuatro dedos de la mano, excluyendo el pulgar.	50%

Secuelas de fracturas

133	De la escápula, cuando produzca rigidez de hombro.	10 a 30%
134	De la clavícula, cuando produzca rigidez del hombro.	10 a 30%
135	Del húmero, cuando produzca rigidez, atrofia muscular.	10 a 30%
136	Del olécranon, que no permite la extensión completa con un ángulo de flexión de 90 a 140 grados.	30%
137	Del olécranon, que no permite la extensión completa, con un ángulo de flexión menor de 90 grados.	20%
138	Del olécranon, que permite la extensión completa, con un ángulo de flexión hasta 70 grados.	10%
139	Del olécranon que permite la extensión completa con un ángulo de flexión hasta 110 grados.	5%
140	Distal de los huesos del antebrazo, cuando produzcan rigidez de la muñeca.	10 a 20%
141	Proximal de los huesos del antebrazo, cuando produzcan rigidez de pronación y/o supinación.	10 a 20%
142	De los huesos del antebrazo, cuando produzcan rigidez de la muñeca y limitación para la pronación y/o supinación.	10 a 20%
143	Del metacarpo, con desviación secundaria de la mano y rigidez de los dedos.	10 a 20%

Parálisis completas e incompletas (paresias) por lesiones de nervios periféricos

144	Parálisis total del miembro superior.	70%
145	Parálisis del tronco superior.	50%
146	Parálisis del tronco medio.	50%
147	Parálisis del tronco inferior.	50%
148	Parálisis del nervio subescapular.	12%
149	Parálisis del nervio circunflejo o axilar.	30%
150	Parálisis del nervio músculo-cutáneo.	35%

151	Parálisis del nervio mediano en el brazo.	45%
152	Parálisis del nervio mediano en la muñeca.	30%
153	Parálisis del nervio ulnar si está lesionado arriba del codo.	35%
154	Parálisis del nervio ulnar si está lesionado abajo del codo.	30%
155	Parálisis del nervio radial si está lesionado arriba del codo.	50%
156	Parálisis del nervio radial si está lesionado abajo del codo.	40%
157	En caso de parálisis combinadas por lesiones de los nervios antes mencionados en ambos miembros, se sumarán los porcentajes correspondientes a cada uno, sin que en ningún caso las incapacidades sumadas pasen del cien por ciento.	--
158	En caso de parálisis incompleta o parcial (paresias), los porcentajes serán reducidos proporcionalmente de acuerdo con el grado de impotencia funcional. El valor máximo otorgado no podrá ser superior al valor mínimo que se otorga por parálisis.	--
159	Síndrome de dolor regional complejo hombro-mano.	20 a 60%
160	Síndrome de dolor regional complejo hombro.	10 a 30%
161	Síndrome de dolor regional complejo mano-muñeca.	10 a 30%

Luxaciones que no puedan ser resueltas quirúrgicamente

162	De la clavícula, no reducida o irreductible esternoclavicular.	5%
163	De la clavícula, no reducida o irreductible acromioclavicular.	10-30%
164	Del hombro, glenohumeral.	30%
165	Del codo.	25%
166	De la muñeca (radiocarpal o radioulnar).	25%
167	De los huesos del carpo.	25%
168	De un metacarpiano.	8%
169	Del cuarto y quinto metacarpianos.	20%
170	De todos los metacarpianos.	40%
171	Metacarpo-falángica del pulgar.	25%
172	De la falange distal del pulgar.	5%
173	De la falange proximal o media de cualquier otro dedo.	10%
174	De la falange distal de cualquier otro dedo.	4%

Músculos

175	Amiotrofia del hombro mayor o igual a un centímetro, sin anquilosis ni rigidez articular.	15%
176	Amiotrofia del brazo o del antebrazo mayor o igual a un centímetro, sin anquilosis ni rigidez articular.	10 a 15%
177	Amiotrofia de la mano mayor o igual a un centímetro, sin anquilosis ni rigidez articular.	5 a 10%

Vasos

178	Las secuelas y lesiones arteriales y venosas se valuarán de acuerdo con la magnitud de las alteraciones orgánicas y los trastornos funcionales que produzcan (amputaciones, rigideces articulares, lesiones de los nervios periféricos, atrofia de masas musculares, entre otros). En caso de lesiones bilaterales, se sumarán los porcentajes correspondientes a cada miembro, sin que en ningún caso sobrepasen del cien por ciento.	--
179	En los músicos instrumentistas, mecanógrafos, relojeros, joyeros ensamblador de partes electrónicas, etc. y labores similares, la pérdida, anquilosis, pseudoartrosis, luxaciones, parálisis, retracciones cicatrizales y rigideces de los dedos utilizados efectivamente en el trabajo, así como en los casos de retracciones de la aponeurosis palmar de la mano que interese esos mismos dedos, se aumentará hasta el 250%, observándose lo dispuesto en el artículo 494 de la Ley Federal del Trabajo.	--

Miembro inferior

Pérdidas

180	Por la desarticulación de la cadera.	80%
181	Por la amputación del muslo, entre la cadera y la rodilla.	80%
182	Por la desarticulación de la rodilla.	70%
183	Por la extirpación de la rótula, con movilidad anormal de la rodilla y amiotrofia del tríceps.	40%
184	Por la amputación de la pierna, entre la rodilla y el tobillo.	65%
185	Por la pérdida total del pie.	55%
186	Por la mutilación de un pie con conservación del talón.	45%
187	Por la pérdida parcial o total del calcáneo.	10 a 30%
188	Por la desarticulación medio-tarsiana.	40%

189	Por la desarticulación tarso metatarsiana.	30%
190	Por la pérdida de los cinco dedos.	25%
191	Por la pérdida del primer dedo, con pérdida o mutilación de su metatarsiano.	25%
192	Por la pérdida del primer dedo sólo.	15%
193	Por la pérdida parcial o total de la falange distal del primer dedo.	7%
194	Por la pérdida de un dedo que no sea el primero.	5%
195	Por la pérdida parcial de la falange proximal de un dedo que no sea el primero.	4%
196	Por la pérdida de la falange distal, con mutilación o pérdida de la falange media de un dedo que no sea el primero.	3%
197	Por la pérdida parcial o total de la falange distal de un dedo que no sea el primero.	2%
198	Por la pérdida del segundo, tercero o cuarto dedo con mutilación o pérdida de su metatarsiano, conservando el primero o quinto dedo.	8%
199	Por la pérdida del quinto dedo con mutilación o pérdida de su metatarsiano	20%

Anquilosis

200	Completa de la articulación coxofemoral, en rectitud.	55%
201	De la articulación coxofemoral en posición de flexión, aducción, abducción y/o rotación.	65%
202	De las dos articulaciones coxofemorales.	100%
203	De la rodilla en posición de flexión mayor de 45 grados y hasta 140 grados.	65%
204	De la rodilla en posición de flexión hasta 45 grados.	40%
205	De la rodilla en genu valgum o genu varum.	50%
206	Del tobillo en ángulo recto.	15%
207	Del tobillo en ángulo recto, con rigidez de los dedos.	30%
208	Del tobillo, cuando la posición es diferente a la neutra.	55%
209	De cualquier dedo, en extensión.	5%
210	De cualquier dedo, cuando la posición es diferente a la neutra.	15%

Rigideces articulares

Disminución de los movimientos por lesiones articulares, tendinosas o musculares

211	De la cadera, con flexión mayor a 90 grados y extensión mayor 10 grados.	15 a 25%
212	De la cadera, con flexión menor o igual a 90 grados y extensión menor o igual 10 grados.	30 a 40%
213	De la rodilla, que permita la extensión completa, según el ángulo de flexión.	10 a 20%
214	De la rodilla que no permita la extensión completa o casi completa, según el ángulo de flexión.	25 a 35%
215	Del tobillo, con flexión mayor o igual a 10 grados y extensión mayor o igual a 30 grados.	5 a 10%
216	Del tobillo, con flexión menor a 10 grados y extensión menor a 30 grados.	10 a 20%
217	De cualquier dedo.	2%

Pseudoartrosis

Atrófica, normotrófica o hipertrófica

218	De la cadera, consecutiva a resecciones amplias con pérdida considerable de substancia ósea.	50 a 70%
219	Del fémur.	40 a 60%
220	De la rodilla con pierna en péndulo (consecutiva a resecciones de rodilla).	40 a 60%
221	De la rótula con extensión completa y flexión menor o igual a 90 grados.	15%
222	De la rótula con extensión incompleta y flexión mayor o igual a 90 grados.	20%
223	De la rótula con extensión incompleta y flexión menor a 90 grados.	40%
224	De la tibia y el peroné.	40 a 60%
225	De la tibia sola.	30 a 40%
226	Del peroné sólo.	8 a 18%
227	Del primero o del último metatarsiano.	8 a 15%
228	Del segundo, tercero o cuarto metatarsiano.	5%

Cicatrices retráctiles que no puedan ser resueltas quirúrgicamente

229	De la rodilla en posición de flexión mayor a 45 grados y hasta 140 grados.	30 a 50%
230	De la rodilla en posición de flexión de 10 grados hasta 45 grados.	20 a 30%
231	Del hueco poplíteo, que limiten la extensión a menos de 90 grados.	50 a 60%
232	De la planta del pie, con retracción de la punta hacia uno de sus bordes.	20 a 40%

Secuelas de fracturas

233	De la pelvis, con dolores persistentes y dificultad moderada para la marcha y los esfuerzos.	15 a 25%
234	De la pelvis, con acortamiento o desviación del miembro inferior con o sin rigidez de la cadera.	25 a 50%
235	Del acetábulo, con hundimiento con o sin rigidez de la cadera.	15 a 40%
236	De la rama horizontal del pubis, con ligeros dolores persistentes y moderada dificultad para la marcha o los esfuerzos.	15 a 20%
237	De la rama isquiopúbica, con moderada dificultad para la marcha y los esfuerzos.	15 a 20%
238	De la rama horizontal y de la rama isquiopúbica, con dolores persistentes, trastornos vesicales y acentuada dificultad para la marcha o los esfuerzos.	40 a 60%
239	Del cuello del fémur y región trocantérea, con rigidez, claudicación y dolor.	30 a 40%
240	Del cuello del fémur y región trocantérea, con acortamiento mayor a 6 centímetros, rigideces articulares y desviaciones angulares.	60 a 80%
241	De la diáfisis femoral, con acortamiento de 1 a 4 centímetros, con o sin rigidez, con o sin atrofia muscular.	8 a 15%
242	De la diáfisis femoral, con acortamiento de 3 a 6 centímetros, atrofia muscular, sin rigidez articular.	15 a 30%
243	De la diáfisis femoral, con acortamiento de 3 a 6 centímetros, atrofia muscular y rigidez articular.	30 a 40%
244	De la diáfisis femoral, con acortamiento de 6 a 12 centímetros, atrofia muscular y rigideces articulares.	30 a 50%

245	De la diáfisis femoral, con acortamiento de 6 a 12 centímetros, desviación angular externa, atrofia muscular y flexión de la rodilla menor de 35 grados.	50 a 70%
246	De los cóndilos femorales y/o tuberosidades tibiales, con rigideces articulares, desviaciones, aumento de volumen de la rodilla, y/o alteración de la marcha.	30 a 50%
247	De la rótula, con extensión completa y flexión poco limitada.	10%
248	De la tibia y el peroné, con acortamiento de 2 a 4 centímetros, atrofia muscular, con o sin rigidez.	15 a 30%
249	De la tibia y el peroné, con acortamiento de más de 4 centímetros, consolidación angular, desviación de la pierna hacia fuera o hacia adentro, desviación secundaria del pie, marcha posible con o sin rigidez.	35 a 50%
250	De la tibia y el peroné, con acortamiento de más de 4 centímetros o consolidación angular, marcha imposible, con o sin rigidez.	55 a 70%
251	De la tibia, con dolor, atrofia muscular y rigidez articular.	10 a 25%
252	Del peroné, con dolor, atrofia muscular con o sin rigidez.	5 a 10%
253	Maleolares o maleolar, con desviación del pie hacia adentro y/o con atrofia muscular y rigidez articular.	25 a 40%
254	Maleolares o maleolar, con desviación del pie hacia afuera y/o con atrofia muscular y rigidez articular.	25 a 40%
255	Del tarso, con pie plano postraumático doloroso con o sin rigidez.	15 a 20%
256	Del tarso, con desviación del pie hacia adentro o hacia afuera.	20 a 30%
257	Del tarso, con deformación considerable, inmovilidad de los dedos y atrofia de la pierna.	30 a 50%
258	Del metatarso, con dolor, desviaciones o impotencia funcional.	10 a 20%

Parálisis completas o incompletas (paresias) por lesiones de nervios periféricos

259	Parálisis total del miembro inferior.	70%
260	Parálisis del nervio ciático mayor.	60%
261	Parálisis del ciático poplíteo externo o peroneo.	35%
262	Parálisis del ciático poplíteo interno o tibial.	30%
263	Parálisis combinada del ciático poplíteo interno y del ciático poplíteo externo.	40%

264	Parálisis del nervio crural o femoral.	50%
265	En caso de parálisis combinadas por lesiones de los nervios antes mencionados en ambos miembros, se sumarán los porcentajes correspondientes a cada uno, sin que en ningún caso las incapacidades sumadas pasen del cien por ciento.	--
266	En caso de parálisis incompleta o parcial (paresias), los porcentajes serán reducidos proporcionalmente de acuerdo con el grado de impotencia funcional. El valor máximo otorgado no podrá ser superior al valor mínimo que se otorga por parálisis.	--
267	Con síndrome de dolor regional complejo sacroilíaco.	35 a 40%
268	Con síndrome de dolor regional complejo de cadera.	25 a 35%
269	Con síndrome de dolor regional complejo de rodilla.	20 a 30%
270	Con síndrome de dolor regional complejo de pie.	10 a 20%

Luxaciones que no puedan ser resueltas quirúrgicamente

271	Del pubis, irreductible o inveterada, o relajación extensa de la sínfisis.	25 a 40%

Músculos

272	Amiotrofia mayor o igual a un centímetro del muslo, sin anquilosis ni rigidez articular.	30%
273	Amiotrofia mayor o igual a un centímetro del lóculo anterior del muslo, sin anquilosis ni rigidez articular.	20%
274	Amiotrofia mayor o igual a un centímetro de la pierna, sin anquilosis ni rigidez articular.	30%
275	Amiotrofia mayor o igual a un centímetro del lóculo antero-externo de la pierna, sin anquilosis ni rigidez articular.	15%
276	Amiotrofia total mayor o igual a un centímetro del miembro inferior.	40%

Vasos

277	Las secuelas de lesiones arteriales y venosas se valuarán de acuerdo con la magnitud de las alteraciones orgánicas y los trastornos funcionales que produzcan (amputaciones, rigideces articulares, lesiones de los nervios periféricos, atrofia de masas musculares, entre otros).	--
278	Tromboflebitis crónica.	15 a 25%

279	Úlceras varicosas recidivantes con escasa respuesta a tratamiento, según su extensión.	8 a 20%
280	Varices con edema crónico, cambios tróficos de piel, no controlables y no susceptibles de tratamiento médico quirúrgico.	8 a 20%
281	En caso de lesiones bilaterales se sumarán los porcentajes correspondientes a cada miembro, sin que en ningún caso sobrepasen del cien por ciento.	--

Cabeza

Cráneo

282	Los trastornos mentales orgánicos y afectivos se valuarán conforme a la Tabla XV.	--
283	El síndrome cráneo-encefálico tardío postconmocional, se valuará conforme a la Tabla XV, independientemente del daño colateral, que se valuará con la fracción que corresponda.	--
284	Avulsión o pérdida mayor a 10 centímetros de la piel cabelluda.	20 a 35%
285	Pérdida ósea del cráneo hasta de 5 centímetros de diámetro, con o sin prótesis.	10 a 20%
286	Pérdida ósea del cráneo mayor a 5 centímetros de diámetro, con o sin prótesis.	20 a 30%
287	Epilepsia traumática no curable quirúrgicamente, cuando las crisis puedan ser controladas médicamente y permitan desempeñar algún trabajo.	50 a 70%
288	Por epilepsia traumática no curable quirúrgicamente, cuando las crisis no puedan ser controladas médicamente y no permitan el desempeño de ningún trabajo.	100%
289	Por epilepsia no traumática, no curable quirúrgicamente, cuando las crisis puedan ser controladas médicamente y permitan desempeñar algún trabajo.	50 a 70%
290	Por epilepsia no traumática, no curable quirúrgicamente, cuando las crisis no puedan ser controladas médicamente y no permitan el desempeño de ningún trabajo.	100%
291	Epilepsia jacksoniana.	10 a 25%
292	Disosmia o anosmia por lesión del nervio olfativo.	5%
293	Disgeusia o ageusia.	10%
294	Por lesión del nervio trigémino.	15 a 30%

295	Por lesión del nervio facial.	15 a 30%
296	Por lesión del neumogástrico o vago (según el grado de trastornos funcionales comprobados).	10 a 50%
297	Por lesión del nervio espinal.	10 a 40%
298	Por lesión del nervio hipogloso, cuando es unilateral.	15%
299	Por lesión del nervio hipogloso, bilateral.	60%
300	Monoplejia superior.	70%
301	Monoparesia superior.	20 a 40%
302	Monoplejia inferior, marcha espasmódica.	40 a 70%
303	Monoparesia inferior, marcha posible.	20 a 40%
304	Paraplejia.	100%
305	Paraparesia, marcha posible.	50 a 70%
306	Paraparesia, marcha imposible.	70 a 90%
307	Hemiplejia.	70 a 90%
308	Hemiparesia.	20 a 60%
309	Cuadriplejia.	100%
310	Cuadriparesia.	50 a 70%
311	Diabetes azucarada o insípida.	10 a 40%
312	Afasia discreta.	20 a 30%
313	Afasia acentuada, aislada.	40 a 80%
314	Afasia con hemiplejia.	100%
315	Agrafia.	20 a 30%

Cara

316	Mutilaciones extensas, cuando comprendan los dos maxilares superiores y la nariz, según la pérdida de substancia de las partes blandas.	90 a 100%
317	Mutilaciones que comprendan el maxilar y la mandíbula.	90 a 100%
318	Mutilación de la rama horizontal de la mandíbula sin prótesis posible, o del maxilar en su totalidad.	60 a 80%
319	Pseudoartrosis del maxilar con masticación imposible.	50 a 60%
320	Pseudoartrosis del maxilar con masticación posible, pero limitada.	20 a 30%
321	Pseudoartrosis del maxilar con masticación posible, en caso de prótesis con mejoría comprobada de la masticación.	5 a 15%

322	Pérdidas de substancia en la bóveda palatina, no resueltas quirúrgicamente, según el sitio y la extensión.	15 a 35%
323	Pérdidas de substancia en la bóveda palatina, en caso de prótesis con mejoría funcional comprobada.	5 a 10%
324	Pseudoartrosis de la rama ascendente de la mandíbula, con masticación posible.	5 a 10%
325	Pseudoartrosis de la rama ascendente de la mandíbula con masticación imposible.	15 a 25%
326	Pseudoartrosis de la rama horizontal de la mandíbula con masticación posible.	10 a 20%
327	Pseudoartrosis de la rama horizontal de la mandíbula con masticación imposible.	25 a 35%
328	Pseudoartrosis de la sínfisis.	25 a 30%
329	Pseudoartrosis de la sínfisis con masticación imposible.	25 a 40%
330	Pseudoartrosis de la mandíbula. En caso de prótesis con mejoría funcional comprobada.	5 a 20%
331	Pseudoartrosis de la mandíbula con o sin pérdida de substancia, no resuelta quirúrgicamente, con masticación insuficiente o abolida.	50 a 60%
332	Consolidaciones defectuosas de la mandíbula y maxilar, que dificulten la articulación de los arcos dentarios y limiten la masticación, cuando la apertura oral sea menos a 4 centímetros.	20 a 30%
333	Consolidaciones defectuosas de la mandíbula y maxilar, que dificulten la articulación de los arcos dentarios, cuando la apertura oral sea mayor o igual a 4 centímetros.	5 a 15%
334	Consolidaciones defectuosas de la mandíbula y maxilar, que dificulten la articulación de los arcos dentarios, cuando con un aparato protésico se corrija la masticación.	5 a 10%
335	Pérdida de uno o varios dientes: reposición.	--
336	Pérdida total de la dentadura, prótesis no tolerada.	30%
337	Pérdida total de la dentadura, prótesis tolerada.	15%
338	Pérdida completa de un arco dentario, prótesis no tolerada.	20%
339	Pérdida completa de un arco dentario, prótesis tolerada.	10%
340	Pérdida de la mitad de un arco dentario, prótesis no tolerada.	15%
341	Pérdida de la mitad de un arco dentario, prótesis tolerada.	5%

342	Bridas cicatrizales que limiten la abertura de la boca, impidiendo la higiene bucal, la pronunciación, la masticación o dejen escurrir la saliva.	20 a 50%
343	Luxación irreductible de la articulación temporomandibular, según el grado de entorpecimiento funcional.	20 a 35%
344	Amputaciones o mutilaciones de la lengua, según el entorpecimiento de la palabra y de la deglución.	20 a 40%
345	Fístula salival no resuelta quirúrgicamente.	10 a 20%

Ojos

346	Ceguera total, con conservación o pérdida de los globos oculares.	100%
347	Pérdida o disminución permanente (cuando ya no puede ser mejorada con anteojos) de la agudeza visual (visión restante con corrección óptica). Véase Tabla I.	--

- En los casos de pérdida o disminución de la agudeza visual en un solo ojo, estando el otro sano, debajo de la primera línea horizontal, en la que están señalados los diversos grados indemnizables de pérdida o disminución, aparecen inscritos los porcentajes de incapacidad correspondientes a cada grado (segunda línea horizontal).
- En los casos de pérdida o disminución de la agudeza visual en un solo ojo, estando el otro enfermo por afección ajena al trabajo, si la visión restante en cada ojo es igual o inferior a 0.2, el porcentaje de incapacidad indemnizable aparece en la intersección de la columna vertical y de la línea horizontal correspondiente.
- En los casos de pérdida o disminución bilateral de la agudeza visual, a consecuencia de riesgo de trabajo en ambos ojos, el porcentaje de incapacidad indemnizable aparece en la intersección de la columna vertical y de la línea horizontal correspondiente.

Tabla I
Pérdida o disminución permanente de la agudeza visual

A.V.	1 a 0.8	0.7	0.6	0.5	0.4	0.3	0.2	0.1	0.05	0.	E.c/p *	E.p/i. **
1 a 0.8	0%	6%	9%	12%	15%	20%	30%	35%	40%	45%	50%	60%
0.7	6%	13	16	19	22	27	37	42	47	52	57	67
0.6	9%	16	19	22	25	30	40	45	50	55	62	72

Tabla I Pérdida o disminución permanente de la agudeza visual												
A.V.	1 a 0.8	0.7	0.6	0.5	0.4	0.3	0.2	0.1	0.05	0.	E.c/p *	E.p/i. **
0.5	12%	19	22	25	28	33	43	50	55	60	67	77
0.4	15%	22	25	28	31	40	50	60	65	70	75	82
0.3	20%	27	30	33	40	50	60	70	75	80	85	90
0.2	30%	37	40	43	50	60	70	77	85	90	95	98
0.1	35%	42	45	50	60	70	77	90	95	98	100	100
0.05	40%	47	50	55	65	75	85	95	98	100	100	100
0	45%	52	55	60	70	80	90	98	100	100	100	100
E.c/p *	50%	57	62	67	75	85	95	100	100	100	100	100
E.p/i **	60%	67	72	77	82	90	98	100	100	100	100	100

* Enucleación con prótesis.

** Enucleación, prótesis imposible.

348	Pérdida o disminución permanente de la agudeza visual en sujetos monóculos. Ceguera o visión inferior a 0.05 en el ojo contralateral (visión restante con corrección óptica). Ver Tabla II.

Tabla II Pérdida o disminución permanente de la agudeza visual en sujetos monóculos	
Agudeza visual	**Incapacidades en persona trabajadoras (%)**
0.7	13
0.6	19
0.5	25
0.4	31
0.3	50
0.2	70
0.1	90
0.05	100
0	100

349	Al aceptarse en servicio a las personas trabajadoras, se considerará para reclamaciones posteriores por pérdida de la agudeza visual, que tienen la unidad, aunque tuvieran 0. 8 (8 décimos en cada ojo).

Disminución del campo visual uni o bilateral con agudeza visual normal o disminuida aplicando los artículos siguientes:

Deficiencia visual por déficit del campo visual binocular

350	Cuadrantanopsia homónima (derecha o izquierda).	26%
351	Cuadrantanopsia bitemporal.	26%

Deficiencia visual por déficit concéntrico del campo visual unilocular

352	Pérdida total o parcial de un cuadrante.	13%
353	Pérdida total o parcial de dos cuadrantes.	26%
354	Pérdida total o parcial de tres cuadrantes.	40%
355	Pérdida total o parcial de los cuatro cuadrantes.	50%
356	Los escotomas se valuarán según la determinación de pérdida del campo visual, aplicando las fracciones anteriores.	

Deficiencia visual por déficit concéntrico del campo visual

357	Nictalopía adquirida.	30%
358	Estrechamiento del campo visual, con conservación de 30 grados o más, en un solo ojo.	10 a 15%
359	Estrechamiento del campo visual, con conservación de 30 grados o más, en ambos ojos.	20 a 30%
360	Estrechamiento del campo visual, con conservación de menos de 30 grados en un solo ojo.	30 a 50%
361	Estrechamiento del campo visual, con conservación de menos de 30 grados, en ambos ojos.	30 a 100%

Hemianopsias verticales

362	Homónimas, derecha o izquierda.	40 a 50%
363	Heterónimas binasales.	40 a 50%
364	Heterónimas bitemporales.	50 a 60%

Hemianopsias horizontales

365	Superiores.	10 a 15%
366	Inferiores.	30 a 50%

Hemianopsia en sujetos monóculos (visión conservada en un ojo y abolida o menor a 0.05 en el contralateral), con visión central

367	Nasal.	60 a 70%
368	Inferior.	70 a 80%
369	Temporal.	80 a 90%
370	En los casos de hemianopsia con pérdida de la visión central uni o bilateral se agregará al porcentaje de valuación correspondiente a la hemianopsia, el relativo a la visión restante, observándose lo dispuesto en el artículo 494 de la Ley Federal del Trabajo.	--

Trastornos de la movilidad ocular

371	Estrabismo por lesión muscular o alteración nerviosa correspondiente, sin diplopía.	10%

Diplopía uni o bilateral (no susceptibles de corrección)

372	Horizontal.	30%
373	Vertical.	30%
374	Oblicua.	30%
375	En cualquiera de las anteriores cuando se encuentre afectada la posición primaria de la mirada (central) se agregará un 20%, y cuando esté afectada la mirada en la parte inferior del campo se agregará un 10%.	--
376	Diplopía, acompañada o no de ptosis palpebral, con o sin oftalmoplejía interna, que amerita la oclusión de un ojo.	50%
377	Diplopía, por lesión nerviosa bilateral que limita los movimientos de ambos ojos y reduce el campo visual por la desviación, originando desviación de cabeza para fijar, además de la oclusión de un ojo.	60%

Discromatopsias

378	Discromatopsia adquirida unilateral.	15%
379	Discromatopsia adquirida bilateral.	30%

Otras lesiones

380	Afaquia unilateral corregible con lente de contacto o intraocular.	10%
381	Afaquia bilateral corregible con lentes de contacto o intraoculares.	20%
382	En las dos fracciones anteriores se les agregará la incapacidad que corresponda de acuerdo con la disminución de la agudeza visual no corregible, sin que la suma sobrepase el 100%, conforme a las estipulaciones del artículo 494 de la Ley Federal del Trabajo.	--
383	Midriasis, iridodiálisis o iridectomía en sector, cuando ocasionan trastornos funcionales, en un ojo.	10%
384	Midriasis, iridodiálisis o iridectomía en sector, cuando ocasionan trastornos funcionales, en ambos ojos.	20%

Ptosis palpebral o blefaroespasmo unilaterales, no resueltos quirúrgicamente, cuando cubren el área pupilar

385	Ptosis palpebral, pupila descubierta.	10%
386	Ptosis palpebral en forma mínima, con elevación del párpado superior de 7 a 9 mm.	15%
387	Ptosis palpebral, en forma moderada, con elevación del párpado superior de 1 a 6 mm.	20%
388	Ptosis palpebral, en forma severa, sin elevación del párpado superior.	30%
389	A esta incapacidad se le deberá sumar la disminución de la agudeza visual sin que exceda del 100%.	--

Ptosis palpebral o blefaroespasmo bilateral no resuelto quirúrgicamente, cuando cubren el área pupilar

390	Ptosis palpebral, pupilas descubiertas.	20%
391	Ptosis palpebral, en forma mínima con elevación del párpado superior de 7 a 9 mm.	30%
392	Ptosis palpebral, en forma moderada con elevación del párpado superior de 1 a 6 mm.	40%
393	Ptosis palpebral, en forma severa, sin elevación del párpado superior.	60%

394	A esta incapacidad se le deberá sumar la disminución de la agudeza visual sin que exceda del 100%.	--

Incapacidades que se basan en el grado de la visión, según en qué posición primaria (mirada horizontal de frente). La pupila está más o menos descubierta

395	Desviación de los bordes palpebrales (entropión, ectropión, triquiasis, cicatrices deformantes, simblefarón y anquilobléfaron) unilateral.	15%
396	Bilateral.	25%

Alteraciones de las vías lagrimales

397	Lagoftalmos cicatrizal o paralítico unilateral.	15%
398	Lagoftalmos cicatrizal o paralítico bilateral.	25%
399	Epifora unilateral.	10%
400	Epifora bilateral.	20%
401	Fístula(s) lagrimal unilateral.	20%
402	Fístula(s) lagrimal bilateral.	30%

Nariz

403	Mutilación parcial de la nariz, sin estenosis, no corregida plásticamente.	20%
404	Pérdida de la nariz sin estenosis, no reparada plásticamente.	40%
405	Cuando haya sido reparada plásticamente.	15 a 20%
406	Cuando la nariz quede reducida a muñón cicatrizal, con estenosis.	30 a 50%

Oídos

407	Pérdida o deformación total del pabellón auricular, unilateral, sin estenosis del conducto auditivo externo.	10%
408	Pérdida o deformación parcial del pabellón auricular, unilateral, sin estenosis del conducto auditivo externo.	7%
409	Pérdida o deformación total del pabellón auricular, bilateral, sin estenosis del conducto auditivo externo.	20%
410	Pérdida o deformación parcial del pabellón auricular, bilateral, sin estenosis del conducto auditivo externo.	15%

411	Pérdida o deformación total del pabellón auricular, unilateral, con estenosis del conducto auditivo externo.	15%
412	Pérdida o deformación parcial del pabellón auricular, unilateral, con estenosis del conducto auditivo externo.	12%
413	Pérdida o deformación total del pabellón auricular bilateral, con estenosis del conducto auditivo externo.	30%
414	Pérdida o deformación parcial del pabellón auricular bilateral, con estenosis del conducto auditivo externo.	25%
415	Obliteración total del conducto auditivo externo unilateral.	20%
416	Obliteración total del conducto auditivo externo bilateral.	40%
417	Pérdida de la membrana timpánica unilateral (subtotal o total), con injerto funcional.	5%
418	Pérdida de la membrana timpánica bilateral (subtotal o total), con injerto funcional.	10%
419	Pérdida de la membrana timpánica unilateral (subtotal o total), con injerto no funcional o sin posibilidad quirúrgica.	20%
420	Pérdida de la membrana timpánica bilateral (subtotal o total), con injerto no funcional o sin posibilidad quirúrgica.	40%
421	Alteraciones anatómicas irreversibles de las estructuras de oído medio y de la cadena osicular; unilateral. Incluye la perdida de la membrana timpánica.	20%
422	Alteraciones anatómicas irreversibles de las estructuras de oído medio y de la cadena osicular; bilateral. Incluye la perdida de la membrana timpánica.	40%
423	Disfunción de la tuba auditiva unilateral, irreversible y resistente a tratamiento.	20%
424	Disfunción de la tuba auditiva bilateral, irreversible y resistente a tratamiento.	40%
425	Disfunción de la tuba auditiva uni o bilateral, irreversible y resistente a tratamiento que interfiere de manera continua con las actividades laborales aun cuando no afecten las actividades de la vida diaria. Cuyo óptimo funcionamiento de la tuba auditiva, sea indispensable para su desempeño laboral.	50%
426	Acúfeno unilateral debidamente comprobado.	5%
427	Hiperacusia debidamente comprobada.	5%
428	Disfunción vestibular debidamente comprobada. Se valuará siguiendo las normas de la Tabla III.	--

Tabla III-A Disfunción vestibular				
Evaluación completa y pruebas pertinentes para establecer el diagnóstico (contar con al menos una prueba alterada)	**Pruebas de Gabinete con una vigencia de al menos 3 meses (contar con al menos una prueba alterada)**	**Alteraciones en las actividades de su puesto de trabajo**	**Grado de afección funcional**	**Porcentaje de incapacidad permanente**
Evaluación otoneurológica completa: • De la marcha; • De movimientos oculares; • Pruebas postulares, y • Pruebas vestibulares complementarias.	• Pruebas bitérmicas con agua, y • Pruebas rotatorias con videonistagmografía o electronistagmografía. En la medida que se disponga;	Desequilibrio que interfiere de manera intermitente con las actividades laborales, al menos una vez cada 3 meses.	**1** **Leve**	**10-30%**
Según se requiera: • Evaluación audiológica completa: • Estudio Audiológico completo; • Estudio de oído medio, y • Evaluación neurológica completa. • Otras evaluaciones específicas que se requieran.	• Pruebas de impulso cefálico tridimensional y potenciales miogénicos evocados por estímulo vestibular.	Desequilibrio que interfiere de manera continua con las actividades laborales, que impliquen movimientos craneoencefálicos bruscos.	**2** **Moderada**	**31-60%**
		Desequilibrio que interfiere de manera continua con las actividades laborales aun cuando no impliquen movimientos craneoencefálicos bruscos.	**3** **Severa**	**61-90%**
		Desequilibrio que impide la deambulación independiente y requiere asistencia continua de otra persona. No puede realizar ninguna actividad laboral.	**Permanente total**	**100%**
Adicionalmente a lo establecido en el artículo 492 de la Ley Federal del Trabajo, se debe considerar otorgar el valor máximo del rango del porcentaje de incapacidad, cuando el desempeño de sus actividades laborales pueda poner en riesgo su vida, la de terceros o el patrimonio.				

429	Disfunción tubárica crónica bilateral, resistente a tratamiento.	30 a 40%
430	Disfunción tubárica crónica unilateral, resistente a tratamiento.	15 a 20%
431	Acufeno bilateral debidamente comprobado.	10%
432	Sorderas e hipoacusias profesionales. Se valuarán siguiendo las normas de la Tabla III-B.	--

Tabla III-B
Sorderas e hipoacusias profesionales

Porcentaje de hipoacusia bilateral combinada	Porcentaje de incapacidad órgano funcional	Porcentaje de hipoacusia bilateral combinada	Porcentaje de incapacidad órgano funcional
10	10	18	16
11	11	19	16
12	12	20	17
13	12	21	18
14	13	22	18
15	14	23	19
16	15	24	19
17	15	25	20

Cálculo de Fletcher

Cálculo de la incapacidad parcial permanente por obtención de la hipoacusia bilateral combinada de acuerdo a los umbrales obtenidos de la audiometría tonal y utilizando el procedimiento para la valuación de hipoacusias de: Fletcher, A.M.A. modificada por: De La Cruz Ávila, Gómez Cruz, Gutiérrez Farfán, Jiménez Ruiz, Rojo Ramírez, Toledo Ortiz, Torres Valenzuela, Velasco Reyna, Zarate Cabrera (octubre de 2016).

Dependiendo del mecanismo de lesión y secuela se podrán utilizar uno de los siguientes rangos de frecuencia:

a. Para lesiones que abarquen el umbral mínimo de audición en las frecuencias de 250, 500, 1,000 y 2,000 Hz.

b. Para lesiones que abarquen el umbral mínimo de audición en las frecuencias de 2000, 3,000, 4,000, y 6,000 Hz.

c. Para lesiones que tengan compromiso en las frecuencias de incisos A y B, se elegirá el rango de frecuencias que presente mayor pérdida auditiva.

Tabla III-B
Sorderas e hipoacusias profesionales

Primero. Si en el audiograma no aparecieran anotaciones de algún oído o los dos por anacusia, o no hubo respuesta en todas o en alguna de ellas, el valor que se le asignará a esas frecuencias será de 120 dB y si en el oído contralateral los niveles de audición para las frecuencias del área de lenguaje están en valores de 0 dB o menores, para efectos de valuación se considerará como promedio 5 dB.

Segundo. Se suman y se obtiene el promedio aritmético para cada oído. Ejemplo:

Oído derecho (OD)	Oído izquierdo (OI)
2000 Hz 60 dB	2000 Hz 10 dB
3000 Hz 50 dB	3000 Hz 15 dB
4000 Hz 50 dB	4000 Hz 15 dB
6000 Hz 50 dB	6000 Hz 15 dB
Suma: 210 / 4= 52.5	Suma: 55/ 4=13.7

Promedio aritmético para las frecuencias de la zona del lenguaje, para oído derecho 52.5, para oído izquierdo 13.7.

Tercero. El promedio aritmético de cada oído se multiplica por 0.8 (constante de fletcher) y se obtiene el promedio de pérdida para cada oído o índice de fletcher.

Ejemplo: OD: 52.5 x 0.8 = 42 OI: 13.75 x 0.8=11

Cuarto. Se calcula la hipoacusia bilateral combinada, (H.B.C.) o por ciento de incapacidad auditiva biaural.
Se multiplican los resultados anteriores: por 7 el oído menos sordo y por 1 el más sordo. Se suman y se divide entre 8.

(% oído menos sordo x 7) + (% oído más sordo x 1) / 8
(11 x 7) + (42 x 1) = 77+42 = 119=14.8 (H.B.C.)

Como el resultado de las operaciones aritméticas de este procedimiento con frecuencia traduce valores en fracciones decimales, se ha considerado conveniente suprimir estas fracciones y reportar números enteros (redondeo), de acuerdo al siguiente criterio:

Hasta 0.5 se redondea al entero inmediato anterior: Ejemplo: 14.5= 14

Si es igual o mayor a 0.6 décimos, se elevará al entero inmediato superior: Ejemplo: 14.8= 15.

Quinto. Cálculo del por ciento de la incapacidad parcial permanente: en este ejemplo corresponde a: 15% de H.B.C. y 14% de incapacidad permanente.

Tabla III-B **Sorderas e hipoacusias profesionales**
Cuando la H.B.C. se encuentra entre 10 y 25 por ciento se aplicará la Tabla IV ajustada suprimiendo decimales. Cuando la H.B.C. es de 25% o mayor, basta restar 5 unidades para obtener el porcentaje de incapacidad parcial permanente, hasta 70%. A partir de 71% de H.B.C. ya no se restarán 5 unidades toda vez que corresponderá a 100% de Incapacidad Permanente. En virtud de que la audición residual no es útil para establecer comunicación humana. Determinar la incapacidad funcional auditiva biaural, sin reducción por presbiacusia o estado anterior.

Cuello

433	Desviación (tortícolis, flexión anterior) por retracción muscular o amplia cicatriz.	10 a 30%
434	Flexión anterior cicatrizal, estando el mentón en contacto con el esternón.	40 a 60%
435	Estrechamientos cicatrizales de la laringe que produzcan disfonía.	20%
436	Que produzcan afonía o disfonía sin disnea.	30 a 40%
437	Cuando produzcan disnea de grandes esfuerzos.	10%
438	Cuando produzcan disnea de medianos o pequeños esfuerzos.	20 a 70%
439	Cuando produzcan disnea de reposo.	70 a 80%
440	Cuando por disnea se requiera el uso de cánula traqueal a permanencia.	70 a 90%
441	Cuando causen disfonía (o afonía) y disnea.	25 a 80%
442	Estrechamiento cicatrizal de la faringe con perturbación de la deglución.	20 a 40%
443	Pérdida de la glándula tiroides, incluyendo o no las paratiroides, con respuesta adecuada al tratamiento sustitutivo.	20%
444	Pérdida de la glándula tiroides, incluyendo o no las paratiroides, sin respuesta al tratamiento sustitutivo.	26%

Trastornos de la voz

445	Los trastornos de la voz debidamente comprobados se valuarán conforme a la Tabla IV.

Tabla IV Valuación de los trastornos de la voz		
Categoría	**Características**	**Valuación**
Leve	• Presencia de disfonía; • Presencia de sintomatología leve con base a procedimientos clínicos de evaluación; • Puede hacerse oír en ambiente ruidoso, y • Con aptitud para ejercer actividades de su profesión u oficio.	10 al 20%
Moderado	• Presencia de disfonía; • Presencia de sintomatología moderada con base a procedimientos clínicos de evaluación; • Puede hacerse oír en ambiente normal, y • Con aptitud limitada para ejercer actividades de su profesión u oficio.	21 al 40%
Severo	• Presencia de disfonía severa o afonía; • Presencia de sintomatología severa con base a procedimientos clínicos de evaluación; • No puede hacerse oír en ambiente silente, y • Sin aptitud para ejercer actividades de su profesión u oficio.	41 al 60%
En personas trabajadoras cuya calidad de la voz sea indispensable para su desempeño laboral, la valuación no podrá ser menor del 41%. Nota: El porcentaje de valuación lo determinará el criterio con la categoría más alta encontrada.		

446	Los trastornos de la deglución se valuarán siguiendo las normas de la Tabla V.

Trastornos de deglución

Tabla V Trastornos de la deglución		
Categoría	**Características**	**Valuación**
Leve	• Presencia de sintomatología leve, con tos ocasional cuando se alimenta; • Sensación de atragantamiento; • Puede comer la mayoría de los alimentos sólidos, semisólidos, semilíquidos, líquidos y de consistencia mixta; • Los tiempos de comidas son prolongados; • Necesita tragar varias veces para pasar el alimento, y • Con aptitud para ejercer actividades de su profesión u oficio.	20 al 27%
Moderado	• Presencia de sintomatología moderada, tos frecuente con la ingesta de alimentos sólidos, semisólidos, semilíquidos, líquidos y de consistencia mixta; • Pérdida ponderal menor al 10% del peso en 6 meses; • Sólo puede comer trozos pequeños o cantidades menores de líquidos a los que estaba acostumbrado; • Incrementa el número de mordidas para la masticación; • Necesita varios tragos en seco para pasar el alimento, y • Con aptitud para ejercer actividades de su profesión u oficio con dificultad, pero las lleva a cabo.	28 al 34%
Severo	• Presencia de tos o sensación de ahogo importante con los alimentos, sólidos, semisólidos, semilíquidos, líquidos y de consistencia mixta, saliva o flemas espesas; • Pérdida ponderal igual o mayor al 10% del peso en 6 meses; • Debe comer pequeñas cantidades de alimentos por bocado; • Requiere varias degluciones en seco; • Presencia de cuadros respiratorios recurrentes y neumonía, y • Sin aptitud para ejercer actividades de su profesión u oficio.	35 al 40%
Nota: El porcentaje de valuación lo determinará el criterio con la categoría más alta encontrada.		

Tórax y contenido

447	Secuelas de fractura aislada del esternón con disminución de los movimientos de amplexión y amplexación.	10%
448	Secuelas de fracturas del esternón con hundimiento o desviación, sin complicaciones profundas.	20%
449	Secuela de fracturas de una a tres costillas, con dolores al esfuerzo físico.	5 a 10%
450	De fracturas costales o condrales con dolor y dificultad al esfuerzo torácico o abdominal.	10 a 15%
451	De fracturas costales con hundimiento y trastornos funcionales más acentuados.	20 a 30%
452	Adherencias y retracciones cicatrizales pleurales.	20 a 30%
453	Secuelas con alteraciones broncopulmonares (asma bronquial, enfisema pulmonar, bronquitis crónica, neumonitis, fibrosis, lesiones postraumáticas, etc.), según el grado de alteración orgánica y funcional, se utilizará la Tabla VI.	--

Tabla VI
Graduación de la deficiencia respiratoria en enfermedades pulmonares del trabajo

Clínica	Ejercicio Cardio Pulmonar	Mecánica ventilatoria				Insuficiencia respiratoria		Valuación
Disnea clasificación Borg modificada	VO2max ml/kg/min	CVF %	FEV1	Variabilidad del PEF%	FEF 25-75 FEF 75-85 (%)	Hipoxemia	Hipercapnia	I.P.P.%
0	≥ 25	Normal	Normal	20	Leve (59-20)	Normal	Normal	0
0		Normal	Normal		Moderada (19-15)	Normal	Normal	5
0.5-1	20-24	Leve (79-75)	Leve (79-70)	21-29		Leve (63-59)	Normal	20-30
2-3		Moderada (74-70)	Moderada (69-51)		Grave (14-10)	Moderada (58-54)	Leve (35-36)	31-40

Tabla VI
Graduación de la deficiencia respiratoria en enfermedades pulmonares del trabajo

Clínica	Ejercicio Cardio Pulmonar	Mecánica ventilatoria				Insuficiencia respiratoria		Valuación
Disnea clasificación Borg modificada	VO2max ml/kg/min	CVF %	FEV1	Variabilidad del PEF%	FEF 25-75 FEF 75-85 (%)	Hipoxemia	Hipercapnia	I.P.P.%
4-6	15-19	Grave (69-65)	Grave (50-31)	30-39	Muy Grave (< 9)	Grave (53-49)	Moderada (37-39)	41-60
7-8					-	Muy Grave (48-44)	Grave (40-44)	61-80
9-10	<15	Muy Grave (< 64)	Muy Grave (> 30)	>40	-	-	Muy Grave (> 45)	100

- Para poder determinar un índice de perfusión periférica (IPP) en los flujos periféricos mayor al 50%, se deberá valorar también el FEV1.
- Para determinar un IPP mayor del 60% con los datos de hipoxemia censada por medio de oximetría de pulso, se deberá valorar además con hipercapnia determinada por la gasometría arterial.
- La interpretación de la espirometría tendrá como punto cardinal, la utilización de valores obtenidos en población adulta mexicana sana.
- El porcentaje de valuación lo determinan las pruebas de función respiratoria post broncodilatador con el valor más bajo encontrado.

454	Fibrosis neumoconiótica complicada con tuberculosis pulmonar, clínica y bacteriológicamente sin remisión. Agregar 20% al monto de las incapacidades consignadas en la Tabla VI, sin exceder del cien por ciento.	--
455	Hernia diafragmática postraumática no resuelta quirúrgicamente.	30 a 40%
456	Estrechamiento del esófago no resuelto quirúrgicamente.	20 a 70%

Corazón

457	Adherencias pericárdicas sin insuficiencia cardíaca.	10 a 20%
458	Cardiopatía hipertensiva sin complicaciones.	20 a 40%

459	Cardiopatía hipertensiva con complicaciones de insuficiencia renal crónica, secuelas de hemorragia cerebral, infarto del miocardio, con o sin disfunción ventricular.	100%
460	Insuficiencia cardiaca clase II.	20 a 40%
461	Insuficiencia cardiaca clase III.	41 a 90%
462	Insuficiencia cardiaca clase IV.	91 a 100%
463	Insuficiencia valvular grado I.	20 a 40%
464	Insuficiencia valvular grado II.	41 a 70%
465	Insuficiencia valvular grado III.	71 a 100%
466	Bloqueo auriculoventricular incompleto grado I.	20%
467	Bloqueo auriculoventricular incompleto grado II (mobitz I o mobitz II).	25%
468	Bloqueo auriculoventricular completo grado III.	30%

Abdomen

469	Hernia inguinal, crural o abdominal inoperables.	10 a 20%
470	Las mismas, reproducidas después de tratamiento quirúrgico (recurrente o recidivante).	20 a 30%
471	Cicatrices viciosas de la pared abdominal que produzcan alguna incapacidad.	10 a 30%
472	Cicatrices con eventración, inoperables o no resueltas quirúrgicamente.	30 a 60%
473	Fístulas del tubo digestivo o de sus anexos, inoperables o cuando produzcan alguna incapacidad.	20 a 60%
474	Pérdida total del estómago.	60 a 80%
475	Pérdida parcial del estómago.	30 a 40%
476	Pérdida del bazo.	15%
477	Pérdida de la vesícula biliar.	15%
478	Pérdida parcial del intestino delgado.	30 a 40%
479	Pérdida total del colon.	60 a 80%
480	Pérdida parcial del colon.	40 a 50%
481	Incontinencia fecal.	60%
482	Las alteraciones persistentes del tubo digestivo como la enfermedad ácido-péptica y el intestino irritable se evaluarán conforme a la Tabla VII.	--

Tabla VII Alteraciones persistentes del tubo digestivo		
Clase	**Descripción**	**Valuación**
1	• Alteraciones persistentes de la enfermedad ácido péptica (reflujo gastroesofágico, gastritis recidivante, úlcera péptica). • Puede presentar antecedente de tratamiento quirúrgico. • Precisa de tratamiento continuado con control completo de síntomas.	0%
2	• Cumple los criterios de la clase 1. • Tiene antecedente de tratamiento quirúrgico. • Precisa de tratamiento continuado sin control completo de síntomas.	10%
3	• Cumple los criterios de la clase 2. • Precisa de tratamiento continuado y puede presentar manifestaciones sistémicas (anemia, sangrado de tubo digestivo alto, pérdida de peso). • Evidencia anatomopatológica o imagenológica de lesiones premalignas.	20%
4	• Cumple los criterios de la clase 3. • Cuenta con estomas (gastrostomía, gastro yeyunostomía, yeyunostomía). • Tomar en cuenta la capacidad funcional en relación con el desempeño del puesto de trabajo.	--
	➢ Realiza trabajo ligero.	40%
	➢ Realiza trabajo medio.	60%
	➢ Realiza trabajo pesado.	80%
	• Incapaz de realizar cualquier actividad laboral.	100%

483	Pérdida parcial del páncreas.	60 a 80%
484	Pérdida parcial del hígado.	40 a 60%
485	Otras lesiones o pérdidas de los órganos contenidos en el abdomen, que produzcan como consecuencia alguna incapacidad probada.	30 a 80%
486	La insuficiencia hepática se evaluará conforme a las Tablas VIII y IX.	--

Tabla VIII
Clasificación de estadios de la insuficiencia hepática

Estadio	Descripción	Clasificación Child-Pugh	Escala de MELD
1	• Alteraciones persistentes de la bioquímica hepática (aminotransferasas, fosfatasas alcalinas, bilirrubinas, albumina, tiempos de coagulación). • Ausencia de varices esofágicas, y • Ausencia de ascitis.	--	0-9
2	• Cumple los criterios de la clase 1. • Presencia de varices esofágicas. • Ausencia de Ascitis. • Ausencia de hemorragia digestiva o historia de hemorragia digestiva. • Evidencia anatomopatológica o imagenológica de lesiones cirrógenas (hepatitis crónica activa, esteatohepatitis, fibrosis portal o fibrosis centrolobulillar). • Requiere tratamiento con corticoides inmunosupresores o con inmunomoduladores de manera continuada.	Clase A	10-19
3	• Cumple los criterios de la clase 2. • Presencia de ascitis con o sin varices esofágicas. • Ausencia de hemorragia digestiva o historia de hemorragia digestiva. • Síntomas de insuficiencia hepática, de hipertensión portal, no desencadenados por proceso agudo intercurrente, en los últimos dos años.	Clase B	20- 29
4	• Cumple los criterios de la clase 3. • Síntomas de insuficiencia hepática, de hipertensión portal en forma continua a pesar de recibir tratamiento. • Presencia de ascitis. • Presencia de varices esofágicas. • Presencia de hemorragia digestiva o historia de hemorragia digestiva.	Clase C	30 o más

La escala de Child-Pugh emplea 5 criterios clínicos de la enfermedad hepática. Cada criterio es medido del 1 al 3, siendo el 3 el que indica el daño más severo			
Puntos ponderables atribuibles a cada parámetro			
	1	2	3
Encefalopatía	Ausente	Grado 1-2	Grado 3-4
Ascitis	Ausente	Leve	Moderada
Bilirrubina sérica	< 2 mg/dl	2-3 mg/dl	> 3 mg/dl
Albúmina sérica	> 35 g/l	28-35 g/l	< 28 g/l
Protrombina (prolongada)	1- 4	4-6	> 6
Bilirrubina (en cirrosis biliar primaria)	< 4 mg/dl	4-10 mg/dl	> 10 mg/dl
Nota: Para la clasificación Child-Pugh se usa la sumatoria de la puntuación de la escala: A = 5-6 puntos. B = 7-9 puntos. C = 10-15 puntos.			

Escala de MELD (Model for End Stage Liver Disease) modelo matemático de predicción de la sobrevida de una persona con enfermedad hepática basado en valores de bilirrubina, ratio internacional normalizado (INR) y creatinina. El rango de valores va de 6 a 40; el valor mínimo es 1 para cada variable y a menor puntaje, mejor pronóstico.
MELD Score = 9,57 Ln (Creat) + 3,78 Ln (Bili) + 11,2 Ln (INR) + 6,43

Tabla IX Determinación del porcentaje de incapacidad permanente parcial o total por motivo de la insuficiencia hepática				
Categorización de la insuficiencia hepática	**Categorías de capacidad funcional en relación con el desempeño del puesto de trabajo**			
	0	**1**	**2**	**3**
1	0%	30%	50%	100%
2	60%	70%	80%	100%
3	80%	90%	95%	100%
4	100%	100%	100%	100%

Aparato genitourinario

487	Pérdida o atrofia de un testículo u ovario, estando el otro sano.	25%
488	Pérdida o atrofia de un testículo u ovario, estando el otro enfermo por afección ajena al trabajo.	50%
489	Pérdida o atrofia de los dos testículos u ovarios.	50 a 100%
490	Por la pérdida de la función de una tuba uterina con capacidad reproductiva antes del riesgo de trabajo.	20%
491	Por la pérdida de la función de dos tubas uterinas con capacidad reproductiva antes del riesgo de trabajo.	50%
492	Pérdida del útero, con capacidad reproductiva antes del riesgo de trabajo.	70%
493	Pérdida del útero, sin capacidad reproductiva antes del riesgo de trabajo.	40%
494	Pérdida parcial o total de vejiga.	30%
495	Pérdida total o parcial del pene, o disminución o pérdida de su función.	50 a 100%
496	Con estrechamiento del orificio uretral, perineal o hipogástrico.	70 a 100%
497	Prolapso uterino consecutivo a accidentes de trabajo, no resuelto quirúrgicamente.	50 a 70%
498	Por la pérdida o mutilación de un seno con prótesis posible.	20 a 30%
499	Por la pérdida o mutilación de un seno con prótesis imposible.	30 a 50%
500	Por la pérdida o mutilación de los dos senos con prótesis posible.	50 a 70%
501	Pérdida orgánica o funcional de un riñón (incluye glándula suprarrenal) estando normal la función del contralateral.	35 a 50%
502	Con perturbación funcional del riñón contralateral.	50 a 100%
503	La insuficiencia renal crónica se evaluará conforme a la Tabla X.	

Tabla X Clasificación de estadios de la enfermedad renal crónica				
Estadio	**Descripción**	**Filtrado glomerular (mL/ min/1.73m2)**	**Albuminuria cociente albúmina/ creatinina**	**Valuación**
1	Normal o alta.	Mayor a 90	0-30 mg/g, normal o levemente aumentada.	Sin valuación
2	Levemente disminuida.	60-89		10-20%
3A	Leve a moderadamente disminuida.	45-59	30-300 mg/g, moderadamente aumentada.	20 a 40%
3B	Moderada a gravemente disminuida.	30-44		41 a 60%
4	Gravemente disminuida.	15-29	>300 mg/g, gravemente aumentada.	61 a 90%
5	Insuficiencia renal.	Menor a 15		91 a 100%

504	Incontinencia de orina permanente.	30 a 40%
505	Estrechamiento parcial de la uretra anterior, no resuelto quirúrgicamente.	30 a 40%
506	Estrechamiento parcial de la uretra posterior, no resuelto quirúrgicamente.	60%
507	Estrechamiento total de la uretra, postraumático, no resuelto quirúrgicamente, que obligue a efectuar la micción por un meato perineal o hipogástrico.	60 a 90%

Columna vertebral

Secuelas sin lesión medular

Con limitación de los arcos de movilidad de la columna y pérdida permanente de la curvatura anatómica

508	Región cervical.	30 a 50%
509	Región torácica.	15 a 30%
510	Región lumbosacra.	30 a 50%
511	Región coccígea.	10%

Secuelas de traumatismos con lesión medular

512	Paraplejía.	100%
513	Paraparesia de los miembros inferiores, si la marcha es imposible.	70 a 90%
514	Si la marcha es posible con muletas.	50 a 70%

Clasificaciones diversas

515	La pérdida de ambos ojos, ambos brazos arriba del codo, desarticulación de la cadera de ambos lados o de un brazo arriba del codo y de una pierna arriba de la rodilla del mismo lado, lesión medular por cualquier traumatismo que produzca parálisis completa de los miembros inferiores con trastornos esfinterianos, demencia, se considerarán como incapacidad permanente total.	100%
516	Las deformaciones puramente estéticas, según su carácter, serán indemnizadas a juicio del Tribunal del Poder Judicial de la Federación que corresponda, sólo en el caso de que de alguna forma disminuyan la capacidad de trabajo de la persona lesionada, teniendo en cuenta la profesión a que se dedica.	--
517	Las lesiones producidas por la acción de agentes físicos y químicos serán indemnizadas de acuerdo con las modalidades especiales de la incapacidad.	20 a 100%
518	Las cicatrices producidas por amplias quemaduras de los tegumentos serán indemnizadas tomando en cuenta la extensión y la profundidad de las zonas cicatrizales, independientemente de las perturbaciones funcionales que acarreen en los segmentos adyacentes. Tomándose como base para su valuación la regla de los nueves.	--
519	En caso de haberse otorgado con anterioridad la valuación de una secuela que involucre el mismo sitio anatómico, se otorgará únicamente la diferencia del porcentaje de la nueva fracción que aplique.	--
520	En caso de no encontrarse la fracción específica para la valuación de las secuelas que presenta la persona trabajadora, deberá hacerse uso del artículo 17 de la Ley Federal del Trabajo vigente y por similitud aplicar la fracción que más se asemeje.	--

Cánceres

521	Cáncer secundario a agentes físicos, químicos, o biológicos se valuará con base a los siguientes criterios: para el cálculo de la incapacidad permanente parcial o total por motivo de los cánceres de origen laboral, el procedimiento para su obtención es realizando los pasos siguientes: **Paso I:** Identificar el cáncer que padece la persona trabajadora de acuerdo con el diagnóstico y sobrevida establecida por el especialista oncólogo, y verificar con la Tabla XI a qué tipo de categorización corresponde el cáncer de origen laboral. Esto es, el cáncer menos agresivo corresponde al numeral 1 y el más agresivo al numeral 5, con base a la sobrevida que pueda presentar la persona trabajadora a cinco años de su diagnóstico. **Nota:** En caso de que la neoplasia diagnosticada no se encuentre incluida en la Tabla XI, la agresividad se establecerá de acuerdo con la sobrevida determinada por el especialista oncólogo. **Paso 2:** Después de identificar a qué categorización pertenece el cáncer de origen laboral, establecer en qué categoría se ubica la persona trabajadora de acuerdo con la capacidad funcional en relación con el desempeño del puesto de trabajo, esto es, por ejemplo si tiene un cáncer de colon la categoría de la neoplasia se ubicaría en el numeral 3 de la Tabla XI y si se encuentra que la persona trabajadora tiene una valoración como restringida en sus capacidades funcionales, pero es capaz de realizar el trabajo de naturaleza media, se ubicaría en el numeral 1 de la Tabla XII. **Paso 3:** Posteriormente, se buscaría en la Tabla XIII en la columna de categorización de las neoplasias de acuerdo con su agresividad según sobrevida a cinco años, el numeral al que pertenece el cáncer diagnosticado a la persona trabajadora, y se buscaría también en la columna de categorización funcional de las neoplasias y sus secuelas derivadas del tratamiento o generadas por el propio tumor en relación con el desempeño de su trabajo, el numeral en que se ubica el resultado de la valoración de la persona trabajadora y se hace un ajuste entre ambas columnas para encontrar el porcentaje que le corresponde. En el ejemplo tenemos que según la Tabla XII, el cáncer de colon se ubica en el numeral 3, y de acuerdo con su valoración de la categorización funcional, se identifica que corresponde al numeral 1 de la Tabla XII, y haciendo la búsqueda de la intersección de ambos valores encontramos que el resultado sería de 70% de acuerdo con la Tabla XIII.	--

Tabla XI Categorización de las neoplasias de acuerdo con su agresividad según sobrevida a cinco años		
Agresividad	**Sobrevida**	**Tipo de Neoplasia**
1	90-100	Cáncer de tiroides papilar y folicular, y cáncer de piel (labio).
2	61-89	Cáncer de piel (no melanoma), cáncer de hueso, cáncer de laringe, cáncer tiroides medular, y leucemia linfoide.
3	30-60	Cáncer de orofaringe, cáncer de colon, cáncer de vejiga urinaria, cáncer de senos paranasales, cáncer de escroto y melanoma, cáncer de tiroides indiferenciado, leucemia mieloide y leucemia monocítica aguda.
4	15-29	Mieloma múltiple, leucemia de células plasmáticas y leucemia mieloide aguda.
5	0-14	Cáncer broncopulmonar, cáncer de estómago, cáncer del tracto digestivo, cáncer del sistema nervioso central, mesotelioma pericárdico, mesotelioma peritoneal, mesotelioma pleural, tumor maligno de hígado y vías biliares intrahepáticas, angiosarcoma de hígado, cáncer del tracto digestivo (esófago) (tracto intestinal) y otras leucemias de tipo celular especificado.

Tabla XII Categorías de capacidad funcional en relación con el desempeño del puesto de trabajo	
0	Completamente activo, capaz de realizar toda actividad física, previa a la enfermedad.
1	Restringido en las capacidades funcionales, pero es capaz de realizar el trabajo de naturaleza media (actividades tales como empujar y jalar moderadamente, caminar a una velocidad moderada, levantar 5 kg 10 veces por minuto o 12 kg seis veces por minuto, por ejemplo: recolección de frutas y verduras (inclinado, en cuclillas), pintar con brocha, empujar o tirar de carros ligeros o carretillas, operar camiones, tractores o maquinaria de construcción en todo terreno, uso de martillo neumático, eliminar maleza y usar el azadón). Si previo a la enfermedad sus actividades laborales correspondían a naturaleza media, se debe categorizar en la categoría 0, debido a que continua con la misma capacidad para realizar las actividades de naturaleza media.

Tabla XII Categorías de capacidad funcional en relación con el desempeño del puesto de trabajo	
2	Restringido en las capacidades funcionales pero es capaz de realizar el trabajo de naturaleza ligero (permanecer sentado, estar sentado haciendo trabajo manual ligero usando las manos y brazos, conducir un vehículo, estar de pie haciendo trabajo ligero con los brazos y caminando ocasionalmente, caminatas casuales sin exceder los 3 km por hora y levantar 5 kg menos de ocho veces por minuto 12 kg menos de cuatro veces por minuto, por ejemplo: participar en una reunión (sentado), leer instrucciones o llenar papeleo, ver un video de capacitación, uso de herramientas para mesa o pequeñas herramientas eléctricas, inspección y clasificación de productos, clasificación de materiales livianos, ensamblaje de piezas pequeñas, conducción de vehículo en carretera y clavar. Si previo a la enfermedad sus actividades laborales correspondían a naturaleza ligera, se debe categorizar en la categoría 0, debido a que continua con la misma capacidad para realizar las actividades de naturaleza ligera.
3	Incapaz de realizar cualquier actividad laboral.

Tabla XIII Determinación del porcentaje de incapacidad permanente parcial o total por motivo de cáncer laboral				
Categorización de las neoplasias de acuerdo con su agresividad según sobrevida a cinco años	**Categorías de capacidad funcional en relación con el desempeño del puesto de trabajo**			
	0	**1**	**2**	**3**
1	0%	30%	50%	100%
2	30%	40%	60%	100%
3	60%	70%	80%	100%
4	80%	90%	95%	100%
5	100%	100%	100%	100%

Virus de Inmunodeficiencia Humana

522	La infección por VIH se evaluará conforme a la Tabla XIV.

Tabla XIV Valuación de infección por VIH			
Estadio	**Descripción**	**Categoría clínica**	**Valuación**
1	• Diagnóstico serológico de infección por VIH; • Sin discapacidad valuable, y • Requiere tratamiento.	A1, A2, B1 y B2	20%
2	• Requiere tratamiento continuado; • Presenta menos de tres episodios anuales de enfermedades relacionadas con su inmunodeficiencia, y • Requiere atención médica hospitalaria durante al menos 24 horas cada uno o durante menos de 30 días al año.	A3, B3 y C1	21-25%
3	• Requiere tratamiento continuado; • Presenta de tres a seis episodios anuales de enfermedades relacionadas con su inmunodeficiencia; • Requiere atención médica hospitalaria durante al menos 24 horas cada uno o durante más de 30 días al año, y • Puede realizar las actividades de la vida diaria, con disminución de la capacidad para realizar actividades laborales.	C2 y C3	26- 59%
4	• Requiere tratamiento continuado; • Presenta más de seis episodios anuales de enfermedades relacionadas con su inmunodeficiencia que precisan atención médica hospitalaria; • Requiere al menos 24 horas o durante más de 60 días al año, y • Disminución de la capacidad para realizar las actividades de la vida diaria.	C2 y C3	60 a 79%
5	• Cumple los criterios de la clase 4; • Imposibilidad para realizar las actividades de la vida diaria y de autocuidado, y • Depende de otra persona.	C2 y C3	80 a 100%

Trastornos mentales

523	Los trastornos mentales se evaluarán conforme a la Tabla XV (incluye síndrome cráneo-encefálico tardío postconmocional).

Tabla XV

- Cuan Valuación de trastornos mentales, trastornos afectivos (depresivo, de ansiedad o mixto), mentales orgánicos, de estrés postraumático, por lesión cerebral y trastornos del habla secundarios a accidentes y enfermedades de trabajo.
- Cuando la persona trabajadora presente: trastorno depresivo, de ansiedad, de estrés postraumático, por lesión cerebral (afasia, disartria, agnosias, apraxias, acalculias, alexias, agrafias, anomias, amnesias, síndromes atencionales, síndromes de contusión cerebral, síndrome cráneo-encefálico postconmocional, síndromes frontales, demencias) y trastornos del habla (disfemia, diglosias, bradilalia, taquilalia, taquifemia, farfulleo, tartajeo, alteraciones de la prosodia y alteraciones de la resonancia), requiriendo de tratamiento continuado permanente para mejorar o controlar la sintomatología.
- Los trastornos afectivos se valuarán al menos a 6 meses de haber iniciado el tratamiento correspondiente, los trastornos por lesión cerebral y trastornos del habla, se valuarán en cuanto se determine la secuela, de acuerdo con la siguiente Tabla:

Categoría	Características	Valuación
Clase I	• Controlado con tratamiento (asintomático); • Tratamiento farmacológico especializado permanente, y • Con aptitud para ejercer actividades de su profesión u oficio.	10%
Clase II	• Con sintomatología leve especifica o derivada del manejo terapéutico; • Tratamiento farmacológico especializado permanente; • Terapia médica y rehabilitadora especializada; • Puede requerir atención médica complementaria de otras especialidades; • Con crisis recurrentes ocasionales que pueden o no ameritar internamiento hospitalario; • Con aptitud para ejercer actividades de su profesión u oficio, pero algunas las realiza con dificultad, y • Sin afectación para realizar actividades de la vida diaria.	11 a 25%

Tabla XV		
Clase III	• Con sintomatología moderada especifica o derivada del manejo terapéutico; • Tratamiento farmacológico especializado permanente; • Terapia médica, rehabilitatoria especializada; • Puede requerir atención médica complementaria de otras especialidades; • Con internamientos recurrentes mayores a una semana para manejo especializado; • Con aptitud limitada para ejercer actividades de su profesión u oficio, y • Sin afectación para realizar actividades de la vida diaria.	26 a 50%
Clase IV	• Con sintomatología severa especifica o derivada del manejo terapéutico; • Tratamiento farmacológico especializado permanente; • Terapia médica, rehabilitatoria especializada; • Requiere atención médica complementaria de otras especialidades; • Con internamientos recurrentes mayores a una semana para manejo especializado; • Con aptitud limitada para ejercer actividades de su profesión u oficio, y • Sin afectación para realizar actividades de la vida diaria.	51 a 70%
Clase V	• Con sintomatología severa especifica o derivada del manejo terapéutico; • Tratamiento farmacológico especializado permanente; • Terapia médica, rehabilitatoria especializada; • Requiere atención médica complementaria de otras especialidades; • Con internamientos recurrentes mayores a una semana para manejo especializado; • Sin aptitud para ejercer actividades de su profesión u oficio, y • Con disminución para realizar actividades de la vida diaria, puede realizar las de autocuidado.	71 a 90%

Tabla XV		
Clase VI	• Ausencia de respuesta a los tratamientos instituidos; • Con internamientos recurrentes mayores a una semana para manejo especializado; • Sin aptitud para ejercer actividades remuneradas semejantes a su profesión u oficio, de la vida diaria y de autocuidado, y • Depende de otra persona.	100%
Nota: El porcentaje de valuación lo determinará el criterio con la categoría más alta encontrada.		

Trastornos de la sangre

524	Anemia, leucopenia, trombocitopenia por exposición a agentes físicos y químicos, serán evaluados con el mismo procedimiento que para el cáncer.	100%

Artículo reformado DOF 30-11-2012, 01-05-2019. Reformado en su totalidad con "Tabla de enfermedades de trabajo" y "Tabla para la valuación de incapacidades permanentes resultantes de los riesgos de trabajo" DOF 04-12-2023

Artículo 514. Las tablas a que se refiere el artículo anterior, así como el Catálogo de las Cédulas para la Valuación de las Enfermedades de Trabajo, serán revisadas al menos cada cinco años a partir de su publicación o cuando existan estudios e investigaciones que lo justifiquen.

Para efecto de lo anterior, la Secretaría del Trabajo y Previsión Social debe considerar el progreso y los avances de la medicina del trabajo y auxiliarse de las personas técnicas y médicas especialistas que para ello se requiera.

Fe de erratas al artículo DOF 30-04-1970, 05-06-1970. Reformado DOF 30-11-2012, 01-05-2019, 04-12-2023

Artículo 515. Una vez concluida la revisión a la que se refiere el artículo 514 de la presente Ley, la Secretaría del Trabajo y Previsión Social pondrá a disposición de la persona titular del Ejecutivo Federal, la Tabla de Enfermedades de Trabajo y la Tabla para la Valuación de Incapacidades Permanentes Resultantes de los Riesgos de Trabajo, para su consideración y en su caso, inicio del proceso legislativo conducente.

Artículo reformado DOF 30-11-2012, 04-12-2023

TÍTULO DÉCIMO
PRESCRIPCIÓN

Artículo 516. Las acciones de trabajo prescriben en un año, contado a partir del día siguiente a la fecha en que la obligación sea exigible, con las excepciones que se consignan en los artículos siguientes.

Artículo 517. Prescriben en un mes:

I. Las acciones de los patrones para despedir a los trabajadores, para disciplinar sus faltas y para efectuar descuentos en sus salarios; y

II. Las acciones de los trabajadores para separarse del trabajo.

En los casos de la fracción I, la prescripción corre a partir, respectivamente, del día siguiente a la fecha en que se tenga conocimiento de la causa de la separación o de la falta, desde el momento en que se comprueben los errores cometidos, o las pérdidas o averías imputables al trabajador, o desde la fecha en que la deuda sea exigible.

En los casos de la fracción II, la prescripción corre a partir de la fecha en que se tenga conocimiento de la causa de separación.

Artículo 518. Prescriben en dos meses las acciones de los trabajadores que sean separados del trabajo.

La prescripción corre a partir del día siguiente a la fecha de la separación.

Este término se suspenderá a partir de la fecha de presentación de la solicitud de conciliación a que se refiere el artículo 684-B de esta Ley, y se reanudará al día siguiente en que se actualice cualquiera de las hipótesis previstas en el artículo 521, fracción III de esta Ley.

Párrafo adicionado DOF 01-05-2019

En lo que se refiere al ejercicio de las acciones jurisdiccionales a que se refiere el primer párrafo, se estará a lo previsto en la fracción III del artículo 521 del presente ordenamiento.

Párrafo adicionado DOF 01-05-2019

Artículo 519. Prescriben en dos años:

I. Las acciones de los trabajadores para reclamar el pago de indemnizaciones por riesgo de trabajo;

II. Las acciones de los beneficiarios en los casos de muerte por riesgos de trabajo; y

III. Las acciones para solicitar la ejecución de la sentencia del Tribunal y de los convenios celebrados ante éste.

Fracción reformada DOF 01-05-2019

La prescripción corre, respectivamente, desde el momento en que se determine el grado de la incapacidad para el trabajo; desde la fecha de la muerte del trabajador, y desde el día siguiente al en que hubiese quedado notificado la sentencia o aprobado el convenio. Cuando la sentencia imponga la obligación de reinstalar, el patrón podrá solicitar al Tribunal que fije al trabajador un término no mayor de treinta días para que regrese al trabajo, apercibiéndolo que de no hacerlo, podrá el patrón dar por terminada la relación de trabajo.

Párrafo reformado DOF 01-05-2019

Artículo 520. La prescripción no puede comenzar ni correr:

I. Contra los incapaces mentales, sino cuando se haya discernido su tutela conforme a la ley; y

II. Contra los trabajadores incorporados al servicio militar en tiempo de guerra.

Artículo 521. La prescripción se interrumpe:

I. Por la sola presentación de la demanda o de cualquiera promoción ante el Tribunal, independientemente de la fecha de la notificación. Si quien promueve omitió agotar el procedimiento de conciliación no estando eximido de hacerlo, el Tribunal sin fijar competencia sobre el asunto lo remitirá a la Autoridad Conciliadora competente para que inicie el procedimiento de conciliación establecido en el Título Trece Bis de esta Ley. No es obstáculo para la interrupción que el Tribunal sea incompetente;

Fracción reformada DOF 30-11-2012, 01-05-2019

II. Si la persona a cuyo favor corre la prescripción reconoce el derecho de aquella contra quien prescribe, de palabra, por escrito o por hechos indudables.

III. Por la presentación de la solicitud de conciliación a que se refiere el artículo 684-B de esta Ley. La interrupción de la prescripción cesará a partir del día siguiente en que el Centro de Conciliación expida la constancia de no conciliación o en su caso, se determine el archivo del expediente por falta de interés de parte. No es obstáculo para la interrupción que la Autoridad Conciliadora ante la que se promovió sea incompetente.

Fracción adicionada DOF 01-05-2019

Artículo 522. Para los efectos de la prescripción, los meses se regularán por el número de días que les corresponda. El primer día se contará completo, aún cuando no lo sea, pero el último debe ser completo y cuando sea feriado, no se tendrá por completa la prescripción sino cumplido el primero útil siguiente.

TÍTULO ONCE
AUTORIDADES DEL TRABAJO Y SERVICIOS SOCIALES

CAPÍTULO I
DISPOSICIONES GENERALES

Artículo 523. La aplicación de las normas de trabajo compete, en sus respectivas jurisdicciones:

I. A la Secretaría del Trabajo y Previsión Social;

II. A las Secretarías de Hacienda y Crédito Público y de Educación Pública;

II Bis. Al Centro Federal de Conciliación y Registro Laboral;

Fracción adicionada DOF 01-05-2019

II Ter. A los Centros de Conciliación en materia local;

Fracción adicionada DOF 01-05-2019

III. A las autoridades de las Entidades Federativas, y a sus Direcciones o Departamentos de Trabajo;

IV. A la Procuraduría de la Defensa del Trabajo;

V. Al Servicio Nacional de Empleo;

Fracción reformada DOF 28-04-1978, 30-11-2012

VI. A la Inspección del Trabajo;

VII. A la Comisión Nacional de los Salarios Mínimos;

Fracción reformada DOF 21-01-1988

VIII. A la Comisión Nacional para la Participación de los Trabajadores en las Utilidades de las Empresas;

IX. Se deroga;

Fracción derogada DOF 30-11-2012

X. A los Tribunales del Poder Judicial de la Federación, y

Fracción reformada DOF 01-05-2019

XI. A los Tribunales de las Entidades Federativas.

Fracción reformada DOF 01-05-2019

XII. Se deroga.

Fracción derogada DOF 01-05-2019

Artículo 524. La Secretaría del Trabajo y Previsión Social y los Departamentos y Direcciones del Trabajo tendrán las atribuciones que les asignen sus leyes orgánicas y las normas de trabajo.

Artículo 525. (Se deroga).

Artículo derogado DOF 30-11-2012

Artículo 525 Bis. El Poder Judicial de la Federación y los poderes judiciales locales establecerán, con sujeción a las disposiciones presupuestales aplicables, un servicio de carrera judicial para el ingreso, promoción, permanencia, evaluación de desempeño, separación y retiro de sus servidores públicos.

Artículo adicionado DOF 30-11-2012. Reformado DOF 01-05-2019

Artículo 526. Compete a la Secretaría de Hacienda y Crédito Público, la intervención que le señala el Título Tercero, Capítulo VIII, y a la Secretaría de Educación Pública, la vigilancia del cumplimiento de las obligaciones que esta Ley impone a los patrones en materia educativa e intervenir coordinadamente con la Secretaría del Trabajo y Previsión Social, en la capacitación y adiestramiento de los trabajadores, de acuerdo con lo dispuesto en el Capítulo IV de este Título.

Artículo reformado DOF 28-04-1978

CAPÍTULO II
COMPETENCIA CONSTITUCIONAL DE LAS AUTORIDADES DEL TRABAJO

Artículo 527. La aplicación de las normas de trabajo corresponde a las autoridades federales, cuando se trate de:

I. Ramas industriales y de servicios:

Párrafo reformado DOF 30-11-2012

1. Textil;

2. Eléctrica;

3. Cinematográfica;

4. Hulera;

5. Azucarera;

6. Minera;

7. Metalúrgica y siderúrgica, abarcando la explotación de los minerales básicos, el beneficio y la fundición de los mismos, así como la obtención de hierro metálico y acero a todas sus formas y ligas y los productos laminados de los mismos;

8. De hidrocarburos;

9. Petroquímica;

10. Cementera;

11. Calera;

12. Automotriz, incluyendo autopartes mecánicas o eléctricas;

13. Química, incluyendo la química farmacéutica y medicamentos;

14. De celulosa y papel;

15. De aceites y grasas vegetales;

16. Productora de alimentos, abarcando exclusivamente la fabricación de los que sean empacados, enlatados o envasados o que se destinen a ello;

17. Elaboradora de bebidas que sean envasadas o enlatadas o que se destinen a ello;

18. Ferrocarrilera;

19. Maderera básica que comprende la producción de aserradero y la fabricación de triplay o aglutinados de madera;

20. Vidriera, exclusivamente por lo que toca a la fabricación de vidrio plano, liso o labrado o de envases de vidrio;

Numeral reformado DOF 30-11-2012

21. Tabacalera, que comprende el beneficio o fabricación de productos de tabaco; y

Numeral reformado DOF 30-11-2012

22. Servicios de banca y crédito.

Numeral adicionado DOF 30-11-2012

II. Empresas:

1. Aquéllas que sean administradas en forma directa o descentralizada por el Gobierno Federal;

2. Aquellas que actúen en virtud de un contrato, o concesión federal y las industrias que les sean conexas. Para los efectos de esta disposición, se considera que actúan bajo concesión federal aquellas empresas que tengan por objeto la administración y explotación de servicios públicos o bienes del Estado en forma regular y continua, para la satisfacción del interés colectivo, a través de cualquier acto administrativo emitido por el gobierno federal, y

Numeral reformado DOF 30-11-2012

3. Aquéllas que ejecuten trabajos en zonas federales o que se encuentren bajo jurisdicción federal, en las aguas territoriales o en las comprendidas en la zona económica exclusiva de la Nación.

También corresponderá a las autoridades federales lo relativo al cumplimiento de las obligaciones patronales en las materias de capacitación y adiestramiento de sus trabajadores y de seguridad e higiene en los centros de trabajo.

Párrafo reformado DOF 01-05-2019

Corresponderá a la Autoridad Registral conocer únicamente los actos y procedimientos relativos al registro de todos los contratos colectivos, reglamentos interiores de trabajo y de los sindicatos.

Párrafo adicionado DOF 01-05-2019

Artículo reformado DOF 07-02-1975, 28-04-1978

Artículo 527-A. En la aplicación de las normas de trabajo referentes a la capacitación y adiestramiento de los trabajadores y las relativas a seguridad e higiene en el trabajo, las autoridades de la Federación serán auxiliadas por las locales, tratándose de empresas o establecimientos que, en los demás aspectos derivados de las relaciones laborales, estén sujetos a la jurisdicción de estas últimas.

Artículo adicionado DOF 28-04-1978

Artículo 528. Para los efectos del punto 2 de la fracción II del artículo 527, son empresas conexas las relacionadas permanente y directamente para la elaboración de productos determinados o para la prestación unitaria de servicios.

Artículo reformado DOF 28-04-1978

Artículo 529. En los casos no previstos por los artículos 527 y 528, la aplicación de las normas de trabajo corresponde a las autoridades de las Entidades Federativas.

De conformidad con lo dispuesto por el artículo 527-A, las autoridades de las Entidades Federativas deberán:

I. Poner a disposición de las Dependencias del Ejecutivo Federal competentes para aplicar esta Ley, la información que éstas les soliciten para estar en aptitud de cumplir sus funciones;

II. Participar en la integración y funcionamiento del respectivo Consejo Consultivo Estatal del Servicio Nacional de Empleo;

Fracción reformada DOF 30-11-2012

III. Participar en la integración y funcionamiento de la correspondiente Comisión Consultiva Estatal de Seguridad y Salud en el Trabajo;

Fracción reformada DOF 30-11-2012

IV. Reportar a la Secretaría del Trabajo y Previsión Social las violaciones que cometan los patrones en materia de seguridad e higiene y de capacitación y adiestramiento e intervenir en la ejecución de las medidas que se adopten para sancionar tales violaciones y para corregir las irregularidades en las empresas o establecimientos sujetos a jurisdicción local;

V. Coadyuvar con los correspondientes Comités Nacionales de Productividad y Capacitación;

Fracción reformada DOF 30-11-2012

VI. Auxiliar en la realización de los trámites relativos a constancias de habilidades laborales; y,

VII. Previa determinación general o solicitud específica de las autoridades federales, adoptar aquellas otras medidas que resulten necesarias para auxiliarlas en los aspectos concernientes a tal determinación o solicitud.

Artículo reformado DOF 28-04-1978

CAPÍTULO III
PROCURADURÍA DE LA DEFENSA DEL TRABAJO

Artículo 530. La procuraduría de la Defensa del Trabajo tiene las funciones siguientes:

I. Representar o asesorar a los trabajadores y a sus sindicatos, siempre que lo soliciten, ante cualquier autoridad, en las cuestiones que se relacionen con la aplicación de las normas de trabajo;

II. Interponer los recursos ordinarios y extraordinarios procedentes, para la defensa del trabajador o sindicato; y

III. Proponer a las partes interesadas soluciones amistosas para el arreglo de sus conflictos y hacer constar los resultados en actas autorizadas.

IV. Auxiliar a los Centros de Conciliación, en otorgar información y orientación a los trabajadores que acudan a dichas instancias, y

Fracción adicionada DOF 01-05-2019

V. Auxiliar en las audiencias de conciliación a las personas que lo soliciten.

Fracción adicionada DOF 01-05-2019

Artículo 530 Bis. Se deroga.

Artículo adicionado DOF 30-11-2012. Derogado DOF 01-05-2019

Artículo 531. La Procuraduría de la Defensa del Trabajo se integrará con un Procurador General y con el número de Procuradores Auxiliares que se juzgue necesario para la defensa de los intereses de los trabajadores. Los nombramientos se harán por el Secretario del Trabajo y Previsión Social, por los Gobernadores de los Estados o por el Jefe de Gobierno de la Ciudad de México.

Artículo reformado DOF 23-12-1974, 09-04-2012, 01-05-2019

Artículo 532. El Procurador General deberá satisfacer los requisitos siguientes:

I. Ser mexicano, mayor de edad y estar en pleno ejercicio de sus derechos;

II. Tener título legalmente expedido de licenciado en derecho y una práctica profesional no menor de tres años;

III. Haberse distinguido en estudios de derecho del trabajo y de la seguridad social;

IV. No ser ministro de culto; y

Fracción reformada DOF 30-11-2012

V. No haber sido condenado por delito intencional sancionado con pena corporal.

Artículo 533. Los Procuradores Auxiliares deberán satisfacer los requisitos señalados en las fracciones I, IV y V del artículo anterior y tener título de abogado o licenciado en derecho y haber obtenido la patente para ejercer la profesión.

Artículo reformado DOF 30-11-2012

Artículo 533 Bis. El personal jurídico de la Procuraduría está impedido para actuar como apoderado, asesor o abogado patrono en asuntos particulares en materia de trabajo, en tanto sean servidores públicos al servicio de ésta.

Artículo adicionado DOF 30-11-2012

Artículo 534. Los servicios que preste la Procuraduría de la Defensa del Trabajo serán gratuitos.

Artículo 535. Las Autoridades están obligadas a proporcionar a la Procuraduría de la Defensa del Trabajo, los datos e informes que solicite para el mejor desempeño de sus funciones.

Artículo 536. Los reglamentos determinarán las atribuciones, la forma de su ejercicio y los deberes de la Procuraduría de la Defensa del Trabajo.

CAPÍTULO IV
DEL SERVICIO NACIONAL DE EMPLEO

Denominación del Capítulo reformada DOF 28-04-1978, 30-11-2012

Artículo 537. El Servicio Nacional de Empleo tendrá los siguientes objetivos:

I. Estudiar y promover la operación de políticas públicas que apoyen la generación de empleos;

II. Promover y diseñar mecanismos para el seguimiento a la colocación de los trabajadores;

III. Organizar, promover y supervisar políticas, estrategias y programas dirigidos a la capacitación y el adiestramiento de los trabajadores;

IV. Registrar las constancias de habilidades laborales;

V. Vincular la formación laboral y profesional con la demanda del sector productivo;

VI. Diseñar, conducir y evaluar programas específicos para generar oportunidades de empleo para jóvenes y grupos en situación vulnerable; y

VII. Coordinar con las autoridades competentes el régimen de normalización y certificación de competencia laboral.

Artículo reformado DOF 28-04-1978, 30-11-2012

Artículo 538. El Servicio Nacional de Empleo estará a cargo de la Secretaría del Trabajo y Previsión Social, por conducto de las unidades administrativas de la misma, a las que competan las funciones correspondientes, en los términos de su Reglamento Interior.

Artículo reformado DOF 28-04-1978, 30-12-1983, 30-11-2012

Artículo 539. De conformidad con lo que dispone el artículo que antecede y para los efectos del 537, a la Secretaría del Trabajo y Previsión Social corresponden las siguientes actividades:

Párrafo reformado DOF 30-12-1983

I. En materia de promoción de empleos:

a) Practicar estudios para determinar las causas del desempleo y del subempleo de la mano de obra rural y urbana;

b) Analizar permanentemente el mercado de trabajo, a través de la generación y procesamiento de información que dé seguimiento a la dinámica del empleo, desempleo y subempleo en el país;

Inciso reformado DOF 30-11-2012

c) Formular y actualizar permanentemente el Sistema Nacional de Ocupaciones, en coordinación con la Secretaría de Educación Pública y demás autoridades competentes;

Inciso reformado DOF 30-11-2012

d) Promover la articulación entre los actores del mercado de trabajo para mejorar las oportunidades de empleo;

Inciso reformado DOF 30-11-2012

e) Elaborar informes y formular programas para impulsar la ocupación en el país, así como procurar su ejecución;

Inciso reformado DOF 30-11-2012

f) Orientar la formación profesional hacia las áreas con mayor demanda de mano de obra;

Inciso reformado DOF 30-11-2012

g) Proponer la celebración de convenios en materia de empleo, entre la Federación y las Entidades Federativas; y,

h) En general, realizar todas las que las Leyes y reglamentos encomienden a la Secretaría del Trabajo y Previsión Social en esta materia.

Inciso reformado DOF 30-11-2012

II. En materia de colocación de trabajadores:

a) Orientar a los buscadores de empleo hacia las vacantes ofertadas por los empleadores con base a su formación y aptitudes;

Inciso reformado DOF 30-11-2012

b) Autorizar y registrar, en su caso, el funcionamiento de agencias privadas que se dediquen a la colocación de personas;

c) Vigilar que las entidades privadas a que alude el inciso anterior, cumplan las obligaciones que les impongan esta ley, sus reglamentos y las disposiciones administrativas de las autoridades laborales;

d) Intervenir, en coordinación con las Secretarías de Gobernación, Economía y Relaciones Exteriores, dentro del ámbito de sus respectivas competencias, en la contratación de los nacionales que vayan a prestar sus servicios al extranjero;

Inciso reformado DOF 30-11-2012

e) Proponer la celebración de convenios en materia de colocación de trabajadores, entre la Federación y las Entidades Federativas; y,

f) En general, realizar todas las que las Leyes y reglamentos encomienden a la Secretaría del Trabajo y Previsión Social en esta materia.

Inciso reformado DOF 30-11-2012

III. En materia de capacitación o adiestramiento de trabajadores:

a) (Se deroga).

Inciso derogado DOF 30-11-2012

b) Emitir Convocatorias para formar Comités Nacionales de Capacitación, Adiestramiento y Productividad en las ramas industriales o actividades en que lo juzgue conveniente, así como fijar las bases relativas a la integración y el funcionamiento de dichos comités;

Inciso reformado DOF 30-11-2012

c) Estudiar y, en su caso, sugerir, en relación con cada rama industrial o actividad, la expedición de criterios generales idóneos para los planes y programas de capacitación y adiestramiento, oyendo la opinión del Comité Nacional de Capacitación, Adiestramiento y Productividad que corresponda;

Inciso reformado DOF 30-11-2012

d) Autorizar y registrar, en los términos del artículo 153-C, a las instituciones, escuelas u organismos especializados, así como a los instructores independientes que deseen impartir formación, capacitación o adiestramiento a los trabajadores; supervisar su correcto desempeño; y, en su caso, revocar la autorización y cancelar el registro concedido;

Inciso reformado DOF 30-11-2012

e) (Se deroga).

Inciso derogado DOF 30-11-2012

f) Estudiar y sugerir el establecimiento de sistemas generales que permitan, capacitar o adiestrar a los trabajadores, conforme al procedimiento de adhesión, convencional a que se refiere el artículo 153-B;

g) Dictaminar sobre las sanciones que deban imponerse por infracciones a las normas contenidas en el Capítulo III Bis del Título Cuarto;

h) Establecer coordinación con la Secretaría de Educación Pública para sugerir, promover y organizar planes o programas sobre capacitación y adiestramiento para el trabajo y, en su caso, para la expedición de certificados, conforme a lo dispuesto en esta Ley, en los ordenamientos educativos y demás disposiciones en vigor; e

Inciso reformado DOF 30-11-2012

i) En general, realizar todas aquéllas que las leyes y reglamentos encomienden a la Secretaría del Trabajo y Previsión Social en esta materia.

IV. En materia de registro de constancias de habilidades laborales:

a) Establecer registros de constancias relativas a trabajadores capacitados o adiestrados, dentro de cada una de las ramas industriales o actividades; y

b) En general, realizar todas aquéllas que las leyes y reglamentos confieran a la Secretaría del Trabajo y Previsión Social en esta materia.

V. En materia de vinculación de la formación laboral y profesional con la demanda estratégica del sector productivo, proponer e instrumentar mecanismos para vincular la formación profesional con aquellas áreas prioritarias para el desarrollo regional y nacional, así como con aquellas que presenten índices superiores de demanda.

Fracción adicionada DOF 30-11-2012

VI. En materia de normalización y certificación de competencia laboral, conjuntamente con la Secretaría de Educación Pública y demás autoridades federales competentes:

a) Determinar los lineamientos generales aplicables en toda la República para la definición de aquellos conocimientos, habilidades o destrezas susceptibles de certificación, así como de los procedimientos de evaluación correspondientes. Para la fijación de dichos lineamientos, se establecerán procedimientos que permitan considerar las necesidades, propuestas y opiniones de los diversos sectores productivos; y

b) Establecer un régimen de certificación, aplicable a toda la República, conforme al cual sea posible acreditar conocimientos, habilidades o destrezas, intermedios o terminales, de manera parcial y acumulativa, que requiere un individuo para la ejecución de una actividad productiva, independientemente de la forma en que hayan sido adquiridos.

Fracción adicionada DOF 30-11-2012

Artículo reformado DOF 28-04-1978

Artículo 539-A. Para el cumplimiento de sus funciones, en relación con las empresas o establecimientos que pertenezcan a ramas industriales o actividades de jurisdicción federal, la Secretaría del Trabajo y Previsión Social será asesorada por un Consejo Consultivo del Servicio Nacional de Empleo, integrado por representantes del sector público, de las organizaciones nacionales de trabajadores y de las organizaciones nacionales de patrones, a razón de cinco miembros por cada uno de ellos, con sus respectivos suplentes.

Fe de erratas al párrafo DOF 13-04-1984. Reformado DOF 30-11-2012

Por el Sector Público participarán sendos representantes de la Secretaría del Trabajo y Previsión Social; de la Secretaría de Educación Pública; de la Secretaría de Economía, de la Secretaría de Energía, y del Instituto Mexicano del Seguro Social.

Párrafo reformado DOF 09-04-2012

Los representantes de las organizaciones obreras y de los patrones serán designados conforme a las bases que expida la Secretaría del Trabajo y Previsión Social.

Párrafo reformado DOF 30-11-2012

El Secretario del Trabajo y Previsión Social podrá invitar a participar en el Consejo Consultivo del Servicio Nacional de Empleo, con derecho a voz pero sin voto, a cinco personas que por su trayectoria y experiencia puedan hacer aportaciones en la materia.

Párrafo adicionado DOF 30-11-2012

El Consejo Consultivo será presidido por el Secretario del Trabajo y Previsión Social, fungirá como secretario del mismo el funcionario que determine el titular de la propia Secretaría y su funcionamiento se regirá por el reglamento que expida el propio Consejo.

Párrafo reformado DOF 30-11-2012

Artículo adicionado DOF 28-04-1978. Reformado DOF 30-12-1983

Artículo 539-B. Cuando se trate de empresas o establecimientos sujetos a jurisdicción local y para la realización de las actividades a que se contraen las fracciones III y IV del artículo 539, la Secretaría del Trabajo y Previsión Social será asesorada por Consejos Consultivos Estatales y de la Ciudad de México del Servicio Nacional de Empleo.

Párrafo reformado DOF 01-05-2019

Los Consejos Consultivos Estatales y de la Ciudad de México del Servicio Nacional de Empleo estarán formados por el Gobernador de la Entidad Federativa correspondiente o por el Jefe de Gobierno de la Ciudad de México, quien los presidirá; sendos representantes de la Secretaría del Trabajo y Previsión Social, de la Secretaría de Educación Pública y del Instituto Mexicano del Seguro Social; tres representantes de las organizaciones locales de trabajadores y tres representantes de las organizaciones patronales de la Entidad. El representante de la Secretaría del Trabajo y Previsión Social fungirá como Secretario del Consejo.

Párrafo reformado DOF 01-05-2019

La Secretaría del Trabajo y Previsión Social y el Gobernador de la Entidad Federativa que corresponda o el Jefe de Gobierno de la Ciudad de México expedirán, conjuntamente, las bases conforme a las cuales deban designarse los representantes de los trabajadores y de los patrones en los Consejos Consultivos mencionados y formularán, al efecto, las invitaciones que se requieran.

Párrafo reformado DOF 01-05-2019

El Secretario del Trabajo y Previsión Social y el Gobernador de la Entidad Federativa o el Jefe de Gobierno de la Ciudad de México, podrán invitar a participar en los Consejos Consultivos Estatales y de la Ciudad de México del Servicio Nacional de Empleo, respectivamente, a tres personas con derecho a voz, pero sin voto, que por su trayectoria y experiencia puedan hacer aportaciones en la materia.

Párrafo reformado DOF 01-05-2019

Los Consejos Consultivos se sujetarán en lo que se refiere a su funcionamiento interno, al reglamento que al efecto expida cada uno de ellos.

Artículo adicionado DOF 28-04-1978. Reformado DOF 30-12-1983.
Fe de erratas DOF 13-04-1984. Reformado DOF 30-11-2012

Artículo 539-C. Las autoridades laborales estatales auxiliarán a la Secretaría del Trabajo y Previsión Social, para el desempeño de sus funciones, de acuerdo a lo que establecen los artículos 527-A y 529.

Artículo adicionado DOF 28-04-1978. Reformado DOF 30-12-1983

Artículo 539-D. El servicio para la colocación de los trabajadores será invariablemente gratuito para ellos y será proporcionado, según el régimen de aplicación de esta Ley, por la Secretaría del Trabajo y Previsión Social o por los órganos competentes de las Entidades Federativas, de conformidad con lo establecido por la fracción II del artículo 539, en ambos casos.

Artículo adicionado DOF 28-04-1978. Reformado DOF 30-12-1983

Artículo 539-E. Podrán participar en la prestación del servicio a que se refiere el artículo anterior, otras dependencias oficiales, instituciones docentes, organizaciones sindicales o patronales, instituciones de beneficencia y demás asociaciones civiles que no persigan fines de lucro. En estos casos, lo harán del conocimiento de la Secretaría del Trabajo y Previsión Social para fines de registro y control y para que esté en posibilidad de coordinar las acciones en esta materia.

Artículo adicionado DOF 28-04-1978. Reformado DOF 30-12-1983

Artículo 539-F. Las autorizaciones para el funcionamiento de agencias de colocaciones, con fines lucrativos, sólo podrán otorgarse excepcionalmente, para la contratación de trabajadores que deban realizar trabajos especiales.

Dichas autorizaciones se otorgarán previa solicitud del interesado, cuando a juicio de la Secretaría del Trabajo y Previsión Social se justifique la prestación del servicio por particulares y una vez que se satisfagan los requisitos que al efecto se señalen. En estos casos, de acuerdo con lo establecido en el artículo 539-D, el servicio deberá ser gratuito para los trabajadores y las tarifas conforme a las cuales se presten, deberán ser previamente fijadas por la Secretaría del Trabajo y Previsión Social.

Artículo adicionado DOF 28-04-1978

CAPÍTULO V
INSPECCIÓN DEL TRABAJO

Artículo 540. La Inspección del Trabajo tiene las funciones siguientes:

I. Vigilar el cumplimiento de las normas de trabajo;

II. Facilitar información técnica y asesorar a los trabajadores y a los patrones sobre la manera más efectiva de cumplir las normas de trabajo;

III. Poner en conocimiento de la autoridad las deficiencias y las violaciones a las normas de trabajo que observe en las empresas y establecimientos;

IV. Realizar los estudios y acopiar los datos que le soliciten las autoridades y los que juzgue conveniente para procurar la armonía de las relaciones entre trabajadores y patrones; y

V. Las demás que le confieran las leyes.

Artículo 541. Los Inspectores del Trabajo tienen los deberes y atribuciones siguientes:

I. Vigilar el cumplimiento de las normas de trabajo, especialmente de las que establecen los derechos y obligaciones de trabajadores y patrones, de las que reglamentan el trabajo de las mujeres y los menores, y de las que determinan las medidas preventivas de riesgos de trabajo, seguridad e higiene;

II. Visitar las empresas y establecimientos durante las horas de trabajo, diurno o nocturno, previa identificación;

III. Interrogar, solos o ante testigos, a los trabajadores y patrones, sobre cualquier asunto relacionado con la aplicación de las normas de trabajo;

IV. Exigir la presentación de libros, registros u otros documentos, a que obliguen las normas de trabajo;

V. Se deroga.

Fracción derogada DOF 01-05-2019

V Bis. Auxiliar a los Centros de Conciliación y Tribunales correspondientes, efectuando las diligencias que le sean solicitadas en materia de normas de trabajo;

Fracción adicionada DOF 01-05-2019

VI. Disponer que se eliminen los defectos comprobados en las instalaciones y métodos de trabajo cuando constituyan una violación de las normas de trabajo o un peligro para la seguridad o salud de los trabajadores;

Fracción reformada DOF 30-11-2012

VI Bis. Ordenar, previa consulta con la Dirección General de Inspección Federal del Trabajo, la adopción de las medidas de seguridad de aplicación inmediata en caso de peligro inminente para la vida, la salud o la integridad de las personas. En este caso, si así son autorizados, los Inspectores deberán decretar la restricción de acceso o limitar la operación en las áreas de riesgo detectadas. En este supuesto, deberán dar copia de la determinación al patrón para los efectos legales procedentes.

Dentro de las 24 horas siguientes, los Inspectores del Trabajo, bajo su más estricta responsabilidad, harán llegar un informe detallado por escrito a la Secretaría del Trabajo y Previsión Social, con copia del mismo al patrón.

Fracción adicionada DOF 30-11-2012

VI Ter. Tratándose de la Inspección Federal del Trabajo, auxiliar al Centro Federal de Conciliación y Registro Laboral y al Tribunal federal, en las diligencias que le sean solicitadas en materia de libertad de sindicación, elección de dirigentes y de representatividad en la contratación colectiva;

Fracción adicionada DOF 01-05-2019

VII. Examinar las substancias y materiales utilizados en las empresas y establecimientos cuando se trate de trabajos peligrosos; y

VIII. Los demás que les confieran las leyes.

Los Inspectores del Trabajo deberán cumplir puntualmente las instrucciones que reciban de sus superiores jerárquicos en relación con el ejercicio de sus funciones.

Artículo 542. Las y los Inspectores del Trabajo tienen las obligaciones siguientes:

Párrafo reformado DOF 24-01-2024

I. Identificarse con credencial debidamente autorizada, ante los trabajadores y los patrones;

II. Inspeccionar periódicamente las empresas y establecimientos;

Fracción reformada DOF 02-07-2019

III. Practicar inspecciones extraordinarias cuando sean requeridos por sus superiores o cuando reciban alguna denuncia respecto de violaciones a las normas de trabajo;

IV. Levantar acta de cada inspección que practiquen, con intervención de los trabajadores y del patrón, haciendo constar las deficiencias y violaciones a las normas de trabajo, entregar una copia a las partes que hayan intervenido y turnarla a la autoridad que corresponda; y

V. Las demás que les impongan las leyes.

La inspección se realizará con especial atención tratándose de personas trabajadoras del hogar, del campo, migrantes, indígenas y afromexicanas, personas que pertenezcan a un grupo vulnerable, así como personas trabajadoras del hogar menores de dieciocho años.

Párrafo adicionado DOF 02-07-2019. Reformado DOF 24-01-2024

Artículo 543. Los hechos certificados por los Inspectores del Trabajo en las actas que levanten en ejercicio de sus funciones, se tendrán por ciertos mientras no se demuestra lo contrario.

Artículo 544. Queda prohibido a los Inspectores de Trabajo:

I. Tener interés directo o indirecto en las empresas o establecimientos sujetos a su vigilancia;

II. Revelar los secretos industriales o comerciales y los procedimientos de fabricación y explotación de que se enteren en el ejercicio de sus funciones; y

III. Representar o patrocinar a los trabajadores o a los patrones en los conflictos de trabajo.

Artículo 545. La Inspección del Trabajo se integrará con un Director General y con el número de Inspectores, hombres y mujeres, que se juzgue necesario para el cumplimiento de las funciones que se mencionan en el artículo 540. Los nombramientos se harán por la Secretaría del Trabajo y Previsión Social y por los Gobiernos de las Entidades Federativas.

Artículo 546. Para ser Inspector del Trabajo se requiere:

I. Ser mexicano, mayor de edad, y estar en pleno ejercicio de sus derechos;

II. Haber terminado el bachillerato o sus equivalentes;

Fracción reformada DOF 30-11-2012

III. No pertenecer a las organizaciones de trabajadores o de patrones;

IV. Demostrar conocimientos suficientes de derecho del trabajo y de la seguridad social y tener la preparación técnica necesaria para el ejercicio de sus funciones;

V. No ser ministro de culto; y

Fracción reformada DOF 30-11-2012

VI. No haber sido condenado por delito intencional sancionado con pena corporal.

Artículo 547. Son causas especiales de responsabilidad de las y los Inspectores del Trabajo:

Párrafo reformado DOF 24-01-2024

I. No practicar las inspecciones a que se refiere el artículo 542, fracciones II y III;

II. Asentar hechos falsos en las actas que levanten;

III. La violación de las prohibiciones a que se refiere el artículo 544;

IV. Recibir directa o indirectamente cualquier dádiva de los trabajadores o de los patrones;

V. No cumplir las órdenes recibidas de su superior jerárquico; y

VI. No denunciar ante el Ministerio Público, a la persona empleadora de una negociación industrial, de trabajo del campo, minera, comercial o de servicios que omita el pago o haya dejado de pagar el salario mínimo general a una persona trabajadora del campo a su servicio.

Fracción adicionada DOF 24-12-1974. Reformada DOF 24-01-2024

Artículo 548. Las sanciones que pueden imponerse a los Inspectores del Trabajo, independientemente de lo que dispongan las leyes penales, son:

I. Amonestación;

II. Suspensión hasta por tres meses; y

III. Destitución.

Artículo 549. En la imposición de las sanciones se observarán las normas siguientes:

I. El Director General practicará una investigación con audiencia del interesado;

II. El Director General podrá imponer las sanciones señaladas en el artículo anterior, fracciones I y II; y

III. Cuando a juicio del Director General la sanción aplicable sea la destitución, dará cuenta al Secretario del Trabajo y Previsión Social, al Gobernador del Estado o Territorio o al Jefe de Gobierno de la Ciudad de México, para su decisión.

Fracción reformada DOF 09-04-2012, 01-05-2019

Artículo 550. Los reglamentos determinarán las atribuciones, la forma de su ejercicio y los deberes de la Inspección del Trabajo.

CAPÍTULO VI
COMISIÓN NACIONAL DE LOS SALARIOS MÍNIMOS

Artículo 551. La Comisión Nacional de los Salarios Mínimos funcionará con un Presidente, un Consejo de Representantes y una Dirección Técnica.

Artículo 552. El Presidente de la Comisión será nombrado por el Presidente de la República y deberá satisfacer los requisitos siguientes:

I. Ser mexicano, mayor de treinta y cinco años de edad y estar en pleno ejercicio de sus derechos;

II. Poseer título legalmente expedido de licenciado en derecho o en economía;

III. Haberse distinguido en estudios de derecho del trabajo y económicos;

IV. No ser ministro de culto; y

Fracción reformada DOF 30-11-2012

V. No haber sido condenado por delito intencional sancionado con pena corporal.

Artículo 553. El Presidente de la Comisión Nacional de los Salarios Mínimos tiene los deberes y atribuciones siguientes:

Párrafo reformado DOF 21-01-1988

I. Someter al Consejo de Representantes el plan anual de trabajo preparado por la Dirección Técnica;

II. Reunirse con el Director y los Asesores Técnicos, una vez al mes, por lo menos; vigilar el desarrollo del plan de trabajo que efectúen las investigaciones y estudios complementarios que juzgue conveniente;

III. Informar periódicamente al Secretario del Trabajo y Previsión Social de las actividades de la Comisión;

IV. Citar y presidir las sesiones del Consejo de Representantes;

V. Disponer la organización y vigilar el funcionamiento de las Comisiones Consultivas de la Comisión Nacional;

Fracción reformada DOF 21-01-1988

VI. Presidir los trabajos de las Comisiones Consultivas o designar, en su caso, a quienes deban presidirlos;

Fracción reformada DOF 21-01-1988

VII. Los demás que le confieran las leyes.

Artículo 554. El Consejo de Representantes se integrará:

I. Con la representación del gobierno, compuesta del Presidente de la Comisión, que será también el Presidente del Consejo y que tendrá el voto del gobierno, y de dos asesores, con voz informativa, designados por el Secretario del Trabajo y Previsión Social;

II. Con un número igual, no menor de cinco, ni mayor de quince, de representantes propietarios y suplentes de los trabajadores sindicalizados y de los patrones, designados cada cuatro años, de conformidad con la convocatoria que al efecto expida la Secretaría del Trabajo y Previsión Social. Si los trabajadores o los patrones no hacen la designación de sus representantes, la hará la misma Secretaría del Trabajo y Previsión Social, debiendo recaer en trabajadores o patrones; y

III. El Consejo de Representantes deberá quedar integrado el primero de julio del año que corresponda, a más tardar.

Artículo 555. Los representantes asesores a que se refiere la fracción I del artículo anterior, deberán satisfacer los requisitos siguientes:

I. Ser mexicanos, mayores de treinta años de edad y estar en pleno ejercicio de sus derechos;

II. Poseer título legalmente expedido de licenciado en derecho o en economía;

III. No ser ministro de culto; y

Fracción reformada DOF 30-11-2012

IV. No haber sido condenados por delito intencional sancionado con pena corporal.

Artículo 556. Los representantes de los trabajadores y de los patrones deberán satisfacer los requisitos siguientes:

I. Ser mexicanos, mayores de veinticinco años y estar en pleno ejercicio de sus derechos;

II. No ser ministro de culto; y

Fracción reformada DOF 30-11-2012

III. No haber sido condenados por delito intencional sancionado con pena corporal.

Artículo 557. El Consejo de Representantes tiene los deberes y atribuciones siguientes:

I. Determinar, en la primera sesión, su forma de trabajo y la frecuencia de las sesiones;

II. Aprobar anualmente el plan de trabajo de la Dirección Técnica;

III. Conocer el dictamen formulado por la Dirección Técnica y dictar resolución en la que se determinen o modifiquen las áreas geográficas en las que regirán los salarios mínimos. La resolución se publicará en el Diario Oficial de la Federación;

Fracción reformada DOF 21-01-1988

IV. Practicar y realizar directamente las investigaciones y estudios que juzgue conveniente y solicitar de la Dirección Técnica que efectúe investigaciones y estudios complementarios;

Fracción reformada DOF 21-01-1988

V. Designar una o varias comisiones o técnicos para que practiquen investigaciones o realicen estudios especiales;

VI. Aprobar la creación de comisiones consultivas de la Comisión Nacional y determinar las bases para su integración y funcionamiento.

Fracción reformada DOF 21-01-1988

VII. Conocer las opiniones que formulen las comisiones consultivas al término de sus trabajos;

Fracción reformada DOF 21-01-1988

VIII. Fijar los salarios mínimos generales y profesionales; y

Fracción reformada DOF 21-01-1988

IX. Los demás que le confieran las leyes.

Fracción adicionada DOF 21-01-1988

Artículo 558. La Dirección Técnica se integrará:

I. Con un Director, nombrado por la Secretaría del Trabajo y Previsión Social;

II. Con el número de Asesores Técnicos que nombre la misma Secretaría; y

III. Con un número igual, determinado por la Secretaría del Trabajo y Previsión Social de Asesores Técnicos Auxiliares, designados por los representantes de los trabajadores y de los patrones. Estos asesores disfrutarán, con cargo al Presupuesto de Egresos de la Federación, de la misma retribución que se pague a los nombrados por la Secretaría del Trabajo y Previsión Social.

Artículo 559. La designación de Asesor Técnico Auxiliar a que se refiere la fracción III del artículo anterior, es revocable en cualquier tiempo, a petición del cincuenta y uno por ciento de los trabajadores o patrones que la hubiesen hecho. La solicitud se remitirá a la Secretaría del Trabajo y Previsión Social, la que después de comprobar el requisito de la mayoría, hará la declaratoria correspondiente. La solicitud deberá contener el nombre y domicilio de la persona que deba desempeñar el cargo.

Artículo 560. El Director, los Asesores Técnicos y los Asesores Técnicos Auxiliares, deberán satisfacer los requisitos siguientes:

I. Ser mexicanos, mayores de veinticinco años y estar en pleno ejercicio de sus derechos;

II. Poseer título legalmente expedido de licenciado en derecho o en economía;

III. No ser ministro de culto; y

Fracción reformada DOF 30-11-2012

IV. No haber sido condenados por delito intencional sancionado con pena corporal.

Artículo 561. La Dirección Técnica tiene los deberes y atribuciones siguientes:

I. Realizar los estudios técnicos necesarios y apropiados para determinar la división de la República en áreas geográficas, formular un dictamen y proponerlo al Consejo de Representantes;

II. Proponer al Consejo de Representantes modificaciones a la División de la República en áreas geográficas y a la integración de las mismas; siempre que existan circunstancias que lo justifiquen;

III. Practicar las investigaciones y realizar los estudios necesarios y apropiados para que el Consejo de Representantes pueda fijar los salarios mínimos;

IV. Sugerir la fijación de los salarios mínimos profesionales;

V. Publicar regularmente las fluctuaciones ocurridas en los precios y sus repercusiones en el costo de la vida para las principales localidades del país;

VI. Resolver, previa orden del Presidente, las consultas que se le formulen en relación con las fluctuaciones de los precios y sus repercusiones en el poder adquisitivo de los salarios;

VII. Apoyar los trabajos técnicos e investigaciones de las Comisiones Consultivas; y

VIII. Los demás que le confieran las leyes.

Artículo reformado DOF 30-09-1974, 21-01-1988

Artículo 562. Para cumplir las atribuciones a que se refiere la fracción III del artículo anterior, la Dirección Técnica deberá:

I. Practicar y realizar las investigaciones y estudios necesarios y apropiados para determinar, por lo menos:

a) La situación económica general del país.

b) Los cambios de mayor importancia que se hayan observado en las diversas actividades económicas.

c) Las variaciones en el costo de la vida por familia.

d) Las condiciones del mercado de trabajo y las estructuras salariales.

II. Realizar periódicamente las investigaciones y estudios necesarios para determinar:

a) El presupuesto indispensable para la satisfacción de las siguientes necesidades de cada familia, entre otras: las de orden material, tales como la habitación, menaje de casa, alimentación, vestido y transporte; las de carácter social y cultural, tales como concurrencia a espectáculos, práctica de deportes, asistencia a escuelas de capacitación, bibliotecas y otros centros de cultura; y las relacionadas con la educación de los hijos.

b) Las condiciones de vida y de trabajo de los trabajadores de salario mínimo.

III. Solicitar toda clase de informes y estudios de las instituciones oficiales, federales y estatales y de las particulares que se ocupen de problemas económicos, tales como los institutos de investigaciones sociales y económicas, las organizaciones sindicales, las cámaras de comercio, las de industria y otras instituciones semejantes;

IV. Recibir y considerar los estudios, informes y sugerencias que le presenten los trabajadores y los patrones; y

V. Preparar un informe de las investigaciones y estudios que hubiese efectuado y de los presentados por los trabajadores y los patrones y someterlo a la consideración del Consejo de Representantes.

Artículo reformado DOF 21-01-1988

Artículo 563. El Director Técnico tiene los deberes y atribuciones siguientes:

I. Coordinar los trabajos de los asesores;

II. Informar periódicamente al Presidente de la Comisión y al Consejo de Representantes, del estado de los trabajos y sugerir se lleven a cabo investigaciones y estudios complementarios;

III. Actuar como Secretario del Consejo de Representantes; y

IV. Disponer, previo acuerdo con el Presidente de la Comisión Nacional, la integración oportuna de los Secretariados Técnicos de las Comisiones Consultivas; y

Fracción adicionada DOF 21-01-1988

V. Los demás que le confieran las leyes.

Fracción recorrida DOF 21-01-1988

CAPÍTULO VII
COMISIONES CONSULTIVAS DE LA COMISIÓN NACIONAL DE LOS SALARIOS MÍNIMOS

Denominación del Capítulo reformada DOF 21-01-1988

Artículo 564. El Presidente de la Comisión Nacional determinará, en cada caso, las bases de organización y funcionamiento de las Comisiones Consultivas.

Artículo reformado DOF 21-01-1988

Artículo 565. Las Comisiones Consultivas se integrarán de conformidad con las disposiciones siguientes:

I. Con un presidente;

II. Con un número igual de representantes de los trabajadores y de los patrones, no menor de tres ni mayor de cinco, designados de acuerdo a lo dispuesto en el Capítulo II del Título Trece de esta Ley;

III. Con los asesores técnicos y especialistas que se considere conveniente, designados por el Presidente de la Comisión Nacional; y

IV. Con un Secretariado Técnico.

Artículo reformado DOF 21-01-1988

Artículo 566. Los representantes de los trabajadores y de los patrones deberán satisfacer los requisitos señalados en el artículo 556.

Artículo reformado DOF 21-01-1988

Artículo 567. Las Comisiones Consultivas tendrán los deberes y atribuciones siguientes:

I. Determinar en la primera sesión su forma de trabajo y la frecuencia de sus reuniones;

II. Aprobar el Plan de Trabajo que formule el Secretariado Técnico y solicitarle, en su caso, la realización de investigaciones y estudios complementarios;

III. Practicar y realizar directamente las investigaciones que juzgue pertinentes para el mejor cumplimiento de su función;

IV. Solicitar directamente, cuando lo juzgue conveniente, los informes y estudios a que se refiere el artículo 562, Fracción III;

V. Solicitar la opinión de organizaciones de trabajadores, de patrones y en general de cualquier entidad pública o privada;

VI. Recibir las sugerencias y estudios que le presenten los trabajadores, los patrones y en general cualquier entidad pública o privada;

VII. Allegarse todos los elementos que juzguen necesarios y apropiados para el cumplimiento de su objeto;

VIII. Emitir un informe con las opiniones y recomendaciones que juzgue pertinentes en relación con las materias de su competencia; y

IX. Los demás que les confieran las leyes.

Artículo reformado DOF 21-01-1988

Artículo 568. El Presidente de la Comisión Consultiva tendrá los deberes y atribuciones siguientes:

I. Citar y presidir las sesiones de la Comisión;

II. Someter a la Comisión Consultiva el Plan de Trabajo que formule el Secretariado Técnico y vigilar su desarrollo;

III. Informar periódicamente al Presidente de la Comisión Nacional, en su caso, del desarrollo de los trabajos de la Comisión Consultiva y hacer de su conocimiento la terminación de los mismos;

IV. Presentar al Consejo de Representantes por conducto del Presidente de la Comisión Nacional los resultados de los trabajos de la Comisión Consultiva; y

V. Los demás que le confieran las leyes.

Artículo reformado DOF 21-01-1988

Artículo 569. El Secretariado Técnico de la Comisión Consultiva tendrá los deberes y atribuciones siguientes:

I. Practicar las investigaciones y realizar los estudios previstos en el Plan de Trabajo aprobado por la Comisión Consultiva y los que posteriormente se le encomienden;

II. Solicitar toda clase de informes y estudios de dependencias e instituciones oficiales y entidades públicas y privadas relacionadas con la materia objeto de sus trabajos;

III. Recibir y considerar los estudios, informes y sugerencias que le presenten los trabajadores y los patrones;

IV. Allegarse todos los demás elementos que juzgue necesarios o apropiados;

V. Preparar los documentos de trabajo e informes que requiera la Comisión;

VI. Preparar un informe final que deberá contener los resultados de las investigaciones y estudios efectuados y un resumen de las sugerencias y estudios de los trabajadores y patrones y someterlo a la consideración de la Comisión Consultiva; y

VII. Los demás que le confieran las leyes.

Artículo reformado DOF 21-01-1988

CAPÍTULO VIII
PROCEDIMIENTO ANTE LA COMISIÓN NACIONAL DE LOS SALARIOS MÍNIMOS

Denominación del Capítulo reformada DOF 21-01-1988

Artículo 570. Los salarios mínimos se fijarán cada año y comenzarán a regir el primero de enero del año siguiente.

Los salarios mínimos podrán revisarse en cualquier momento en el curso de su vigencia siempre que existan circunstancias económicas que lo justifiquen:

I. Por iniciativa del Secretario del Trabajo y Previsión Social quien formulará al Presidente de la Comisión Nacional de los Salarios Mínimos solicitud por escrito que contenga exposición de los hechos que la motiven; o

II. A solicitud de los sindicatos, federaciones y confederaciones de trabajadores o de los patrones previo cumplimiento de los siguientes requisitos:

a) La solicitud deberá presentarse a la Secretaría del Trabajo y Previsión Social por los sindicatos, federaciones y confederaciones que representen el cincuenta y uno por ciento de los trabajadores sindicalizados, por lo menos, o por los patrones que tengan a su servicio por lo menos dicho Porcentaje de trabajadores.

b) La solicitud contendrá una exposición de los fundamentos que la justifiquen y podrá acompañarse de los estudios y documentos que correspondan.

c) El Secretario del Trabajo y Previsión Social, dentro de los cinco días siguientes a la fecha en que reciba la solicitud correspondiente y previa certificación de la mayoría a que se refiere el inciso a) de este artículo, la hará llegar al Presidente de la Comisión Nacional de los Salarios Mínimos con los estudios y documentos que la acompañen.

Artículo reformado DOF 30-09-1974, 31-12-1982, 21-01-1988

Artículo 571. En la fijación de los salarios mínimos a que se refiere el primer párrafo del artículo 570 se observarán las normas siguientes:

I. Los trabajadores y los patrones dispondrán de un término que vencerá el último de noviembre para presentar los estudios que juzguen convenientes;

II. La Dirección Técnica presentará a la consideración del Consejo de Representantes, a más tarde el último día de noviembre, el Informe al que se refiere la fracción V del artículo 562 de esta Ley;

III. El Consejo de Representantes, durante el mes de Diciembre y antes del último día hábil del mismo mes, dictará resolución en la que fije los salarios mínimos, después de estudiar el informe de la Dirección Técnica, y las opiniones, estudios e investigaciones presentadas por los trabajadores y los patrones. Para tal efecto podrá realizar directamente las investigaciones y estudios que juzgue convenientes y solicitar a la Dirección Técnica información complementaria;

IV. La Comisión Nacional expresará en su resolución los fundamentos que la justifiquen; y

V. Dictada la resolución, el Presidente de la Comisión ordenará su publicación en el Diario Oficial de la Federación la que deberá hacerse a más tardar el treinta y uno de Diciembre.

Artículo reformado DOF 30-09-1974, 31-12-1982, 21-01-1988

Artículo 572. (Se deroga).

Artículo derogado DOF 21-01-1988

Artículo 573. En la revisión de los salarios mínimos a la que se refiere el segundo párrafo del artículo 570 de la Ley se observarán los siguientes procedimientos:

I. El Presidente de la Comisión Nacional, dentro de los tres días siguientes a la fecha en que haya recibido la solicitud del Secretario del Trabajo y Previsión Social, o en su caso la que le hayan presentado las organizaciones de trabajadores o los patrones, convocará al Consejo de Representantes para estudiar la solicitud y decidir si los fundamentos que la apoyan son suficientes para iniciar el proceso de revisión. Si la resolución es en sentido afirmativo ordenará a la Dirección Técnica la preparación de un informe que considere el movimiento de los precios y sus repercusiones en el poder adquisitivo de los salarios mínimos; así como los datos más significativos de la situación económica nacional para que el Consejo de Representantes pueda disponer de la información necesaria para revisar los salarios mínimos vigentes y fijar, en su caso, los que deben establecerse. Si su resolución es negativa la pondrá en conocimiento del Secretario del Trabajo y Previsión Social;

II. La Dirección Técnica dispondrá de un término de cinco días, a partir de la fecha en que hubiera sido instruida por el Presidente de la Comisión Nacional, para elaborar el informe a que se refiere la fracción anterior y hacerlo llegar al Consejo de Representantes por conducto del Presidente de la Comisión;

III. El Consejo de Representantes, dentro de los tres días siguientes a la fecha en que reciba el informe de la Dirección Técnica dictará la resolución que corresponda fijando, en su caso, los salarios mínimos que deban establecerse;

IV. La resolución de la Comisión Nacional establecerá la fecha en que deba iniciarse la vigencia de los nuevos salarios mínimos que se fijen, la cual no podrá ser posterior a diez días contados a partir de la fecha en que se emita la resolución; y

V. El Presidente de la Comisión Nacional de los Salarios Mínimos ordenará la publicación de la Resolución en el Diario Oficial de la Federación dentro de los tres días siguientes a la fecha en que se haya emitido

Artículo reformado DOF 30-09-1974, 31-12-1982, 21-01-1988

Artículo 574. En los procedimientos a que se refiere este Capítulo se observarán las normas siguientes:

Párrafo reformado DOF 21-01-1988

I. Para que pueda sesionar el Consejo de Representantes de la Comisión Nacional será necesario que ocurra el cincuenta y uno por ciento del total de sus miembros, por lo menos;

Fracción reformada DOF 21-01-1988

II. Si uno o más representantes de los trabajadores o de los patrones deja de concurrir a alguna sesión, se llamará a los suplentes, si éstos no concurren a la sesión para la que fueron llamados, el Presidente de la Comisión dará cuenta al Secretario del Trabajo y Previsión Social para que haga la designación de la persona o personas que deban integrar la Comisión en sustitución de los faltistas;

III. Las decisiones se tomarán por mayoría de votos de los miembros presentes. En caso de empate, los votos de los ausentes se sumaran al del Presidente de la Comisión; y

IV. De cada sesión se levantará un acta, donde suscribirán el Presidente y el Secretario.

CAPÍTULO IX
COMISIÓN NACIONAL PARA LA PARTICIPACIÓN DE LOS TRABAJADORES EN LAS UTILIDADES DE LAS EMPRESAS

Artículo 575. La Comisión Nacional para la Participación de los Trabajadores en las Utilidades de las Empresas se integrará y funcionará para determinar el porcentaje correspondiente y para proceder a su revisión, de conformidad con lo dispuesto en este capítulo.

Artículo 576. La Comisión funcionará con un Presidente, un Consejo de Representantes y una Dirección Técnica.

Artículo 577. El Presidente de la Comisión será nombrado por el Presidente de la República y deberá satisfacer los requisitos señalados en el artículo 552.

Artículo 578. El Presidente de la Comisión tiene los deberes y atribuciones siguientes:

I. Someter al Consejo de Representantes el plan de trabajo de la Dirección Técnica, que debe comprender todos los estudios e investigaciones necesarias y apropiados para conocer las condiciones generales de la economía nacional;

II. Reunirse con el Director y Asesores Técnicos, una vez al mes, por lo menos, y vigilar el desarrollo del plan de trabajo;

III. Informar periódicamente al Secretario del Trabajo y Previsión Social de las actividades de la Comisión;

IV. Citar y presidir las sesiones del Consejo de Representantes; y

V. Los demás que le confieran las leyes.

Artículo 579. El Consejo de Representantes se integrará:

I. Con la representación del gobierno, compuesta del Presidente de la Comisión, que será también el Presidente del Consejo y que tendrá el voto del gobierno, y de dos asesores, con voz informativa, designados por el Secretario del Trabajo y Previsión Social; y

II. Con un número igual, no menor de dos ni mayor de cinco, de representantes propietarios y suplentes de los trabajadores sindicalizados y de los patrones, designados de conformidad con la convocatoria que al efecto expida la Secretaría del Trabajo y Previsión Social. Si los trabajadores y los patrones no hacen la designación de representantes, la misma Secretaría hará las designaciones correspondientes, que deberán recaer en trabajadores o patrones.

Artículo 580. Los representantes asesores a que se refiere la fracción I del artículo anterior, deberán satisfacer los requisitos señalados en el artículo 555.

Los representantes de los trabajadores y de los patrones a que se refiere la fracción II del artículo anterior, deberán satisfacer los requisitos señalados en el artículo 556.

Artículo 581. El Consejo de Representantes tiene los deberes y atribuciones siguientes:

I. Determinar, dentro de los quince días siguientes a su instalación, su forma de trabajo y la frecuencia de las sesiones,

II. Aprobar el plan de trabajo de la Dirección Técnica y solicitar de la misma que efectúe investigaciones y estudios complementarios;

III. Practicar y realizar directamente las investigaciones y estudios que juzgue conveniente para el mejor cumplimiento de su función;

IV. Solicitar directamente, cuando lo juzgue conveniente, los informes y estudios a que se refiere el artículo 584, fracción II;

V. Solicitar la opinión de las asociaciones de trabajadores y patrones;

VI. Recibir las sugerencias y estudios que le presenten los trabajadores y los patrones;

VII. Designar una o varias comisiones o técnicos para que practiquen investigaciones y realicen estudios especiales;

VIII. Allegarse todos los demás elementos que juzgue necesarios o apropiados;

IX. Determinar y revisar el porcentaje que deba corresponder a los trabajadores en las utilidades de las empresas; y

X. Los demás que le confieran las leyes.

Artículo 582. La Dirección Técnica se integrará:

I. Con un Director, nombrado por la Secretaría del Trabajo y Previsión Social;

II. Con el número de asesores técnicos que nombre la misma Secretaría; y

III. Con un número igual, determinado por la Secretaría del Trabajo y Previsión Social, de Asesores Técnicos Auxiliares, designados por los representantes de los trabajadores y de los patrones. Estos asesores disfrutarán, con cargo al Presupuesto de Egresos de la Federación, de la misma retribución que se pague a los nombrados por la Secretaría.

Artículo 583. El Director, los Asesores Técnicos y los Asesores Técnicos Auxiliares, deberán satisfacer los requisitos señalados en el artículo 560. Es aplicable a los Asesores auxiliares lo dispuesto en el artículo 559.

Artículo 584. La Dirección Técnica tiene los deberes y atribuciones siguientes:

I. Practicar las investigaciones y realizar los estudios previstos en el plan de trabajo aprobado por el Consejo de Representantes y los que posteriormente se le encomienden;

II. Solicitar toda clase de informes y estudios de las instituciones oficiales, federales o estatales y de las particulares que se ocupen de problemas económicos, tales como los institutos de investigaciones sociales y económicas, las organizaciones sindicales, las cámaras de comercio, las de industria y otras instituciones semejantes.

III. Recibir y considerar los estudios, informes y sugerencias que le presenten los trabajadores y los patrones;

IV. Allegarse todos los demás elementos que juzgue necesarios o apropiados;

V. Preparar un informe, que debe contener los resultados de las investigaciones y estudios efectuados y un resumen de las sugerencias y estudios de los trabajadores y patrones y someterlo a la consideración del Consejo de Representantes; y

VI. Los demás que le confieran las leyes.

Artículo 585. El Director Técnico tiene los deberes y atribuciones siguientes:

I. Coordinar los trabajos de los Asesores;

II. Informar periódicamente al Presidente de la Comisión y al Consejo de Representantes, del estado de los trabajos y sugerir se lleven a cabo investigaciones y estudios complementarios;

III. Actuar como Secretario del Consejo de Representantes; y

IV. Los demás que le confieran las leyes.

Artículo 586. En el funcionamiento de la Comisión se observarán las normas siguientes:

I. El Presidente publicará un aviso en el Diario Oficial, concediendo a los trabajadores y a los patrones un término de tres meses para que presenten sugerencias y estudios, acompañados de las pruebas y documentos correspondientes;

II. La Comisión dispondrá del término de ocho meses para que la Dirección Técnica desarrolle el plan de trabajo aprobado por el Consejo de Representantes y para que éste cumpla las atribuciones señaladas en el artículo 581, fracciones III a VIII;

III. El Consejo de Representantes dictará la resolución dentro del mes siguiente;

IV. La resolución expresará los fundamentos que la justifiquen. El Consejo de Representantes tomará en consideración lo dispuesto en el artículo 118, el informe de la Dirección Técnica, las investigaciones y estudios que hubiese efectuado y las sugerencias y estudios presentados por los trabajadores y los patrones;

V. La resolución fijará el porcentaje que deba corresponder a los trabajadores sobre la renta gravable, sin hacer ninguna deducción ni establecer diferencias entre las empresas; y

VI. El Presidente ordenará se publique la resolución en el Diario Oficial de la Federación, dentro de los cinco días siguientes.

Artículo 587. Para la revisión del porcentaje, la Comisión se reunirá:

I. Por convocatoria expedida por el Secretario del Trabajo y Previsión Social, cuando existan estudios e investigaciones que lo justifiquen; y

II. A solicitud de los sindicatos, federaciones o confederaciones de trabajadores o de los patrones, previo cumplimiento de los requisitos siguientes:

a) La solicitud deberá presentarse a la Secretaría del Trabajo y Previsión Social por los sindicatos, federaciones o confederaciones que representen el cincuenta y uno por ciento de los trabajadores sindicalizados, por lo menos, o por los patrones que tengan a su servicio dicho porcentaje de trabajadores.

b) La solicitud contendrá una exposición de las causas y fundamentos que la justifiquen e irá acompañada de los estudios y documentos correspondientes.

c) La Secretaría del Trabajo y Previsión Social, dentro de los noventa días siguientes, verificará el requisito de la mayoría.

d) Verificado dicho requisito, la misma Secretaría, dentro de los treinta días siguientes, convocará a los trabajadores y patrones para la elección de sus representantes.

Artículo 588. En el procedimiento de revisión se observarán las normas siguientes:

I. El Consejo de Representantes estudiará la solicitud y decidirá si los fundamentos que la apoyan son suficientes para iniciar el procedimiento de revisión. Si su resolución es negativa, la pondrá en conocimiento del Secretario del Trabajo y Previsión Social y se disolverá; y

II. Las atribuciones y deberes del Presidente, del Consejo de Representantes y de la Dirección Técnica, así como el funcionamiento de la Comisión, se ajustarán a las disposiciones de este capítulo.

Artículo 589. Los sindicatos, federaciones y confederaciones de trabajadores o los patrones, no podrán presentar una nueva solicitud de revisión, sino después de transcurridos diez años de la fecha en que hubiese sido desechada o resuelta la solicitud.

Artículo 590. En los procedimientos a que se refiere este capítulo se observarán las normas contenidas en el artículo 574.

CAPÍTULO IX BIS
DEL CENTRO FEDERAL DE CONCILIACIÓN Y REGISTRO LABORAL

Capítulo adicionado DOF 01-05-2019

Artículo 590-A. Corresponde al Centro Federal de Conciliación y Registro Laboral las siguientes atribuciones:

I. Realizar en materia federal la función conciliadora a que se refiere el párrafo cuarto de la fracción XX del artículo 123 constitucional;

II. Llevar el registro de todos los contratos colectivos de trabajo, reglamentos interiores de trabajo y de las organizaciones sindicales, así como todos los actos y procedimientos a que se refiere el párrafo cuarto de la fracción XX del artículo 123 constitucional;

III. Establecer el Servicio Profesional de Carrera y seleccionar mediante concurso abierto en igualdad de condiciones a su personal;

IV. Establecer planes de capacitación y desarrollo profesional incorporando la perspectiva de género y el enfoque de derechos humanos, y

V. Las demás que de esta Ley y la normatividad aplicable se deriven.

Artículo adicionado DOF 01-05-2019

Artículo 590-B. El Centro Federal de Conciliación y Registro Laboral se constituirá y funcionará de conformidad con los siguientes lineamientos:

Será un Organismo Público Descentralizado del Gobierno Federal, con domicilio en la Ciudad de México y contará con oficinas regionales conforme a los lineamientos que establezca el Órgano de Gobierno. Tendrá personalidad jurídica y patrimonio propios, plena autonomía técnica, operativa, presupuestaria, de decisión y de gestión. Se regirá por los principios de certeza, independencia, legalidad, imparcialidad, igualdad, confiabilidad, eficacia, objetividad, profesionalismo, transparencia y publicidad.

Será competente para substanciar el procedimiento de la conciliación que deberán agotar los trabajadores y patrones, antes de acudir a los Tribunales, conforme lo establece el párrafo quinto de la fracción XX del artículo 123, apartado A, de la Constitución Política de los Estados Unidos Mexicanos.

Además, será competente para operar el registro de todos los contratos colectivos de trabajo, reglamentos interiores de trabajo y las organizaciones sindicales, así como todos los procesos administrativos relacionados.

El titular del organismo será su Director General. El nombramiento deberá recaer en una persona que tenga capacidad y experiencia en las materias de la competencia del organismo descentralizado, quien además de lo previsto en el artículo 123, apartado A, fracción XX de la Constitución, deberá cumplir con los requisitos que establezca la Ley de la materia.

Artículo adicionado DOF 01-05-2019

Artículo 590-C. El Director General del Centro Federal de Conciliación y Registro Laboral tendrá las facultades siguientes:

I. Celebrar actos y otorgar toda clase de documentos inherentes al objeto del Organismo;

II. Tener la representación legal del Centro Federal de Conciliación y Registro Laboral, así como ejercer facultades de dominio, administración, y pleitos y cobranzas, con apego a la Ley y el estatuto orgánico;

III. Otorgar poderes generales y especiales con las facultades que les competan, entre ellas las que requieran autorización o cláusula especial. Para el otorgamiento y validez de estos poderes, bastará la comunicación oficial que se expida al mandatario por el Director General. Los poderes generales para surtir efectos frente a terceros deberán inscribirse en el Registro Público de la Propiedad y de Comercio en cada Entidad Federativa y Ciudad de México;

IV. Sustituir y revocar poderes generales o especiales;

V. Previa autorización de la Junta de Gobierno, instalar las Delegaciones u oficinas estatales o regionales, que sean necesarias para el cabal y oportuno cumplimiento de las atribuciones del Organismo Público Descentralizado;

VI. Las demás que se requieran para el adecuado funcionamiento del Organismo, sin contravenir la Ley y el estatuto orgánico, y

VII. Las demás que se deriven de la presente Ley, el estatuto orgánico y demás disposiciones legales aplicables.

El Director General ejercerá las facultades a que se refieren las fracciones I, II y III bajo su responsabilidad y dentro de las limitaciones que señale el estatuto orgánico que autorice la Junta de Gobierno.

Artículo adicionado DOF 01-05-2019

Artículo 590-D. La Junta de Gobierno del Centro Federal de Conciliación y Registro Laboral estará conformada por:

a) El titular de la Secretaría del Trabajo y Previsión Social como miembro propietario o su suplente, quien fungirá como Presidente de dicha Junta de Gobierno;

b) El titular de la Secretaría de Hacienda y Crédito Público como miembro propietario o su suplente;

c) El titular del Instituto Nacional de Transparencia, Acceso a la Información y Protección de Datos Personales como miembro propietario o su suplente;

d) El Presidente del Instituto Nacional de Estadística y Geografía como miembro propietario o su suplente, y

e) El Presidente del Instituto Nacional Electoral como miembro propietario o su suplente.

Los suplentes serán designados por los miembros propietarios y deberán tener una jerarquía inmediata inferior a dichos propietarios en la dependencia u organismo público de que se trate.

Sesionará válidamente con la asistencia de por lo menos la mitad más uno de sus miembros y siempre que se encuentre presente el que represente a la Secretaría del Trabajo y Previsión Social. Las decisiones de la Junta de Gobierno se tomarán por mayoría de votos de quienes concurran a sus sesiones, en caso de empate el Presidente tendrá voto de calidad.

Para el cumplimiento de todas y cada una de las obligaciones a cargo del Organismo establecidas en esta Ley, la Junta de Gobierno se reunirá con la periodicidad que se señale en el Estatuto orgánico sin que pueda ser menor de cuatro veces al año.

La Junta de Gobierno podrá acordar la realización de todas las operaciones inherentes al objeto de la entidad con sujeción a las disposiciones de esta Ley, y salvo aquellas facultades a que se contrae el artículo 58 de la Ley Federal de Entidades Paraestatales, podrá delegar discrecionalmente sus facultades en el Director General.

La Junta de Gobierno tendrá las siguientes atribuciones indelegables:

I. Establecer en congruencia con los programas sectoriales, las políticas generales y definir las prioridades a las que deberá sujetarse el Organismo relativas a la prestación de los servicios públicos que le corresponden en los términos de la presente Ley, sobre productividad, finanzas, investigación, desarrollo tecnológico y administración general;

II. Aprobar los programas y presupuestos del Organismo, así como sus modificaciones, en los términos de la legislación aplicable. En lo tocante a los presupuestos y a los programas financieros, con excepción de aquellos incluidos en el Presupuesto de Egresos Anual de la Federación, bastará con la aprobación de la propia Junta de Gobierno;

III. Expedir las normas o bases generales con arreglo a las cuales, cuando fuere necesario, el Director General pueda disponer de los activos fijos de la entidad que no correspondan a las operaciones propias del objeto de la misma;

IV. Aprobar anualmente previo informe de los comisarios, y dictamen de los auditores externos, los estados financieros del Organismo y autorizar la publicación de los mismos;

V. Aprobar la estructura básica de la organización del Organismo, y las modificaciones que procedan a la misma. Aprobar en su caso, el estatuto orgánico de dicho organismo, bajo los siguientes criterios:

a) En la estructura básica del Organismo, deberá contemplar la instalación y funcionamiento de las Delegaciones del mismo en todas las entidades federativas, excepto en la Ciudad de México, en razón de que tiene establecida su Matriz y domicilio legal principal en dicha ciudad;

b) Deberá contar con el personal suficiente y adecuado, así como de una Oficina Especializada de Asesoría a los o las trabajadoras para que los asista en la conciliación;

VI. Nombrar y remover a propuesta del Director General, a los servidores públicos del organismo que ocupen cargos con las dos jerarquías administrativas inferiores a la de aquél, aprobar la fijación de sus sueldos y prestaciones, conforme a las disposiciones legales, presupuestales y administrativas correspondientes;

VII. Nombrar y remover a propuesta de su Presidente, entre personas ajenas a la entidad, al Secretario quien podrá ser miembro o no del mismo; así como designar o remover a propuesta del Director General de la entidad al Prosecretario de la citada Junta Directiva, quien podrá ser o no miembro de dicho órgano o de la entidad;

VIII. Analizar y aprobar en su caso, los informes periódicos que rinda el Director General con la intervención que corresponda a los Comisarios, y

IX. Las demás facultades expresamente establecidas en la presente Ley.

Artículo adicionado DOF 01-05-2019

CAPÍTULO IX TER
DE LOS CENTROS DE CONCILIACIÓN DE LAS ENTIDADES FEDERATIVAS Y DE LA CIUDAD DE MÉXICO

Capítulo adicionado DOF 01-05-2019

Artículo 590-E. Corresponde a los Centros de Conciliación locales las siguientes atribuciones:

I. Realizar en materia local la función conciliadora a la que se refiere el párrafo segundo de la fracción XX del artículo 123 constitucional;

II. Poner en práctica el Servicio Profesional de Carrera a que se refiere el numeral tres del artículo 590-A;

III. Capacitar y profesionalizarlo para que realice las funciones conciliadoras referidas en el párrafo anterior, y

IV. Las demás que de esta Ley y su normatividad aplicable se deriven.

Artículo adicionado DOF 01-05-2019

Artículo 590-F. Los Centros de Conciliación de las Entidades Federativas y de la Ciudad de México, encargados de la conciliación previa a la demanda jurisdiccional en el orden local, establecidos en el apartado A del artículo 123, fracción XX, párrafo segundo de la Constitución, se integrarán y funcionarán en los términos que determinen las leyes locales, con base a los siguientes lineamientos:

Cada Centro de Conciliación se constituirá como Organismo Público Descentralizado de la respectiva Entidad Federativa, los cuales tendrán el número de delegaciones que se considere necesario constituir y contarán con personalidad jurídica y patrimonio propio, así como plena autonomía técnica, operativa, presupuestaria, de decisión y de gestión.

Serán competentes para substanciar el procedimiento de la conciliación a la que deberán acudir los trabajadores y patrones, antes de presentar demanda ante los Tribunales, conforme lo establece el párrafo segundo de la fracción XX del artículo 123, apartado A, de la Constitución.

En su actuación se regirán por los principios de certeza, independencia, legalidad, imparcialidad, igualdad, confiabilidad, eficacia, objetividad, profesionalismo, transparencia y publicidad. Su integración y funcionamiento se determinará en su estatuto orgánico y su respectiva reglamentación, emitidos por el Poder Legislativo de la respectiva Entidad Federativa o de la Ciudad de México, según corresponda.

Cada Centro tendrá un Órgano de Gobierno integrado por los titulares de las dependencias u organismos públicos que señalen las legislaciones locales y que salvaguarden el ejercicio pleno de la autonomía técnica, operativa, presupuestaria, de decisión y de gestión.

La conciliación que imparta deberá ajustarse al procedimiento contemplado en la presente Ley.

Artículo adicionado DOF 01-05-2019

CAPÍTULO X
JUNTAS FEDERALES DE CONCILIACIÓN

Capítulo derogado DOF 30-11-2012

Artículo 591. (Se deroga).

Artículo derogado DOF 30-11-2012

Artículo 592. (Se deroga).

Artículo derogado DOF 30-11-2012

Artículo 593. (Se deroga).

Artículo derogado DOF 30-11-2012

Artículo 594. (Se deroga).

Artículo derogado DOF 30-11-2012

Artículo 595. (Se deroga).

Artículo derogado DOF 30-11-2012

Artículo 596. (Se deroga).

Artículo derogado DOF 30-11-2012

Artículo 597. (Se deroga).

Artículo derogado DOF 30-11-2012

Artículo 598. (Se deroga).

Artículo derogado DOF 30-11-2012

Artículo 599. (Se deroga).

Artículo derogado DOF 30-11-2012

Artículo 600. (Se deroga).

Artículo reformado DOF 24-12-1974, 02-07-1976. Derogado DOF 30-11-2012

CAPÍTULO XI
JUNTAS LOCALES DE CONCILIACIÓN

Capítulo derogado DOF 30-11-2012

Artículo 601. (Se deroga).

Artículo reformado DOF 23-12-1974. Derogado DOF 30-11-2012

Artículo 602. (Se deroga).

Artículo derogado DOF 30-11-2012

Artículo 603. (Se deroga).

Artículo derogado DOF 30-11-2012

CAPÍTULO XII
DE LA COMPETENCIA DE LOS TRIBUNALES

Denominación del Capítulo reformada DOF 01-05-2019

Artículo 604. Corresponden a los Tribunales del Poder Judicial de la Federación o de los Tribunales de las entidades federativas, el conocimiento y la resolución de los conflictos de Trabajo que se susciten entre trabajadores y patrones, sólo entre aquellos o sólo entre éstos, derivado de las relaciones de trabajo o de hechos relacionados con ellas.

En su actuación, los jueces y secretarios instructores deberán observar los principios de legalidad, imparcialidad, transparencia, autonomía e independencia.

Artículo reformado DOF 30-11-2012, 01-05-2019

Artículo 605. Los Tribunales federales, de las entidades federativas y de la Ciudad de México, estarán a cargo cada uno, de un juez y contarán con los secretarios, funcionarios y empleados que se juzgue conveniente, determinados y designados de conformidad con la Ley Orgánica del Poder Judicial de la Federación o de la Ley Orgánica del Poder Judicial Local según corresponda.

Artículo reformado DOF 30-11-2012, 01-05-2019

Artículo 605 Bis. Se deroga.

Artículo adicionado DOF 30-11-2012. Derogado DOF 01-05-2019

Artículo 606. Se deroga.

Artículo reformado DOF 02-07-1976, 30-11-2012. Derogado DOF 01-05-2019

Artículo 607. Se deroga.

Artículo reformado DOF 30-11-2012. Derogado DOF 01-05-2019

Artículo 608. Se deroga.

Artículo derogado DOF 01-05-2019

Artículo 609. Se deroga.

Artículo derogado DOF 01-05-2019

Artículo 610. Durante la tramitación de los juicios y hasta el cierre de su instrucción, el juez a cargo del Tribunal deberá estar presente en el desarrollo de las audiencias. Podrá auxiliarse de un secretario instructor para dictar los acuerdos relativos a la etapa escrita del procedimiento, hasta antes de la audiencia preliminar, quien deberá verificar y, en su caso, certificar que las notificaciones personales se practicaron debidamente.

Párrafo reformado DOF 30-11-2012, 01-05-2019

I. Se deroga.

Fracción derogada DOF 01-05-2019

II. Se deroga.

Fracción adicionada DOF 30-11-2012. Derogada DOF 01-05-2019

III. Se deroga.

Fracción recorrida DOF 30-11-2012. Derogada DOF 01-05-2019

IV. Se deroga.

Fracción reformada y recorrida DOF 30-11-2012. Derogada DOF 01-05-2019

V. Se deroga.

Fracción reformada y recorrida DOF 30-11-2012. Derogada DOF 01-05-2019

VI. Se deroga.

Fracción reformada y recorrida DOF 30-11-2012. Derogada DOF 01-05-2019

Artículo 611. Se deroga.

Artículo derogado DOF 01-05-2019

Artículo 612. Se deroga.

Artículo reformado DOF 23-01-1998, 30-11-2012. Derogado DOF 01-05-2019

Artículo 613. Se deroga.

Artículo derogado DOF 01-05-2019

Artículo 614. Se deroga.

Artículo reformado DOF 30-11-2012. Derogado DOF 01-05-2019

Artículo 615. Se deroga.

Artículo reformado DOF 30-11-2012. Derogado DOF 01-05-2019

Artículo 616. Se deroga.

Artículo reformado DOF 30-11-2012. Derogado DOF 01-05-2019

Artículo 617. Se deroga.

Artículo reformado DOF 30-11-2012. Derogado DOF 01-05-2019

Artículo 618. Se deroga.

Artículo reformado DOF 30-11-2012. Derogado DOF 01-05-2019

Artículo 619. Se deroga.

Artículo reformado DOF 30-11-2012. Derogado DOF 01-05-2019

Artículo 620. Se deroga.

Artículo reformado DOF 30-11-2012. Derogado DOF 01-05-2019

CAPÍTULO XIII
JUNTAS LOCALES DE CONCILIACIÓN Y ARBITRAJE

Artículo 621. Se deroga.

Artículo derogado DOF 01-05-2019

Artículo 622. Se deroga.

Artículo reformado DOF 23-12-1974, 09-04-2012. Derogado DOF 01-05-2019

Artículo 623. Se deroga.

Artículo reformado DOF 23-12-1974, 09-04-2012, 30-11-2012. Derogado DOF 01-05-2019

Artículo 624. Se deroga.

Artículo reformado DOF 30-11-2012. Derogado DOF 01-05-2019

TÍTULO DOCE
PERSONAL JURÍDICO DE LAS JUNTAS DE CONCILIACIÓN Y ARBITRAJE

Artículo 625. Se deroga.

Artículo reformado DOF 09-04-2012, 30-11-2012. Derogado DOF 01-05-2019

Artículo 626. Se deroga.

Artículo reformado DOF 30-11-2012. Derogado DOF 01-05-2019

Artículo 627. Se deroga.

Artículo reformado DOF 30-11-2012. Derogado DOF 01-05-2019

Artículo 627-A. Se deroga.

Artículo adicionado DOF 30-11-2012. Derogado DOF 01-05-2019

Artículo 627-B. Se deroga.

Artículo adicionado DOF 30-11-2012. Derogado DOF 01-05-2019

Artículo 627-C. Se deroga.

Artículo adicionado DOF 30-11-2012. Derogado DOF 01-05-2019

Artículo 628. Se deroga.

Artículo reformado DOF 30-11-2012. Derogado DOF 01-05-2019

Artículo 629. Se deroga.

Artículo reformado DOF 30-11-2012. Derogado DOF 01-05-2019

Artículo 630. Se deroga.

Artículo reformado DOF 30-11-2012. Derogado DOF 01-05-2019

Artículo 631. Se deroga.

Artículo reformado DOF 30-11-2012. Derogado DOF 01-05-2019

Artículo 632. Se deroga.

Artículo reformado DOF 30-11-2012. Derogado DOF 01-05-2019

Artículo 633. Se deroga.

Artículo reformado DOF 23-12-1974, 09-04-2012. Derogado DOF 01-05-2019

Artículo 634. Se deroga.

Artículo reformado DOF 30-11-2012. Derogado DOF 01-05-2019

Artículo 635. Se deroga.

Artículo derogado DOF 01-05-2019

Artículo 636. Se deroga.

Artículo derogado DOF 01-05-2019

Artículo 637. Se deroga.

Artículo reformado DOF 23-12-1974, 09-04-2012, 30-11-2012. Derogado DOF 01-05-2019

Artículo 638. Se deroga.

Artículo derogado DOF 01-05-2019

Artículo 639. Se deroga.

Artículo derogado DOF 01-05-2019

Artículo 640. Se deroga.

Artículo derogado DOF 01-05-2019

Artículo 641. Se deroga.

Artículo derogado DOF 01-05-2019

Artículo 641-A. Son faltas especiales de los funcionarios conciliadores:

I. Conocer de un negocio para el que se encuentren impedidos de conformidad con las disposiciones de esta Ley;

II. No estar presentes en las audiencias de conciliación que se les asignen o en cualquier etapa del juicio, cuando la Junta o cualquiera de sus integrantes consideren necesaria la función conciliatoria, salvo causa justificada;

III. No atender a las partes oportunamente y con la debida consideración;

IV. Retardar la conciliación de un negocio injustificadamente;

V. No informar a las Juntas de Conciliación y Arbitraje a que se encuentren adscritos respecto de los resultados logrados en las audiencias de conciliación que se les encomienden, con la periodicidad que ellas determinen;

VI. No dar cuenta a las Juntas de Conciliación y Arbitraje de su adscripción sobre los convenios a que hubieren llegado las partes para efectos de su aprobación, cuando proceda; y

VII. Las demás que establezcan las Leyes.

Artículo adicionado DOF 30-11-2012

Nota: El decreto de reforma DOF 01-05-2019 no derogó el artículo 641-A de esta Ley.

Artículo 642. Se deroga.

Artículo reformado DOF 30-11-2012. Derogado DOF 01-05-2019

Artículo 643. Se deroga.

Artículo reformado DOF 24-12-1974, 30-11-2012. Derogado DOF 01-05-2019

Artículo 644. Se deroga.

Artículo reformado DOF 30-11-2012. Derogado DOF 01-05-2019

Artículo 645. Se deroga.

Artículo reformado DOF 30-11-2012. Derogado DOF 01-05-2019

Artículo 646. Se deroga.

Artículo reformado DOF 30-11-2012. Derogado DOF 01-05-2019

Artículo 647. Se deroga.

Artículo derogado DOF 01-05-2019

TÍTULO TRECE
REPRESENTANTES DE LOS TRABAJADORES Y DE LOS PATRONES

CAPÍTULO I
DE LOS PROCEDIMIENTOS DE DESIGNACIÓN DE REPRESENTANTES DE LOS TRABAJADORES Y DE LOS PATRONES

Denominación del Capítulo reformada DOF 01-05-2019

Artículo 648. Los representantes de los trabajadores y de los patrones ante la Comisión Nacional de los Salarios Mínimos serán elegidos en convenciones, que se organizarán y funcionarán cada cuatro años de conformidad con las disposiciones de este capítulo.

Artículo reformado DOF 30-11-2012, 01-05-2019

Artículo 649. Se deroga.

Artículo derogado DOF 01-05-2019

Artículo 650. El Secretario del Trabajo y Previsión Social, publicará en el Diario Oficial de la Federación y en los periódicos de mayor circulación, la convocatoria para la elección de representantes.

Artículo reformado DOF 23-12-1974, 09-04-2012, 01-05-2019

Artículo 651. Se deroga.

Artículo derogado DOF 01-05-2019

Artículo 652. Los representantes de los trabajadores serán elegidos en las convenciones por los delegados que previamente se designen, de conformidad con las normas siguientes:

I. Tienen derecho a designar delegados a las convenciones:

a) Los sindicatos de trabajadores debidamente registrados.

b) Los trabajadores libres que hubiesen prestado servicios a un patrón, por un período no menor de seis meses durante el año anterior a la fecha de la convocatoria, cuando no existan sindicatos registrados;

II. Serán considerados miembros de los sindicatos los trabajadores registrados en los mismos, cuando:

a) Estén prestando servicios a un patrón.

b) Hubiesen prestado servicios a un patrón por un período de seis meses durante el año anterior a la fecha de la convocatoria;

III. Los trabajadores libres a que se refiere la fracción I, inciso b), designarán un delegado en cada empresa o establecimiento; y

IV. Las credenciales de los delegados serán extendidas por la directiva de los sindicatos o por la que designen los trabajadores libres.

Artículo 653. Los representantes de los patrones serán designados en las convenciones por los mismos patrones o por sus delegados, de conformidad con las normas siguientes:

I. Tienen derecho a participar en la elección:

a) Los sindicatos de patrones debidamente registrados, cuyos miembros tengan trabajadores a su servicio.

b) Los patrones independientes que tengan trabajadores a su servicio;

II. Los sindicatos de patrones designarán un delegado;

III. Los patrones independientes podrán concurrir personalmente a la convención o hacerse representar mediante carta poder suscrita por dos testigos y certificada por el Inspector del Trabajo; y

IV. Las credenciales de los delegados serán extendidas por la directiva de los sindicatos.

Artículo 654. Para los efectos de los artículos precedentes, los trabajadores y patrones formarán los padrones siguientes:

I. Los sindicatos de trabajadores formarán el padrón de sus miembros que satisfagan los requisitos del artículo 652, fracción I, inciso a);

II. Los trabajadores libres formarán el padrón de los trabajadores que participen en la designación del delegado;

III. Los sindicatos de patrones formarán los padrones de los trabajadores al servicio de sus miembros; y

IV. Los patrones independientes formarán los padrones de sus trabajadores.

Artículo 655. Los padrones contendrán los datos siguientes:

I. Denominaciones y domicilios de los sindicatos de trabajadores y de patrones;

II. Nombres, nacionalidad, edad, sexo y empresa o establecimiento en que presten sus servicios; y

III. Nombres del patrón o patrones, domicilio y rama de la industria o actividad a que se dediquen.

Artículo 656. Se deroga.

Artículo reformado DOF 23-12-1974, 09-04-2012. Derogado DOF 01-05-2019

Artículo 657. Los Inspectores del Trabajo comprobarán y certificarán la exactitud de los padrones.

Artículo 658. Las credenciales deberán registrarse ante la Secretaría del Trabajo y Previsión Social o ante las Direcciones o Departamentos del Trabajo de las Entidades Federativas, conforme a lo dispuesto en el artículo 678 de esta Ley.

Párrafo reformado DOF 01-05-2019

La autoridad registradora certificará, con vista de los datos del Inspector del Trabajo, el número de votos que corresponda a cada credencial.

Artículo 659. Se deroga.

Artículo reformado DOF 23-12-1974. Derogado DOF 01-05-2019

Artículo 660. En el funcionamiento de las convenciones se observarán las normas siguientes:

I. Por cada rama de actividad económica que deba estar representada, se celebrará una convención de trabajadores y otra de patrones;

Fracción reformada DOF 01-05-2019

II. Los delegados y los patrones independientes se presentarán en las convenciones, provistos de sus credenciales;

III. Las convenciones funcionarán con el número de delegados y patrones independientes que concurran;

IV. Los delegados y los patrones independientes, tendrán en las convenciones un número de votos igual al de los trabajadores que aparezca certificado en sus credenciales;

V. Las convenciones serán instaladas por el Secretario del Trabajo y Previsión Social o por la persona que éste designe;

Fracción reformada DOF 23-12-1974, 09-04-2012, 01-05-2019

VI. Instalada la convención, se procederá al registro de credenciales y a la elección de la mesa directiva, que se integrará con un Presidente, dos Secretarios y dos Vocales. Tomarán parte en la elección, con el número de votos que les corresponda, los delegados y los patrones independientes cuyas credenciales hubiesen quedado registradas. El cómputo se hará por dos de las personas asistentes, designadas especialmente;

VII. Instalada la Mesa Directiva, se procederá a la revisión de las credenciales, dándoles lectura en voz alta. Las convenciones sólo podrán desechar las que no reúnan los requisitos señalados en los artículo 652 y 653, o cuando se compruebe que los electores no pertenecen a la rama de la industria o de las actividades representadas en la convención;

VIII. Aprobadas las credenciales se procederá a la elección de los representantes, por mayoría de votos. Por cada propietario se elegirá un suplente; y

IX. Concluida la elección, se levantará un acta; un ejemplar se remitirá a la Secretaría del Trabajo y Previsión Social, y dos se entregarán a los representantes electos, propietario o suplente, a fin de que les sirvan de credencial.

Fracción reformada DOF 23-12-1974, 09-04-2012, 01-05-2019

Artículo 661. Si ningún delegado o patrón independiente concurre a la convención o ésta no hace la elección de representantes, se entenderá que los interesados delegan la facultad en el Secretario del Trabajo y Previsión Social.

Artículo reformado DOF 23-12-1974, 09-04-2012, 01-05-2019

Artículo 662. Los representantes electos, provistos de sus credenciales, se presentarán desde luego a la Secretaría del Trabajo y Previsión Social.

Artículo reformado DOF 01-05-2019

Artículo 663. Se deroga.

Artículo reformado DOF 23-12-1974, 09-04-2012. Derogado DOF 01-05-2019

Artículo 664. Se deroga.

Artículo reformado DOF 02-07-1976, 30-11-2012. Derogado DOF 01-05-2019

Artículo 665. Se deroga.

Artículo derogado DOF 01-05-2019

Artículo 666. Los representantes percibirán las retribuciones que les asigne el presupuesto federal.

Artículo reformado DOF 01-05-2019

Artículo 667. Los representantes de los trabajadores y de los patrones durarán en su encargo cuatro años.

Artículo reformado DOF 01-05-2019

Artículo 668. La Secretaría del Trabajo y Previsión Social, conocerá de las renuncias de los representantes, aceptándolas o desechándolas, previa calificación de la causa.

Artículo reformado DOF 23-12-1974, 09-04-2012, 01-05-2019

Artículo 669. El cargo de representante es revocable de conformidad con las normas siguientes:

I. Podrán solicitar la revocación las dos terceras partes de los trabajadores de las ramas de la industria o actividades representadas en las Comisiones o los patrones que tengan a su servicio dicha mayoría de trabajadores;

Fracción reformada DOF 01-05-2019

II. La solicitud se presentará al Secretario del Trabajo y Previsión Social;

Fracción reformada DOF 23-12-1974, 09-04-2012, 01-05-2019

III. La autoridad que reciba la solicitud, después de verificar el requisito de la mayoría, hará la declaratoria correspondiente y llamará al suplente, a fin de que rinda la protesta legal; y

IV. A falta de suplente o cuando la revocación del nombramiento le afecte, al hacerse la solicitud de revocación, deberán señalarse los nombres de los substitutos.

Artículo 670. Las faltas temporales o definitivas de los representantes serán cubiertas por los suplentes. A falta de éstos, el Secretario del Trabajo y Previsión Social, hará la designación del substituto, que deberá recaer en un trabajador o patrón.

Artículo reformado DOF 23-12-1974, 09-04-2012, 01-05-2019

Artículo 671. Se deroga.

Artículo derogado DOF 01-05-2019

Artículo 672. Se deroga.

Artículo derogado DOF 01-05-2019

Artículo 673. Se deroga.

Artículo derogado DOF 01-05-2019

Artículo 674. Se deroga.

Artículo reformado DOF 23-12-1974, 09-04-2012. Derogado DOF 01-05-2019

Artículo 675. Se deroga.

Artículo derogado DOF 01-05-2019

CAPÍTULO II
REPRESENTANTES DE LOS TRABAJADORES Y DE LOS PATRONES EN LA COMISIÓN NACIONAL DE LOS SALARIOS MÍNIMOS Y EN LAS COMISIONES CONSULTIVAS

Denominación del Capítulo reformada DOF 21-01-1988

Artículo 676. Son aplicables a la elección de representantes de los trabajadores y de los patrones en la Comisión Nacional de los Salarios Mínimos, las disposiciones contenidas en el Capítulo anterior, con las modalidades de los Artículos siguientes.

Artículo reformado DOF 21-01-1988

Artículo 677. El día quince de mayo del año impar que corresponda, el Secretario del Trabajo y Previsión Social convocará a los trabajadores y patrones para la elección de sus representantes.

Artículo reformado DOF 01-05-2019

Artículo 678. La convocatoria contendrá:

I. La determinación del número de representantes que deba elegirse para integrar la Comisión Nacional, de conformidad con lo dispuesto en el Artículo 554 Fracción II;

II. La distribución del número de representantes que se haya determinado entre las distintas actividades económicas según su importancia;

III. Las autoridades ante las que deban presentarse los padrones y credenciales;

IV. El lugar y la fecha de presentación de los documentos a que se refiere la fracción anterior; y

V. El local y la hora en que deban celebrarse las convenciones.

Artículo reformado DOF 21-01-1988

Artículo 679. Las Convenciones se celebrarán el día 25 del mes de junio del año impar que corresponda, en la Capital de la República.

Artículo reformado DOF 21-01-1988

Artículo 680. Para la elección de representantes en la Comisión Nacional se celebrarán una Convención de trabajadores y otra de patrones por cada uno de los grupos en que se hubiesen distribuido las ramas de la industria y las actividades económicas.

Artículo reformado DOF 21-01-1988, 01-05-2019

Artículo 681. Tienen derecho a participar en la elección los sindicatos de trabajadores y de patrones y los patrones independientes. Los representantes ante la Comisión Nacional serán elegidos por la totalidad de los trabajadores sindicalizados y patrones de la República con derecho a voto.

Artículo reformado DOF 21-01-1988

Artículo 682. El Secretario del Trabajo y Previsión Social podrá delegar en las autoridades de las Entidades Federativas, total o parcialmente, las atribuciones que le corresponden en la certificación de padrones y credenciales y en el funcionamiento de las convenciones.

Artículo 682-A. Las Comisiones consultivas serán creadas por resolución del Consejo de Representantes de la Comisión Nacional, que será publicada en el Diario Oficial de la Federación y contendrá:

I. La materia objeto de la Comisión Consultiva;

II. La duración de sus trabajos;

III. El número de representantes de los trabajadores y de los patrones ante la Comisión Consultiva, los que serán designados por los representantes de los trabajadores y de los patrones ante la Comisión Nacional;

IV. El término para la designación de representantes, los requisitos que deberán cumplir en cada caso y el lugar que se determine para la notificación de las designaciones; y

V. El lugar y fecha en el que se iniciarán formalmente los trabajos de la Comisión Consultiva.

Artículo adicionado DOF 21-01-1988

CAPÍTULO III
REPRESENTANTES DE LOS TRABAJADORES Y DE LOS PATRONES EN LA COMISIÓN NACIONAL PARA LA PARTICIPACIÓN DE LOS TRABAJADORES EN LAS UTILIDADES DE LAS EMPRESAS

Artículo 683. En la elección de representantes de los trabajadores y de los patrones en la Comisión Nacional para la Participación de los Trabajadores en las Utilidades de las Empresas, se observarán las disposiciones contenidas en los dos capítulos anteriores, con la modalidad del artículo siguiente.

Artículo 684. La convocatoria para la determinación o revisión del porcentaje de utilidades, contendrá:

I. La determinación del número de representantes que deba elegirse para integrar la Comisión, de conformidad con lo dispuesto en el artículo 579, fracción II, así como la distribución de las ramas de la industria y de las actividades, según su importancia, entre el número de representantes que se hubiese determinado;

II. El lugar y la fecha de presentación de los padrones y credenciales; y

III. El lugar, fecha y hora en que deban celebrarse las convenciones.

TÍTULO TRECE BIS

Título adicionado DOF 01-05-2019

CAPÍTULO I
DEL PROCEDIMIENTO DE CONCILIACIÓN PREJUDICIAL

Capítulo adicionado DOF 01-05-2019

Artículo 684-A. Las disposiciones de este Título rigen la tramitación de la instancia conciliatoria previa a la de los conflictos ante los Tribunales, salvo que tengan una tramitación especial en esta Ley.

Artículo adicionado DOF 01-05-2019

Artículo 684-B. Antes de acudir a los Tribunales, los trabajadores y patrones deberán asistir al Centro de Conciliación correspondiente para solicitar el inicio del procedimiento de conciliación, con excepción de aquellos supuestos que están eximidos de agotarla, conforme a lo previsto en esta Ley.

Artículo adicionado DOF 01-05-2019

Artículo 684-C. La solicitud de conciliación deberá contener los siguientes datos:

I. Nombre, CURP, identificación oficial del solicitante y domicilio dentro del lugar de residencia del Centro de Conciliación al que acuda, para recibir notificaciones en el procedimiento de conciliación prejudicial; el Centro facilitará los elementos y el personal capacitado a fin de asignarle un buzón electrónico al solicitante. En caso de que el solicitante no cuente con identificación oficial, podrá ser identificado por otros medios de que disponga el Centro;

II. Nombre de la persona, sindicato o empresa a quien se citará para la conciliación prejudicial;

III. Domicilio para notificar a la persona, sindicato o empresa a quien se citará, y

IV. Objeto de la cita a la contraparte.

Si el solicitante es el trabajador e ignora el nombre de su patrón o empresa de la cual se solicita la conciliación, bastará con señalar el domicilio donde prestó sus servicios.

Los elementos aportados por las partes no podrán constituir prueba o indicio en ningún procedimiento administrativo o judicial. La información aportada por las partes en el procedimiento de conciliación, no podrá comunicarse a persona o autoridad alguna, a excepción de la constancia de no conciliación y, en su caso, el convenio de conciliación que se celebre, en cuyo supuesto el Centro de Conciliación deberá remitir en forma electrónica al Tribunal que corresponda los documentos referidos, mismos que deberán contener los nombres y domicilios aportados por las partes, acompañando las constancias relativas a la notificación de la parte citada que haya realizado la Autoridad Conciliadora y los buzones electrónicos asignados.

El tratamiento de los datos proporcionados por los interesados estará sujeto a la Ley General de Protección de Datos Personales en Posesión de Sujetos Obligados y a la Ley General de Transparencia y Acceso a la Información Pública.

El solicitante será notificado de la fecha y hora para la celebración de la audiencia de conciliación o del acuerdo de incompetencia, al momento de presentar su solicitud. Para agilizar el procedimiento de conciliación, el solicitante podrá auxiliar al Centro de Conciliación para llevar a cabo la notificación de la audiencia de conciliación a la persona, sindicato o empresa que se citará.

Artículo adicionado DOF 01-05-2019

Artículo 684-D. El procedimiento de conciliación a que se refiere el presente título no deberá exceder de cuarenta y cinco días naturales. La Autoridad Conciliadora tomará las medidas conducentes para que sus actuaciones se ajusten a dicho plazo.

A efecto de que el personal encargado de realizar las notificaciones, actúe con eficiencia, eficacia e imparcialidad en el desempeño de sus funciones, la Autoridad Conciliadora definirá rutas de notificación con base en la ubicación y proximidad geográfica de los domicilios a los que deberán acudir, así como acorde con la urgencia de las notificaciones a efectuar; la asignación de las rutas se hará diariamente y de forma aleatoria.

Artículo adicionado DOF 01-05-2019

Artículo 684-E. El procedimiento de conciliación se tramitará conforme a las reglas siguientes:

I. Se iniciará con la presentación de la solicitud de conciliación ante el Centro Federal de Conciliación y Registro Laboral o al Centro de Conciliación local que corresponda, firmada por el solicitante, a la que se le agregará copia de la identificación oficial a que hace referencia en la fracción I del artículo 684-C; tratándose de empresas o sindicatos será suscrito por su representante legal;

II. Los Centros de Conciliación podrán recibir las solicitudes de conciliación por comparecencia personal de los interesados, por escrito debidamente firmado, o en su caso, por vía electrónica mediante el sistema informático que para tal efecto se implemente;

III. Los Centros de Conciliación auxiliarán a los interesados que así lo soliciten para elaborar su petición. Deberán proporcionar asesoría jurídica de manera gratuita sobre sus derechos y los plazos de prescripción de los mismos, así como respecto de los procedimientos de conciliación y jurisdiccionales para solucionar los conflictos laborales;

IV. Al momento en que reciba la solicitud, la autoridad conciliatoria señalará día y hora para la celebración de una Audiencia de Conciliación que deberá efectuarse dentro de los quince días siguientes. El citatorio se notificará personalmente al patrón cuando menos con cinco días de anticipación a la audiencia, apercibiéndole que de no comparecer por sí o por conducto de su representante legal, o bien por medio de apoderado con facultades suficientes, se le impondrá una multa entre 50 y 100 veces la Unidad de Medida y Actualización, y se le tendrá por inconforme con todo arreglo conciliatorio;

V. Al recibir la solicitud de conciliación, la autoridad conciliadora le asignará un número de identificación único y un buzón electrónico al interesado, que será creado para comunicaciones en lo que hace al procedimiento de conciliación prejudicial. Finalmente, designará por turno una sala de conciliación.

En caso de no ser competente, la Autoridad Conciliadora deberá remitir la solicitud al Centro de Conciliación competente vía electrónica, dentro de las veinticuatro horas siguientes de recibida la solicitud, lo cual deberá notificar al solicitante para que acuda ante ella a continuar el procedimiento. La Autoridad Conciliadora se pronunciará respecto de la personalidad cuando se trate de solicitudes de personas morales;

VI. Si la solicitud de conciliación se presenta personalmente por ambas partes, la autoridad conciliadora les notificará de inmediato, fecha y hora de la audiencia de conciliación, misma que deberá celebrarse dentro de plazo máximo de cinco días a partir de la fecha de presentación de la solicitud, sin menoscabo de que ésta pueda celebrarse en ese momento;

VII. El trabajador solicitante de la instancia conciliatoria deberá acudir personalmente a la audiencia. Podrá asistir acompañado por una persona de su confianza, pero no se reconocerá a ésta como apoderado, por tratarse de un procedimiento de conciliación y no de un juicio; no obstante, el trabajador también podrá ser asistido por un licenciado en derecho, abogado o un Procurador de la Defensa del Trabajo. El patrón deberá asistir personalmente o por conducto de representante con facultades suficientes para obligarse en su nombre;

VIII. Si las partes acuden a la audiencia, la Autoridad Conciliadora deberá requerirles para que se identifiquen con cualquier documento oficial y, en su caso, verificar que la persona que comparezca en representación de la persona moral acredite su personalidad.

También se le asignará a la parte citada, un buzón electrónico para recibir notificaciones en el procedimiento de conciliación prejudicial; hecho lo anterior formulará una propuesta de contenido y alcances de un arreglo conciliatorio, planteando opciones de solución justas y equitativas que a su juicio sean adecuadas para dar por terminada la controversia; de estar de acuerdo las partes, celebrarán convenio por escrito, que deberá ratificarse en ese acto, entregándose copia autorizada de éste.

De no llegar a un acuerdo, la Autoridad Conciliadora emitirá la constancia de haber agotado la etapa de conciliación prejudicial obligatoria. No obstante, las partes de común acuerdo, podrán solicitar se fije nueva audiencia de conciliación, que deberá celebrarse dentro de los cinco días siguientes;

IX. Cuando alguna de las partes o ambas no comparezcan a la audiencia de conciliación por causa justificada, no obstante estar debidamente notificados, se señalará nueva fecha y hora para la celebración de la audiencia, misma que deberá realizarse dentro de los cinco días siguientes. La parte que acuda será notificada en ese acto, la contraparte que no acuda lo será por el boletín del Centro y, en su caso, por buzón electrónico;

X. Si a la audiencia de conciliación sólo comparece el solicitante, la autoridad conciliadora emitirá la constancia de haber agotado la etapa de conciliación prejudicial obligatoria. Si sólo comparece el citado, se archivará el expediente por falta de interés del solicitante. En ambos casos se reanudarán los plazos de prescripción a partir del día siguiente a la fecha de la audiencia, dejando a salvo los derechos del trabajador para solicitar nuevamente la conciliación;

XI. En el caso de que el notificador no haya logrado notificar a la persona, empresa o sindicato a citar, no obstante haberlo intentado, la Autoridad Conciliadora dará por terminada la instancia y emitirá constancia dejando a salvo los derechos del solicitante de la conciliación para promover juicio ante el Tribunal competente;

XII. Cuando en la solicitud de conciliación se manifieste la existencia de acoso sexual, discriminación u otros actos de violencia contemplados por la ley, en los que exista el riesgo inminente de revictimización, la autoridad conciliadora tomará las medidas conducentes para que en ningún momento se reúna o encare a la persona citada a la que se le atribuyen tales actos. En estos casos el procedimiento de conciliación se llevará con el representante o apoderado del citado, evitando que la presunta víctima y la persona o personas a quienes se atribuyen los actos de violencia se reúnan o encuentren en un mismo espacio;

XIII. Una vez que se celebre el convenio ante los Centros de Conciliación, adquirirá la condición de cosa juzgada, teniendo la calidad de un título para iniciar acciones ejecutivas sin necesidad de ratificación. Cualquiera de las partes podrá promover su cumplimiento mediante el procedimiento de ejecución de sentencia que establece esta Ley, ante el Tribunal competente, y

XIV. Al celebrar convenio, las Autoridades Conciliadoras entregarán copia certificada del mismo para cada una de las partes, asimismo también se les entregará copia certificada de las actas donde conste el cumplimiento del convenio.

Sin perjuicio de lo anterior, cuando así lo requiera el solicitante, el Centro de Conciliación podrá fijar la Audiencia de Conciliación dentro de los cinco días hábiles siguientes a la presentación de la solicitud, para lo cual le proporcionará el citatorio a la audiencia con el fin de que el solicitante se haga cargo de entregarlo directamente a la persona o personas citadas. En este caso, de presentarse ambas partes a la audiencia de conciliación, se procederá a su celebración. Si el solicitante no se presenta a la audiencia, se archivará el asunto por falta de interés, sin emisión de la constancia de haber agotado la conciliación, salvo que justifique su inasistencia, a juicio del conciliador. Si se presenta solamente el solicitante de la conciliación, se señalará nueva fecha y hora para la audiencia de conciliación dentro de los siguientes quince días, ajustándose a las reglas del procedimiento previstas en las fracciones IV y de la VI a la XIV del presente artículo; en dicha audiencia de conciliación, el Centro de Conciliación procederá a geolocalizar el domicilio de la parte citada con auxilio del solicitante; en caso de no poderlo geolocalizar, el Centro de Conciliación fijará una cita para que, acompañado del interesado, se proceda a realizar la citación correspondiente.

La Autoridad Conciliadora es responsable de que el convenio que se celebre cumpla con los requisitos y prestaciones que esta Ley establece, aplicables al caso concreto. Si las partes dan cumplimiento voluntario al convenio celebrado, certificará dicha circunstancia, dando fe de que el trabajador recibe completo y personalmente el pago pactado en el convenio.

En caso de que las partes establezcan pagos diferidos, en una o más parcialidades a cubrir en fecha diversa a la celebración del convenio, deberá fijarse una pena convencional para el caso de incumplimiento, ésta consistirá en una cantidad no menor al salario diario del trabajador por cada día que transcurra sin que se dé cumplimiento cabal al convenio.

Artículo adicionado DOF 01-05-2019

CAPÍTULO II
DE LOS CONCILIADORES

Capítulo adicionado DOF 01-05-2019

Artículo 684-F. El conciliador tendrá las siguientes atribuciones y obligaciones:

I. Emitir el citatorio a la audiencia de conciliación, de conformidad con lo dispuesto en esta Ley;

II. Aprobar o desestimar, según sea el caso, las causas de justificación para la inasistencia a la audiencia de conciliación, con base en los elementos que se le aporten;

III. Comunicar a las partes el objeto, alcance y límites de la conciliación;

IV. Exhortar a las partes para que presenten fórmulas de arreglo;

V. Evaluar las solicitudes de los interesados con el fin de determinar la forma más adecuada para formular propuestas de arreglo, sin que ello implique la imposición de acuerdos;

VI. Redactar, revisar y sancionar los acuerdos o convenios a que lleguen las partes;

VII. Elaborar el acta en la que se certificará la celebración de audiencias de conciliación y dar fe, en su caso, de la entrega al trabajador de las cantidades o prestaciones convenidas;

VIII. Expedir las actas de las audiencias de conciliación a su cargo, autorizar los convenios a que lleguen las partes, y las constancias de no conciliación en aquellos casos que ésta no fuere posible. Expedir las copias certificadas de los convenios y las actas de su cumplimiento;

IX. Cuidar y verificar que en los acuerdos a que lleguen las partes no se vulneren los derechos de los trabajadores. Lo anterior sin perjuicio de que busque la potencialización con perspectiva de derechos sociales;

X. Vigilar que los procesos de conciliación en que intervenga, no se afecten derechos de terceros y disposiciones de orden público, y

XI. Las demás que establezca la presente Ley y demás normatividad aplicable.

Artículo adicionado DOF 01-05-2019

Artículo 684-G. Para desempeñar el cargo de conciliador se deben cubrir los siguientes requisitos:

I. Gozar del pleno ejercicio de sus derechos políticos y civiles;

II. Tener preferentemente experiencia de por lo menos tres años en áreas del derecho del trabajo o especialización en las actividades que se vinculen con las atribuciones del Centro de Conciliación que corresponda;

III. Contar con título profesional a nivel licenciatura en una carrera afín a la función del Centro;

IV. Tener preferentemente certificación en conciliación laboral o mediación y mecanismos alternativos de solución de controversias;

V. Tener conocimiento sobre derechos humanos y perspectiva de género;

VI. Aprobar el procedimiento de selección que se establezca para tal efecto, y

VII. No estar inhabilitado para desempeñar un empleo, cargo o comisión en el servicio público.

Artículo adicionado DOF 01-05-2019

Artículo 684-H. Los conciliadores en el desempeño de sus atribuciones tendrán las siguientes obligaciones especiales:

I. Salvaguardar los derechos irrenunciables del trabajador;

II. Observar los principios de conciliación, imparcialidad, neutralidad, flexibilidad, legalidad, equidad, buena fe, información, honestidad, y confidencialidad;

III. Tratar con la debida equidad y respeto a los interesados, procurando que todas las conciliaciones que se realicen concluyan en arreglos satisfactorios para los mismos respetando los derechos de las partes;

IV. Cumplir con programas de capacitación y actualización para la renovación de la certificación;

V. Abstenerse de fungir como testigos, representantes jurídicos o abogados de los asuntos relativos a los mecanismos alternativos en los que participen posteriormente en juicio;

VI. Ser proactivo para lograr la conciliación entre las partes, y

VII. Procurar el equilibrio entre los factores de la producción y la justicia social, así como el trabajo digno y decente.

Artículo adicionado DOF 01-05-2019

Artículo 684-I. El conciliador tendrá fe pública para certificar:

I. Los instrumentos con los que las partes acrediten la personalidad e identidad con que comparecen a la audiencia, para efecto de conservar una copia en el expediente respectivo;

II. Todo lo que asiente en las actuaciones del procedimiento de conciliación y, en su caso, los convenios a los que lleguen las partes, y

III. Las copias de los convenios que ante su presencia se celebren.

Artículo adicionado DOF 01-05-2019

Artículo 684-J. Los conciliadores y el personal de las Autoridades Conciliadoras no podrán ser llamados a comparecer como testigos en los procedimientos ante los Tribunales.

Artículo adicionado DOF 01-05-2019

CAPÍTULO III
DEL PROCEDIMIENTO PARA LA SELECCIÓN DE CONCILIADORES

Capítulo adicionado DOF 01-05-2019

Artículo 684-K. El presente capítulo establece las disposiciones relativas al procedimiento de selección para la designación de los conciliadores de los Centros de Conciliación.

Artículo adicionado DOF 01-05-2019

Artículo 684-L. El procedimiento y los criterios de selección de los conciliadores tienen como fin, garantizar la autonomía de su actuación y el cumplimiento de los principios que rigen la conciliación laboral, así como acreditar su idoneidad a partir de la valoración de las competencias requeridas para el desempeño de sus funciones, con base en la aplicación de instrumentos técnicos, confiables y pertinentes.

Artículo adicionado DOF 01-05-2019

Artículo 684-M. El procedimiento de selección de los conciliadores deberá garantizar que los aspirantes cuenten con las destrezas, habilidades y competencias siguientes:

a) Conocimientos generales de derecho y específicos en materia laboral;

b) Análisis y resolución de controversias;

c) Gestión del conflicto, y

d) Aptitudes en la función conciliatoria.

Artículo adicionado DOF 01-05-2019

Artículo 684-N. El procedimiento de selección se llevará a cabo a través de concurso, cuya convocatoria deberán ser públicas y abiertas.

Las convocatorias deberán publicarse en el Diario Oficial de la Federación o en los órganos oficiales de difusión de las entidades federativas y en el portal de Internet del Centro de Conciliación, en el que deberá estar publicado de manera permanente mientras se desarrolle el concurso.

Artículo adicionado DOF 01-05-2019

Artículo 684-O. El Órgano de Gobierno del Centro de Conciliación, a propuesta del titular de ésta, aprobará la emisión de la convocatoria, que deberá contener:

I. El número de publicación;

II. El número de plazas sujetas a concurso;

III. El lugar y las fechas que comprenderán las etapas del procedimiento;

IV. Los documentos que deberán acompañarse a la solicitud de inscripción al procedimiento, que serán:

a) Formato de inscripción, que se pondrá a disposición en las instalaciones del Centro de Conciliación y en su portal de Internet;

b) Currículum vitae actualizado del aspirante, acompañado con los documentos que soporten la información;

c) Copia certificada del acta de nacimiento;

d) Copia del Título y de la cédula profesional;

e) Escrito en el que, bajo protesta de decir verdad, manifieste encontrarse en pleno goce de sus derechos, y

f) Comprobante de domicilio.

V. El material de apoyo que podrán consultar los participantes en las distintas fases, y

VI. El formato de Conocimiento y Aceptación de las Bases y Lineamientos del Concurso de Selección, en el que el solicitante manifieste que es sabedor de los requisitos de la inscripción, las reglas del procedimiento y su conformidad con ellos.

Artículo adicionado DOF 01-05-2019

Artículo 684-P. Para participar en el procedimiento de selección de conciliadores, deberán cumplirse con los requisitos que establece esta Ley. Las Autoridades Conciliadoras elaborarán la lista de los participantes, a los que les asignará un folio de referencia, que será el único medio para identificar a los aspirantes en la etapa de evaluación del procedimiento.

Artículo adicionado DOF 01-05-2019

Artículo 684-Q. Los participantes tendrán derecho a:

I. Concursar en igualdad de condiciones;

II. Contar con el lugar, equipo y tiempo necesarios para la presentación de los exámenes, y

III. Conocer los resultados del concurso en las publicaciones que realice el Centro de Conciliación.

Artículo adicionado DOF 01-05-2019

Artículo 684-R. El Centro de Conciliación garantizará el cumplimiento de los principios de legalidad, imparcialidad, calidad, objetividad, certeza, equidad, competencia por mérito, publicidad y transparencia, en los procedimientos de selección de conciliadores, para lo cual deberá establecer en la convocatoria lo siguiente:

I. Las obligaciones específicas de los participantes durante el concurso y las causales de descalificación o eliminación del mismo;

II. Las reglas del concurso, que deberán incluir el trámite de inscripción o registro, la forma y criterios de evaluación, la ponderación de cada área de competencia a evaluar y su impacto en la calificación final, las calificaciones mínimas aprobatorias y la publicación de resultados. Las reglas deberán contemplar que el desarrollo del examen será público;

III. La integración del comité de evaluación y selección que llevará a cabo el concurso, y

IV. Los lineamientos del proceso de selección de conciliadores, los que contendrán los criterios técnicos de evaluación, la integración de cada instrumento, sus escalas de desempeño y las formalidades para su aplicación.

Artículo adicionado DOF 01-05-2019

Artículo 684-S. El Órgano de Gobierno del Centro de Conciliación contará con las siguientes atribuciones en lo que se refiere al procedimiento de selección de conciliadores:

I. Aprobar la emisión de las convocatorias para el procedimiento de selección de conciliadores a propuesta del titular del Centro de Conciliación;

II. Aprobar la propuesta para la calendarización y sedes para llevar a cabo las etapas del concurso que presente el Titular del Centro de Conciliación y autorizar algún cambio en las mismas, cuando éste sea debidamente justificado u obedezca a causas de fuerza mayor, y

III. Aprobar, a propuesta de dicho Titular, los Lineamientos del proceso de selección de conciliadores públicos en materia laboral.

Artículo adicionado DOF 01-05-2019

Artículo 684-T. Los resultados del concurso se publicarán en el Diario Oficial de la Federación o en los órganos oficiales de difusión de las entidades federativas, así como en la página oficial del Centro de Conciliación que corresponda.

Artículo adicionado DOF 01-05-2019

Artículo 684-U. Una vez hecha la publicación a que se refiere el artículo que antecede, el Titular del Centro de Conciliación llevará a cabo la designación de acuerdo con el número de plazas sujetas a concurso. El nombramiento de los conciliadores tendrá una vigencia de tres años y podrá ratificarse por periodos sucesivos de la misma duración. El Centro de Conciliación establecerá el procedimiento para tales efectos, que deberá atender criterios objetivos de desempeño, honestidad, profesionalismo y la actualización profesional del Conciliador. Dicha evaluación se realizará a través de instrumentos públicos, técnicos y objetivos.

Artículo adicionado DOF 01-05-2019

TÍTULO CATORCE
DERECHO PROCESAL DEL TRABAJO

CAPÍTULO I
PRINCIPIOS PROCESALES

Denominación del Capítulo reformada DOF 04-01-1980

Artículo 685. El proceso del derecho del trabajo se rige bajo los principios de inmediación, inmediatez, continuidad, celeridad, veracidad, concentración, economía y sencillez procesal. Asimismo, será público, gratuito, predominantemente oral y conciliatorio.

Los Tribunales deben garantizar el cumplimiento de los principios y condiciones citados. El juez deberá atender al principio de realidad sobre los elementos formales que lo contradigan. Asimismo, se privilegiará la solución del conflicto sobre los formalismos procedimentales, sin afectar el debido proceso y los fines del derecho del trabajo.

Cuando la demanda del trabajador sea incompleta, en cuanto a que no comprenda todas las prestaciones que de acuerdo con esta Ley deriven de la acción intentada o procedente, conforme a los hechos expuestos por el trabajador, el Tribunal, en el momento de admitir la demanda, subsanará ésta. Lo anterior sin perjuicio de que cuando la demanda sea obscura o vaga se proceda en los términos previstos en el artículo 873 de esta Ley.

Artículo reformado DOF 04-01-1980, 30-11-2012, 01-05-2019

Artículo 685 Bis. Las partes tendrán derecho a que se garantice su debida defensa y representación; en consecuencia, podrán estar asistidos por un apoderado legal quien deberá ser Licenciado en Derecho o abogado titulado con cédula profesional. Cuando el Tribunal advierta que exista una manifiesta y sistemática incapacidad técnica del apoderado legal, prevendrá a la parte afectada para que designe otro, contando con tres días naturales para hacerlo. Los trabajadores o sus beneficiarios tendrán derecho a que les sea asignado un abogado de la Procuraduría de la Defensa del Trabajo competente o de la Defensoría Pública que asuma su representación jurídica.

Artículo adicionado DOF 01-05-2019

Artículo 685 Ter. Quedan exceptuados de agotar la instancia conciliatoria, cuando se trate de conflictos inherentes a:

I. Discriminación en el empleo y ocupación por embarazo, así como por razones de sexo, orientación sexual, raza, religión, origen étnico, condición social o acoso u hostigamiento sexual;

II. Designación de beneficiarios por muerte;

III. Prestaciones de seguridad social por riesgos de trabajo, maternidad, enfermedades, invalidez, vida, guarderías y prestaciones en especie y accidentes de trabajo;

IV. La tutela de derechos fundamentales y libertades públicas, ambos de carácter laboral, entendidos en estos rubros los relacionados con:

a) La libertad de asociación, libertad sindical y el reconocimiento efectivo de la negociación colectiva;

b) Trata laboral, así como trabajo forzoso y obligatorio, y

c) Trabajo infantil.

Para la actualización de estas excepciones se debe acreditar la existencia de indicios que generen al tribunal la razonable sospecha, apariencia o presunción de que se están vulnerando alguno de estos derechos;

V. La disputa de la titularidad de contratos colectivos o contratos ley, y

VI. La impugnación de los estatutos de los sindicatos o su modificación.

Artículo adicionado DOF 01-05-2019

Artículo 686. El proceso del derecho del trabajo y los procedimientos paraprocesales, se sustanciarán y decidirán en los términos señalados en la presente Ley.

Los Tribunales ordenarán que se corrija cualquier irregularidad u omisión que notaren en la sustanciación del proceso, para el efecto de regularizar el procedimiento, sin que ello implique que puedan revocar sus propias resoluciones, según lo dispone el artículo 848 de la presente Ley.

Párrafo reformado DOF 01-05-2019

Artículo reformado DOF 04-01-1980

Artículo 687. En las comparecencias, escritos, promociones o alegaciones, no se exigirá forma determinada; pero las partes deberán precisar los puntos petitorios.

Artículo reformado DOF 04-01-1980

Artículo 688. Las autoridades administrativas están obligadas, en la esfera de sus respectivas competencias, a auxiliar a los Tribunales, si se negaren a ello, serán responsables en los términos de las Leyes aplicables al caso.

Artículo reformado DOF 04-01-1980, 30-11-2012, 01-05-2019

CAPÍTULO II
DE LA CAPACIDAD, PERSONALIDAD Y LEGITIMACIÓN

Capítulo reubicado y denominación reformada DOF 04-01-1980. Denominación reformada DOF 30-11-2012

Artículo 689. Son partes en el proceso del trabajo, las personas físicas o morales que acrediten su interés jurídico en el proceso y ejerciten acciones u opongan excepciones.

Artículo reformado DOF 04-01-1980, 30-11-2012

Artículo 690. Las personas que puedan ser afectadas por la resolución que se pronuncie en un conflicto, podrán intervenir en él, comprobando su interés jurídico en el mismo, o ser llamadas a juicio por el Tribunal.

Los terceros interesados en un juicio podrán comparecer o ser llamados a éste hasta antes de la celebración de la audiencia preliminar en el caso del procedimiento individual ordinario y de juicio en los demás casos, para manifestar por escrito lo que a su derecho convenga. El Tribunal, sin suspensión del procedimiento dictará el acuerdo respectivo, a fin de que se corra traslado al tercero interesado con los escritos de demanda y su contestación para que dentro de los diez días siguientes a la fecha en que sea notificando personalmente, presente el escrito en el que manifieste lo que a su derecho convenga; en dicho escrito además de acreditar su personalidad deberá ofrecer las pruebas que a su interés corresponda.

Los terceros interesados que comparezcan o sean llamados al procedimiento ordinario previsto en el capítulo XVII del presente Título de esta Ley, se sujetarán a lo establecido en dicho procedimiento.

La parte que solicite se llame a un tercero interesado, deberá expresar el motivo y circunstancia por el cual debe llamarse a juicio y demostrar las razones por las que le atribuye tal carácter.

Artículo reformado DOF 04-01-1980, 30-11-2012, 01-05-2019

Artículo 691. Los menores trabajadores tienen capacidad para comparecer a juicio sin necesidad de autorización alguna; pero, en caso de no estar asesorados en juicio, el Tribunal solicitará la intervención de la Procuraduría de la Defensa del Trabajo para tal efecto. Tratándose de menores de 16 años, la Procuraduría de la Defensa del Trabajo les designará un representante cuando no lo tuvieren.

Párrafo reformado DOF 01-05-2019

Lo previsto en el párrafo anterior se aplicará también tratándose de presuntos beneficiarios de algún trabajador fallecido.

Artículo reformado DOF 04-01-1980, 30-11-2012

Artículo 692. Las partes podrán comparecer a juicio en forma directa o por conducto de apoderado legalmente autorizado.

Tratándose de apoderado, la personalidad se acreditará conforme a las siguientes reglas:

I. Cuando el compareciente actúe como apoderado de persona física, podrá hacerlo mediante poder notarial o carta poder firmada por el otorgante y ante dos testigos, sin necesidad de ser ratificada ante el Tribunal;

Fracción reformada DOF 01-05-2019

II. Los abogados patronos o asesores legales de las partes, sean o no apoderados de éstas, deberán acreditar ser abogados o licenciados en derecho con cédula profesional o personas que cuenten con carta de pasante vigente expedida por la autoridad competente para ejercer dicha profesión. Sólo se podrá autorizar a otras personas para oír notificaciones y recibir documentos, pero éstas no podrán comparecer en las audiencias ni efectuar promoción alguna;

Fracción reformada DOF 30-11-2012

III. Cuando el compareciente actúe como apoderado de persona moral, podrá acreditar su personalidad mediante testimonio notarial o carta poder otorgada ante dos testigos, previa comprobación de que quien le otorga el poder está legalmente autorizado para ello; y

IV. Los representantes de los sindicatos acreditarán su personalidad con la certificación que les extienda la autoridad registradora correspondiente, de haber quedado inscrita la directiva del sindicato. También podrán comparecer por conducto de apoderado legal, quien en todos los casos deberá ser abogado, licenciado en derecho o pasante.

Fracción reformada DOF 30-11-2012

Artículo reformado DOF 04-01-1980

Artículo 693. Los Tribunales podrán tener por acreditada la personalidad de los representantes de los trabajadores o sindicatos, federaciones y confederaciones sin sujetarse a las reglas del artículo anterior, siempre que de los documentos exhibidos lleguen al convencimiento de que efectivamente se representa a la parte interesada.

Artículo reformado DOF 04-01-1980, 30-11-2012, 01-05-2019

Artículo 694. Los trabajadores, los patrones y las organizaciones sindicales, podrán otorgar poder mediante simple comparecencia, previa identificación, ante los Tribunales del lugar de su residencia, para que los representen ante cualquier autoridad del trabajo; la personalidad se acreditará con la copia certificada que se expida de la misma.

Artículo reformado DOF 04-01-1980, 01-05-2019

Artículo 695. Los representantes o apoderados podrán acreditar su personalidad conforme a los lineamientos anteriores, en cada uno de los juicios en que comparezcan, exhibiendo copia simple fotostática para su cotejo con el documento original o certificado por autoridad, el cual les será devuelto de inmediato, quedando en autos la copia debidamente certificada.

Artículo reformado DOF 04-01-1980

Artículo 696. El poder que otorgue el trabajador para ser representado en juicio, se entenderá conferido para demandar todas las prestaciones principales y accesorias que correspondan, aunque no se exprese en el mismo.

Artículo reformado DOF 04-01-1980

Artículo 697. Siempre que dos o más personas ejerciten la misma acción u opongan la misma excepción en un mismo juicio deben litigar unidas y con una representación común, salvo que los colitigantes tengan intereses opuestos.

Si se trata de las partes actoras, el nombramiento de representante común deberá hacerse en el escrito de demanda, o en la audiencia preliminar; si se trata de las demandadas, el nombramiento se hará en el escrito de contestación o en la audiencia a que se ha hecho mención. Si el nombramiento no lo hicieran los interesados dentro de los términos señalados, el Tribunal lo hará escogiéndolo de entre los propios interesados.

Párrafo reformado DOF 01-05-2019

El representante común tendrá los derechos, obligaciones y responsabilidad inherentes a un mandatario judicial.

Artículo reformado DOF 04-01-1980

CAPÍTULO III
DE LAS COMPETENCIAS

Capítulo reubicado y denominación reformada DOF 04-01-1980

Artículo 698. Será competencia de los Tribunales de las Entidades Federativas, conocer de los conflictos que se susciten dentro de su jurisdicción, que no sean de competencia Federal.

El Tribunal Federal conocerá de los conflictos de trabajo cuando se trate de las ramas industriales, empresas o materias contenidas en los artículos 123, apartado A, fracción XXXI, de la Constitución Política y 527 de esta Ley.

Artículo reformado DOF 04-01-1980, 30-11-2012, 01-05-2019

Artículo 699. Cuando en los conflictos a que se refiere el párrafo primero del artículo que antecede, se ejerciten en la misma demanda acciones relacionadas con obligaciones en materia de capacitación y adiestramiento o de seguridad e higiene, el conocimiento de estas materias será de la competencia del Tribunal Federal, de acuerdo a su jurisdicción.

En el supuesto previsto en el párrafo anterior, el Tribunal, al admitir la demanda, ordenará se saque copia de la misma y de los documentos presentados por el actor, las que remitirá inmediatamente al Tribunal Federal para la sustanciación y resolución, exclusivamente, de las cuestiones sobre capacitación y adiestramiento, y de seguridad e higiene, en los términos señalados en esta Ley.

Artículo reformado DOF 04-01-1980, 01-05-2019

Artículo 700. La competencia por razón del territorio se rige por las normas siguientes:

I. (Se deroga).

Fracción derogada DOF 30-11-2012

II. En los conflictos individuales, el actor puede escoger entre:

a) El Tribunal del lugar de celebración del contrato;

Inciso reformado DOF 01-05-2019

b) El Tribunal del domicilio de cualquiera de los demandados, y

Inciso reformado DOF 01-05-2019

c) El Tribunal del lugar de prestación de los servicios; si éstos se prestaron en varios lugares, será el Tribunal del último de ellos.

Inciso reformado DOF 01-05-2019

Fracción reformada DOF 30-11-2012

III. En los conflictos colectivos de jurisdicción federal, será competente el Tribunal Federal; en los conflictos colectivos de jurisdicción local, conocerá el Tribunal Local del lugar en que esté ubicada la empresa o establecimiento;

Fracción reformada DOF 01-05-2019

IV. Cuando se trate de la cancelación del registro de un sindicato, el Tribunal Federal cuya adscripción sea la más cercana a su domicilio;

Fracción reformada DOF 01-05-2019

V. En los conflictos entre patrones o trabajadores entre sí, el Tribunal del domicilio del demandado, y

Fracción reformada DOF 01-05-2019

VI. Cuando el demandado sea un sindicato, el Tribunal Federal o el Tribunal Local más cercano al domicilio del mismo, según corresponda a la naturaleza de la acción intentada.

Fracción reformada DOF 01-05-2019

Artículo reformado DOF 04-01-1980

Artículo 701. El Tribunal de oficio, deberá declararse incompetente en cualquier estado del proceso, hasta antes de la audiencia de juicio, cuando existan en el expediente datos que lo justifiquen. Si el Tribunal se declara incompetente, con citación de las partes, remitirá de inmediato el expediente al tribunal que estime competente; si éste al recibir el expediente, se declara a su vez incompetente, remitirá de inmediato el expediente a la autoridad que debe decidir la competencia, en los términos del artículo 705 Bis de esta Ley.

Artículo reformado DOF 04-01-1980, 30-11-2012, 01-05-2019

Artículo 702. No se considerará excepción de incompetencia la defensa consistente en la negativa de la relación de trabajo.

Artículo reformado DOF 04-01-1980

Artículo 703. Las cuestiones de competencia, en materia de trabajo, sólo pueden promoverse por declinatoria.

La declinatoria podrá oponerse hasta la audiencia preliminar, acompañando los elementos en que se funde; en ese momento, el Tribunal después de oír a las partes y recibir las pruebas que estime convenientes, las que deberán referirse exclusivamente a la cuestión de incompetencia, dictará en el acto resolución.

Párrafo reformado DOF 01-05-2019
Artículo reformado DOF 04-01-1980

Artículo 704. Cuando un Tribunal considere que el conflicto de que conoce, es de la competencia de otro, con citación de las partes, se declarará incompetente y remitirá los autos al Tribunal que estime competente. Si éste al recibir el expediente se declara a su vez incompetente, lo remitirá a la autoridad que deba decidir la cuestión de competencia, para que ésta determine cuál es el Tribunal que debe continuar conociendo del conflicto.

Artículo reformado DOF 04-01-1980, 01-05-2019

Artículo 705. Se deroga

Artículo reformado DOF 04-01-1980, 30-11-2012. Derogado DOF 01-05-2019

Artículo 705 Bis. Las competencias se decidirán:

I. El Poder Judicial Local a través de su pleno u órgano análogo que corresponda de conformidad con su legislación cuando la competencia se suscite entre tribunales pertenecientes a dicho Poder Judicial local.

II. El Poder Judicial Federal a través del Tribunal Colegiado de Circuito que corresponda, cuando la controversia se suscite entre:

a) Tribunales Federales y Locales;

b) Tribunales Locales de diversas entidades federativas;

c) Tribunales Locales y otro órgano jurisdiccional federal o de diversa entidad federativa;

d) Tribunales Federales, y

e) Tribunales Federales y otro órgano jurisdiccional.

Los conflictos competenciales de los Tribunales federales y locales, se substanciarán de conformidad con las leyes orgánicas correspondientes.

Artículo adicionado DOF 01-05-2019

Artículo 706. Será nulo todo lo actuado ante el Tribunal incompetente, salvo el acto de admisión de la demanda y lo dispuesto en los artículos 704 y 928 fracción V de esta Ley o, en su caso, cuando se haya celebrado convenio que ponga fin al negocio, en el período de conciliación.

Artículo reformado DOF 04-01-1980, 01-05-2019

Artículo 706 Bis. Con el propósito de facilitar el acceso a la justicia, los poderes judiciales locales o federal podrán autorizar el funcionamiento, en régimen de movilidad, de uno o más Tribunales conforme a las necesidades de los asuntos que deban conocer. Para esto dispondrá la instalación de la sede correspondiente durante un periodo determinado.

Artículo adicionado DOF 01-05-2019

CAPÍTULO IV
DE LOS IMPEDIMENTOS Y EXCUSAS

Capítulo reubicado y denominación reformada DOF 04-01-1980

Artículo 707. Se deroga.

Artículo reformado DOF 04-01-1980. Derogado DOF 01-05-2019

Artículo 707 Bis. Los jueces y secretarios instructores se tendrán por forzosamente impedidos y tendrán el deber de excusarse en el conocimiento de los asuntos en los casos siguientes:

I. En asuntos en los que tenga interés directo o indirecto;

II. En asuntos que interesen a su cónyuge, concubino o concubina, o a sus parientes consanguíneos en línea recta sin limitación de grados, a los colaterales dentro del cuarto grado, y a los afines dentro del segundo;

III. Si entre el funcionario, su cónyuge, concubino o concubina, o sus hijos y alguno de los interesados, haya relación de intimidad nacida de algún acto civil o religioso;

IV. Si fuere pariente por consanguinidad o afinidad, del abogado o procurador de alguna de las partes, en los mismos grados a que se refiere la fracción II de este artículo;

V. Cuando él, su cónyuge o alguno de sus hijos sea heredero, legatario, donante, donatario, socio, acreedor, deudor, fiador, fiado, arrendador, arrendatario, principal, dependiente o comensal habitual de alguna de las partes, o administrador actual de sus bienes;

VI. Si ha hecho promesas o amenazas, o ha manifestado de otro modo su odio o afecto por alguna de las partes;

VII. Si asiste o ha asistido a convites que especialmente para él diere o costeare alguna de las partes, después de comenzado el procedimiento, o si se tiene mucha familiaridad con alguno de ellos, o vive con él, en su compañía, o en una misma casa;

VIII. Cuando después de comenzado el procedimiento, haya admitido él, su cónyuge o alguno de sus hijos, dádivas o servicios de alguna de las partes;

IX. Si ha sido abogado o procurador, perito o testigo en el negocio de que se trate;

X. Si ha conocido del negocio como integrante del Tribunal, árbitro o asesor, resolviendo algún punto que afecte a la sustancia de la cuestión, en la misma instancia o en otra;

XI. Cuando él, su cónyuge o alguno de sus parientes consanguíneos en línea recta, sin limitación de grados, de los colaterales dentro del segundo, o de los afines en el primero, siga contra alguna de las partes, o no ha pasado un año de haber seguido un juicio civil, o una causa criminal, como acusador, querellante o denunciante, o se haya constituido parte civil en causa criminal seguida contra cualquiera de ellas;

XII. Cuando alguna de las partes o de sus abogados es o ha sido denunciante, querellante o acusador del funcionario de que se trate, de su cónyuge, o de alguno de sus expresados parientes o se ha constituido parte civil en causa criminal seguida contra cualquiera de ellos, siempre que el Ministerio Público haya ejercitado la acción penal;

XIII. Cuando el funcionario de que se trate, su cónyuge o alguno de sus expresados parientes sea contrario a cualquiera de las partes en negocio administrativo que afecte a sus intereses;

XIV. Si él, su cónyuge o alguno de sus parientes sigue algún proceso civil o criminal en que sea integrante el Tribunal, agente del Ministerio Público, árbitro o arbitrador, alguna de las partes;

XV. Si es tutor o curador de alguno de los interesados, o no han pasado tres años de haberlo sido;

XVI. Cuando haya externado su opinión públicamente antes del fallo, y

XVII. Exista cualquier otro impedimento legal.

Artículo adicionado DOF 01-05-2019

Artículo 707 Ter. Los juzgadores y secretarios instructores tendrán la obligación de excusarse inmediatamente que se avoquen al conocimiento de un negocio del que no deben conocer por impedimento, o dentro de las veinticuatro horas siguientes de que ocurra el hecho que lo origine o de que tengan conocimiento de él, expresando concretamente la causa o razón del impedimento.

Artículo adicionado DOF 01-05-2019

Artículo 708. Se deroga.

Artículo reformado DOF 04-01-1980. Derogado DOF 01-05-2019

Artículo 709. Procede la recusación cuando, a pesar de existir alguno de los impedimentos expresados, los jueces y secretarios instructores no se excusen. La recusación siempre se fundará en causa legal.

Párrafo reformado DOF 01-05-2019

I. Se deroga.

Fracción reformada DOF 09-04-2012. Derogada DOF 01-05-2019

II. Se deroga.

Fracción derogada DOF 01-05-2019

III. Se deroga.

Fracción derogada DOF 01-05-2019

IV. Se deroga.

Fracción derogada DOF 01-05-2019

Artículo reformado DOF 04-01-1980

Artículo 709-A. La recusación se interpondrá ante el Tribunal que conozca del asunto, expresándose con claridad y precisión la causa en que se funde. El Tribunal remitirá de inmediato el testimonio de las actuaciones respectivas a la autoridad competente para resolver, al pleno del superior jerárquico u órgano análogo que corresponda de conformidad con su legislación cuando la competencia sea del orden local y al Tribunal Colegiado de Circuito de corresponda, cuando se trate de competencia federal.

Artículo adicionado DOF 01-05-2019

Artículo 709-B. La recusación solo podrá admitirse hasta antes de la calificación sobre la admisibilidad de las pruebas en la audiencia preliminar, o hasta antes del cierre de la instrucción cuando:

I. Cambie el personal del Tribunal, y

II. Ocurra un hecho superveniente que funde la causa.

Artículo adicionado DOF 01-05-2019

Artículo 709-C. No se admitirá recusación:

I. Al cumplimentar exhortos, ejecuciones y demás diligencias cuya práctica se encomiende por otros Tribunales;

II. En los procedimientos a los que se refieren los artículos 982 al 991;

III. En los demás en que no se asuma jurisdicción ni impliquen conocimiento de causa, y

IV. En contra de los magistrados y jueces que conozcan de una recusación.

Artículo adicionado DOF 01-05-2019

Artículo 709-D. Se desechará de plano toda recusación cuando:

I. Sea extemporánea, y

II. No se funde en alguna de las causas a que se refiere el artículo 707 Bis de esta Ley, o anteriormente se haya declarado improcedente.

Artículo adicionado DOF 01-05-2019

Artículo 709-E. La recusación se resolverá sin citación a la parte contraria y se tramitará en forma de incidente.

Artículo adicionado DOF 01-05-2019

Artículo 709-F. En tanto se califica la recusación, se continuará con el procedimiento. Si se declara procedente, será nulo todo lo actuado a partir de la fecha en que se interpuso.

Artículo adicionado DOF 01-05-2019

Artículo 709-G. En la recusación son admisibles todos los medios de prueba establecidos por este Título y además la confesión del funcionario recusado.

Artículo adicionado DOF 01-05-2019

Artículo 709-H. La resolución será comunicada al recusado.

Si la recusación se declara procedente, terminará su intervención en el asunto de que se trate y remitirá los autos al Tribunal que corresponda.

Artículo adicionado DOF 01-05-2019

Artículo 709-I. Cuando se declare improcedente, se impondrá al recusante una multa a favor del Fondo de Apoyo a la Administración de Justicia del Poder Judicial que corresponda, la cual no será inferior a 100 ni mayor a 500 Unidades de Medida y Actualización.

Artículo adicionado DOF 01-05-2019

Artículo 709-J. Una vez interpuesta la recusación, la parte recusante no podrá alzarla en ningún tiempo, ni variar la causa.

Artículo adicionado DOF 01-05-2019

Artículo 710. Se deroga.

Artículo reformado DOF 04-01-1980. Derogado DOF 01-05-2019

Artículo 711. El procedimiento no se suspenderá mientras se tramite la denuncia de impedimento.

Artículo reformado DOF 04-01-1980, 30-11-2012

CAPÍTULO V
DE LA ACTUACIÓN DE LOS TRIBUNALES

Capítulo reubicado y denominación reformada DOF 04-01-1980. Denominación reformada DOF 01-05-2019

Artículo 712. Cuando el trabajador ignore el nombre del patrón o la denominación o razón social en donde labora o laboró, deberá precisar por lo menos en su escrito de demanda el domicilio de la empresa, establecimiento, oficina o lugar en donde prestó o presta el trabajo y la actividad a que se dedica el patrón.

La sola presentación de la demanda o de la instancia conciliatoria, en los términos del párrafo anterior interrumpe la prescripción respecto de quien resulte ser el patrón del trabajador.

Si el demandado ya no tiene su domicilio donde se prestaron los servicios, el trabajador lo hará del conocimiento del Tribunal, para que ésta gire oficios a las dependencias que considere pertinente, para localizar el nuevo domicilio del demandado. El Tribunal deberá ordenar el desahogo de cualquier diligencia, entre las cuales podrá girar oficios a instituciones que cuenten con registro oficial de personas a fin de que se obtenga el nombre del demandado y su localización. Una vez obtenida la información necesaria, se realizará el emplazamiento.

De no obtener la información que permita al Tribunal conocer el domicilio del demandado, se procederá a la notificación por edictos y en el sitio de Internet que para tal efecto establezca el Poder Judicial federal o local cuando se trate de personas cuyo domicilio se ignora, previo informe de una institución que cuente con registro oficial de personas. En este caso, el procedimiento seguirá su curso y se tendrá por perdido el derecho que debió ejercerse, sin perjuicio de que antes de la audiencia preliminar pueda la parte demandada ofrecer pruebas en contra para demostrar que el actor no era trabajador o patrón; que no existió el despido o que no son ciertos los hechos afirmados por la parte actora.

En este caso, los edictos se publicarán por dos veces, con un lapso de tres días entre uno y otro, haciéndose saber que debe de presentarse el citado, dentro de un término que no será inferior a quince días ni excederá de sesenta días. Asimismo, se publicarán en el medio oficial de difusión del Tribunal, incluyendo su portal de Internet.

Artículo reformado DOF 04-01-1980, 01-05-2019

Artículo 712 Bis. Los Tribunales tendrán una unidad receptora que proporcionará servicio durante los días señalados en el artículo 715 de esta Ley, y remitirán los escritos que reciba al Tribunal que corresponda, a más tardar al día siguiente.

Tratándose del procedimiento especial de huelga, la unidad receptora proporcionará dicho servicio todos los días del año.

Artículo adicionado DOF 01-05-2019

Artículo 712 Ter. En la integración de los expedientes, los Tribunales garantizarán su fidelidad, integridad, reproducción, conservación y resguardo.

Artículo adicionado DOF 01-05-2019

Artículo 713. En las audiencias que se celebren se requerirá de la presencia física de las partes o de sus representantes o apoderados, salvo disposición en contrario de la Ley.

Fe de erratas al artículo DOF 05-06-1970. Reformado DOF 04-01-1980

Artículo 714. Las actuaciones de los Tribunales, del Centro Federal de Conciliación y Registro Laboral y de los Centros de Conciliación Locales deben practicarse en días y horas hábiles, bajo pena de nulidad, siempre que esta Ley no disponga otra cosa.

Artículo reformado DOF 04-01-1980, 01-05-2019

Artículo 715. Son días hábiles todos los del año con excepción de los sábados y domingos, los de descanso obligatorio, los festivos que señale el calendario oficial y aquéllos en que las autoridades laborales señaladas en el artículo anterior suspendan sus labores.

Artículo reformado DOF 04-01-1980, 01-05-2019

Artículo 716. Son horas hábiles las comprendidas entre las siete y las diecinueve horas, salvo el procedimiento de huelga, en el que todos los días y horas son hábiles.

Artículo reformado DOF 04-01-1980

Artículo 717. Los Tribunales, el Centro Federal de Conciliación y Registro Laboral y los Centros de Conciliación Locales pueden habilitar los días y horas inhábiles para que se practiquen diligencias, cuando haya causa justificada, expresando concreta y claramente cuál es ésta, así como las diligencias que hayan de practicarse.

Artículo reformado DOF 04-01-1980, 01-05-2019

Artículo 718. La audiencia o diligencia que se inicie en día y hora hábil podrá continuarse hasta su terminación, sin suspenderse y sin necesidad de habilitación expresa. En caso de que se suspenda deberá continuarse el siguiente día hábil; el Tribunal hará constar en autos la razón de la suspensión.

Artículo reformado DOF 04-01-1980, 01-05-2019

Artículo 719. Cuando en la fecha señalada no se llevare a cabo la práctica de alguna diligencia, el Tribunal hará constar en autos la razón por la cual no se practicó y señalará en el mismo acuerdo, el día y hora para que tenga lugar la misma.

Artículo reformado DOF 04-01-1980, 01-05-2019

Artículo 720. Las audiencias serán públicas. El Tribunal podrá ordenar, de oficio o a instancia de parte, que sean a puerta cerrada, cuando se puedan transgredir el derecho a la intimidad o tratándose de menores.

Las audiencias serán presididas íntegramente por el juez; de incumplirse esta condición las actuaciones respectivas serán nulas de pleno derecho. Al inicio de las audiencias, el secretario instructor del Tribunal hará constar oralmente en el registro la fecha, hora y lugar de realización, el nombre de los servidores públicos del Tribunal, y demás personas que intervendrán.

Las partes y los terceros que intervengan en el desarrollo de las audiencias deberán rendir previamente protesta de que se conducirán con verdad. Para tal efecto, el secretario instructor les tomará protesta, apercibiéndolos de las penas que se imponen a quienes declaran con falsedad.

La intervención de quienes participen en ellas será en forma oral.

El juez recibirá por sí mismo las declaraciones y presidirá todos los actos de prueba bajo su más estricta y personal responsabilidad; ordenará la práctica de las pruebas, dirigirá el debate, exigirá el cumplimiento de las formalidades que correspondan, moderará la discusión, impedirá que las alegaciones se desvíen hacia aspectos no pertinentes o inadmisibles y podrá limitar el tiempo y número de ocasiones en que intervengan los interesados con base en criterios de equidad y agilidad procesal.

El juez determinará el inicio y la conclusión de cada una de las etapas de la audiencia, por lo que se tendrán por precluídos los derechos procesales que debieron ejercerse en cada una de ellas.

Una vez que los testigos, peritos o partes concluyan su intervención, a petición de ellos podrán retirarse del Tribunal cuando el juez lo autorice.

Al terminar las audiencias, se levantará acta que deberá contener, cuando menos:

I. El lugar, la fecha y el expediente al que corresponde;

II. El nombre de quienes intervienen y la constancia de la inasistencia de los que debieron o pudieron estar presentes, indicándose la causa de la ausencia si se conoce;

III. Una relación sucinta del desarrollo de la audiencia, y

IV. La firma del juez y secretario instructor.

El secretario instructor deberá certificar el medio en donde se encuentre registrada la audiencia respectiva, identificar dicho medio con el número de expediente y tomar las medidas necesarias para evitar que pueda alterarse.

Las partes podrán solicitar copia simple o certificada de las actas o copia en medio electrónico de los registros que obren en el procedimiento.

La conservación y resguardo de los registros estará a cargo del Tribunal que los haya generado, los que deberán contar con el respaldo necesario, que se certificará en los términos de este artículo.

El juez contará con las más amplias facultades disciplinarias para mantener el orden durante el debate y durante las audiencias, para lo cual podrá ejercer el poder de mando de la fuerza pública e imponer indistintamente las correcciones disciplinarias a que se refiere el artículo 729 de esta Ley.

Artículo reformado DOF 04-01-1980, 01-05-2019

Artículo 721. Todas las actuaciones procesales serán autorizadas por el juez, excepción hecha de las diligencias encomendadas a otros funcionarios.

Para producir fe, las audiencias se registrarán por medios electrónicos, o cualquier otro idóneo a juicio del juez, que permita garantizar la fidelidad e integridad de la información, la conservación y reproducción de su contenido y el acceso a los mismos a quienes de acuerdo a la ley, tuvieren derecho a ella.

La certificación de las actas que se lleven a través del Sistema Digital del Tribunal deberá realizarla el Funcionario Judicial competente.

Artículo reformado DOF 04-01-1980, 01-05-2019

Artículo 722. Las declaraciones que rindan las partes, sus apoderados o cualquier persona ante el Tribunal, las harán bajo protesta de decir verdad y bajo apercibimiento de las penas en que incurren si declaran falsamente ante autoridad.

Párrafo reformado DOF 01-05-2019

Las declaraciones de peritos en derecho, serán rendidas bajo protesta de decir verdad, sin que se requiera apercibimiento alguno.

Artículo reformado DOF 04-01-1980

Artículo 723. El Tribunal, conforme a lo establecido en esta Ley, está obligado a expedir a la parte solicitante, copia certificada de cualquier documento o constancia que obre en el expediente. También deberá certificar la copia fotostática que exhiban las partes de algún documento o constancia que aparezca en autos, previo cotejo que se haga con el original.

Artículo reformado DOF 04-01-1980, 01-05-2019

Artículo 724. El Tribunal, podrá acordar la creación, divulgación y utilización de herramientas tecnológicas en las que se incluyan los sistemas necesarios para la consulta y actuación de las partes en los procedimientos establecidos en el Título Catorce de la presente Ley.

Párrafo reformado DOF 01-05-2019

También podrá acordar que los expedientes concluidos de manera definitiva sean dados de baja previa certificación de la microfilmación de los mismos o de su conservación a través de cualquier otro procedimiento técnico científico que permita su consulta.

Artículo reformado DOF 04-01-1980, 30-11-2012

Artículo 725. En caso de extravío o desaparición del expediente o de alguna constancia, el Secretario, previo informe del archivista, certificará la existencia anterior y la falta posterior del expediente o de las actuaciones del Tribunal, de oficio o a petición de parte, lo hará del conocimiento de las partes; procederá a practicar las investigaciones del caso y a tramitar de inmediato la reposición de los autos, en forma incidental.

Artículo reformado DOF 04-01-1980, 01-05-2019

Artículo 726. En el caso del artículo anterior, el Tribunal señalará dentro de las setenta y dos horas siguientes, día y hora para que tenga lugar una audiencia en la que las partes deberán aportar todos los elementos, constancias y copias que obren en su poder. El Tribunal podrá ordenar se practiquen aquellas actuaciones y diligencias necesarias para reponer los autos, teniendo en cuenta, en su caso, lo dispuesto por el artículo 724 de esta Ley.

El Tribunal deberá proporcionar las videograbaciones con que cuente y las actas que existan en el Sistema Digital del Tribunal, a fin de llevar a cabo la reposición de los autos.

Artículo reformado DOF 02-07-1976, 04-01-1980, 01-05-2019

Artículo 727. El Tribunal, de oficio, hará la denuncia correspondiente ante el Ministerio Público competente de la desaparición del expediente o actuación, acompañando copia de las actas y demás diligencias practicadas con dicho motivo.

Artículo reformado DOF 04-01-1980, 30-11-2012, 01-05-2019

Artículo 728. Los Jueces a cargo de los Tribunales, así como los titulares y los conciliadores de los Centros de Conciliación y del Organismo Descentralizado encargado de la conciliación en materia Federal y el Registro de todos los Contratos Colectivos y las Organizaciones Sindicales, podrán imponer correcciones disciplinarias, para mantener el buen orden en el desarrollo de las audiencias o diligencias, y exigir que se les guarde el respeto y la consideración debidos.

Artículo reformado DOF 04-01-1980, 01-05-2019

Artículo 729. Las correcciones disciplinarias que pueden imponerse son:

Párrafo reformado DOF 30-11-2012

I. Amonestación;

II. Multa, que no podrá exceder de 100 veces la Unidad de Medida y Actualización en el momento en que se cometa la falta. Tratándose de trabajadores, la multa no podrá exceder del importe de su jornal o salario en un día. Para los efectos de este artículo, no se considera trabajadores a los apoderados, y

Fracción reformada DOF 30-11-2012, 01-05-2019

III. Expulsión del local del Tribunal; la persona que se resista a cumplir la orden, será desalojada del local con el auxilio de la fuerza pública.

Fracción reformada DOF 01-05-2019

Artículo reformado DOF 04-01-1980

Artículo 730. Cuando los hechos que motiven la imposición de una corrección disciplinaria, puedan constituir la comisión de un delito, el Tribunal levantará un acta circunstanciada y la turnará al Ministerio Público, para los efectos conducentes.

Artículo reformado DOF 04-01-1980, 01-05-2019

Artículo 731. El juez podrá emplear, cualquiera de los medios de apremio necesarios, para que las personas concurran a las audiencias en las que su presencia es indispensable o para asegurar el cumplimiento de sus resoluciones.

Párrafo reformado DOF 01-05-2019

Los medios de apremio que pueden emplearse son:

I. Multa, que no podrá exceder de 200 veces la Unidad de Medida y Actualización en el momento en que se cometió el desacato. Tratándose de trabajadores, la multa no podrá exceder del importe de su jornal o salario de un día. Para los efectos de este artículo, no se considerará trabajadores a los apoderados ni a los funcionarios públicos que incumplan o sean omisos con un requerimiento u orden judicial.

Fracción reformada DOF 30-11-2012, 01-05-2019

II. Presentación de la persona con auxilio de la fuerza pública; y
III. Arresto hasta por treinta y seis horas.

Artículo reformado DOF 04-01-1980

Artículo 732. Las correcciones disciplinarias y medios de apremio se impondrán de plano, sin substanciación alguna, y deberán estar fundadas y motivadas. Podrán ser impugnadas en los términos señalados en esta Ley.

Artículo reformado DOF 04-01-1980

CAPÍTULO VI
DE LOS TÉRMINOS PROCESALES

Capítulo reubicado y denominación reformada DOF 04-01-1980

Artículo 733. Los términos comenzarán a correr el día siguiente al en que surta efecto la notificación y se contará en ellos el día del vencimiento.

Artículo reformado DOF 04-01-1980

Artículo 734. En los términos no se computarán los días en que el Tribunal deje de actuar conforme al calendario de labores aprobado por el Pleno, así como cuando por caso fortuito o de fuerza mayor no puedan llevarse a cabo actuaciones. Los avisos de suspensión de labores se publicarán en el boletín laboral o en los estrados, en su caso.

Artículo reformado DOF 04-01-1980, 30-11-2012, 01-05-2019

Artículo 735. Cuando la realización o práctica de algún acto procesal o el ejercicio de un derecho, no tengan fijado un término, éste será el de tres días hábiles.

Artículo reformado DOF 04-01-1980

Artículo 736. Para computar los términos, los meses se regularán por el de treinta días naturales; y los días hábiles se consideraran de veinticuatro horas naturales, contados de las veinticuatro a las veinticuatro horas, salvo disposición contraria en esta Ley.

Artículo reformado DOF 04-01-1980. Fe de erratas DOF 30-01-1980

Artículo 737. Cuando el domicilio de la persona demandada o parte en el procedimiento de conciliación se encuentre fuera del lugar de residencia del Tribunal, o del Centro de Conciliación, éstos ampliarán el término de que se trate en función de la distancia, a razón de un día por cada 200 kilómetros, de 3 a 12 días, tomando en cuenta los medios de transporte y las vías generales de comunicación existentes.

Artículo reformado DOF 04-01-1980, 30-11-2012, 01-05-2019

Artículo 738. Transcurridos los términos fijados a las partes, se tendrá por perdido su derecho que debieron ejercitar, sin necesidad de acusar rebeldía.

Artículo reformado DOF 04-01-1980

CAPÍTULO VII
DE LAS NOTIFICACIONES

Capítulo reubicado y denominación reformada DOF 04-01-1980

Artículo 739. Las partes, en su primera comparecencia o escrito, deberán señalar domicilio para oír y recibir notificaciones dentro del lugar de residencia del Centro Federal de Conciliación y Registro Laboral, o del Centro de Conciliación Local o bien del Tribunal al que acudan; si no lo hacen, las notificaciones personales se harán por boletín o por estrados, según el caso, en los términos previstos en esta Ley.

Párrafo reformado DOF 01-05-2019

Asimismo, deberán señalar el domicilio del demandado para recibir notificaciones, o el último lugar donde el trabajador prestó sus servicios. La notificación es personal y se diligenciará conforme a lo dispuesto en el artículo 743 de esta Ley.

Párrafo reformado DOF 30-11-2012, 01-05-2019

La persona que comparezca como tercero interesado en un juicio, deberá señalar domicilio físico dentro del lugar de residencia del Tribunal para recibir notificaciones; si no lo hace, se estará a lo dispuesto en la parte final del primer párrafo de este artículo. Asimismo, se le asignará un buzón electrónico conforme a lo previsto en este artículo.

Párrafo adicionado DOF 30-11-2012. Reformado DOF 01-05-2019

La Autoridad Conciliadora o el Tribunal contará con una plataforma digital para realizar notificaciones por vía electrónica. Para tal efecto, asignará un buzón electrónico a las partes; las que acudan a la audiencia de conciliación y las que fueron notificadas del emplazamiento a juicio, tendrán la opción de señalar que las posteriores notificaciones se realicen vía electrónica en dicho buzón. En este caso, independientemente de las notificaciones que el Tribunal deba realizar por estrados o boletín, todas las notificaciones, aún las personales posteriores en el procedimiento de conciliación o jurisdiccional se realizarán al buzón electrónico asignado, debiendo recabarse el acuse de recibo electrónico respectivo.

Párrafo adicionado DOF 01-05-2019

Cuando se trate del emplazamiento a juicio y de la primera notificación para la audiencia de conciliación prejudicial, las notificaciones deberán ser personales.

Párrafo adicionado DOF 01-05-2019

En caso de que las partes señalen terceros interesados, deberán indicar en su promoción inicial el domicilio de éstos para recibir notificaciones.

Párrafo adicionado DOF 30-11-2012

Tratándose de conflictos colectivos, la Autoridad Conciliadora o el Tribunal efectuará las notificaciones personales a los sindicatos y los patrones en los domicilios que respectivamente hayan señalado en el contrato colectivo de trabajo, el cual será considerado para oír y recibir notificaciones, salvo que se haya designado otro distinto.

Párrafo adicionado DOF 01-05-2019

Artículo reformado DOF 04-01-1980

Artículo 739 Bis. Las resoluciones que se dicten en los juicios laborales deben notificarse a más tardar dentro del tercer día hábil siguiente. La razón que corresponda se asentará inmediatamente después de dicha resolución.

Las partes y el tercero interesado podrán autorizar a cualquier persona con capacidad legal para oír y recibir notificaciones aún las de carácter personal e imponerse de los autos.

Cuando las partes y el tercero interesado cuenten con Firma Electrónica y pretendan que los autorizados en términos del párrafo anterior, utilicen o hagan uso de ésta en su representación, deberán comunicarlo a la Autoridad Conciliadora y al órgano jurisdiccional correspondiente, señalando las limitaciones o revocación de facultades en el uso de la misma.

Artículo adicionado DOF 01-05-2019

Artículo 739 Ter. Las notificaciones en los procedimientos ante los Centros de Conciliación y en los juicios laborales se harán:

I. En forma personal, las establecidas en el artículo 742 de esta Ley;

II. Por oficio:

a) A las autoridades a que se refiere el artículo 742 Ter de esta Ley, salvo que se trate de la primera notificación, en cuyo caso se observará lo establecido en el artículo 742 de esta Ley, y

b) A la autoridad que tenga el carácter de tercero interesado;

III. Por boletín o lista impresa y electrónica, en los casos no previstos en las fracciones anteriores, y

IV. Por buzón electrónico, a las partes que expresamente así lo soliciten, y que previamente hayan obtenido la firma electrónica.

Artículo adicionado DOF 01-05-2019

Artículo 740. Cuando en la demanda no se haya expresado el nombre del patrón o de la empresa en que trabaja o trabajó el trabajador, la notificación personal de la misma se sujetará al procedimiento establecido en el artículo 743 de esta Ley en lo conducente, debiendo cerciorarse el actuario de que el lugar donde efectúa la notificación es precisamente el indicado por el demandante, y la notificación se entenderá hecha al patrón, aunque al hacerla se ignore el nombre del mismo.

Artículo reformado DOF 04-01-1980, 30-11-2012

Artículo 741. Las notificaciones personales se harán en el domicilio señalado en autos, hasta en tanto no se designe nueva casa o local para ello; y las que se realicen en estas condiciones, surtirán plenamente sus efectos.

Artículo reformado DOF 04-01-1980

Artículo 742. Se harán personalmente las notificaciones siguientes:

I. El emplazamiento a juicio y cuando se trate del primer proveído que se dicte en el mismo;

II. El auto de radicación del juicio, que dicten los Tribunales en los expedientes que les remitan los tribunales de otra competencia;

Fracción reformada DOF 01-05-2019

III. La resolución en que un Tribunal se declare incompetente;

Fracción reformada DOF 01-05-2019

IV. El auto que recaiga al recibir la sentencia de amparo;

V. La resolución que ordene la reanudación del procedimiento; cuya tramitación estuviese interrumpida o suspendida por cualquier causa legal;

VI. El auto que cite a absolver posiciones o responder un interrogatorio, siempre y cuando por causa justificada el absolvente o testigo, a criterio del juez no pueda ser presentado a la audiencia de juicio por las partes;

Fracción reformada DOF 01-05-2019

VII. La resolución que deban conocer los terceros extraños al juicio;

VIII. La sentencia laboral, cuando ésta no se dicte en la audiencia de juicio;

Fracción reformada DOF 01-05-2019

IX. El auto que conceda término o señale fecha para que el trabajador sea reinstalado;

X. El auto por el que se ordena la reposición de actuaciones;

XI. En los casos a que se refieren los artículos 772 y 774 de esta Ley; y

Fracción reformada DOF 30-11-2012

XII. En casos urgentes o cuando concurran circunstancias especiales a juicio del Centro Federal de Conciliación y Registro Laboral, los Centros de Conciliación Locales o los Tribunales, y

Fracción reformada DOF 01-05-2019

XIII. La primera notificación para comparecer a la audiencia obligatoria de conciliación ante el Centro Federal de Conciliación y Registro Laboral o los Centros de Conciliación Locales competentes, a excepción de lo previsto en el antepenúltimo párrafo del artículo 684-E de esta Ley.

Fracción adicionada DOF 01-05-2019

Fe de erratas al artículo DOF 30-04-1970. Reformado DOF 23-12-1974, 04-01-1980

Artículo 742 Bis. Si las partes aceptaron que las notificaciones personales posteriores al emplazamiento a juicio se lleven a cabo mediante el buzón electrónico, éstas se harán por dicho medio, sin necesidad de remitir la orden de notificación al actuario.

Artículo adicionado DOF 01-05-2019

Artículo 742 Ter. Tratándose de Dependencias u Organismos Públicos, las notificaciones posteriores al emplazamiento a Juicio, se hará al buzón electrónico asignado en términos del artículo 739 de esta Ley.

Artículo adicionado DOF 01-05-2019

Artículo 743. La primera notificación personal se hará de conformidad con las normas siguientes:

I. El actuario se cerciorará de que la persona que deba ser notificada, habita, trabaja o tiene su domicilio en la casa o local, señalado en autos para hacer la notificación;

II. Si está presente el interesado o su representante, el actuario notificará la resolución, entregando copia de la misma; si se trata de persona moral, el actuario se asegurará de que la persona con quien entiende la diligencia es representante o apoderado legal de aquélla;

Fracción reformada DOF 30-11-2012

III. Si no está presente el interesado o su representante, la notificación se hará a cualquier persona mayor de edad que se encuentre en la casa o local; el actuario asentará el nombre de la persona con la que se entiende la diligencia y especificará si la persona habita en el domicilio y la relación que ésta tiene con la persona que deba ser notificada y en su caso su puesto de trabajo;

Fracción reformada DOF 01-05-2019

IV. Se deroga.

Fracción reformada DOF 30-11-2012. Derogada DOF 01-05-2019

V. Si en la casa o local señalado para hacer la notificación se negare el interesado, su representante o la persona con quien se entienda la diligencia a recibir la notificación, ésta se hará por instructivo que se fijará en la puerta de la misma, adjuntando una copia de la resolución, asentando en su razón los medios de convicción de que la persona que deba ser notificada indudablemente habita, trabaja o tiene su domicilio en la casa o local señalado en autos para hacer la notificación, y

Fracción reformada DOF 01-05-2019

VI. En el caso del artículo 712 de esta Ley, el actuario se constituirá acompañado del trabajador y se cerciorará de que el local designado en autos es aquel en que se prestan o se prestaron los servicios.

Fracción reformada DOF 01-05-2019

En todos los casos a que se refiere este artículo, el actuario asentará razón en autos, señalando con claridad los elementos de convicción en que se apoye, asentando las características exteriores de la casa, inmueble, local, o espacio físico en el que se realice la diligencia de notificación, y los medios por los que se cerciore de ser el domicilio buscado. En caso de no encontrarse la persona buscada asentará el nombre y apellidos de quien recibe la cédula de notificación y la relación que guarda con ésta o en su caso el puesto de trabajo que desempeña; si se rehúsa a dar su nombre o señalar la relación que tiene con la persona buscada, señalará la media filiación. En cualquier caso, los medios de convicción deben evidenciar que el domicilio corresponde al señalado para realizar la notificación y que la persona buscada habita, labora o tiene su domicilio en la casa o local en que se constituye. El actuario podrá anexar fotografías o cualquier otro documento físico o electrónico para robustecer los elementos de convicción de la constancia o razón que al efecto levante.

Párrafo reformado DOF 01-05-2019

Los Tribunales y los Centros de Conciliación establecerán un sistema de registro voluntario para que las empresas, patrones o personas físicas empleadoras, cuenten con un buzón electrónico al que dichas autoridades deberán comunicarles la existencia de algún procedimiento cuyo emplazamiento no pudo efectuarse. En ningún caso, el aviso que se realice sustituirá las notificaciones procesales; no obstante, deberá constar tal circunstancia en la razón del actuario. Asimismo, llevarán a cabo los acuerdos de colaboración conducentes con organismos públicos, con el fin de facilitar la localización del domicilio de las partes.

Párrafo adicionado DOF 01-05-2019

Tratándose de la primera notificación al trabajador en la instancia prejudicial, se estará a lo dispuesto por el artículo 684 C de esta Ley.

Párrafo adicionado DOF 01-05-2019

Fe de erratas al artículo DOF 05-06-1970. Reformado DOF 04-01-1980

Artículo 744. Las ulteriores notificaciones personales se harán al interesado o persona autorizada para ello, el mismo día en que se dicte la resolución si concurre al Tribunal o mediante el Sistema Digital o Plataforma Electrónica al buzón electrónico que se haya asignado a las partes. En caso de que la notificación se realice por el actuario, si la parte o persona a notificar no se hallare presente, se le dejará una copia de la resolución autorizada por el actuario; si la casa o local está cerrado, se fijará la copia en la puerta de entrada o en el lugar de trabajo.

El actuario asentará razón en autos y en su caso fotos del lugar y la cédula que fije.

Las resoluciones judiciales pronunciadas en las audiencias se tendrán por notificadas en ese mismo acto, sin necesidad de formalidad alguna a quienes estén presentes o debieron haber estado.

Artículo reformado DOF 04-01-1980, 01-05-2019

Artículo 744 Bis. Las notificaciones por oficio se harán conforme a las reglas siguientes:

I. Si el domicilio de la oficina principal de la autoridad se encuentra en el lugar del juicio, el funcionario designado hará la entrega, recabando la constancia de recibo correspondiente.

Si la autoridad se niega a recibir el oficio, el actuario hará del conocimiento del encargado de la oficina correspondiente que no obstante esta circunstancia, se tendrá por hecha la notificación. Si a pesar de esto subsiste la negativa, asentará la razón en autos y se tendrá por hecha, y

II. Si el domicilio de la autoridad se encuentra fuera del lugar del juicio, se enviará el oficio por exhorto a través de la plataforma electrónica para que la autoridad exhortada realice la notificación al día siguiente de su recepción.

Cuando el domicilio se encuentre fuera de la circunscripción territorial del órgano jurisdiccional que conozca del juicio, pero en zona conurbada, podrá ordenarse que la notificación se haga por medio del actuario.

Artículo adicionado DOF 01-05-2019

Artículo 745. El Tribunal Federal y los Tribunales Locales, deberán acordar la publicación de un boletín impreso y electrónico que contenga la lista de las notificaciones que no sean personales.

Artículo reformado DOF 04-01-1980, 01-05-2019

Artículo 745 Bis. Las notificaciones por boletín o lista se fijarán y publicarán en el local del órgano jurisdiccional, en lugar visible y de fácil acceso, así como en el portal de Internet del Poder Judicial de la Federación y de los Poderes Judiciales de las Entidades Federativas; en estos casos los portales de Internet deberán tener la opción de consulta por órgano jurisdiccional y número de juicio o expediente. La fijación y publicación de esta lista se realizará a primera hora hábil del día siguiente al de la fecha de la resolución que la ordena y contendrá:

I. El número del juicio de que se trate;

II. El nombre de las partes;

III. La síntesis de la resolución que se notifica.

El actuario o el funcionario habilitado para tal efecto asentará en el expediente la razón respectiva.

Artículo adicionado DOF 01-05-2019

Artículo 745 Ter. Las notificaciones por vía electrónica se sujetarán a las reglas siguientes:

I. Las partes o terceros interesados están obligados a ingresar al buzón electrónico asignado todos los días y obtener la constancia a que se refiere la fracción IV del artículo 747 de esta Ley, en un plazo máximo de dos días a partir de que el órgano jurisdiccional la hubiere enviado.

De no ingresar dentro de los plazos señalados al sistema electrónico establecido para tal efecto, el Tribunal tendrá por hecha la notificación. Cuando éste lo estime conveniente por la naturaleza o trascendencia del acto, podrá ordenar que la notificación a realizar se haga por conducto del actuario, quien hará constar en el expediente cualquiera de las situaciones anteriores, y

II. Cuando por caso fortuito, fuerza mayor o por fallas técnicas se interrumpa el sistema, haciendo imposible el envío de notificaciones dentro de los plazos establecidos en esta Ley, las partes deberán dar aviso de inmediato por cualquier otra vía al Tribunal, el cual comunicará tal circunstancia a la unidad administrativa encargada de operar el sistema. En tanto dure dicha situación, se suspenderán, por ese mismo lapso los plazos correspondientes.

Una vez que se haya restablecido el sistema, la unidad administrativa encargada de operar el sistema enviará un reporte al o los órganos jurisdiccionales correspondientes en el que deberá señalar la causa y el tiempo de la interrupción del sistema, para efectos del cómputo correspondiente.

El Tribunal deberá notificar a las partes sobre la interrupción del sistema, haciéndoles saber el tiempo de interrupción, desde su inicio hasta su restablecimiento, así como el momento en que reinicie el cómputo de los plazos correspondientes.

En todos los casos la notificación o constancia respectiva se agregará a los autos.

Artículo adicionado DOF 01-05-2019

Artículo 746. Surtirán sus efectos las notificaciones que se hagan a las partes en el Boletín Judicial, y buzón electrónico salvo que sean personales. El Tribunal competente publicará también dichas notificaciones en los estrados de la autoridad.

Párrafo reformado DOF 01-05-2019

El Secretario responsable o en su caso el funcionario que al efecto se designe hará constar en autos la fecha de la publicación respectiva y fijará diariamente en lugar visible del local del Tribunal, un ejemplar del Boletín Laboral o, en su caso, las listas de las notificaciones por estrados; coleccionando unos y otras, para resolver cualquier cuestión que se suscite sobre la omisión de alguna publicación.

Párrafo reformado DOF 01-05-2019

Las listas de notificaciones deberán ser autorizadas y selladas en su fecha por el Secretario. La publicación de las notificaciones contendrá la fecha, el número del expediente y los nombres de las partes en los juicios de que se trate.

Artículo reformado DOF 04-01-1980

Artículo 747. Las notificaciones surtirán sus efectos de la manera siguiente:

I. Las personales: el día y hora en que se practiquen, contándose de momento a momento, cualquiera que sea la hora en que se haya hecho la notificación, salvo disposición en contrario en la Ley; y

II. Las demás; al día siguiente al de su publicación en el Boletín, o en la lista que se publique en los estrados del Tribunal;

Fracción reformada DOF 01-05-2019

III. En dos días las que se realicen al buzón electrónico, y

Fracción adicionada DOF 01-05-2019

IV. Las realizadas por vía electrónica, se harán al buzón electrónico asignado a cada una de las partes, cuando se genere la constancia de la consulta realizada, la cual, por una parte, el órgano jurisdiccional digitalizará para el expediente electrónico y, por otra, hará una impresión que agregará al expediente impreso correspondiente como constancia de notificación.

Fracción adicionada DOF 01-05-2019

Se entiende generada la constancia cuando el sistema electrónico del Poder Judicial de la Federación y los Poderes Judiciales locales, produzca el aviso de la hora en que se recupere la determinación judicial correspondiente, contenida en el archivo electrónico.

Párrafo adicionado DOF 01-05-2019

Artículo reformado DOF 04-01-1980

Artículo 748. Las notificaciones deberán hacerse en horas hábiles con una anticipación de veinticuatro horas, por lo menos, del día y hora en que deba efectuarse la diligencia, salvo disposición en contrario de la Ley.

Artículo reformado DOF 02-07-1976, 04-01-1980

Artículo 749. Las notificaciones hechas al apoderado o a las personas expresamente autorizadas legalmente por las partes, acreditadas ante el Tribunal, surtirán los mismos efectos que si se hubiesen hecho a ellas.

Artículo reformado DOF 04-01-1980, 01-05-2019

Artículo 750. Las notificaciones, citaciones o emplazamientos deberán realizarse dentro de los cinco días siguientes a su fecha, salvo cuando expresamente en la resolución o en la Ley exista disposición en contrario.

Artículo reformado DOF 04-01-1980

Artículo 751. La cédula de notificación deberá contener, por lo menos:
I. Lugar, día y hora en que se practique la notificación;

II. El número de expediente;

III. El nombre de las partes;

IV. El nombre y domicilio de la persona o personas que deban ser notificadas; y

V. Copia autorizada de la resolución que se anexará a la cédula.

Artículo reformado DOF 04-01-1980

Artículo 752. Son nulas las notificaciones que no se practiquen de conformidad a lo dispuesto en este Capítulo.

Artículo reformado DOF 04-01-1980

CAPÍTULO VIII
DE LOS EXHORTOS Y DESPACHOS

Capítulo reubicado y denominación reformada DOF 04-01-1980

Artículo 753. Las diligencias que no puedan practicarse en el lugar de residencia del Tribunal o de la Autoridad Conciliadora que conozca del juicio o del procedimiento conciliatorio, según sea el caso, deberán encomendarse por medio de exhorto al Tribunal o a la Autoridad Conciliadora, del domicilio en que deban practicarse según corresponda; y, de no haberlas en dicho lugar, a la autoridad más próxima al lugar que corresponda dentro de la República Mexicana.

El envío, recepción y devolución de los exhortos excepto en el caso de desahogo de prueba testimonial, se realizará vía plataforma electrónica en la que deben estar enlazadas todas las autoridades de justicia laboral ya sean el Tribunal o a la Autoridad Conciliadora del orden federal y local.

Artículo reformado DOF 04-01-1980, 30-11-2012, 01-05-2019

Artículo 754. Las diligencias que se practiquen en el extranjero, únicamente se autorizarán cuando se demuestre que son indispensables para probar los hechos fundamentales de la demanda o de su contestación.

En el caso a que se refiere el párrafo anterior, se librará el despacho correspondiente, tomando en cuenta lo dispuesto en los tratados o convenios internacionales.

Artículo reformado DOF 04-01-1980

Artículo 755. A falta de tratados o convenios, deberá estarse a las siguientes reglas:

I. Los despachos serán remitidos por vía diplomática, al lugar de residencia de la autoridad correspondiente, debiendo ser legalizadas las firmas de las autoridades que los expidan; y

II. No será necesaria la legalización de firmas, si las leyes o prácticas del país a donde se libre el despacho, no establecen ese requisito.

Artículo reformado DOF 04-01-1980

Artículo 756. En los exhortos que deban ser diligenciados dentro de la República Mexicana, no se requiere la legalización de firmas de la autoridad que los expida.

Artículo reformado DOF 04-01-1980

Artículo 757. El Tribunal deberá expedir los exhortos y despachos, al día siguiente de aquél en que surta sus efectos la resolución que los ordene.

Artículo reformado DOF 04-01-1980, 01-05-2019

Artículo 758. Los exhortos y despachos que reciban los Tribunales a que se refiere el artículo 753, se proveerán y deberán diligenciar dentro de los cinco días siguientes, salvo en los casos en que por la naturaleza de lo que haya de practicarse, exija necesariamente mayor tiempo; en este caso, la autoridad requerida fijará el que crea conveniente sin que el termino fijado pueda exceder de quince días.

Artículo reformado DOF 04-01-1980, 01-05-2019

Artículo 759. Cuando se demore el cumplimiento de un exhorto, se recordará de oficio o a instancia de parte, a la autoridad exhortada; si a pesar del recordatorio continúa la demora, la autoridad exhortante lo pondrá en conocimiento del Consejo de la Judicatura que corresponda al ámbito de actuación del exhortado, y se considerará como un acto notoriamente improcedente de dilación por parte de la autoridad exhortada, en los términos del artículo 48 Bis de esta Ley.

Artículo reformado DOF 04-01-1980, 01-05-2019

Artículo 760. El Tribunal a solicitud de parte, podrá entregar el exhorto y sus anexos al oferente previa razón que deje en autos, quien bajo su más estricta responsabilidad lo entregará a la autoridad exhortada para su diligenciamiento.

Párrafo reformado DOF 01-05-2019

El oferente devolverá el exhorto diligenciado bajo su más estricta responsabilidad a la exhortante.

Artículo reformado DOF 04-01-1980

CAPÍTULO IX
DE LOS INCIDENTES

Capítulo reubicado y denominación reformada DOF 04-01-1980

Artículo 761. Los incidentes se tramitarán dentro del expediente principal donde se promueve, salvo los casos previstos en esta Ley.

Artículo reformado DOF 04-01-1980

Artículo 762. Se tramitarán como incidentes de previo y especial pronunciamiento las siguientes cuestiones.

I. Nulidad;
II. Competencia;
III. Personalidad;
IV. Acumulación; y
V. Excusas.

Artículo reformado DOF 04-01-1980

Artículo 763. Cuando en una audiencia o diligencia se promueva incidente de falta de personalidad, se sustanciará de inmediato oyendo a las partes y se resolverá, continuándose el procedimiento.

En los demás casos a que se refiere el artículo anterior, se señalará día y hora para la celebración de la audiencia incidental, que se realizará dentro de las veinticuatro horas siguientes, en la que las partes podrán ofrecer y desahogar pruebas documentales e instrumentales para que de inmediato se resuelva el incidente, continuándose el procedimiento.

Lo establecido en los párrafos anteriores no aplica en lo que se refiere al juicio individual ordinario previsto en el capítulo XVII del presente Título.

Párrafo adicionado DOF 01-05-2019

Al promoverse un incidente, se señalarán los motivos de este y acompañarse las pruebas en que lo funde; de no cumplir con dichos requisitos, el tribunal lo desechará de plano.

Párrafo adicionado DOF 01-05-2019

Los incidentes que no tengan señalada una tramitación especial en esta Ley se resolverán de plano oyendo a las partes.

Artículo reformado DOF 04-01-1980, 30-11-2012

Artículo 763 Bis. En lo que se refiere a los incidentes que se promuevan en el Juicio Individual Ordinario, los incidentes se sustanciarán y resolverán en la audiencia preliminar oyendo a las partes, sin suspensión del procedimiento, a excepción del incidente de nulidad, el que deberá promoverse dentro de los tres días siguientes en que se tenga conocimiento del acto irregular, hasta antes que se dicte sentencia. En este caso, el juez señalará día y hora para la celebración de la audiencia incidental que se realizará dentro de las veinticuatro horas siguientes, en la cual se podrán ofrecer y desahogar pruebas documentales, instrumentales y presuncionales para que de inmediato se resuelva el incidente, continuándose el procedimiento.

A quien promueva un incidente notoriamente improcedente, se le impondrá una multa de hasta 100 veces la Unidad de Medida y Actualización.

Artículo adicionado DOF 01-05-2019

Artículo 764. Si en autos consta que una persona se manifiesta sabedora de una resolución, la notificación mal hecha u omitida surtirá sus efectos como si estuviese hecha conforme a la Ley. En este caso, el incidente de nulidad que se promueva será desechado de plano.

Artículo reformado DOF 04-01-1980

Artículo 765. (Se deroga).

Artículo reformado DOF 04-01-1980. Derogado DOF 30-11-2012

CAPÍTULO X
DE LA ACUMULACIÓN

Capítulo reubicado y denominación reformada DOF 04-01-1980

Artículo 766. En los procesos de trabajo que se encuentren en trámite ante los Tribunales, procede la acumulación de oficio o a instancia de parte, en los casos siguientes:

Párrafo reformado DOF 01-05-2019

I. Cuando se trate de juicios promovidos por el mismo actor contra el mismo demandado, en los que se reclamen las mismas prestaciones;

II. Cuando sean las mismas partes, aunque las prestaciones sean distintas, pero derivadas de una misma relación de trabajo;

III. Cuando se trate de juicios promovidos por diversos actores contra el mismo demandado, si el conflicto tuvo su origen en el mismo hecho derivado de la relación de trabajo; y

IV. En todos aquellos casos, que por su propia naturaleza las prestaciones reclamadas o los hechos que las motivaron, puedan originar resoluciones contradictorias.

Artículo reformado DOF 04-01-1980

Artículo 767. Si se declara procedente la acumulación, el juicio o juicios más recientes, se acumularán al más antiguo.

Fe de erratas al artículo DOF 05-06-1970. Reformado DOF 04-01-1980

Artículo 768. Las demandas presentadas en relación con las obligaciones patronales en materia de capacitación y adiestramiento de los trabajadores y seguridad e higiene en los centros de trabajo, no serán acumulables a ninguna otra acción. Si cualquiera de estas acciones se ejercita conjuntamente con otras derivadas de la misma relación de trabajo, se estará a lo dispuesto en el artículo 699.

Artículo reformado DOF 04-01-1980

Artículo 769. La acumulación declarada procedente, produce los siguientes efectos:

I. En el caso de la fracción I, del artículo 766, no surtirá efecto alguno lo actuado en el juicio o juicios acumulados y únicamente surtirán efecto las actuaciones del juicio más antiguo; y

II. En los casos previstos por las fracciones II, III y IV del artículo 766, los conflictos se resolverán por el mismo Tribunal en una sola resolución.

Fracción reformada DOF 01-05-2019

Artículo reformado DOF 04-01-1980

Artículo 770. Para la tramitación y resolución de la acumulación, se observarán las normas contenidas en los artículos 761 al 765.

Será competente para conocer de la acumulación el Tribunal que hubiere prevenido; observándose en lo conducente, lo dispuesto en el capítulo III de este Título.

Párrafo reformado DOF 01-05-2019

Artículo reformado DOF 02-07-1976, 04-01-1980

CAPÍTULO XI
DE LA CONTINUACIÓN DEL PROCESO Y DE LA CADUCIDAD

Capítulo adicionado DOF 04-01-1980

Artículo 771. El Tribunal cuidará, bajo su más estricta responsabilidad, que los juicios que ante él se tramiten no queden inactivos, proveyendo lo que conforme a la Ley corresponda hasta dictar sentencia, salvo disposición en contrario.

Párrafo reformado DOF 01-05-2019

En caso de no cumplir lo anterior, se harán acreedores a las sanciones que establezcan las Leyes de responsabilidades administrativas de los servidores públicos.

Párrafo adicionado DOF 30-11-2012

Artículo reformado DOF 02-07-1976, 04-01-1980

Artículo 772. Cuando, para continuar el trámite del juicio en los términos del artículo que antecede, sea necesaria promoción del trabajador y éste no la haya efectuado dentro de un lapso de cuarenta y cinco días naturales, el Tribunal deberá ordenar que se le requiera personalmente para que la presente, apercibiéndolo de que, de no hacerlo, operará la caducidad a que se refiere el artículo siguiente.

Si el trabajador está patrocinado por un Procurador del Trabajo, el Tribunal notificará el acuerdo de que se trata al trabajador y a la Procuraduría de la Defensa del Trabajo, para los efectos correspondientes. Si no estuviera patrocinado por la Procuraduría, se le hará saber a ésta el acuerdo, para el efecto de que intervenga ante el trabajador y le precise las consecuencias legales de la falta de promoción, así como para que le brinde asesoría legal en caso de que el trabajador se la requiera.

Artículo reformado DOF 04-01-1980, 30-11-2012, 01-05-2019

Artículo 773. El Tribunal, a petición de parte, tendrá por desistida de la acción intentada a toda persona que no haga promoción alguna en el término de cuatro meses, siempre que esa promoción sea necesaria para la continuación del procedimiento y se haya cumplido lo dispuesto en el artículo anterior. No se considerará que dicho término opera si están desahogadas las pruebas del actor o está pendiente de dictarse resolución sobre alguna promoción de las partes a que se refiere este artículo, o la práctica de alguna diligencia, o se encuentre pendiente de acordarse la devolución de un exhorto o la recepción de informes o copias que se hubiesen solicitado a diversa autoridad dentro del procedimiento.

Para los efectos del párrafo anterior, el Tribunal citará a las partes a una audiencia, en la que después de oírlas y recibir las pruebas que ofrezcan, que deberán referirse exclusivamente a la procedencia o improcedencia del desistimiento, dictará resolución.

Artículo reformado DOF 04-01-1980, 30-11-2012, 01-05-2019

Artículo 774. En caso de muerte del trabajador, mientras tanto comparecen a juicio sus beneficiarios, el Tribunal hará la solicitud al Procurador de la Defensa del Trabajo, en los términos y para los efectos a que se refiere el artículo 772 de esta Ley.

Artículo reformado DOF 04-01-1980, 01-05-2019

Artículo 774 Bis. En cualquier estado del procedimiento, las partes podrán, mediante la conciliación, celebrar un convenio que ponga fin al juicio; asimismo, el demandado podrá allanarse en todo o en parte a lo reclamado. En el primer supuesto, se dará por terminado el juicio; en el segundo, se continuará el procedimiento por lo pendiente.

Artículo adicionado DOF 30-11-2012

Artículo 775. El Procurador Auxiliar tendrá las facultades y responsabilidades de un mandatario; deberá presentar las promociones necesarias para la continuación del procedimiento, hasta su total terminación.

Reunidos los requisitos a que se refieren los artículos que anteceden, cesará la representación del procurador auxiliar en el juicio en que intervino.

Artículo reformado DOF 04-01-1980

CAPÍTULO XII
DE LAS PRUEBAS

Capítulo adicionado DOF 04-01-1980

SECCIÓN PRIMERA
REGLAS GENERALES

Sección adicionada DOF 04-01-1980

Artículo 776. Son admisibles en el proceso todos los medios de prueba que no sean contrarios a la moral y al derecho, y en especial los siguientes:

I. Confesional;

II. Documental;

III. Testimonial;

IV. Pericial;

V. Inspección;

VI. Presuncional;

VII. Instrumental de actuaciones; y

VIII. Fotografías, cintas cinematográficas, registros dactiloscópicos, grabaciones de audio y de video, o las distintas tecnologías de la información y la comunicación, tales como sistemas informáticos, medios electrónicos ópticos, fax, correo electrónico, documento digital, firma electrónica o contraseña y, en general, los medios aportados por los descubrimientos de la ciencia.

Fracción reformada DOF 30-11-2012

IX. Las Constancias de notificación hechas a través del Buzón Electrónico, y

Fracción adicionada DOF 01-05-2019

X. Los recibos de nómina con sello digital.

Fracción adicionada DOF 01-05-2019

Artículo reformado DOF 04-01-1980

Artículo 777. Las pruebas deben referirse a los hechos controvertidos cuando no hayan sido confesados por las partes.

Artículo reformado DOF 04-01-1980

Artículo 778. Las pruebas deberán ofrecerse conforme a lo previsto para cada uno de los procedimientos regulados por esta Ley.

Las pruebas que se refieran a hechos supervenientes, podrán ofrecerse hasta antes de emitir sentencia, dentro de los tres días siguientes en que se tenga conocimiento de los mismos. El Tribunal deberá dar vista con dichas pruebas a las demás partes para que manifiesten lo que a su derecho e interés convenga y en su caso formulen las objeciones correspondientes; de ser necesario, se señalará día y hora para su desahogo en audiencia.

Artículo reformado DOF 04-01-1980. Fe de erratas DOF 30-01-1980. Reformado DOF 01-05-2019

Artículo 779. El Tribunal desechará aquellas pruebas que no tengan relación con la litis planteada o resulten inútiles o intrascendentes, expresando el motivo de ello.

Artículo reformado DOF 04-01-1980, 01-05-2019

Artículo 780. Las pruebas se ofrecerán acompañadas de todos los elementos necesarios para su desahogo.

Artículo reformado DOF 04-01-1980

Artículo 781. Las partes podrán interrogar libremente a las personas que intervengan en el desahogo de las pruebas sobre los hechos controvertidos, hacerse mutuamente las preguntas que juzguen convenientes, y examinar los documentos y objetos que se exhiban.

Artículo reformado DOF 04-01-1980

Artículo 782. El Tribunal podrá ordenar con citación de las partes, el examen de documentos, objetos y lugares, su reconocimiento por actuarios o peritos y, en general, practicar las diligencias que juzgue conveniente para el esclarecimiento de la verdad y requerirá a las partes para que exhiban los documentos y objetos de que se trate.

El juez podrá interrogar libremente a las partes y a todos aquellos que intervengan en el juicio sobre los hechos y circunstancias que sean conducentes para averiguar la verdad.

Artículo reformado DOF 24-04-1972, 04-01-1980, 01-05-2019

Artículo 783. Toda autoridad o persona ajena al juicio que tenga documentos en su poder que puedan contribuir al esclarecimiento de la verdad deberá aportarlos, a más tardar en la Audiencia de Juicio, hasta antes del cierre de la instrucción, cuando le sean requeridos por el Tribunal.

En lo que hace al juicio individual ordinario a que se refiere el capítulo XVII del Título Catorce de esta Ley, los documentos deberán aportarse en la Audiencia Preliminar o en su defecto hasta antes del cierre de la instrucción. Los Tribunales deberán tomar las medidas pertinentes para cumplir con esta disposición.

Artículo reformado DOF 04-01-1980, 30-11-2012, 01-05-2019

Artículo 784. El Tribunal eximirá de la carga de la prueba al trabajador, cuando por otros medios esté en posibilidad de llegar al conocimiento de los hechos, y para tal efecto a petición del trabajador o de considerarlo necesario requerirá al patrón para que exhiba los documentos que, de acuerdo con las leyes, tiene la obligación legal de conservar en la empresa, bajo el apercibimiento de que, de no presentarlos, se presumirán ciertos los hechos alegados por el trabajador. En todo caso, corresponderá al patrón probar su dicho cuando exista controversia sobre:

Párrafo reformado DOF 01-05-2019

I. Fecha de ingreso del trabajador;

II. Antigüedad del trabajador;

III. Faltas de asistencia del trabajador;

IV. Causa de rescisión de la relación de trabajo;

V. Terminación de la relación o contrato de trabajo para obra o tiempo determinado, en los términos de los artículos 37, fracción I, y 53, fracción III, de esta Ley;

Fracción reformada DOF 30-11-2012

VI. Constancia de haber dado por escrito al trabajador o al Tribunal de la fecha y la causa del despido.

La negativa lisa y llana del despido, no revierte la carga de la prueba.

Asimismo, la negativa del despido y el ofrecimiento del empleo hecho al trabajador, no exime al patrón de probar su dicho;

Fracción reformada DOF 30-11-2012, 01-05-2019

VII. El contrato de trabajo;

VIII. Jornada de trabajo ordinaria y extraordinaria, cuando ésta no exceda de nueve horas semanales;

Fracción reformada DOF 30-11-2012

IX. Pagos de días de descanso y obligatorios, así como del aguinaldo;

Fracción reformada DOF 30-11-2012

X. Disfrute y pago de las vacaciones;

XI. Pago de las primas dominical, vacacional y de antigüedad;

XII. Monto y pago del salario;

XIII. Pago de la participación de los trabajadores en las utilidades de las empresas; y

XIV. Incorporación y aportaciones al Instituto Mexicano del Seguro Social; al Fondo Nacional de la Vivienda y al Sistema de Ahorro para el Retiro.

Fracción reformada DOF 30-11-2012

La pérdida o destrucción de los documentos señalados en este artículo, por caso fortuito o fuerza mayor, no releva al patrón de probar su dicho por otros medios.

Párrafo adicionado DOF 30-11-2012

Artículo reformado DOF 04-01-1980

Artículo 785. Si alguna persona está imposibilitada por enfermedad u otra causa para concurrir al local del Tribunal para absolver posiciones; reconocer el contenido o firma de un documento o rendir testimonio, y lo justifica a juicio del mismo, mediante certificado médico u otra constancia fehaciente que exhiba bajo protesta de decir verdad e indicando el domicilio en el que se encuentra la persona imposibilitada, el juez dispondrá lo necesario para desahogar la prueba en la misma audiencia, ya sea en el local del Tribunal o en el domicilio en el que se encuentre dicha persona, a menos que exista imposibilidad para ello, lo que deberá justificarse plenamente; en este caso se deberá señalar nuevo día y hora para desahogar la prueba dentro de los tres días siguientes.

Párrafo reformado DOF 01-05-2019

El juez podrá ordenar que el actuario judicial se traslade de inmediato a efecto de que se cerciore que la persona imposibilitada se encuentra en el domicilio proporcionado.

Párrafo adicionado DOF 01-05-2019

De no encontrarse ésta en el domicilio se le declarará confeso o por reconocidos los documentos a que se refiere la diligencia o bien, por desierta la prueba, según sea el caso.

Párrafo adicionado DOF 01-05-2019

Los certificados médicos deberán contener el nombre y número de cédula profesional de quien los expida, la fecha y el estado patológico que impide la comparecencia del citado. Los certificados médicos expedidos por instituciones públicas de seguridad social no requieren ser ratificados.

Artículo reformado DOF 04-01-1980. Fe de erratas DOF 30-01-1980. Reformado DOF 30-11-2012

SECCIÓN SEGUNDA
DE LA CONFESIONAL

Sección adicionada DOF 04-01-1980

Artículo 786. Cada parte podrá solicitar que se cite a su contraparte para que concurra a absolver posiciones y responder preguntas.

Párrafo reformado DOF 01-05-2019

Tratándose de personas morales, la confesional puede desahogarse por conducto de su representante legal o apoderado con facultades para absolver posiciones.

Los sindicatos u organizaciones de trabajadores o patrones absolverán posiciones por conducto de su secretario general o integrante de la representación estatutariamente autorizada o por apoderado con facultades expresas.

Artículo reformado DOF 04-01-1980, 30-11-2012

Artículo 787. Las partes podrán también solicitar que se cite a absolver posiciones o responder preguntas personalmente a los directores, administradores, gerentes y, en general, a las personas que ejerzan funciones de dirección y administración, en la empresa o establecimiento, así como a los miembros de la directiva de los sindicatos, cuando los hechos que dieron origen al conflicto les sean propios y se les hayan atribuido en la demanda o contestación, o bien que por razones de sus funciones les deban ser conocidos.

La presentación de los absolventes a que se refiere el párrafo anterior para el desahogo de su confesional en la audiencia de juicio, quedará a cargo del apoderado legal de la parte patronal, salvo que demuestre causa justificada que lo impida, en cuyo caso el tribunal lo citará por conducto de actuario.

El juez podrá desechar la confesional o interrogatorio para hechos propios del absolvente que se pretenda comparezca a juicio, cuando:

a) No se cumplan las hipótesis previstas en el primer párrafo del presente artículo;

b) Sea sobreabundante o se trate de absolventes cuya confesión o declaración verse sobre los mismos hechos;

c) Cuando los hechos sobre los que se pretenda que declare, resulten inverosímiles a criterio del juez, y

d) Su comparecencia resulte innecesaria o su desahogo pueda causar una dilación indebida del juicio.

Artículo reformado DOF 04-01-1980, 01-05-2019

Artículo 788. El juez ordenará se cite a los absolventes personalmente o por conducto de sus apoderados, apercibiéndolos de que, si no concurren el día y hora señalados, se les tendrá por confesos de las posiciones que se les articulen.

El juez podrá reducir el número de personas de quienes se pida sean citados a desahogar la prueba confesional, cuando estime que sus declaraciones puedan resultar una reiteración inútil sobre los mismos hechos, o cuando advierta que se causará una dilación innecesaria del juicio.

Artículo reformado DOF 04-01-1980, 01-05-2019

Artículo 789. Si la persona citada para responder preguntas y absolver posiciones, no concurre en la fecha y hora señalada, se hará efectivo el apercibimiento a que se refiere el artículo anterior y se le declarará confesa de las posiciones que se hubieren articulado y calificado de legales.

Artículo reformado DOF 04-01-1980, 01-05-2019

Artículo 790. En el desahogo de la prueba confesional se observarán las normas siguientes:

I. Las preguntas y/o posiciones se formularán en forma oral en el momento de la audiencia mediante interrogatorio abierto, sin presentación de pliegos; deberán referirse a los hechos controvertidos en términos claros y precisos, que puedan ser entendidas sin dificultad, y cuyo fin sea esclarecer la verdad de los hechos;

Fracción reformada DOF 01-05-2019

II. El juez, de oficio o a petición de parte, podrá desechar las preguntas que no cumplan con dichos requisitos, justificando su decisión; también podrá formular a los absolventes las preguntas que estime pertinentes, así como ordenarles que precisen o aclaren sus respuestas;

Fe de erratas a la fracción DOF 30-01-1980. Reformada DOF 01-05-2019

III. El declarante bajo protesta de decir verdad, responderá por sí mismo, sin ser asistido por persona alguna. No podrá valerse de borrador de respuestas, pero se le permitirá que consulte notas o apuntes, si el juez resuelve que son necesarios para auxiliar su memoria;

Fracción reformada DOF 30-11-2012, 01-05-2019

IV. Se deroga.

Fracción derogada DOF 01-05-2019

V. Se deroga.

Fracción derogada DOF 01-05-2019

VI. El declarante contestará las posiciones o preguntas que se le formulen, pudiendo agregar las explicaciones que juzgue convenientes o las que le pida el Tribunal;

Fracción reformada DOF 01-05-2019

VII. Si el declarante se niega a responder o sus respuestas son evasivas, el Tribunal de oficio o a instancia de parte, lo apercibirá en el acto de tenerlo por confeso de los hechos que se le atribuyen si persiste en ello.

Fracción reformada DOF 01-05-2019

Artículo reformado DOF 04-01-1980

Artículo 790 Bis. Si fueren varios los declarantes, las diligencias se practicarán evitando que los que declaren primero se comuniquen con los que lo hagan después; éstos últimos permanecerán en una sala distinta a aquélla en donde se desarrolle la audiencia, por lo que serán llamados a declarar en el orden establecido. Esta disposición no aplica para el actor ni el demandado.

Artículo adicionado DOF 01-05-2019

Artículo 791. Si la persona que deba absolver posiciones y responder preguntas tiene su residencia fuera del lugar donde se encuentre el Tribunal, éste librará exhorto para que cite al declarante y provea lo necesario para que comparezca ante éste por conducto del Tribunal exhortado el día y hora señalados para tal efecto; dicha prueba se rendirá vía remota a través de videoconferencia, en la que el tribunal exhortante conducirá el desahogo de la confesional.

Artículo reformado DOF 04-01-1980, 01-05-2019

Artículo 792. Se tendrán por confesión expresa y espontánea, las afirmaciones contenidas en las posiciones que formule el articulante.

Artículo reformado DOF 04-01-1980

Artículo 793. Cuando el declarante para hechos propios ya no labore para la empresa o establecimiento, previa comprobación del hecho, el oferente de la prueba será requerido para que proporcione el domicilio donde deba ser citado. En caso de que el oferente ignore el domicilio, lo hará del conocimiento del Tribunal antes de la fecha señalada para la celebración de la audiencia de Juicio en que se desahogue la prueba; el Tribunal podrá solicitar a la empresa que proporcione el último domicilio que tenga registrado de dicha persona. En el supuesto de que la persona a que se refiere este artículo haya dejado de prestar sus servicios a la empresa por un término mayor de tres meses, la prueba cambiará su naturaleza a testimonial.

Si la persona citada no concurre el día y hora señalados, el juez valorará la pertinencia de la prueba en relación con los hechos controvertidos, pudiendo desecharla en caso de considerar que resulta irrelevante para esclarecerlos o la dificultad de su desahogo sea motivo del retraso injustificado del procedimiento.

Artículo reformado DOF 04-01-1980, 30-11-2012, 01-05-2019

Artículo 794. Se tendrán por confesión expresa y espontánea de las partes, sin necesidad de ser ofrecida como prueba, las manifestaciones contenidas en las constancias y las actuaciones del juicio.

Artículo reformado DOF 04-01-1980

SECCIÓN TERCERA
DE LAS DOCUMENTALES

Sección adicionada DOF 04-01-1980

Artículo 795. Son documentos públicos aquellos cuya formulación está encomendada por la Ley a un funcionario investido de fe pública, o a aquellos servidores públicos que los expidan en ejercicio de sus funciones.

Los documentos públicos expedidos por las autoridades de la Federación, de los estados, de la Ciudad de México o de los municipios y alcaldías, así como de los organismos públicos autónomos harán fe en el juicio sin necesidad de legalización.

Artículo reformado DOF 04-01-1980, 01-05-2019

Artículo 796. Son documentos privados los que no reúnen las condiciones previstas por el artículo anterior.

Artículo reformado DOF 04-01-1980

Artículo 797. Los originales de los documentos privados se presentarán por la parte oferente que los tenga en su poder; si éstos se objetan en cuanto a contenido y firma se dejarán en autos hasta su perfeccionamiento; en caso de no ser objetados, la oferente podrá solicitar la devolución del original, previa copia certificada en autos.

Artículo reformado DOF 04-01-1980

Artículo 798. Si el documento privado consiste en copia simple o fotostática se podrá solicitar, en caso de ser objetado, la compulsa o cotejo con el original; para este efecto, la parte oferente deberá justificar los motivos o el impedimento para no presentarlo en juicio y precisar el lugar donde el documento original se encuentre. En este caso el juez requerirá al tenedor del mismo su presentación en la audiencia de juicio, de no ser posible ello por disposición legal o impedimento material, podrá comisionar al actuario o secretario para que lo lleve a cabo; a fin de desahogar este medio de perfeccionamiento la diligencia se efectuará, en lo conducente, conforme a lo señalado en los artículos 827 y 829 de esta Ley.

Artículo reformado DOF 04-01-1980, 01-05-2019

Artículo 799. Si el documento original sobre el que deba practicarse el cotejo o compulsa se encuentra en poder de un tercero, éste estará obligado a exhibirlo.

Artículo reformado DOF 04-01-1980

Artículo 800. Cuando un documento que provenga de tercero ajeno al juicio, resulta impugnado, deberá ser ratificado en su contenido y firma por el suscriptor, para lo cual deberá ser citado en los términos de la fracción VII del artículo 742 de esta Ley.

La contraparte podrá formular las preguntas en relación a la idoneidad del ratificante así como sobre los elementos circunstanciales de los hechos contenidos en el documento y los de su elaboración, para lo cual se observarán las reglas establecidas en el artículo 815 de esta Ley.

Párrafo reformado DOF 01-05-2019

Artículo reformado DOF 04-01-1980

Artículo 801. Los interesados presentarán los originales de los documentos privados y, cuando formen parte de un libro, expediente o legajo, exhibirán copia para que se compulse la parte que señalen, indicando el lugar en donde éstos se encuentren, debiendo justificar la circunstancia por la cual no puede exhibirlos en el Tribunal; en este caso el juez podrá comisionar a un actuario o secretario para que de fe de los extremos de la prueba, observando en lo conducente lo establecido en los artículos 827 y 829 de esta Ley.

Artículo reformado DOF 04-01-1980, 01-05-2019

Artículo 802. Se reputa autor de un documento privado al que lo suscribe.

Se entiende por suscripción de un escrito la colocación al pie o al margen del mismo de la firma autógrafa de su autor o de su huella digital, como expresión de la voluntad de hacerlo suyo.

Párrafo reformado DOF 30-11-2012

La suscripción hace plena fe de la formulación del documento por cuenta del suscriptor cuando sea ratificado en su contenido y firma o huella digital;

excepto en los casos en que el contenido no se repute proveniente del autor, circunstancia que deberá justificarse con prueba idónea y del señalado en el artículo 33 de esta Ley.

Artículo reformado DOF 04-01-1980

Artículo 803. Cada parte exhibirá los documentos u objetos que ofrezca como prueba para que obren en autos. Si se trata de informes, o copias, que deba expedir alguna autoridad, el Tribunal deberá solicitarlos directamente, asegurándose de recabarlos antes de la audiencia de juicio.

Artículo reformado DOF 04-01-1980, 01-05-2019

Artículo 804. El patrón tiene obligación de conservar y exhibir en juicio los documentos que a continuación se precisan:

I. Contratos individuales de trabajo que se celebren, cuando no exista contrato colectivo o contrato Ley aplicable;

II. Listas de raya o nómina de personal, cuando se lleven en el centro de trabajo; o recibos de pagos de salarios;

III. Controles de asistencia, cuando se lleven en el centro de trabajo;

IV. Comprobantes de pago de participación de utilidades, de vacaciones y de aguinaldos, así como las primas a que se refiere esta Ley, y pagos, aportaciones y cuotas de seguridad social; y

Fracción reformada DOF 30-11-2012

V. Los demás que señalen las leyes.

Los documentos señalados en la fracción I deberán conservarse mientras dure la relación laboral y hasta un año después; los señalados en las fracciones II, III y IV, durante el último año y un año después de que se extinga la relación laboral; y los mencionados en la fracción V, conforme lo señalen las Leyes que los rijan.

Párrafo reformado DOF 30-11-2012

Artículo reformado DOF 04-01-1980

Artículo 805. El incumplimiento a lo dispuesto por el artículo anterior, establecerá la presunción de ser ciertos los hechos que el actor exprese en su demanda, en relación con tales documentos, salvo la prueba en contrario.

Artículo reformado DOF 04-01-1980

Artículo 806. Siempre que uno de los litigantes pida copia o testimonio de un documento, pieza o expediente que obre en las oficinas públicas, la parte contraria tendrá derecho de que, a su costa, se adicione con lo que crea conducente del mismo documento, pieza o expediente.

Artículo reformado DOF 04-01-1980

Artículo 807. Los documentos existentes en el lugar donde se promueva el juicio, que se encuentren en poder de la contraparte, autoridades o terceros, serán objeto de cotejo o compulsa, a solicitud de la oferente, por conducto del actuario.

Los documentos existentes en lugar distinto del de la residencia del Tribunal, que se encuentren en cualquiera de los supuestos mencionados en el párrafo anterior, se cotejarán o compulsarán a solicitud del oferente, mediante exhorto dirigido a la autoridad que corresponda.

Párrafo reformado DOF 01-05-2019

Para que proceda la compulsa o cotejo, deberá exhibirse en la audiencia de ofrecimiento de pruebas, copia del documento que por este medio deba ser perfeccionado.

Artículo reformado DOF 04-01-1980

Artículo 808. Para que hagan fe en la República, los documentos procedentes del extranjero deberán presentarse debidamente legalizados por las autoridades diplomáticas o consulares, en los términos que establezcan las Leyes relativas o los tratados internacionales.

Artículo reformado DOF 04-01-1980, 30-11-2012

Artículo 809. Los documentos que se presenten en idioma extranjero deberán acompañarse de su traducción; el tribunal de oficio nombrará inmediatamente traductor oficial, el cual presentará y ratificará, bajo protesta de decir verdad, la traducción que haga dentro del término de cinco días; el juez deberá tomar las medidas necesarias para que dicha traducción esté lista antes de la audiencia de juicio.

Artículo reformado DOF 04-01-1980, 01-05-2019

Artículo 810. Las copias hacen presumir la existencia de los originales, conforme a las reglas procedentes; pero si se pone en duda su exactitud, deberá ordenarse su cotejo con los originales de que se tomaron, siempre y cuando así se haya ofrecido.

Artículo reformado DOF 04-01-1980

Artículo 811. Si se objeta la autenticidad de algún documento en cuanto a contenido, firma o huella digital; las partes podrán ofrecer pruebas con respecto a las objeciones, las que se recibirán, si fueren procedentes, en la audiencia de desahogo de pruebas a que se refiere el artículo 884 de esta Ley.

Artículo reformado DOF 04-01-1980

Artículo 812. Cuando los documentos públicos contengan declaraciones o manifestaciones hechas por particulares, sólo prueban que las mismas fueron hechas ante la autoridad que expidió el documento.

Las declaraciones o manifestaciones de que se trate prueban contra quienes las hicieron o asistieron al acto en que fueron hechas, y se manifestaron conformes con ellas.

Artículo reformado DOF 04-01-1980

SECCIÓN CUARTA
DE LA TESTIMONIAL

Sección adicionada DOF 04-01-1980

Artículo 813. Todos los que tengan conocimiento de los hechos que las partes deben probar, están obligados a declarar como testigos.

La parte que ofrezca prueba testimonial deberá cumplir con los requisitos siguientes:

I. Sólo podrán ofrecerse un máximo de tres testigos por cada hecho controvertido que se pretenda probar;

II. Indicará los nombres y domicilios de los testigos; cuando exista impedimento para presentar directamente a los testigos, deberá solicitarse al Tribunal que los cite, señalando la causa o motivo justificados que se lo impidan, en cuyo caso deberá proporcionar su domicilio y, de resultar éstos incorrectos, quedará a cargo del oferente su presentación;

III. Si el testigo radica fuera del lugar de residencia del Tribunal, el oferente deberá al ofrecer la prueba, acompañar interrogatorio por escrito, al tenor del cual deberá ser examinado el testigo y exhibir copias para cada una de las partes, de no hacerlo, se declarará desierta. Las copias del interrogatorio, se pondrán a disposición de las demás partes, para que dentro del término de tres días presenten su pliego de repreguntas en sobre cerrado.

El Tribunal, librará exhorto, acompañando, en sobre cerrado y sellado, los interrogatorios en su caso previamente calificados; del que deberá sacarse una copia que se guardará en el secreto del Tribunal, para que sea desahogado por el Tribunal exhortado.

No obstante, lo anterior de no existir impedimento técnico o material, el tribunal podrá ordenar que el desahogo de la prueba se rinda vía remota, a través de videoconferencia, cuando sea posible, para lo cual el tribunal exhortado deberá asegurarse de que el testigo se encuentre en la sala de audiencias que disponga para llevar a cabo dicha prueba;

IV. Cuando el testigo sea servidor público, desde el nivel de Dirección o similar, rendirá su declaración por medio de oficio en vía de informe, observándose lo dispuesto en este artículo en lo que sea aplicable.

Artículo reformado DOF 04-01-1980, 30-11-2012, 01-05-2019

Artículo 814. El Tribunal, en el caso de la fracción II del artículo anterior, ordenará que se cite al testigo para que rinda su declaración en la hora y día que al efecto se señale, con el apercibimiento de ser presentado por medio de la fuerza pública.

Artículo reformado DOF 04-01-1980, 30-11-2012, 01-05-2019

Artículo 815. En el desahogo de la prueba testimonial se observarán las normas siguientes:

I. El oferente de la prueba presentará directamente a sus testigos, salvo lo dispuesto en el artículo 813, y el Tribunal procederá a recibir su testimonio;

Fracción reformada DOF 01-05-2019

II. Previo al inicio de la comparecencia, el Tribunal deberá requerir a la persona que comparezca a desahogar la prueba correspondiente para que se identifique con cualquier documento oficial; y, si no lo hiciere en el momento de la audiencia, se dejará sin efectos la declaración correspondiente. Podrá dispensarse lo anterior sí las partes reconocen al testigo; se harán constar el nombre, edad, domicilio, ocupación, puesto y lugar en que trabaja, si guarda parentesco por consanguinidad o afinidad de alguna de las partes o sus representantes, si es dependiente o empleado del que lo presente, si tiene con él sociedad o alguna otra relación, si tiene interés directo o indirecto en el procedimiento, si es amigo de alguna de las partes y a continuación se procederá a tomar su declaración;

Fracción reformada DOF 30-11-2012, 01-05-2019

III. Los testigos serán examinados por separado, en el orden en que fueran ofrecidos. Los interrogatorios se formularán oralmente, salvo lo dispuesto en las fracciones III y IV del artículo 813 de esta Ley;

IV. El Tribunal tomará al testigo la protesta de conducirse con verdad y lo advertirá de las penas en que incurren los testigos falsos;

Fracción reformada DOF 30-11-2012, 01-05-2019

V. Las partes formularán las preguntas en forma verbal y directamente y que no se hayan hecho con anterioridad al mismo testigo, o lleven implícita la contestación.

No se permitirán preguntas ambiguas, indicativas, ni referirse a hechos y circunstancias ajenas al objeto de la prueba o que pretendan coaccionar a los testigos.

Las preguntas podrán ser objetadas por la contraparte antes de que el testigo emita su respuesta, para lo cual el juez procederá a calificar la procedencia o desechamiento de la pregunta, fundando su determinación.

Si a juicio del juez hubiere puntos no suficientemente esclarecidos, podrá ordenar al testigo que lo aclare;

Fracción reformada DOF 01-05-2019

VI. Primero interrogará el oferente de la prueba y posteriormente las demás partes. El Tribunal, cuando lo estime pertinente, examinará directamente al testigo;

Fracción reformada DOF 30-11-2012, 01-05-2019

VII. Las preguntas y las respuestas se harán constar en autos a través de medios gráficos, documentales, de audio o audiovisuales. Para ello el tribunal implementará los sistemas que considere necesarios para dejar constancia del desarrollo de la audiencia, privilegiando los principios de inmediatez, concentración y celeridad procesal. En ningún caso se permitirá el dictado de las preguntas y respuestas;

Fracción reformada DOF 30-11-2012, 01-05-2019

VIII. Los testigos están obligados a dar la razón de su dicho, y el Tribunal deberá solicitarla, respecto de las respuestas que no la lleven ya en sí;

Fracción reformada DOF 30-11-2012, 01-05-2019

IX. Se deroga.

Fracción reformada DOF 30-11-2012. Derogada DOF 01-05-2019

X. Se deroga.

Fracción adicionada DOF 30-11-2012. Derogada DOF 01-05-2019

XI. El desahogo de esta prueba es indivisible, salvo que alguno de los testigos radique fuera del lugar de residencia del Tribunal y que la prueba tenga que desahogarse por exhorto, en cuyo caso el juzgador adoptará las medidas pertinentes para que los otros testigos no tengan conocimiento previo de las declaraciones desahogadas;

Fracción adicionada DOF 30-11-2012. Reformada DOF 01-05-2019

XII. Durante el interrogatorio y contrainterrogatorio, para superar o evidenciar contradicciones, o solicitar las aclaraciones pertinentes, las partes o sus apoderados podrán poner a la vista del testigo documentos elaborados por éste o en los que hubiere participado, así como pedirle que lea parte de los mismos, cuando sea necesario para apoyar su memoria. Solo podrán ponerse a la vista documentos que formen parte de los autos, y

Fracción adicionada DOF 01-05-2019

XIII. En su oportunidad, las partes podrán manifestar lo que a su interés convenga respecto de las circunstancias personales de los testigos y de la veracidad de sus manifestaciones, conforme lo establece el artículo 818 de esta Ley.

Fracción adicionada DOF 01-05-2019

Si el testigo lo solicita, se le extenderá una constancia de que asistió a la diligencia.

Párrafo adicionado DOF 01-05-2019

Artículo reformado DOF 04-01-1980

Artículo 816. Si el testigo no habla el idioma español, rendirá su declaración por medio de intérprete, que será nombrado por el Tribunal, el que protestará su fiel desempeño. Cuando el oferente lo pidiere, además de asentarse su declaración en español, deberá escribirse en su propio idioma, por él o por el intérprete.

Artículo reformado DOF 04-01-1980, 30-11-2012, 01-05-2019

Artículo 817. El Tribunal, al girar el exhorto para desahogar la prueba testimonial, acompañará los interrogatorios con las preguntas y las repreguntas calificadas, a cuyo tenor deberá desahogarse la prueba, sin que las partes puedan ampliarlos, e indicará a la autoridad exhortada los nombres de las personas que tienen facultad para intervenir en la diligencia.

Artículo reformado DOF 04-01-1980, 30-11-2012, 01-05-2019

Artículo 818. Las objeciones a los testigos se formularán oralmente al concluir el desahogo de la prueba para su apreciación por el Tribunal.

Cuando se objetare de falso un testigo, el Tribunal recibirá las pruebas en la audiencia de juicio. Solo se admitirán las pruebas documentales, las que consten en medios electrónicos, las presuncionales y las que se desahoguen por su propia y especial naturaleza. Desahogadas éstas y después de escuchar a las partes, se resolverá en la misma audiencia de juicio.

Artículo reformado DOF 04-01-1980, 01-05-2019

Artículo 819. Al testigo que dejare de concurrir a la audiencia, no obstante haber sido citado legalmente, se le hará efectivo el apercibimiento decretado, y el Tribunal dictará las medidas necesarias para que comparezca a rendir su declaración, el día y hora señalados.

Artículo reformado DOF 04-01-1980, 01-05-2019

Artículo 820. Un solo testigo podrá formar convicción, si en el mismo concurren circunstancias que sean garantía de veracidad que lo hagan insospechable de falsear los hechos sobre los que declara, si:

I. Fue el único que se percató de los hechos;

II. La declaración no se encuentre en oposición con otras pruebas que obren en autos; y

III. Concurran en el testigo circunstancias que sean garantía de veracidad.

Artículo reformado DOF 04-01-1980

SECCIÓN QUINTA
DE LA PERICIAL

Sección adicionada DOF 04-01-1980

Artículo 821. La prueba pericial sólo será admisible cuando para acreditar un hecho controvertido se requieran conocimientos en la ciencia, arte, profesión, técnica, oficio, o industria de que se trate, y en general cuando se trate de materias que por su naturaleza no sean conocidas por el Tribunal.

Artículo reformado DOF 04-01-1980, 01-05-2019

Artículo 822. Los peritos deben acreditar que tienen conocimientos en la materia sobre la que deba versar su dictamen; si la profesión o el arte estuvieren legalmente reglamentados, los peritos deben acreditar estar autorizados conforme a la Ley.

Artículo reformado DOF 04-01-1980, 01-05-2019

Artículo 823. La prueba pericial deberá ofrecerse indicando la materia sobre la que deba versar, exhibiendo el cuestionario respectivo, con copia para cada una de las partes. La omisión del cuestionario dará lugar a que el Tribunal no admita la prueba.

Artículo reformado DOF 04-01-1980, 30-11-2012, 01-05-2019

Artículo 824. Al admitir la prueba pericial, el Tribunal designará al perito o peritos oficiales que estime necesarios, sin perjuicio de que las partes puedan acompañarse de un asesor que los auxilie durante el desahogo de dicha prueba.

La parte trabajadora podrá solicitar a la Defensoría Pública o a la Procuraduría del Trabajo que le asigne un asesor para que le auxilie en el desahogo de la prueba pericial.

Artículo reformado DOF 04-01-1980, 30-11-2012, 01-05-2019

Artículo 824 Bis. Si el perito se encuentra fuera de la jurisdicción del Tribunal, la prueba a su cargo podrá desahogarse mediante los medios electrónicos o tecnológicos de que se disponga; en estos casos, el Tribunal se asegurará que el Perito se identifique plenamente y que acepte y proteste su cargo ante el tribunal exhortado, cuando no lo haya hecho previamente ante el propio Tribunal del juicio.

Artículo adicionado DOF 01-05-2019

Artículo 825. En el desahogo de la prueba pericial se observarán las disposiciones siguientes:

I. Se deroga.

Fracción derogada DOF 01-05-2019

II. El o los peritos, una vez que acepten y protesten su cargo con arreglo a la Ley y hacerse sabedores de las penas en que incurren los falsos declarantes, proporcionarán su nombre, edad, ocupación y lugar en que atienden su práctica o prestan sus servicios. Deberán asimismo acreditar que cuentan con los conocimientos en la materia sobre la que rendirán su dictamen con el o los documentos respectivos. Acto seguido deberán rendir su dictamen;

Fracción reformada DOF 01-05-2019

III. El dictamen versará sobre los puntos a que se refiere el artículo 823 de esta Ley, y

Fracción reformada DOF 30-11-2012, 01-05-2019

IV. Las partes y el juez podrán hacer a los peritos las preguntas que juzguen convenientes; así como formular las observaciones sobre las deficiencias o inconsistencias que a su juicio contenga el dictamen, o bien los aspectos que sustenten su idoneidad. Para este efecto será aplicable en lo conducente lo establecido en el artículo 815 de esta Ley.

Fracción reformada DOF 30-11-2012, 01-05-2019

V. Se deroga.

Fracción derogada DOF 01-05-2019

Artículo reformado DOF 04-01-1980

Artículo 826. El perito que designe el Tribunal debe excusarse dentro de las cuarenta y ocho horas siguientes en que se notifique su nombramiento, siempre que concurra alguna de las causas a que se refiere el Capítulo Cuarto de este Título.

El Tribunal calificará de plano la excusa y, declarada procedente, se nombrará nuevo perito.

Artículo reformado DOF 04-01-1980, 01-05-2019

Artículo 826 Bis. Cuando el dictamen rendido por un perito sea notoriamente falso, tendencioso o inexacto, el Tribunal dará vista al Ministerio Público para que determine si existe la comisión de un delito.

Artículo adicionado DOF 30-11-2012. Reformado DOF 01-05-2019

SECCIÓN SEXTA
DE LA INSPECCIÓN

Sección adicionada DOF 04-01-1980

Artículo 827. La parte que ofrezca la inspección deberá precisar el objeto materia de la misma, los periodos que abarcará y los objetos y documentos que deben ser examinados. Al ofrecerse la prueba, deberá hacerse en sentido afirmativo, fijando los hechos o cuestiones que se pretenden acreditar con la misma.

La prueba de inspección se desahogará en el domicilio del Tribunal, a menos que exista impedimento legal o material para ello. En este caso, la parte que tenga bajo su custodia los elementos a inspeccionar deberá indicar el lugar donde deba practicarse la inspección y los motivos que le impiden exhibirlos en el Tribunal; si a juicio de éste se justifica el impedimento planteado, comisionará al actuario o secretario para que acudan al lugar señalado y se proceda a dar fe de los extremos de la prueba.

Artículo reformado DOF 04-01-1980, 01-05-2019

Artículo 828. Admitida la prueba de inspección por el Tribunal, señalará día, hora y lugar para su desahogo; si los documentos y objetos obran en poder de alguna de las partes, el Tribunal la apercibirá de que, en caso de no exhibirlos, se tendrán por ciertos presuntivamente los hechos que tratan de probarse, siempre que se trate de los documentos a que se refiere el artículo 804 de esta Ley. Si los documentos y objetos se encuentran en poder de personas ajenas a la controversia, se aplicarán los medios de apremio que procedan.

Artículo reformado DOF 04-01-1980, 30-11-2012, 01-05-2019

Artículo 829. En el desahogo de la prueba de inspección se observarán las reglas siguientes:

I. Sólo para el caso en que deba desahogarse la inspección fuera del local del Tribunal, éste ordenará su práctica previo a la audiencia de Juicio, bajo las siguientes reglas:

a) Las partes y sus apoderados podrán concurrir a la diligencia de inspección y formular las objeciones u observaciones que estimen pertinentes;

b) El juez o el funcionario actuante requerirá se le pongan a la vista los documentos y objetos que deben inspeccionarse, y

c) De la diligencia se levantará acta circunstanciada, que firmarán los que en ella intervengan, la cual se agregará al expediente, previa razón en autos; a la misma podrán anexarse los elementos que se estimen pertinentes para robustecer los medios de convicción del desahogo de la diligencia.

Fracción reformada DOF 01-05-2019

II. En los demás casos, la prueba de inspección se rendirá ante la presencia del juez y en el local del Tribunal en la audiencia de juicio, conforme a las siguientes reglas:

a) El juez requerirá se le pongan a la vista los documentos y objetos que deben inspeccionarse, y

b) Las partes podrán formular las objeciones u observaciones que estimen pertinentes.

Fracción reformada DOF 01-05-2019

III. Se deroga.

Fracción derogada DOF 01-05-2019

IV. Se deroga.

Fracción derogada DOF 01-05-2019
Artículo reformado DOF 04-01-1980

SECCIÓN SÉPTIMA
DE LA PRESUNCIONAL

Sección adicionada DOF 04-01-1980

Artículo 830. Presunción es la consecuencia que la Ley o el Tribunal deducen de un hecho conocido para averiguar la verdad de otro desconocido. El Tribunal deberá considerarla aun cuando las partes no la ofrezcan, con objeto de que se cumplan los fines del derecho del trabajo señalados en los artículos 2o. y 3o. de esta Ley.

Artículo reformado DOF 04-01-1980, 01-05-2019

Artículo 831. Hay presunción legal cuando la Ley la establece expresamente o cuando se deriven de la aplicación de alguno de los principios que rigen el derecho del trabajo; hay presunción humana cuando de un hecho debidamente probado se deduce otro que es consecuencia de aquél.

Artículo reformado DOF 04-01-1980, 01-05-2019

Artículo 832. El que tiene a su favor una presunción legal, sólo está obligado a probar el hecho en que la funda.

Artículo reformado DOF 04-01-1980

Artículo 833. Las presunciones legales y humanas, admiten prueba en contrario.

Artículo reformado DOF 04-01-1980

Artículo 834. Las partes al ofrecer la prueba presuncional, indicarán en qué consiste y lo que se acredita con ella.

Artículo reformado DOF 04-01-1980

SECCIÓN OCTAVA
DE LA INSTRUMENTAL

Sección adicionada DOF 04-01-1980

Artículo 835. La instrumental es el conjunto de actuaciones y elementos que obren en el expediente y los anexos formados con motivo del juicio.

Artículo reformado DOF 04-01-1980, 01-05-2019

Artículo 836. El Tribunal estará obligado a tomar en cuenta las actuaciones y elementos que obren en el expediente y los anexos formados con motivo del juicio.

Artículo reformado DOF 04-01-1980, 01-05-2019

SECCIÓN NOVENA
DE LOS ELEMENTOS APORTADOS POR LOS AVANCES DE LA CIENCIA

Sección adicionada DOF 30-11-2012

Artículo 836-A. En el caso de que las partes ofrezcan como prueba, las señaladas en la fracción VIII del artículo 776, el oferente deberá proporcionar al Tribunal los instrumentos, aparatos o elementos necesarios para que pueda apreciarse el contenido de los registros y reproducirse los sonidos e imágenes, por el tiempo indispensable para su desahogo.

En caso de que el oferente justifique debidamente su impedimento para proporcionar dichos elementos, el Tribunal lo proveerá.

Artículo adicionado DOF 30-11-2012. Reformado DOF 01-05-2019

Artículo 836-B. Para el desahogo o valoración de los medios de prueba referidos en esta Sección, se entenderá por:

a) Autoridad Certificadora: a las dependencias y entidades de la Administración Pública Federal y a los prestadores de servicios de certificación que, conforme a las disposiciones jurídicas, tengan reconocida esta calidad y cuenten con la infraestructura tecnológica para la emisión, administración y registro de certificados digitales, así como para proporcionar servicios relacionados con los mismos;

b) Clave de acceso: al conjunto único de caracteres alfanuméricos que un usuario emplea para acceder a un servicio, sistema o programa y que puede estar asociado a un medio físico, magnético o biométrico;

c) Certificado Digital: a la constancia digital emitida por una Autoridad Certificadora que garantiza la autenticidad de los datos de identidad del titular del certificado;

d) Contraseña: al conjunto único de caracteres secretos que permite validar la identificación de la persona a la que se le asignó una Clave de Acceso para ingresar a un servicio, sistema o programa;

e) Clave privada: el conjunto de caracteres que genera el titular del certificado digital de manera exclusiva y secreta para crear su firma electrónica avanzada;

f) Clave pública: los datos contenidos en un certificado digital que permiten la identificación del firmante y la verificación de la autenticidad de su firma electrónica avanzada;

g) Destinatario: la persona designada por el emisor para recibir el mensaje de datos;

h) Documento Digital: la información que sólo puede ser generada, consultada, modificada y procesada por medios electrónicos, y enviada a través de un mensaje de datos;

i) Emisor: a la persona que envía un documento digital o un mensaje de datos;

j) Firma electrónica: Conjunto de datos que en forma electrónica son vinculados o asociados a un mensaje de datos por cualquier tecnología y que son utilizados para identificar al firmante en relación con el mensaje de datos para indicar que aprueba la información contenida en el mensaje de datos;

k) Firma Electrónica Avanzada: al conjunto de caracteres que permite la identificación del firmante en los documentos electrónicos o en los mensajes de datos, como resultado de utilizar su certificado digital y clave privada y que produce los mismos efectos jurídicos que la firma autógrafa;

l) Firmante: a toda persona que utiliza su firma electrónica o firma electrónica avanzada para suscribir documentos digitales y, en su caso, mensajes de datos;

m) Medios de Comunicación Electrónica: a los dispositivos tecnológicos para efectuar la transmisión y recepción de mensajes de datos y documentos digitales;

n) Medios Electrónicos: a los dispositivos tecnológicos para el procesamiento, impresión, despliegue, almacenamiento, reproducción, recuperación, extracción y conservación de la información;

ñ) Mensaje de Datos: al intercambio de información entre un emisor y un receptor a través de medios de comunicación electrónica;

o) Número de identificación personal (NIP): la contraseña que se utiliza en los servicios, sistemas o programas, para obtener acceso, o identificarse; y

p) Sistema de información: conjunto de elementos tecnológicos para generar, enviar, recibir, almacenar o procesar información.

q) CFDI: Comprobante Fiscal Digital por Internet o documento equivalente en términos de las disposiciones fiscales aplicables.

Inciso adicionado DOF 01-05-2019

Artículo adicionado DOF 30-11-2012

Artículo 836-C. La parte que ofrezca algún documento digital o cualquier medio electrónico, deberá cumplir con lo siguiente:

I. Presentar una impresión o copia del documento digital; y

II. Acompañar los datos mínimos para la localización del documento digital, en el medio electrónico en que aquél se encuentre.

Artículo adicionado DOF 30-11-2012

Artículo 836-D. En el desahogo de la prueba de medios electrónicos, se observarán las normas siguientes:

I. El Tribunal designará el o los peritos oficiales que se requieran, a fin de determinar si la información contenida en el documento digital se encuentra íntegra e inalterada, tal y como fue generada desde el primer momento, ubicándola en tiempo y espacio entre el emisor y destinatario.

El Tribunal podrá comisionar al actuario para que asociado del o los peritos designados, dé fe del lugar, fecha y hora en que se ponga a disposición de éstos el medio en el cual se contenga el documento digital.

Tratándose de recibos electrónicos de pago el Tribunal designará a un fedatario para que consulte la liga o ligas proporcionadas por el oferente de la prueba, en donde se encuentran los Comprobantes Fiscales Digitales por Internet o CFDI, compulse su contenido, y en el caso de coincidir, se tendrán por perfeccionados, salvo prueba en contrario.

Fracción reformada DOF 01-05-2019

II. Si el documento digital o medio electrónico, se encuentra en poder del oferente, éste deberá poner a disposición del o los peritos designados, los medios necesarios para emitir su dictamen, apercibido que de no hacerlo se decretará desierta la prueba.

III. Si el documento digital o medio electrónico se encuentra en poder de la contraparte, se deberá poner igualmente a disposición del o los peritos designados, con el apercibimiento de que en caso de no hacerlo, se establecerá la presunción de ser ciertos los hechos que el oferente exprese, en relación con el documento digital.

IV. Si el documento digital o medio electrónico se encuentra en poder de un tercero, éste tiene la obligación de ponerlo a disposición del Tribunal, bajo los apercibimientos establecidos en el artículo 731 de esta Ley.

Párrafo reformado DOF 01-05-2019

Para los efectos de este artículo, se estará a lo dispuesto en la Sección Quinta del presente Capítulo, relativo a la prueba pericial.

V. Las partes y los miembros del Tribunal podrán hacer al o a los peritos designados las preguntas que juzguen convenientes.

Fracción reformada DOF 01-05-2019

Para el desahogo de la prueba a que se refiere este artículo, el Tribunal en todo momento podrá asistirse de elementos humanos y tecnológicos necesarios para mejor proveer.

Párrafo reformado DOF 01-05-2019

Artículo adicionado DOF 30-11-2012

CAPÍTULO XIII
DE LAS RESOLUCIONES LABORALES

Capítulo adicionado DOF 04-01-1980

Artículo 837. Las resoluciones de los tribunales laborales son:

I. Acuerdos: si se refieren a simples determinaciones de trámite o cuando decidan cualquier cuestión dentro del negocio;

II. Autos incidentales o resoluciones interlocutorias: cuando resuelvan dentro o fuera de juicio un incidente; y

III. Sentencias: cuando decidan sobre el fondo del conflicto.

Fracción reformada DOF 01-05-2019

Artículo reformado DOF 04-01-1980

Artículo 838. El Tribunal dictará sus resoluciones en el acto en que concluya la diligencia respectiva o dentro de las cuarenta y ocho horas siguientes a aquellas en la que reciba promociones por escrito, salvo disposición en contrario de esta Ley.

Artículo reformado DOF 04-01-1980, 01-05-2019

Artículo 839. Las resoluciones que así lo ameriten de los Tribunales deberán ser firmadas por el juez o por el secretario instructor, según corresponda, el día en que se emitan.

Artículo reformado DOF 04-01-1980, 30-11-2012, 01-05-2019

Artículo 840. La sentencia contendrá:

Párrafo reformado DOF 01-05-2019

I. Lugar, fecha y Tribunal que lo pronuncie;

Fracción reformada DOF 01-05-2019

II. Nombres y domicilios de las partes y de sus representantes;

III. Extracto de la demanda y su contestación; réplica y contrarréplica y, en su caso, de la reconvención y contestación a la misma, que deberá contener con claridad y concisión las peticiones de las partes y los hechos controvertidos;

Fracción reformada DOF 30-11-2012

IV. Enumeración de las pruebas admitidas y desahogadas y su apreciación en conciencia, señalando los hechos que deban considerarse probados;

Fracción reformada DOF 30-11-2012

V. Extracto de los alegatos;

VI. Las razones legales o de equidad, la jurisprudencia y doctrina que les sirva de fundamento; y

Fracción reformada DOF 30-11-2012

VII. Los puntos resolutivos.

Artículo reformado DOF 04-01-1980

Artículo 841. Las sentencias se dictarán a verdad sabida y buena fe guardada, y apreciando los hechos en conciencia, sin necesidad de sujetarse a reglas o formulismos sobre estimación de las pruebas, pero los Tribunales están obligados a estudiar pormenorizadamente las rendidas, haciendo la valoración de las mismas. Asimismo, expresarán los motivos y fundamentos legales en que se apoyan.

Artículo reformado DOF 04-01-1980, 30-11-2012, 01-05-2019

Artículo 842. Las sentencias deben ser claras, precisas y congruentes con la demanda, contestación, y demás pretensiones deducidas en el juicio oportunamente.

Artículo reformado DOF 04-01-1980, 01-05-2019

Artículo 843. En las sentencias, cuando se trate de prestaciones económicas, se determinará el salario que sirva de base a la condena; cuantificándose el importe de la prestación se señalarán las medidas con arreglo a las cuales deberá cumplirse con la resolución. Sólo por excepción, podrá ordenarse que se abra incidente de liquidación.

Artículo reformado DOF 04-01-1980, 01-05-2019

Artículo 844. Cuando la condena sea de cantidad líquida, se establecerán en la propia sentencia, sin necesidad de incidente, las bases con arreglo a las cuales deberá cumplimentarse.

Artículo reformado DOF 04-01-1980, 01-05-2019

Artículo 845. Se deroga.

Artículo reformado DOF 04-01-1980, 09-04-2012. Derogado DOF 01-05-2019

Artículo 846. Se deroga.

Artículo reformado DOF 04-01-1980. Derogado DOF 01-05-2019

Artículo 847. Una vez notificada la sentencia, cualquiera de las partes, dentro del término de tres días, podrá solicitar al Tribunal la aclaración de la resolución, para corregir errores o precisar algún punto. El Tribunal dentro del mismo plazo resolverá, pero por ningún motivo podrá variarse el sentido de la resolución. El error de mención de fecha, nombre, denominación o de cálculo podrá aclararse de oficio.

Artículo reformado DOF 04-01-1980, 01-05-2019

Artículo 848. Los Tribunales no pueden revocar sus propias resoluciones salvo aquellas que se combatan a través del Recurso de Reconsideración que contempla esta Ley.

Las partes pueden exigir la responsabilidad en que incurran los miembros de los Tribunales.

Artículo reformado DOF 04-01-1980, 01-05-2019

CAPÍTULO XIV
DE LA REVISIÓN DE LOS ACTOS DE EJECUCIÓN

Capítulo adicionado DOF 04-01-1980

Artículo 849. Se deroga.

Artículo reformado DOF 04-01-1980. Derogado DOF 01-05-2019

Artículo 850. Se deroga.

Artículo reformado DOF 04-01-1980, 30-11-2012. Derogado DOF 01-05-2019

Artículo 851. Se deroga.

Artículo reformado DOF 04-01-1980. Derogado DOF 01-05-2019

Artículo 852. Se deroga.

Artículo reformado DOF 04-01-1980. Derogado DOF 01-05-2019

Artículo 853. Se deroga.

Artículo reformado DOF 04-01-1980, 30-11-2012. Derogado DOF 01-05-2019

Artículo 854. Se deroga.

Artículo reformado DOF 04-01-1980. Derogado DOF 01-05-2019

Artículo 855. Se deroga.

Artículo reformado DOF 04-01-1980. Derogado DOF 01-05-2019

Artículo 856. Se deroga.

Artículo reformado DOF 04-01-1980, 30-11-2012. Derogado DOF 01-05-2019

CAPÍTULO XV
DE LAS PROVIDENCIAS CAUTELARES

Capítulo adicionado DOF 04-01-1980

Artículo 857. El secretario instructor del Tribunal, a petición de parte, podrá decretar las siguientes providencias cautelares:

Párrafo reformado DOF 01-05-2019

I. Prohibición de salir del territorio nacional o de una población determinada cuando haya temor de que se ausente u oculte la persona contra quien se entable o se haya entablado una demanda;

Fracción reformada DOF 01-05-2019

II. Embargo precautorio, cuando sea necesario asegurar los bienes de una persona, empresa o establecimiento.

Fracción reformada DOF 30-11-2012

III. Requerir al patrón se abstenga de dar de baja de la institución de seguridad social en la que se encuentra afiliada la trabajadora embarazada que haya sido despedida, cuando a juicio del Tribunal existan indicios suficientes para presumir que fue separada en razón de su estado; dicha medida se aplicará siempre y cuando se acompañe a la demanda certificado médico que acredite el embarazo, emitido conforme a los requisitos y formalidades contempladas en la ley, y

Fracción adicionada DOF 01-05-2019

IV. En los casos que se reclame discriminación en el empleo, tales como discriminación por embarazo, u orientación sexual, o por identidad de género, así como en los casos de trabajo infantil, el tribunal tomará las providencias necesarias para evitar que se cancele el goce de derechos fundamentales, tales como la seguridad social, en tanto se resuelve el juicio laboral, o bien decretará las medidas de aseguramiento para las personas que así lo ameriten. Para tal efecto, los demandantes deben acreditar la existencia de indicios que generen al Tribunal la razonable sospecha, apariencia o presunción de los actos de discriminación que hagan valer.

Fracción adicionada DOF 01-05-2019

Artículo reformado DOF 04-01-1980

Artículo 858. Las providencias cautelares señaladas en las fracciones I y II del artículo anterior podrán ser solicitadas al presentar la demanda, o posteriormente ya sea que se formulen por escrito o en comparecencia. En el primer caso, se tramitarán previamente al emplazamiento y en el segundo, por cuerda separada. En ninguno de los dos casos se pondrá la solicitud en conocimiento de la persona contra quien se pida la providencia.

Las providencias cautelares previstas en las fracciones III y IV del artículo 857 de esta Ley, se deberán solicitar al presentar la demanda.

Las providencias cautelares podrán ser impugnadas mediante el recurso de reconsideración; éste se interpondrá por escrito dentro de los tres días siguientes en que se tenga conocimiento del acto que se impugna, en el que se expresarán los agravios que le cause la providencia impugnada; dándole vista a la contraparte por el término de tres días para que manifieste lo que a su derecho convenga.

Una vez transcurrido el término de vista, el recurso se resolverá de plano por el juez del conocimiento en la audiencia preliminar.

En el supuesto que la providencia cautelar sea decretada con posterioridad a la audiencia preliminar, y se interponga el recurso de reconsideración, agotada la vista a la contraparte, el Tribunal resolverá de plano.

Artículo reformado DOF 04-01-1980, 01-05-2019

Artículo 859. El arraigo se decretará de plano y su efecto consistirá en prevenir al demandado que no se ausente del lugar de su residencia, sin dejar representante legítimo, suficientemente instruido y expensado.

Artículo reformado DOF 04-01-1980

Artículo 860. La persona que quebrante el arraigo decretado, será responsable del delito de desobediencia a un mandato de autoridad. Para este efecto, el Tribunal hará la denuncia respectiva ante el Ministerio Público respectivo.

Artículo reformado DOF 04-01-1980, 01-05-2019

Artículo 861. Para decretar un embargo precautorio, se observarán las normas siguientes:

Párrafo reformado DOF 30-11-2012

I. El solicitante determinará el monto de lo demandado y rendirá las pruebas que juzgue conveniente para acreditar la necesidad de la medida;

II. El Tribunal, tomando en consideración las circunstancias del caso y las pruebas rendidas, dentro de las veinticuatro horas siguientes a aquella en que se le solicite, podrá decretar el embargo precautorio si, a su juicio, es necesaria la providencia;

Fracción reformada DOF 30-11-2012, 01-05-2019

III. El auto que ordene el embargo determinará el monto por el cual deba practicarse; y

Fracción reformada DOF 30-11-2012

IV. El Tribunal dictará las medidas a que se sujetará el embargo, a efecto de que no se suspenda o dificulte el desarrollo de las actividades de la empresa o establecimiento.

Fracción reformada DOF 30-11-2012, 01-05-2019

Artículo reformado DOF 04-01-1980

Artículo 862. En el caso de la fracción II del artículo anterior, se considerará necesaria la providencia, cuando el solicitante compruebe que el demandado tiene diferentes juicios o reclamaciones ante autoridades judiciales o administrativas promovidos por terceros en su contra, y que por su cuantía, a criterio del Tribunal, exista el riesgo de insolvencia.

Artículo reformado DOF 04-01-1980, 01-05-2019

Artículo 863. La providencia se llevará a cabo aún cuando no esté presente la persona contra quien se dicte. El propietario de los bienes embargados será depositario de los mismos, sin necesidad de que acepte el cargo ni proteste desempeñarlo, con las responsabilidades y atribuciones inherentes al mismo, observándose las disposiciones de esta Ley en lo que sean aplicables. En caso de persona moral, el depositario será el gerente o director general o quien tenga la representación legal de la misma.

Tratándose de inmuebles, a petición del interesado, el Tribunal solicitará la inscripción del embargo precautorio en el Registro Público de la Propiedad.

Párrafo reformado DOF 01-05-2019

Artículo reformado DOF 04-01-1980, 30-11-2012

Artículo 864. Se deroga.

Artículo reformado DOF 04-01-1980. Derogado DOF 01-05-2019

CAPÍTULO XVI
PROCEDIMIENTOS ANTE LAS JUNTAS DE CONCILIACIÓN

Capítulo adicionado DOF 04-01-1980. Derogado DOF 30-11-2012

Artículo 865. (Se deroga).

Artículo reformado DOF 04-01-1980. Derogado DOF 30-11-2012

Artículo 866. (Se deroga).

Artículo reformado DOF 04-01-1980. Derogado DOF 30-11-2012

Artículo 867. (Se deroga).

Artículo reformado DOF 04-01-1980. Derogado DOF 30-11-2012

Artículo 868. (Se deroga).

Artículo reformado DOF 04-01-1980. Derogado DOF 30-11-2012

Artículo 869. (Se deroga).

Artículo reformado DOF 04-01-1980. Derogado DOF 30-11-2012

CAPÍTULO XVII
DEL PROCEDIMIENTO ORDINARIO

Capítulo adicionado DOF 04-01-1980. Denominación del Capítulo reformada DOF 01-05-2019

Artículo 870. Las disposiciones de este capítulo rigen para el procedimiento ordinario y en lo que resulte aplicable a los procedimientos especiales.

El procedimiento ordinario aplicará en aquellos conflictos individuales y colectivos de naturaleza jurídica que no tengan una tramitación especial en esta Ley.

Artículo reformado DOF 04-01-1980, 01-05-2019

Artículo 870 Bis. Las partes no podrán invocar en ninguna etapa procesal, antecedente alguno relacionado con la proposición, discusión, aceptación, rechazo o reconocimiento de hechos y derechos que se hayan realizado en el procedimiento de conciliación prejudicial.

Artículo adicionado DOF 01-05-2019

Artículo 871. El procedimiento ordinario se iniciará con la presentación del escrito de demanda ante la Oficialía de Partes o la Unidad Receptora del Tribunal competente.

En los actos procesales de la fase escrita del procedimiento hasta antes de la audiencia preliminar, el Tribunal podrá auxiliarse para el dictado de los acuerdos o providencias de un secretario instructor, el cual podrá dictar los siguientes acuerdos:

a) Admitir o prevenir la demanda y en su caso subsanarla conforme a las normas del trabajo y lo establecido en la presente Ley;

b) Ordenar la notificación al demandado;

c) Ordenar las vistas, traslados y notificaciones;

d) Admitir y en su caso proveer respecto de las pruebas ofrecidas para acreditar las excepciones dilatorias;

e) Dictar las providencias cautelares, y

f) Las demás que el juez le ordene.

Contra los actos u omisiones del secretario instructor, procederá el recurso de reconsideración, que deberá promoverse de forma oral en la audiencia preliminar el cual será resuelto de plano, oyendo a las partes por el juez del conocimiento en dicha audiencia. De resultar fundado el recurso, el juez modificará en lo que proceda el acto impugnado y proveerá lo conducente a efecto de subsanar el acto u omisión recurrido.

Artículo reformado DOF 04-01-1980, 01-05-2019

Artículo 872. La demanda se formulará por escrito, acompañando tantas copias de la misma, como demandados haya. En caso que el demandante sea el trabajador y faltaren copias, ello no será causa para prevención, archivo, o desechamiento. El Tribunal deberá subsanar de oficio dicha falta.

A. La demanda deberá estar firmada y señalar lo siguiente:

I. El tribunal ante el cual se promueve la demanda;

II. El nombre y domicilio del actor; éste podrá solicitar que le sean notificados en el buzón electrónico que el Tribunal le asigne los subsecuentes acuerdos y resoluciones, incluyendo la sentencia que en el caso se emita;

III. El nombre, denominación o razón social del demandado, así como su domicilio. Cuando el trabajador ignore el nombre del patrón o la denominación o razón social del establecimiento en el que labora o laboró, deberá aportar los datos que establece el artículo 712 de esta Ley; el trabajador podrá acompañar a su demanda cualquier dato o elemento que estime conveniente para facilitar la localización del domicilio del demandado, tales como croquis de localización, fotografías del inmueble o mapa en el que se señale su ubicación exacta;

IV. Las prestaciones que se reclamen;

V. Los hechos en los que funde sus peticiones;

VI. La relación de pruebas que el actor pretende se rindan en juicio, expresando el hecho o hechos que se intentan demostrar con las mismas, y

VII. En caso de existir un juicio anterior promovido por el actor contra el mismo patrón, deberá informarlo en la nueva demanda.

B. A la demanda deberá anexarse lo siguiente:

I. La constancia expedida por el Organismo de Conciliación que acredite la conclusión del procedimiento de conciliación prejudicial sin acuerdo entre las partes, a excepción de los casos en los que no se requiera dicha constancia, según lo establezca expresamente esta Ley;

II. Los documentos que acrediten la personalidad de su representante conforme al artículo 692, fracción II, si la demanda se promueve a través de éste, y

III. Las pruebas de que disponga el actor, acompañadas de los elementos necesarios para su desahogo. En caso que no pueda aportar directamente alguna prueba que tenga por objeto demostrar los hechos en que funde su demanda, deberá señalar el lugar en que puedan obtenerse y las diligencias cuya práctica solicite con el mismo fin. El ofrecimiento de las pruebas deberá cumplir con lo dispuesto en el capítulo XII del Título Catorce de esta Ley.

Artículo reformado DOF 04-01-1980, 01-05-2019

Artículo 873. Dentro de las veinticuatro horas siguientes a la presentación de la demanda, deberá turnarse al Tribunal correspondiente; si la demanda se encuentra ajustada a derecho, éste deberá dictar el acuerdo de admisión respectivo dentro de los tres días siguientes a que le sea turnada o de que se haya subsanado ésta en los términos del tercer párrafo del presente artículo.

Al presentarse la demanda, el Tribunal le asignará al actor un buzón electrónico, proporcionándole el nombre de usuario y la clave de acceso correspondiente, mediante el cual podrá consultar su expediente y revisar los acuerdos que se dicten en éste.

Cuando el actor sea el trabajador o sus beneficiarios, de advertir el Tribunal alguna irregularidad en el escrito de demanda o se promueven acciones contradictorias o no se haya precisado el salario base de la acción, en el acuerdo le señalará los defectos u omisiones en que haya incurrido y lo prevendrá para que los subsane dentro de un término de tres días. Dicho acuerdo deberá notificarse personalmente al actor.

De no subsanar el actor la demanda en el término concedido, el Tribunal subsanará las omisiones o irregularidades basándose en el material probatorio que el actor acompañe a su demanda y conforme a las normas del trabajo, una vez hecho lo anterior, el Tribunal admitirá la demanda.

No se recibirán pruebas adicionales a las ofrecidas en la demanda, salvo las que se refieran a hechos relacionados con la réplica, siempre que se trate de aquéllos que el actor no hubiese tenido conocimiento al presentar su demanda, así como las que se ofrezcan para sustentar las objeciones hechas a las pruebas de las demás partes, o las que se refieran a la objeción de testigos. Lo anterior sin menoscabo de que se puedan ofrecer pruebas sobre hechos supervenientes.

El Tribunal solo podrá admitir la ampliación de demanda en caso de que en la contestación a la misma se hagan valer hechos novedosos, de los cuales el actor no haya tenido conocimiento al presentar su demanda.

Artículo reformado DOF 04-01-1980, 30-11-2012, 01-05-2019

Artículo 873-A. Dentro de los cinco días siguientes a su admisión, el Tribunal emplazará a la parte demandada, entregándole copia cotejada del auto admisorio y del escrito de demanda, así como de las pruebas ofrecidas en ésta, para que produzca su contestación por escrito dentro de los quince días siguientes, ofrezca pruebas y de ser el caso reconvenga, apercibiéndole que de no hacerlo en dicho término se tendrán por admitidas las peticiones de la parte actora, salvo aquéllas que sean contrarias a lo dispuesto por la ley, así como por perdido su derecho a ofrecer pruebas y en su caso a formular reconvención. Asimismo, deberá apercibirlo que de no cumplir con lo previsto en el artículo 739 de esta Ley, las notificaciones personales subsecuentes se le harán por boletín o por estrados, y en su caso por buzón electrónico, conforme a lo establecido en esta Ley.

A toda contestación de demanda deberá anexarse el documento con el que se acredite la personalidad de quien comparezca en representación del demandado.

El escrito de contestación de demanda deberá contener una exposición clara y circunstanciada de los hechos, los fundamentos de derecho en los que se sustenta, las excepciones y defensas que el demandado tuviere a su favor, debiendo referirse a todos y cada uno de los hechos aducidos en la demanda, afirmándolos o negándolos, y expresando los que ignore cuando no sean propios, agregando las manifestaciones que estime convenientes y, en su caso, objetar las pruebas ofrecidas por la parte actora, apercibido que en caso de no hacerlo se le tendrá por perdido el derecho de objetar las pruebas de su contraparte.

El silencio y las evasivas harán que se tengan por admitidos aquellos hechos sobre los que no se suscite controversia, sin que sea admisible prueba en contrario. La negación pura y simple del derecho, implica la confesión de los hechos. La confesión de éstos no entraña la aceptación del derecho. En caso que el demandado niegue la relación de trabajo podrá negar los hechos en forma genérica, sin estar obligado a referirse a cada uno de ellos.

Todas las excepciones procesales que tenga el demandado deberá hacerlas valer al contestar la demanda, y en ningún caso suspenderán el procedimiento; de oponerse éstas, sólo se admitirán como pruebas la documental y pericial, salvo en el caso de la litispendencia y conexidad, de las que se podrá ofrecer también la prueba de inspección de los autos.

La excepción de incompetencia no exime al demandado de contestar la demanda; si no lo hace y el Tribunal se declara competente, se tendrán por admitidas las peticiones de la actora, salvo aquellas que sean contrarias a lo dispuesto por la ley.

Las mismas consecuencias correrán a cargo del demandado si éste no da contestación a la demanda o la formula fuera del plazo concedido para hacerlo, sin perjuicio de que hasta antes de la audiencia preliminar pueda ofrecer pruebas en contrario para demostrar que el actor no era trabajador o patrón, que no existió el despido o que no son ciertos los hechos afirmados por la parte actora.

La parte demandada deberá ofrecer sus pruebas en el escrito de contestación a la demanda, acompañando las copias respectivas para que se corra traslado con ellas a la parte actora. No se recibirán pruebas adicionales a menos que se refieran a hechos relacionados con la contrarréplica, siempre que se trate de aquellos que el demandado no hubiese tenido conocimiento al contestar la demanda, así como las que se ofrezcan para sustentar las objeciones hechas a las pruebas de las demás partes, o las que se refieran a la objeción de testigos. Lo anterior sin menoscabo de que se puedan ofrecer pruebas sobre hechos supervenientes.

Las pruebas deberán acompañarse de todos los elementos necesarios para su desahogo, para lo cual se estará a lo dispuesto en el capítulo XII del Título Catorce de esta Ley.

En caso de que el demandado se allane a la demanda el Tribunal citará a las partes a la audiencia de juicio, que tendrá verificativo en un plazo no mayor de diez días, en la que se dictará la sentencia respectiva.

Presentada que sea la contestación de demanda, el Tribunal le asignará al demandado un buzón electrónico, proporcionándole el nombre de usuario y la clave de acceso correspondiente, mediante el cual podrá consultar su expediente y revisar los acuerdos que emita el órgano jurisdiccional.

Si el Tribunal admite la reconvención, deberá emplazar a la parte actora corriéndole traslado con ésta y con las pruebas que ofrezca la actora reconvencionista, para que dentro del término de quince días siguientes a su emplazamiento conteste lo que a su derecho e interés corresponda y ofrezca pruebas, y en su caso objete las de la contraria. De no dar contestación a la reconvención la parte trabajadora, se le tendrá por contestada negando los hechos aducidos en la reconvención y por perdido el derecho para ofrecer pruebas. La reconvención seguirá las mismas reglas establecidas para la demanda.

Artículo adicionado DOF 01-05-2019

Artículo 873-B. El Tribunal correrá traslado a la actora con la copia de la contestación a la demanda y sus anexos para que en un plazo de ocho días objete las pruebas de su contraparte, formule su réplica y en su caso ofrezca pruebas en relación a dichas objeciones y réplica, acompañando copia de traslado para cada parte; en caso de que se ofrezcan pruebas, la actora deberá acompañar también copia de las mismas.

En caso de que el patrón realice el ofrecimiento del trabajo, el trabajador deberá pronunciarse al respecto al formular su réplica.

Artículo adicionado DOF 01-05-2019

Artículo 873-C. Con el escrito de réplica y sus anexos, el Tribunal correrá traslado a la parte demandada, otorgándole un plazo de cinco días para que formule su contrarréplica por escrito y, en su caso, objete las pruebas que se hayan ofrecido con éste. El demandado al presentar su contrarréplica deberá acompañar copia para traslado a la parte actora. En caso de que la parte demandada ofrezca pruebas en relación a su contrarréplica conforme a lo previsto en el artículo 873-A de esta Ley, deberá acompañar también copia de las mismas, para que se le corra traslado a la parte actora, y ésta en el término de tres días manifieste lo que a su interés corresponda.

Si la réplica o contrarréplica no se formulan dentro del plazo concedido, se tendrá por perdido el derecho según sea el caso y se continuará con el procedimiento.

Transcurridos los plazos señalados en los dos últimos párrafos que anteceden, el Tribunal fijará fecha para celebrar la Audiencia Preliminar, la cual tendrá verificativo dentro de los diez días siguientes.

Artículo adicionado DOF 01-05-2019

Artículo 873-D. Las partes podrán solicitar, que se llame a juicio a terceros que puedan ser afectados por la resolución que se dicte en el procedimiento, siempre que justifiquen la necesidad de su llamamiento; para ello, deberán proporcionar el domicilio de éste, exhibir las copias necesarias de la demanda y en su caso de la contestación, así como de los documentos exhibidos por las partes, con los que deberá correrse traslado al tercero; de no cumplir con tales requisitos se tendrá por perdido su derecho a solicitar el llamamiento.

El tercero podrá acudir al juicio hasta antes de la audiencia preliminar; de no hacerlo se entenderá que no tiene interés jurídico en el asunto, quedando sujeto al resultado del juicio.

El tercero interesado que acuda a juicio será parte en éste, debiendo sujetarse a las formalidades del procedimiento previstas en el presente capítulo.

El llamamiento a tercero interesado lo deberán hacer las partes en la demanda, contestación, reconvención o contestación a al reconvención, o bien al emitir la réplica y contrarréplica, según sea el caso; el Tribunal acordará de plano dicha solicitud, la que en caso de admitirse, ordenará se emplace al tercero interesado para que dentro de los quince días siguientes, realice sus manifestaciones por escrito, al cual deberá acompañar las pruebas que estime pertinentes conforme lo establecido en el artículo 780 de esta Ley, con copias de traslado suficientes para las partes.

Artículo adicionado DOF 01-05-2019

SECCIÓN PRIMERA
AUDIENCIA PRELIMINAR

Sección adicionada DOF 01-05-2019

Artículo 873-E. La audiencia preliminar tiene por objeto:

a) Depurar el procedimiento y resolver las excepciones dilatorias planteadas por las partes;

b) Establecer los hechos no controvertidos;

c) Admitir o desechar las pruebas ofrecidas por las partes, según sea el caso;

d) Citar para audiencia de juicio;

e) Resolver el recurso de reconsideración contra los actos u omisiones del secretario instructor.

Artículo adicionado DOF 01-05-2019

Artículo 873-F. La audiencia preliminar se desarrollará conforme a lo siguiente:

I. Las partes comparecerán personalmente o por conducto de apoderado ante el Tribunal; en caso de hacerlo por su cuenta deberán estar asistidas por Licenciado en Derecho o abogado titulado con cédula profesional, o pasante de derecho, a fin de garantizar su debida defensa.

Si las partes no comparecen por sí mismas o por conducto de sus apoderados, se tendrán por consentidas las actuaciones judiciales que en cada etapa sucedan y quedarán precluídos los derechos procesales que debieron ejercitarse en cada una de las etapas de la audiencia. El tribunal determinará el inicio y la conclusión de cada una de las etapas de la audiencia;

II. La audiencia preliminar se desahogará con la comparecencia de las partes que se encuentren presentes al inicio. Las que no hayan comparecido en su apertura, podrán hacerlo en el momento en que se presenten, siempre y cuando no se haya emitido el acuerdo de cierre de la audiencia. Si las partes no comparecen se efectuará la audiencia con los elementos que se disponga en autos;

III. El Tribunal examinará las cuestiones relativas a la legitimación procesal y resolverá las excepciones procesales que se hayan hecho valer, con el fin de depurar el procedimiento;

IV. El Tribunal definirá los hechos que no sean motivo de controversia con el fin de que las pruebas que se admitan se dirijan a los hechos sujetos a debate;

V. En seguida, el Tribunal resolverá la admisión de las pruebas ofrecidas por las partes, admitirá las que tengan relación con la litis y desechará las inútiles, intrascendentes o que no guarden relación con los hechos controvertidos, expresando el motivo de ello; asimismo, establecerá la forma en que deberán prepararse las pruebas que admita para su desahogo la audiencia de juicio o las que se realizarán fuera de las instalaciones del Tribunal, cuando proceda en los términos de esta Ley. El Tribunal fijará día y hora para la celebración de la audiencia de juicio, que deberá efectuarse dentro del lapso de veinte días siguientes a la emisión del acuerdo respectivo, si se admiten pruebas que deban desahogarse fuera de las instalaciones del Tribunal, señalará la fecha y hora en que se desarrollarán las diligencias, proveyendo en relación a las mismas;

VI. La preparación de las pruebas será ordenada por el Tribunal, salvo aquellas que queden a cargo de las partes, por lo que la audiencia de juicio no se diferirá por falta de preparación, salvo caso fortuito o fuerza mayor. La citación de los testigos a que se refiere el artículo 813 de esta Ley, quedará a cargo de su oferente, salvo que por causa justificada deba practicarse mediante notificación personal, la que se efectuará con al menos tres días de anticipación a la audiencia, sin contar el día en que reciban la citación, ni el de la audiencia. El Tribunal, a solicitud del oferente, podrá expedir oficios o citaciones a fin de que éste los entregue por su cuenta y bajo su responsabilidad, con el objeto de que se preparen debidamente las pruebas y puedan desahogarse en la audiencia de juicio;

VII. Solamente en casos excepcionales, cuando debido a la naturaleza de las pruebas admitidas el Tribunal considere bajo su más estricta responsabilidad que no es posible su desahogo en una sola audiencia, en el mismo acuerdo en el que las admita, señalará los días y horas en que deberán desahogarse, aunque no guarden el orden en que fueron ofrecidas, procurando que se reciban primero las del actor y luego las del demandado, y

VIII. Si las partes están de acuerdo con los hechos y la controversia queda reducida a un punto de derecho, se declarará cerrada la instrucción turnándose los autos a resolución.

Artículo adicionado DOF 01-05-2019

Artículo 873-G. El tribunal girará los oficios y exhortos necesarios para recabar los informes o copias que deba expedir alguna autoridad o exhibir terceros ajenos al juicio, que haya solicitado el oferente, con los apercibimientos señalados en esta Ley; asimismo dictará las medidas necesarias a fin de que el día de la audiencia se desahoguen las pruebas admitidas, conforme a lo siguiente:

a) Si se tratare de autoridades, el Tribunal las requerirá para que envíen los documentos o copias; si no cumplieren con ello, el Tribunal dictará las medidas de apremio conducentes, sin perjuicio de dar vista del incumplimiento al superior jerárquico del servidor público omiso, y en su caso al órgano de control competente, y

b) Si se trata de terceros, el Tribunal dictará las medidas de apremio correspondientes, hasta que se logre la presentación de las copias o documentos requeridos.

Artículo adicionado DOF 01-05-2019

SECCIÓN SEGUNDA
AUDIENCIA DE JUICIO

Sección adicionada DOF 01-05-2019

Artículo 873-H. La audiencia de juicio se desahogará con la comparecencia de las partes que estén presentes en su apertura. Las que no hayan comparecido en su inicio, podrán intervenir en el momento en que se presenten, siempre que el juez no la haya dado por concluida. Si las partes no comparecen se efectuará la audiencia con los elementos que se disponga en autos y se harán efectivos los apercibimientos realizados previamente a las partes.

El juez contará con las más amplias facultades para conducir el procedimiento; dará cuenta de la presencia de las partes que comparezcan a la audiencia, así como de los testigos y peritos que intervendrán; De igual forma, verificará la disponibilidad de los documentos a exhibirse y moderará el desarrollo de las manifestaciones de quienes intervengan en la audiencia; en su caso, analizará y calificará las pruebas que presenten las partes como supervenientes para su admisión o desechamiento según corresponda.

Artículo adicionado DOF 01-05-2019

Artículo 873-I. El Tribunal, abrirá la fase de desahogo de pruebas, conforme a lo siguiente:

I. Se procederá a desahogar todas las pruebas que se encuentren debidamente preparadas, procurando que sean primero las del actor y luego las del demandado;

II. Si alguna de las pruebas admitidas no se encontrara debidamente preparada y estuviera a cargo de las partes, se declarará la deserción de la misma, salvo causa justificada, en cuyo caso el juez señalará nuevo día y hora para su desahogo dentro de los diez días siguientes; para ello, deberá tomará las medidas conducentes y podrá hacer uso de las medidas de apremio que estime necesarias para lograr el desahogo de las pruebas admitidas y evitar la dilación del juicio, y

III. El juez deberá requerir a la persona que comparezca a desahogar la prueba correspondiente para que se identifique con cualquier documento oficial; y, si no lo hace en el momento de la audiencia, se le concederán tres días para ello, apercibiéndola de que en caso contrario se dejará sin efectos la declaración correspondiente.

Artículo adicionado DOF 01-05-2019

Artículo 873-J. Concluido el desahogo de pruebas, el secretario del Tribunal hará la certificación respectiva. En caso de que las partes señalen que queda alguna prueba pendiente de desahogar, el juez resolverá de plano y de advertir alguna omisión al respecto, ordenará su desahogo. Una vez hecho lo anterior, el juez otorgará sucesivamente el uso de la voz a las partes, para que formulen de manera concisa y breve sus alegatos.

Realizados que sean los alegatos de las partes, el Tribunal declarará cerrada la etapa de juicio y emitirá la sentencia en la misma audiencia, con lo que se pondrá fin al procedimiento. El texto de la resolución deberá ponerse a disposición de las partes en la misma audiencia. Solamente en casos excepcionales y que así se justifique por el cúmulo de hechos controvertidos o bien de las pruebas rendidas, el Tribunal emitirá sentencia dentro de los cinco días siguientes al de la celebración de la audiencia de juicio.

Artículo adicionado DOF 01-05-2019

Artículo 873-K. Contra las resoluciones pronunciadas en el procedimiento ordinario laboral, no procederá recurso alguno, salvo el recurso de reconsideración contra los actos del secretario instructor establecido en el artículo 871, de esta Ley. No obstante, ya sea de oficio o a petición de parte, el juez podrá subsanar las omisiones o errores en que hubiere incurrido, o bien podrá precisar algún punto, hasta antes de dictar sentencia; asimismo, podrá aclarar ésta una vez que se haya emitido.

Atendiendo a la naturaleza y fines del derecho laboral, el juez deberá asumir un desempeño proactivo, en el que impulse permanentemente el procedimiento, evitando que las deficiencias o inconsistencias formales cometidas durante su desarrollo trasciendan en perjuicio de las partes provocando su dilación a futuro, por lo que de advertirlas podrá subsanarlas. En todo momento se fomentará la conciliación como la vía privilegiada para la solución del conflicto.

Artículo adicionado DOF 01-05-2019

Artículo 874. La falta de notificación de alguno o de todos los demandados, obliga al Tribunal a señalar de oficio nuevo día y hora para la celebración de la audiencia, salvo que las partes concurran a la misma o cuando el actor se desista de las acciones intentadas en contra de los demandados que no hayan sido notificados.

Las partes que comparecieren a la audiencia, quedarán notificadas de la nueva fecha para su celebración, a las que fueron notificadas y no concurrieron, se les notificará por boletín o en estrados del Tribunal; y las que no fueron notificadas se les hará personalmente.

Artículo reformado DOF 04-01-1980, 01-05-2019

Artículo 875. Se deroga.

Artículo reformado DOF 04-01-1980, 30-11-2012. Derogado DOF 01-05-2019

Artículo 876. Se deroga.

Artículo reformado DOF 28-04-1978, 04-01-1980, 30-11-2012. Derogado DOF 01-05-2019

Artículo 877. (Se deroga).

Artículo reformado DOF 28-04-1978, 04-01-1980. Derogado DOF 30-11-2012

Artículo 878. Se deroga.

Artículo reformado DOF 24-12-1974, 28-04-1978, 04-01-1980. Fe de erratas DOF 30-01-1980. Reformado DOF 30-11-2012. Derogado DOF 01-05-2019

Artículo 879. Se deroga.

Artículo reformado DOF 28-04-1978, 04-01-1980, 30-11-2012. Derogado DOF 01-05-2019

Artículo 880. Se deroga.

Artículo reformado DOF 28-04-1978, 04-01-1980. Fe de erratas DOF 30-01-1980, Reformado DOF 30-11-2012.

Derogado DOF 01-05-2019

Artículo 881. Se deroga.

Artículo reformado DOF 28-04-1978, 04-01-1980. Derogado DOF 01-05-2019

Artículo 882. (Se deroga).

Artículo reformado DOF 28-04-1978, 04-01-1980. Derogado DOF 30-11-2012

Artículo 883. Se deroga.

Artículo reformado DOF 28-04-1978, 04-01-1980, 30-11-2012. Derogado DOF 01-05-2019

Artículo 884. Se deroga.

Artículo reformado DOF 28-04-1978, 04-01-1980, 30-11-2012. Derogado DOF 01-05-2019

Artículo 885. Se deroga.

Artículo reformado DOF 28-04-1978, 04-01-1980, 30-11-2012. Derogado DOF 01-05-2019

Artículo 886. Se deroga.

Artículo reformado DOF 28-04-1978, 04-01-1980, 30-11-2012. Derogado DOF 01-05-2019

Artículo 887. Se deroga.

Artículo reformado DOF 23-12-1974, 28-04-1978, 04-01-1980. Derogado DOF 01-05-2019

Artículo 888. Se deroga.

Artículo reformado DOF 04-01-1980, 30-11-2012. Derogado DOF 01-05-2019

Artículo 889. Se deroga.

Artículo reformado DOF 04-01-1980. Derogado DOF 01-05-2019

Artículo 890- Se deroga.

Artículo reformado DOF 24-12-1974, 04-01-1980. Derogado DOF 01-05-2019

Artículo 891. Se deroga.

Artículo adicionado DOF 24-12-1974. Reformado DOF 28-04-1978, 04-01-1980, 30-11-2012. Derogado DOF 01-05-2019

CAPÍTULO XVIII
DEL PROCEDIMIENTO ESPECIAL

Capítulo adicionado DOF 04-01-1980. Denominación del Capítulo reformada DOF 01-05-2019

Artículo 892. Las disposiciones de este capítulo rigen la tramitación de los conflictos que se susciten con motivo de la aplicación de los artículos 5o. fracción III; 28, fracción III; 151; 153-X; 158; 162; 204, fracción IX; 209, fracción V; 210; 236, fracciones II y III, 484, 503 y 505 de esta Ley, así como los conflictos que tengan por objeto el cobro de prestaciones que no excedan del importe de tres meses de salarios, la designación de beneficiarios del trabajador fallecido, con independencia de la causa del deceso, o desaparecido por un acto delincuencial, y los conflictos en materia de seguridad social.

Artículo adicionado DOF 04-01-1980. Fe de erratas DOF 30-01-1980. Reformado DOF 01-05-2019

Artículo 893. Los escritos de demanda y contestación deberán cumplir con los requisitos a que se refieren los artículos 872 y 873-A de esta Ley, en lo que sea aplicable.

Una vez que el Tribunal admita la demanda con los documentos y copias requeridas, se correrá traslado al demandado, quien deberá contestarla por escrito dentro de los diez días siguientes a la fecha del emplazamiento, pudiendo objetar las pruebas del actor, con el apercibimiento de que de no hacerlo se le tendrán por admitidas las peticiones del actor.

Con copia del escrito de contestación y sus anexos se correrá traslado a la parte actora para que en el término de tres días formule réplica y objete pruebas de su contraria. Desahogada ésta, se correrá traslado al demandado para que en el mismo plazo realice su contrarréplica.

En estos procedimientos se privilegiará la substanciación en línea, salvo la imposibilidad material para ello y sin detrimento de los derechos de los trabajadores, asegurados y sus beneficiarios.

Artículo adicionado DOF 04-01-1980. Reformado DOF 01-05-2019

Artículo 894. Una vez formulada la réplica y contrarréplica o transcurridos los términos para ello, dentro de los quince días siguientes, el Tribunal dictará el auto de depuración, que se ocupará de los aspectos que son objeto de la audiencia preliminar en términos del artículo 873-E de esta Ley. Esta actuación se emitirá por escrito fuera de audiencia, y no podrá delegarse en el secretario instructor. El Tribunal podrá emplear el sistema de videoconferencia a fin de formular las prevenciones y aclaraciones que sean necesarias para emitir el auto de depuración.

Cuando el asunto así lo requiera debido a la complejidad de los puntos controvertidos, las excepciones propuestas o la preparación de las pruebas, el Tribunal citará a audiencia preliminar dentro de los diez días siguientes a que concluyan los plazos para la réplica y contrarréplica. La audiencia preliminar se desahogará conforme a lo establecido en el artículo 873-F.

Cuando la controversia se reduzca a puntos de derecho, o bien cuando la única prueba que resulte admitida sea la documental, y ésta ya se hubiera exhibido sin ser objetada, el Tribunal otorgará a las partes un plazo de cinco días para formular alegatos por escrito, y vencido éste dictará sentencia, sin previa celebración de la audiencia de juicio.

Artículo adicionado DOF 04-01-1980. Reformado DOF 01-05-2019

Artículo 895. La audiencia de juicio se desahogará en los términos previstos para el procedimiento ordinario.

Párrafo reformado DOF 01-05-2019

En los procedimientos especiales se observarán las disposiciones de los capítulos XII y XVII de este Título, en lo que sean aplicables.

Párrafo adicionado DOF 01-05-2019

I. Se deroga.

Fracción derogada DOF 01-05-2019

II. Se deroga.

Fracción derogada DOF 01-05-2019

III. Se deroga.

Fracción derogada DOF 01-05-2019

IV. Se deroga.

Fracción derogada DOF 01-05-2019
Artículo adicionado DOF 04-01-1980

Artículo 896. Para aplicación del artículo 503 de la Ley Federal del Trabajo, con la presentación de la demanda el Tribunal iniciará las investigaciones a que se refiere ese precepto; para ello solicitará al patrón le proporcione los nombres y domicilios de los beneficiarios registrados ante él y en las instituciones oficiales; podrá además ordenar la práctica de cualquier diligencia, o emplear los medios de comunicación que estime pertinentes, para convocar a todas las personas que dependían económicamente del trabajador fallecido a ejercer sus derechos ante el Tribunal.

De existir controversia entre los interesados, el Tribunal citará a la audiencia preliminar.

El Tribunal dictará su resolución tomando en cuenta los alegatos y pruebas aportadas por las personas que ejercitaron derechos derivados de las prestaciones que generó el trabajador fallecido.

Artículo adicionado DOF 04-01-1980. Fe de erratas DOF 30-01-1980. Reformado DOF 01-05-2019

Artículo 897. La tramitación y resolución de los conflictos colectivos a que se refieren los artículos 389; 418; 424, fracción IV; 427, fracciones I, II y VI; 434, fracciones I, III y V; y 439, de esta Ley, así como los casos de violaciones a derechos fundamentales en materia colectiva que atenten contra la libertad de asociación, libertad sindical, derecho de negociación colectiva, o se impugnen procedimientos de elección de directivas sindicales, o bien sanciones sindicales que limiten el derecho a votar y ser votado, se resolverán mediante el Procedimiento Especial Colectivo previsto en los artículos 897-A al 897-G de esta Ley.

Artículo adicionado DOF 04-01-1980. Reformado DOF 01-05-2019

Artículo 897-A. Los escritos de demanda y contestación se presentarán ante el Tribunal competente y deberán cumplir con los requisitos a que se refieren los artículos 872 y 873-A de esta Ley, en lo que sea aplicable.

Los conflictos entre sindicatos a los que se refieren los artículos 389 y 418 de esta Ley se resolverán únicamente a través de la consulta de los trabajadores, quienes manifestarán su voluntad a través del voto personal, libre, directo y secreto, por lo que no puede ser materia de negociación al ser elementos esenciales de la democracia y de los derechos humanos vinculados a ésta. En estos casos y tratándose de violaciones a derechos fundamentales en materia colectiva que atenten contra la libertad de asociación, libertad sindical o al derecho de negociación colectiva, o cuando se impugnen procedimientos de elección de las directivas sindicales, para promover el juicio no será necesario acudir a la conciliación prejudicial ni exhibir la constancia correspondiente.

No podrán acumularse en esta vía pretensiones ajenas al propósito de ésta; de reclamarse, se dejarán a salvo los derechos de las partes para que los ejerzan en la vía que corresponda.

Artículo adicionado DOF 01-05-2019

Artículo 897-B. Una vez que el Tribunal admita la demanda con los documentos y copias requeridas, se correrá traslado al demandado, quien deberá contestarla por escrito dentro de los diez días siguientes a la fecha del emplazamiento, cubriendo los requisitos señalados en el artículo 873-A de la Ley y objetando las pruebas del actor, apercibido que de no hacerlo se estará a lo establecido en dicho precepto legal. En los conflictos de titularidad de la contratación colectiva, el allanamiento a la demanda no impedirá la continuación del procedimiento.

Con copia del escrito de contestación a la demanda y sus anexos se correrá traslado a la parte actora para que en el término de tres días formule réplica y objete pruebas de su contraria. Desahogada ésta, se correrá traslado a la parte demandada para que en el mismo plazo realice su contrarréplica. Una vez formulada la réplica y contrarréplica o transcurridos los términos para ello, se dictará auto que fije fecha para la celebración de la audiencia de juicio, la cual deberá efectuarse dentro de los cinco días siguientes, salvo lo establecido en el artículo 897-F de esta Ley.

En el mismo auto el juez depurará el procedimiento y, en su caso, resolverá las excepciones procesales que se hubieren opuesto; asimismo, admitirá o desechará las pruebas, según sea el caso. También fijará la forma de preparación de las pruebas y ordenará la expedición de oficios o citaciones que correspondan conforme lo establece el capítulo XII del Título Catorce de esta Ley.

Artículo adicionado DOF 01-05-2019

Artículo 897-C. La audiencia de juicio se desarrollará de la siguiente manera:

I. El juez abrirá la fase de desahogo de pruebas;

II. Se desahogarán ante el juez las pruebas admitidas y preparadas. La audiencia no se suspenderá ni diferirá en ningún caso por falta de preparación de las pruebas admitidas, salvo causa justificada; tratándose de la prueba de recuento se señalará día, hora y lugar para su realización, y

III. Desahogadas las pruebas, las partes formularán alegatos en forma oral; acto seguido el juez declarará cerrada la etapa de juicio y suspenderá la audiencia, citando a las partes para oír sentencia dentro de los tres días posteriores.

Artículo adicionado DOF 01-05-2019

Artículo 897-D. El juez dictará su resolución tomando en cuenta los alegatos y pruebas aportadas por las partes.

Artículo adicionado DOF 01-05-2019

Artículo 897-E. En la sesión de lectura de sentencia el Juez expondrá oralmente y de forma breve las consideraciones y motivos de su resolución; leerá únicamente los puntos resolutivos, dejando a disposición de las partes copia de la sentencia y cerrará la audiencia de juicio, con lo que se pondrá fin al procedimiento.

Contra las resoluciones pronunciadas en el procedimiento especial colectivo no procederá recurso alguno. No obstante, de oficio o a petición de parte se podrán subsanar las omisiones o irregularidades que se adviertan para el solo efecto de regularizar el procedimiento.

Artículo adicionado DOF 01-05-2019

Artículo 897-F. Si se ofrece el recuento de los trabajadores, para preparar su desahogo mediante voto personal, libre, directo y secreto, el Tribunal llevará a cabo las siguientes diligencias:

I. Con objeto de definir los trabajadores que tienen derecho a votar, dentro de los dos días siguientes a la recepción de la demanda, requerirá:

a) Al Instituto Mexicano del Seguro Social o institución de seguridad social homologa, Servicio de Administración Tributaria, Instituto del Fondo Nacional de la Vivienda para los Trabajadores y demás autoridades que por la naturaleza de su actividad puedan tener información de los trabajadores del centro de trabajo, la información necesaria a fin de elaborar el padrón que servirá de base en la prueba de recuento; esta información abarcará el período de tres meses de anticipación a la fecha de presentación de la demanda;

b) Al patrón, para que bajo protesta de decir verdad, informe el nombre de todos sus trabajadores, distinguiendo los de confianza, los sindicalizables y sindicalizados, además de precisar puesto, salario y fecha de ingreso. Asimismo, señalará los nombres de los trabajadores que hayan ingresado a laborar, hayan sido despedidos o dejado de prestar sus servicios con tres meses de anterioridad a la fecha de la presentación de la demanda, y anexará un ejemplar del contrato colectivo de trabajo;

c) Al Centro Federal de Conciliación y Registro Laboral, la documentación e información relativa al registro del contrato colectivo o de la administración del contrato-ley, tabuladores, padrones de trabajadores afiliados a los sindicatos contendientes y toda aquella información que posea.

Esta información deberá ser entregada al Tribunal en el plazo de cinco días. Con copia de la misma se les correrá traslado a las partes a fin de que dentro del plazo de siete días formulen objeciones a los informes recibidos y a los listados de trabajadores, así como para que ofrezcan, en su caso, las pruebas de que dispongan para sustentar sus objeciones;

II. Una vez recibidas las objeciones o transcurrido el plazo para ello, el Tribunal citará a las partes dentro de los tres días siguientes a una audiencia incidental de objeciones y preparación al recuento. En dicha audiencia incidental el Tribunal acordará sobre la admisión y desahogo de las pruebas documentales que hubieran ofrecido las partes.

Una vez desahogadas las pruebas documentales, dentro de los siete días siguientes a que se dicte el acuerdo respectivo, el Tribunal elaborará el padrón que servirá de base para el recuento, y señalará lugar, fecha y hora, así como condiciones bajo las que se desahogará el recuento de los trabajadores mediante voto personal, libre, directo y secreto, conforme al procedimiento establecido en el artículo 390 Bis, fracción II, incisos c) a j), de la presente Ley, con las modalidades contempladas en el presente artículo; en dicho acuerdo el juez facultará a él o los funcionarios o personal que deberá llevar a cabo el procedimiento del recuento.

El juez garantizará que el procedimiento de recuento se realice en los términos y plazos establecidos en este artículo y que las objeciones presentadas no impliquen la dilación del procedimiento;

III. El Tribunal correrá traslado a las partes con el padrón autorizado y con el acuerdo en el que se ordena el desahogo del recuento, y

IV. Desahogado el recuento el Tribunal citará a las partes a la audiencia de juicio prevista en el artículo 897-C de esta Ley, la cual deberá celebrarse a más tardar en los cinco días siguientes.

Artículo adicionado DOF 01-05-2019

Artículo 897-G. Cuando se trate de conflictos entre sindicatos a los que se refieren los artículos 389 y 418 de esta Ley, si en el desarrollo del procedimiento se advierte la injerencia del patrón a favor de alguno de los sindicatos contendientes o la comisión de actos de violencia por algunas de las partes, el Juez tomará las medidas necesarias para que el ejercicio del voto de los trabajadores se realice con plena libertad y seguridad, con independencia de que de vista de los hechos a las autoridades penales y administrativas correspondientes para su sanción.

Artículo adicionado DOF 01-05-2019

Artículo 898. Se deroga.

Artículo adicionado DOF 04-01-1980. Derogado DOF 01-05-2019

Artículo 899. Se deroga.

Artículo adicionado DOF 04-01-1980. Derogado DOF 01-05-2019

SECCIÓN PRIMERA
CONFLICTOS INDIVIDUALES DE SEGURIDAD SOCIAL

Sección adicionada DOF 30-11-2012

Artículo 899-A. Los conflictos individuales de seguridad social son los que tienen por objeto reclamar el otorgamiento de prestaciones en dinero o en especie, derivadas de los diversos seguros que componen el régimen obligatorio del Seguro Social, organizado y administrado por el Instituto Mexicano del Seguro Social, y de aquellas que conforme a la Ley del Seguro Social y la Ley del Instituto del Fondo Nacional de la Vivienda para los Trabajadores, deban cubrir el Instituto del Fondo Nacional de la Vivienda para los Trabajadores y las

Administradoras de Fondos para el Retiro, así como las que resulten aplicables en virtud de contratos colectivos de trabajo o contratos-Ley que contengan beneficios en materia de seguridad social.

La competencia para conocer de estos conflictos, por razón de territorio corresponderá al Tribunal del lugar en el que se encuentre la clínica del Instituto Mexicano del Seguro Social a la cual se encuentren adscritos los asegurados o sus beneficiarios.

Párrafo reformado DOF 01-05-2019

En caso de que se demanden únicamente prestaciones relacionadas con la devolución de fondos para el retiro y vivienda, corresponderá la competencia al Tribunal federal de la entidad federativa donde se encuentre el último centro de trabajo del derechohabiente.

Párrafo reformado DOF 01-05-2019
Artículo adicionado DOF 30-11-2012

Artículo 899-B. Los conflictos individuales de seguridad social, podrán ser planteados por:

I. Los trabajadores, asegurados, pensionados o sus beneficiarios, que sean titulares de derechos derivados de los seguros que comprende el régimen obligatorio del Seguro Social;

II. Los trabajadores que sean titulares de derechos derivados del Fondo Nacional de la Vivienda para los Trabajadores o sus beneficiarios;

III. Los titulares de las cuentas individuales del Sistema de Ahorro para el Retiro de los trabajadores sujetos a esta Ley o sus beneficiarios; y

IV. Los trabajadores a quienes les resulten aplicables los contratos colectivos de trabajo o contratos-Ley que contengan beneficios en materia de seguridad social.

Artículo adicionado DOF 30-11-2012

Artículo 899-C. Las demandas relativas a los conflictos a que se refiere esta sección, deberán contener:

I. Nombre, domicilio y fecha de nacimiento del promovente y los documentos que acrediten su personalidad;

II. Exposición de los hechos y causas que dan origen a su reclamación;

III. Las pretensiones del promovente, expresando claramente lo que se le pide;

IV. Nombre y domicilio de las empresas o establecimientos en las que ha laborado; puestos desempeñados; actividades desarrolladas; antigüedad generada y cotizaciones al régimen de seguridad social;

V. Número de seguridad social o referencia de identificación como asegurado, pensionado o beneficiario, clínica o unidad de medicina familiar asignada;

VI. En su caso, el último estado de la cuenta individual de ahorro para el retiro, constancia expedida por el Instituto Mexicano del Seguro Social de otorgamiento o negativa de pensión, o constancia de otorgamiento o negativa de crédito para vivienda;

VII. Los documentos expedidos por los patrones, el Instituto Mexicano del Seguro Social, el Instituto del Fondo Nacional de la Vivienda para los Trabajadores y la Administradora de Fondos para el Retiro correspondiente o, en su caso, el acuse de recibo de la solicitud de los mismos y, en general, la información necesaria que garantice la sustanciación del procedimiento con apego al principio de inmediatez;

VIII. Las demás pruebas que juzgue conveniente para acreditar sus pretensiones; y

IX. Las copias necesarias de la demanda y sus anexos, para correr traslado a la contraparte.

Artículo adicionado DOF 30-11-2012

Artículo 899-D. Los organismos de seguridad social, conforme a lo dispuesto por el artículo 784 deberán exhibir los documentos que, de acuerdo con las Leyes, tienen la obligación legal de expedir y conservar, bajo el apercibimiento de que de no presentarlos, se presumirán ciertos los hechos alegados por el promovente. En todo caso, corresponde a los organismos de seguridad social, probar su dicho cuando exista controversia sobre:

I. Fecha de inscripción al régimen de seguridad social;

II. Número de semanas cotizadas en los ramos de aseguramiento;

III. Promedios salariales de cotización de los promoventes;

IV. Estado de cuenta de aportaciones de vivienda y retiro de los asegurados;

V. Disposiciones o retiros de los asegurados, sobre los recursos de las cuentas;

VI. Otorgamiento de pensiones o indemnizaciones;

VII. Vigencia de derechos; y

VIII. Pagos parciales otorgados a los asegurados.

Artículo adicionado DOF 30-11-2012

Artículo 899-E. En el procedimiento se observará lo establecido en la sección primera de este capítulo, y en los casos en que se demanden prestaciones derivadas de riesgos de trabajo o enfermedades generales, el procedimiento se sujetará además a las siguientes reglas:

Párrafo reformado DOF 01-05-2019

Cuando lo planteado en la demanda exija la designación de peritos, deberá citarse a la audiencia preliminar, y en el auto de citación se designará al perito o peritos médicos oficiales que estime necesarios, sin perjuicio de que las partes puedan acompañarse de un asesor que los auxilie en el desahogo del interrogatorio.

Párrafo reformado DOF 01-05-2019

Los dictámenes deberán contener:

I. Datos de la identificación y de la acreditación de la profesión de médico de cada uno de los peritos;

II. Datos de identificación del actor, precisando el documento con el que se comprobó su identidad;

III. Diagnóstico sobre los padecimientos reclamados;

IV. Tratándose de calificación y valuación de riesgos de trabajo, los razonamientos para determinar la relación de causa efecto entre la actividad específica desarrollada por el trabajador y el estado de incapacidad cuya calificación o valuación se determine;

V. Los medios de convicción en los cuales se basan las conclusiones del peritaje, incluyendo la referencia a los estudios médicos a los que se hubiera sometido el trabajador; y

VI. En su caso, el porcentaje de valuación, de disminución orgánico funcional, o la determinación del estado de invalidez.

El Tribunal deberá tomar las medidas conducentes para que el o los peritos médicos oficiales designados acepten y protesten el cargo conferido dentro de los cinco días siguientes a la celebración de la audiencia preparatoria, quienes deberán señalar al Tribunal en forma justificada, los requerimientos necesarios para la emisión del dictamen pericial y, en su caso, para la determinación del nexo causal, tratándose de riesgos de trabajo.

Párrafo reformado DOF 01-05-2019

El Tribunal notificará al perito o peritos oficiales y dictará las medidas que considere pertinentes para agilizar la emisión de los dictámenes periciales y requerirá al trabajador para que se presente a la realización de los estudios médicos o diligencias que requieran el o los peritos.

Párrafo reformado DOF 01-05-2019

Dentro de los treinta días siguientes a la celebración de la audiencia preparatoria, el Tribunal señalará día y hora para la audiencia de juicio, en que se recibirán el o los dictámenes periciales con citación de las partes, con el apercibimiento que de no comparecer, se les tendrá por perdido su derecho para formular repreguntas u observaciones.

Párrafo reformado DOF 01-05-2019

Si la parte actora no acude a las diligencias ordenadas por el Tribunal, o si abandona los estudios médicos o diligencias ordenadas, se hará constar la falta de interés, a efecto de que se decrete la deserción de la prueba, salvo las causas justificadas a que se refiere el artículo 785 de esta Ley.

Párrafo reformado DOF 01-05-2019

El Tribunal deberá aplicar a los peritos las medidas de apremio que establece esta Ley, para garantizar la emisión oportuna del dictamen.

Párrafo reformado DOF 01-05-2019

Las partes en la audiencia de desahogo de la pericial médica, por sí o a través de un especialista en medicina, podrán formular las observaciones o preguntas que juzguen convenientes en relación a las consideraciones y conclusiones de la prueba pericial médica.

Párrafo reformado DOF 01-05-2019

El Tribunal podrá formular preguntas al perito o a los peritos que comparezcan a la diligencia.

Párrafo reformado DOF 01-05-2019

El Tribunal determinará si se acreditó el nexo causal entre la actividad específica desarrollada por el trabajador y el medio ambiente de trabajo señalado en el escrito de demanda, así como el origen profesional del presunto riesgo de trabajo, para calificarlo como tal.

Párrafo reformado DOF 01-05-2019

El Tribunal podrá requerir a las autoridades, instituciones públicas y organismos descentralizados, la información que posean y que contribuya al esclarecimiento de los hechos; también podrá solicitar estudios médicos de instituciones de salud públicas o privadas; practicar toda clase de consultas e inspecciones en las empresas o establecimientos en los que el trabajador haya laborado y, de ser necesario, se auxiliará con la opinión de peritos en otras materias.

Párrafo reformado DOF 01-05-2019

Las instituciones de seguridad social deberán poner a disposición de los tribunales una plataforma informática que permita el acceso a sus bases de datos con el objeto de que el tribunal esté en condiciones de esclarecer los hechos controvertidos.

Párrafo adicionado DOF 01-05-2019

En la ejecución de la sentencia las partes podrán convenir las modalidades de su cumplimiento.

Párrafo reformado DOF 01-05-2019

En el desahogo de la prueba pericial médica, se estará a lo dispuesto en los artículos 822, 823, 824, 824 Bis, 825 y 826 en lo que no se oponga a lo previsto en este artículo.

Párrafo adicionado DOF 01-05-2019

Reforma DOF 01-05-2019: Derogó del artículo los entonces párrafos tercero, cuarto y quinto

Artículo adicionado DOF 30-11-2012

Artículo 899-F. Los peritos médicos que intervengan en los conflictos vinculados con la calificación y valuación de riesgos de trabajo y enfermedades generales, deberán estar inscritos en el registro del Tribunal federal como peritos oficiales conforme a lo previsto en el artículo 899-G.

Párrafo reformado DOF 01-05-2019

Para tal efecto, los peritos médicos deberán satisfacer los requisitos siguientes:

I. Estar legalmente autorizados y capacitados para ejercer la profesión de médico;

II. Gozar de buena reputación;

III. Tener tres años de experiencia profesional vinculada con la medicina del trabajo;

IV. No haber sido condenado por delito intencional sancionado con pena corporal; y

V. Observar lo dispuesto por el artículo 707 de esta Ley, así como las disposiciones de la Ley Federal de Responsabilidades Administrativas de los Servidores Públicos, en lo que respecta a las causas de impedimento y excusa.

Si durante el lapso de seis meses alguno de los peritos médicos incumple en más de tres ocasiones, con la presentación oportuna de los dictámenes médicos que le sean requeridos, sin que medie causa justificada, a juicio del Tribunal será dado de baja del registro de peritos médicos y no podrá reingresar sino transcurridos dos años, contados a partir de la fecha de la baja.

Párrafo reformado DOF 01-05-2019

Artículo adicionado DOF 30-11-2012

Artículo 899-G. El Consejo de la Judicatura Federal integrará un cuerpo de peritos médicos oficiales especializados en medicina del trabajo y áreas afines que estarán adscritos al Poder Judicial de la Federación. En caso de que por la carga de trabajo o el nivel de especialización así lo requiera, las instituciones públicas que presten servicios de salud, deberán designar a los peritos médicos que les sean solicitados por el Tribunal, en los términos del Reglamento correspondiente, garantizando que el médico designado no tenga conflicto de intereses.

Artículo adicionado DOF 30-11-2012. Reformado DOF 01-05-2019

CAPÍTULO XIX
PROCEDIMIENTOS DE LOS CONFLICTOS COLECTIVOS DE NATURALEZA ECONÓMICA

Capítulo adicionado DOF 04-01-1980

Artículo 900. Los conflictos colectivos de naturaleza económica, son aquéllos cuyo planteamiento tiene por objeto la modificación o implantación de nuevas condiciones de trabajo, o bien, la suspensión o terminación de las relaciones colectivas de trabajo, salvo que la presente Ley señale otro procedimiento.

Artículo adicionado DOF 04-01-1980

Artículo 901. En la tramitación de los conflictos a que se refiere este capítulo, los Tribunales deberán procurar, ante todo, que las partes lleguen a un convenio. A este fin, podrán intentar la conciliación en cualquier estado del procedimiento, siempre que no se haya dictado la resolución que ponga fin al conflicto.

Artículo adicionado DOF 04-01-1980. Reformado DOF 01-05-2019

Artículo 902. El ejercicio del derecho de huelga suspende la tramitación de los conflictos colectivos de naturaleza económica, pendientes ante el Tribunal y la de las solicitudes que se presenten, salvo que los trabajadores manifiesten por escrito, estar de acuerdo en someter el conflicto a la decisión del Tribunal.

No es aplicable lo dispuesto en el párrafo anterior, cuando la huelga tenga por objeto lo señalado en el artículo 450, fracción VI.

Artículo adicionado DOF 04-01-1980. Reformado DOF 01-05-2019

Artículo 903. Los conflictos colectivos de naturaleza económica podrán ser planteados por los sindicatos de trabajadores titulares de los contratos colectivos de trabajo, por la mayoría de los trabajadores de una empresa o establecimiento, siempre que se afecte el interés profesional, o por el patrón o patronos, mediante demanda por escrito, la cual deberá contener:

I. Nombre y domicilio del que promueve y los documentos que justifiquen su personalidad;

II. Exposición de los hechos y causas que dieron origen al conflicto; y

III. Las pretensiones del promovente, expresando claramente lo que se pide.

Artículo adicionado DOF 04-01-1980

Artículo 904. El promovente, según el caso, deberá acompañar a la demanda lo siguiente:

Fe de erratas al párrafo DOF 30-01-1980

I. Los documentos públicos o privados que tiendan a comprobar la situación económica de la empresa o establecimiento y la necesidad de las medidas que se solicitan;

II. La relación de los trabajadores que prestan sus servicios en la empresa o establecimiento, indicando sus nombres, apellidos, empleo que desempeñan, salario que perciban y antigüedad en el trabajo;

III. Un dictamen formulado por el perito relativo a la situación económica de la empresa o establecimiento;

IV. Las pruebas que juzgue conveniente para acreditar sus pretensiones; y

V. Las copias necesarias de la demanda y sus anexos, para correr traslado a la contraparte.

Artículo adicionado DOF 04-01-1980

Artículo 905. El Tribunal, inmediatamente después de recibir la demanda, ordenará emplazar a la parte demandada para que conteste en el término de quince días.

El escrito de contestación deberá reunir los mismos requisitos exigidos para la demanda, incluyendo en su caso la objeción de pruebas de la contraparte, las excepciones procesales y las pruebas con que éstas se acrediten.

Con la contestación se dará vista a la parte actora para que en el término de cinco días manifieste lo que corresponda y, en su caso, objete las pruebas de la demandada. De objetar las pruebas, deberá ofrecer los medios probatorios conducentes.

Desahogada la vista o transcurrido el plazo para su desahogo, el Tribunal citará a las partes a una audiencia que deberá efectuarse dentro de los veinticinco días siguientes.

En el auto que señale día y hora para la celebración de audiencia, el Tribunal se pronunciará respecto de la admisión de pruebas ofrecidas por las partes, ordenando su desahogo dentro de dicha audiencia.

La prueba pericial se rendirá por medio de peritos oficiales, quienes deberán aceptar el cargo dentro de los tres días siguientes a la fecha de su designación.

El dictamen de los peritos oficiales deberá presentarse con al menos diez días de anticipación a la fecha de audiencia a fin de que se le corra traslado con copia del mismo a las partes para que éstas puedan realizar por escrito las objeciones y alegatos que estimen convenientes, lo cual deberán hacer en el plazo de los cinco días siguientes a su recepción. Cada parte podrá designar uno o más peritos para que se asocien a los nombrados por el Tribunal o rindan su dictamen por separado.

Los trabajadores y los patrones podrán designar dos comisiones integradas con el número de personas que determine el Tribunal, para que acompañen a los peritos en la investigación y les indiquen las observaciones y sugerencias que juzguen conveniente.

Artículo adicionado DOF 04-01-1980. Reformado DOF 01-05-2019

Artículo 906. La audiencia se desarrollará de conformidad con las normas siguientes:

I. Si el promovente no concurre a la audiencia, se le tendrá por desistido de su solicitud;

II. Si no concurre la contraparte, se le tendrá por inconforme con todo arreglo. El promovente hará una exposición de los hechos y de las causas que dieron origen al conflicto y ratificará su petición;

III. Si concurren las dos partes, el Tribunal, después de oír sus alegaciones, las exhortará para que procuren un arreglo conciliatorio. Los miembros del mismo podrán hacer las sugestiones que juzguen convenientes para el arreglo del conflicto;

Fracción reformada DOF 01-05-2019

IV. Si las partes llegan a un convenio, se dará por terminado el conflicto. El convenio, aprobado por el Tribunal, producirá todos los efectos jurídicos inherentes a una sentencia;

Fracción reformada DOF 01-05-2019

V. Si no se llega a un convenio, las partes harán una exposición de los hechos y causas que dieron origen al conflicto y formularán sus peticiones y a las que por su naturaleza no puedan desahogarse, se les señalará día y hora para ello;

VI. Concluidas las exposiciones de las partes y formuladas sus peticiones, se procederá a desahogar las pruebas admitidas, y

Fracción reformada DOF 01-05-2019

VII. Desahogadas las pruebas, se concederá el uso de la voz a las partes para formular alegatos en forma breve y se declararán vistos los autos para sentencia.

Fracción reformada DOF 01-05-2019

VIII. Se deroga.

Fracción derogada DOF 01-05-2019
Artículo adicionado DOF 04-01-1980

Artículo 907. Los peritos designados por el Tribunal deberán satisfacer los requisitos siguientes:

Párrafo reformado DOF 01-05-2019

I. Ser mexicanos y estar en pleno ejercicio de sus derechos;

II. Estar legalmente autorizados y capacitados para ejercer la técnica, ciencia o arte sobre el que verse el peritaje, salvo los casos en que no se requiera autorización, pero deberán tener los conocimientos de la materia de que se trate; y

III. No haber sido condenados por delito intencional.

Artículo adicionado DOF 04-01-1980

Artículo 908. Se deroga.

Artículo adicionado DOF 04-01-1980. Derogado DOF 01-05-2019

Artículo 909. El Tribunal, en auxilio de las partes, podrá actuar con la mayor amplitud para que los peritos nombrados, realicen las investigaciones y estudios que juzguen conveniente, y podrán actuar con la mayor amplitud, teniendo, además de las inherentes a su desempeño, las facultades siguientes:

Párrafo reformado DOF 01-05-2019

I. Solicitar toda clase de informes y estudios de las autoridades y de las instituciones oficiales, federales o estatales y de las particulares que se ocupen de problemas económicos, tales como los institutos de investigaciones sociales y económicos, las organizaciones sindicales, las cámaras de comercio, las de industria y otras instituciones semejantes;

II. Practicar toda clase de inspecciones en la empresa o establecimiento y revisar sus libros y documentos; y

III. Examinar a las partes y a las personas relacionadas con los trabajadores o con la empresa, que juzguen conveniente.

Artículo adicionado DOF 04-01-1980

Artículo 910. El dictamen de los peritos deberá contener, por lo menos:

I. Los hechos y causas que dieron origen al conflicto;

II. La relación entre el costo de la vida por familia y los salarios que perciban los trabajadores;

III. Los salarios medios que se paguen en empresa o establecimientos de la misma rama de la industria y las condiciones generales de trabajo que rijan en ellos;

Fe de erratas a la fracción DOF 30-01-1980

IV. Las condiciones económicas de la empresa o empresas o del establecimiento o establecimientos;

V. La condición general de la industria de que forma parte la empresa o establecimiento;

VI. Las condiciones generales de los mercados;

VII. Los índices estadísticos que tiendan a precisar la economía nacional; y

VIII. La forma en que, según su parecer, pueda solucionarse el conflicto.

Artículo adicionado DOF 04-01-1980

Artículo 911. El dictamen de los peritos se agregará al expediente y se entregará una copia a cada una de las partes.

El Secretario asentará razón en autos del día y hora en que hizo entrega de las copias a las partes, o de la negativa de éstas para recibirlas.

Artículo adicionado DOF 04-01-1980

Artículo 912. En caso de que las partes formulen objeciones al dictamen pericial oficial, el Tribunal citará a una audiencia incidental de objeciones al peritaje oficial dentro de los tres días siguientes a que reciba dichas objeciones. A esta audiencia deberán concurrir los peritos para contestar las preguntas que les formulen las partes y, en relación con los peritajes que rindieron, se podrán ofrecer pruebas que tengan por objeto comprobar la falsedad o inconsistencia de los hechos y consideraciones contenidas en el dictamen.

Atendiendo a la naturaleza de este tipo de juicios, la audiencia en cuestión deberá prorrogarse el tiempo necesario para dar oportunidad a las partes de interrogar exhaustivamente a los peritos y desahogar las pruebas que ofrezcan para acreditar sus objeciones.

Artículo adicionado DOF 04-01-1980. Reformado DOF 01-05-2019

Artículo 913. El Tribunal tiene las más amplias facultades para practicar las diligencias que juzgue convenientes, a fin de completar, aclarar o precisar las cuestiones analizadas por los peritos, así como para solicitar nuevos informes a las autoridades, instituciones y particulares a que se refiere el artículo 909, fracción I de este capítulo, interrogar a los peritos o pedirles algún dictamen complementario o designar comisiones para que practiquen o realicen investigaciones o estudios especiales.

Artículo adicionado DOF 04-01-1980. Reformado DOF 01-05-2019

Artículo 914. Las autoridades, las instituciones y los particulares a que se refieren los artículos que anteceden, están obligadas a proporcionar los informes, contestar los cuestionarios y rendir las declaraciones que se les soliciten.

Artículo adicionado DOF 04-01-1980

Artículo 915. Se deroga.

Artículo adicionado DOF 04-01-1980. Derogado DOF 01-05-2019

Artículo 916. Una vez que se declare cerrada la instrucción, el Tribunal dictará sentencia dentro de los treinta días siguientes, la que deberá contener:

Párrafo reformado DOF 01-05-2019

I. *Un extracto de las exposiciones y peticiones de las partes;*

II. Un extracto del dictamen de los peritos y de las observaciones que hubiesen hecho las partes;

III. Una enumeración y apreciación de las pruebas y de las diligencias practicadas por el Tribunal;

Fracción reformada DOF 01-05-2019

IV. Un extracto de los alegatos; y

V. Señalará los motivos y fundamentos que puedan servir para la solución del conflicto.

Artículo adicionado DOF 04-01-1980

Artículo 917. Se deroga.

Artículo adicionado DOF 04-01-1980. Derogado DOF 01-05-2019

Artículo 918. Se deroga.

Artículo adicionado DOF 04-01-1980. Derogado DOF 01-05-2019

Artículo 919. El Tribunal, a fin de conseguir el equilibrio y la justicia social en las relaciones entre los trabajadores y patrones, en su resolución podrá aumentar o disminuir el personal, la jornada, la semana de trabajo, los salarios y, en general, modificar las condiciones de trabajo de la empresa o establecimiento, sin que en ningún caso pueda reducir los derechos mínimos consignados en las leyes.

Artículo adicionado DOF 04-01-1980. Reformado DOF 01-05-2019

CAPÍTULO XX
PROCEDIMIENTO DE HUELGA

Capítulo adicionado DOF 04-01-1980

Artículo 920. El procedimiento de huelga se iniciará mediante la presentación del pliego de peticiones, que deberá reunir los requisitos siguientes:

I. Se dirigirá por escrito al patrón y en él se formularán las peticiones, anunciarán el propósito de ir a la huelga si no son satisfechas, expresarán concretamente el objeto de la misma y señalarán el día y hora en que se suspenderán las labores, o el término de prehuelga;

II. Se presentará por duplicado al Tribunal competente. Si la empresa o establecimiento están ubicados en lugar distinto al en que resida el Tribunal, el escrito podrá presentarse al órgano jurisdiccional más próximo o a la autoridad política de mayor jerarquía del lugar de ubicación de la empresa o establecimiento. El órgano o autoridad que haga el emplazamiento remitirá el expediente, dentro de las veinticuatro horas siguientes, al Tribunal competente; y le avisará telefónicamente, o por cualquier medio electrónico;

Fracción reformada DOF 01-05-2019

III. El aviso para la suspensión de las labores deberá darse, por lo menos, con seis días de anticipación a la fecha señalada para suspender el trabajo y con diez días de anticipación cuando se trate de servicios públicos, observándose las disposiciones legales de esta Ley. El término se contará a partir del día y hora en que el patrón quede notificado.

IV. Cuando el procedimiento de huelga tenga por objeto obtener del patrón o patrones la celebración del contrato colectivo de trabajo en términos del artículo 450, fracción II de esta Ley, se deberá anexar al emplazamiento a huelga la Constancia de Representatividad expedida por el Centro Federal de Conciliación y Registro Laboral, conforme al procedimiento establecido en el artículo 390 Bis;

Fracción adicionada DOF 01-05-2019

V. Cuando el procedimiento de huelga tenga por objeto obtener del patrón o patrones la celebración del contrato-ley en términos de la fracción III del artículo 450 de esta Ley, se deberá anexar al emplazamiento a huelga la Constancia de Representatividad, expedida por el Centro Federal de Conciliación y Registro Laboral o deberá de mencionarse que se tiene celebrado contrato colectivo de trabajo en la empresa, señalando el número o folio de su registro ante el Centro Federal de Conciliación y Registro Laboral, y

Fracción adicionada DOF 01-05-2019

VI. Cuando el procedimiento de huelga tenga por objeto los contemplados en las fracciones I, IV, V, VI o VII del artículo 450 de esta Ley, así como el previsto en la fracción II de dicho artículo en lo que se refiere a la revisión contractual, para acreditar que el sindicato emplazante es el titular del contrato colectivo de trabajo o el administrador del contrato ley, se deberá anexar al emplazamiento a huelga el Certificado de Registro del contrato colectivo expedido por el Centro Federal de Conciliación y Registro Laboral o el acuse de recibo del escrito en el que se solicitó dicho Certificado.

Fracción adicionada DOF 01-05-2019

Artículo adicionado DOF 04-01-1980

Artículo 921. El Tribunal o las autoridades mencionadas en la fracción II del artículo anterior, bajo su más estricta responsabilidad harán llegar al patrón la copia del escrito de emplazamiento dentro de las cuarenta y ocho horas siguientes a la de su recibo.

Párrafo reformado DOF 01-05-2019

La notificación producirá el efecto de constituir al patrón, por todo el término del aviso, en depositario de la empresa o establecimiento afectado por la huelga, con las atribuciones y responsabilidades inherentes al cargo.

A petición de parte, los Tribunales, dentro de las cuarenta y ocho horas siguientes a que le sea solicitado, expedirán la certificación de la existencia o no de un emplazamiento a huelga promovido contra un centro de trabajo.

Párrafo adicionado DOF 01-05-2019
Artículo adicionado DOF 04-01-1980

Artículo 921 Bis. Dentro de las veinticuatro horas siguientes a la que sea presentado el emplazamiento a huelga, el Tribunal o las autoridades mencionadas en la fracción II del artículo 920 de esta Ley, notificarán al Centro de Conciliación competente para que intervenga durante el período de prehuelga a fin de avenir a las partes; éste tendrá facultad de citarlas dentro del período de prehuelga para negociar y celebrar pláticas conciliatorias. Para este propósito, podrán asignar conciliadores ante el Tribunal.

Artículo adicionado DOF 01-05-2019

Artículo 922. El patrón, dentro de las cuarenta y ocho horas siguientes a la de la notificación, deberá presentar su contestación por escrito ante el Tribunal.

Artículo adicionado DOF 04-01-1980. Reformado DOF 01-05-2019

Artículo 923. No se dará trámite al escrito de emplazamiento de huelga cuando éste no sea formulado conforme a los requisitos del artículo 920 o sea presentado por un sindicato que no sea el titular del contrato colectivo de trabajo, o el administrador del contrato ley, o cuando se pretenda exigir la firma de un contrato colectivo, no obstante existir ya uno depositado ante el Centro Federal de Conciliación y Registro Laboral, salvo que dicho contrato no haya sido revisado en los últimos cuatro años. El Tribunal, antes de iniciar el trámite de cualquier emplazamiento a huelga, deberá cerciorarse de lo anterior y notificarle por escrito la resolución al promovente.

Artículo adicionado DOF 04-01-1980. Reformado DOF 01-05-2019

Artículo 924. A partir de la notificación del pliego de peticiones con emplazamiento a huelga, deberá suspenderse toda ejecución de sentencia alguna, así como tampoco podrá practicarse embargo, aseguramiento, diligencia o desahucio, en contra de la empresa o establecimiento, ni secuestrar bienes del local en que se encuentren instalados, salvo cuando antes de estallar la huelga se trate de:

I. Asegurar los derechos del trabajador, especialmente indemnizaciones, salarios, pensiones y demás prestaciones devengadas, hasta por el importe de dos años de salarios del trabajador;

II. Créditos derivados de la falta de pago de las cuotas al Instituto Mexicano del Seguro Social;

III. Asegurar el cobro de las aportaciones que el patrón tiene obligación de efectuar al Instituto del Fondo Nacional de la Vivienda de los Trabajadores; y

IV. Los demás créditos fiscales.

Siempre serán preferentes los derechos de los trabajadores, sobre los créditos a que se refieran las fracciones II, III y IV de este precepto, y en todo caso las actuaciones relativas a los casos de excepción señaladas en las fracciones anteriores, se practicarán sin afectar el procedimiento de huelga.

Artículo adicionado DOF 04-01-1980

Artículo 925. Para los efectos de este Capítulo, se entiende por servicios públicos los de comunicaciones y transportes, los de luz y energía eléctrica, los de limpia, los de aprovechamiento y distribución de aguas destinadas al servicio de las poblaciones, los de gas, los sanitarios, los de hospitales, los de cementerios y los de alimentación, cuando se refieran a artículos de primera necesidad, siempre que en este último caso se afecte alguna rama completa del servicio.

Artículo adicionado DOF 04-01-1980

Artículo 926. El Tribunal citará a las partes a una audiencia de conciliación que se celebrará dentro del periodo de prehuelga, en la que podrá intervenir el conciliador del Centro de Conciliación competente para procurar avenirlas. En esta audiencia no se hará declaración alguna que prejuzgue sobre la existencia o inexistencia, justificación o injustificación de la huelga. Esta audiencia podrá ser diferida a petición del sindicato o de ambas partes.

Artículo adicionado DOF 04-01-1980. Reformado DOF 01-05-2019

Artículo 927. La audiencia de conciliación se ajustará a las normas siguientes:

I. Si el patrón opuso la excepción de falta de personalidad al contestar el pliego de peticiones, el Tribunal resolverá previamente esta situación y, en caso de declararla infundada, se continuará con la audiencia;

Fracción reformada DOF 01-05-2019

II. Si los trabajadores no concurren a la audiencia de conciliación, no correrá el término para la suspensión de las labores;

III. El Tribunal podrá emplear los medios de apremio para obligar al patrón a que concurra a la audiencia de conciliación;

Fracción reformada DOF 01-05-2019

IV. Los efectos del aviso a que se refiere el artículo 920 fracción II de la presente Ley, no se suspenderán por la audiencia de conciliación ni por la rebeldía del patrón para concurrir a ella.

V. Después de emplazado el patrón, a petición del sindicato se podrá prorrogar o ampliar el período de prehuelga por una sola ocasión hasta por treinta días. Cuando se trate de empresas o instituciones que dependan de recursos públicos, se podrá prorrogar por un plazo mayor. Asimismo, podrán admitirse prórrogas adicionales cuando a criterio del Tribunal exista causa que lo justifique.

En caso de que el contrato colectivo de trabajo inicial o el convenio de revisión del contrato colectivo no sea aprobado por los trabajadores en términos de lo previsto por el artículo 390 Ter, fracción II, el sindicato podrá prorrogar el periodo de prehuelga hasta por quince días. No obstante, cuando las circunstancias así lo ameriten, el Tribunal podrá autorizar que la prórroga se extienda hasta por un máximo de treinta días, siempre y cuando el sindicato así lo solicite y justifique al momento de promoverla.

Con independencia de lo anterior, las partes de común acuerdo podrán prorrogar o ampliar el período de prehuelga con objeto de llegar a un acuerdo conciliatorio; no obstante, la prórroga no podrá tener una duración que afecte derechos de terceros.

Fracción adicionada DOF 01-05-2019

Tratándose de emplazamientos a huelga por firma de contrato colectivo de trabajo por obra determinada, el periodo de prehuelga no podrá exceder del término de duración de la obra.

Párrafo adicionado DOF 01-05-2019

Artículo adicionado DOF 04-01-1980

Artículo 928. En los procedimientos a que se refiere este capítulo se observarán las normas siguientes:

I. Se deroga.

Fracción derogada DOF 01-05-2019

II. No serán aplicables las reglas generales respecto de términos para hacer notificaciones y citaciones. Las notificaciones surtirán efectos desde el día y hora en que quedan hechas;

III. Todos los días y horas serán hábiles. El Tribunal tendrá guardias permanentes para tal efecto;

Fracción reformada DOF 01-05-2019

IV. No serán denunciables tanto el Tribunal como el conciliador del Centro de Conciliación, ni se admitirán más incidentes que el de falta de personalidad, que podrá promoverse, por el patrón, en el escrito de contestación al emplazamiento, y por los trabajadores, dentro de las cuarenta y ocho horas siguientes a la en que tengan conocimiento de la primera promoción del patrón. El Tribunal dentro de las veinticuatro horas siguientes a la promoción, con audiencia de las partes, dictará resolución, y

Fracción reformada DOF 01-05-2019

V. No podrá promoverse cuestión alguna de competencia. Si una vez hecho el emplazamiento al patrón, el Tribunal observa que el asunto no es de su competencia, hará la declaratoria correspondiente.

Fracción reformada DOF 01-05-2019

Los trabajadores dispondrán de un término de veinticuatro horas para designar el Tribunal que consideren competente, a fin de que se le remita el expediente. Las actuaciones conservarán su validez, pero el término para la suspensión de las labores correrá a partir de la fecha en que el Tribunal designado competente notifique al patrón haber recibido el expediente; lo que se hará saber a las partes en la resolución de incompetencia.

Párrafo reformado DOF 01-05-2019

Artículo adicionado DOF 04-01-1980

Artículo 929. Los trabajadores y los patrones de la empresa o establecimiento afectado, o terceros interesados, podrán solicitar del Tribunal, dentro de las setenta y dos horas siguientes a la suspensión del trabajo, declare la inexistencia de la huelga por las causas señaladas en el artículo 459 o por no haber cumplido los requisitos establecidos en el artículo 920 de esta Ley.

Si no se solicita la declaración de inexistencia, la huelga será considerada existente para todos los efectos legales, por lo que el Tribunal hará la declaratoria correspondiente.

Artículo adicionado DOF 04-01-1980. Reformado DOF 01-05-2019

Artículo 930. En el procedimiento de declaración de inexistencia de la huelga, se observarán las normas siguientes:

I. La solicitud para que se declare la inexistencia de la huelga, se presentará por escrito, acompañada de una copia para cada uno de los patrones emplazados y de los sindicatos o coalición de trabajadores emplazantes. En la solicitud se indicarán las causas y fundamentos legales para ello. No podrán aducirse posteriormente causas distintas de inexistencia. En caso de que en la solicitud de inexistencia se haga valer la hipótesis señalada en la fracción I del artículo 459 de esta Ley, deberá ofrecerse la prueba de recuento observando lo establecido en su artículo 931;

Fracción reformada DOF 01-05-2019

II. El Tribunal correrá traslado de la solicitud con sus anexos y oirá a las partes en una audiencia de calificación de la huelga, que será también de ofrecimiento y recepción de pruebas, la cual deberá celebrarse dentro de un término no mayor de cinco días y ser notificada con anticipación de tres días a su celebración;

Fracción reformada DOF 01-05-2019

III. Las pruebas deberán referirse a las causas de inexistencia contenidas en la solicitud mencionada en la fracción I, y cuando la solicitud se hubiere presentado por terceros, las que además tiendan a comprobar su interés. El Tribunal aceptará únicamente las que satisfagan los requisitos señalados;

Fracción reformada DOF 01-05-2019

IV. Las pruebas se rendirán en la audiencia de calificación de la huelga, salvo lo dispuesto en el artículo 931 de esta Ley. Sólo en casos excepcionales podrá el Tribunal diferir la recepción de las pruebas que por su naturaleza no puedan desahogarse en la audiencia de calificación de la huelga, y

Fracción reformada DOF 01-05-2019

V. Concluida la recepción de las pruebas, el Tribunal, dentro de las veinticuatro horas siguientes, resolverá sobre la existencia o inexistencia del estado legal de la huelga.

Fracción reformada DOF 01-05-2019

VI. Se deroga.

Fracción derogada DOF 01-05-2019
Artículo adicionado DOF 04-01-1980

Artículo 931. Si se ofrece como prueba el recuento de los trabajadores, se observarán las normas siguientes:

I. Se deroga.

Fracción derogada DOF 01-05-2019

II. Únicamente tendrán derecho a votar los trabajadores de la empresa que concurran al recuento;

III. Serán considerados trabajadores de la empresa los que hubiesen sido despedidos del trabajo después de la fecha de presentación del escrito de emplazamiento;

IV. No se computarán los votos de los trabajadores de confianza, ni los de los trabajadores que hayan ingresado al trabajo con posterioridad a la fecha de presentación del escrito de emplazamiento de huelga; y

V. El ofrecimiento de la prueba de recuento debe hacerse en el escrito de solicitud de la inexistencia de la huelga contemplado en la fracción I del artículo 930 de esta Ley, al que se acompañará el listado con los nombres de los trabajadores que serán consultados, para que se le corra traslado con éste a la parte contraria;

Fracción reformada DOF 01-05-2019

VI. La contraparte de quien solicitó la inexistencia de la huelga, al momento de hacer sus manifestaciones sobre las causales de inexistencia, exhibirá en la audiencia de calificación de la huelga el listado con los nombres de los trabajadores que en su opinión tienen derecho a participar en el recuento. La audiencia de calificación de la huelga será diferida en términos de fracción IV del artículo 930 de esta Ley, a fin de preparar y desahogar la prueba de recuento mediante voto personal, libre, directo y secreto;

Fracción adicionada DOF 01-05-2019

VII. En caso de que los listados de trabajadores ofrecidos por las partes y de los elementos recabados se advierta que existe coincidencia en los mismos o de que las partes convengan en elaborar uno sólo, el Tribunal lo tomará para que sirva de padrón. En caso de existir diferencias sobre los listados, se dará vista a las partes en la audiencia de calificación de la huelga para que hagan las objeciones al listado presentado por su contraria, en cuyo caso se abrirá un incidente en el que las partes deberán ofrecer y rendir las pruebas relacionadas con sus objeciones, que se sustanciará en las setenta y dos horas siguientes. Una vez desahogadas las pruebas ofrecidas por las partes, el Juez elaborará el padrón que servirá para el recuento;

Fracción adicionada DOF 01-05-2019

VIII. Dentro de los cinco días siguientes el Tribunal señalará el lugar, día y hora en que deba efectuarse el recuento de los trabajadores, el cual deberá llevarse a cabo dentro de un plazo no mayor a diez días; este plazo podrá prorrogarse por un período igual en caso de que a juicio del Tribunal exista imposibilidad material de realizar el recuento dentro de dicho plazo. La consulta a los trabajadores se realizará mediante voto personal, libre, directo y secreto, ante la presencia del juez o la de los funcionarios que éste designe;

Fracción adicionada DOF 01-05-2019

IX. El desahogo de la prueba se efectuará el día y hora ordenado, en el lugar o lugares señalados por el Tribunal. Se iniciará con la presencia de las partes que asistan y, previo al ingreso de los trabajadores, el juez o los funcionarios que se designen instalarán la o las mamparas necesarias para el cruce de las boletas en secreto y la urna o urnas transparentes para su depósito, verificando que se encuentran vacías y sin leyenda alguna. Acto seguido, previa identificación, con documento oficial, se procederá al ingreso de los trabajadores con derecho a voto y se dotará a cada uno con su boleta para ejercerlo;

Fracción adicionada DOF 01-05-2019

X. A efecto de asegurar la secrecía del voto, no deberá aparecer en las boletas ni en el listado señal o dato que permita identificar el folio de la boleta que le fue entregada al trabajador; dicha boleta contendrá dos recuadros, uno a favor de la huelga y el otro en contra de la misma. Cada trabajador deberá marcar su boleta, doblarla y depositarla en la urna, retirándose del lugar de la votación. Terminada la diligencia, el juez o los funcionarios designados procederán a practicar el escrutinio, abriendo sucesivamente las urnas, extrayendo una a una las boletas de votación y examinándolas para corroborar su autenticidad y exhibiéndolas a la vista de los representantes de las partes y observadores autorizados asistentes; las boletas no cruzadas o marcadas en más de uno de los recuadros o falsas, serán nulas;

Fracción adicionada DOF 01-05-2019

XI. Terminado el escrutinio, el juez o los funcionarios designados procederán al recuento de votos y anunciarán en voz alta el resultado. Terminada la diligencia, se levantará acta de la misma e invitará a los representantes de las partes que deseen hacerlo, a suscribirla, y

Fracción adicionada DOF 01-05-2019

XII. En caso de que se susciten actos de presión o intimidación en contra de los trabajadores que tiendan a violentar o impedir su libertad de voto u obstaculizar su ingreso al lugar de la diligencia, el juez o los funcionarios designados solicitarán el auxilio de la fuerza pública y proveerán lo conducente para que el recuento se realice en las condiciones que establece esta Ley y, de presumirse la existencia de algún ilícito penal deberá presentarse la denuncia de hechos ante la autoridad competente.

Fracción adicionada DOF 01-05-2019

Artículo adicionado DOF 04-01-1980

Artículo 932. Si el Tribunal declara la inexistencia legal del estado de huelga:

Párrafo reformado DOF 01-05-2019

I. Fijará a los trabajadores un término de veinticuatro horas para que regresen a su trabajo;

II. Deberá notificar lo anterior por conducto de la representación sindical, apercibiendo a los trabajadores que por el solo hecho de no acatar la resolución, quedarán terminadas las relaciones de trabajo, salvo causa justificada;

III. Declarará que el patrón no ha incurrido en responsabilidad y que de no presentarse a laborar los trabajadores dentro del término señalado, quedará en libertad para contratar otros; y

IV. Dictará las medidas que juzgue convenientes para que pueda reanudarse el trabajo.

Artículo adicionado DOF 04-01-1980

Artículo 933. En el procedimiento de calificación de ilicitud de la huelga, se observarán las normas contenidas en el artículo 930 de esta Ley.

Artículo adicionado DOF 04-01-1980

Artículo 934. Si el Tribunal declara que la huelga es ilícita, se darán por terminadas las relaciones de trabajo de los huelguistas.

Artículo adicionado DOF 04-01-1980. Reformado DOF 01-05-2019

Artículo 935. Antes de la suspensión de los trabajos, el Tribunal, con audiencia de las partes, fijará el número indispensable de trabajadores que deberá continuar trabajando para que sigan ejecutándose las labores, cuya suspensión perjudique gravemente la seguridad y conservación de los locales, maquinaria y materias primas o la reanudación de los trabajos. Para este efecto, el Tribunal podrá ordenar la práctica de las diligencias que juzgue conveniente.

Artículo adicionado DOF 04-01-1980. Reformado DOF 01-05-2019

Artículo 936. Si los huelguistas se niegan a prestar los servicios mencionados en los artículos 466 y 935 de esta Ley, el patrón podrá utilizar otros trabajadores. El Tribunal, en caso necesario, solicitará el auxilio de la fuerza pública, a fin de que puedan prestarse dichos servicios.

Artículo adicionado DOF 04-01-1980. Reformado DOF 01-05-2019

Artículo 937. Si el conflicto motivo de la huelga se somete por los trabajadores o por el patrón a la decisión del Tribunal, se seguirá el procedimiento ordinario o el procedimiento para conflictos colectivos de naturaleza económica, según el caso. El patrón sólo podrá ejercer este derecho en caso de que la huelga se extienda por más de sesenta días.

Si el Tribunal declara en la sentencia que los motivos de la huelga son imputables al patrón, condenará a éste a la satisfacción de las peticiones de los trabajadores en cuanto sean procedentes, y al pago de los salarios correspondientes a los días que hubiese durado la huelga. En ningún caso será condenado el patrón al pago de los salarios de los trabajadores que hubiesen declarado una huelga en los términos del artículo 450 fracción VI de esta Ley.

Artículo adicionado DOF 04-01-1980. Reformado DOF 01-05-2019

Artículo 938. Si la huelga tiene por objeto la celebración o revisión del contrato ley, se observarán las disposiciones de este Capítulo, con las modalidades siguientes:

I. El escrito de emplazamiento de huelga se presentará por los sindicatos coaligados, con una copia para cada uno de los patrones emplazados, o por los de cada empresa o establecimiento, ante el Tribunal, o ante las autoridades mencionadas en el artículo 920 fracción II de esta Ley;

Fracción reformada DOF 01-05-2019

II. En el escrito de emplazamiento se señalará el día y la hora en que se suspenderán las labores, que deberán ser treinta o más días posteriores a la fecha de su presentación ante el Tribunal;

Fracción reformada DOF 01-05-2019

III. Si el escrito se presenta ante el Tribunal, bajo su más estricta responsabilidad, hará llegar a los patrones la copia del escrito de emplazamiento directamente dentro de las veinticuatro horas siguientes a la de su recibo, o girará dentro del mismo término los exhortos necesarios, los que deberán desahogarse por la autoridad exhortada, bajo su más estricta responsabilidad, dentro de las veinticuatro horas siguientes a su recepción. Desahogados los exhortos, deberán devolverse dentro del mismo término de veinticuatro horas, y

Fracción reformada DOF 01-05-2019

IV. Si el escrito se presenta ante las otras autoridades a que se refiere la fracción I, éstas, bajo su más estricta responsabilidad, harán llegar directamente a los patrones la copia del escrito de emplazamiento, dentro de las veinticuatro horas siguientes a la de su recibo. Una vez hecho el emplazamiento, remitirán el expediente al Tribunal dentro del mismo término de veinticuatro horas.

Fracción reformada DOF 01-05-2019

Artículo adicionado DOF 04-01-1980

TÍTULO QUINCE
PROCEDIMIENTOS DE EJECUCIÓN

Título reubicado y denominación reformada DOF 04-01-1980

CAPÍTULO I

Capítulo reubicado y denominación suprimida DOF 04-01-1980

SECCIÓN PRIMERA
DISPOSICIONES GENERALES

Sección adicionada DOF 04-01-1980

Artículo 939. Las disposiciones de este Título rigen la ejecución de las sentencias dictadas por los Tribunales. Son también aplicables a los laudos arbitrales, a las resoluciones dictadas en los conflictos colectivos de naturaleza económica, y a los convenios celebrados ante los Centros de Conciliación.

Cuando se trate de laudos arbitrales y convenios celebrados ante los centros de conciliación, que no hayan sido cumplidos en los términos establecidos en los mismos, los trabajadores y en su caso los patrones, acudirán al tribunal para solicitar su ejecución conforme a las disposiciones de este capítulo, dándoles el mismo tratamiento que una sentencia.

Artículo adicionado DOF 04-01-1980. Reformado DOF 30-11-2012, 01-05-2019

Artículo 940. La ejecución de las sentencias y convenios a que se refiere el artículo 939 de esta Ley corresponde a los Tribunales, a cuyo fin dictarán las medidas necesarias para que la ejecución sea pronta y expedita.

Artículo adicionado DOF 04-01-1980. Reformado DOF 30-11-2012, 01-05-2019

Artículo 941. Cuando la sentencia deba ser ejecutada por otro Tribunal se le dirigirá exhorto con las inserciones necesarias, facultándolo para hacer uso de los medios de apremio y dictar las medidas conducentes en caso de oposición a la diligencia de ejecución.

Artículo adicionado DOF 04-01-1980. Reformado DOF 01-05-2019

Artículo 942. El Tribunal exhortado no podrá conocer de las excepciones que opongan las partes.

Artículo adicionado DOF 04-01-1980. Reformado DOF 01-05-2019

Artículo 943. Si al cumplimentar un exhorto, se opone algún tercero que no hubiese sido oído por el Tribunal exhortante, se suspenderá la cumplimentación del exhorto, previa fianza que otorgue para garantizar el monto de la cantidad por la que se despachó ejecución y de los daños y perjuicios que puedan causarse. Otorgada la fianza, se devolverá el exhorto al Tribunal exhortante.

Artículo adicionado DOF 04-01-1980. Reformado DOF 01-05-2019

Artículo 944. Los gastos que se originen en la ejecución de las sentencias, serán a cargo de la parte que no cumpla.

Artículo adicionado DOF 04-01-1980. Reformado DOF 01-05-2019

Artículo 945. Las sentencias deben cumplirse dentro de los quince días siguientes al día en que surta efectos la notificación. Vencido el plazo, la parte que obtuvo sentencia favorable podrá solicitar la ejecución de ésta en términos de lo dispuesto en el artículo 950 de esta Ley.

Si el juez advierte que existe riesgo de no ejecutar la sentencia, o si el patrón realiza actos tendientes al incumplimiento de la misma, el juez tomará las medidas necesarias a efecto de lograr el cumplimiento eficaz de la sentencia. Para ello podrá decretar el embargo de cuentas bancarias y/o bienes inmuebles, debiendo girar los oficios respectivos a las instituciones competentes. Asimismo, deberá dar vista a las instituciones de seguridad social a efecto de que se cumplimenten las resoluciones en lo que respecta al pago de las cotizaciones y aportaciones que se contengan en la sentencia.

La acción para solicitar la ejecución de las sentencias definitivas del Tribunal prescribe en dos años en términos del artículo 519 de esta Ley. La prescripción correrá a partir del día siguiente al que hubiese notificado la sentencia del Tribunal a las partes y solo se interrumpe en los siguientes casos:

a) Por la presentación de la solicitud de ejecución debidamente requisitada, mediante la cual la parte que obtuvo sentencia favorable, solicite al juez dicte el auto de requerimiento y embargo correspondiente, o bien que abra el Incidente de Liquidación, y

b) Cuando alguna de las partes interponga el medio de impugnación correspondiente.

Independientemente de lo anterior, las partes pueden convenir en las modalidades de su cumplimiento.

Artículo adicionado DOF 04-01-1980. Reformado DOF 30-11-2012, 01-05-2019

Artículo 946. La ejecución deberá despacharse para el cumplimiento de un derecho o el pago de cantidad líquida, expresamente señalados en la sentencia o convenio a ejecutar, entendiéndose por ésta, la cuantificada en éstas.

Artículo adicionado DOF 04-01-1980. Reformado DOF 01-05-2019

Artículo 947. Si el patrón se negare a someter sus diferencias al juicio o a aceptar la sentencia pronunciada, el Tribunal:

Párrafo reformado DOF 01-05-2019

I. Dará por terminada la relación de trabajo;

II. Condenará a indemnizar al trabajador con el importe de tres meses de salario;

III. Procederá a fijar la responsabilidad que resulte al patrón del conflicto, de conformidad con lo dispuesto en el artículo 50, fracciones I y II; y

IV. Además, condenará al pago de los salarios vencidos e intereses, en su caso, conforme a lo establecido en el artículo 48, así como al pago de la prima de antigüedad, en los términos del artículo 162.

Fracción reformada DOF 30-11-2012

Las disposiciones contenidas en este artículo no son aplicables en los casos de las acciones consignadas en el artículo 123, fracción XXII, apartado "A" de la Constitución.

Artículo adicionado DOF 04-01-1980

Artículo 948. Si la negativa a aceptar la sentencia pronunciado por el Tribunal fuere de los trabajadores se dará por terminada la relación de trabajo, de conformidad con lo dispuesto por el artículo 519 fracción III, último párrafo de esta Ley.

Artículo adicionado DOF 04-01-1980. Reformado DOF 01-05-2019

Artículo 949. Siempre que en ejecución de una sentencia o convenio deba entregarse una suma de dinero o el cumplimiento de un derecho al trabajador, el Tribunal cuidará que se le otorgue personalmente. En caso de que la parte que haya sido condenada radique fuera del lugar de residencia del Tribunal, se girará exhorto al Tribunal o al Órgano jurisdiccional más próximo a su domicilio para que se cumplimente la ejecución de la sentencia o convenio.

El trámite del exhorto de ejecución de una sentencia favorable, puede ser realizado por conducto de apoderado, sin que éste pueda recibir cantidad alguna de la condena.

Artículo adicionado DOF 04-01-1980. Reformado DOF 30-11-2012, 01-05-2019

SECCIÓN SEGUNDA
DEL PROCEDIMIENTO DEL EMBARGO

Sección adicionada DOF 04-01-1980

Artículo 950. Transcurrido el término señalado en el artículo 945, el juez, a petición de la parte que obtuvo, dictará auto de requerimiento y embargo.

Artículo adicionado DOF 04-01-1980. Reformado DOF 01-05-2019

Artículo 951. En la diligencia de requerimiento de pago y embargo se observarán las normas siguientes:

I. Se practicará en el lugar donde se presta o prestaron los servicios, en el nuevo domicilio del deudor o en la habitación, oficina, establecimiento o lugar señalado por el actuario en el acta de notificación de conformidad con el artículo 740 de esta Ley;

II. Si no se encuentra el deudor, la diligencia se practicará con cualquier persona que esté presente;

III. El Actuario requerirá de pago a la persona con quien entienda la diligencia y si no se efectúa el mismo procederá al embargo;

IV. El Actuario podrá, en caso necesario, sin autorización previa, solicitar el auxilio de la fuerza pública y romper las cerraduras del local en que se deba practicar la diligencia;

V. Si ninguna persona está presente, el actuario practicará el embargo y fijará copia autorizada de la diligencia en la puerta de entrada del local en que se hubiere practicado; y

VI. El Actuario, bajo su responsabilidad, embargará únicamente los bienes necesarios para garantizar el monto de la condena, de sus intereses y de los gastos de ejecución.

Artículo adicionado DOF 04-01-1980

Artículo 952. Quedan únicamente exceptuados de embargo:

I. Los bienes que constituyen el patrimonio de familia;

II. Los que pertenezcan a la casa habitación, siempre que sean de uso indispensable;

III. La maquinaria, los instrumentos, útiles y animales de una empresa o establecimiento, en cuanto sean necesarios para el desarrollo de sus actividades.

Podrá embargarse la empresa o establecimiento, de conformidad con lo dispuesto en el artículo 966 de esta Ley;

IV. Las mieses antes de ser cosechadas, pero no los derechos sobre las siembras;

V. Las armas y caballos de los militares en servicio activo, indispensables para éste, de conformidad con las leyes;

VI. El derecho de usufructo, pero no los frutos de éste;

VII. Los derechos de uso y de habitación; y

VIII. Las servidumbres, a no ser que se embargue el fundo, a cuyo favor estén constituidas.

Artículo adicionado DOF 04-01-1980

Artículo 953. Las diligencias de embargo no pueden suspenderse. El actuario resolverá las cuestiones que se susciten.

Artículo adicionado DOF 04-01-1980

Artículo 954. El Actuario, tomando en consideración lo que expongan las partes, determinará los bienes que deban ser objeto del embargo, prefiriendo los que sean de más fácil realización.

Artículo adicionado DOF 04-01-1980

Artículo 955. Cuando el embargo deba recaer en bienes que se encuentren fuera del lugar donde se practique la diligencia, la parte que obtuvo sentencia favorable, deberá manifestar al Actuario el local en que se encuentran y previa identificación de los bienes, practicará el embargo.

Artículo adicionado DOF 04-01-1980. Reformado DOF 01-05-2019

Artículo 956. Si los bienes embargados fuesen dinero o créditos realizables en el acto, el Actuario trabará embargo y los pondrá a disposición del Tribunal, quien deberá resolver de inmediato sobre el pago del actor.

Artículo adicionado DOF 04-01-1980. Reformado DOF 01-05-2019

Artículo 957. Si los bienes embargados son muebles, se pondrán en depósito de la persona, que bajo su responsabilidad designe la parte que obtuvo sentencia favorable. El depositario deberá exhibir identificación oficial para que se agregue copia de la misma a los autos, otorgar las generales exigidas a los testigos, proporcionar domicilio de guarda y custodia en que quedarán los bienes embargados dentro de la jurisdicción del Tribunal, protestar el fiel desempeño de su cargo y manifestarse sabedor de las penas en que incurren los depositarios infieles. La parte que obtuvo podrá solicitar el cambio de depositario.

Artículo adicionado DOF 04-01-1980. Reformado DOF 01-05-2019

Artículo 958. Si los bienes embargados son cuentas bancarias, valores, créditos, frutos o productos, se notificará al Banco, institución de valores, deudor o inquilino, que el importe del pago lo ponga a disposición del Tribunal, apercibido de doble pago en caso de desobediencia.

Artículo adicionado DOF 04-01-1980. Reformado DOF 01-05-2019

Artículo 959. El Actuario requerirá al demandando a fin de que le exhiba los documentos y contratos respectivos, para que en el acta conste y dé fe de las condiciones estipuladas en los mismos.

Artículo adicionado DOF 04-01-1980

Artículo 960. Si llega a asegurarse un título de crédito, se designará un depositario que lo conserve en guarda, quien estará obligado a hacer todo lo necesario para que no se altere ni menoscabe el derecho que el Título represente y a intentar todas las acciones y los recursos que la Ley concede para hacer efectivo el crédito, quedando sujeto, además, a las obligaciones que impongan las Leyes a los depositarios.

Artículo adicionado DOF 04-01-1980. Reformado DOF 30-11-2012

Artículo 961. Si el crédito fuese litigioso, se notificará el embargo a la autoridad que conozca del juicio respectivo, y el nombre del depositario, a fin de que éste pueda desempeñar las obligaciones que le impone la parte final del artículo anterior.

Artículo adicionado DOF 04-01-1980. Fe de erratas DOF 30-01-1980

Artículo 962. Si los bienes embargados fueren inmuebles, el Tribunal, bajo su responsabilidad, ordenará, dentro de las 24 horas siguientes, la inscripción en el Registro Público de la Propiedad.

Artículo adicionado DOF 04-01-1980. Reformado DOF 30-11-2012, 01-05-2019

Artículo 963. Si el embargo recae en finca urbana y sus productos o sobre éstos solamente, el depositario tendrá el carácter de administrador con las facultades y obligaciones siguientes:

I. Podrá celebrar contratos de arrendamiento, conforme a estas condiciones: por tiempo voluntario para ambas partes; el importe de la renta no podrá ser menor al fijado en el último contrato; exigir al arrendatario las garantías necesarias de su cumplimiento; y recabar en todos los casos, la autorización del Tribunal;

Fracción reformada DOF 01-05-2019

II. Cobrar oportunamente las rentas en sus términos y plazos, procediendo contra los inquilinos morosos con arreglo a la Ley;

III. Hacer sin previa autorización los pagos de los impuestos y derechos que cause el inmueble; y cubrir los gastos ordinarios de conservación y aseo;

IV. Presentar a la oficina correspondiente, las manifestaciones y declaraciones que la Ley de la materia previene;

V. Presentar para su autorización al Tribunal, los presupuestos para hacer los gastos de reparación o de construcción;

Fracción reformada DOF 01-05-2019

VI. Pagar, previa autorización del Tribunal, los gravámenes que reporta la finca, y

Fracción reformada DOF 01-05-2019

VII. Rendir cuentas mensuales de su gestión y entregar el remanente en un billete de depósito, que pondrá a disposición del Tribunal.

Fracción reformada DOF 01-05-2019

El depositario que falte al cumplimiento de las obligaciones señaladas en este artículo, será acreedor a las sanciones previstas en las leyes respectivas.

Artículo adicionado DOF 04-01-1980

Artículo 964. Si el embargo recae en una empresa o establecimiento, se observarán las normas siguientes:

I. El depositario será interventor con cargo a la caja, estando obligado a:

a) Vigilar la contabilidad:

b) Administrar el manejo de la negociación o empresa y las operaciones que en ella se practiquen, a fin de que produzcan el mejor rendimiento posible; y los demás actos inherentes a su cargo.

II. Si el depositario considera que la administración no se hace convenientemente o que pueda perjudicar los derechos del embargante, lo pondrá en conocimiento del juez, para que éste, oyendo a las partes y al interventor en una audiencia, resuelva lo que estime conveniente, y

Fracción reformada DOF 01-05-2019

III. Siempre que el depositario sea un tercero, otorgará fianza ante el Tribunal, por la suma que se determine y rendirá cuenta de su gestión en los términos y forma que señale el mismo;

Fracción reformada DOF 01-05-2019

IV. Una vez designado el interventor con cargo a la caja, el Tribunal dentro de los tres días siguientes, comunicará la designación a la Comisión Nacional Bancaria y de Valores, Instituto Mexicano del Seguro Social, Instituto del Fondo Nacional de la Vivienda para los Trabajadores, u homólogos, a la Administradora de Fondos para el Retiro correspondiente, al Sistema de Administración Tributaria, así como a los deudores y acreedores cuyo domicilio proporcione el patrón embargado, y

Fracción adicionada DOF 01-05-2019

V. El embargado dentro de los tres días siguientes, exhibirá al Tribunal la documentación e información necesaria que deba ser del conocimiento del interventor con cargo a la caja.

Fracción adicionada DOF 01-05-2019

Artículo adicionado DOF 04-01-1980

Artículo 965. El actor puede pedir la ampliación del embargo:

I. Cuando no basten los bienes embargados para cubrir las cantidades por las que se despachó ejecución, después de rendido el avalúo de los mismos; y

II. Cuando se promueva una tercería y se haya dictado auto admisorio.

Fracción reformada DOF 30-11-2012

El Tribunal podrá decretar la ampliación si, a su juicio, concurren las circunstancias a que se refieren las fracciones anteriores, sin ponerlo en conocimiento del demandado.

Párrafo reformado DOF 30-11-2012, 01-05-2019

Artículo adicionado DOF 04-01-1980

Artículo 966. Cuando se practiquen varios embargos sobre los mismos bienes, se observarán las normas siguientes:

I. Si se practican en ejecución de créditos de trabajo, se pagará en el orden sucesivo de los embargos, salvo el caso de preferencia de derechos;

II. El embargo practicado en ejecución de un crédito de trabajo, aun cuando sea posterior, es preferente sobre los practicados por autoridades distintas al Tribunal siempre que dicho embargo se practique antes que quede fincado el remate.

Cuando el Tribunal tenga conocimiento de la existencia de un embargo, hará saber a la autoridad que lo practicó, que los bienes embargados quedan afectos al pago preferente del crédito de trabajo y continuará los procedimientos de ejecución hasta efectuar el pago. El saldo líquido que resulte después de hacer el pago, se pondrá a disposición de la autoridad que hubiese practicado el embargo.

Las cuestiones de preferencia que se susciten, se tramitarán y resolverán por el Tribunal que conozca del negocio, con exclusión de cualquiera otra autoridad, y

Fracción reformada DOF 30-11-2012, 01-05-2019

III. El que haya reembargado puede continuar la ejecución de la Sentencia o convenio, pero rematados los bienes, se pagará al primer embargante el importe de su crédito, salvo el caso de preferencia de derechos.

Fracción reformada DOF 01-05-2019

Artículo adicionado DOF 04-01-1980

Artículo 966 Bis. El Tribunal podrá, a petición de parte, solicitar información ante las autoridades correspondientes sobre la existencia de datos y bienes de la parte que resultará condenada, con la finalidad de cumplimentar la sentencia de manera pronta y expedita. Dicha solicitud procederá únicamente cuando se hubiere acreditado la imposibilidad de llevar a cabo la ejecución de la sentencia.

Tratándose de la investigación de cuentas bancarias y el procedimiento de embargo y ejecución, el Tribunal hará uso del Sistema de Atención a Requerimientos de Información de Autoridad o bien el instrumento que para tales efectos implemente la Comisión Nacional Bancaria y de Valores, para lo cual los Tribunales celebrarán convenio con dicha Comisión. Lo anterior, independientemente de dar vista a las autoridades hacendarias, así como al Instituto Mexicano del Seguro Social, Instituto del Fondo Nacional de la Vivienda para los Trabajadores o instituciones homólogas, con el fin de llevar a cabo el cabal cumplimiento de las sentencias laborales.

Deberá designar perito valuador de los bienes embargados; cuando se trate de bienes inmuebles ordenar la inscripción del embargo ante el Registro Público de la Propiedad que corresponda.

Artículo adicionado DOF 01-05-2019

Artículo 966 Ter. El Tribunal deberá dar vista al Instituto Mexicano del Seguro Social con la sentencia condenatoria, a fin de que dicho organismo actúe conforme a sus atribuciones haga cumplir a la parte condenada respecto de sus obligaciones en materia de seguridad social.

Artículo adicionado DOF 01-05-2019

SECCIÓN TERCERA
REMATES

Sección adicionada DOF 04-01-1980

Artículo 967. Concluidas las diligencias de embargo, se procederá al remate de los bienes, de conformidad con las normas contenidas en este Capítulo.

Antes de aprobarse el remate o declararse la adjudicación, podrá la parte ejecutada liberar los bienes embargados, pagando de inmediato y en efectivo el importe de las cantidades fijadas en la sentencia y los gastos de ejecución. Después de fincarse el remate, la venta quedará irrevocable.

Párrafo reformado DOF 01-05-2019
Artículo adicionado DOF 04-01-1980

Artículo 968. En los embargos se observarán las normas siguientes:

A. Si los bienes embargados son muebles:

I. Se efectuará su avalúo por la persona que designe el juez; en los casos en que éste se percate de que el avalúo de los bienes es notoriamente inferior o superior a su valor, podrá ordenar la práctica de otro, razonando los motivos por los cuales considera que el avalúo no corresponde al valor real del bien;

Fracción reformada DOF 30-11-2012, 01-05-2019

II. Servirá de base para el remate el monto del avalúo; y

III. El remate se anunciará en el boletín laboral o en los estrados del Tribunal, en su caso y en el palacio municipal o en la oficina de gobierno que designe el Tribunal, el cual podrá utilizar algún otro medio de publicidad.

Fracción reformada DOF 30-11-2012, 01-05-2019

B. Si los bienes embargados son inmuebles:

I. Se tomará como avalúo el de un perito valuador legalmente autorizado, que será designado por el juez y en su caso, se procederá conforme a lo dispuesto por la fracción I del apartado A de este artículo;

Fracción reformada DOF 30-11-2012, 01-05-2019

II. El embargante exhibirá certificado de gravámenes expedido por el Registro Público de la Propiedad, de 10 años anteriores a la fecha en que ordenó el remate. Si en autos obrare ya otro certificado, se pedirá al Registro sólo el relativo al periodo o periodos que aquél no abarque; y

Fracción reformada DOF 30-11-2012

III. El proveído que ordene el remate se publicará, por una sola vez, con una anticipación de diez días a la fecha del remate, en el boletín y en los estrados del Tribunal, además de manera potestativa utilizará algún otro medio de publicidad, en su caso y se fijará, por una sola vez, en la Tesorería de cada entidad federativa y en el periódico de mayor circulación del lugar en que se encuentren ubicados los bienes, convocando postores.

Fracción reformada DOF 30-11-2012, 01-05-2019

Se citará personalmente con una anticipación de diez días a los acreedores que aparezcan en el certificado de gravámenes, así como al poseedor del bien inmueble, a efecto de que hagan valer sus derechos.

Párrafo reformado DOF 01-05-2019

Artículo adicionado DOF 04-01-1980

Artículo 969. Si los bienes embargados son una empresa o establecimiento se observará el procedimiento siguiente:

I. Se efectuará un avalúo por perito que se solicitará por el tribunal al Banco del Ahorro Nacional y Servicios Financieros (BANSEFI) u homólogo, o alguna otra institución oficial;

Fracción reformada DOF 30-11-2012, 01-05-2019

II. Servirá de base para el remate el monto de avalúo;

Fe de erratas a la fracción DOF 30-01-1980

III. Es aplicable lo dispuesto en la fracción III del apartado A del artículo anterior, referente a muebles; y

Fracción reformada DOF 30-11-2012

IV. Si la empresa o establecimiento se integra con bienes inmuebles, se recabará el certificado de gravámenes a que se refiere la fracción II del apartado B del artículo anterior.

Fe de erratas a la fracción DOF 30-01-1980
Artículo adicionado DOF 04-01-1980

Artículo 970. Postura legal es la que cubre las dos terceras partes del avalúo. La persona que concurra como postor deberá presentar por escrito su postura y exhibir en un billete de depósito de Banco del Ahorro Nacional y Servicios Financieros (BANSEFI), u homólogo por el importe de diez por ciento de su puja.

Artículo adicionado DOF 04-01-1980. Reformado DOF 30-11-2012, 01-05-2019

Artículo 971. El remate se efectuará de conformidad con las normas siguientes:

I. El día y hora señalados se llevará a cabo en el local del Tribunal correspondiente;

Fracción reformada DOF 01-05-2019

II. Será llevado a cabo por el juez, quien lo declarará abierto;

Fracción reformada DOF 01-05-2019

III. El juez concederá un término de espera, que no podrá ser mayor de media hora, para recibir posturas; transcurrido éste no se admitirán nuevos postores salvo que sea el actor o el propio embargado;

Fracción reformada DOF 01-05-2019

IV. El juez calificará las posturas, y concederá quince minutos entre puja y puja;

Fracción reformada DOF 01-05-2019

V. El actor podrá concurrir a la almoneda como postor, presentando por escrito su postura, sin necesidad de cumplir el requisito a que se refiere el artículo 974 de esta Ley; y

VI. El juez declarará fincado el remate a favor del mejor postor.

Fracción reformada DOF 01-05-2019

Artículo adicionado DOF 04-01-1980

Artículo 972. La diligencia de remate no puede suspenderse. El Tribunal resolverá de inmediato las cuestiones que planteen las partes interesadas.

Artículo adicionado DOF 04-01-1980. Reformado DOF 01-05-2019

Artículo 973. Si no se presentan postores, podrá el actor pedir se le adjudiquen los bienes por el precio de su postura, o solicitar la celebración de nuevas almonedas con deducción de un veinte por ciento en cada una de ellas. Las almonedas subsecuentes se celebrarán dentro de los treinta días siguientes a la fecha de la anterior.

Artículo adicionado DOF 04-01-1980

Artículo 974. El adjudicatario exhibirá dentro de los tres días siguientes, el importe total de su postura, apercibido de que de no hacerlo, la cantidad exhibida quedará en favor del actor; y el Tribunal señalará nueva fecha para la celebración de la almoneda.

Artículo adicionado DOF 04-01-1980. Reformado DOF 01-05-2019

Artículo 975. Exhibido el importe total del precio de la adjudicación, el Tribunal declarará fincado el remate y se observará lo siguiente:

Párrafo reformado DOF 01-05-2019

I. Cubrirá de inmediato al actor y a los demás acreedores por su orden; y si hay remanente, se entregará al demandado;

II. Si se trata de bienes inmuebles, se observará;

a) El anterior propietario entregará al Tribunal, toda la documentación relacionada con el inmueble que se remató.

Inciso reformado DOF 01-05-2019

b) Si se lo adjudica el trabajador, deberá ser libre de todo gravamen, impuestos y derechos fiscales.

c) La escritura deberá firmarla el anterior propietario, dentro de los cinco días siguientes a la notificación que le haga el notario público respectivo. Si no lo hace, el Tribunal lo hará en su rebeldía, y

Inciso reformado DOF 01-05-2019

III. Firmada la escritura, se pondrá al adquirente en posesión del inmueble.

Artículo adicionado DOF 04-01-1980

CAPÍTULO II
PROCEDIMIENTO DE LAS TERCERÍAS Y PREFERENCIAS DE CRÉDITO

Capítulo reubicado y denominación reformada DOF 04-01-1980

SECCIÓN PRIMERA
DE LAS TERCERÍAS

Sección adicionada DOF 04-01-1980

Artículo 976. Las tercerías pueden ser excluyentes de dominio o de preferencia. Las primeras tienen por objeto conseguir el levantamiento del embargo practicado en bienes de propiedad de terceros; las segundas obtener que se pague preferentemente un crédito con el producto de los bienes embargados.

Artículo adicionado DOF 04-01-1980

Artículo 977. Las tercerías se tramitarán y resolverán por el Tribunal que conozca del juicio principal, sustanciándose en forma incidental, conforme a las normas siguientes:

Párrafo reformado DOF 30-11-2012, 01-05-2019

I. La tercería se interpondrá por escrito, acompañando el título en que se funde y las pruebas pertinentes; si no se cumplen los requisitos anteriores, se desechará de plano;

Fracción reformada DOF 01-05-2019

II. El Tribunal ordenará se tramite la tercería por cuerda separada y citará a las partes a una audiencia, dentro de los diez días siguientes, en la que las oirá y después de desahogadas las pruebas, dictará resolución;

Fracción reformada DOF 01-05-2019

III. En cuanto al ofrecimiento, admisión y desahogo de las pruebas, se observará lo dispuesto en los Capítulos XII, XVII y XVIII del Título Catorce de esta Ley;

IV. Las tercerías no suspenden la tramitación del procedimiento. La tercería excluyente de dominio suspende únicamente el acto de remate; la de preferencia el pago del crédito; y

V. Si se declara procedente la tercería, el Tribunal ordenará el levantamiento del embargo y, en su caso, ordenará se pague el crédito declarado preferente.

Fracción reformada DOF 01-05-2019

Artículo adicionado DOF 04-01-1980

Artículo 978. El tercerista podrá presentar la demanda ante la autoridad exhortada que practicó el embargo, debiendo designar domicilio en el lugar de residencia del Tribunal exhortante dentro del término de cinco días a la fecha en que se practicó, o tuvo conocimiento del mismo, debiendo señalar domicilio dentro de la jurisdicción del exhortante, si no hace la designación, todas las notificaciones se le harán por boletín o por estrados.

La autoridad exhortada, al devolver el exhorto, remitirá la demanda de tercería, dentro del término de tres días a la fecha en que se haya practicado el embargo.

Artículo adicionado DOF 04-01-1980. Reformado DOF 01-05-2019

SECCIÓN SEGUNDA
DE LA PREFERENCIA DE CRÉDITOS

Sección adicionada DOF 04-01-1980

Artículo 979. Cuando exista un conflicto individual o colectivo, los trabajadores podrán solicitar al Tribunal, para los efectos del artículo 113, que prevenga a la autoridad jurisdiccional o administrativa ante la que se tramiten juicios en los que se pretendan hacer efectivos créditos contra el patrón para que, antes de llevar a cabo el remate o la adjudicación de los bienes embargados, les notifique para garantizar el derecho preferente que la Ley les concede en dicha disposición, una vez tramitada la tercería excluyente de preferencia correspondiente y determinado el monto del mismo.

Párrafo reformado DOF 30-11-2012, 01-05-2019

Si resultan insuficientes los bienes embargados para cubrir los créditos de todos los trabajadores, se harán a prorrata dejando a salvo sus derechos.

Artículo adicionado DOF 04-01-1980

Artículo 980. La preferencia se substanciará conforme a las reglas siguientes:

I. La preferencia deberá solicitarse por el trabajador ante el Tribunal en que tramite el conflicto en que sea parte, indicando específicamente cuáles son las autoridades ante quienes se sustancian juicios en los que puedan adjudicar o rematar bienes del patrón, acompañando copias suficientes de su petición, para correr traslado a las partes contendientes en los juicios de referencia;

Fracción reformada DOF 01-05-2019

II. Si el juicio se tramita ante la autoridad judicial, el Tribunal la prevendrá haciéndole saber que los bienes embargados están afectos al pago preferente del crédito laboral y que por lo tanto, antes de rematar o adjudicar los bienes del patrón, deberá notificar al trabajador a fin de que comparezca a deducir sus derechos, y

Fracción reformada DOF 01-05-2019

III. Tratándose de créditos fiscales, cuotas que se adeuden al Instituto Mexicano del Seguro Social, o aportación al Instituto del Fondo Nacional de la Vivienda para los Trabajadores, bastará con que el Tribunal remita oficio a la autoridad que corresponda, indicándole la existencia de juicios laborales, cuyas prestaciones están pendientes de cubrirse, para que antes de adjudicar o rematar los bienes del patrón se proceda conforme al artículo anterior.

Fracción reformada DOF 01-05-2019

Artículo adicionado DOF 04-01-1980

Artículo 981. Cuando en los juicios seguidos ante el Tribunal se haya dictado sentencia por cantidad líquida o se haya efectuado la liquidación correspondiente, el Tribunal lo hará saber a la autoridad judicial o administrativa que haya sido prevenida, en los términos del artículo 980 de ésta ley, remitiéndole copia certificada de la sentencia, así como de la resolución de la tercería preferente de crédito a fin de que se tome en cuenta el mismo al aplicar el producto de los bienes rematados o adjudicados.

Si el patrón antes del remate hubiese hecho pago para librar sus bienes, deberá cubrirse con éste el importe de los créditos laborales en que se hubiese hecho la prevención.

Artículo adicionado DOF 04-01-1980. Reformado DOF 01-05-2019

CAPÍTULO III
PROCEDIMIENTOS PARAPROCESALES O VOLUNTARIOS

Capítulo reubicado y denominación reformada DOF 04-01-1980

Artículo 982. Se tramitarán conforme a las disposiciones de este capítulo, todos aquellos asuntos que, por mandato de la Ley, por su naturaleza o a solicitud de parte interesada, requieran la intervención del Tribunal, sin que esté promovido jurisdiccionalmente conflicto alguno entre partes determinadas.

Artículo adicionado DOF 04-01-1980. Reformado DOF 01-05-2019

Artículo 983. En los procedimientos a que se refiere este capítulo, el trabajador, sindicato o patrón interesado podrá concurrir al Tribunal competente, solicitando oralmente o por escrito la intervención del mismo y señalando expresamente la persona cuya declaración se requiere, la cosa que se· pretende se exhiba, o la diligencia que se pide se lleve a cabo.

El Tribunal acordará dentro de las veinticuatro horas siguientes sobre lo solicitado y, en su caso, señalará día y hora para llevar a cabo la diligencia y ordenará, en su caso, la citación de las personas cuya declaración se pretende.

Artículo adicionado DOF 04-01-1980. Reformado DOF 01-05-2019

Artículo 984. Cuando por disposición de la Ley o de alguna autoridad o por acuerdo de las partes, se tenga que otorgar depósito o fianza, podrá el interesado o interesados concurrir ante el Tribunal a cargo, el cual la recibirá y, en su caso, lo comunicará a la parte interesada.

La cancelación de la fianza o la devolución del depósito, también podrá tramitarse ante el Tribunal a cargo quien acordará de inmediato con citación del beneficiario y previa comprobación de que cumplió las obligaciones que garantiza la fianza o el depósito, autorizará su cancelación o devolución.

Artículo adicionado DOF 04-01-1980. Reformado DOF 01-05-2019

Artículo 985. Cuando la Secretaría de Hacienda y Crédito Público, sin haber mediado objeción de los trabajadores, modifique el ingreso global gravable declarado por el causante, y éste haya impugnado dicha resolución, podrá solicitar al Tribunal, dentro de los 3 días siguientes a aquel en que haya presentado la impugnación correspondiente, la suspensión del reparto adicional de utilidades a los trabajadores, para lo cual adjuntará:

Párrafo reformado DOF 30-11-2012, 01-05-2019

I. La garantía que otorgue en favor de los trabajadores que será por:

a) La cantidad adicional a repartir a los trabajadores.

b) Los intereses legales computados por un año.

II. Copia de la resolución dictada por la Secretaría de Hacienda y Crédito Público; y

Fracción reformada DOF 30-11-2012

III. El nombre y domicilio de los representantes de los trabajadores sindicalizados, no sindicalizados y de confianza.

Fracción adicionada DOF 30-11-2012

Artículo adicionado DOF 04-01-1980

Artículo 986. El Tribunal al recibir el escrito del patrón examinará que reúna los requisitos señalados en el artículo anterior, en cuyo caso inmediatamente correrá traslado a los representantes de los trabajadores, para que dentro de 3 días manifiesten lo que a su derecho convenga; transcurrido el plazo acordará lo conducente.

Si la solicitud del patrón no reúne los requisitos legales, el Tribunal la desechará de plano.

Artículo adicionado DOF 04-01-1980. Reformado DOF 01-05-2019

Artículo 987. Cuando trabajadores y patrones lleguen a un convenio o liquidación de un trabajador, fuera de juicio, podrán concurrir ante los Centros de Conciliación solicitando su aprobación y ratificación, en los términos a que se refiere el párrafo segundo del artículo 33 de esta Ley, para cuyo efecto se identificarán a satisfacción de la Autoridad Conciliadora.

Párrafo reformado DOF 01-05-2019

En los convenios en que se dé por terminada la relación de trabajo deberá desglosarse la cantidad que se entregue al trabajador por concepto de salario, de prestaciones devengadas y de participación de utilidades. En caso de que la Comisión Mixta para la Participación de las Utilidades en la empresa o establecimiento aún no haya determinado la participación individual de los trabajadores, se dejarán a salvo sus derechos, hasta en tanto se formule el proyecto del reparto individual.

Los convenios celebrados en los términos de este artículo serán aprobados por el Centro de Conciliación competente, cuando no afecten derechos de los trabajadores, y tendrán efectos definitivos, por lo que se elevarán a la categoría de sentencia ejecutoriada.

Párrafo reformado DOF 01-05-2019

Artículo adicionado DOF 04-01-1980. Reformado DOF 30-11-2012

Artículo 988. Los trabajadores mayores de quince años, pero menores de dieciocho, que no hayan terminado su educación básica obligatoria, podrán ocurrir ante el Tribunal competente solicitando autorización para trabajar, y acompañarán los documentos que estimen convenientes, para establecer la compatibilidad entre los estudios y el trabajo.

El Tribunal, inmediatamente de recibida la solicitud, acordará lo conducente.

Artículo adicionado DOF 04-01-1980. Reformado DOF 12-06-2015, 01-05-2019

Artículo 989. Los trabajadores podrán solicitar, por conducto del Tribunal correspondiente, que el patrón les expida constancia escrita que contenga el número de días trabajados y el salario percibido, en los términos señalados por el artículo 132 fracción VII de esta Ley.

Artículo adicionado DOF 04-01-1980. Reformado DOF 01-05-2019

Artículo 990. El trabajador o sus beneficiarios que deban recibir alguna cantidad de dinero en virtud de convenio o liquidación, podrán concurrir personalmente al Tribunal correspondiente.

Artículo adicionado DOF 04-01-1980. Reformado DOF 01-05-2019

Artículo 991. En los casos de rescisión previstos en el artículo 47, el patrón podrá acudir ante el Tribunal competente a solicitar que se notifique al trabajador el aviso a que el citado precepto se refiere, por los medios indicados en el mismo. El Tribunal, dentro de los cinco días siguientes al recibo de la promoción, deberá proceder a la notificación.

Artículo adicionado DOF 04-01-1980. Reformado DOF 30-11-2012, 01-05-2019

Artículo 991 Bis. El patrón podrá depositar ante el Tribunal la indemnización a la que se refiere el artículo 49 de esta Ley, así como el pago de la prima de antigüedad prevista en el artículo 162 y demás prestaciones.

Artículo adicionado DOF 01-05-2019

TÍTULO DIECISÉIS
RESPONSABILIDADES Y SANCIONES

Título reubicado DOF 04-01-1980

Artículo 992. Las violaciones a las normas de trabajo cometidas por los patrones, directivos sindicales o por los trabajadores, se sancionarán de conformidad con las disposiciones de este Título, independientemente de la responsabilidad que les corresponda por el incumplimiento de sus obligaciones, sin perjuicio de las sanciones previstas en otros ordenamientos legales y de las consecuencias jurídicas que procedan en materia de bienes y servicios concesionados.

Párrafo reformado DOF 01-05-2019

La cuantificación de las sanciones pecuniarias que en el presente Título se establecen, se hará tomando como base de cálculo la Unidad de Medida y Actualización, al momento de cometerse la violación.

Párrafo reformado DOF 01-05-2019

Para la imposición de las sanciones, se tomará en cuenta lo siguiente:

I. El carácter intencional o no de la acción u omisión constitutiva de la infracción;

II. La gravedad de la infracción;

III. Los daños que se hubieren producido o puedan producirse;

IV. La capacidad económica del infractor; y

V. La reincidencia del infractor.

En todos los casos de reincidencia se duplicará la multa impuesta por la infracción anterior.

Se entiende por reincidencia, para los efectos de esta Ley y demás disposiciones derivadas de ella, cada una de las subsecuentes infracciones a un mismo precepto, cometidas dentro de los dos años siguientes a la fecha del acta en que se hizo constar la infracción precedente, siempre que ésta no hubiese sido desvirtuada.

Cuando en un solo acto u omisión se afecten a varios trabajadores, se impondrá sanción por cada uno de los trabajadores afectados. Si con un solo acto u omisión se incurre en diversas infracciones, se aplicarán las sanciones que correspondan a cada una de ellas, de manera independiente.

Cuando la multa se aplique a un trabajador, ésta no podrá exceder al importe señalado en el artículo 21 Constitucional.

Artículo adicionado DOF 04-01-1980. Reformado DOF 30-11-2012

Artículo 993. Al patrón que no cumpla las normas que determinan el porcentaje o la utilización exclusiva de trabajadores mexicanos en las empresas o establecimientos se le impondrá una multa por el equivalente de 250 a 2500 veces la Unidad de Medida y Actualización.

Artículo adicionado DOF 04-01-1980. Reformado DOF 30-11-2012, 01-05-2019

Artículo 994. Se impondrá multa, por el equivalente a:

I. De 50 a 250 Unidades de Medida y Actualización, al patrón que no cumpla las disposiciones contenidas en los artículos 61, 69, 76 y 77;

Fracción reformada DOF 01-05-2019

II. De 250 a 5000 Unidades de Medida y Actualización, al patrón que no cumpla las obligaciones que le impone el capítulo VIII del Título Tercero, relativo a la Participación de los Trabajadores en las Utilidades de las Empresas;

Fracción reformada DOF 01-05-2019

III. De 50 a 1500 Unidades de Medida y Actualización al patrón que no cumpla las obligaciones señaladas en el artículo 132, fracciones IV, VII, VIII, IX, X, XII, XIV, XXII y XXVI Bis;

Fracción reformada DOF 01-05-2019, 04-04-2024

IV. De 250 a 5000 Unidades de Medida y Actualización, al patrón que no cumpla con lo dispuesto por la fracción XV del artículo 132;

Fracción reformada DOF 01-05-2019

V. De 250 a 5000 Unidades de Medida y Actualización, al patrón que no observe en la instalación de sus establecimientos las normas de seguridad e higiene o las medidas que fijen las Leyes para prevenir los riesgos de trabajo;

Fracción reformada DOF 01-05-2019

VI. De 250 a 5000 Unidades de Medida y Actualización, al patrón que cometa cualquier acto o conducta discriminatoria en el centro de trabajo; al que realice actos de hostigamiento sexual o que tolere o permita actos de acoso u hostigamiento sexual en contra de sus trabajadores, así como al que viole las prohibiciones establecidas en las fracciones IV y V del artículo 133 de la Ley, o lo dispuesto en el artículo 357, segundo y tercer párrafo de ésta;

Fracción reformada DOF 01-05-2019

VII. De 250 a 2500 Unidades de Medida y Actualización, al patrón que viole las prohibiciones contenidas en el artículo 133, fracciones II, VI y VII de esta Ley. Asimismo, por incumplir con los requerimientos que le haga la Autoridad Registral y la Autoridad Conciliadora, y

Fracción reformada DOF 01-05-2019

VIII. De 50 a 100 Unidades de Medida y Actualización, al patrón que no comparezca a la audiencia de conciliación, en términos del artículo 684 E fracción IV de esta Ley.

Fracción adicionada DOF 01-05-2019

Artículo adicionado DOF 04-01-1980. Reformado DOF 30-11-2012

Artículo 995. Al patrón que viole las prohibiciones contenidas en el artículo 133 fracciones XIV y XV, y las normas que rigen el trabajo de las mujeres y de los menores, se le impondrá una multa equivalente de 50 a 2500 veces la Unidad de Medida y Actualización.

Artículo adicionado DOF 04-01-1980. Reformado DOF 30-11-2012, 01-05-2019

Artículo 995 Bis. Al patrón que infrinja lo dispuesto en el artículo 23, primer párrafo de esta Ley, se le castigará con prisión de 1 a 4 años y multa de 250 a 5000 veces la Unidad de Medida y Actualización.

Artículo adicionado DOF 30-11-2012. Reformado DOF 12-06-2015, 01-05-2019

Artículo 996. Al armador, naviero o fletador, se le impondrá multa por el equivalente a:

I. De 50 a 500 veces la Unidad de Medida y Actualización, si no cumple las disposiciones contenidas en los artículos 204, fracción II, y 213, fracción II, y

Fracción reformada DOF 01-05-2019

II. De 50 a 2500 veces la Unidad de Medida y Actualización, al que no cumpla la obligación señalada en el artículo 204, fracción IX.

Fracción reformada DOF 01-05-2019

Artículo adicionado DOF 04-01-1980. Reformado DOF 30-11-2012

Artículo 997. A la persona empleadora que viole las normas protectoras del trabajo a domicilio, se le impondrá multa por el equivalente de 250 a 2500 veces la Unidad de Medida y Actualización.

Artículo adicionado DOF 04-01-1980. Reformado DOF 30-11-2012, 01-05-2019, 24-01-2024

Artículo 997-A. A la persona empleadora que viole las normas protectoras del trabajo del campo, se le impondrá multa por el equivalente a:

I. De 250 a 2500 veces la Unidad de Medida y Actualización, cuando no conste por escrito el contrato de trabajo y/o no establezca los mecanismos a que se refiere el artículo 282; y no lleve o sea deficiente el registro especial de las personas trabajadoras temporales a que se refiere el artículo 280, y

II. De 250 a 5000 veces la Unidad de Medida y Actualización, cuando no proporcione habitaciones o estas no cuenten con las condiciones mínimas requeridas; no proporcione alimentación, agua y sanitarios; no proporcione educación; no proporcione el traslado seguro y cómodo; no proporcione servicios de guardería a que se refieren las fracciones II, IV, X, XI y XIII del artículo

283; y no observe las disposiciones protectoras de las trabajadoras a que se refiere el artículo 283 Ter.

Artículo adicionado DOF 24-01-2024

Artículo 997-B. Las personas físicas o morales que administren plataformas digitales, en su carácter de patrón, que violen las normas protectoras del trabajo en plataformas digitales, con independencia de las sanciones que correspondan en las leyes respectivas, se les impondrá una multa por el equivalente a:

I. De 2000 a 25000 veces la Unidad de Medida y Actualización, cuando no se registre el modelo de contrato en términos del artículo 291-G de esta Ley;

II. De 1000 a 25000 veces la Unidad de Medida y Actualización, cuando no emitan o informen de cambios en el documento de política de gestión algorítmica al que se refiere el artículo 291-J de esta Ley;

III. De 250 a 5000 veces la Unidad de Medida y Actualización, cuando violen las disposiciones contenidas en el artículo 291-K de esta Ley, y

IV. De 500 a 25000 veces la Unidad de Medida y Actualización, cuando no establezcan los mecanismos contemplados en el artículo 291-P de esta Ley.

Artículo adicionado DOF 24-12-2024

Artículo 998. Al patrón que no facilite al trabajador del hogar que carezca de instrucción, la asistencia a una escuela primaria, se le impondrá multa por el equivalente de 50 a 250 veces la Unidad de Medida y Actualización.

Artículo adicionado DOF 04-01-1980. Reformado DOF 30-11-2012, 01-05-2019

Artículo 999. Al patrón que viole las normas protectoras del trabajo en hoteles, restaurantes, bares y otros establecimientos semejantes, se le impondrá multa por el equivalente de 50 a 2500 veces la Unidad de Medida y Actualización.

Artículo adicionado DOF 04-01-1980. Reformado DOF 30-11-2012, 01-05-2019

Artículo 1000. El incumplimiento de las normas relativas a la remuneración de los trabajos, duración de la jornada y descansos, contenidas en un contrato Ley, o en un contrato colectivo de trabajo, se sancionará con multa por el equivalente de 250 a 5000 veces la Unidad de Medida y Actualización.

Artículo adicionado DOF 04-01-1980. Reformado DOF 30-11-2012, 01-05-2019

Artículo 1001. Al patrón que viole las normas contenidas en el Reglamento Interior de Trabajo, se le impondrá multa por el equivalente de 50 a 500 veces la Unidad de Medida y Actualización.

Artículo adicionado DOF 04-01-1980. Reformado DOF 30-11-2012, 01-05-2019

Artículo 1002. Por violaciones a las normas de trabajo no sancionadas en este Título o en alguna otra disposición de esta Ley, se impondrá al infractor multa por el equivalente de 50 a 5000 veces la Unidad de Medida y Actualización.

Artículo adicionado DOF 04-01-1980. Reformado DOF 30-11-2012, 01-05-2019

Artículo 1003. Los trabajadores, los patrones y los sindicatos, federaciones y confederaciones de unos y otros, podrán denunciar ante las autoridades del trabajo las violaciones a las normas del trabajo.

El Tribunal, las y los Inspectores del Trabajo, tienen la obligación de denunciar ante el Ministerio Público a la persona empleadora de una negociación industrial, de trabajo del campo, minera, comercial o de servicios que haya dejado de pagar o pague a sus personas trabajadoras del campo cantidades inferiores a las señaladas como salario mínimo general.

Párrafo reformado DOF 24-01-2024

Artículo adicionado DOF 04-01-1980. Reformado DOF 30-11-2012, 01-05-2019

Artículo 1004. A la persona empleadora en cualquier negociación industrial, trabajo del campo, agrícola, minera, comercial o de servicios que haga entrega a una o varias de sus personas trabajadoras del campo de cantidades inferiores al salario fijado como mínimo general o haya entregado comprobantes de pago que amparen sumas de dinero superiores de las que efectivamente hizo entrega, se le castigará con las penas siguientes:

Párrafo reformado DOF 24-01-2024

I. Con prisión de seis meses a tres años y multa que equivalga hasta 800 veces la Unidad de Medida y Actualización, conforme a lo establecido por el artículo 992, cuando el monto de la omisión no exceda del importe de un mes de salario mínimo general del área geográfica de aplicación correspondiente;

II. Con prisión de seis meses a tres años y multa que equivalga hasta 1600 veces la Unidad de Medida y Actualización, conforme a lo establecido por el artículo 992, cuando el monto de la omisión sea mayor al importe de treinta veces la Unidad de Medida y Actualización, pero no exceda de tres meses de salario mínimo general del área geográfica de aplicación correspondiente, y

III. Con prisión de seis meses a cuatro años y multa que equivalga hasta 3200 veces la Unidad de Medida y Actualización, conforme a lo establecido por el artículo 992, si la omisión excede a los tres meses de salario mínimo general del área geográfica de aplicación correspondiente.

Artículo adicionado DOF 04-01-1980. Fe de erratas DOF 30-01-1980. Reformado DOF 21-01-1988, 30-11-2012, 01-05-2019

Artículo 1004-A. Al patrón que no permita la inspección y vigilancia que las autoridades del trabajo ordenen en su establecimiento, se le notificará por instructivo para que comparezca a exhibir toda la información requerida, apercibido que de no hacerlo se presumirá que no cuenta con ella. Con independencia de lo anterior, el hecho de no permitir el desahogo de la inspección lo hará acreedor de una multa de 250 a 5,000 veces la Unidad de Medida y Actualización.

Artículo adicionado DOF 30-11-2012. Reformado DOF 01-05-2019, 23-04-2021

Artículo 1004-B. El incumplimiento de las obligaciones a que se refiere el artículo 15-B de la Ley, se sancionará con multa por el equivalente de 250 a 2500 veces la Unidad de Medida y Actualización.

Artículo adicionado DOF 30-11-2012. Reformado DOF 01-05-2019

Artículo 1004-C. A quien realice subcontratación de personal a que se refiere el artículo 12 de esta Ley, así como a las personas físicas o morales que presten servicios de subcontratación sin contar con el registro correspondiente, conforme a lo establecido en los artículos 14 y 15 de esta Ley, se le impondrá multa de 2,000 a 50,000 veces la Unidad de Medida y Actualización, sin perjuicio de las demás responsabilidades a que hubiera lugar de conformidad con la legislación aplicable. La Secretaría del Trabajo y Previsión Social dará vista de los hechos a las autoridades que resulten competentes.

Igual sanción a la establecida en el párrafo anterior será aplicable a aquellas personas físicas o morales que se beneficien de la subcontratación en contravención a lo estipulado en los artículos 12, 13, 14 y 15 de esta Ley.

Artículo adicionado DOF 30-11-2012. Reformado DOF 01-05-2019, 23-04-2021

Artículo 1005. Al Procurador de la Defensa del Trabajo, al Defensor Público o al representante del trabajador, se les impondrá sanción de seis meses a tres años de prisión y multa de 125 a 1250 veces la Unidad de Medida y Actualización en los casos siguientes:

Párrafo reformado DOF 30-11-2012, 01-05-2019

I. Cuando sin causa justificada se abstengan de concurrir a dos o más audiencias; y

II. Cuando sin causa justificada se abstengan de promover en el juicio durante el lapso de tres meses.

Por lo que corresponde a servidores públicos, las conductas previstas en este artículo serán consideradas como faltas administrativas graves en términos de lo dispuesto por el capítulo II del Título Tercero de la Ley General de Responsabilidades Administrativas.

Párrafo adicionado DOF 01-05-2019

En todos los casos, cuando exista la presunción de actos irregulares, las Autoridades del Trabajo o los Tribunales de manera inmediata deberán hacerlo del conocimiento de las autoridades competentes para que éstas procedan conforme a sus atribuciones y facultades.

Párrafo adicionado DOF 01-05-2019
Artículo adicionado DOF 04-01-1980

Artículo 1006. A todo el que presente documentos o testigos falsos, se le impondrá una pena de seis meses a cuatro años de prisión y multa de 125 a 1900 Unidades de Medida y Actualización. Tratándose de trabajadores, la multa será el salario que reciba el trabajador en una semana.

Artículo adicionado DOF 04-01-1980. Reformado DOF 30-11-2012, 01-05-2019

Artículo 1007. Las penas consignadas en el artículo anterior, se aplicarán sin perjuicio de la responsabilidad que por daños y perjuicios le resultaren al apoderado o representante.

Artículo adicionado DOF 04-01-1980

Artículo 1008. Las sanciones administrativas de que trata este Título serán impuestas, en su caso, por el Secretario del Trabajo y Previsión Social, por los Gobernadores de los Estados o por el Jefe de Gobierno de la Ciudad de

México, quienes podrán delegar el ejercicio de esta facultad en los funcionarios subordinados que estimen conveniente, mediante acuerdo que se publique en el periódico oficial que corresponda.

Artículo adicionado DOF 04-01-1980. Reformado DOF 09-04-2012, 01-05-2019

Artículo 1009. La autoridad, después de oír al interesado, impondrá la sanción correspondiente.

Artículo adicionado DOF 04-01-1980

Artículo 1010. Las sanciones se harán efectivas por las autoridades que designen las leyes.

Artículo adicionado DOF 04-01-1980

TRANSITORIOS

Artículo 1°. Esta Ley entrará en vigor el día 1o. de mayo de 1970, con excepción de los artículos 71 y 87 que entrarán en vigor el día 1o. de julio de 1970, y el artículo 80 que entrará en vigor el día 1o. de septiembre de 1970.

Artículo 2°. Se abroga la Ley Federal del Trabajo de 18 de agosto de 1931, con las modalidades a que se refiere el artículo anterior.

Artículo 3°. Los contratos de trabajo individuales o colectivos que establezcan derechos, beneficios o prerrogativas en favor de los trabajadores, inferiores a los que les concede esta Ley, no producirán en lo sucesivo efecto legal, entendiéndose substituidas las cláusulas respectivas por las que establece esta Ley.

Los contratos de trabajo individuales o colectivos o los convenios que establezcan derechos, beneficios o prerrogativas en favor de los trabajadores, superiores a los que esta Ley les concede, continuarán surtiendo efectos.

Artículo 4°. En la aplicación del artículo 159, en relación con el 132, fracción XV, los contratos colectivos que contengan sistemas de capacitación profesional que ya estén funcionando en la fecha de publicación de la presente Ley, y en los que establezcan requisitos de examen o la comprobación práctica de la aptitud y de la posesión de los conocimientos adecuados a fin de que los trabajadores puedan ascender en los casos de vacantes o puestos de nueva creación de conformidad con la antigüedad que les corresponda, podrán continuar aplicándose.

Artículo 5°. Para el pago de la prima de antigüedad a que se refiere el artículo 162 a los trabajadores que ya estén prestando sus servicios a una empresa en la fecha en que entre en vigor esta Ley, se observarán las normas siguientes:

I. Los trabajadores que tengan una antigüedad menor de diez años, que se separen voluntariamente de su empleo dentro del año siguiente a la fecha en que entre en vigor esta Ley, tendrán derecho a que se les paguen doce días de salario;

II. Los que tengan una antigüedad mayor de diez y menor de veinte años, que se separen voluntariamente de su empleo dentro de los dos años siguientes a la fecha a que se refiere la fracción anterior, tendrán derecho a que se les paguen veinticuatro días de salario;

III. Los que tengan una antigüedad mayor de veinte años que se separen voluntariamente de su empleo dentro de los tres años siguientes a la fecha a que se refieren las fracciones anteriores, tendrán derecho a que se les paguen treinta y seis días de salario;

IV. Transcurridos los términos a que se refieren las fracciones anteriores se estará a lo dispuesto en el artículo 162; y

V. Los trabajadores que sean separados de su empleo o que se separen con causa justificada dentro del año siguiente a la fecha en que entre en vigor esta Ley, tendrán derecho a que se les paguen doce días de salario. Transcurrido el año, cualquiera que sea la fecha de la separación, tendrán derecho a la prima que les corresponda por los años que hubiesen transcurrido a partir de la fecha en que entre en vigor esta Ley.

Artículo 6°. Las guarderías infantiles instaladas en las empresas o establecimientos continuarán funcionando hasta que el Instituto Mexicano del Seguro Social se haga cargo de ellas.

Artículo 7°. No podrá procederse a la revisión de la Resolución de 13 de diciembre de 1963 dictada por la Comisión Nacional para la Participación de los Trabajadores en las Utilidades de las Empresas, sino hasta que se cumplan diez años contados a partir de la fecha citada.

Artículo 8°. Cuando se trate de empresas inscritas en el Instituto Mexicano del Seguro Social, las obligaciones consignadas en el artículo 504 quedarán a cargo de las empresas, en la medida en que no esté obligado el Instituto a prestarlas de conformidad con su Ley.

Artículo 9°. La Secretaría del Trabajo y Previsión Social, los Gobernadores de los Estados y Territorios y el Jefe del Departamento del Distrito Federal, reorganizarán las Juntas de Conciliación Permanentes y las de Conciliación y Arbitraje, de conformidad con las disposiciones de esta Ley, dentro de un término de tres meses, contado a partir de la fecha de su vigencia.

Artículo 10. Las mismas autoridades a que se refiere el artículo anterior reorganizarán las restantes autoridades del trabajo, de conformidad con las disposiciones de esta Ley, dentro del mismo término de tres meses.

Artículo 11. No se exigirán los requisitos señalados en los artículos 626, fracción II; 627, fracción II; 628, fracciones II y III, y 629 del Título Doce, al personal jurídico que señala el artículo 625, que tenga la categoría de base y que al momento de entrar en vigor esta Ley preste sus servicios en las Juntas de Conciliación y de Conciliación y Arbitraje.

Artículo 12. Los juicios pendientes ante las _Juntas de Conciliación y Arbitraje continuarán tramitándose de conformidad con las disposiciones de la Ley Federal del Trabajo del 18 de agosto de 1931, entre tanto se efectúa la reorganización a que se refiere el artículo 9o. Transitorio. Efectuada la reorganización, los juicios se tramitarán de conformidad con las disposiciones de esta Ley; la Junta hará saber a las partes el momento en que la tramitación quedará sometida a los procedimientos establecidos en esta Ley.

En los juicios pendientes ante las Juntas de Conciliación, se recibirán las pruebas que hubiesen ofrecido las partes y se remitirá el expediente a la Junta de Conciliación Permanente o a la de Conciliación y Arbitraje que corresponda.

Las Juntas de Conciliación y Arbitraje continuarán conociendo de los negocios a que se refiere el artículo 600, fracción IV, de que ya conozcan.

Artículo 13. Se faculta a las Comisiones Regionales y a la Comisión Nacional de los Salarios Mínimos para que establezcan el incremento de los salarios mínimos generales, del campo y profesionales vigentes.

Para efectuar la nivelación de los salarios mínimos a que se refiere el párrafo anterior, se observará el siguiente procedimiento:

I. Dentro de los tres días siguientes a la entrada en vigor de este decreto, las comisiones regionales de los Salarios Mínimos dictarán resolución estableciendo el incremento de los salarios mínimos.

II. Los presidentes de las comisiones regionales bajo su responsabilidad, comunicarán a la Comisión Nacional de los Salarios Mínimos las correspondientes resoluciones dentro de las 24 horas siguientes a la fecha de haberse dictado.

III. El Presidente de la Comisión Nacional de los Salarios Mínimos convocará al Consejo de Representantes y someterá al mismo el dictamen pertinente para que dentro de los tres días siguientes a la recepción de las comunicaciones a las que se refiere la fracción anterior, dicten resolución confirmando o modificando las que hubieren dictado las comisiones regionales, debiendo fijar el incremento que deba aplicarse a los salarios mínimos vigentes, para que en forma obligatoria se modifiquen tomando en cuenta lo dispuesto en la resolución expedida por la Secretaría del Trabajo y Previsión Social de fecha 19 de marzo de 1982.

IV. El Presidente de la Comisión Nacional de los Salarios Mínimos enviará al Diario Oficial de la Federación, para su publicación, la resolución del Consejo de Representantes que contenga los salarios mínimos que correspondan al aumento establecido.

Artículo adicionado DOF 22-10-1982

México, D. F., 2 de diciembre de 1969. **Luis L. León Uranga**, S. P.- **Joaquín Gamboa Pascoe**, D. P.- **Arturo Moguel Esponda**, S. S.- **Alberto Briseño Ruiz**, D. S.- Rúbricas.

En cumplimiento de lo dispuesto por la fracción I del artículo 89 de la Constitución Política de los Estados Unidos Mexicanos, para su debida publicación y observancia, expido el presente Decreto en la residencia del Poder Ejecutivo Federal, en la ciudad de México, Distrito Federal, a los veintitrés días del mes de diciembre de mil novecientos sesenta y nueve.- **Gustavo Díaz Ordaz**.- Rúbrica.- El Secretario del Trabajo y Previsión Social, **Salomón González Blanco**.- Rúbrica.- El Subsecretario de Gobernación, Encargado del Despacho, **Mario Moya Palencia**.- Rúbrica.- El Secretario de Relaciones Exteriores, **Antonio Carrillo Flores**.- Rúbrica.- El Secretario de la Defensa Nacional, **Marcelino García Barragán**.- Rúbrica.- El Secretario de Marina, **Antonio Vázquez del Mercado**.- Rúbrica.- El Secretario de Hacienda y Crédito Público, **Antonio**

Ortiz Mena.- Rúbrica.- El Secretario del Patrimonio Nacional, **Manuel Franco López**.- Rúbrica.- El Secretario de Industria y Comercio, **Octaviano Campos Salas**.- Rúbrica.- El Secretario de Agricultura y Ganadería, **Juan Gil Preciado**. - Rúbrica.- El Secretario de Comunicaciones y Transportes, **José Antonio Padilla Segura**.- Rúbrica.- El Secretario de Obras Públicas, **Gilberto Valenzuela**.- Rúbrica.- El Secretario de Recursos Hidráulicos, **José Hernández Terán**.- Rúbrica. -El Secretario de Educación Pública, **Agustín Yañez**.- Rúbrica.- El Secretario de Salubridad y Asistencia, **Salvador Aceves Parra**.- Rúbrica.- El Secretario de la Presidencia, **Emilio Martínez Manautou**.- Rúbrica.- El Jefe del Departamento de Asuntos Agrarios y Colonización, **Norberto Aguirre Palancares**.- Rúbrica.- El Jefe del Departamento de Turismo, **Agustín Salvat**.- Rúbrica.- El Jefe del Departamento del Distrito Federal, **Alfonso Corona del Rosal**.- Rúbrica.

ARTÍCULOS TRANSITORIOS DE DECRETOS DE REFORMA

A partir de 1998

DECRETO por el que se reforman diversos ordenamientos legales.

Publicado en el Diario Oficial de la Federación el 23 de enero de 1998

ARTÍCULO ÚNICO.- Se reforman los artículos 20 y 32, fracción I, y se adiciona la fracción I BIS al artículo 47 de la Ley del Servicio Exterior Mexicano; se reforman los artículos 4, fracción I, 117, 161, primer párrafo, y 173, segundo párrafo, y se adicionan el artículo 148 BIS al capítulo denominado "Del Reclutamiento", y un inciso F) a la fracción II del artículo 170 de la Ley Orgánica del Ejército y Fuerza Aérea Mexicanas; se reforma el artículo 57 y se adiciona un inciso E) a la fracción I del artículo 105 de la Ley Orgánica de la Armada de México; se reforma el artículo 4, fracción I, del Código de Justicia Militar; se adiciona el artículo 5 BIS a la Ley del Servicio Militar; se reforman los artículos 106 y 108 de la Ley Orgánica del Poder Judicial de la Federación; 4, primer párrafo, de la Ley Orgánica del Tribunal Fiscal de la Federación; 9, fracción I, de la Ley para el Tratamiento de Menores Infractores para el Distrito Federal en Materia Común y para toda la República en Materia Federal; 20, inciso a), 22 y 23, en sus respectivas fracciones I, de la Ley Orgánica de la Procuraduría General de la República; 19, 34 y 35, en sus respectivas fracciones I, de la Ley Orgánica de la Procuraduría General de Justicia del Distrito Federal; 76, 91, 103, 114 y 120, en sus respectivos incisos a), del Código Federal de Instituciones y Procedimientos Electorales; 22 y 50, en sus respectivos primeros párrafos, de la Ley de Navegación; 7, primer párrafo y se le adiciona un segundo párrafo, se reforman los artículos 38 y 40, primer párrafo, de la Ley de Aviación Civil; **189, 216 y 612, fracción I, de la Ley Federal del Trabajo**; 267 de la Ley del Seguro Social; 156, fracción I, y 166, segundo párrafo, de la Ley del Instituto de Seguridad y Servicios Sociales de los Trabajadores del Estado; 28, primer párrafo, 50, fracción IV, y se deroga la fracción III del artículo 51 de la Ley del Instituto de Seguridad Social para las Fuerzas Armadas Mexicanas; se reforman los artículos 21, fracción I, de la Ley Federal de las Entidades Paraestatales, 51 de la Ley Reglamentaria del Artículo 27 Constitucional en Materia Nuclear; 9, fracción I, de la Ley de la Comisión Nacional de Derechos Humanos; 8, fracción I, de la Ley Federal de Correduría Pública; 6, segundo párrafo, de la Ley Orgánica del Instituto Nacional de Antropología e Historia; 32, fracciones

I a III, de la Ley de Inversión Extranjera; 14, fracción I, de la Ley General que establece las Bases de Coordinación del Sistema Nacional de Seguridad Pública; 5o., fracción I, de la Ley de la Comisión Reguladora de Energía; 10, fracción I y 14, fracción I de la Ley de los Sistemas de Ahorro para el Retiro; 12, fracción I, de la Ley Orgánica de los Tribunales Agrarios; 39, fracción I, de la Ley del Banco de México; 26, fracción I, de la Ley Federal de Competencia Económica; 121, fracción I, de la Ley Federal de los Trabajadores al Servicio del Estado, Reglamentaria del Apartado "B" del Artículo 123 Constitucional; y 15, fracción I y último párrafo de la Ley de la Comisión Nacional Bancaria y de Valores, para quedar como sigue:

....

TRANSITORIO

ÚNICO. El presente Decreto entrará en vigor el 20 de marzo de 1998.

México, D.F., a 12 de diciembre de 1997.- Sen. **Heladio Ramírez López**, Presidente.- Dip. **Luis Meneses Murillo**, Presidente.- Sen. **José Antonio Valdivia**, Secretario.- Dip. **Jaime Castro López**, Secretario.- Rúbricas."

En cumplimiento de lo dispuesto por la fracción I del Artículo 89 de la Constitución Política de los Estados Unidos Mexicanos, y para su debida publicación y observancia, expido el presente Decreto en la residencia del Poder Ejecutivo Federal, en la Ciudad de México, Distrito Federal, a los treinta días del mes de diciembre de mil novecientos noventa y siete.- **Ernesto Zedillo Ponce de León**.- Rúbrica.- El Secretario de Gobernación, **Emilio Chuayffet Chemor**.- Rúbrica.

DECRETO por el que se reforma el artículo 74 de la Ley Federal del Trabajo.

Publicado en el Diario Oficial de la Federación el 17 de enero de 2006

ARTÍCULO ÚNICO. Se reforma el artículo 74 de la Ley Federal del Trabajo, para quedar como sigue:

....

TRANSITORIOS

ARTÍCULO PRIMERO. El presente Decreto entrará en vigor el día siguiente de su publicación en el Diario Oficial de la Federación.

ARTÍCULO SEGUNDO. Por la conmemoración en el año 2006 del natalicio de Don Benito Juárez García, Benemérito de las Américas, la fracción III, tendrá vigencia a partir del año 2007.

México, D.F., a 15 de diciembre de 2005.- Dip. **Heliodoro Díaz Escárraga**, Presidente.- Sen. **Enrique Jackson Ramírez**, Presidente.- Dip. **Patricia Garduño Morales**, Secretaria.- Sen. **Micaela Aguilar González**, Secretaria.- Rúbricas."

En cumplimiento de lo dispuesto por la fracción I del Artículo 89 de la Constitución Política de los Estados Unidos Mexicanos, y para su debida publicación y observancia, expido el presente Decreto en la Residencia del Poder Ejecutivo Federal, en la Ciudad de México, Distrito Federal, a los dieciséis días del mes de enero de dos mil seis.- **Vicente Fox Quesada**.- Rúbrica.- El Secretario de Gobernación, **Carlos María Abascal Carranza**.- Rúbrica.

DECRETO por el que se reforman diversas Leyes Federales, con el objeto de actualizar todos aquellos artículos que hacen referencia a las Secretarías de Estado cuya denominación fue modificada y al Gobierno del Distrito Federal en lo conducente; así como eliminar la mención de los departamentos administrativos que ya no tienen vigencia.

Publicado en el Diario Oficial de la Federación el 9 de abril de 2012

ARTÍCULO CUADRÁGESIMO OCTAVO. Se reforman los artículos 126, fracción VI; 407; 409; 411, primer párrafo; 415, fracción I; 419, fracciones II y IV; 512-E; 531; 539-A, segundo párrafo; 549, fracción III; 622; 623; 625, segundo párrafo; 633; 637, fracción II; 650; 656; 660, fracciones V y IX; 661; 663; 668; 669, fracción II; 670; 674, fracción I; 709, fracción I, inciso b); 845, fracción II, inciso b), y 1008; de la Ley Federal del Trabajo, para quedar como sigue:

....

TRANSITORIOS

Primero. El presente decreto entrará en vigor al día siguiente de su publicación en el Diario Oficial de la Federación.

Segundo. A partir de la fecha en que entre en vigor este Decreto, se dejan sin efecto las disposiciones que contravengan o se opongan al mismo.

México, D.F., a 21 de febrero de 2012.- Dip. **Guadalupe Acosta Naranjo**, Presidente.- Sen. **José González Morfín**, Presidente.- Dip. **Laura Arizmendi Campos**, Secretaria.- Sen. **Renán Cleominio Zoreda Novelo**, Secretario.- Rúbricas."

En cumplimiento de lo dispuesto por la fracción I del Artículo 89 de la Constitución Política de los Estados Unidos Mexicanos, y para su debida publicación y observancia, expido el presente Decreto en la Residencia del Poder Ejecutivo Federal, en la Ciudad de México, Distrito Federal, a treinta de marzo de dos mil doce.- **Felipe de Jesús Calderón Hinojosa**.- Rúbrica.- El Secretario de Gobernación, **Alejandro Alfonso Poiré Romero**.- Rúbrica.

DECRETO por el que se reforman, adicionan y derogan diversas disposiciones de la Ley Federal del Trabajo.

Publicado en el Diario Oficial de la Federación el 30 de noviembre de 2012

Artículo Único. Se REFORMAN los artículos 2o; 3o; 4o, fracción I, inciso a); 5o, fracción VII; 25, fracciones I, II y IV; 28; 35; 43, primer párrafo, y fracción II; 47, fracciones II, VIII, y segundo, tercer y cuarto párrafos; 48; 50, fracción III; 51, fracción II; 56; 97, fracción IV; 103 Bis; 110, fracciones V y VII; 121, fracción II; 132, fracciones XVI, XVII, XVIII y XXVI; 133, primer párrafo y fracciones I y V; 134, fracción II; la denominación del Capítulo III Bis del Título Cuarto, para quedar como "De la Productividad, Formación y Capacitación de los Trabajadores"; 153-A; 153-B; 153-C; 153-D; 153-E; 153-F; 153-G; 153-H; 153-I; 153-J; 153-K; 153-L; 153-N; 153-Q; 153-S; 153-U; 153-V, primer párrafo; 154, primer párrafo; 157; 159; 168; 170, fracciones II y IV; 173; 174; 175; 176; 279, primer párrafo; 280; 282; 283, fracciones II y actuales IV, V, VI y VII; 284, fracción III; 285; 311, actual segundo párrafo; 333; 336; 337, fracción II; 353-A, fracción II; 353-S; 366, fracción III y último párrafo; 371, fracciones IX y XIII; 373; 427, fracción VI; 429, fracciones I y III; 430; 435, fracciones I y II; 439; 476; 490, fracción I; 502; 503, fracciones I, II, III y IV; 504, fracción V; 512-A; 512-B, párrafos primero y segundo; 512-C, primer párrafo; 512-D, primer párrafo; 512-F, primer párrafo; 513, primer párrafo; 514; 515; 521, fracción I; 523, fracción V; 527, fracciones I y II, numeral 2; 529, fracciones II, III y V; 532, fracción IV; 533; la denominación del Capítulo IV del Título Once, para quedar como "Del Servicio Nacional del Empleo"; 537; 538; 539, fracciones I, incisos b), c), d), e), f) y h), II, incisos a), d) y f), III, incisos b), c), d) y h); 539-A, primer y tercer párrafos; 539-B; 541, fracción VI; 546, fracciones II y V; 552, fracción IV; 555, fracción III; 556, fracción II; 560, fracción III; 604; 605, segundo párrafo; 606, primer párrafo; 607; 610, primer párrafo y actuales fracciones IV y V; 612; 614, primer párrafo y fracción I; 615, primer párrafo y fracciones II, III, IV, VI y VII; 617, primer párrafo y fracción VII; 618, fracción II; 619, fracciones I y II; 620, fracciones I, II, inciso a), párrafo tercero, y III; 624; 625, primer párrafo; 626, actuales fracciones II, III y IV; 627, actuales fracciones II, III y IV; 628, fracciones II, III, IV y V; 629; 630; 631; 632; 634; 637, fracciones I y II; 642, actual fracción IV; 643, fracciones I, III y IV; 644, primer párrafo y fracciones I y II; 645, actual fracción IV; 646; 648; 664, primer párrafo; 685, primer párrafo; 688; la denominación del Capítulo II del Título Catorce, para quedar como "De la Capacidad, Personalidad y Legitimación"; 689; 691; 692, fracciones II y IV; 693; 698, segundo párrafo; 700, fracción II, incisos a), b) y c); 701; 705, fracciones I, II y III; 711; 724; 727; 729, primer párrafo y fracción II; 731, fracción I; 734; 737; 739, segundo párrafo; 740; 742, fracción XI; 743, fracciones II y IV; 753; 763; 772; 773; 776, fracción VIII; 783; 784, fracciones V, VI, VIII, IX y XIV; 785; 786; 790, fracción III; 793; 802, segundo párrafo; 804, fracción IV y último párrafo; 808; 813, fracciones I, II, y IV; 814; 815, fracciones II, IV, VI y VII; 816; 817; 823; 824; 825, fracciones III y IV; 828; 839; 840, fracciones III, IV y VI; 841; 850; 853; 856, primer párrafo; 857, fracción II; 861, primer párrafo y fracciones II, III y IV; 863; 873; 875, primer y segundo párrafos; 876, fracciones I, II y V; 878, fracciones I, II, V, VII y VIII; 879, primer párrafo; 880, primer párrafo y fracciones II y IV; 883; 884, fracciones I, II, III y actual IV; 885, el primer párrafo; 886; 888, primer párrafo y fracción I; 891; 939; 940; 945, primer párrafo; 947, fracción IV; 949; 960; 962; 965, fracción II y último párrafo; 966, fracción II; 968; apartado A, fracciones I y III, y apartado B, fracciones I, II y III; 969, fracciones I y III; 970; 977, primer párrafo; 979, primer párrafo; 985, primer párrafo; 987; 991, primer párrafo; 992; 993; 994; 995; 996; 997; 998; 999; 1000; 1001; 1002; 1003, segundo párrafo; 1004, fracciones I, II y III; 1005, primer párrafo y 1006; **se ADICIONAN** los artículos 3o. Bis; 15-A; 15-B; 15-C; 15-D; 22 Bis; 28-A, 28-B; 39-A; 39-B; 39-C; 39-D; 39-E; 39-F; 42, con una fracción VIII; 42 Bis; 43, con una fracción V; 47, con una fracción XIV Bis y un penúltimo párrafo; 51, con una fracción IX, pasando la actual fracción IX a ser fracción X; 56 Bis; 83, con un segundo párrafo, pasando el anterior segundo párrafo a ser tercero; 101, con un segundo párrafo; 121, con un segundo párrafo a la fracción IV; 127, con una fracción IV Bis; 132, con las fracciones XVI Bis; XIX Bis, XXIII Bis; XXVI Bis y XXVII Bis; 133, con las fracciones XII, XIII, XIV y XV; 135, con una fracción XI; 153-F Bis; 170, con una fracción II Bis; 175 Bis; 279, con un último párrafo; 279 Bis; 279 Ter; 283, con las fracciones IV, IX, X, XI, XII y XIII; 311, con un segundo párrafo, pasando el anterior segundo párrafo a ser tercero; un Capítulo XIII Bis denominado "De los Trabajos en Minas", al Título Sexto, que comprende los artículos 343-A, 343-B, 343-C, 343-D y 343-E; 357, con un segundo párrafo; 364 Bis, 365 Bis, 377, con un último párrafo; 391 Bis; 424 Bis; 427, con una fracción VII; 429, con una fracción IV; 432, con un tercer párrafo; 475 Bis; 504, con un último párrafo a la fracción V; 512-D Bis; 512-D Ter; 512-G; 525 Bis; 527, fracción I, con un numeral 22; 530 Bis; 533 Bis; 539, con las fracciones V y VI; 539-A, con un párrafo cuarto, pasando el anterior párrafo cuarto a ser quinto; 541, con una fracción VI Bis; 605, con un tercer y cuarto párrafos; 605 Bis; 610, con una fracción II, recorriéndose las subsecuentes; 617, con las fracciones VIII y IX, pasando la actual fracción VIII a ser X; 618, con una fracción VIII, pasando la actual fracción VIII a ser IX; 623, con un primer párrafo, pasando el anterior primer párrafo a ser segundo; 626, con una fracción II, recorriéndose las subsecuentes; 627, con una fracción III, recorriéndose las subsecuentes; 627-A; 627-B; 627-C; 641-A; 642, con las fracciones IV, V y VI, pasando las actuales fracciones IV y V a ser VII y VIII; 643, con una fracción V, pasando la actual fracción V a ser VI; 645, con una fracción II, recorriéndose las subsecuentes, y un inciso d) a la actual fracción IV; 690, con un segundo párrafo; 739, con un tercer y cuarto párrafos; 771, con un segundo párrafo; 774 Bis; 784, con un último párrafo; 815, con las fracciones X y XI; 826 Bis; una Sección Novena, denominada "De los Elementos Aportados por los Avances de la Ciencia", al Capítulo XII, del Título Catorce, que comprende los artículos 836-A, 836-B, 836-C y 836-D; 884, con una fracción IV; pasando la actual IV a ser V; 885, con un segundo párrafo; una Sección Primera, al Capítulo XVIII del Título Catorce, denominada "Conflictos Individuales de Seguridad Social", que comprende los artículos 899-A al 899-G; 985, con una fracción III; 995 Bis; 1004-A; 1004-B y 1004-C; y **se DEROGAN** los artículos 153-O; 153-P; 153-R; 153-V, cuarto párrafo; 395, segundo párrafo; 512-D, segundo y tercer párrafos; 523, fracción IX; 525; 539, fracción III, incisos a) y e); los Capítulos X y XI del Título Once, que comprenden los artículos 591 al 603; 614, fracción V; 616, fracción II; 700, fracción I; 765; el Capítulo XVI del Título Catorce, que comprende los artículos 865 al 869; 876, fracción IV; 875, primer párrafo, inciso c); 877; 882; 991, segundo párrafo; 1004, último párrafo de la Ley Federal del Trabajo, para quedar como sigue:

TRANSITORIOS

Primero. El presente Decreto entrará en vigor el día siguiente al de su publicación en el Diario Oficial de la Federación.

Segundo. Los patrones contarán con treinta y seis meses a partir de la entrada en vigor del presente Decreto, para realizar las adecuaciones a las instalaciones de los centros de trabajo, a fin de facilitar el acceso y desarrollo de actividades de las personas con discapacidad.

Asimismo, los patrones contarán con doce meses a partir de la entrada en vigor del presente Decreto, para proceder a realizar los trámites conducentes para afiliar el centro de trabajo al Instituto del Fondo Nacional para el Consumo de los Trabajadores.

Tercero. El Titular del Ejecutivo Federal, los Gobernadores de los Estados, así como el Jefe de Gobierno del Distrito Federal, en el ámbito de sus respectivas competencias, contarán con un plazo de seis meses, para adecuar los ordenamientos reglamentarios que correspondan, a las disposiciones contenidas en este Decreto.

Cuarto. La Secretaría del Trabajo y Previsión Social deberá expedir las tablas de enfermedades de trabajo y de valuación de incapacidades permanentes resultantes de los riesgos de trabajo, en un término de seis meses contados a partir de la entrada en vigor del presente Decreto, en tanto se seguirán aplicando las tablas a que se refieren los artículos 513 y 514 que se reforman.

Quinto. Las Entidades Federativas, en el ámbito de sus respectivas competencias, contarán con un plazo de hasta tres años para transformar las Juntas de Conciliación en Juntas de Conciliación y Arbitraje Local, a cuyo efecto deberán incluir dentro de sus presupuestos correspondientes, los recursos económicos suficientes para garantizar la implementación, funcionamiento y operación. Estos presupuestos deberán ser analizados y aprobados, en su caso, por el Poder Legislativo correspondiente.

Sexto. Las Juntas Federal y Locales de Conciliación y Arbitraje deberán adoptar el servicio profesional de carrera a que se refiere el artículo 525-Bis de la Ley, acorde a su régimen jurídico a partir del día primero del mes de enero del año 2014.

Séptimo. Los Presidentes de las Juntas Federal y Locales de Conciliación y Arbitraje establecerán los lineamientos para el sistema de formación, capacitación y actualización jurídica del personal de su respectiva Junta dentro de los seis meses siguientes a que entren en vigor las presentes reformas.

Octavo. El Servicio Público de Conciliación deberá quedar integrado a más tardar para el ejercicio presupuestal siguiente a aquél en que entren en vigor las presentes reformas.

Noveno. Los Procuradores Auxiliares de la Defensa del Trabajo que no cuenten con el título y la cédula profesionales a que se refiere el artículo 533 contarán con un término de cinco años para obtenerlo, contado a partir de que entren en vigor las presentes reformas.

Los Inspectores de Trabajo que no cuenten con el certificado de educación media superior o su equivalente a que se refiere el artículo 546, fracción II, contarán con un término de tres años para obtenerlo, a partir de que entren en vigor las presentes reformas.

El personal jurídico de las Juntas de Conciliación y Arbitraje que no cuente con el título y la cédula profesionales a que se refieren los artículos 626, fracción II; 627, fracción II; 627-B, fracción II; 628, fracción II y 629 contarán con un término de cinco años para obtenerlo, contado a partir de que entren en vigor las presentes reformas.

Décimo. Las retribuciones a que se refiere el artículo 631 entrarán en vigor a partir del próximo Presupuesto de Egresos de la Federación y de las entidades federativas.

Décimo Primero. Los juicios iniciados con las disposiciones anteriores a la presente reforma deberán concluirse de conformidad con ellas.

Décimo Segundo. La supresión de las Juntas de Conciliación Permanentes surtirá efectos a los noventa días naturales posteriores a aquél en que entre en vigor el presente Decreto.

Las autoridades competentes deberán realizar las acciones conducentes para que los asuntos que estuvieren en trámite, se atiendan por las Juntas de Conciliación y Arbitraje que corresponda.

Las autoridades competentes deberán adoptar las medidas administrativas correspondientes respecto al personal de las Juntas de Conciliación permanentes que se extinguen.

Décimo Tercero. La Junta Federal de Conciliación y Arbitraje deberá establecer el registro de peritos médicos en materia de medicina del trabajo a que se refiere el artículo 899-G de este Decreto, dentro de los treinta días siguientes a la entrada en vigor del mismo.

Los peritos médicos en materia de medicina del trabajo contarán con un periodo de seis meses, a partir de que la Junta Federal de Conciliación y Arbitraje establezca el registro a que se refiere el párrafo anterior, para obtener el registro correspondiente; vencido el plazo señalado, la Junta no recibirá los peritajes que emitan peritos que carezcan de registro.

Décimo Cuarto. Las erogaciones que se generen con motivo de la entrada en vigor del presente Decreto, se realizarán con cargo al presupuesto de egresos aprobado, por lo que no se requerirán recursos adicionales en el presente ejercicio fiscal, ni se incrementará el presupuesto regularizable.

México, D.F., a 13 de noviembre de 2012.- Dip. **Jesus Murillo Karam**, Presidente.- Sen. **Ernesto Javier Cordero Arroyo**, Presidente.- Dip. **Javier Orozco Gomez**, Secretario.- Sen. **Lilia Guadalupe Merodio Reza**, Secretaria.- Rúbricas."

En cumplimiento de lo dispuesto por la fracción I del Artículo 89 de la Constitución Política de los Estados Unidos Mexicanos, y para su debida publicación y observancia, expido el presente Decreto en la Residencia del Poder Ejecutivo Federal, en la Ciudad de México, Distrito Federal, a veintinueve de noviembre de dos mil doce.- **Felipe de Jesús Calderón Hinojosa**.- Rúbrica.- El Secretario de Gobernación, **Alejandro Alfonso Poiré Romero**.- Rúbrica.

DECRETO por el que se reforman y derogan diversas disposiciones de la Ley Federal del Trabajo, en materia de trabajo de menores.

Publicado en el Diario Oficial de la Federación el 12 de junio de 2015

Artículo Único. Se reforman los artículos 5o., fracciones I y IV; 22; 22 Bis; 23; 174; 175, primer, segundo y tercer párrafos y fracción IV; 175 Bis, primer párrafo e inciso c); 176; 178; 179, 180, primer párrafo y fracción II; 191, 267; 362; 372, primer párrafo; 988, primer párrafo y 995 Bis; y se derogan las fracciones I y II del artículo 372 de la Ley Federal del Trabajo, para quedar como sigue:

....

TRANSITORIO

Único. El presente Decreto entrará en vigor el día siguiente al de su publicación en el Diario Oficial de la Federación.

México, D.F., a 30 de abril de 2015.- Dip. **Julio César Moreno Rivera**, Presidente.- Sen. **Miguel Barbosa Huerta**, Presidente.- Dip. **Luis Antonio González Roldán**, Secretario.- Sen. **Lilia Guadalupe Merodio Reza**, Secretaria.- Rúbricas."

En cumplimiento de lo dispuesto por la fracción I del Artículo 89 de la Constitución Política de los Estados Unidos Mexicanos, y para su debida publicación y observancia, expido el presente Decreto en la Residencia del Poder Ejecutivo Federal, en la Ciudad de México, Distrito Federal, a nueve de junio de dos mil quince.- **Enrique Peña Nieto**.- Rúbrica.- El Secretario de Gobernación, **Miguel Ángel Osorio Chong**.- Rúbrica.

DECRETO por el que se reforma el artículo 265 de la Ley Federal del Trabajo.

Publicado en el Diario Oficial de la Federación el 30 de mayo de 2018

Artículo Único. Se reforma el artículo 265 de la Ley Federal del Trabajo, para quedar como sigue:

....

TRANSITORIO

Único. El presente Decreto entrará en vigor el día siguiente al de su publicación en el Diario Oficial de la Federación.

Ciudad de México, a 24 de abril de 2018.- Sen. **Ernesto Cordero Arroyo**, Presidente.- Dip. **Edgar Romo García**, Presidente.- Sen. **Itzel Sarahí Ríos de la Mora**, Secretaria.- Dip. **Verónica Bermúdez Torres**, Secretaria.- Rúbricas."

En cumplimiento de lo dispuesto por la fracción I del Artículo 89 de la Constitución Política de los Estados Unidos Mexicanos, y para su debida publicación y observancia, expido el presente Decreto en la Residencia del Poder Ejecutivo Federal, en la Ciudad de México, a veinticinco de mayo de dos mil dieciocho.- **Enrique Peña Nieto**.- Rúbrica.- El Secretario de Gobernación, Dr. **Jesús Alfonso Navarrete Prida**.- Rúbrica.

DECRETO por el que se expide la Ley Federal de Declaración Especial de Ausencia para Personas Desaparecidas, y se reforman diversas disposiciones de la Ley Federal del Trabajo; de la Ley Federal de los Trabajadores al Servicio del Estado, Reglamentaria del Apartado B) del artículo 123 Constitucional; de la Ley del Seguro Social; de la Ley del Instituto de Seguridad y Servicios Sociales de los Trabajadores del Estado; de la Ley General de Títulos y Operaciones de Crédito; de la Ley de Instituciones de Crédito y de la Ley Agraria.

Publicado en el Diario Oficial de la Federación el 22 de junio de 2018

ARTÍCULO SEGUNDO. Se **reforman** los artículos 474, primer párrafo; 500, primer párrafo; 501, primer párrafo; 502 y 503, párrafo primero y fracciones I y II; se **adicionan** los artículos 132, con una fracción XXIX; 133, con una fracción XVI; 141, con un segundo párrafo a la fracción I, y un segundo párrafo a la fracción III, recorriéndose en su orden el actual segundo párrafo de esta última fracción para quedar como párrafo tercero, y 477, con una fracción V de la Ley Federal del Trabajo, para quedar como sigue:

....

TRANSITORIOS

PRIMERO. El presente Decreto entrará en vigor el día siguiente al de su publicación en el Diario Oficial de la Federación.

SEGUNDO. El titular del Ejecutivo Federal, los gobernadores de los estados, así como el Jefe de Gobierno de la Ciudad de México, en el ámbito de sus respectivas competencias, contarán con un plazo de seis meses para adecuar los ordenamientos jurídicos y reglamentarios que correspondan, a efecto de cumplir y armonizarlos con las disposiciones contenidas en el presente Decreto.

TERCERO. Las autoridades del Instituto Mexicano del Seguro Social, del Instituto de Seguridad y Servicios Sociales de los Trabajadores del Estado y demás instituciones de Seguridad Social, deberán realizar las adecuaciones correspondientes a su normatividad interna durante los siguientes seis meses, contados a partir de la expedición del presente Decreto.

Ciudad de México, a 26 de abril de 2018.- Sen. **Ernesto Cordero Arroyo**, Presidente.- Dip. **Edgar Romo García**, Presidente.- Sen. **Juan Gerardo Flores Ramírez**, Secretario.- Dip. **Ernestina Godoy Ramos**, Secretaria.- Rúbricas."

En cumplimiento de lo dispuesto por la fracción I del Artículo 89 de la Constitución Política de los Estados Unidos Mexicanos, y para su debida publicación y observancia, expido el presente Decreto en la Residencia del Poder Ejecutivo Federal, en la Ciudad de México, a trece de junio de dos mil dieciocho.- **Enrique Peña Nieto**.- Rúbrica.- El Secretario de Gobernación, Dr. **Jesús Alfonso Navarrete Prida**.- Rúbrica.

DECRETO por el que se reforman, adicionan y derogan diversas disposiciones de la Ley Federal del Trabajo, de la Ley Orgánica del Poder Judicial de la Federación, de la Ley Federal de la Defensoría Pública, de la Ley del Instituto del Fondo Nacional de la Vivienda para los Trabajadores y de la Ley del Seguro Social, en materia de Justicia Laboral, Libertad Sindical y Negociación Colectiva.

Publicado en el Diario Oficial de la Federación el 1 de mayo de 2019

ARTÍCULO PRIMERO. SE REFORMAN el párrafo primero y cuarto del artículo 3o.; el inciso a) de la fracción I del artículo 4o.; las fracciones III y VI del artículo 5o.; el segundo párrafo del artículo 22; la fracción III y V del artículo 28; el párrafo segundo del artículo 33; la fracción VI del artículo 42; los párrafos tercero y quinto del artículo 47; los párrafos primero, tercero y quinto del artículo 48; la fracción II y IV del artículo 49; el párrafo primero del artículo 57; el párrafo primero del artículo 75; el artículo 114; el párrafo segundo de la fracción IV del artículo 121; la fracción VI del artículo 127; la fracción XXVI del artículo 132; la fracción IV del artículo 133; el artículo 146; el artículo 152; el artículo 153; los párrafos primero y segundo del artículo 153-K; el párrafo primero del artículo 153-Q; el artículo 153-L; el artículo 153-N; el artículo 153-X; el artículo 157; el párrafo segundo del artículo 158; la fracción II del artículo 163; el artículo 164; el párrafo primero del artículo 176; el párrafo primero del artículo 207; el artículo 210; el párrafo primero del artículo 211; el artículo 245; la fracción II del artículo 273; el párrafo segundo del artículo 277; el párrafo primero del artículo 278; la fracción II del artículo 283; la denominación del capítulo XIII "Trabajadores del hogar"; el artículo 331; el párrafo primero del artículo 332; el artículo 333; el artículo 334; el artículo 336; las fracciones I y III del artículo 337; la fracción I del artículo 338; el párrafo primero del artículo 340; el artículo 342; las fracciones I y II del artículo 343-E; el artículo 353-O; el párrafo segundo del artículo 353-R; el párrafo primero del artículo 357; el párrafo primero del artículo 358; el artículo 364; el artículo 364 Bis; los párrafos primero y segundo, y las fracciones II y III del artículo 365; los párrafos primero y segundo del artículo 365 Bis; actuales párrafos primero y segundo del artículo 366, el artículo 368; los párrafos primero y segundo del artículo 369; las fracciones IX, X y XIII del artículo 371; los párrafos primero, actuales segundo, tercero, cuarto y quinto del artículo 373; el párrafo primero del artículo 374; el párrafo segundo del artículo 376; la fracción II y el párrafo segundo del artículo 377; el primer párrafo del artículo 384; los párrafos primero y segundo del artículo 387; la fracción I y III del artículo 388; el artículo 389; el párrafo primero del artículo 390; el artículo 391 Bis; artículo 392; el artículo 395; el párrafo primero del artículo 399; el párrafo segundo del artículo 399 Bis; la fracción I del artículo 401; artículo 407; artículo 408; artículo 409; el primer párrafo del artículo 411; la fracción III del artículo 412; artículo 414; las fracciones I, III, IV, V y VI inciso b) del artículo 415; el artículo 418; las fracciones II y IV del artículo 419; el párrafo segundo del artículo 419 Bis; el párrafo primero del artículo 421; las fracciones II y IV del artículo 424; el artículo 424 Bis; el párrafo primero del artículo 426; las fracciones I, II, III, y IV del artículo 429; el artículo 430; el artículo 431; el párrafo primero del artículo 432; las fracciones I, II y III del artículo 435; el artículo 439; el párrafo primero del artículo 448; el artículo 449; las fracciones II y III del artículo 451; la fracción III del artículo 459; la fracción IV del artículo 469; el artículo 476; el párrafo segundo del artículo 483; el primer párrafo del artículo 490; el artículo 493; el primer párrafo y las fracciones I, II, III y IV del artículo 501; el artículo 503; el párrafo primero de la fracción V del artículo 504; el artículo 505; el párrafo segundo del artículo 512-B; el párrafo primero del artículo 512-C; el párrafo primero del artículo 513; el párrafo segundo del artículo 514; la fracción III y el párrafo segundo del artículo 519; la fracción I del artículo 521; las fracciones X y XI del artículo 523; el artículo 525 Bis; el párrafo segundo del artículo 527; el artículo 531; los párrafos primero, segundo, tercero y cuarto del artículo 539-B; la fracción III del artículo 549; la denominación del Capítulo XII para quedar como "De la Competencia de los Tribunales"; el primer párrafo del artículo 604; el primer párrafo del artículo 605; el párrafo primero del artículo 610; la denominación del Capítulo I del Título XIII para quedar como "De los procedimientos de designación de representantes de los trabajadores y de los patrones"; el artículo 648; el artículo 650; el párrafo primero del artículo 658; las fracciones I, V y IX del artículo 660; el artículo 661; el artículo 662; el artículo 666; el artículo 667; el artículo 668; las fracciones I y II del artículo 669; el artículo 670; el artículo 677; el artículo 680; el párrafo primero y el actual segundo del artículo 685; el párrafo segundo del artículo 686; el artículo 688; el artículo 690; el párrafo primero del artículo 691; la fracción I del artículo 692; el artículo 693; el artículo 694; el párrafo segundo del artículo 697; el artículo 698; el artículo 699; los incisos a), b) y c) de la fracción II y las fracciones III, IV, V y VI del artículo 700; el artículo 701; el párrafo segundo del artículo 703; el artículo 704; el artículo 706; el párrafo primero del artículo 709; la denominación del Capítulo V, "De la Actuación de los Tribunales" del Título Catorce; los párrafos primero y segundo del artículo 712; el artículo 714; el artículo 715; el artículo 717; el artículo 718; el artículo 719; el artículo 720; el artículo 721; el párrafo primero del artículo 722; el artículo 723; el artículo 724; el artículo 725; el artículo 726; el artículo 727; el artículo 728; las fracciones II y III del artículo 729; el artículo 730; el primer párrafo y la fracción I del artículo 731; el artículo 734; el artículo 737; los párrafos primero, segundo y tercero del artículo 739; las fracciones II, III, VI, VIII y XII del artículo 742; las fracciones III, V y VI, y el párrafo segundo del artículo 743; el artículo 744; el artículo 745; los párrafos primero y segundo del artículo 746; la fracción II del artículo 747; el artículo 749; el artículo 753; el artículo 757; el artículo 758; el artículo 759; el primer párrafo del artículo 760; el primer párrafo del artículo 766; la fracción II del artículo 769; el segundo párrafo del artículo 770; el primer párrafo del artículo 771; el artículo 772; el artículo 773; el artículo 774; el artículo 778; el artículo 779; el artículo 782; el artículo 783; el primer párrafo y fracción VI del artículo 784; el primer párrafo del artículo 785; el primer párrafo del artículo 786; el artículo 787; el artículo 788; el artículo 789; las fracciones I, II, III, VI y VII del artículo 790; el primer párrafo del artículo 791; el artículo 793; el artículo 795; el artículo 798; el segundo párrafo del artículo 800; el artículo 801; el artículo 803; el segundo párrafo del artículo 807; el artículo 809; las fracciones I, II, III y IV del artículo 813; el artículo 814; las fracciones I, II, IV, V, VI, VII, VIII y XI del artículo 815; el artículo 816; el artículo 817; el artículo 818; el artículo 819; el artículo 821; el artículo 822; el artículo 823; el artículo 824; las fracciones II, III y IV del artículo 825; el artículo 826; el artículo 826 Bis; el actual párrafo primero del artículo 827; el artículo 828; las fracciones I y II del artículo 829; el artículo 830; el artículo 831; el artículo 835; el artículo 836; el artículo 836-A; las fracciones I, IV, V y segundo párrafo del artículo 836-D; la fracción III del artículo 837; el artículo 838; el artículo 839; el primer párrafo y la fracción I del artículo 840; el artículo 841; el artículo 842; el artículo 843; el artículo 844; el primer párrafo del artículo 847; el artículo 848; el primer párrafo y la fracción I del artículo 857; el artículo 858; el artículo 860; las fracciones II y IV del artículo 861; el artículo 862; el segundo párrafo del artículo 863; la denominación del Capítulo XVII del Título Quince, para quedar como "Del procedimiento ordinario"; el artículo 870; el artículo 871; el artículo 872; los actuales párrafos primero y segundo del artículo 873; el artículo 874; el artículo 892; el artículo 893; el artículo 894; el párrafo primero del artículo

895; el artículo 896; el artículo 897; el párrafo segundo del artículo 899-A; los párrafos primero, segundo, sexto, séptimo, octavo, noveno, décimo, décimo primero, décimo segundo, décimo tercero, décimo cuarto, décimo quinto y décimo sexto del artículo 899-E; los párrafos primero y tercero del artículo 899-F; el artículo 899-G; el artículo 901; el párrafo primero del artículo 902; el artículo 905; las fracciones III, IV, VI y VII del artículo 906; el párrafo primero del artículo 907; el párrafo primero del artículo 909; el artículo 912; el artículo 913; el párrafo primero y la fracción III del artículo 916; el artículo 919; la fracción II del artículo 920; el párrafo primero del artículo 921; el artículo 922; el artículo 923; el artículo 926; las fracciones I y III del artículo 927; las fracciones III, IV y V y, el párrafo segundo del artículo 928; el artículo 929; las fracciones I, II, III, IV y V del artículo 930; la fracción V del artículo 931; el párrafo primero del artículo 932; el artículo 934; el artículo 935; el artículo 936; el artículo 937; las fracciones I, II, III y IV del artículo 938; el párrafo primero del artículo 939; el artículo 940; el artículo 941; el artículo 942; el artículo 943; el artículo 944; los párrafos primero y actual segundo del artículo 945; el artículo 946; el párrafo primero del artículo 947; el artículo 948; el artículo 949; el artículo 950; el artículo 955; el artículo 956; el artículo 957; el artículo 958; el artículo 962; las fracciones I, V, VI y VII del artículo 963; las fracciones II y III del artículo 964; el párrafo segundo del artículo 965; las fracciones II y III del artículo 966; el párrafo segundo del artículo 967; las fracciones I y III del apartado A, las fracciones I y III del apartado B y el párrafo segundo del artículo 968; la fracción I del artículo 969; el artículo 970; las fracciones I, II, III, IV y VI del artículo 971; el artículo 972; el artículo 974; los incisos a) y c) de la fracción II del artículo 975; el párrafo primero y las fracciones I, II y V del artículo 977; el artículo 978; el párrafo primero del artículo 979; las fracciones I, II y III del artículo 980; el párrafo primero del artículo 981; el artículo 982; el artículo 983; el artículo 984; el párrafo primero del artículo 985; el artículo 986; los párrafos primero y tercero del artículo 987; el artículo 988; el artículo 989; el artículo 990; el artículo 991; los párrafos primero y segundo del artículo 992; el artículo 993; las fracciones I, II, III, IV, V, VI y VII del artículo 994; el artículo 995; el artículo 995 Bis; las fracciones I y II del artículo 996; el artículo 997; el artículo 998; el artículo 999; el artículo 1000; el artículo 1001; el artículo 1002; el artículo 1003; el artículo 1004; el artículo 1004-A; el artículo 1004-B; el artículo 1004-C; el párrafo primero del artículo 1005; el artículo 1006 y el artículo 1008; **SE ADICIONAN** el artículo 3o. Ter; las fracciones XIV y XV del artículo 5o.; la fracción X del artículo 25; el párrafo tercero del artículo 33; el párrafo séptimo del artículo 48; el artículo 48 Bis; los párrafos segundo y tercero del artículo 49; los párrafos tercero y cuarto del artículo 101; el párrafo segundo a la fracción V del artículo 110; las fracciones XXX, XXXI, XXXII y XXXIII del artículo 132; las fracciones XVII y XVIII del artículo 133; las fracciones XII, XIII, XIV y XV, y un párrafo tercero del artículo 153-K; el párrafo segundo del artículo 183; el artículo 245 Bis; el artículo 279 Quáter; el artículo 280 Bis; la fracción XIV del artículo 283; la fracción IV del artículo 337; la fracción III y el segundo párrafo del artículo 343-E; los párrafos segundo y tercero, y se recorre el párrafo segundo al párrafo cuarto del artículo 357, del artículo 357 Bis; las fracciones I, II, III y IV del artículo 358; el párrafo segundo del artículo 360; el párrafo segundo del artículo 364; los párrafos segundo y tercero del artículo 364 Bis; la fracción VIII y los párrafos cuarto y sexto, y se recorre el párrafo cuarto al párrafo quinto, del artículo 365 Bis; el párrafo segundo, y se recorren los párrafos segundo y tercero, para quedar como párrafos tercero y cuarto, del artículo 366; la fracción III del artículo 369; las fracciones IX Bis, IX Ter y XIV Bis del artículo 371; el artículo 371 Bis; los párrafos segundo y tercero, recorriéndose la numeración de los anteriores párrafos del segundo al cuarto para quedar como cuarto, quinto, sexto, y séptimo, el párrafo octavo, recorriéndose el último párrafo para quedar como número nueve del artículo 373; las fracciones IV y V el artículo 374; las fracciones III, IV, V, VI, VII y VIII y el segundo párrafo del artículo 378; el artículo 386 Bis; el párrafo tercero del artículo 387; el párrafo segundo del artículo 388; el párrafo tercero con los incisos a), b), c) y d) y el párrafo cuarto del artículo 390; el artículo 390 Bis; el artículo 390 Ter; el párrafo segundo, tercero y cuarto del artículo 391, el artículo 399 Ter; el artículo 400 Bis; el segundo y tercero párrafo del artículo 416; la fracción V del artículo 419; el párrafo tercero y cuarto del artículo 518; la fracción III del artículo 521; las fracciones II Bis y II Ter del artículo 523; el párrafo tercero del artículo 527; las fracciones IV y V del artículo 530; las fracciones V Bis y VI Ter del artículo 541; el capítulo IX Bis denominado "Del Centro Federal de Conciliación y Registro Laboral"; que comprende el artículo 590-A; el artículo 590-B; el artículo 590-C; el artículo 590-D; el capítulo IX Ter denominado "De los Centros de Conciliación de las entidades federativas y de la Ciudad de México"; que comprende el artículo 590-E; el artículo 590-F; el párrafo segundo del artículo 604; el Título Trece Bis; el Capítulo I, denominado "Del procedimiento de conciliación prejudicial"; el artículo 684-A; el artículo 684-B; el artículo 684-C; el artículo 684-D; el artículo 684-E; el Capítulo II denominado "De los conciliadores"; el artículo 684-F; el artículo 684-G; el artículo 684-H; el artículo 684-I; el artículo 684-J; el Capítulo III denominado "Del procedimiento para la selección de conciliadores"; el artículo 684-K; el artículo 684-L; el artículo 684-M; el artículo 684-N; el artículo 684-O; el artículo 684-P; el artículo 684-Q; el artículo 684-R; el artículo 684-S; el artículo 684-T; el artículo 684-U; el párrafo segundo, y se recorre el párrafo segundo al párrafo tercero, del artículo 685; el artículo 685 Bis; el artículo 685 Ter; los párrafos tercero y cuarto del artículo 690; el artículo 705 Bis; el artículo 706 Bis; el artículo 707 Bis; el artículo 707 Ter; el artículo 709-A; el artículo 709-B; el artículo 709-C; el artículo 709-D; el artículo 709-E; el artículo 709-F; el artículo 709-G; el artículo 709-H; el artículo 709-I; el artículo 709-J; los párrafos tercero, cuarto y quinto del artículo 712; el artículo 712 Bis; el artículo 712 Ter; los párrafos segundo, tercero, cuarto, quinto, sexto, séptimo, octavo, noveno, décimo, décimo primero y décimo segundo del artículo 720; los párrafos segundo y tercero del artículo 721; el párrafo segundo del artículo 726; los párrafos cuarto, quinto y séptimo, recorriendo el párrafo cuarto al sexto, del artículo 739; el artículo 739 Bis; el artículo 739 Ter; la fracción XIII del artículo 742; el artículo 742 Bis; el artículo 742 Ter; los párrafos tercero y cuarto del artículo 743; el tercer párrafo del artículo 744; el artículo 744 Bis; el artículo 745 Bis; el artículo 745 Ter; las fracciones III y IV y el segundo párrafo del artículo 747; el segundo párrafo del artículo 753; los párrafos tercero y cuarto, se recorre el párrafo tercero al párrafo quinto del artículo 763; el artículo 763 Bis; las fracciones IX y X del artículo 776; el segundo párrafo del artículo 778; el segundo párrafo del artículo 782; el segundo párrafo del artículo 783; los párrafos segundo y tercero de la fracción VI del artículo 784; los párrafos segundo y tercero, y se recorre el segundo párrafo al cuarto del artículo 785; los párrafos segundo y tercero con cuatro incisos del artículo 787; el segundo párrafo del artículo 788; el artículo 790 Bis; los párrafos segundo y tercero de la fracción III y el primer párrafo, y se recorre el primer párrafo al segundo, del artículo 813; los párrafos segundo, tercero y cuarto de la fracción V, las fracciones XII y XIII y el segundo párrafo del artículo 815; el segundo párrafo del artículo 824; el artículo 824 Bis; el segundo párrafo del artículo 827; tres incisos a la fracción I, y dos incisos a la fracción II del artículo 829; el inciso q) del artículo 836-B; el tercer párrafo de la fracción I del artículo 836-D; las fracciones III y IV del artículo 857; los párrafos segundo, tercero y cuarto del artículo 858; el segundo párrafo del artículo 870; el artículo 870 Bis; los párrafos segundo con seis incisos y tercero del artículo 871; los apartados A con siete fracciones y el apartado B con tres fracciones del artículo 872; los párrafos segundo, cuarto, quinto y sexto, y se recorre el párrafo segundo para quedar como párrafo tercero, del artículo 873; el artículo 873-A; el artículo 873-B; el artículo 873-C; el artículo 873-D; el artículo 873-E; el artículo 873-F; el artículo 873-G; el artículo 873-H; el artículo 873-I; el artículo 873-J; el artículo 873-K; los párrafos segundo, tercero y cuarto del 893; los párrafos segundo y tercero del 894; el párrafo segundo del artículo 895; el artículo 897-A; el artículo 897-B; el artículo 897-C; el artículo 897-D; el artículo 897-E; el artículo 897-F; el artículo 897-G; los párrafos décimo tercero y décimo quinto del artículo 899-E; los párrafos segundo, tercero, cuarto, quinto, sexto, séptimo y octavo del artículo 905; las fracciones IV, V y VI del artículo 920; el párrafo tercero del artículo 921; el artículo 921 Bis; la fracción V del artículo 927; las fracciones VI, VII, VIII, IX, X, XI y XII del artículo 931; el párrafo segundo del artículo 939; los párrafos segundo y tercero, recorriendo el párrafo segundo al cuarto, del artículo 945; el párrafo segundo del artículo 949; las fracciones IV y V del artículo 964; el artículo 966 Bis; el artículo 966 Ter; el artículo 991 Bis; la fracción VIII del artículo 994 y el párrafo segundo y tercero del artículo 1005; **SE DEROGAN** el artículo 353-S; el artículo 353-T; el artículo 367; las fracciones I y II del artículo 421; la fracción XII del artículo 523; el artículo 530 Bis; la fracción V del artículo 541; los párrafos segundo, tercero y cuarto del artículo 605; el artículo 605 Bis; el artículo 606; el artículo 607; el artículo 608; el artículo 609; las fracciones I, II, III, IV, V y VI del artículo 610; el artículo 611; el artículo 612; el artículo 613; el artículo 614; el artículo 615; el artículo 616; el artículo 617; el artículo 618; el artículo 619; el artículo 620; el artículo 621; el artículo 622; el artículo 623; el artículo 624; el artículo 625; el artículo 626; el artículo 627; el artículo 627-A; el artículo 627-B; el artículo 627-C; el artículo 628; el artículo 629; el artículo 630; el artículo 631; el artículo 632; el artículo 633; el artículo 634; el artículo 635; el artículo 636; el artículo 637; el artículo 638; el artículo 639; el artículo 640; el artículo 641; el artículo 642; el artículo 643; el artículo 644; el artículo 645; el artículo 646; el artículo 647; el artículo 649; el artículo 651; el artículo 656; el artículo 659; el artículo 663; el artículo 664; el artículo 665; el artículo 671; el artículo 672; el artículo 673; el artículo 674; el artículo 675; el artículo 705; el artículo 707; el artículo 708; las fracciones I, II, III y IV del artículo 709; el artículo 710; la fracción IV del artículo 743; las fracciones IV y V del artículo 790; el segundo párrafo del artículo 791; las fracciones IX y X del artículo 815; las fracciones I y V del artículo 825; las fracciones III y IV del artículo 829; el artículo 845; el artículo 846; el segundo párrafo del artículo

847; el artículo 849; el artículo 850; el artículo 851; el artículo 852; el artículo 853; el artículo 854; el artículo 855; el artículo 856; el artículo 864; el artículo 875; el artículo 876; el artículo 878; el artículo 879; el artículo 880; el artículo 881; el artículo 883; el artículo 884; el artículo 885; el artículo 886; el artículo 887; el artículo 888; el artículo 889; el artículo 890; el artículo 891; las fracciones I, II, III y IV del artículo 895; el artículo 898; el artículo 899; el párrafo tercero del artículo 899-A; los párrafos tercero, cuarto y quinto del artículo 899-E, recorriéndose la numeración de los párrafos subsecuentes; la fracción VIII del artículo 906; el artículo 908; el artículo 915; el artículo 917; el artículo 918; la fracción I del artículo 928; la fracción VI del artículo 930 y la fracción I del artículo 931, de la **Ley Federal del Trabajo**, para quedar como sigue:

....

TRANSITORIOS

Primero. Vigencia. El presente Decreto entrará en vigor al día siguiente de su publicación en el Diario Oficial de la Federación.

Segundo. Plazo para expedir Ley Orgánica del Centro Federal. Dentro de los ciento ochenta días siguientes a que entre en vigor el presente Decreto, el Congreso de la Unión expedirá la Ley Orgánica del Centro Federal de Conciliación y Registro Laboral.

Tercero. Plazo de inicio de funciones de la Autoridad Registral. El Centro Federal de Conciliación y Registro Laboral iniciará sus funciones en materia de registro de asociaciones sindicales y contratos colectivos de trabajo en un plazo no mayor de dos años a partir de la entrada en vigor del presente Decreto, atendiendo a las posibilidades presupuestales.

Al día siguiente en que se suspenda el servicio de registro de las Juntas de Conciliación y Arbitraje, la Secretaría del Trabajo y Previsión Social y en su caso los Poderes Ejecutivos de las Entidades Federativas, iniciará operaciones el Centro Federal de Conciliación y Registro Laboral.

Hasta en tanto el Centro Federal de Conciliación y Registro Laboral no inicie sus funciones registrales, las Juntas de Conciliación y Arbitraje, al igual que la Secretaría del Trabajo y Previsión Social continuarán con las funciones registrales previstas en la Ley Federal del Trabajo vigente al momento de la entrada en vigor del presente Decreto.

Cuarto. Traslado de Expedientes de Registro. Para efectos del traslado de expedientes de registro de asociaciones sindicales, contratos colectivos de trabajo, reglamentos interiores de trabajo y procedimientos administrativos relacionados, las Juntas de Conciliación y Arbitraje, la Secretaría del Trabajo y Previsión Social y los Poderes Ejecutivos de las Entidades Federativas deberán remitir al Centro Federal de Conciliación y Registro Laboral una relación completa de todos los expedientes y registros en su poder, con soporte electrónico de cada registro o expediente, con una anticipación mínima de seis meses al inicio de sus funciones.

Para efecto de lo anterior, dichas autoridades establecerán y difundirán las fechas en que suspenderán sus funciones registrales e iniciarán las del Centro Federal referido, garantizando que no se afecten los derechos de los interesados.

El traslado físico de los expedientes de todas las dependencias tanto federales como locales deberá concluir en un plazo no mayor a un año posterior al inicio de las funciones registrales de dicho Centro Federal; dicho Centro establecerá los mecanismos de coordinación conducentes con las autoridades referidas y emitirá los lineamientos necesarios para garantizar que la transferencia de expedientes y registros se realice bajo condiciones que brinden seguridad, certeza, exactitud, transparencia, publicidad y confiabilidad al procedimiento de entrega-recepción.

Quinto. Plazo de inicio de funciones de la Autoridad Conciliadora Local y Tribunales Locales. Los Centros de Conciliación locales y los Tribunales del Poder Judicial de las Entidades Federativas iniciarán actividades a más tardar el 3 de octubre de 2022, en términos de lo que establezca su propia normatividad y posibilidades presupuestales, conforme a lo que determinen sus poderes locales. Los Centros de Conciliación locales deberán entrar en operación en cada entidad federativa, en la misma fecha en que lo hagan los Tribunales Locales, conforme a las disposiciones previstas en el presente Decreto.

Artículo reformado DOF 18-05-2022

Sexto. Plazo para el inicio de funciones de la Autoridad Conciliadora Federal y Tribunales Federales. Dentro del plazo máximo de cuatro años a partir de la entrada en vigor de este Decreto, cada delegación u oficina regional del Centro Federal de Conciliación y Registro Laboral iniciará la tramitación de solicitudes de conciliación que sean de su competencia al mismo tiempo que los Tribunales del Poder Judicial de la Federación inicien su operación en el circuito judicial al que correspondan. Cada circuito judicial iniciará sus funciones en el orden y secuencia en que se determine en las declaratorias que emita el Senado de la República, a propuesta del Consejo de la Judicatura Federal, conforme a las disposiciones previstas en el presente Decreto.

Séptimo. Asuntos en Trámite. Los procedimientos que se encuentren en trámite ante la Secretaría de Trabajo y Previsión Social y las Juntas de Conciliación y Arbitraje federales y locales, serán concluidos por éstas de conformidad con las disposiciones vigentes al momento de su inicio.

El Centro Federal de Conciliación y Registro Laboral y los Centros de Conciliación Locales no admitirán a trámite solicitudes de audiencia de conciliación o emplazamientos respecto de procedimientos que se estén sustanciando ante las Juntas de Conciliación y Arbitraje, incluyendo los de ejecución, por lo que se archivarán dichas solicitudes.

Octavo. Asuntos iniciados con posterioridad al Decreto. Las Juntas de Conciliación y Arbitraje federales y locales, así como la Secretaría del Trabajo y Previsión Social, según corresponda, continuarán conociendo de los procedimientos individuales, colectivos y registrales que se inicien con posterioridad a la entrada en vigor del presente Decreto, hasta en tanto entren en funciones los Tribunales federales y locales y los Centros de Conciliación, conforme a los plazos previstos en las disposiciones transitorias del presente Decreto.

Hasta en tanto entren en funciones los Centros de Conciliación, la Procuraduría de la Defensa del Trabajo conservará la facultad para citar a los patrones o sindicatos a juntas de avenimiento o conciliatorias, apercibiéndolos que de no comparecer a dichas diligencias, se les impondrá la medida de apremio a que se refiere la fracción I del artículo 731 de la Ley Federal del Trabajo, bajo la condición que si el solicitante del servicio no asiste a la junta de avenimiento o conciliatoria, se le tendrá por desistido de su petición sin responsabilidad para la Procuraduría, salvo que acredite que existió causa justificada para no comparecer.

Dichos procedimientos se tramitarán conforme a las disposiciones de la Ley Federal del Trabajo y demás leyes vigentes hasta antes del presente Decreto. Para tales efectos se les dotará de los recursos presupuestales necesarios.

Noveno. Improcedencia de Acumulación de Procesos. Cuando un juicio se encuentre en trámite conforme a las disposiciones de la Ley Federal del Trabajo vigentes con anterioridad a la entrada en vigor del presente Decreto y otro se sustancie conforme a las disposiciones de este Decreto, no procederá la acumulación de juicios.

Décimo. Trámite de Procedimientos y Juicios. Una vez que entren en operación los Centros de Conciliación y Tribunales, los procedimientos y los juicios se ventilarán ante ellos de conformidad con el presente Decreto, según corresponda.

Décimo Primero. Legitimación de Contratos Colectivos de Trabajo. Con el fin de cumplir el mandato del artículo 123, apartado A, fracción XVIII, segundo párrafo y XX Bis de la Constitución y los compromisos internacionales asumidos por el Estado mexicano, los contratos colectivos de trabajo existentes deberán revisarse al menos una vez durante los cuatro años posteriores a la entrada en vigor de este Decreto.

Las referidas revisiones contractuales deberán depositarse ante el Centro Federal de Conciliación y Registro Laboral. Dicho Centro verificará que se haya hecho del conocimiento de los trabajadores el contenido del contrato colectivo de trabajo y que se les entregó un ejemplar impreso del mismo por parte del patrón; asimismo, que éste contrato cuenta con el respaldo de la mayoría de los trabajadores mediante voto personal, libre y secreto.

La consulta a los trabajadores se realizará conforme al procedimiento establecido en el artículo 390 Ter de esta Ley.

Si al término del plazo fijado en el primer párrafo de este artículo el contrato colectivo de trabajo sujeto a consulta no cuenta con el apoyo mayoritario de los trabajadores o se omite realizar la consulta mencionada, éste se tendrá por terminado, conservándose en beneficio de los trabajadores las prestaciones y condiciones de trabajo contempladas en el contrato colectivo sujeto a revisión, que sean superiores a las establecidas en esta Ley, las que serán de aplicación obligatoria para el patrón.

Hasta en tanto no entre en funciones el Centro Federal de Conciliación y Registro Laboral, la Secretaría del Trabajo y Previsión Social establecerá el protocolo para efectuar la verificación de la consulta a que se refiere el presente artículo transitorio y dispondrá las medidas necesarias para su instrumentación, dentro de un plazo de tres meses siguientes a la entrada en vigor del presente Decreto. La Junta Federal de Conciliación y Arbitraje tendrá la participación que dicho protocolo le establezca.

Décimo Segundo. Previsiones para la aplicación de la Reforma. El Congreso de la Unión y las Legislaturas de las entidades federativas deberán destinar los recursos necesarios para la implementación de la reforma del sistema de justicia laboral.

Décimo Tercero. Implementación y Capacitación. En la implementación de las disposiciones a que se refiere el presente Decreto y en lo sucesivo, las Autoridades Conciliadoras y los Tribunales del Poder Judicial Federal y de las entidades federativas, deberán incorporar en sus programas de formación y capacitación, metodologías y contenidos para brindar atención y asesoría en materia de protección de derechos humanos a personas en situación de vulnerabilidad.

Décimo Cuarto. Primera Sesión de la Junta de Gobierno del Centro Federal. La persona titular de la Secretaría del Trabajo y Previsión Social, en su calidad de Presidente de la Junta de Gobierno del Centro Federal de Conciliación y Registro Laboral convocará a la primera sesión de dicho órgano dentro de los noventa días naturales siguientes a la fecha de designación de su titular.

Décimo Quinto. Concursos de Selección de Personal. Las convocatorias a concurso para la selección de personal del Centro Federal de Conciliación y Registro Laboral, de los Centros de Conciliación Locales y de los Tribunales del Poder Judicial Federal y de las entidades federativas serán de carácter abierto y garantizarán el derecho de participar en igualdad de oportunidades al personal de las Juntas de Conciliación y Arbitraje.

Décimo Sexto. Plan y Programa de Trabajo para la Conclusión de los asuntos en Trámite. Dentro de los ciento veinte días naturales siguientes a la aprobación del presente Decreto la Junta Federal de Conciliación y Arbitraje y las Juntas Locales de Conciliación y Arbitraje presentarán al Consejo de Coordinación para la Implementación de la Reforma al Sistema de Justicia Laboral, un plan de trabajo con su respectivo programa para la conclusión de los asuntos en trámite y la ejecución eficaz de los laudos así como para el cierre y conclusión de labores en forma paulatina y gradual de dichos órganos.

Los planes y programas de trabajo deberán contener indicadores de resultados y desempeño por periodos semestrales. Corresponderá al Órgano Interno de Control de cada Junta de Conciliación y Arbitraje la medición de resultados e impacto a que se refiere el párrafo anterior.

Décimo Séptimo. Coordinación interinstitucional para la implementación de la reforma. Se crea el Consejo de Coordinación para la Implementación de la Reforma al Sistema de Justicia Laboral como instancia nacional de consulta, planeación y coordinación que tendrá por objeto establecer la política y la coordinación nacionales necesarias para implementar a nivel federal y local el Sistema de Justicia Laboral en los términos previstos en el presente Decreto, con pleno respeto a las atribuciones de los Poderes Federales y Locales.

Dicho Consejo deberá sesionar de manera ordinaria por lo menos tres veces al año y de manera extraordinaria las ocasiones que sean necesarias para el cumplimiento de sus fines. Las sesiones serán presididas por la persona Titular de la Secretaría del Trabajo y Previsión Social y, en su ausencia temporal por la persona que ésta designe. Los cargos que desempeñen los integrantes del Consejo serán de carácter honorífico, por lo que no recibirán remuneración alguna por su participación en el mismo.

El Consejo se integrará por:

I. Poder Ejecutivo Federal:

a) La persona Titular de la Secretaría del Trabajo y Previsión Social, y

b) La persona Titular de la Secretaría de Hacienda y Crédito Público.

Las ausencias de éstos serán suplidas por los servidores públicos que ellos designen, con un nivel jerárquico inmediato inferior.

II. Un representante del Poder Judicial Federal que designe el Presidente de la Suprema Corte de Justicia de la Nación;

III. Un representante de la Conferencia Nacional de Gobernadores;

IV. Un representante de la Comisión Nacional de Tribunales Superiores de Justicia, y

V. Un representante de la Conferencia Nacional de Secretarios del Trabajo.

Con el propósito de dar cumplimiento a su objeto, el Consejo tendrá las siguientes atribuciones:

I. Emitir los acuerdos, lineamientos, normas, procedimientos y demás instrumentos normativos necesarios para el debido cumplimiento de su objeto, vinculatorios para sus integrantes;

II. Elaborar las políticas, programas y mecanismos necesarios para instrumentar, a nivel federal y local, una estrategia nacional para la implementación del Sistema de Justicia Laboral, que contemple la programación de compromisos y etapas de desarrollo;

III. Diseñar criterios para la implementación de las adecuaciones legales y normativas necesarias para cumplir con su objeto;

IV. Proponer a las instancias correspondientes los cambios organizacionales, la construcción y operación de la infraestructura que se requieran;

V. Emitir los lineamientos para la evaluación y seguimiento de las acciones que se deriven de las políticas, programas y mecanismos señaladas en la fracción II de este artículo;

VI. Auxiliar en la elaboración de los programas de capacitación y difusión sobre el Sistema de Justicia Laboral dirigidos a jueces, procuradores del trabajo, defensores y asesores públicos, conciliadores, peritos, abogados, servidores públicos involucrados, representantes de trabajadores y empleadores, instituciones educativas, así como a la sociedad en general;

VII. Coadyuvar con el Congreso de la Unión, las Legislaturas de las Entidades Federativas, en el seguimiento y evaluación de los recursos presupuestales ejercidos en la implementación y operación del Sistema de Justicia Laboral;

VIII. Elaborar los criterios para la suscripción de convenios de colaboración interinstitucional; así como los acuerdos de coordinación con los gobiernos de las Entidades Federativas y de cooperación internacional;

IX. Analizar los informes que le remita la Secretaría Técnica sobre los avances de sus actividades;

X. Interpretar las disposiciones del presente artículo y su alcance jurídico, así como desahogar las consultas que se susciten con motivo de su aplicación, y

XI. Las demás que se requieran para el cumplimiento de su objeto.

El Consejo contará con una Secretaría Técnica, sectorizado a la Secretaría del Trabajo y Previsión Social, la cual deberá operar y ejecutar los acuerdos y determinaciones que tome el Consejo, así como coadyuvar y brindar el apoyo que requieran las autoridades e instancias correspondientes para la implementación del Sistema de Justicia Laboral. Dicha Secretaría Técnica estará a cargo de un servidor público con nivel de Titular de Unidad, nombrado y, en su caso, removido por la persona titular de la Secretaría de Trabajo y Previsión Social.

Dentro de los cuarenta y cinco días posteriores a la entrada en vigor del presente Decreto, la Secretaría del Trabajo y Previsión Social emitirá los lineamientos de operación y la convocatoria para la primera sesión de este Consejo.

Décimo Octavo. Abatimiento del Rezago. Los organismos y entidades públicas deberán establecer instancias internas de conciliación para concluir el rezago de juicios tramitados ante las Juntas de Conciliación y Arbitraje.

Décimo Noveno. Disposiciones para la conclusión de conflictos de seguridad social. Los institutos de seguridad social deberán adoptar las disposiciones administrativas necesarias para instaurar instancias internas para la autocomposición en los conflictos individuales de seguridad social a que se refiere el presente Decreto.

Vigésimo. Protección de derechos de los Trabajadores. Los derechos laborales de las y los trabajadores de las instituciones que se vean involucradas en esta transición deberán ser respetados en su totalidad. Las autoridades llevarán a cabo todas las acciones de carácter administrativo para garantizar que se protejan y conserven los derechos de seguridad social, de acuerdo con las leyes aplicables.

Vigésimo Primero. Implementación de Tecnologías de la Información. Los Tribunales, así como los Centros de Conciliación a que hace referencia este Decreto, deberán contar con los sistemas electrónicos para garantizar que los procedimientos a su cargo sean ágiles y efectivos. Asímismo, deberán crear las plataformas electrónicas que albergarán los buzones electrónicos y las aplicaciones digitales necesarios para operar la conectividad por medios electrónicos con las autoridades laborales.

Vigésimo Segundo. Plazo para el cumplimiento de lo dispuesto en los artículos 390 Bis y 390 Ter. Las organizaciones sindicales tendrán un plazo máximo de un año a partir de la entrada en vigor del presente Decreto, para adecuar sus procedimientos de consulta a las normas establecidos en los artículos 390 Bis y 390 Ter de la Ley Federal del Trabajo.

Vigésimo Tercero. Adecuación de los estatutos sindicales. Las disposiciones previstas en el artículo 371 de la Ley Federal del Trabajo para la elección de las directivas sindicales mediante el voto personal libre, directo y secreto de los trabajadores, iniciarán su vigencia en un plazo de doscientos cuarenta días a partir de la entrada en vigor del presente Decreto. Asímismo, dentro del mismo plazo las organizaciones sindicales deberán adecuar sus estatutos a las disposiciones previstas en dicho artículo y demás aplicables de la citada Ley.

Vigésimo Cuarto. Declaratoria de la Cámara de Senadores y de los Congresos Locales. Los Tribunales del Poder Judicial de la Federación y el Centro Federal de Conciliación y Registro Laboral entrarán en funciones en cada entidad federativa una vez que la Cámara de Senadores emita la declaratoria correspondiente. Los Tribunales Locales y los Centros de Conciliación locales entrarán en funciones una vez que las respectiva Legislatura Local haga la declaratoria correspondiente.

Lo anterior deberá publicarse en los medios de difusión oficial correspondientes.

Vigésimo Quinto. Personas trabajadoras del hogar. La fracción IV del artículo 337 del presente Decreto en materia de trabajo del hogar iniciará su vigencia una vez que se aprueben y entren en vigor las adecuaciones normativas necesarias para la incorporación formal de las personas trabajadoras del hogar en el régimen obligatorio de seguridad social, conforme a la resolución del Amparo Directo 9/2018 (relacionado con el Amparo Directo 8/2018), emitido por la Segunda Sala de la Suprema Corte de Justicia de la Nación. Aquellos trabajadores del hogar que se encuentren inscritos ante el Instituto Mexicano del Seguro Social no les será aplicable los artículos 338 y 339 de esta Ley.

Vigésimo Sexto. Plataforma en materia de seguridad social para consulta del Tribunal. La plataforma informática a que hace referencia el artículo 899-E será operada por las instituciones públicas de seguridad social correspondientes.

Las bases de datos pertenecientes a cada institución estarán vinculadas entre sí y deberán concentrarse en dicha plataforma para consulta inmediata del Tribunal que lo requiera. Las instituciones de seguridad social y los Poderes Judiciales federales y locales suscribirán los acuerdos de colaboración necesarios para la adecuada operación de la plataforma, así como para la protección de los datos personales que concentre.

La información contenida en la plataforma deberá estar actualizada y debidamente registrada por cada institución de seguridad social.

La plataforma deberá entrar en operación en un plazo no mayor a dos años posteriores a la entrada en vigor del presente Decreto, por lo que las instituciones de seguridad social deberán tomar las medidas apropiadas para su instrumentación en el plazo requerido.

Vigésimo Séptimo. Representantes de los trabajadores y de los patrones ante las Juntas de Conciliación y Arbitraje. En caso de ser necesaria la designación de algún representante de trabajadores o patrones ante las Juntas de Conciliación y Arbitraje en tanto éstas continúan su operación, el titular de la Secretaría del Trabajo y Previsión Social realizará las designaciones correspondientes para el periodo que resulte necesario para que las citadas instancias puedan concluir sus funciones.

Asimismo, de incurrir los representantes trabajadores y patrones en algún tipo de responsabilidad, le serán aplicables las sanciones contenidas en la Ley Federal del Trabajo vigente.

Vigésimo Octavo. Derogación explícita y tácita de preceptos incompatibles. Se derogan las disposiciones legales, administrativas y reglamentarias que se opongan a las contenidas en el presente Decreto.

Ciudad de México, a 29 de abril de 2019.- Dip. **Porfirio Muñoz Ledo**, Presidente.- Sen. **Martí Batres Guadarrama**, Presidente.- Dip. **Karla Yuritzi Almazán Burgos**, Secretaria.- Sen. **Antares G. Vázquez Alatorre**, Secretaria.- Rúbricas."

En cumplimiento de lo dispuesto por la fracción I del Artículo 89 de la Constitución Política de los Estados Unidos Mexicanos, y para su debida publicación y observancia, expido el presente Decreto en la Residencia del Poder Ejecutivo Federal, en la Ciudad de México, a 30 de abril de 2019.- **Andrés Manuel López Obrador**.- Rúbrica.- La Secretaria de Gobernación, Dra. **Olga María del Carmen Sánchez Cordero Dávila**.- Rúbrica.

DECRETO por el que se adicionan diversas disposiciones de la Ley del Seguro Social, de la Ley del Instituto de Seguridad y Servicios Sociales de los Trabajadores del Estado y de la Ley Federal del Trabajo.

Publicado en el Diario Oficial de la Federación el 4 de junio de 2019

Artículo Tercero. Se adicionan una fracción IX al artículo 42; una fracción XXIX Bis al artículo 132 y un artículo 170 Bis a la Ley Federal del Trabajo, para quedar como sigue:

....

TRANSITORIOS

Primero. El presente Decreto entrará en vigor el día siguiente al de su publicación en el Diario Oficial de la Federación.

Segundo. Los recursos para el ejercicio 2019 se obtendrán de los apartados precisados en el presente Decreto y posteriormente los recursos que se requieran deberán ser garantizados, etiquetados y provisionados con anterioridad por la Secretaría de Hacienda y Crédito Público en los Presupuestos de Egresos de la Federación de los ejercicios que correspondan, y en el entendido de que la implementación de tal programa no impactará de forma alguna las cuotas obrero-patronales recabadas por los Institutos de Seguridad Social del Gobierno Federal.

Ciudad de México, a 29 de abril de 2019.- Dip. **Porfirio Muñoz Ledo**, Presidente.- Sen. **Martí Batres Guadarrama**, Presidente.- Dip. **Karla Yuritzi Almazán Burgos**, Secretaria.- Sen. **Antares G. Vázquez Alatorre**, Secretaria.- Rúbricas."

En cumplimiento de lo dispuesto por la fracción I del Artículo 89 de la Constitución Política de los Estados Unidos Mexicanos, y para su debida publicación y observancia, expido el presente Decreto en la Residencia del Poder Ejecutivo Federal, en la Ciudad de México, a 30 de mayo de 2019.- **Andrés Manuel López Obrador**.- Rúbrica.- La Secretaria de Gobernación, Dra. **Olga María del Carmen Sánchez Cordero Dávila**.- Rúbrica.

DECRETO por el que se reforman, adicionan y derogan diversas disposiciones de la Ley Federal del Trabajo y de la Ley del Seguro Social, en materia de las personas trabajadoras del hogar.

Publicado en el Diario Oficial de la Federación el 2 de julio de 2019

Artículo Primero. Se reforma la fracción I del artículo 5; el párrafo primero y la fracción IV del artículo 49; la denominación del capítulo XIII del Título Sexto, el artículo 331; se reforma el párrafo primero, así como la actual fracción I para pasar a ser la II del artículo 332; el artículo 333; el artículo 335; el primer párrafo del artículo 336; el párrafo primero del artículo 341; el artículo 342; el artículo 343; la fracción II del artículo 542; se adicionan las fracciones I, II y III al artículo 331; un artículo 331 Bis; un artículo 331 Ter; una fracción I al artículo 332, un párrafo segundo al artículo 333, un párrafo primero y segundo, recorriendo el primero actual para convertirse en tercero y se adiciona un párrafo cuarto al artículo 334; un artículo 334 Bis; un párrafo segundo, tercero y cuarto al artículo 336; un artículo 336 Bis; un artículo 337 Bis; se adicionan un segundo y tercer párrafo al artículo 341; un segundo párrafo al artículo 542, se derogan la actual fracción II del artículo 332, los artículos 338, 339 y 340; de la Ley Federal del Trabajo, para quedar como sigue:

....

TRANSITORIOS

Primero. Publíquese en el Diario Oficial de la Federación.

Segundo. En cumplimiento con la resolución del Amparo Directo 9/2018 (relacionado con el Amparo Directo 8/2018), emitido por la Segunda Sala de la Suprema Corte de Justicia de la Nación, y derivado de los resultados que arroje la evaluación del denominado Programa Piloto que ha implementado el Instituto Mexicano del Seguro Social desde el día 1 de abril de 2019, en términos de la obligación así impuesta por el máximo Tribunal Constitucional al referido Instituto, éste último deberá compartir con el Legislativo un informe preliminar, una vez transcurridos los 18 meses del referido Programa, en el que incluirá en términos generales los avances logrados y problemáticas encontradas, mismas que servirán de base para las iniciativas legales que con mayor detalle definirán en su momento los aspectos de supervisión, inspección, salarios mínimos por oficio, así como las formalidades administrativas que se consideren necesarias para lograr la certidumbre y plena efectividad que se requiere.

Tercero. En consecuencia de lo referido en el Transitorio que precede, las disposiciones relativas a la incorporación formal de las personas trabajadoras del hogar al régimen obligatorio de seguridad social iniciarán su vigencia una vez que se realicen las adecuaciones y reservas legales necesarias para dar completa operatividad al reconocimiento del derecho a que se refiere este Decreto, debiendo quedar totalmente concluida en un plazo no mayor a 6 meses contados a partir de la culminación del Programa Piloto y entrega al Legislativo del informe aludido en el citado dispositivo que antecede.

Cuarto. Hasta en tanto entren en vigor las disposiciones contenidas en el presente Decreto referentes a la Ley del Seguro Social para comprender el trabajo del hogar en el régimen obligatorio, el patrón garantizará la atención médica y los gastos por concepto de sepelio.

Ciudad de México, a 14 de mayo de 2019.- Dip. **Porfirio Muñoz Ledo**, Presidente.- Sen. **Martí Batres Guadarrama**, Presidente.- Dip. **Karla Yuritzi Almazán Burgos**, Secretaria.- Sen. **Antares G. Vázquez Alatorre**, Secretaria.- Rúbricas."

En cumplimiento de lo dispuesto por la fracción I del Artículo 89 de la Constitución Política de los Estados Unidos Mexicanos, y para su debida publicación y observancia, expido el presente Decreto en la Residencia del Poder Ejecutivo Federal, en la Ciudad de México, a 1 de julio de 2019.- **Andrés Manuel López Obrador**.- Rúbrica.- La Secretaria de Gobernación, Dra. **Olga María del Carmen Sánchez Cordero Dávila**.- Rúbrica.

DECRETO por el que se reforma el artículo 311 y se adiciona el capítulo XII Bis de la Ley Federal del Trabajo, en materia de Teletrabajo.

Publicado en el Diario Oficial de la Federación el 11 de enero de 2021

Artículo Único. Se reforma el artículo 311; y se adiciona un Capítulo XII Bis con los artículos 330-A; 330-B; 330-C; 330-D; 330-E; 330-F; 330-G; 330-H; 330-I; 330-J y 330-K de la Ley Federal del Trabajo, para quedar como sigue:

....

TRANSITORIOS

Primero. El presente Decreto entrará en vigor el día siguiente al de su publicación en el Diario Oficial de la Federación.

Segundo. El Poder Ejecutivo Federal dispondrá de un plazo de dieciocho meses contados a partir de la entrada en vigor del presente Decreto, para publicar una Norma Oficial Mexicana que rija las obligaciones en materia de seguridad y salud en el trabajo para el teletrabajo, de conformidad con lo establecido en el artículo 330-J.

Ciudad de México, a 9 de diciembre de 2020.- Dip. **Dulce María Sauri Riancho**, Presidenta.- Sen. **Oscar Eduardo Ramírez Aguilar**, Presidente.- Dip. **Julieta Macías Rábago**, Secretaria.- Sen. **Lilia Margarita Valdez Martínez**, Secretaria.- Rúbricas."

En cumplimiento de lo dispuesto por la fracción I del Artículo 89 de la Constitución Política de los Estados Unidos Mexicanos, y para su debida publicación y observancia, expido el presente Decreto en la Residencia del Poder Ejecutivo Federal, en la Ciudad de México, a 6 de enero de 2021.- **Andrés Manuel López Obrador**.- Rúbrica.- La Secretaria de Gobernación, Dra. **Olga María del Carmen Sánchez Cordero Dávila**.- Rúbrica.

DECRETO por el que se reforma y adiciona el artículo 90 de la Ley Federal del Trabajo.

Publicado en el Diario Oficial de la Federación el 30 de marzo de 2021

Artículo Único. Se reforman los párrafos primero, segundo y tercero y se adiciona un párrafo cuarto al artículo 90 de la Ley Federal del Trabajo, para quedar como sigue:

....

TRANSITORIOS

Primero. El presente Decreto entrará en vigor el día siguiente al de su publicación en el Diario Oficial de la Federación.

Segundo. Se derogan todas las disposiciones que se opongan al presente Decreto.

Ciudad de México, a 3 de marzo de 2021.- Sen. **Oscar Eduardo Ramírez Aguilar**, Presidente.- Dip. **Dulce María Sauri Riancho**, Presidenta.- Sen. **María Merced González González**, Secretaria.- Dip. **María Guadalupe Díaz Avilez**, Secretaria.- Rúbricas."

En cumplimiento de lo dispuesto por la fracción I del Artículo 89 de la Constitución Política de los Estados Unidos Mexicanos, y para su debida publicación y observancia, expido el presente Decreto en la Residencia del Poder Ejecutivo Federal, en la Ciudad de México, a 26 de marzo de 2021.- **Andrés Manuel López Obrador**.- Rúbrica.- La Secretaria de Gobernación, Dra. **Olga María del Carmen Sánchez Cordero Dávila**.- Rúbrica.

DECRETO por el que se reforman, adicionan y derogan diversas disposiciones de la Ley Federal del Trabajo; de la Ley del Seguro Social; de la Ley del Instituto del Fondo Nacional de la Vivienda para los Trabajadores; del Código Fiscal de la Federación; de la Ley del Impuesto sobre la Renta; de la Ley del Impuesto al Valor Agregado; de la Ley Federal de los Trabajadores al Servicio del Estado, Reglamentaria del Apartado B) del Artículo 123 Constitucional; de la Ley Reglamentaria de la Fracción XIII Bis del Apartado B, del Artículo 123 de la Constitución Política de los Estados Unidos Mexicanos, en materia de Subcontratación Laboral.

Publicado en el Diario Oficial de la Federación el 23 de abril de 2021

Artículo Primero. Se reforman los artículos 12; 13; 14; 15; 127, primer párrafo; 1004-A, y 1004-C; se adicionan un tercer párrafo del artículo 41; una fracción VIII al artículo 127, y se derogan los artículos 15-A; 15-B; 15-C, y 15-D, de la Ley Federal del Trabajo, para quedar como sigue:

....

TRANSITORIOS

Primero. El presente Decreto entrará en vigor el día siguiente al de su publicación en el Diario Oficial de la Federación, con excepción de lo previsto en los artículos Cuarto, Quinto y Sexto del presente Decreto, que entrarán en vigor el 1 de septiembre de 2021 y lo previsto en los artículos Séptimo y Octavo del presente Decreto entrarán en vigor en el ejercicio fiscal 2022.

Artículo reformado DOF 31-07-2021

Segundo. Dentro de los 30 días naturales siguientes a la entrada en vigor del presente Decreto, la Secretaría del Trabajo y Previsión Social deberá expedir las disposiciones de carácter general a que se refiere el artículo 15, párrafo sexto, de la Ley Federal del Trabajo.

Tercero. A la fecha de entrada en vigor del presente Decreto, las personas físicas o morales que presten servicios de subcontratación, deberán obtener el registro ante la Secretaría del Trabajo y Previsión Social que prevé el artículo 15 de la Ley Federal del Trabajo, a más tardar el 1 de septiembre de 2021.

Artículo reformado DOF 31-07-2021

Cuarto. Para fines de lo dispuesto en el párrafo tercero del artículo 41 de la Ley Federal del Trabajo, tratándose de empresas que operan bajo un régimen de subcontratación, no será requisito la transmisión de los bienes objeto de la empresa o establecimiento hasta el 1 de septiembre de 2021, siempre que la persona contratista transfiera a la persona beneficiaria a los trabajadores en dicho plazo. En todo caso se deberán reconocer los derechos laborales, incluida su antigüedad, que se hubieran generado por el efecto de la relación de trabajo.

Artículo reformado DOF 31-07-2021

Quinto. Aquellos patrones que, en términos del segundo párrafo del artículo 75 de la Ley del Seguro Social, previo a la entrada en vigor del presente Decreto, hubiesen solicitado al Instituto Mexicano del Seguro Social la asignación de uno o más registros patronales por clase, de las señaladas en el artículo 73 de la Ley del Seguro Social, para realizar la inscripción de sus trabajadores a nivel nacional, tendrán hasta el 1 de septiembre de 2021 para dar de baja dichos registros patronales y de ser procedente, solicitar al mencionado Instituto se le otorgue un registro patronal en términos de lo dispuesto por el Reglamento de la Ley del Seguro Social en materia de Afiliación, Clasificación de Empresas, Recaudación y Fiscalización.

Párrafo reformado DOF 31-07-2021

Una vez concluido dicho plazo, aquellos registros patronales por clase que no hayan sido dados de baja, serán dados de baja por el Instituto Mexicano del Seguro Social.

Sexto. Las personas físicas o morales que presten servicios especializados o ejecuten obras especializadas, deberán empezar a proporcionar la información a que se refieren las fracciones I y II del artículo 15 A de la Ley del Seguro Social, y tendrán hasta el 1 de septiembre de 2021 para proporcionarla. La información a que se refiere la fracción III del citado artículo deberá ser presentada, una vez que la Secretaría del Trabajo y Previsión Social ponga a disposición de dichas personas, el mecanismo para la obtención del documento de referencia.

Artículo reformado DOF 31-07-2021

Séptimo. Para efectos de la Ley del Seguro Social, desde la entrada en vigor de la presente reforma y hasta el 1 de septiembre de 2021, se considerará como sustitución patronal la migración de trabajadores de las empresas que operaban bajo el régimen de subcontratación laboral, siempre y cuando la empresa destino de los trabajadores reconozca sus derechos laborales, incluyendo la antigüedad de los mismos y los riesgos de trabajo terminados, ante las instancias legales correspondientes.

Párrafo reformado DOF 31-07-2021

En estos supuestos aplicarán las siguientes reglas, para efectos de la determinación de la clase, fracción y prima del Seguro de Riesgos de Trabajo:

1.- La empresa que absorba a los trabajadores deberá auto clasificarse conforme a los criterios que se establecen en los artículos 71, 73 y 75 de la Ley del Seguro Social, y de acuerdo a los artículos 18, 20 y al Catálogo de Actividades previsto en el artículo 196, todos del Reglamento de la Ley del Seguro Social en materia de Afiliación, Clasificación de Empresas, Recaudación y Fiscalización, debiendo conservar la prima con la que venía cotizando la empresa que tenía los trabajadores registrados en el IMSS, siempre y cuando dicha empresa haya estado correctamente clasificada conforme a los riesgos inherentes a la actividad de la negociación de que se trataba y a las disposiciones normativas aplicables, en caso contrario deberá cotizar con la prima media de la clase que le corresponda.

2.- Tratándose de una empresa que absorba a los trabajadores de otra u otras empresas, con la misma o distintas clases, y que en virtud de ello deban ajustar su clasificación a las nuevas actividades que llevará a cabo; la clase y fracción se determinará atendiendo a los riesgos inherentes a la actividad de la negociación de que se trate y la prima se obtendrá de aplicar el procedimiento siguiente:

a) Por cada registro patronal, tanto de la empresa que absorbe como de la otra u otras empresas a sustituir, se multiplicará la prima asignada por el total de los salarios base de cotización de los trabajadores comprendidos en el mismo. El salario base de cotización a considerar, será el del mes previo al que se comunique la sustitución al Instituto.

b) Se sumarán los productos obtenidos conforme al inciso anterior y el resultado se dividirá entre la suma de los salarios base de cotización del total de los trabajadores comprendidos en todos los registros patronales.

c) La prima así obtenida se aplicará al registro patronal de la empresa que absorbe a los trabajadores y estará vigente hasta el último día del mes de febrero posterior a la sustitución.

d) Para efectos de la determinación de la prima del ejercicio siguiente, la empresa que absorbe a los trabajadores deberá considerar los riesgos de trabajo terminados que les hubiesen ocurrido a dichos trabajadores en el ejercicio correspondiente.

Lo anterior, siempre y cuando las empresas que se pretendan sustituir hayan estado correctamente clasificadas conforme a los riesgos inherentes a la actividad de la o las negociaciones de que se trataban y a las disposiciones normativas aplicables, en caso contrario deberán cotizar a la prima media de la clase que les corresponda.

Las empresas que cuenten a la fecha de la entrada en vigor de las presentes disposiciones con un Convenio de Subrogación de Servicios Médicos con Reversión de Cuotas vigente, y que en términos de estas disposiciones lleven a cabo una sustitución patronal, no serán objeto de modificación de las condiciones pactadas en el mismo. Vencido el plazo de 90 días naturales aplicarán las reglas previstas tanto en la Ley del Seguro Social como en el Reglamento de la Ley del Seguro Social en materia de Afiliación, Clasificación de Empresas, Recaudación y Fiscalización.

Octavo. Dentro del plazo de 60 días naturales contados a partir de la entrada en vigor del presente Decreto, el Instituto del Fondo Nacional de la Vivienda para los Trabajadores deberá expedir las reglas que establezcan los procedimientos a que se refiere el artículo 29 Bis, párrafo segundo, de la Ley del Instituto del Fondo Nacional de la Vivienda para los Trabajadores.

Las personas físicas o morales que presten servicios especializados o ejecuten obras especializadas, deberán empezar a proporcionar la información a que se refiere el inciso f) del artículo 29 Bis, una vez que la Secretaría del Trabajo y Previsión Social ponga a disposición de dichas personas, el mecanismo para la obtención del documento de referencia.

Noveno. Las conductas delictivas que hayan sido cometidas con anterioridad a la entrada en vigor del presente Decreto serán sancionadas de conformidad con la legislación vigente al momento de la comisión de los hechos.

Décimo. Las dependencias y entidades de la Administración Pública Federal involucradas en la implementación del presente Decreto, realizarán las acciones necesarias para que las erogaciones que se generen con motivo de la entrada en vigor e implementación del mismo, se realicen con cargo al presupuesto aprobado a cada una de ellas en el presente ejercicio fiscal y subsecuentes, por lo que no requerirán recursos adicionales que tengan por objeto solventar las mismas y no se incrementará el presupuesto regularizable de éstas para el presente ejercicio fiscal ni posteriores.

Ciudad de México, a 20 de abril de 2021.- Dip. **Dulce María Sauri Riancho**, Presidenta.- Sen. **Oscar Eduardo Ramírez Aguilar**, Presidente.- Dip. **Julieta Macías Rábago**, Secretaria.- Sen. **Lilia Margarita Valdez Martínez**, Secretaria.- Rúbricas."

En cumplimiento de lo dispuesto por la fracción I del Artículo 89 de la Constitución Política de los Estados Unidos Mexicanos, y para su debida publicación y observancia, expido el presente Decreto en la Residencia del Poder Ejecutivo Federal, en la Ciudad de México, a 23 de abril de 2021.- **Andrés Manuel López Obrador**.- Rúbrica.- La Secretaria de Gobernación, Dra. **Olga María del Carmen Sánchez Cordero Dávila**.- Rúbrica.

DECRETO por el que se reforman los Artículos Transitorios Primero, Tercero, Cuarto, Quinto, Sexto y Séptimo del "Decreto por el que se reforman, adicionan y derogan diversas disposiciones de la Ley Federal del Trabajo; de la Ley del Seguro Social; de la Ley del Instituto del Fondo Nacional de la Vivienda para los Trabajadores; del Código Fiscal de la Federación; de la Ley del Impuesto sobre la Renta; de la Ley del Impuesto al Valor Agregado; de la Ley Federal de los Trabajadores al Servicio del Estado, Reglamentaria del Apartado B) del Artículo 123 Constitucional; de la Ley Reglamentaria de la Fracción XIII Bis del Apartado B, del Artículo 123 de la Constitución Política de los Estados Unidos Mexicanos, en materia de Subcontratación Laboral", publicado el 23 de abril de 2021.

Publicado en el Diario Oficial de la Federación el 31 de julio de 2021

Artículo Único. Se reforman los Artículos Transitorios Primero, Tercero, Cuarto, Quinto, Sexto y Séptimo del "Decreto por el que se reforman, adicionan y derogan diversas disposiciones de la Ley Federal del Trabajo; de la Ley del Seguro Social; de la Ley del Instituto del Fondo Nacional de la Vivienda para los Trabajadores; del Código Fiscal de la Federación; de la Ley del Impuesto sobre la Renta; de la Ley del Impuesto al Valor Agregado; de la Ley Federal de los Trabajadores al Servicio del Estado, Reglamentaria del Apartado B) del Artículo 123 Constitucional; de la Ley Reglamentaria de la Fracción XIII Bis del Apartado B, del Artículo 123 de la Constitución Política de los Estados Unidos Mexicanos, en materia de Subcontratación Laboral", publicado en el Diario Oficial de la Federación el 23 de abril de 2021, para quedar como sigue:

....

TRANSITORIO

Único. El presente Decreto entrará en vigor el día siguiente al de su publicación en el Diario Oficial de la Federación.

Ciudad de México, a 30 de julio de 2021.- Dip. **Dulce María Sauri Riancho**, Presidenta.- Sen. **Oscar Eduardo Ramírez Aguilar**, Presidente.- Dip. **María Guadalupe Díaz Avilez**, Secretaria.- Sen. **Lilia Margarita Valdez Martínez**, Secretaria.- Rúbricas."

En cumplimiento de lo dispuesto por la fracción I del Artículo 89 de la Constitución Política de los Estados Unidos Mexicanos, y para su debida publicación y observancia, expido el presente Decreto en Culiacán, Sinaloa, a 30 de julio de 2021.- **Andrés Manuel López Obrador**.- Rúbrica.

La Secretaria de Gobernación, Dra. **Olga María del Carmen Sánchez Cordero Dávila**.- Rúbrica.

DECRETO por el que se reforma el artículo 176, fracción II, numeral 8 de la Ley Federal del Trabajo.

Publicado en el Diario Oficial de la Federación el 5 de abril de 2022

Artículo Único. Se reforma el artículo 176, fracción II, numeral 8 de la Ley Federal del Trabajo, para quedar como sigue:

....

TRANSITORIOS

Primero. El presente Decreto entrará en vigor el día siguiente al de su publicación en el Diario Oficial de la Federación.

Segundo. La Secretaría del Trabajo y Previsión Social contará con un plazo de 180 días posteriores a la entrada en vigor del presente Decreto para elaborar y publicar una Norma Oficial Mexicana a efecto de clasificar las actividades a que se refiere el artículo 176, fracción II, numeral 8 a fin de determinar aquéllas de menor riesgo.

Ciudad de México, a 23 de febrero de 2022.- Dip. **Sergio Carlos Gutiérrez Luna**, Presidente.- Sen. **Olga Sánchez Cordero Dávila**, Presidenta.- Dip. **Luis Enrique Martínez Ventura**, Secretario.- Sen. **Verónica Delgadillo García**, Secretaria.- Rúbricas."

En cumplimiento de lo dispuesto por la fracción I del Artículo 89 de la Constitución Política de los Estados Unidos Mexicanos, y para su debida publicación y observancia, expido el presente Decreto en la Residencia del Poder Ejecutivo Federal, en la Ciudad de México, a 16 de marzo de 2022.- **Andrés Manuel López Obrador**.- Rúbrica.- El Secretario de Gobernación, Lic. **Adán Augusto López Hernández**.- Rúbrica.

DECRETO por el que se reforma la fracción IX del artículo 132 y la fracción V del artículo 204 de la Ley Federal del Trabajo.

Publicado en el Diario Oficial de la Federación el 28 de abril de 2022

Artículo Único. Se reforma la fracción IX del artículo 132 y la fracción V del artículo 204 de la Ley Federal del Trabajo, para quedar como sigue:

....

TRANSITORIO

Único. El presente Decreto entrará en vigor el día siguiente al de su publicación en el Diario Oficial de la Federación.

Ciudad de México, a 16 de marzo de 2022.- Dip. **Sergio Carlos Gutiérrez Luna**, Presidente.- Sen. **Olga Sánchez Cordero Dávila**, Presidenta.- Dip. **Fuensanta Guadalupe Guerrero Esquivel**, Secretaria.- Sen. **Verónica Delgadillo García**, Secretaria.- Rúbricas."

En cumplimiento de lo dispuesto por la fracción I del Artículo 89 de la Constitución Política de los Estados Unidos Mexicanos, y para su debida publicación y observancia, expido el presente Decreto en la Residencia del Poder Ejecutivo Federal, en la Ciudad de México, a 30 de marzo de 2022.- **Andrés Manuel López Obrador**.- Rúbrica.- El Secretario de Gobernación, Lic. **Adán Augusto López Hernández**.- Rúbrica.

DECRETO por el que se adiciona un párrafo segundo al artículo 512 de la Ley Federal del Trabajo.

Publicado en el Diario Oficial de la Federación el 28 de abril de 2022

Artículo Único. Se adiciona un párrafo segundo al artículo 512 de la Ley Federal del Trabajo, para quedar como sigue:

....

TRANSITORIO

Único. El presente Decreto entrará en vigor al día siguiente de su publicación en el Diario Oficial de la Federación.

Ciudad de México, a 15 de marzo de 2022.- Dip. **Sergio Carlos Gutiérrez Luna**, Presidente.- Sen. **Olga Sánchez Cordero Dávila**, Presidenta.- Dip. **María Macarena Chávez Flores**, Secretaria.- Sen. **Verónica Noemí Camino Farjat**, Secretaria.- Rúbricas."

En cumplimiento de lo dispuesto por la fracción I del Artículo 89 de la Constitución Política de los Estados Unidos Mexicanos, y para su debida publicación y observancia, expido el presente Decreto en la Residencia del Poder Ejecutivo Federal, en la Ciudad de México, a 30 de marzo de 2022.- **Andrés Manuel López Obrador**.- Rúbrica.- El Secretario de Gobernación, Lic. **Adán Augusto López Hernández**.- Rúbrica.

DECRETO por el que se reforma el artículo Quinto Transitorio del "Decreto por el que se reforman, adicionan y derogan diversas disposiciones de la Ley Federal del Trabajo, de la Ley Orgánica del Poder Judicial de la Federación, de la Ley Federal de la Defensoría Pública, de la Ley del Instituto del Fondo Nacional de la Vivienda para los Trabajadores y de la Ley del Seguro Social, en materia de justicia laboral, libertad sindical y negociación colectiva", publicado en el Diario Oficial de la Federación el 1 de mayo de 2019.

Publicado en el Diario Oficial de la Federación el 18 de mayo de 2022

Artículo Único. Se reforma el artículo Quinto Transitorio del "Decreto por el que se reforman, adicionan y derogan diversas disposiciones de la Ley Federal del Trabajo, de la Ley Orgánica del Poder Judicial de la Federación, de la Ley Federal de la Defensoría Pública, de la Ley del Instituto del Fondo Nacional de la Vivienda para los Trabajadores y de la Ley del Seguro Social, en materia de justicia laboral, libertad sindical y negociación colectiva", publicado en el Diario Oficial de la Federación el 1 de mayo de 2019, para quedar como sigue:

....

TRANSITORIO

Único. El presente Decreto entrará en vigor el día siguiente al de su publicación en el Diario Oficial de la Federación.

Ciudad de México, a 26 de abril de 2022.- Dip. **Sergio Carlos Gutiérrez Luna**, Presidente.- Sen. **Olga Sánchez Cordero Dávila**, Presidenta.- Dip. **María Macarena Chávez Flores**, Secretaria.- Sen. **Verónica Noemí Camino Farjat**, Secretaria.- Rúbricas."

En cumplimiento de lo dispuesto por la fracción I del Artículo 89 de la Constitución Política de los Estados Unidos Mexicanos, y para su debida publicación y observancia, expido el presente Decreto en la Residencia del Poder Ejecutivo Federal, en la Ciudad de México, a 10 de mayo de 2022.- **Andrés Manuel López Obrador**.- Rúbrica.- El Secretario de Gobernación, Lic. **Adán Augusto López Hernández**.- Rúbrica.

DECRETO por el que se reforman los artículos 76 y 78 de la Ley Federal del Trabajo, en materia de vacaciones.

Publicado en el Diario Oficial de la Federación el 27 de diciembre de 2022

Artículo Único. Se reforman los artículos 76 y 78 de la Ley Federal del Trabajo, para quedar como sigue:

....

TRANSITORIOS

Primero. El presente Decreto entrará en vigor el 1.° de enero de 2023, o al día siguiente de su publicación en el Diario Oficial de la Federación, si esta fuera en el año 2023.

Segundo. Las modificaciones motivo del presente Decreto serán aplicables a los contratos individuales o colectivos de trabajo vigentes a la fecha de su entrada en vigor, cualquiera que sea su forma o denominación, siempre que resulten más favorables a los derechos de las personas trabajadoras.

Ciudad de México, a 14 de diciembre de 2022.- Dip. **Santiago Creel Miranda**, Presidente.- Sen. **Alejandro Armenta Mier**, Presidente.- Dip. **Magdalena del Socorro Núñez Monreal**, Secretaria.- Sen. **Verónica Noemí Camino Farjat**, Secretaria.- Rúbricas."

En cumplimiento de lo dispuesto por la fracción I del Artículo 89 de la Constitución Política de los Estados Unidos Mexicanos, y para su debida publicación y observancia, expido el presente Decreto en la Residencia del Poder Ejecutivo Federal, en la Ciudad de México, a 26 de diciembre de 2022.- **Andrés Manuel López Obrador**.- Rúbrica.- El Secretario de Gobernación, Lic. **Adán Augusto López Hernández**.- Rúbrica.

DECRETO por el que se reforman los artículos 251 de la Ley del Seguro Social y 146 de la Ley Federal del Trabajo, y se adiciona un artículo 59 Bis a la Ley del Instituto del Fondo Nacional de la Vivienda para los Trabajadores.

Publicado en el Diario Oficial de la Federación el 29 de noviembre de 2023

Artículo Segundo. Se reforma el artículo 146 de la Ley Federal del Trabajo, para quedar como sigue:

....

TRANSITORIO

Único. El presente Decreto entrará en vigor el primero de enero del año posterior a su publicación en el Diario Oficial de la Federación.

Ciudad de México, a 17 de octubre de 2023.- Dip. **Marcela Guerra Castillo**, Presidenta.- Sen. **Ana Lilia Rivera Rivera**, Presidenta.- Dip. **Diana Estefanía Gutiérrez Valtierra**, Secretaria.- Sen. **Claudia Esther Balderas Espinoza**, Secretaria.- Rúbricas."

En cumplimiento de lo dispuesto por la fracción I del Artículo 89 de la Constitución Política de los Estados Unidos Mexicanos, y para su debida publicación y observancia, expido el presente Decreto en la Residencia del Poder Ejecutivo Federal, en la Ciudad de México, a 22 de noviembre de 2023.- **Andrés Manuel López Obrador**.- Rúbrica.- La Secretaria de Gobernación, **Luisa María Alcalde Luján**.- Rúbrica.

DECRETO por el que se reforman y adicionan diversas disposiciones de la Ley Federal del Trabajo.

Publicado en el Diario Oficial de la Federación el 4 de diciembre de 2023

Artículo Único. Se reforman los artículos 513, en su párrafo y la Tabla de Enfermedades de Trabajo; 514, y 515, y se adicionan los párrafos segundo y tercero y la Tabla para la Valuación de Incapacidades Permanentes Resultantes de los Riesgos de Trabajo al artículo 513 de la Ley Federal del Trabajo, para quedar como sigue:

....

TRANSITORIOS

Primero. El presente Decreto entrará en vigor el día siguiente al de su publicación en el Diario Oficial de la Federación.

Segundo. La Secretaría del Trabajo y Previsión Social, en un plazo de cuarenta y cinco días hábiles a partir de la entrada en vigor del presente Decreto, publicará el Catálogo de las Cédulas para la Valuación de las Enfermedades de Trabajo en el Diario Oficial de la Federación.

Tercero. Las obligaciones que se generen con motivo de la entrada en vigor del presente Decreto se cubrirán con cargo al presupuesto autorizado para los ejecutores de gasto correspondientes, para el presente ejercicio fiscal y los subsecuentes.

Cuarto. Se derogan todas las disposiciones que contravengan lo establecido en el presente Decreto.

Ciudad de México, a 24 de octubre de 2023.- Dip. **Marcela Guerra Castillo**, Presidenta.- Sen. **Ana Lilia Rivera Rivera**, Presidenta.- Dip. **Diana Estefanía Gutiérrez Valtierra**, Secretaria.- Sen. **Verónica Noemí Camino Farjat**, Secretaria.- Rúbricas."

En cumplimiento de lo dispuesto por la fracción I del Artículo 89 de la Constitución Política de los Estados Unidos Mexicanos, y para su debida publicación y observancia, expido el presente Decreto en la Residencia del Poder

Ejecutivo Federal, en la Ciudad de México, a 4 de diciembre de 2023.- **Andrés Manuel López Obrador**.- Rúbrica.- La Secretaria de Gobernación, **Luisa María Alcalde Luján**.- Rúbrica.

DECRETO por el que se reforman, adicionan y derogan diversas disposiciones de la Ley Federal del Trabajo y de la Ley del Seguro Social, en materia de derechos laborales de las personas trabajadoras del campo.

Publicado en el Diario Oficial de la Federación el 24 de enero de 2024

Artículo Primero. Se reforman la denominación del Capítulo VIII del Título Sexto, los artículos 279; 279 Bis; 279 Ter; 279 Quáter; 280; 280 Bis, primer párrafo y las fracciones I y III; 282; 283, primer párrafo y fracciones II, III, IV, VI, VII, X, XIII y XIV; 284, primer párrafo y fracciones I, II y III; 542, primer y segundo párrafos; 547, primer párrafo y fracción VI; 997; 1003, segundo párrafo; y 1004, primer párrafo; se adicionan un cuarto párrafo al artículo 279; un segundo y tercer párrafo al artículo 280 Bis; un segundo, tercer y cuarto párrafos al artículo 282; un tercer, cuarto, quinto y sexto párrafos a la fracción X, un segundo párrafo a la fracción XI, un segundo y tercer párrafos a la fracción XIII, un segundo párrafo a la fracción XIV, las fracciones XV, XVI, XVII, XVIII y XIX al artículo 283; un artículo 283 Bis; un artículo 283 Ter; las fracciones IV, V, VI y VII al artículo 284, un artículo 284 Bis y un artículo 997-A, y se deroga la fracción VIII del artículo 283 de la Ley Federal del Trabajo, para quedar como sigue:

....

TRANSITORIO

Único. El presente Decreto entrará en vigor al día siguiente de su publicación en el Diario Oficial de la Federación.

Ciudad de México, a 13 de diciembre de 2023.- Sen. **Ana Lilia Rivera Rivera**, Presidenta.- Dip. **Marcela Guerra Castillo**, Presidenta.- Sen. **Verónica Noemí Camino Farjat**, Secretaria.- Dip. **Pedro Vázquez González**, Secretario.- Rúbricas."

En cumplimiento de lo dispuesto por la fracción I del Artículo 89 de la Constitución Política de los Estados Unidos Mexicanos, y para su debida publicación y observancia, expido el presente Decreto en la Residencia del Poder Ejecutivo Federal, en la Ciudad de México, a 17 de enero de 2024.- **Andrés Manuel López Obrador**.- Rúbrica.- La Secretaria de Gobernación, **Luisa María Alcalde Luján**.- Rúbrica.

DECRETO por el que se reforma la fracción III del artículo 994 de la Ley Federal del Trabajo.

Publicado en el Diario Oficial de la Federación el 4 de abril de 2024

Artículo Único. Se reforma la fracción III del artículo 994 de la Ley Federal del Trabajo, para quedar como sigue:

....

TRANSITORIO

Único. El presente Decreto entrará en vigor el día siguiente al de su publicación en el Diario Oficial de la Federación.

Ciudad de México, a 20 de febrero de 2024.- Dip. **Marcela Guerra Castillo**, Presidenta.- Sen. **Ana Lilia Rivera Rivera**, Presidenta.- Dip. **Pedro Vázquez González**, Secretario.- Sen. **Verónica Noemí Camino Farjat**, Secretaria.- Rúbricas."

En cumplimiento de lo dispuesto por la fracción I del Artículo 89 de la Constitución Política de los Estados Unidos Mexicanos, y para su debida publicación y observancia, expido el presente Decreto en la Residencia del Poder Ejecutivo Federal, en la Ciudad de México, a 26 de marzo de 2024.- **Andrés Manuel López Obrador**.- Rúbrica.- La Secretaria de Gobernación, **Luisa María Alcalde Luján**.- Rúbrica.

DECRETO por el que se reforma la fracción VII del artículo 74 de la Ley Federal del Trabajo, para establecer el 1o. de octubre de cada seis años, día de descanso obligatorio con motivo de la transmisión del Poder Ejecutivo Federal.

Publicado en el Diario Oficial de la Federación el 30 de septiembre de 2024

Artículo Único. Se reforma la fracción VII del artículo 74 de la Ley Federal del Trabajo, para quedar como sigue:

....

TRANSITORIO

Único. El presente Decreto entrará en vigor al día siguiente de su publicación en el Diario Oficial de la Federación.

Ciudad de México, a 24 de septiembre de 2024.- Sen. **Gerardo Fernández Noroña**, Presidente.- Dip. **Sergio Carlos Gutiérrez Luna**, Vicepresidente en funciones de Presidente.- Sen. **Verónica Noemí Camino Farjat**, Secretaria.- Dip. **Pedro Vázquez González**, Secretario.- Rúbricas."

En cumplimiento de lo dispuesto por la fracción I del Artículo 89 de la Constitución Política de los Estados Unidos Mexicanos, y para su debida publicación y observancia, expido el presente Decreto en la Residencia del Poder Ejecutivo Federal, en la Ciudad de México, a 27 de septiembre de 2024.- **Andrés Manuel López Obrador**.- Rúbrica.- La Secretaria de Gobernación, **Luisa María Alcalde Luján**.- Rúbrica.

DECRETO por el que se reforman y adicionan diversas disposiciones de la Ley Federal del Trabajo y de la Ley Federal de los Trabajadores al Servicio del Estado, Reglamentaria del Apartado B) del Artículo 123 Constitucional, en materia de erradicación de la brecha salarial por razones de género.

Publicado en el Diario Oficial de la Federación el 16 de diciembre de 2024

Artículo Primero. Se reforma el artículo 86 de la Ley Federal del Trabajo, para quedar como sigue:

....

TRANSITORIOS

Primero. El presente Decreto entrará en vigor al día siguiente de su publicación en el Diario Oficial de la Federación.

Segundo. Se dejan sin efecto las disposiciones que se opongan al presente Decreto.

Ciudad de México, a 11 de diciembre de 2024.- Sen. Gerardo Fernández Noroña, Presidente.- Dip. Sergio Carlos Gutiérrez Luna, Presidente.- Sen. Verónica Noemí Camino Farjat, Secretaria.- Dip. Alan Sahir Márquez Becerra, Secretario.- Rúbricas."

En cumplimiento de lo dispuesto por la fracción I del Artículo 89 de la Constitución Política de los Estados Unidos Mexicanos, y para su debida publicación y observancia, expido el presente Decreto en la Residencia del Poder Ejecutivo Federal, en la Ciudad de México, a 16 de diciembre de 2024.- **Claudia Sheinbaum Pardo**, Presidenta de los Estados Unidos Mexicanos.- Rúbrica.- Lcda. **Rosa Icela Rodríguez Velázquez**, Secretaria de Gobernación.- Rúbrica.

DECRETO por el que se reforman y adicionan diversas disposiciones de la Ley Federal del Trabajo.

Publicado en el Diario Oficial de la Federación el 19 de diciembre de 2024

Artículo Único. Se reforman los artículos 132, primer párrafo y fracción V; 133, primer párrafo; 422, primer párrafo y 423, fracciones I, V, VIII y X, y se adiciona una fracción XVII Bis al artículo 133, de la Ley Federal del Trabajo, para quedar como sigue:

....

TRANSITORIOS

Primero. El presente Decreto entrará en vigor a los 180 días naturales siguientes al día de su publicación en el Diario Oficial de la Federación.

Segundo. La Secretaría del Trabajo y Previsión Social deberá emitir las normas correspondientes sobre los factores de riesgos de trabajo en un plazo no mayor a 30 días naturales posteriores a la entrada en vigor del presente Decreto.

Tercero. Las personas empleadoras o empresas contarán con un plazo de 180 días naturales contados a partir de la entrada en vigor del presente Decreto para adecuar su normativa interna para dar cumplimiento a lo establecido en la fracción V del artículo 132 de la Ley Federal del Trabajo.

Ciudad de México, a 4 de diciembre de 2024.- Dip. Sergio Carlos Gutiérrez Luna, Presidente.- Sen. Gerardo Fernández Noroña, Presidente.- Dip. José Luis Montalvo Luna, Secretario.- Sen. Verónica Noemí Camino Farjat, Secretaria.- Rúbricas."

En cumplimiento de lo dispuesto por la fracción I del Artículo 89 de la Constitución Política de los Estados Unidos Mexicanos, y para su debida publicación y observancia, expido el presente Decreto en la Residencia del Poder Ejecutivo Federal, en la Ciudad de México, a 18 de diciembre de 2024.- **Claudia Sheinbaum Pardo**, Presidenta de los Estados Unidos Mexicanos.- Rúbrica.- Lcda. **Rosa Icela Rodríguez Velázquez**, Secretaria de Gobernación.- Rúbrica.

DECRETO por el que se adicionan diversas disposiciones de la Ley Federal del Trabajo, en materia de Plataformas Digitales.

Publicado en el Diario Oficial de la Federación el 24 de diciembre de 2024

Artículo Único.- Se adicionan una fracción VI al artículo 49; una fracción IV al artículo 50; una fracción IX al artículo 127; un Capítulo IX Bis, denominado "Trabajo en Plataformas Digitales", que comprende los artículos 291-A a 291-U y, un artículo 997-B a la Ley Federal del Trabajo, para quedar como sigue:

....

TRANSITORIOS

Primero. El presente Decreto entrará en vigor 180 días después de su publicación en el Diario Oficial de la Federación.

Segundo. El Consejo Técnico del Instituto Mexicano del Seguro Social y, en su caso, el Consejo de Administración del Instituto del Fondo Nacional de la Vivienda para los Trabajadores, publicarán en el Diario Oficial de la Federación, dentro de los 5 días siguientes a la entrada en vigor del presente Decreto, las reglas de carácter general que garanticen el cumplimiento de las obligaciones contenidas en las fracciones V y VI del artículo 291-K de esta Ley, a través de una prueba piloto de participación obligatoria para el aseguramiento de personas trabajadoras de plataformas digitales.

Tercero. El Instituto Mexicano del Seguro Social contará con un plazo de 180 días naturales, contados a partir de la publicación de las reglas de carácter general, para que considerando los resultados que arroje la prueba piloto para el aseguramiento de personas trabajadoras de plataformas digitales, se preparen las iniciativas que con mayor detalle definirán los aspectos relativos al cumplimiento de dichas obligaciones, mismas que serán presentadas ante el Poder Legislativo para su discusión. En su caso, el Instituto del Fondo Nacional de la Vivienda para los Trabajadores podrá proponer adecuaciones normativas equivalentes en el ámbito de su competencia.

Cuarto. La Secretaría del Trabajo y Previsión Social podrá recopilar, elaborar, procesar y divulgar información con el fin de facilitar la comprensión de los derechos y obligaciones que se desprendan de las relaciones de trabajo en plataformas digitales.

Quinto. La temporalidad indicada en la fracción IX del artículo 127 de esta Ley, se obtiene considerando el tiempo de trabajo en 45 minutos por cada hora y 15 minutos de tiempo de espera para la recepción de tareas, servicios y, obras o trabajos; lo que se traduce en un factor de 0.75 de actividad efectivamente laborada por cada hora.

Al aplicar el factor a una jornada de 8 horas da como resultado 6 diarias, lo que representa 36 semanales o 144 mensuales, por lo que al tomar en consideración la temporalidad establecida en la fracción VII del artículo citado, se equipara a 288 horas de actividad efectivamente laborada.

Sexto. La Secretaría del Trabajo y Previsión Social contará con 5 días posteriores a la entrada en vigor del presente Decreto para publicar las disposiciones de carácter general que definirán el cálculo del ingreso neto a las que se refiere el artículo 291-F.

Ciudad de México, a 12 de diciembre de 2024.- Dip. Sergio Carlos Gutiérrez Luna, Presidente.- Sen. Gerardo Fernández Noroña, Presidente.- Dip. José Luis Montalvo Luna, Secretario.- Sen. Verónica Noemí Camino Farjat, Secretaria.- Rúbricas."

En cumplimiento de lo dispuesto por la fracción I del Artículo 89 de la Constitución Política de los Estados Unidos Mexicanos, y para su debida publicación y observancia, expido el presente Decreto en la Residencia del Poder Ejecutivo Federal, en la Ciudad de México, a 23 de diciembre de 2024.- **Claudia Sheinbaum Pardo**, Presidenta de los Estados Unidos Mexicanos.- Rúbrica.- Lcda. **Rosa Icela Rodríguez Velázquez**, Secretaria de Gobernación.- Rúbrica.

DECRETO por el que se reforman, adicionan y derogan diversas disposiciones de la Ley del Instituto del Fondo Nacional de la Vivienda para los Trabajadores y de la Ley Federal del Trabajo, en materia de vivienda con orientación social.

Publicado en el Diario Oficial de la Federación el 21 de febrero de 2025

Artículo Segundo. Se **reforman** los artículos 97, fracción III; 110, fracción III; 139; 140; 141, fracción II; 147, fracción II; y se **adiciona** el artículo 145, con un último párrafo, de Ley Federal del Trabajo, para quedar como sigue:

....

TRANSITORIOS

Primero. El presente Decreto entrará en vigor al día siguiente de su publicación en el Diario Oficial de la Federación.

Segundo. A partir de la entrada en vigor de este Decreto, se derogan todas las disposiciones legales que se opongan al mismo.

Todas las disposiciones, normas, lineamientos, políticas, criterios y demás normativa emitida por cualquier órgano o área del Instituto continuarán en vigor en lo que no se opongan al presente Decreto o a las normas o resoluciones emitidas por las autoridades, o hasta en tanto los órganos o áreas competentes determinen su reforma o abrogación.

Tercero. Los órganos del Instituto deberán quedar integrados dentro de los treinta días naturales siguientes a la entrada en vigor del presente Decreto, para ello:

I. La Secretaría del Trabajo y Previsión Social emitirá, dentro de los quince días naturales siguientes a la entrada en vigor del presente Decreto, las bases para determinar las organizaciones nacionales de trabajadores y patrones que intervendrán en la designación de los integrantes de la Asamblea General, en términos de los artículos 7o. y 8o. de la Ley del Instituto del Fondo Nacional de la Vivienda para los Trabajadores;

II. Los sectores, con base en la representación que resulte de la integración de la nueva Asamblea General, deberán renovar en su totalidad a su respectiva representación designando a los nuevos integrantes de los órganos del

Instituto del Fondo Nacional de la Vivienda para los Trabajadores, dentro de los treinta días naturales siguientes a la entrada en vigor del presente Decreto, y

III. El Ejecutivo Federal deberá emitir el acuerdo por el que nombre a sus representantes en los órganos del Instituto, dentro de los treinta días naturales siguientes a la entrada en vigor del presente Decreto.

Cuarto. El Instituto del Fondo Nacional de la Vivienda para los Trabajadores deberá renovar a la persona titular de la Auditoría Interna, dentro de los treinta días naturales siguientes a la entrada en vigor del presente Decreto, en términos del artículo 16, fracción XVIII, de su Ley y las disposiciones jurídicas aplicables.

Quinto. La persona titular de la Dirección General del Instituto del Fondo Nacional de la Vivienda para los Trabajadores deberá realizar los actos necesarios para la constitución de la empresa filial, a la que se refiere el artículo 3o., fracción V, de la Ley del Instituto del Fondo Nacional de la Vivienda para los Trabajadores, dentro de los treinta días naturales siguientes a la entrada en vigor del presente Decreto, y su objeto será, entre otros, la construcción de vivienda, su integración accionaria será mayoritariamente del Instituto y se conformará con recursos provenientes del presupuesto de gastos de administración, operación y vigilancia autorizado para el ejercicio 2024. Los estatutos sociales deberán reflejar los principios contenidos en el artículo 3o., último párrafo, de la Ley del Instituto del Fondo Nacional de la Vivienda para los Trabajadores, establecer las actividades que conformen el objeto de la empresa filial, los órganos de gobierno que estarán constituidos al menos por un Consejo de Administración, presidido por la persona titular de la Dirección General del Instituto, e integrado por el personal directivo de este; así como por un Comité de Auditoría, que tendrá a su cargo las funciones de control, evaluación, rendición de cuentas y transparencia de la empresa filial; asimismo, contará con un Comité de Ética y un Código de Ética. El Estatuto Orgánico y normativa interna de la empresa filial establecerán su estructura organizacional y de operación.

Sexto. La Asamblea General y el Consejo de Administración del Instituto del Fondo Nacional de la Vivienda para los Trabajadores, en un plazo de ciento ochenta días siguientes a la entrada en vigor del presente Decreto, deberán expedir las políticas y reglas conforme a las cuales se otorgarán viviendas en arrendamiento social en términos del artículo 51 Ter de la Ley del Instituto del Fondo Nacional de la Vivienda para los Trabajadores.

Los Órganos del Instituto del Fondo Nacional de la Vivienda para los Trabajadores emitirán las demás disposiciones y realizará las reformas a su marco jurídico interno con el objeto de dar cumplimiento al presente Decreto, dentro de los trescientos sesenta días naturales siguientes al inicio de su vigencia.

Séptimo. El Instituto del Fondo Nacional de la Vivienda para los Trabajadores deberá continuar aplicando los presupuestos de ingresos y egresos, así como de gastos de administración, operación y vigilancia aprobado para el ejercicio 2024, con efectos al primer día hábil del ejercicio 2025, considerando la inflación estimada para esa anualidad, hasta que se renueve la integración de sus órganos de gobierno. Una vez cumplido lo anterior se someterá a la aprobación de la Asamblea General los presupuestos de ingresos y egresos, así como de gastos de administración, operación y vigilancia para el ejercicio 2025 en la siguiente sesión ordinaria a la entrada en vigor del presente Decreto.

Octavo. La Secretaría de Hacienda y Crédito Público, auxiliada por la Comisión Nacional Bancaria y de Valores, dentro de un plazo de noventa días hábiles, contados a partir de la entrada en vigor del presente Decreto, deberá emitir las disposiciones en materia de crédito que serán aplicables al Instituto del Fondo Nacional de la Vivienda para los Trabajadores atendiendo a lo dispuesto por la Ley del Instituto del Fondo Nacional de la Vivienda para los Trabajadores y a la naturaleza social de los fines de ese Instituto.

El Instituto del Fondo Nacional de la Vivienda para los Trabajadores dentro de un plazo de noventa días hábiles, contados a partir de la emisión de las disposiciones a que se refiere el párrafo anterior, deberá proponer a su Asamblea General las políticas de organización de la contabilidad y auditoría interna a que se refiere el artículo 66, fracción IV, de la Ley del Instituto del Fondo Nacional de la Vivienda para los Trabajadores.

Para el ejercicio 2025, continuarán vigentes aquellas normas y sistemas previos a la entrada en vigor del presente Decreto.

Noveno. El Consejo de Administración del Instituto del Fondo Nacional de la Vivienda para los Trabajadores, en un plazo de ciento ochenta días siguientes a la entrada en vigor del presente Decreto, deberá establecer el programa de extinción de gravámenes y cancelación de inscripciones registrales, autorizando la asignación de recursos económicos necesarios para gestionar su celebración y entrega de los instrumentos correspondientes a cualquier acreditado del propio Instituto, en términos del artículo 44 de la Ley del Instituto del Fondo Nacional de la Vivienda para los Trabajadores.

La persona titular de la Dirección General del Instituto del Fondo Nacional de la Vivienda para los Trabajadores deberá coordinarse con las autoridades locales y municipales competentes para procurar la celebración de convenios con el objeto de que le brinde facilidades administrativas y beneficios fiscales que requiera el Instituto para la operación del programa, buscando la atención expedita de las personas trabajadoras derechohabientes y el uso eficiente de los recursos del Fondo Nacional de la Vivienda.

Décimo. Los derechos laborales de las personas trabajadoras que formen parte de los órganos que se extinguen con motivo de este Decreto serán respetados en términos de las disposiciones aplicables.

Décimo Primero. El Instituto del Fondo Nacional de la Vivienda para los Trabajadores, a partir de la entrada en vigor del presente Decreto, deberá mantener la mensualidad de los créditos que hubiere otorgado al monto correspondiente al cierre del ejercicio 2024 y a partir del ejercicio 2025 deberá aplicar una actualización equivalente al cero por ciento.

Décimo Segundo. A partir de la entrada en vigor del presente Decreto, quedarán canceladas todas las resoluciones por las que se aprueben proyectos colectivos de crédito en línea tres a la construcción de vivienda que el Consejo de Administración del Instituto del Fondo Nacional de la Vivienda para los Trabajadores haya adoptado con anterioridad al 1 de julio de 2023; sus promoventes podrán presentar nuevamente sus proyectos o las etapas remanentes de estos, para su actualización o aprobación en términos del artículo 42, cuarto párrafo de la Ley del Instituto del Fondo Nacional de la Vivienda para los Trabajadores.

En su caso, el Instituto del Fondo Nacional de la Vivienda para los Trabajadores deberá restituir en la subcuenta de vivienda de las personas trabajadoras derechohabientes las cantidades que les correspondan por la amortización del crédito otorgado y deberá permitirles tramitar un nuevo crédito, siempre que cumplan con los requisitos a que se refiere la ley.

Los desarrolladores o constructores y entidades administradoras de los proyectos contarán con un plazo de treinta días hábiles, contados a partir de la entrada en vigor del presente Decreto, para entregar al Instituto del Fondo Nacional de la Vivienda para los Trabajadores sin necesidad de resolución judicial las cantidades, intereses y penas convencionales que tuvieren en custodia, correspondientes a los créditos de las personas trabajadoras derechohabientes que hubieren adquirido un predio destinado a construcción dentro de alguno de los proyectos cuyas autorizaciones resulten canceladas.

Las personas trabajadoras derechohabientes contarán con un plazo de noventa días hábiles, contados a partir de la entrada en vigor del presente Decreto, para transmitir al Instituto del Fondo Nacional de la Vivienda para los Trabajadores la propiedad de los inmuebles que hubieren adquirido con un crédito en línea tres, en los términos del presente transitorio.

Ciudad de México, a 13 de febrero de 2025.- Dip. Sergio Carlos Gutiérrez Luna, Presidente.- Sen. Gerardo Fernández Noroña, Presidente.- Dip. José Luis Montalvo Luna, Secretario.- Sen. Verónica Noemí Camino Farjat, Secretaria.- Rúbricas."

En cumplimiento de lo dispuesto por la fracción I del Artículo 89 de la Constitución Política de los Estados Unidos Mexicanos, y para su debida publicación y observancia, expido el presente Decreto en la Residencia del Poder Ejecutivo Federal, en la Ciudad de México, a 20 de febrero de 2025.- **Claudia Sheinbaum Pardo**, Presidenta de los Estados Unidos Mexicanos.- Rúbrica.- Lcda. **Rosa Icela Rodríguez Velázquez**, Secretaria de Gobernación.- Rúbrica.